诸子百家

中华传世藏书

【图文珍藏版】

王艳军⊙主编

线装书局

图书在版编目（CIP）数据

诸子百家：全6册 / 王艳军主编 .-- 北京：线装
书局，2013.10
ISBN 978-7-5120-0998-1

Ⅰ. ①诸…　Ⅱ. ①王…　Ⅲ. ①先秦哲学　Ⅳ. ① B22

中国版本图书馆 CIP 数据核字（2013）第 134969 号

诸子百家

主　　编：	王艳军
责任编辑：	高晓彬
封面设计：	博雅圣轩藏书馆　Boyashengxuan Cangshuguan
出版发行：	线装书局
地　　址：	北京市西城区鼓楼西大街 41 号（100009）
	电话：010-64045283
	网址：www.xzhbc.com
印　　刷：	北京德富泰印务有限公司
字　　数：	2040 千字
开　　本：	787×1092　1/16
印　　张：	168
彩　　插：	8
版　　次：	2013 年 10 月第 1 版第 1 次印刷
印　　数：	1-3000 套
定　　价：	1980.00 元（全六册）

诸子百家

　　诸子百家是对春秋战国时期各种学术派别的总称。西周灭亡，促使人们更多地转向对天下兴亡的思考，打破了"庶人不议"的观念，取而代之的是"处士横议"的活跃风气。在对人、事及社会的广泛探讨中，人们不再崇信"天道"，进而在如何统一天下、治理国家、教化民众等方面形成了各种不同的学派，这些学派的创立者和代表人物被合称为"诸子"；而"百家"表明当时思想家较多，但也是一种夸张的说法。最有影响的主要是儒家、道家、墨家、法家、杂家、兵家、纵横家、阴阳家、医家、名家。

·孔子·

·孟子·

儒　家（代表人物：孔子、孟子、荀子。主要言论传于《春秋》、《孟子》、《荀子》等）

　　主张：儒家是战国时期重要的学派之一，它以春秋时孔子为师，以六艺为法，崇尚"礼乐"和"仁义"，提倡"忠恕"和不偏不倚的"中庸"之道，主张"德治"和"仁政"，是一个重视道德伦理教育和人的自身修养的学术派别。

·老子·

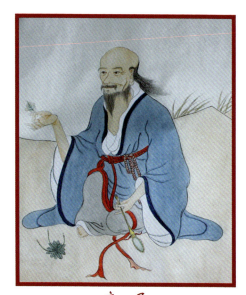

·庄子·

道　家（代表人物：老子、庄子、杨朱。主要言论传于《道德经》、《庄子》等）

　　主张：道家以老子关于"道"的学说作为理论基础，以"道"说明宇宙万物的本质、本源、构成和变化。认为天道无为，万物自然化生，否认上帝鬼神主宰一切，主张道法自然，顺其自然，提倡清静无为，守雌守柔，以柔克刚。

·墨 子·

墨　家（代表人物：墨子。主要言论传于《墨子》等）

主张：墨家以"兼相爱，交相利"作为学说的基础，"天下兼相爱"，就可达到"交相利"的目的。政治上主张尚贤、尚同和非攻，经济上主张强本节用，思想上提出尊天事鬼；同时，又提出"非命"的主张，强调靠自身的强力从事。

·商　鞅·

·韩非子·

法　家（代表人物：韩非、李斯、商鞅。主要言论传于《韩非子》、《商君书》、《管子》等）

主张：法家主张以法治国，"不别亲疏，不殊贵贱，一断于法"。管仲、子产即是法家的先驱，李悝、商鞅、申不害、慎到等开创了法家学派，至战国末期，韩非综合商鞅的"法"、慎到的"势"和申不害的"术"，以集法家思想学说之大成。

·吕不韦·

杂　　家（代表人物：吕不韦。主要言论传于《吕氏春秋》等）

　　主张：杂家是战国末期的综合学派，因"兼儒墨、合名法"，"于百家之道无不贯综"（《汉书．艺文志》及颜师古注）而得名。秦相吕不韦聚集门客编著的《吕氏春秋》是一部典型的杂家著作集。

·孙　武·

·孙　膑·

兵　　家（代表人物：孙武、孙膑。主要言论传于《孙子兵法》、《孙膑兵法》等）

　　主张：兵家是战国时期的重要学派之一，主要是在军事方面大有成就，"知己知彼，百战不殆。"等军事名言都出自兵家，代表作有《孙子兵法》、《孙膑兵法》，当今社会也深受影响，在国内外都享有盛名。

· 鬼谷子 ·

· 苏 秦 ·

纵横家（代表人物：鬼谷子、苏秦、张仪。主要言论传于《战国策》、《鬼谷经》等）

主张：纵横家并不专崇一种主张或观点，而是根据实际需要定其取舍，故忽而用儒，忽而用道，构成了所谓的一纵一横。西汉时称纵横之说为"长短说"，到战国晚期，因秦强六国弱，故联合关东各国抗秦者即为合纵，而秦设法破坏合纵就是连横。

· 邹 衍 ·

阴阳家（代表人物：邹衍。主要言论传于《邹子》等）

主张：阴阳家提倡阴阳五行学说，并用它解释社会人事，由当时令人不齿的方士演化而来，直接诠释了事物对立统一，其中的五行相生说，为中医学的发展演变起着莫大的奠基作用。

·黄帝·　　　　　　　　·扁鹊·

医　家（代表人物：黄帝、扁鹊。主要言论传于《黄帝内经》、《伤寒杂病论》等）

　　主张：医家提倡顺应自然，颐养天年，顺应四时，保健强身。医学最早的是巫医，信奉鬼神学说，巫医分业以后，正宗的医家逐步摆脱了鬼神迷信，其中以扁鹊最有成就，但由于医疗技术的局限，对于病理的总结，主流还是依靠阴阳五行学说。

·公孙龙·

名　家（代表人物：邓析、惠施、公孙龙。主要言论传于《公孙龙子》等）

　　主张：名家在当时是一群谈天说地，逞口舌之利，辨名实等等的三流学说，其贡献主要是半名家半阴阳的惠施的遍为万物学说，以及公孙龙最出名的白马非马论。看似都是些荒诞不经的理论，但其中蕴含了现代科学的基本理念。

前　言

西周灭亡，促使人们更多地转向对天下兴亡的思考，打破了"庶人不议"的观念，取而代之的是"处士横议"的活跃风气。在对人、事及社会的广泛探讨中，人们不再崇信"天道"，进而在如何统一天下、治理国家、教化民众等方面形成了各种不同的学派。这些学派的创立者和代表人物被合称为"诸子"，"百家"则指这些学派。最有影响的主要是儒家、墨家、道家和法家。各学派的人物针对一些社会问题四处游说，推行自己的政治 主张，或著书立说，人们的思想空前活跃，在中国文化史上形成了一个百家争鸣的空前繁荣的局面。

诸子百家的学术观点反映在他们的文学作品中也随之形成了不同的学术和文学派别。诸子散文大都观点鲜明，言辞犀利，感情充沛，表达方式灵活多样，具有很强的感染力，所以诸子百家散文不仅具有重要的学术价值，同时也具有重要的文学价值。从人类文明演化历史看，曾邦哲《结构论》提出诸子百家及三教九流是早期的学科分类体系，儒家、法家、兵家、纵横家等偏向政治军事与伦理领域，墨家、道家、名家、医家和农家等偏向自然工艺与逻辑等领域，还禅家、杂家、书画家等则偏向人文艺术等领域，并且，西方近代科学发展所需的一些因素在中华文化已经萌芽，比如，儒家的社会伦理化（科学社会规范）、墨家的实践经验化（实验技艺方法）、禅宗的概念澄清化（理论思维顿悟）和道家的系统逻辑模式（全息结构模型），以及一些技术发明的原型等。诸子百家是对春秋战国时期各种学术派别的总称。

中国是一个文化大国，对于本民族文化的珍视是一个国家屹立千年的基石。根深才能叶茂，如此简单的道理并不是所有人都懂，好在生于斯长于斯的大众在面对新世纪的挑战时，已经明白了人文精神对于国家发展的重要意义，而先秦时期的"诸子百家"正是其精华。有鉴于此，我们从诸子百家的典籍中撷取最具有代表性的篇章编辑成册，以飨读者。

本书选取了先秦直至清朝时期各个时代思想界的代表著作二十多部，涵盖了儒家、道家、墨家、法家、杂家、兵家、纵横家、阴阳家、医家、名家等十个学派。在内容编排上，《诸子百家》侧重于知识点的介绍，分门别类地介绍了各家和诸子们的经典篇目，读者可以从中了解著作的内容概要，熟悉作者的生平事迹，解读其中所蕴含的思想光芒。

任何能够影响后世的思想，会有它自身的时代局限性，但也必然有它的超前性和真理性。对于中华民族的思想文化传统，我们唯有对其进行实事求是地科学研究和分析，取其精华，弃其糟粕，继承和弘扬这份瑰宝，才能为振兴中华、造福人类做出我们应有的贡献。

目　录

諸子百家——目录

諸子百家

——目录

諸子百家

目录

第一章　诸子百家概述

一、儒家

儒家是先秦时期的一个思想流派，由孔子所创立，"儒"最初指的是司仪，后来逐步发展为以尊卑等级的"仁"为核心的思想体系。东汉许慎《说文解字》："儒，柔也，术士之称。"儒者具有柔、软的气质，并且是"术士"，其职业专门为贵族祭祖、事神、办理丧事、担当司仪等。"儒"本是鄙称，儒家这一称号，也不是孔子自家封号，而应是墨家对孔子这一学派的称呼。

春秋末年，孔子删订《诗》《书》，赞《易》，修《礼》《乐》《春秋》，在总结、概括和继承了夏、商、周三代"尊尊""亲亲"传统文化的基础上，制定了儒家经典，并提出"仁义礼"的学说和"仁政德治"理论，维护礼治，提倡德治，重视人治，儒家学派正式诞生。儒家学说主要是"祖述尧舜，宪章（效法）文武"，崇尚"礼乐"和"仁义"，要求统治者仁政爱民，"为政以德，譬如北辰，居其所而众星共之"，提倡"忠恕"和不偏不倚的"中庸"之道，政治上主张"德治"和"仁政"，重视伦理道德教育和人的自身修养，主张"有教无类"，以使全国上下都成为道德高尚的人。庄子后学评论儒家"性服忠信，身行仁义，饰礼乐，选人伦，以上忠于世主，下以化于齐民。将以利天下"（《庄子·渔父》）。

孔子去世后，儒学与墨学并为当时的"显学"。战国时，儒家又分化为诸多支派，"儒分为八"：子张之儒、子思之儒、颜氏之儒、孟氏之儒、漆雕氏之儒、仲良氏之儒、孙氏之儒、乐正氏之儒。在儒家诸派中，以思孟学派和荀子学派最富有思想性，影响也最大。自汉武帝罢黜百家之后，儒家逐渐被神圣化、绝对化，在中国历史中，既有着艰难的系统有序的发展，更有着泰山压顶般的僵滞。然而，经过几千年的筛选修补，儒家思想不失为祖国传统思想的瑰宝，在现代社会中仍然占有重要地位。

二、道家

道家又称"道德家"。道家思想起始于春秋末期的老子，但秦时期并没有"道家"这一名称。用"道"一词来概括由老子开创的这个学派是由汉初开始的，这时，道家也被称为德家。《汉书·艺文志》云："道家者流，盖出于史官，历记成败存亡祸福古今之道，然后知秉要执本，清虚以自守，卑弱以自持，此君人南面之术也。"道家思想在中国传统文化中占据了极重要的地位。

　　道家学派以春秋末年老子关于"道"的学说作为理论基础,直接从天道运行的原理侧面切入,以"道"说明宇宙万物的本质、本源、构成和变化,认为天道无为,万物自然化生,否认上帝鬼神主宰一切,主张道法自然,顺其自然,提倡清静无为,由此衍化为"人天合一"、"人天相应"、"为而不争,利而不害","修之于身,其德乃真"等思想,政治理想是"小国寡民"、"无为而治"。西汉太史令司马谈《论六家要旨》说:"道家使人精神专一,动合无形,赡足万物。其为术也,因阴阳之大顺,采儒墨之善,撮名法之要,与时迁移,应物变化,立俗施事,无所不宜,指约而易采,事少而功多。""其术以虚无为本,以因循为用。无成势,无常形,故能究万物之情。不为物先,不为物后,故能为万物主。"

　　道家学派的创始人是老子。老子以后,道家内部分化为不同派别,著名的有四大派:庄子学派、杨朱学派、宋尹学派和黄老学派,代表人物有关尹、庄周、列御寇、杨朱、彭蒙、田骈等。道家的著作,除《老子》《庄子》之外,还有《管子》中的《心术》上、《心术》下、《白心》《内业》诸篇,汉初的《淮南子》、晋人的《列子》以及1973年长沙马王堆出土的《经法》《道原》《称》《十六经》等。

　　道家思想在中国传统文化中的地位仅次于儒家。西汉初年,汉文帝、汉景帝以道家思想治国,而有文景之治。汉武帝"罢黜百家,独尊儒术"后,道家从此成为非主流思想,但对统治者、知识分子和下层社会影响经久不衰,许多有作为的皇帝如唐玄宗、宋徽宗、朱元璋、康熙都曾专门给《道德经》作注。此外,道家思想以其独特的宇宙、社会和人生领悟,在哲学思想上呈现出永恒的价值与生命力,魏晋玄学、宋明理学都糅合了道家思想发展而成。佛教传入中国后,也受到了道家的影响,禅宗在诸多方面受到了庄子的启发。道家思想更为道教吸收,道教尊老子为太上老君,奉《道德经》为道教的经典,奉《庄子》为《南华真经》,并且用老庄的哲学来论证道教的神仙学,建立了道教的宗教哲学体系。

三、墨家

　　墨家是先秦诸子百家中很重要的学派之一,在当时和儒家一起并称先秦时代的两大"显学",当时有"非儒即墨"之说。墨家因创始人是墨翟,世称墨子,故而这一学派被称为墨家学派。墨家代表著作是《墨子》,由墨子的弟子根据授课笔记编撰而成。

　　《汉书·艺文志·诸子略》中说:"墨家者流,盖出于清庙之守。茅屋采椽,是以贵俭;养三老五更,是以兼爱;选士大射,是以上贤;宗祀严父,是以右鬼;顺四时而行,是以非命;以孝视天下,是以上同;此其所长也。及蔽者为之,见俭之利,因以非礼,推兼爱之意,而不知别亲疏。"此说墨家出自清庙之守,意思是管理庙中事物,演习郊祀或其他祭祀礼仪,也有说墨家者流盖出于武士,其实,墨家应主要来源于社会中下层手工业者。

　　《淮南子·要略》载:"墨子学儒者之业,受孔之术。"可见墨家是从儒家分出来的。但墨家的主张和儒家是针锋相对的。墨家主张"兼爱",兼,视人如己;兼爱,即爱人如己,"天下兼相爱",就可达到"交相利"的目的。政治上主张尚贤、尚同和非攻,反对世卿世禄制度，认为任用官吏要重视才能，打破旧的等级观念，使"官无常贵，而民无终贱"；经济上主张强本节用；思想上提出尊天事鬼。同时，又提出"非命"的主张，强调靠自身的强力从事。

墨家组织严密，其徒属从事谈辩者，称"墨辩"；从事武侠者，称"墨侠"；领袖称"巨（钜）子"。墨家讲究"任侠"，相传皆能赴汤蹈火，并以自苦励志。墨家尤重艰苦实践，"孔席不暖，墨突不黔"，"短褐之衣，藜藿之羹，朝得之，则夕弗得"，"摩顶放踵，利天下，为之"（《孟子·尽心上》），"以裘褐为衣，以跂𫏋（草鞋）为服，日夜不休，以自苦为极"，生活清苦。墨家纪律严明，相传"墨者之法，杀人者死，伤人者刑"（《吕氏春秋·去私》）。

墨翟死后，墨家分裂为三派，有相里氏之墨，邓陵氏之墨，相夫氏之墨，活动于战国中后期。至战国后期，汇合成二支：一支注重认识论、逻辑学、数学、光学、力学等学科的研究，对前期墨家的社会主张多有继承，是谓后期墨家，另一支则转化为秦汉社会的游侠。战国以后，墨家已经衰微。到了西汉时，由于汉武帝的独尊儒术政策、社会心态的变化以及墨家本身并非人人可达的艰苦训练、严厉规则及高尚思想，墨学由显学逐渐变为绝学。

四、法家

法家是先秦诸子中颇具影响的一个学派，因主张以法治国，"不别亲疏，不殊贵贱，一断于法"，故称之为法家，其学说为君主专制的大一统王朝的建立，提供了理论根据和行动方略。儒、墨是春秋战国时期思想学术的"显学"，法家则在政治上独步天下。

法家起源于古代掌管诉讼的官员，《汉书·艺文志》中说："法家者流，盖出于理官。信赏必罚，以辅礼制。""理官"严格按法律、规定进行奖赏和惩罚，以此来辅助礼制。管仲、子产是法家的先驱，而在战国初期，李悝、商鞅、申不害、慎到等开创了法家学派。至战国末期，韩非综合商鞅的"法"、慎到的"势"和申不害的"术"，集法家思想学说之大成。"法"即法律、法令，是要求臣民必须遵守的；"势"即君主独掌军政大权的权势；"术"即权术，是君王控制驾驭臣民的手段和策略。

法家学派主张废井田，重农抑商、奖励耕战，认为发展农业生产，国家才能有足够的粮食布帛，人民才能富裕起来；重视战争，军队才能强大，才能争霸于天下。政治上，法家认为"时异则事异"，"事异则备变"，"圣人不期修古，不法常可。论世之事，因为之备"，故而主张锐意改革。商鞅提出"不法古、不循今"，韩非子更提出"时移而治不易者乱"，把守旧的儒家讽刺为守株待兔的愚蠢之人。法家重视"法治"，强调"法"是治国的根本，正如《史记》所说："法家不别亲疏，不殊贵贱，一断于法。"同时，反对分封和世袭制，主张君主专制和独裁，主张建立由中央委派官吏的郡县制。思想和教育方面，法家则主张禁断诸子百家学说，以法为教，以吏为师。

法家的代表人物主要有：管仲、李悝、商鞅、申不害、慎到、李斯、韩非等人。《汉书·艺文志》著录法家著作有二百十七篇，今存近半，其中最重要的是《商君书》和《韩非子》。

春秋战国时期，法家学派就政治层面而言，远较其他各家的影响大。在战国各诸侯国的变法革新中法家占据了统治地位,在学术界也成为战国时的显学。秦始皇君臣崇尚法家,正是用法家学说为指导灭掉了六国,统一了中国,使法家思想取得了辉煌的胜利。西汉武帝尊儒以后,法家的影响逐渐势微,作为严格意义上的法家就从政治舞台上消失了,但法家学说仍然或隐或显地发挥着作用。历代统治者多数采用"霸王道杂之"即外儒内法、儒法并用的统治方法。

五、杂家

杂家是中国战国末至汉初的哲学学派,以博采各家之说见长,以"兼儒墨,合名法""于百家之道无不贯通"而得名。《汉书·艺文志》将其列为"九流"之一。杂家以秦相吕不韦和汉淮南王刘安为代表,而著作以其招集门客所集《吕氏春秋》《淮南子》为代表,对诸子百家兼收并蓄,略显庞杂。

《汉书·艺文志》上说:"杂家者流,盖出于议官。兼儒、墨,合名、法,知国体之有此,见王治之无不贯,此其所长也。及荡者为之,则漫羡而无所归心。"到战国末期,统一已成为大势所趋,学术文化也呈融合的趋势,把各派思想融合为一的杂家就产生了。可以说,杂家的出现,既是统一的封建国家建立过程中思想文化融合的结果,又是诸子百家的相互影响与趋向融合的结果。

《淮南子·氾论训》说:"百川异源,而皆归于海;百家殊业,而皆务于治。"杂家虽只是集合众说,兼收并蓄,然而通过采集各家言论,贯彻其政治意图和学术主张,所以也可称为一家。据《汉书·艺文志》著录杂家言二十家四百三篇,有《盘盂》二十六篇、《大禹》三十七篇、《五子胥》八篇、《子晚子》三十五篇、《由余》三篇、《尉缭》二十九篇、《尸子》二十篇、《吕氏春秋》二十六篇、《淮南内》二十一篇、《淮南外》三十三篇,等等。但绝大部分已散失,现在仅存《吕氏春秋》《淮南子》《尸子》(原书已失,今存仅为后人辑本)三书。

六、兵家

兵家是先秦、汉初主要研究军事理论,从事军事活动的学派。"兵家"一词最早见于《孙子兵法·始计篇》:"此兵家之胜,不可先传也"。兵家的实践活动与理论,影响当时及后世甚大,为我国古代宝贵的军事思想遗产,也是中国传统文化和军事宝库中光彩夺目的瑰宝,在中国军事哲学思想史上具有不可磨灭的影响。

春秋战国间,由于兼并战争规模的扩大和战争方式的改变,产生了专门指挥作战的将帅和军事家。许多军事家总结了战争的经验,并从事于军事理论的研究,著成论兵法的书,这在文化上也是一种重要的贡献。春秋晚期孙武所著的《孙子兵法》,是我国现存最早的一部兵书,长期以来作为古代军事名著,在军事学术史上有着重要的地位。

兵家将政治、经济、军事、天文、地理、国际关系等各种客观因素作为决定胜负的条件,并把它们看成是相互关联的决策的整体,同时注重战争的主观指导,特别是计谋的使

诸子百家——诸子百家概述

用，总结出"知彼知己，百战不殆；知天知地，胜乃可全""攻其无备、出其不意""兵贵胜、不贵久""兵贵其和，和则一心""三军可夺气，将军可夺心""密察敌之机，而速乘其利，复疾击其不意"等作战思想和作战规律。

《汉书·艺文志·兵书略》著录汉以前兵家著作五十三家，七百九十篇，图四十三卷，将兵家著作分为四类：兵权谋类——侧重于军事思想、战略策略；兵形势类——专论用兵之形势；兵阴阳类——以阴阳五行论兵，且杂以鬼神助战之说；兵技巧类——以兵器和技巧为主要内容。兵家的鼻祖是孙武，兵家代表人物，春秋末有孙武、司马穰苴；战国有孙膑、吴起、尉缭、魏无忌、白起等；汉初有张良、韩信等。兵书在中国的发展源远流长，兵书产生于西周，成熟于春秋，今存兵家著作有《黄帝阴符经》《六韬》《三略》《孙子兵法》《司马法》《孙膑兵法》《吴子》《尉缭子》等，其中以孙武的《孙子兵法》影响最大，是兵家学说的重要著作。

七、纵横家

纵横家，指春秋战国时期从事合纵或连横外交运动的政治家、外交家及军事家。古代，纵横最初只是表方向的概念，南北向称为"纵"，东西向称为"横"。到战国时期，演变成政治概念，"纵"指"合纵"，即合众弱以攻一强，指战国时齐、楚、燕、韩、赵、魏等六国联合抗秦的外交策略。"横"指"连横"，即一强连一弱以破获众弱，指以上六国分别与秦国结盟的外交策略。

纵横家的宗师是鬼谷子，其他著名的纵横家有公孙衍、苏秦、张仪、陈轸、楼缓、乐毅、郭隗、邹忌、毛遂、虞卿、甘茂、范雎等人，事皆详于《战国策》。《汉书·艺文志》载，纵横家曾有著作"十二家，百七篇"，今皆已亡佚。纵横家文献今存《鬼谷子》十二篇、《战国策》三十三篇，前者多讲揣摩、捭阖之术，疑为后人假托的伪书；后者则是纵横家谋士的策谋和言论汇编，并非系统反映纵横家思想特征的理论著作。

《汉书·艺文志·诸子略》云："纵横家者流，盖出于行人之官。"从渊源上来说，纵横家还可追溯到周初之"行人"，即代表天子出使诸侯国的特使。春秋时行人多由贵族阶层的卿大夫所担任，或成为固定职务。但战国之纵横家，其中多是并无贵族身份和世袭官爵的人，而是来源于极为活跃的游士阶层，他们只是凭着自己的言谈，凭自己所讲政治主张、策略取得人主的信用，而被委以重任，如苏秦、张仪、公孙衍等皆如此。

纵横家论行结交，择主而从，以口舌为武器进行外交对抗，并不争于儒、道、墨、法的思想观点之间，而是着重探究把握人心的方法，探究论说的技巧，总结研究游说中如何能达到预期的效果。在当时诸侯割据，王权岌岌可危的时代，他们洞悉游说的关键，扬长避短，对"症"下"说"，采用分化、利用、联合等手段，以达到不战而胜，或以较少的损失获得最大的收益的目的。

在诸子百家中，纵横家可以说是最积极入世的一家。他们极富进取精神，从产生之初就积极干预社会政治生活，参与百家争鸣，活跃于战国舞台，其思想和活动对当时的政治、军事局势产生了重要的影响。汉代刘向在《战国策书录》说："是以苏秦、张仪、公孙衍、陈轸、苏代、苏厉之属，生纵横长短之说，左右倾倒。苏秦为从，张仪为横。横则秦帝，从则楚王，所在国重，所去国轻。"此评可谓中肯。从文化史的角度来看，纵横家的外交政治思想影响深远，直到今天，国人往往用"折冲樽俎"这个成语作为"外交政治"的代词。

八、阴阳家

阴阳家又称"阴阳五行家"或"五行家"，因提倡阴阳五行学说，并用它解释社会人事而得名。战国时，阴阳五行学说盛极一时，西汉史家司马谈《论六家要旨》列阴阳家为六大学派之首。阴阳家当源于上古执掌天文历数的官员，《汉书·艺文志》云："阴阳家者流，盖出于羲和之官，敬顺昊天，历象日月星辰，敬授民时，此其所长也。"

阴阳是古人对宇宙万物两种相反相成的性质的一种抽象，也是宇宙对立统一及思维法则的哲学范畴。五行学说认为万物皆由木、火、土、金、水五种元素组成，其间有相生和相胜两大定律，可用以说明宇宙万物的起源和变化。邹衍综合二者，根据五行相生相胜说，创"五德终始说"，认为历史朝代的嬗变遵守五行相生相胜之道，以此论证了周室必将被新王朝所替代，为新兴的大一统王朝的建立提供理论根据。阴阳家还强调"因阴阳之大顺"，包含若干天文、历法、气象和地理学的知识，有一定的科学价值。司马迁称邹衍"称引天地剖判以来，五德转移，治各有宜，而符应若兹"（《史记·孟子荀卿列传》）。

阴阳家代表人物有公梼生、公孙发、南公等人，但以邹衍最为著名。《汉书·艺文志》载：阴阳二十一家，三百六十九篇，《公梼生终始》十四篇，《公孙发》二十二篇，《邹子》四十九篇，《邹子终始》五十六篇，《乘丘子》五篇，《杜文公》五篇，《黄帝泰素》二十篇，等等，但现存少量残文外，均已亡佚。

作为理论学派，汉武帝尊儒后，阴阳家部分内容融入儒家思想体系、部分内容为原始道教所吸收，多衍为方士方术，作为独立学派的阴阳家消失。

"阴阳"的概念，最早见于《易经》，"五行"的概念最早见于《尚书》，但两种观念的产生，可以追溯到更久远的年代。

阴阳本指事物相互对立的两个方面，如《系辞》有"一阴一阳之谓道"的提法，《道德经》中说："万物负阴而抱阳"，《庄子》则有"阴阳，气之大者也"之说。而《易经》的基本思路就是：阴阳交感而生宇宙万物，宇宙万物是阴阳的对立统一。阴阳家则把事物变化神秘化为阴阳矛盾的作用，即所谓"深观阴阳消息，而作怪迂之变"。

古人认为，宇宙万物就是由这五种基本物质构成的。《尚书·洪范》托名箕子对武王的话解说五行："五行：一曰水，二曰火，三曰木，四曰金，五曰土。"即具有生发，柔和特性者统属于木；具有阳热，上炎特性者统属于火；具有长养，发育特性者统属于土；具有清静，收杀特性者统属于金；具有寒冷，滋润，就下，闭藏特性者统属于水。五行相生相胜，即"木生火、火生土、土生金、金生水、水生木"和"水胜火、火胜金、金胜木、木胜土、土胜水"。五行学说以天人相应为指导思想，以五行为中心，以空间结构的五方，时间结构的五季,人体结构的五脏为基本间架,将自然界的各种事物,按其属性进行归纳,形成了联系人体内外环境的五行结构系统,用以说明人体及人与自然环境的统一性。

九、医家

中国医学理论的形成,是在公元前五世纪下半叶到公元三世纪中叶,共经历了七百多年。公元前五世纪下半叶,中国开始进入封建社会。从奴隶社会向封建社会过渡,到封建制度确立,在中国历史上是一个大动荡的时期。社会制度的变革,促进了经济的发展,意识形态、科学文化领域出现了新的形势,其中包括医学的发展。医家泛指所有从医的人。医家的主要代表人物有:扁鹊、华佗、张仲景、葛洪、孙思邈、李时珍和淳于意。

扁鹊春秋时代齐国卢邑人,也有记载为渤海郡州人,或勃海郡郑人。"扁鹊"并非真名实姓。人们把他和黄帝时的扁鹊相比,并且称呼他"扁鹊先生"。连史书也以扁鹊称呼他。扁鹊原姓秦氏,名越人。由于扁鹊是卢人,所以人们又称他为"卢医"。扁鹊是中国历史上一位著名医学家,也是历史上第一个有正式传记的医学家。扁鹊能够采取实事求是的态度研究医学,并能吸取民间的医疗经验,在医学上取得了很大成就,在人民群众中享有很高的声望。扁鹊长期在民间行医、走遍齐、赵、卫、郑、秦诸国。公元前310年,忌妒他贤能的秦太医令李醯派人在崤山设伏,刺杀扁鹊,终年九十七岁。

华佗(约公元145~208),东汉末医学家,汉族,身高约合现今1.61米。字元化,沛国谯(今安徽亳州市谯城区)人。据人考证,他约生于汉永嘉元年(公元一四五年),卒于建安十三年(公元二〇八年)。这考证很可疑。因为《后汉书·华佗传》有华佗"年且百岁,而犹有壮容,时人以为仙"的记载,也有说他寿至一百五十岁仍保持着六十多岁的容貌,而且是鹤发童颜的记载。据此,华佗可能不止活了六十四岁。华佗生活的时代,当是东汉末年三国初期。那时,军阀混乱,水旱成灾,疫病流行,人民处于水深火热之中。当时一位著名诗人王粲在其《七哀诗》里,写了这样两句:"出门无所见,白骨蔽平"。这就是当时社会景况的真实写照。目睹这种情况,华佗非常痛恨作恶多端的封建豪强,十分同情受压迫受剥削的劳动人民。为此,他不愿做官,宁愿捏着金箍铃,到处奔跑,为人民解脱疾苦。

张仲景名机,被人称为医圣。南阳郡涅阳(今河南省南阳市镇平县)人。生于东汉桓帝元嘉、永兴年间,(约公元150~154年),死于建安最后几年(约公元215~219年)活了七十岁左右。相传曾举孝廉,做过长沙太守,所以有张长沙之称。张仲景从小嗜好医学,"博通群书,潜乐道术。"当他十岁时,就已读了许多书,特别是有关医学的书。他的同乡何颙赏识他的才智和特长,曾经对他说:"君用思精而韵不高,后将为良医"(《何颙别传》)。后来,张仲景果真成了良医,被人称为"医中之圣,方中之祖。"这固然和他"用思精"有关,但主要是他热爱医药专业,善于"勤求古训,博采众方"的结果。年轻时曾跟同郡张伯祖学医。经过多年的刻苦钻研和临床实践,医名大振,成为中国医学史上一位杰出的医学家。

张仲景刻苦学习《内经》，广泛收集医方，写出了传世巨著《伤寒杂病论》。它确立的辨证论治的原则，是中医临床的基本原则，是中医的灵魂所在。在方剂学方面，《伤寒杂病论》也做出了巨大贡献，创造了很多剂型，记载了大量有效的方剂。其所确立的六经辩证的治疗原则，受到历代医学家的推崇。这是中国第一部从理论到实践、确立辨证论治法则的医学专著，是中国医学史上影响最大的著作之一，是后学者研习中医必备的经典著作，广泛受到医学生和临床大夫的重视。《伤寒杂病论》序中有这样一段话："上以疗君亲之疾，下以救贫贱之厄，中以保生长全，以养其身"，表现了仲景作为医学大家的仁心仁德，后人尊称他为"医宗之圣"。

葛洪，字稚川，号抱朴子，人称"葛仙翁"，丹阳句容县（今江苏省句容县）人。约生于晋太康四年（公元二八三年），卒于东晋兴宁元年（公元三六三年）。晚年，他隐居在广东罗浮山中，既炼丹、采药，又从事著述，直至去世。对他的一生，明代陈嘉谟在《本草蒙筌》中引用了《历代名医像赞》的一首诗来概括："陷居罗浮，优游养导，世号仙翁，方传肘后"。但这只说出了他炼丹采药，隐逸求仙的一面。而他另外的一面却被忽略了。其实，他是古代一位鼎鼎有名科学家，在医学和制药化学上有许多重要的发现和创造，在文学上也有许多卓越的见解。他的著作，约有五百三十卷。不过，大多已经散佚，流传至今的，主要有《抱朴子》和《肘后救卒方》。《抱朴子》是一部综合性的著作，分内篇二十卷，外篇五十卷。内篇说的是神仙方药，鬼怪变化，养生延年，禳邪却病等事，属于道教的著作。但其中《金丹》《仙药》《黄白》等部分是总结我国古代炼丹术的名篇；外篇说的是人间得失，世道好坏等事。其中《钧世》《尚博》《辞义》等篇，是著名的文论著作。《肘后救卒方》简称《肘后方》，是他在广东编著的一部简便切用的方书。收录的方药大部分行之有效，采药容易，价钱便宜。而且，篇帙不大，可挂在肘后随行（即今天所说的袖珍本），即使在缺医少药的山村、旅途，也可随时用来救急。所以，受到历代群众的欢迎。葛洪的医学著作，据史籍记载，尚有《金匮药方》一百卷，《神仙服食方》十卷，《服食方》四卷，《玉函煎方》五卷。

孙思邈（541 或 581~682）为唐代著名道士，医药学家。被人称为"药王"。京兆华原（今陕西耀州区州区）人。幼聪颖好学。自谓"幼遭风冷，屡造医门，汤药之资，罄尽家产"。及长，通老、庄及百家之说，兼好佛典。年十八立志究医，"颇觉有悟，是以亲邻中外有疾厄者，多所济益"。北周大成元年（579），以王室多故，乃隐居太白山（在今陕西眉县）学道，炼气、养形，究养生长寿之术。及周静帝即位，杨坚辅政时，征为国子博士，称疾不就。隋大业（605~618）中，游蜀中峨眉。隋亡，隐于终南山，与高僧道宣相友善。唐太宗李世民即位，召至京师，以其"有道"，授予爵位，固辞不受，再入峨眉炼"太一神精丹"。显庆三年（658），唐高宗又征召至京，居于鄱阳公主废府。翌年，高宗召见，拜谏议大夫，仍固辞不受。咸亨四年（673），高宗患疾，令其随御。上元元年（674），辞疾还山，高宗赐良马，假鄱阳公主邑司以属之。永淳元年卒，遗令薄葬，不藏明器，祭去牲牢。宋徽宗崇宁二年（1103）追封为妙应真人。

李时珍，字东璧，号濒湖，性别男，身高约合现今 1.63 米，湖北蕲州（今湖北省蕲春县蕲州镇)人,生于明武宗正德十三年(公元 1518 年),卒于神宗万历二十一年(公元 1593 年)。其父李言闻是当地名医。李时珍继承家学,尤其重视本草,并富有实践精神,肯于向劳动人民群众学习。李时珍三十八岁时,被武昌的楚王召去任王府"奉祠正",兼管良医所事务。三年后,又被推荐上京任太医院判。太医院是专为宫廷服务的医疗机构,当时被一些庸医弄得乌烟瘴气。李时珍在此只任职了一年,便辞职回乡。李时珍曾参考历代有关医药及其学术书籍八百余种,结合自身经验和调查研究,历时二十七年编成《本草纲目》一书,是我国明以前药物学的总结性巨著。在国内外均有很高的评价,已有几种文字的译本或节译本。另著有《濒湖脉学》《奇经八脉考》等书。

　　淳于意(约前 205~?),西汉初齐临淄(今山东淄博东北人),姓淳于,名意。淳于意曾任齐太仓令,精医道,辨证审脉,治病多验。曾从公孙光学医,并从公乘阳庆学黄帝、扁鹊脉书。后因故获罪当刑,其女缇萦上书文帝,愿以身代,得免。《史记》记载了他的二十五例医案,称为"诊籍",是中国现存最早的病史记录。淳于意自幼热爱医学,曾拜公孙光、公乘阳庆为师,学黄帝、扁鹊的脉书、药论等书,精于望、闻、问、切四诊,尤以望诊和切脉著称。淳于意为使自己专志医术,辞去官职,不营家产,长期行医民间,对封建王侯却不肯趋承。赵王、胶西王、济南王、吴王都曾召他做宫廷医生,他都一一谢绝了。因常拒绝对朱门高第出诊行医,被富豪权贵罗织罪名,送京都长安受肉刑。其幼女淳于缇萦毅然随父西去京师,上书汉文帝,痛切陈述父亲廉平无罪,自己愿意身充官婢,代父受刑。文帝受到感动,宽免了淳于意,且废除了肉刑。淳于意诊断疾病,注意详细记录病案。他将典型病例进行整理,写出了中国医学史上第一部医案——《诊籍》。淳于意不但是一个著名的医学家,而且是一位热心传播医学的教育家。他广收弟子,精心传授。据《史记·扁鹊仓公列传》记载,就有宋邑(临淄人)、冯信(临淄人)、唐安(临淄人)、高期、王禹、杜信等 6 人。医圣张仲景在《伤寒杂病论》序文中说:"上古有神农、黄帝、岐伯;中古有长桑、扁鹊;汉有公乘阳庆、仓公;下此以往,未之闻也。"高后八年时(公元前 180),公孙光又将仓公推荐给临淄的公乘阳庆。当时公乘阳庆已年过六十,收下淳于意为徒,让淳于意把过去所学的医方都丢弃,将自己珍藏的黄帝、扁鹊脉书、根据五色诊断疾病、判断病人预后的方法以及药物方剂等书传给他。三年后仓公出师四处行医,足迹遍及山东,曾为齐国的侍御史、齐王的孙子、齐国的中御府长、郎中令、中尉、中大夫、齐王的侍医遂等诊治过疾病。当齐王刘将间为阳虚侯时(公元前 176~前 164 年),淳于意曾为其治愈了关节炎一类疾病,还随从将间来过长安(今陕西西安),并为安陵(今咸阳东北)阪里的项处诊治牡疝病。齐文王(公元前 178~前 167 年在位)患肥胖病,气喘、头痛、目不明、懒于行动。淳于意听说后,认为文王形气俱实,应当调节饮食,运动筋骨肌肉,开阔情怀,疏通血脉,以泻有余。可是有一庸医施以灸法,使文王病情加重致死。于是王公贵族诬滔仓公"不为人治病,病家多怨之者。"加之同时赵王、胶西王、济南王请仓公为其治病而未至。官府听信诬告,把淳于意传到长安受刑。淳于意生有五女,当皇帝诏书进京问罪时,他感伤无男随行。于是小女儿坚持随父进京、并上书朝廷,申述父亲无罪,并愿意为奴以换取父亲的自由。经汉文帝诏问,遂使淳于意被赦免而回故里。淳于意在应诏回答汉文帝询问时叙述了自己学医、行医的经过，业务专长、师承、诊疗效果、病例等，史称："诊籍"（即诊病的簿记），共计25个病案。他所答诏的病案格式一般均涉及病人的姓名、年龄、性别、职业、籍里、病状、病名，诊断、病因、治疗、疗效、预后等，从中反映了淳于意的医疗学术思想与医案记录上的创造性贡献。"诊籍"中还真实地报告了治疗效果：25例患者有10例医治无效而死亡。反映了中国古代医家实事求是的优良传统。

十、名家

名家是先秦以思维的形式、规律和名实关系为研究对象的学派，战国时称"刑名家"或"辩者"，西汉始称"名家"。作为一个思想流派而言的"名家"，它的思想与现代的汉语所说的"名家"是不同的。这个"名"不是出名的意思，而主要是指事物的名称、概念。名家主要活跃在先秦的春秋战国时期，以善于辩论，善于语言分析而著称于世，对中国古代逻辑思想的发展颇有贡献。

名家思想最早萌芽于春秋时期，名家创始人邓析首倡"刑名之论"，操"两可之说"，开名辩一代风气。名家兴盛于战国中期，以惠施和公孙龙为代表，他们以擅长概念分析而驰名天下。作为一个学派，名家并没有共同的主张，仅限于研究对象的相同，而各说差异很大。主要有"合同异"和"离坚白"两派，前者以惠施为代表，认为万物之"同"与"异"都是相对的，皆可"合"其"同""异"而一体视之。后者以公孙龙为代表，认为一块石头，用眼只能感觉其"白"而不觉其"坚"，用手只能感觉其"坚"而不觉其"白"，故而"坚"和"白"是分离的、彼此孤立的。

《汉书·艺文志》中说："名家者流，盖出于礼官。古者名位不同，礼亦异数。孔子曰：'必也正名乎！名不正则言不顺，言不顺则事不成。'此其所长也。及警者为之，则苟钩鈲析乱而已。"事实上，名家应多出于辩者。名家代表人物是：邓析子、尹文子、公孙龙、成公生、惠子、黄公、毛公等，《汉书·艺文志》著录名家《邓析》二篇，《尹文子》一篇，《公孙龙子》十四篇，《成公生》五篇，《惠子》一篇，《黄公》四篇，《毛公》九篇。唯《公孙龙子》尚存残本，其他亡佚或伪作。

历来学者对名家多有讥讽之词，荀子曾以儒者的口吻苛责名家的理辩谓："好治怪说，玩琦辞，甚察而不惠，辩而无用，多事而寡功，不可以为治纲纪。"庄子则说名家"饰人之心，易人之意，能胜人之口，不能服人之心"。以概念本身的分析及思维结构作为学术研究对象的名家，活跃当时，曾先后与墨、儒、道、阴阳诸学派展开论辩，使百家争鸣更具有思辨意义，但对后世的影响远不及其他诸家。随着秦朝的统一，百家争鸣的局面结束了，名家学派也随着时代的变迁而销声匿迹。

諸子百家 —— 諸子百家概述

第二章　儒家

第一节　儒家史话

一、儒家的创始人——孔子

（一）孔子的生平

孔子(前551年~前479年)，名丘，字仲尼，春秋时期鲁国人，是我国最伟大的思想家，世称"孔圣人"。据记载，孔子的祖先是殷商后裔，周灭商后，周武王封商纣王的庶兄——商朝忠正的名臣微子启于宋。微子启死后，其弟微仲即位，微仲即为孔子的先祖。自孔子的六世祖孔父嘉之后，后代子孙开始以孔为氏，其曾祖父孔防叔为了逃避宋国内乱，从宋国逃到了鲁国，其父叔梁纥晚年与颜徵生下了孔子。有人说，孔子继承了父亲叔梁纥的英勇，身高九尺六寸、臂力过人，而且酒量超凡，绝非人们想象中的文弱书生形象，当然这些内容是没有明确史书记载的。

孔子3岁时，父亲就去世了，他与母亲过着清贫的生活。他说："吾少也贱，故多能鄙事。"(《论语·子罕》)他年轻的时候做过"委吏"(管理仓库的小官)与"乘田"(管理放牧牛羊的小官)。虽然生活清苦，但孔子心怀天下，立志向学。他注意虚心向别人学习，"三人行，必有我师焉。择其善者而从之，其不善者而改之"(《论语·述而》)。曾经向郯子、苌弘、师襄、老聃等人学习。又由于学识渊博，被当时人称赞为"博学好礼"。

孔子入仕是在鲁宣公时期，当时政权掌握在以季氏为首的三桓手中，而季氏又受制于其家臣阳货。鲁昭公初年，三桓变本加厉，又进一步瓜分了鲁君的权力。孔子谓季氏："八佾舞于庭，是可忍也，孰不可忍也。"对季氏的僭越行为表示了强烈的愤慨。因不满这种"陪臣执国命"——政不在君而在大夫的状况，孔子辞官不仕，他说："不义而富且贵，于我如浮云。"于是"退而修诗书礼乐，弟子弥众"(《史记·孔子世家》)。他开办私塾，收徒讲学。从远方来求学的弟子，几乎遍及各诸侯国。

鲁定公九年，阳货被逐之后，孔子才再次入朝为官，并受到鲁君重用。51岁的孔子先被任命为中都宰，"行之一年，四方则之"。齐鲁夹谷之会时，鲁国由孔子主持会盟的礼仪。孔子认为"有文事者必有武备，有武事者必有文备"，由于孔子早有防范，使齐国国君想用武力劫持鲁君的阴谋没有得逞。不仅如此，孔子还充分利用外交手段收回了被齐国强占的郓、灌、龟阴三地。由于政绩卓然，孔子由中都宰升为司空，再升为大司寇。鲁定公十二年，孔子为加强公室，抑制三桓，援引古制"家不藏甲，邑无百雉之城"，提出了"堕三都"的计划。由于孔子利用了三桓与其家臣的矛盾，季孙氏、叔孙氏同意各自毁掉了费邑与后邑，但孟孙氏被家臣公敛处父所煽动，反对堕成邑。定公围而不克，使孔子的计划受挫，孔子与三桓的矛盾也随之暴露。鲁定公十三年，齐国送八十名美女到鲁国，君臣迷恋歌舞，多日不理朝政，也不按礼制送膰肉（当时郊祭用的供肉）给孔子，孔子失望，于是去鲁适卫，开始了十四年颠沛流离于诸侯列国之间的流亡生活。

孔子带弟子到卫国后，虽然受到灵公重视，却始终无法实现其抱负。此后孔子几次离开卫国，又几次回到卫国。在这期间，为后世所熟知的，莫过于孔子及众徒弟厄于陈蔡之间的故事。鲁哀公二年，孔子离开卫国经曹、宋、郑至陈国，在陈国住了三年，吴攻陈，兵荒马乱，孔子便带弟子离开。楚国人听说孔子到了陈、蔡交界处，派人去迎接孔子。陈国、蔡国的大夫们担心孔子入楚后对他们不利，于是派服人将孔子师徒围困在中途，据《史记》记载：因楚昭王来聘孔子，陈、蔡大夫围孔子，致使绝粮七日。"在陈绝粮，从者病，莫能兴。子路愠见曰：'君子亦有穷乎？'子曰：'君子固穷，小人穷斯滥矣。'"（《论语·卫灵公》）此外，十四年的时间里，孔子在途中遇到当时的一些隐士，如长沮、桀溺、荷蓧丈人和楚狂接舆等，并接连受到这些隐士的嘲讽。孔子说："鸟兽不可与同群，吾非斯人之徒而谁与？天下有道，丘不与易也。"（《论语·微子》）表示了为改变天下无道局面的决心。

鲁哀公十一年，冉有归鲁。齐师伐鲁之时，孔子弟子冉求为季氏将左师，与齐军战于鲁郊，克之。季康子问他是怎样学会作战的，冉求说，学于孔子，遂荐孔子于季氏。季康子派人以璧迎孔子归鲁。至此，孔子结束了访问列国诸侯十四年颠沛流离的生活。

归鲁之后，鲁哀公与季康子常以政事相询，但终不能重用孔子，孔子亦不求仕，专心从事文献整理和教育事业。他删《诗》《书》，定《礼》《乐》，修《春秋》，并继续聚徒授业，培育治国贤才，据史载："弟子盖三千焉，身通六艺者七十有二人。"（《史记·孔子世家》）如颜回、曾点、子路、子贡等，便是其中的代表。这些才华出众的弟子，对儒家学派的形成与发展，对孔子思想的传播都起到了重要作用。

公元前479年，73岁的孔子寝疾而殁，葬于鲁城（今曲阜）北泗上。不少弟子为之守墓三年，并把孔子故居改为庙堂，藏孔子平生衣冠琴书于堂中，自此以后，年年奉祀。今日曲阜之孔庙、孔府、孔林，所谓"三孔"者，即始于此。

（二）孔子的主要思想

孔子是儒家学派的创始人，他系统地整理、继承和丰富了以往的历史遗产，创立了以"仁"为核心的思想体系。

1.仁

诸子百家——儒家

仁的人生哲学思想是孔子整个思想体系的核心,也是儒家学说得以确立其主流文化地位的主要根据。在殷代和西周的甲骨文中,至今还未发现"仁"这个字,在《尚书》和《诗经》中也很少出现这个字。直到春秋时代才较多地被人提起,人们把尊亲敬长、爱及民众和忠于君主称为"仁"。孔子继承了前人的观念,并且把它发展成为系统的"仁"说。

什么是孔子的"仁"?孔子在《论语》提到"仁"有一百余处,含义甚广,但其基本含义是"爱人"。他的弟子樊迟问孔子什么是仁,孔子问答说:"爱人。"《说文》有个解释:"仁,亲也,从二人。"甚合孔子思想。仁,就是人与人的关系,要友善相亲,相互帮助。在儒家思想中,不论后世如何发展"仁"的含义,都是紧紧围绕"爱人"作为出发点的。但是这里的"爱人",又需要我们做认真的分析:

第一,虽然孔子从等级制的社会现实出发,提出了"泛爱众,而亲仁",但是孔子提出的"爱"是有等差的,这一点与墨家提出的"兼爱"思想是相区分的。墨子说:"视人之国,若视其国,视人之家,若视其家,视人之身,若视其身。"孔子"爱人"的思想符合当时封建社会的实际需要,所以更容易在社会习俗和风尚中遗留下来。

第二,在答复弟子颜渊时,孔子说:"克己复礼为仁。"(《论语·颜渊》)孔子认为爱人要从大处、高处着眼,推己及人,做到"己欲立而立人,己欲达而达人"。这里强调的是人们通过克制自己,达到"非礼勿视,非礼勿听,非礼勿言,非礼勿动"。视、听、言、动都合于礼,这也就是仁的境界。

2.礼

孔子推崇周礼。据学者研究表明,西周社会建立后,周公将从远古到殷商的原始礼仪进行了大规模的整理和规范,形成了"吉""凶""军""宾""嘉"五礼,也就是较完备的周礼。孔子提出:"夏吾能言之,杞不足征也;殷礼吾能言之,宋不足征也。文献不足故也,足,则吾能征之。""周监于二代,郁郁乎文哉! 吾从周。"这表明,孔子对周礼的推崇是经过了对历代礼制考察之后做出的判断。值得一提的是,孔子并非完完全全地拥护旧的制度,而是对周礼进行了"拿来主义"式的继承和发扬。

孔子

孔子对"礼"的思想主要体现在以下方面:

第一,"礼"是社会秩序。《左传·隐公十一年》载:"礼,务国家、定社稷,序人民,利后嗣者也。"这是说,礼是治理和安定国家,巩固国家的制度和维护社会所需要的秩序。孔子又说礼是"王之大经也"(《左传·昭公十五年》),是进行统治的根本法规,治国之纲。因此,"坏国丧家亡人必失去其礼"(《礼记·礼运》)。丢掉了礼,就要失去一切。可见孔子这里说的"礼"实际是社会秩序和社会制度。

第二,"礼"是礼仪上的规定。具体来讲,就是有关朝廷的祭祀、出征、朝聘,以至婚丧嫁娶,待人接物到生活细节,按不同等级、身份,都有不同的礼仪规定,实际是"社会秩序和社会制度"的具体形式。孔子回答弟子樊迟时主张:'各民之义,敬鬼神而远之,可谓知矣。"(《论语·雍也》)子路问事鬼神的问题,孔子明确表明:"未能事人,焉能事鬼?"指的就是这些内容,从中我们又可以看到孔子思想重人事而轻鬼神,改变了以往周礼特别重视祭祀鬼神的传统。

第三,"礼"是人的道德标准。孔子提倡"道之以教,齐之以刑,民免而无耻,道之以德,齐之以礼,有耻且格。"(《论语·为政》)这正是"礼下庶人"身上的政治主张,告诫人们把礼作为德行的最高标准,改变了周礼"礼不下庶人"的规定。

第四,"礼"以"仁"为实质。孔子以实际行动开办私学,广招门徒,实行"有教无类",改变了周礼"学在官府",只有贵族子弟能够接受教育的局面,打开了向民间传播文化之门。孔子主张用"仁"的精神改造人的思想,规范人们的行为,作为一种反映社会成员之间,阶级、组织之间的关系准则,礼一旦确立下来,就要求全体社会成员必须遵守,修己的同时治人,完善人伦道德,实现社会的安定良好秩序。

孔子的"仁"说,体现了人道精神;孔子的"礼"说,则体现了礼制精神,即现代意义上的秩序和制度。仁与礼并不矛盾,因为仁是内容,礼是形式,二者的结合,才是一种制度的完善。孔子主张礼仁结合,纳仁于礼,用仁来充实礼,实质上是注重了人道与政治的结合,从而对周礼做了重大的修整完善。

3.德治

同孔子的"仁"和"礼"相联系,在治国的方略上,他主张"为政以德",用道德和礼教来治理国家是最高尚的治国之道。这种治国方略也叫"德治"或"礼治"。

第一,孔子重视以"礼"教化,提出"为政以德,譬如北辰,居其所而众星共之。"(《论语·为政》)在德政的施行过程中,孔子推崇用道德和"礼"去教化和约束人们的言行。落实在政治上就是要做到"君君,臣臣,父父,子子",在君臣关系上要以礼相待,"君事臣以礼,臣事君以忠"。而在其他关系上则遵守"非礼勿视,非礼勿听,非礼勿言,非礼勿动"。

第二,孔子反对滥用刑罚。在夏朝和商朝,统治者制定了大量的刑罚维护其统治秩序,其中大多数刑法比较残酷,剥夺生命的刑罚也多种多样,周初的统治者汲取殷商灭亡的教训,提倡"明德慎刑",孔子也反对滥用残酷的刑罚解决社会问题。季康子问政于孔子曰:"如杀无道,一就有道,何如?"子曰:"子为政,焉用杀?子欲善而民善矣。君子之德风,小人之德草,草上之风,必偃。"体现了孔子重礼轻罚的思想。

第三,孔子对执政者提出正己、正名的要求。孔子提出"正名"是君主实现德政的首要前提。当季康子问政于孔子,孔子对曰:"政者,正也。子帅以正,孰敢不正。"(《论语·颜渊》)又说:"其身正,不令而行;其身不正,虽令不从。"(《论语·子路》)又说:"苟正其身矣,于从政乎何有?不能正其身,如正人何?"(《论语·子路》)子路问:"为君待子而为政,子将奚先?"孔子曰:"必也正名乎!""名不正,则言不顺,言不顺,则事不成;事不成,则礼乐不兴,礼乐不兴,则刑罚不中,刑罚不中,则民无所措手。"对周武王作了评价说:"武王正其身以正其国,正其国以正天下,伐无道,刑有道,一动而天下正,其事正矣!"可见正名之重要。

第四,与孔子的德治思想相联系,他认为国君要治平天下,就必须举贤任能,发现和提拔优秀人才,参与政事。关于贤才的标准,孔子认为应该是:"志于道,据于德,依于仁,游于艺。"(《论语·述而》)就是要有政治理想和奋斗目标,要依据仁的精神和拥有高尚的品德,还要能善于娴熟地运用业务知识和技能。简言之,贤才就是要有理想、有道德、有知识和治国才能。简单来讲,就是孔子根据"德"与"才"的关系而讲明的"德才兼备",是人才的重要标准。

孔子认为要治理好一个国家,执政者必须正己、正名,举荐任用德才兼备的人才治理国家,必须在满足百姓生活富裕的基础上加强教化,慎用刑罚惩戒百姓的过失,实质上也体现了"仁"的精神内涵所在。

4.中庸

中庸如今已经成为一个人们常用,但是又经常曲解的词语。说它被曲解是因为经常被理解为做"和事佬"的心态,什么事情都是"好好好"的状态,实际上孔子曾说:"乡愿,德之贼也。"(《论语·阳货》)孔子说:"中庸之为德也,其至矣乎! 民鲜久矣。"(《论语·雍也》)这里说了两层意思,一是中庸之德古时已经存在,只是已经鲜有人能做好;更为重要的一点,这句话说明了中庸在孔子的学说中是至德的地位,是孔子哲学的基础和最高的道德准则。具体来讲,可以从以下几个方面来理解:

第一,中庸意即谨守礼制,不偏不倚,不激不随,恰当适中。"不偏之谓中,不易之谓道。中者,天下之正道。庸者,天下之定理。"(《礼记·中庸》)"中"是不偏不倚,中正,无过不及。庸不易谓之庸,不偏离正常。子贡问师商两人,孔子说:"师也过,商也不及。"子贡又问,师比商是否更好一点,孔子答:"过犹不及。"(《论语·先进》)"过"与"不及"是事物极端的表现,必须通过"中庸"来维持事物的平衡,在政治行为上更要避免"过"与"不及"。

第二,处理事情要把握好分寸,凡事尽心竭力,但不做强求。如孔子主张进谏,但认为不必强谏,谏而不听,臣应适可而止或退以洁身。他说:"所谓大臣者,以道事君,不可则止。"(《论语·先进》)"邦有道则仕,邦无道则可卷而怀之。"(《论语·卫灵公》)"用之则行,舍之则藏。"(《论语·述而》)这里要说明的是,并非在处事过程中遇难而缩,如对待朋友上,孔子提出:"忠告善道之,不可则止,毋自辱焉。"(《论语·颜渊》)其中"忠告而善导之"实际上体现了多次规劝和劝导之意,实在不能起到作用的时候才"止",以不自取其辱。

孔子在强调个人修养方面也特别注重行中庸之道。子曰:"喜怒哀乐之未发,谓之中;发而皆中节,谓之和。中也者,天下之大本也;和也者,天下之达道也。致中和,天地位焉,万物育焉。"人都有喜怒哀乐的情绪,当这些情绪未发泄时,我们的情绪就处于心平气静,中庸平稳;但有时因发生了异常的变故,人就会有情绪的变化和波动,只要是适当、有节制,不过度与激烈的发泄,就是温和平和。这意思是说,人与人相处,行中庸,遇事心

诸子百家——儒家

平气和,包容共济,相互谦让,文明处世,礼貌待人,人们就会减少摩擦与争斗,化解社会矛盾,实现人们的和谐相处。

孔子以"射"来做比喻,说明"中庸",认为"射"的"中"与"不中"的关键在自己主观方面,必须"反求诸其身"(《礼记·中庸》),己心正则己身正,己身正在则矢无不正,射无不中。正己好比仁,射中好比礼,仁是内在修养,礼是外在标准,仁是前提,礼是目的,二者之联结,便是中庸之道。《礼记·仲尼燕居》载:子曰:"礼乎礼,夫礼所以治中也。"这里谈"中",谈怎样才能"中",实际上已经糅进了"仁"的观念。换句话说,"中庸"应是一种内在的修养,应成为君子的自觉追求,而内心的"中庸"就是仁。

孔子授教

5.教育思想

谈到孔子的教育思想,我们首先想到的往往是"学而时习之""温故而知新"这些脍炙人口的名言,实际上这些只是孔子教育思想海洋中的点滴。如前文提到,孔子之前,教育与学术由官府垄断。孔子创办私学,打破了学在官府的垄断;不分贵贱、广收门徒,提出"有教无类"的原则,打破了只有贵族子弟能接受教育的旧传统,在中国教育史上具有划时代的意义。孔子在长期的教育实践中积累了大量丰富有效的经验和做法,现在我们一并来加以分析。

第一,教育目标。孔子的教学目标是培养君子或曰君子儒。即具备"仁""德"思想,"修己以安人""修己以安百姓"(《论语·宪问》),可以做到"穷则独善其身,达则兼济天下"(《论语·微子》),甚至"修身,齐家,治国,平天下"(《论语·微子》)的人才。

第二,教育内容。《史记》载:"孔子以诗书礼乐教。"(《史记·孔子世家》)又有:"子以四教:文、行、忠、信。"(《论语·述而》)其中"诗"、"书"主于"文",是立言的根本,"礼""乐"主于"行",是立身行事乃至"成人"的根本,所谓"兴于诗,立于礼,成于乐。"(《论语·泰伯》)孔子教育他的儿子孔鲤也要学诗、学礼,否则无以立言、立行(见《论语·季氏》)。这是从"独善其身"的自我修养方面说的。儒者在确立这一点后,还强调要"兼济天下",这见诸孔子教育的另一方面的主要内容,即"政事"。政事是以自我修养为基础的,只有"修己"以后,才能进一步"修己以安人""修己以安百姓"(见《论语·宪问》)。只有在完成自我修养的基础上,才可以从事政事,以"兼济天下",否则害人害己。

第三,教育方法。孔子所采用的教育方法,主要是"因材施教"。论语中有这样一个故事:子路与冉有向孔子请教同一个问题,听说了一件事,要不要马上去做?孔子对子路说不可,对冉有却说可以去做。孔子的另一个学生公西华对此产生疑问,孔子解释说:"冉有退缩,故鼓励其进取;子路则勇于进取,故使之知有所退缩。"(《论语·先进》)这个故事就是比较典型的因材施教的例子。孔子的学生之所以各有所长,也正是他因材施教的结果:以"德行"著称的有颜渊、闵子骞、冉伯牛、仲弓,以"言语"著称的有宰我、子贡,以"政事"著称的有冉有、季路,以"文学"著称的有子游、子夏(见《论语·先进》)。这些学生可以说是孔门中比较著名的几位,才能各有特点,应是得益于孔子的"因材施教"。但孔子最重视的还是他们的"德行",如宰我虽以"言语"闻名,但孔子斥之为"不仁",原因是他不行三年之丧而自觉心安理得。子夏以"文学"见长,孔子责之以"汝为君子儒,无为小人儒"(《论语·雍也》)。仲弓长于德行,但讷于言而敏于行,时人评价其只知"仁"而不知"佞"之机变,孔子则称赞仲弓,虽然不一定称得上"仁",但"佞"却是绝不会去作的。(见《论语·公冶长》)此外,孔子注意到启发式教育的作用,他说:"不愤不启,不悱不发,举一隅不以三隅反,亦不复也。"(《论语·述而》)

第四,胸怀天下,以身作则的教学态度。注意运用对历史事件、历史人物、时人、时事的评价以及孔子自己的立身行事,来达到教育学生的目的。对人、事的品评在《论语》中有很多的篇章,不再赘述。至于孔子的立身行事,孔子本人这样对学生说:"二三子,以我为隐乎?吾无隐乎尔,吾无行而不与二三子者,是丘也。"(《论语·述而》)这就是说我之行事,对你们没有什么隐瞒的。在厄于陈蔡之间时,"子路愠见曰:'君子亦有穷乎?'子曰:'君子固穷,小人穷斯滥矣。'"(《论语·卫灵公》)孔子之行事,《论语》中也多有记载,有学生引以为荣的,也有使学生发生质疑甚至于为学生所诟病的,但这种无所隐瞒的坦荡胸怀亦体现了为人师表的心胸。与此同时,孔子要求弟子们端正实事求是的学习态度,"知之为知之,不知为不知,是知也"。当仁不让于师,要求弟子学以成才学以致用。

总之,孔子在其丰富的教学实践的基础上,提出了一套完整的教育理论和教学方法。教育目标是培养君子仁人,教育原则是"有教无类",教学方法是因材施教,采用"循循然善诱"的启发式教育,重视德育,智仁勇并举而以仁为中心,提倡教师以身作则,师生教学相长的教育体系。孔子的思想博大精深,孔子及其创立的儒学思想体系成为其后儒家学者取之不尽用之不竭的思想源泉,在中国古代思想文化发展史上占有显赫而居中制衡、不可取代的历史地位,并在中国历史上发挥了巨大、持久、广泛的影响。

(三)孔子在中国文化史上的地位

只要谈到中国的文化史,无法回避也不可能回避的就是孔子。历史上没有任何一个人物能像孔子一样与中国封建社会的文化历史如此休戚相关,以至于有学者认为"孔子简直成了中华民族传统文化的象征"(任继愈主编《中国哲学发展史》先秦卷)。作为中国文化的巨擘,世界文化的名人,孔子大概也是西方人了解最多和最为熟悉的中国古代伟大的思想家。他曾多次入选"世界十大文化名人"之列,在世界的影响也是十分深远的。

早在汉代,著名的历史学家司马迁就满怀敬慕之情地写道:"适鲁,观仲尼庙堂车服礼器,诸生以时习礼其家,余祇回留之不能去云。天下君主至于贤人众矣,当时则荣,没则已焉。孔子布衣,传十余世,学者宗之。自天子王侯,中国言六艺者折中于夫子,可谓至圣矣!"(《史记·孔子世家》)

这里对于孔子对中国文化发展史的贡献,给予了极高的评价。在孔子的故里曲阜,元代统治者为孔子立的神道碑也说:"先孔子而圣者,非孔子无以明,后孔子而圣者,非孔子无以法。"可见孔子为封建制度立言立法所起到的承先启后的伟大的历史作用,是孔子的名字与思想得以与封建制度共存的原因。对于孔子在中国文化史上的地位,自近代以来,有不少学者认为是历代帝王对于孔子的提倡所致。唐君毅还曾说过这样一段话:"孔子在中国历史文化的地位之形成,初亦不由于帝王或政治上居高位者的提倡,却是主要赖于孔子之弟子后学,及后来各时代在不同的学术文化领域中兴起的突出人物之尊崇。而这些人物之兴起,则经常是当其个人居贫贱之位,在困厄忧患之中,或整个民族生命、文化生命遭遇艰难挫折,人心危疑震撼之时,由对孔子之教,有种种不同的体悟,而自动兴起,求对孔子之学与教,上有所承,下有所启……"(《中国哲学原论·原教篇》)

二、先秦儒家

(一)孟氏之儒

1.学派简述

学术界一般认为,"孟氏之儒"是以孟子为代表的。孟子是战国中期儒家的主要代表人物,他发展了孔子的"仁学"思想,提出了"人性本善"的理论,以及施行"仁政""王道"的政治理想和"民贵君轻"的民本思想等。孟子曾自云:"予未得为孔子徒也,子私淑诸人也。"(《孟子·离娄下》)司马迁在《史记·孟子荀卿列传》中则谓其"受业于子思门人"。荀子在《非十二子》中说"子思唱之,孟轲和之",则"孟氏之儒"又当与"子思之儒"为一系。

2.孟子及其主要思想

孟子(前372年~前289年),名轲,字子舆。战国时期鲁国人,中国古代著名思想家、教育家。孟子继承并发扬了孔子的思想,成为仅次于孔子的一代儒家宗师,有"亚圣"之称。现有《孟子》一书传世,成为儒家经典。

孟子远祖是鲁国贵族孟孙氏,后来家道衰微,迁至邹城。据记载,孟子三岁时父亲逝世,只与母亲相依为命。在孟子小的时候,母亲为了给他一个好的学习环境,曾三次搬家,后人称之为"孟母三迁"。开始,他们住在墓地旁边,孟母看到孟子和邻居玩伴一起学着大人跪拜、哭嚎,觉得对孩子不利,就带着孟子搬到市集旁边居住,孟子又和邻居玩伴学起商人做生意的样子,一会儿鞠躬欢迎客人、一会儿招待客人、一会儿和客人讨价还价,孟母又带着他搬到了学宫附近,孟子开始变得守秩序、懂礼貌、喜欢读书。孟母教子甚严,其"迁地教子""三断机杼",成为千古美谈,《三字经》里有"昔孟母,择邻处"之说。孟子在母亲严格、有效地管教之下,勤奋读书,并立志成材,终于有了后来伟大的成就。

孟子长大后,被孔子的儒家思想所吸引,于是决定离开邹城到孔子所在的陬邑学习,师承子思(一说是师承子思的学生)。孟子继承和发展了孔子的思想,提出一套完整的思想体系,终于名扬天下。邹国和鲁国国君也时常向他请教治国之道。可惜邹、鲁这样的小国,很难实现孟子"仁政"的抱负。孟子周游齐、晋、宋、薛、鲁、滕、梁列国,游说他的"仁政"和"王道"思想。但由于当时诸侯各国忙于战争,他的仁政学说被认为是"迂远而阔于事情",几乎没有人采纳他的治国思想。于是孟子归而与弟子讲学著书,作《孟子》七篇。孟子长于辩论,气势恢宏,时值"百家争鸣"的时代,"杨朱、墨翟之言盈天下",孟子站在儒家立场加以激烈抨击。孟子维护并发展了儒家思想,提出了"仁政"学说和"性善"论观点,坚持以'人'为本。

孟子的地位在宋代以前并不很高。自韩愈的《原道》将孟子列为先秦儒家中唯一继承孔子"道统"的人物开始,出现了一个孟子的"升格运动",孟子的地位才逐渐提升。北宋神宗熙宁四年,《孟子》一书首次被列为科举考试必考科目之一,之后《孟子》一书升格为儒家经典。南宋朱熹将其与《论语》《大学》《中庸》合称为"四书"。元朝至顺元年,孟子被加封为"亚圣公",以后就称为"亚圣",地位仅次于孔子。其思想对后世影响巨大,与孔子思想合称为"孔孟之道"。

(1)性善论

孟子的主要哲学思想,是他的性善论。"性善论"是孟子谈人生和谈政治的理论根据,在他的思想体系中是一个中心环节。《孟子·公孙丑上》:"人皆有不忍人之心。先王有不忍人之心,斯有不忍人之政矣。以不忍人之心,行不忍人之政,治天下可运之掌上。所以谓人皆有不忍人之心者,今人乍见孺子将入于井,皆有怵惕恻隐之心。非所以内交于孺子之父母也,非所以要誉于乡党朋友也,非恶其声而然也。"《孟子·尽心上》:"人之所不学而能者,其良能也;所不虑而知者,其良知也。孩提之童无不知爱其亲者,及其长也,无不知敬其兄也。"孟子从这种"不忍人之心"与先天的"不学而能"论证了人善的"本心",从而确立了性善论。

由本心论本性,由不忍人之心得出"四端"说,即人之有"仁义礼智"四德。"恻隐之心,人皆有之;羞恶之心,人皆有之;恭敬之心,人皆有之;是非之心,人皆有之。恻隐之心,仁也;羞恶之心,义也;恭敬之心,是非之心,智也。仁、义、礼、智,非由外铄我也,我固有之也。"(《孟子·告子上》)他认为"仁、义、礼、智"是人们与生俱来的东西,即将善这种本性看作生而有之的,不是从客观存在着的外部世界所取得的。

諸子百家——儒家

19

"性善论"是一套唯心主义的说法,不过,孟子以"性善论"为人们修养品德和行王道仁政的理论根据。他认为,仁、义、礼、智四者之中,仁、义最为重要;仁、义的基础是孝、悌,而孝、悌是处理父子和兄弟血缘关系的基本的道德规范;他认为如果每个社会成员都用仁义来处理人与人的各种关系,封建秩序的稳定和天下的统一就有了可靠保证,这对于古代君主修德政具有一定程度的积极意义。

　　(2)民贵君轻

　　"民贵君轻"是孟子提出的社会政治思想,是他关于仁政学说的核心,孟子曰:"民为贵,社稷次之,君为轻。是故得乎丘民而为天子,得乎天子为诸侯,得乎诸侯为大夫。诸侯危社稷,则变置。"(《孟子·尽心下》)他鲜明地提出了关于民众、国家、君王之间关系的主张,成为我国民本主义思想中最具代表性的观点。孟子十分重视民心的向背,认为如何对待人民这一问题,对于国家的治乱兴亡具有极端的重要性,他通过大量历史事例反复阐述这是关乎得天下与失天下的关键问题。

　　养民第一,制民之产。"不违农时,谷不可胜食也;数罟不入洿池,鱼鳖不可胜食也;斧斤以时入山林,材木不可胜用也。谷与鱼鳖不可胜食,林木不可胜用,是使民养生丧死无憾也。养生丧死无憾,王道之始也。五亩之宅,树之以桑,五十者可以衣帛矣。鸡豚狗彘之畜,无失其时,七十者可以食肉矣。百亩之田,勿夺其时,数口之家可以无饥矣。谨庠序之教,申之以孝悌之义,颁白者不负戴于道路矣。七十者衣帛食肉,黎民不饥不寒,然而不王者,未之有也。"(《孟子·梁惠王上》)强调养民畜民的重要性,且在教化之先。"今也制民之产,仰不足以事父母,俯不足以畜妻子,乐岁终身苦,凶年不免于死亡。此唯救死而恐不赡,奚暇治礼义哉?"(《孟子·梁惠王上》)

　　孟子在当时激烈的社会政治经济环境当中,看到了民心的向背对于国家政权的安稳的决定性意义,所以他特别强调"得其民斯得天下"(《孟子·离娄上》)。孟子认为对于失掉民心的天子、诸侯可以"变置",关注的不是君王的威严,而是民众的意志;不是统治者的权益,而是民众的命运。这在政治上突出了统治者实行"仁政"的必要性,在道义上肯定了民众反抗、推翻暴君的正义性,在当时是一个了不起的进步。尽管在长达两千多年的封建社会中,"民贵君轻"的思想不可能得到真正意义上的贯彻,但是孟子的"性善论"为仁政的实现提供了理论依据,在一定程度上对统治者起了制约作用。

　　(3)仁政学说

　　《孟子》一书总共不过三万五千字,但光"仁"字就出现了150次,可见孟子对"仁"的重视程度。针对春秋战国时代连年战争、生民涂炭的现实,孟子继承并发展了孔子的仁学思想,还从中阐发出了"仁政"理论,使之成为代表的一整套社会政治主张,对两千年来中国封建社会的历史产生了异乎寻常的影响。仁政学说是孟子政治思想的核心和主要特征,推而广之甚至可以说是整个儒家政治思想的标志。

　　按照思想自身发展的逻辑,从纵的方面来说,孟子的政治思想是对孔子"为政以德"思想的继承与发展;从横的方面来说,孟子的政治思想是从他的性善论发展而来,人都有不忍人之心,实行于政治方面,就是不忍人之政,亦即仁政。孟子的仁政思想比孔子的德

诸子百家——儒家

政有更多具体的内容，包括经济、政治、教育以及统一天下的途径等，其中贯穿着一条民本思想的线索。仁政的核心是政治方面的重民，如前文所提，孟子提出了"民为贵，社稷次之，君为轻"（《孟子·尽心下》）的伟大思想。经济方面，孟子认为仁政的基础是"养民"，方式是制民之产，孟子强调保护小农经济，以此来维持和改善老百姓的生计，从而奠定政权稳定的基础。孟子把伦理和政治紧密结合起来，强调道德修养是搞好政治的根本。他说："天下之本在国，国之本在家，家之本在身。"后来《大学》提出的"修齐治平"就是根据孟子的这种思想发展而来的。刑法方面，孟子针对当时刑罚严苛的局面，提出省刑罚的主张；特别值得一提的是，孟子反对株连，提出"罪人不孥"，这一主张贯彻了儒家的仁爱思想，具有进步性，对中国历史和民族文化性格的形成具有重大影响。

孟子认为，这是一种最理想的政治，如果统治者实行仁政，可以得到人民的衷心拥护；反之，如果不顾人民死活，推行暴政，将会失去民心而变成独夫民贼，被人民推翻。孟子仁政的政治思想，关注了人民生存的权利。孟子的仁政继承与发展了孔子关于仁的思想，是中国古代思想发展史上的一座丰碑。

（二）孙氏之儒

1.学派简述

学术界一般认为"孙氏之儒"就是以荀子为代表的一派。荀子是战国晚期儒家的主要代表人物，他继承了孔子的治学传统，是儒家经学的主要传播者之一；在政治思想上发展了孔子的"礼学"，倡言礼法兼治；哲学上主张"天人相分""制天命而用之"；认为"人之性恶，其善者伪也"，强调后天学习的重要性。孙氏之儒中除那些传承荀子经学的弟子之外，有名者是韩非和李斯，但他们两人已经突破了其老师荀子的儒家学派的界限，而成为法家的代表人物。

2.荀子及其主要思想

荀子（前313～前238年）名况，字卿，因避西汉宣帝刘询讳，因"荀"与"孙"二字古音相通，故又称孙卿，战国末期赵国人，儒家代表人物之一。荀子一生在各国游历，晚年从事教学和著述，对重整儒家典籍也有相当的贡献。

据说，荀子20岁时，就已在燕国从事政治，后适齐。公元前285年，齐闵王灭掉了宋国，夸耀武功，不尚德治，荀子曾进行诤谏，但未被采纳，于是他就离齐赴楚。次年，燕将乐毅率燕、赵、韩、魏、秦王国之师攻齐，陷齐都临淄，齐国几至灭亡。后齐将田单乘燕惠王用骑劫代乐毅为将之机，向燕军发起反攻，一举收复失地，"迎襄王于莒，入于临淄"。齐襄王复国后，吸取先王的教训，又招集亡散的学士，重整稷下学宫，"修列大夫之缺"。这时，荀子在楚国，正逢秦将白起攻楚，陷郢烧夷陵，举国大乱，楚人仓皇迁都于陈。荀子在战乱中离楚来齐，参加稷下学宫的恢复重建工作。荀子凭借他的学识和才德，在复办的稷下学宫中"最为老师""三为祭酒"，成为稷下学宫当之无愧的领袖。

公元前264年，齐襄王死，荀子在齐更不得志，秦国于此时聘请他入秦，荀子遂离齐赴秦，对秦国的政治、军事、民情风俗以及自然地形等都进行了考察。他建议秦昭王重用

諸子百家——儒家

儒士，"力术止、义术行"。秦昭王虽然口头称善，但他事实上正忙于兼并战争，所以没有真正采纳他的建议，于是荀子又离开秦地。

公元前259至257年间，荀子曾在赵与临武君在赵孝成王前议兵，提出了"善用兵者""在乎善附民"的主张，以"王兵"折服了临武君的"诈兵"，使赵孝成王和临武君都不得不称"善"（《荀子·议兵》）。但处于"争于气力"的当时，赵王"卒不能用"。于是他只好离开父母之邦而又回到齐国。

齐国这时的朝政由"君王后"（襄王后）控制。荀子向齐相进言，论述齐国内外大势，劝他"求仁厚明通之君子而托王焉与之参国政、正是非"，并对"女主乱之宫，诈臣乱之朝，贪吏乱之官"的弊政进行了批评。结果，正如《史记·孟子荀卿列传》所载："齐人或谗荀卿，荀卿乃适楚，而春申君以为兰陵令。"荀子直言进谏反而受到了谗言的攻击，因此他在齐国再也呆不下去了。于是他转而赴楚，正碰上楚灭鲁新得兰陵之地，因而被春申君任命为兰陵令。荀子在楚为兰陵令也不是一帆风顺的。他任职不久，就有人向春申君进谗，于是他只好离楚而回到赵国。在家邦，荀子这次得到了较高的礼遇，被任为"上卿"或"上客"。楚人听到后，就劝谏春申君，春申君又"使人请孙子于赵"。荀子致信辞谢，对楚政多所批评。春申君深为后悔，又一再坚请。可能是为春申君的诚意所动，荀子又回到楚国，复任兰陵令。

公元前238年，楚考烈王卒，李国伏死士杀春申君。荀子失去政治上的依靠，废官居家于兰陵——"著数万言而卒，因葬兰陵"，其寿可能高达百岁。

荀子的著作，见于《荀子》一书。《劝学》《修身》《不苟》《非十二子》《天论》《正名》《性恶》等22篇，都为荀子亲著。其他10篇，有的为荀子弟子所论，有的为荀子所纂辑的资料，它们都是我们研究荀子的思想和事迹的主要材料。

（1）性恶论

《荀子·性恶》中，荀子认为人性有两部分：性和伪。性是人先天的动物本能，是恶；伪是人后天的礼乐教化，是善。性（动物本能）的实质是各种欲望，如果顺从性，人就会为满足欲望不择手段，导致道德沦丧、天下大乱。圣人知道性是恶的，所以创制礼义道德，"化性起伪"，用伪取代性，使人变善。

那么为什么要伪？善有什么用？《荀子·王制》中又说：论力气，人不如牛；论速度，人不如马，然而人却驯化了牛马为己所用，这是为什么？因为人能组成社会，团结一致，而牛马等兽类不能。人为什么能组成社会？因为人有道德（义），有了道德，就能组成牢固的社会，使人的力量大增，人类繁荣发展，幸福生活。道德的作用就是维持社会内部秩序，构建"和谐社会"。这就是伪的作用。伪（礼义道德）能维持社会的正常秩序，保证人类的生存。

（2）隆礼重法

荀子的"性恶"论为其"隆礼重法"主张提供了哲学论证。

荀子的政治思想是重视"礼"学的，这似乎是继承了孔子的思想传统。其实，荀子对孔子的"礼"学进行了历史的改造，他重新解释了"礼"的产生与社会功能。他提出："礼起于何也?"曰:"人生而有欲,欲而不得,则不能无求,求而变量分界,则不能不争,争则乱,乱则穷。先王恶其乱也,故制礼义分之欲,以养人之欲,两者相持而长,是礼之所起也。"(《礼论》)很明显,荀子把"礼"解释为调解财产关系,调解社会关系的伦理范畴和标准。这是一种新生活的思想,是在酝酿一种新兴制度的诞生。荀子的"礼"已经包含了"法"的思想,所以他的"法"实际上也就是在封建社会中起不成文的"法"的作用,这就是有了调和礼法的倾向。他也曾明确说:"礼者,法之大分,群类之纲纪者也。"(《劝学》)因此他提出的治国指导思想或治国的思想纲领便是:"隆礼重法,则国有常,尚贤使能,则民知方。"(《君道》)又说:"君人者,隆礼尊贤而立重法爱民而霸。"(《大略》)

当人们把儒学与秦代联系在一起的时候,一般所想到的就是"焚书坑儒"。秦代往往被看成儒学发展的灾难性时刻。所谓:"及至秦之季世,焚《诗》《书》,坑术士,六艺从此缺焉。"(《史记·儒林列传》)实际上,秦人对以儒家为代表的礼乐文化也是采取了吸收的态度,秦始皇本人对秦人低下的文化程度有着清醒的认识,所以他也试图加以改变。他在坑儒之后说"召文学方术之士甚众,欲以兴太平"。这并不是一句空话,他的确是有所作为的,而以儒学为代表的礼乐文化在秦代也有着巨大的发展,主要表现在博士官的设置和儒家经典的整理和传播等方面。秦代是汉代儒学转换的奠基、酝酿时期,是中国学术传流中极其重要的一环。

三、汉代儒家

(一) 今文经学

1.学派简述

承秦制的汉王朝,以"除秦苛法"为号召收拢民心,从而为自己取得一个较为稳固的统治基础。与这种政治需要相适应,在思想方面,汉初统治集团便推崇黄老,以"无为"之道来折中法家的严酷。这时,儒学并未受统治者的真正重视。不过,儒学的处境,总比秦时有所改善,作为一种学术得到了官方的庇护,少数传授儒学经籍的人还当上了朝廷的经学博士。几乎湮没的儒学,又逐渐复苏。后来在孔子故居又发现隐藏的一部分儒经,以孔子时代的蝌蚪文记载,刘歆做了整理,称古文经学。汉朝时,五经通过年迈儒者的口述得到复原,以汉隶书写,称今文经学。此派中最初传经的以齐地人居多,他们的传经之学便又叫"齐学"。这种"齐学",受战国时齐人邹衍一派阴阳五行家的影响很深,所以他们传授的儒学中感染了阴阳五行的色彩,从而形成了一种神学化的儒学。其中,董仲舒作为今文经学的重要代表人物,是西汉儒学不容回避的标志性人物。

2.董仲舒及其主要思想

董仲舒(前179年~前104年),西汉时期著名的思想家,今文经学代表人物。汉武帝元光元年任江都易王刘非国相;元朔四年(前125),任胶西王刘端国相,4年后辞职回家。此后,居家著书,朝廷每有大议,令使者及廷尉就其家而问之,仍受武帝尊重。

汉初以黄老"无为"思想补法家严苛峻急之弊,取得了经济发展的成绩,但也逐步酿成权力分散,诸侯专恣,威胁中央皇权的严重危机。贾谊、晁错诸人向皇帝出谋献策,力主"强干弱枝",加强君主集权,削弱群藩——矛盾的发展,终于爆发了"七国之乱",这一切都表明"无为而治"的政策已经需要改变。武帝时,汉王朝凭借经济上的雄厚条件,决定改行"有为而治"的政策,重新加强君主集权。继秦始皇之后,中国历史上又一次出现鼓吹极端君主专制的高潮。儒学适应这种变化,取代了黄老的地位,而被"独尊";而倡导"独尊儒术"的第一人就是董仲舒,正所谓"天人三策称圣意,董生一举天下知"。

(1)天人感应,君权神授

天人关系说先秦时就有之,但董仲舒杂糅诸家,加以发展,吸收了阴阳五行学说和对自然现象的比附来详尽论证,将这个学说发展成为天人感应学说。董仲舒认为《春秋》一书记录了几百年的天象资料,所以后世灾异要以《春秋》为根据来解释。他通过援引阴阳五行学说解释《春秋》考察其中与天灾人事的联系,从而建立起"天人感应"学说。

董仲舒的"君权神授"思想以"天人感应"论为基础。董仲舒认为有"天命""天志""天意"存在,认为:"天者,万物之祖,万物非天不生。""唯天子受命于天,天下受命于天子。"(《春秋繁露·为人者天》)天是宇宙间的最高主宰,天有着绝对权威,人为天所造,人符天数,天人合一,于是天命在论证君主权威的重要性方面得到了空前提高。把君权建筑在天恩眷顾基础上,君权乃天所授。人君受命于天,奉天承运,进行统治,代表天的意志治理人世,一切臣民都应绝对服从君主,"屈民而伸君,屈君而伸天"(《春秋繁露·玉杯》),从而使君主的权威绝对神圣化。这有利于维护皇权,构建大一统的政治局面。

天人感应在肯定君权神授的同时,又以天象示警,异灾谴告来鞭策约束帝王的行为。认为:"国家将有失道之败,而天乃先出灾害以谴告之,不知自省,又出怪异以警惧之,尚不知变,而伤败乃至。"(《汉书·董仲舒传》)这就使得臣下有机会利用灾祥天变来规谏君主应法天之德行,实行仁政;君王应受上天约束,不能为所欲为,这在君主专制时期无疑具有制约皇权的作用,有利于政治制约和平衡。

"天人感应"为历代王朝帝王所尊崇,影响深远。天人感应对皇帝的警策作用,据《汉书》《后汉书》记载,汉宣帝、汉元帝、汉成帝、光武帝等几个皇帝,在出现日食、旱灾、蝗灾、洪灾、地震等灾异时,都下"罪己诏"。后世皇帝每逢灾荒年实行免租减赋、开仓赈灾等措施,无不深受"天人感应"思想的影响。

(2)罢黜百家,独尊儒术

一方面董仲舒通过君权神授论竭力为君权的合理性做出证明,树立君主的绝对权威,以此依托君权来确立儒家的正统地位。另一方面儒家又通过天人感应论,假上天之威,对皇帝言行提出要求,皇帝必须时刻注意天的喜怒哀乐,按上天的旨意来行事。而"天意"的解释权则牢牢被儒生抓在手中,这样就实现了儒家对君权的限制和控制。儒家与权力的结合使得儒家对整个社会的影响力和对入仕者的吸引力大大增强。

在治国方面,董仲舒言道:"天道之大者在阴阳。阳为德,阴为刑;刑主杀而德主生。是故阳常居大夏,而以生育养长为事;阴常居大冬,而积于空虚不用之处。以此见天之任德不任刑也。天道有阴阳,人间有德刑。天以阳气为主,以生养为德;人亦应以德政为生以生成为意。……今废先王德教之官,而独任执法之吏治民,毋乃任刑之意与。孔子曰:'不教而诛谓之虐。'虐政用于下'而欲德教之被四海,故难成也。"(《汉书·董仲舒传》)

因此他主张"德主刑辅、重德远刑",并以春秋决狱,来匡正律令严峻的弊病。认为人君应当施仁政。董仲舒的德主要是指人伦纲常。孔孟认为人间有五伦,所谓君臣、父子、夫妇、兄弟和朋友。而董仲舒则择其要者改为"三纲",君为臣纲、父为子纲、夫为妻纲。再将原先儒家主张的五种德性(仁、义、礼、智、信)合为"五常"。并认为三纲五常可求于天,不能改变。"三纲五常"历来被视为封建社会伦理秩序的根基。但是在同时又起到了制衡君主权力这样一个目的,"三纲"里的"父为子纲",使得皇帝(天子)也要"事天以孝道",皇帝也必须信奉天人感应,施行仁政。

董仲舒所提倡的"罢黜百家,独尊儒术"也不是单纯以尊儒为目的的,它的目的是树立一种国家唯一的统治思想,用思想上的统一来为政治上的大一统服务。他对汉武帝说过这样一段话:"《春秋》大一统者,天地之常经,古今之通谊也。今师异道,人异论,百家殊方,指意不同,是以上亡以持一统,法制数变,下不知所守。臣愚以为诸不在六艺之科,孔子之道者,皆绝其道,勿使并进,邪辟之说灭息,然后统纪可一而法度可明,民知所从矣。"(《汉书·董仲舒传》)此外,在教育思想上,董仲舒提倡建立太学,改革人才选拔制度。为儒生进入政治权力机构,参与权力运作,提供了便利条件,儒生逐渐成为政治思想界的决定性力量,有力地维护了儒家的独尊地位。

儒学在董仲舒之后赢得了"独尊"的地位,但钱穆先生认为这种"独尊"无论在政治主张上,还是在理论形态上,都大大背离了孔子儒学的原貌。从董仲舒起,以后的儒学政治学说,已经再也不是孔子和孟子学说的原本状态了,而是采择和拼凑儒法两家政治观点的混合物。这是历史上儒法思想的第二次大交流。正是由于法家的政治主张已为儒学所融汇,所以从董仲舒以后,法家就再也没有作为一个与儒家相对立的独立的学派在历史舞台上出现过。董仲舒对这套政治主张的理论表述,是采取宗教化的神学形态,谶纬迷信之风到西汉末年便盛行起来。东汉章帝时召开的"白虎观会议",名义上是为了"讲议《五经》异同",事实上则是借皇帝的威势,用图谶纬书来妄断经义。官方儒学至此完全丧失了理论上和学术上的价值,堕落成专言灾异祥瑞的宗教巫术。

(二)古文经学

东汉末古文经学盛行,陆续出现过马融、郑玄等名家。他们力图调和古今文之争,建立统一的经学,在经学训诂上颇有成就,在理论上却无所建树,更谈不上结束神学化儒学的统治了。

东汉末年爆发了黄巾大起义。起义的农民以道教的口号动员和组织群众,并以此与官方的神学化儒学相抗衡,起义虽归失败,但东汉王朝却在起义的烈火中被埋葬,儒学的尊严也扫地以尽。拥兵割据的军阀们,转向探求如何富强的法术。同时,被披上道教外衣的老、庄思想,也重新活跃起来,从而一步步演化出魏晋间玄学风靡一时的新局面。何晏、王弼等以老子哲学解《易》,援道入儒;嵇康,阮籍则公然师法老、庄,反对礼义。在"名教"与"自然"这种似乎纯哲理的争论后面,隐藏着地主阶级不同阶层、不同集团间利益上的冲突。从传统思想的消长盛衰上看,老、庄思想昌盛了,儒学沉寂下去了,儒、道交流结合而成的玄学,已经没有多少儒学的真实内容。这是汉代儒学独尊局面的否定。不过,它也透露出一种趋势:儒道的合流是不可避免的,用老庄的思辨哲学来补充、解释、阐发儒学的政治观和伦理观,恰是统治思想解脱危机的一条出路。

佛教自东汉时传入中国,到南北朝时期空前兴盛,与儒、道鼎足而立。儒学又添了一个强大的外来竞争对手。儒、佛、道之间经过长时期的反复较量,互相排斥又互相吸取。一度形成"三教合一"的局面。但那只是反映出统治者的一种愿望,并没有真正做到理论上的融合。唐初,太宗命孔颖达修《五经正义》、颜师古考定《五经》文字,没有突破汉末古文经学训诂的窠臼。不过,在唐代这个中国封建文化的鼎盛时期,儒、佛、道之间具备了一个充分交流思想的好条件。盛唐时,儒生讲习佛、老哲理,已成风尚。僧人而通儒学的,也多起来。这种儒、佛、道融合的新场面,恰恰在韩愈为主要代表的保卫"道统"、排斥佛教的运动中,奇异地拉开了序幕。柳宗元直接主张儒、佛、道的合一,韩愈却以"纯正不二"的儒学道统继承者的面目奠定了自己在儒学历史上的地位。

四、宋、明儒家

(一)程朱理学

1.学派简述

程朱理学亦称程朱道学,是宋明理学的主要派别之一,也是理学各派中对后世影响最大的学派之一,由北宋二程(程颢、程颐)兄弟创立。二程曾同学于北宋理学开山大师周敦颐,著作被后人合编为《河南程氏遗书》。他们把"理"或"天理"视做哲学的最高范畴,认为理无所不在,不生不灭,不仅是世界的本源,也是社会生活的最高准则。在穷理方法上,程颢"主静",强调"正心诚意";程颐"主敬",强调"格物致知"。在人性论上,二程主张"去人欲,存天理",并深入阐释这一观点使之更加系统化。二程学说的出现,标志着宋代理学思想体系的正式形成。

二程的思想经过弟子杨时,再传罗从彦,三传李侗的传承,到南宋朱熹完成,由于朱熹是这一派的最大代表,故又简称为朱子理学。朱熹继承和发展了二程思想,建立了一个完整而精致的客观唯心主义的思想体系。他认为,太极是宇宙的根本和本体,太极本身包含了理与气,理在先,气在后。太极之理是一切理的综合,它至善至美,超越时空,是"万善"的道德标准。在人性论上,朱熹认为人有"天命之性"和"气质之性",前者源于太极之理,是绝对的善;后者则有清浊之分,善恶之别。人们应该通过"居敬""穷理"来变化气质。朱熹还把理推及人类社会历史,认为"三纲五常"都是理的"流行",人们应当"去人欲,存天理",自觉遵守三纲五常的封建道德规范。朱熹学说的出现,标志着理学发展到了成熟的阶段。

宋元明清时期，历代统治者多将二程和朱熹的理学思想扶为官方统治思想，程朱理学也因此成为人们日常言行的是非标准和识理践履的主要内容。在南宋以后六百多年的历史进程中，程朱理学在促进人们的理论思维、教育人们知书识礼、陶冶人们的情操、维护社会稳定、推动历史进步等方面，发挥了积极的作用。同时，它对中国封建社会后期的历史和文化发展，也有巨大的负面影响。不少人把程朱理学视为猎取功名的敲门砖，他们死抱一字一义的说教，致使理学发展越来越脱离实际，成为于事无补的空言，成为束缚人们手脚的教条。元明清时期，科举考试都以朱熹的理学内容为考试题目，对思想产生了很大的影响。清代中期，戴震批判朱熹理学"酷吏以法杀人，后儒以理杀人"。

程朱理学是儒学发展的重要阶段，适应了封建社会从前期向后期发展的转变，封建专制主义进一步增强的需要，他们以儒学为宗，吸收佛、道，将天理、仁政、人伦、人欲内在统一起来，使儒学走向政治哲学化，为封建等级特权的统治提供了更为精细的理论指导，适应了增强思想上专制的需要，深得统治者的欢心，成为南宋之后的官学。故如对宋明理学的概念不做特别规定的话，在通常的意义上便是指程朱一派的理学。

2.朱熹及其主要思想

朱熹（1130～1200年），字元晦，一字仲晦，号晦庵、晦翁、考亭先生、云谷老人、沧州病叟、逆翁，南宋江南东路徽州府婺源县（今江西省婺源）人。南宋著名的理学家、思想家、哲学家、教育家、诗人、闽学派的代表人物，世称朱子，是孔子、孟子以来最杰出的弘扬儒学的大师。

朱熹出生于南宋高宗建炎四年，14岁时，遵父遗命，师事刘子翚等人，随母迁居建阳崇安县。十九岁时，以建阳籍参加乡试、贡试，荣登进士榜。历仕高宗、孝宗、光宗、宁宗四朝，曾任知南康，提典江西刑狱公事、秘阁修撰等职。为政期间，申敕令，惩奸吏，治绩显赫。31岁时，朱熹正式拜程颐的三传弟子李侗为师，专心儒学。朱熹在"白鹿国学"的基础上，建立白鹿洞书院，订立《学规》，讲学授徒，宣扬道学。在潭州修复岳麓书院，讲学以穷理致知、反躬践实以及居敬为主旨。他继承二程，又独立发挥，形成了自己的体系。朱熹在从事教育期间，对于经学、史学、文学、佛学、道教以及自然科学，都有所涉及或有著述，著作广博宏富。庆元三年，韩侂胄擅权，排斥赵汝愚，朱熹也被革职回家，庆元六年病逝。嘉定二年诏赐遗表恩泽，谥曰"文"，赠中大夫，特赠宝谟阁直学士。理宗宝庆三年，赠太师，追封信国公，改徽国公。

朱熹是中国文化史上的巨人，是"理"学的集大成者，其思想被视为儒家正统，支配中国思想界达六百年之久。他的思想体系庞大，对多个学科都有所建树。朱熹在探究和阐释中国传统哲学时所使用的基本术语如天理人欲、道心人心、形而上形而下、动静、道器、性情等等，都是围绕着"理"来展开的。他的思想缜密严谨，"理"的本体性贯穿一切。朱熹在追求"天理"的同时，把"人欲"看成是求"天理"道路上的最大障碍。于是，朱熹提出"灭人欲"的思想主张，并把它看作"成圣"的必要途径。

（1）天理论

朱熹继承了二程的理本论思想，以"理"为其最高范畴，通过对"理"与"气"关系的研究和展开，建立起自身庞大而成熟的哲学体系。他的天理论，则是这一哲学体系的理论基石。

　　他首先说明理与天下万物的关系，提出了理在事上、理在事中的观点。他说："理也者，形而上之道也。"（《朱文公文集·卷五十八》）认为日月星辰，山川草木，人物禽兽，皆为形而下之器。同时，这形而下之器之中，便各自有个道理，此便是形而上之道。在他看来，理是抽象的普遍原则，并且理具有"无情意、无计度、无造作"（《朱子语类·卷一百二十六》）的超意志特征，和"无所适而不在"（《朱子语类·卷七十》）的超时空特征；普遍之理又存在于具体事物之中，天下没有理外之物，如他举例说，阶砖有阶砖之理，竹椅有竹椅之理。形而上的理，何以在事物之上之先？朱熹从理为本体角度回答了这一问题。他说："若在理上看，则虽未有物而已有物之理。然亦但有其理而已，未尝实有是物也。"（《朱文公文集·卷四十》）这即是说，在世界本原的理那里，其本然状态便内含了物之理，它存在于天地万物之先，而万物则是理之后由理所派生形成。他进而说："未有天地之先，毕竟也只是理。万一山河大地都陷了，毕竟理却只在这里。"（《朱子语类·卷一》）他强调在万物生成之前，理已存在，而且不依具体事物的转化灭亡为转移，理具有永恒独立的普遍性质。

諸子百家——儒家

　　朱熹从他的理气关系理论出发，提出"理"决定"气"，理气结合构成天下万物。何谓理气？他说："理也者，形而上之道也，生物之本也。气也者，形而下之器也，生物之具也。是以人物之先，必禀此理然后有性，必禀此气然后有形。"（《朱文公文集·卷五十八》）这就是说，理与气两大因素，是道器对置关系，任何器物都离不开二者。"理"是产生万物的本质根据，气是构成万物的物质材料，观念性本体的理与物质材料的气彼此结合，便形成了天地万物。这里，朱熹把张载视作世界本原的"气"，作为第二性的亚层次，与二程视作宇宙总则的"理"，联结为一个不可分割的统一体。在理气统一体内，"理"是第一性的，是道是本；"气"是第二性的，是器是用。他以此克服张载重气轻理、二程重理轻气的各执一偏的片面性，形成自己的理气说。

　　朱熹天理论，是天人合一于"理"的学说。"理"，既指万物的所以然规律，又指孝亲事兄所当然的道德原则。他说："天下之物，则必各有所以然之故与所当然之则，所谓理也。"（《大学或问·卷一》）他认为，宇宙规律与社会道德，二者由天理所赋予，存在所当然的现实指令和所以然的本质规律。如讲孝亲事兄是当然之则，究其孝与事的原因，则是属所以然的规律。朱熹无意构造自然哲学的纯理论，他所主张的是以天理的所以然规律，论证说明其所当然的道德律令。他说："君臣父子夫妇长幼朋友之常，是皆必有当然之则而不容已，所谓理也。"又说："理则为仁义礼智。"（《大学或问》）可见，朱熹的"理"本体是直接投射和服务于现实社会生活的，是为维护基本的封建制度，为在封建秩序下处理人世五伦关系而规定的现实道德指令。

　　（2）人欲论

　　朱熹认为："人物之生，必禀此理，然后有性；必禀此气，然后有形。"（《答黄道夫》）也就是说，人的本性从"理"来，人的形体从"气"来，这是承接了张载的学说进而扩充了自己的关于"人性的理论"，他认为："天之生此人，无不与之以仁义礼智之理，亦何尝人不善？但欲生此物，必须有气，然后此物有以聚而成质；而气之为物，有清明昏浊之不同，禀其清明之气，而无物欲之累，则为圣；禀其清明而无纯全，则未免微有物欲之累，而能克以去之，则为贤；禀其昏浊之气，又为物欲之所蔽而不能去。则为愚，为不肖。是皆气禀物欲之所为，而性之善未尝不同也。"（《玉山讲义》）

由此可以看出，朱熹认为人所禀受的气有清浊之分，"天命之性"的气是禀清的，因而是善的，所以他认为"天命之性"就是"天理"，是无有不善的；而"气质之性"的气有清有浊，因而是善恶相混的，所以他认为"气质之性"是受到外界的物欲的诱惑和牵累，是产生"欲"的根源，是有善有恶的。《尚书·大禹谟》云："人心唯危，道心唯微，唯精唯一，允执厥中。"意思是："人心"是人对声色名利的欲望追求而产生贪嗔痴爱的不良念头，使人人自危而贪图安逸；"道心"是正大之心天地自然之心，儒家称之为良知、良能、止于至善之心。"唯精唯一"就是要集中精神，以审慎细致的思维，回归先天道心之一性，才能"允执厥中"，使言行符合不偏不倚的中正之道。所以，朱熹把"天命之性"看成是"道心"，把"气质之性"看成是"人心"，朱熹要使"人心"回归"道心"，克服不善的思想和行为，就要克服"气质之性"所带来的物欲，所以"人之一心，天理存，则人欲亡；人欲胜，则天理灭。"（《朱子语类·卷十三》）"学者须是革尽人欲，复尽天理，方始是学。"（《朱子语类·卷十三》）有人问朱熹："饮食之间，孰为天理，孰为人欲？"他回答说："饮食者，天理也；要求美味，人欲也。"（《朱子语类·卷十三》）在朱熹看来，人们对美味的需求也是"人欲"的表现，因而要抛弃。可是人类社会的发展演变，正是建立在人们欲望的不断呈现和满足的基础上的。没有"人欲"，也就很难有社会的进步。无论如何，"人欲"的消极意义也是显而易见的，人们的争夺厮杀以及相互欺诈，都往往和"人欲"的膨胀息息相关。

在程朱理学发展的同时，还兴起一个强调"以利和义"，反对义利对立的儒家学派，称为事功学派，不过没有成为主流。事功学派源于王安石"为天下国家之用"的实用思想，包括以叶适为代表的永嘉学派和以陈亮为代表的永康学派，与理学相抗衡并在乾道、淳熙间形成鼎盛之势。他们认为理学家空谈"性与天命"，对其"静坐""存养"功夫尤为不满。倡言功利，赞许"三舍法"，主张习百家之学、考订历代典章名物，以培养对社会有实际作为的人才。其学说开启了明末清初颜元、黄宗羲、王夫之等的启蒙教育思想。

（二）陆王心学

1.学派简述

宋明时期以陆九渊、王守仁为代表的唯心主义哲学流派。南宋时，陆九渊倡言心即理，针对朱熹等人的"理"在人心之外、"即物"才可"穷理"的理论，提出"发明本心""收其放小"的"简易""直捷"主张。他还同朱熹辩论过"无极""太极"等问题，成为与朱熹一派理学相持对立的一家，被称为"心学"。

这里还有一个著名的"鹅城之会"的故事。宋淳熙二年六月，朱熹曾与陆九渊在信州鹅湖寺相聚,就两学派之间的哲学分歧展开辩论。在认识论的问题上,朱熹强调"格物致知",认为格物就是穷尽事物之理,致知就是推致其知以至其极。并认为,"致知格物只是一事",是认识的两个方面。主张多读书,多观察事物,根据经验,加以分析、综合与归纳,然后得出结论。陆氏兄弟则从"心即理"出发,认为格物就是体认本心。主张"发明本心",心明则万事万物的道理自然贯通,不必多读书,也不必忙于考察外界事物,去此心之蔽,就可以通晓事理,所以尊德性,养心神是最重要的,反对多做读书穷理之工夫,以为读书不是成为至贤的必由之路。会上,双方各执己见,互不相让。此次"鹅湖之会",双方争议了三天,陆氏兄弟略占上风,但最终结果却是不欢而散。

由此可见,陆九渊与程朱理学不同,另有一套"明心见性""心即是理"的哲学观点,经明朝王阳明又发展为心学。陆九渊弟子很多,著名的有杨简、袁燮等人,杨简将"心即理"进一步发展成为"万物唯我"的唯我主义。宋代以后,由于程朱理学成为官方统治思想,陆学影响不如朱学大。

2.王守仁及其主要思想

王守仁(1472~1529年),字伯安,别号阳明,生于明宪宗成化八年,汉族,浙江余姚人,因被贬贵州时曾于阳明洞(今贵阳市修文县)学习,世称阳明先生、王阳明是我国明代著名的文学家、哲学家、思想家、政治家和军事家,是二程、朱、陆后的另一位大儒,"心学"流派的重要代表人物。

相传,守仁娠十四月而生。祖母梦神人自云中送儿下,因名云。五岁不能言,异人拊之,更名守仁,乃言。年十五,访客居庸、山海关,纵观山川形胜。弱冠举乡试,学大进。顾益好言兵,且善射。登弘治十二年进士。第二年,授刑部云南清吏司主事,后改兵部主事。弘治十八年,先生"专志授徒讲学",和湛甘泉结交,"共以倡明圣学为事"。正德元年,一度被权宦刘瑾排挤,谪贵州龙场驿驿丞。历任江西吉安府庐陵县知县、南京太仆寺少卿及都察院左金都御史,巡抚南赣,平定漳州詹师富、大帽山卢珂、大庾陈日龙、横水谢志珊、桶冈蓝天凤、浰头池仲容等匪徒暴乱。后因宦官许泰、张忠谗言,非但无功,反遭诬获咎,太监张永设法得以免祸,即称病居西湖净慈寺、九华山诸寺院。正德十六年初,始于南昌揭示"致良知"学说,终完成"心学"体系。六月升南京兵部尚书,九月归姚,会七十四弟子于龙泉山中山阁,指示"良知"之说。嘉靖六年,卒于江西南安青龙浦舟中,享年56岁,著有《王文成公全书》《阳明全书》行世。

王守仁集心学之大成,在继承思孟学派的"尽心""良知"和陆九渊的"心即理"等学说的基础上,批判地吸收了朱熹那种超感性的先验范畴的"理"为本体学说,创立了王学,或称阳明心学。王守仁的心学体系,主要包括"心即理""知行合一"以及"致良知"三个命题。

(1)心即理

"心即理"是王守仁心学体系的基础。他对"心"的界说是:"身之主宰便是合,心之所发便是意,意之本体便是知,意之所在便是物。"(《传习录》)"耳目口鼻四肢,身也,非心安能视听言动?心欲视听言动,无耳目口鼻四肢亦不能。故无心则无身,无身则无心。

诸子百家——儒家

但指其充塞处言之谓之身,指其主宰处言之谓之心,指心之发动处谓之意,指意之灵明处谓之知,指意之涉着处谓之物,只是一件。"(《传习录》)又说:"心不是一块血肉,凡知觉处便是心。如耳目之知视听,手足之知痛痒,此知觉便是心也。"(《传习录》)其说与程朱不同,心不只是一块血肉,而是身之主宰,是知觉(思维)的器官,是精神的实体。至于心与理的关系,王守仁也与程朱不二样,不是析而为二,而是合而为一的。他说:"夫求理于事事物物者,如求孝之理于其亲之谓也;求孝之理其于其亲,则孝之理果在于吾之心邪?抑果在于亲之身邪?假而果在于亲之身,则亲没之后,吾心遂无孝之理欤?见孺子之入井,必有恻隐之理。是恻隐之理果在于孺子之身欤?抑于吾心之良知欤?其或不可以从之于井欤?其或可以手而援之欤?是皆所谓理也。是果在于孺子之身欤?抑果出于吾心之良知欤?以是例之,万事万物之理莫不皆然,是可以知析心与理为二之非矣。"(《传习录》)从"心即理"的命题出发,王守仁进一步论证了心外无理、心外无事。他说:"气合即理也。天下又有心外之事,心外之理乎?""意在于事亲,即事亲便是一物,意在于事君,即事君便是一物,意在于仁民、爱物,即仁民、爱物便是一物,意在于视听言动,即视听言动便是一物。所以某说无心外之理,无心外之物。"(《传习录》)甚至说:"人者,天地万物之心也,心者,天地万物之主也。心即天,言心则天地万物皆举之矣。"(《阳明全书·答季德明》)

　　王守仁的"心即理"说,发展了陆九渊的"宇宙便是吾心,吾心即是宇宙"的思想,使之更富于主观色彩。《传习录》载:"先生游南镇,一友指岩中花树问曰:'天下无心外之物。如此花树,在深山中自开自落,于我心亦何相关?'先生曰:'你未看此花时,此花与汝心同归于寂;你来看此花时,则此花颜色一时明白起来,便知此花不在你的心外。'"这就把主观能动作用夸大到了荒谬的程度,用主观吞没了客观。不过,"心即理"的命题也有其合理的因素,它弥补了程朱"性即理"在理论上的疏漏;强调了人的主观能动作用;"无心则无身,无身则无心",探讨了思维与感觉的关系,虽然他没有得出正确的结论,但仍然是有意义的;把全部问题放在身、心、意、知这种不能脱离血肉之躯的主体精神上,从而发展为王艮的"任心之自然"和王灵的"乐是心之本体",乃是逻辑的必然。于是,王学的末流便逐渐成了理学的"异端"。

　　(2)知行合一

　　王守仁的"知行合一"命题是针对当时的社会弊病而下的"药"。他说:"今人却将知行分作两件去做,以为必先知了,然后能行,我如今且去讲习讨论做知的工夫,待知得真了,方去做行的工夫,故遂终身不行,亦遂终身不知。此不是小病痛,其来已非一日矣。某今说个知行合一,正是对病的药,又不是某凿空杜撰,知行本体原是如此。"(《传习录》)由于世人把知行分作两件,所以不仅不在行上下功夫,而且对知也忽略了。王守仁说:"今人学何,只因知行分作两件,故有一念发动,虽是不善,然却未曾行,便不去禁止。我今说个'知行合一',正要人晓得一念发动处,便即是行了;发动处有不善,就将这不善的念克倒了,须要彻根彻底不使那一念不善潜伏在胸中。此是我立言宗旨。"(《传习录》)知与行是辩证的关系,将其割裂为二固然不对,但用知代替行,吞并行同样是错误的。不过,我们应当看到,王守仁极大地强调了主体实践的能动性;反对追求纯客观认识的知,反对脱离行的知,因而使得他的后学日益摒弃程朱"敬义挟持"的修养工夫,而对现实采取积极的干预态度。

知、行本来是两个不同的概念,王守仁却用"知行本体原来如此",实即"心之本体"把两者"合一"了。他说:"某尝说知是行的主意,行是知的工夫,知是行之始,行是知之成。若会得时,只说一个知己自有行在,只说一个行已自有知在。"(《传习录》)又说:"知之真切笃实处即是行,行之明觉精察处即是知,知行工夫本不可离,只为后世学者分作两截用功,失却知、行本体,故有合一并进之说,真知即所以为行,不行不足谓之知。"(《传习录》)他还举《大学》之"如好好色,如恶恶臭"来论证见好色时已自好了,闻恶臭时已自恶了,这就是知行的本体。

(3)致良知

"致良知"是王守仁心学思想体系的核心。他说他生平讲学,只是"致良知,三字。良知之外,别无知矣。故'致良知'是圣人教人第一义"(《传习录》)。"良知"就是"天理","致良知"就是克制私欲,恢复心体无善无恶之本来面目,即"存天理,去人欲"。

"良知"是人心所固有的善性,如见父自然知孝,见兄自然知弟,见孺子入井自然知恻隐,是不假外求的。而且,自古至今,无论圣愚,都是相同的。认为"是非之心,不虑而知,不学而能"的"良知"是人心固有的,自然是唯心论先验论,但认为"良知"是无论圣愚皆同的,这就无异于否定了贤愚不肖的区别,承认人人都可成为圣人。这在当时是有十分重要意义的。

"良知"既然是人心固有的善性,则人人都应该是善的。但现实并非如此。王守仁解释说,这是由于除圣人之外,一般人容易受物欲之蔽所致。因此,"须学以去其昏蔽",即须加一番"省察克治""致知格物"的工夫。这似乎又回

王守仁

到了程朱"居敬穷理"的老路,其实不然。王守仁反对程朱的"格物致知",反对"即物穷理",主张在心上用功夫。他说:"若鄙人所谓'致知格物'者,致吾心之良知于事事物物也。吾心之良知,即所谓'天理护也。'致吾心良知之'天理',于事事物物,则事事物物皆得其理矣。致吾心之良知者,致知也。事事物物皆得其理者,格物也。是合心与理而为一者也。"(《传习录》)他主张不论有事还是无事,都要一心在"天理"上用功,所以"居敬"就是"穷理"。他说:"就穷理专一处说,便谓之居敬,就居敬精密处说,便谓之穷理,却不是居敬时别有个心穷理,穷理时别有个心居敬。名虽不同,工夫只是一事。"(《传习录》)这种一心只在"天理"上用功的修养方法,王守仁认为是"真切简易","虽至愚下品,一提便省觉"的救世良方。他说:"世之君子唯务致其良知,则自能公是非,同好恶,视人犹己,

视国犹家,而以天地万物为一体,求天下无治,不可得矣。"(《传习录》)刘宗周也认为,以"致良知""救学者支离眩骛、务华而绝根之病,可谓震霆启寐,烈耀破迷,自孔孟以来,未有若此之深切著明者也"(《明儒学案·师说》)。

王守仁是陆九渊以后影响最大的主观唯心主义哲学家。明代后期,王学大盛,出现了众多流派,其中以王艮为代表的泰州学派和李贽等人影响较大。泰州学派内部各人思想不尽相同,但有个共同的趋势,就是强调儒家的"圣""贤"是人人可成的,即便是"农工商贾"也可以成圣成贤,声称"人人天地性,个个圣贤心"。李贽还提出"是非无定质",反对封建专制主义的思想禁锢。明亡之后,以阳明学大儒黄宗羲为代表的一些儒家学者对历史进行了反思,认为"为天下之大害者,君而已矣"。尽管王守仁的心学思想体系存在某些缺陷,但这并不影响他在中国儒学史和思想史上的地位,也决不会减弱他对当时以及后世的巨大影响。

五、儒学近代以来的发展及展望

清代儒学是中国传统儒学发展的重要历史阶段,它上起自"天崩地解"的明清之交,下至于帝制覆灭的辛亥革命。在其近三百年的历史演变过程中,清代儒学不仅形成了独具特色的学术思想特点,而且推动了中国古代传统儒学的更新递进。这一时期儒学发展独具特色的是,以黄宗羲、顾炎武、王夫之等为代表的早期启蒙思想。

自第一次鸦片战争以后,由于外国资本主义的刺激,中国社会开始向近代转化。随着中国封建制度的开始解体,儒学也走向了衰落。然而,传统儒学能否向近代转化? 此时,康有为力图使儒学完成近代化的历史性转变,并且希望按照西方基督教的模式变儒学为宗教。戊戌变法失败后,康有为并未因此放弃儒学宗教化的努力,直至民国初年,他还发起成立孔教会,并要求国会定孔教为国教,而这一切又随着帝制复辟失败而告终。

20世纪20年代以后,由于清王朝已被推翻,封建专制政治制度从名义上讲也不复存在。因此,除了一小部分当权者继续企图把儒学与社会政治制度联系在一起外,更多的人则是把儒学作为传统思想文化遗产,做学理方面的研究。这些人所关心的是,在西方文化冲击下如何汇通儒学与西方文化,如何继承和发扬儒学的优秀传统,以保持民族的自主精神等问题。这时涌现出了一批关心儒学命运和前途的学者,如梁漱溟、熊十力、马一浮、钱穆、冯友兰、贺麟等,他们都在汇通中西方文化的前提下,来解释儒学,发展儒学,乃至建立起某种新的儒学体系。而他们的共同愿望,也可以说都包含通过对儒学的现代阐释,发扬民族传统文化,使其在当代人的思想道德修养和民族主体意识的确立方面,发挥积极的作用。贺麟在40年代一篇题为《儒家思想的新开展》的文章中,提出了"建设新儒家"和"儒家思想新开展"的口号,并且认为:"一如印度文化的输入,在历史上曾展开了一个新儒家运动一样,西洋文化的输入,无疑亦将大大地促进儒家思想的新开展。西洋文化的输入,给了儒家思想一个考验,一个生死存亡的大考验、大关头。假如儒家思想能够把握、吸收、融会、转化西洋文化,以充实自身、发展自身,儒家思想则生存、复活而有新的发展。"(《文化与人生》)这是说,传统儒学只要善于把握、吸收、融会、转化西方文化中的精华,是可以得到新发展的。事实上,这一时期发展起来的新儒学体系,大都具有这方面的特点。如冯友兰的"新理学"体系,就是在吸收、融会近代新实在论理论和逻辑方法等基础上对宋明程朱理学的发展。贺麟的"新心学"体系,则是在吸收、融会近代西方新黑格尔主义基础上对宋明陆王心学的发展。至于熊十力,从《新唯识论》文言本、白话本,一直到《原儒》《乾坤衍》,他所构筑的哲学体系,似应当称之为"新易学"体系最为恰当。他在这个体系中,不仅汇通了中国传统文化中的儒、释、道、玄的思想、方法,而且也广采博纳近代西方新康德主义、柏格森主义等理论内容,对于以"易"为中心的儒学理论做出了积极的发展。

从 20 年代至 40 年代末(乃至 50 年代初),是现代新儒学发展活跃、丰富、有理论深度和价值的时期。他们所取得的成就和尚存在的问题,都值得我们认真地加以研究和总结。现代儒学发展的理论深度和体系影响很值得研究。

儒学作为中国两千余年来川流不息的文化主体之一,具有丰富和深邃的思想理论,而且对东亚各国有着广泛的影响,甚至也是东亚一些国家,如朝鲜、韩国、日本、越南等国历史文化中的一个重要组成部分。它必将随着中国和东亚地区的振兴,越来越被这一地区的国家和人民所自觉重视。同时,儒学作为东方文化的主要代表之一,它与西方文化的互补性,也正在越来越为世界有识之士所瞩目。作为官方意识形态的儒学,早已随着清王朝的灭亡而不复存在了。但是,儒学作为一个学派肯定还将存在下去。古老的儒学能否转变为适应现代社会生活的新的思想学说,又如何实现转变和复兴,这不仅需要时间,更有待于后儒的探索和创造。

第二节　儒家人物

在儒家思想发展史上,涌现出了许多杰出的代表人物,儒家的代表人物主要有孔子、孟子、荀子、董仲舒、程颐、朱熹、王守仁、曾国藩等。可以说,是他们的著作和言行,成就和发展了儒家思想。

周公

周公(约公元前 1100 年~?),姓姬,名旦,又称"叔旦",是周文王姬昌的第四个儿子。因他的封地在周(今陕西岐山北),故称"周公"或"周公旦",是西周初期杰出的政治家、军事家和思想家。被尊为"儒学奠基人",是孔子一生最崇敬的古代圣人之一。

武王死后,其子成王年幼,由周公摄政当国。他平定"三监"叛乱、大行封建、营建东都、制礼作乐、还政成王,在巩固和发展周王朝的统治上起了关键性作用,对中国历史的发展产生了深远的影响。

周公在当时不仅是卓越的政治家、军事家，而且还是个多才多艺的诗人、学者，其言论见于《尚书》诸篇。

孔子

孔子(公元前551年~前479年)，名丘，字仲尼，春秋时期鲁国昌平乡陬邑阙里(今山东曲阜东南)人。是中国历史上影响最大的思想家和教育家，儒家学派创始人。

孔子是中华文化中的核心学说——儒家的首代宗师，集华夏上古文化之大成，在世时已被人们誉为是"天纵之圣""天之木铎"，是当时社会上最博学者之一，并且被后世统治者尊为"至圣""至圣先师""万世师表"。

孔子三岁时，父亲去世，葬于防山。母亲移居曲阜阙里，将孔子抚养成人，在他十七岁时去世。

孔子十九岁时娶宋人亓官氏为妻。第二年，亓官氏生子，鲁昭公派人送鲤鱼表示祝贺，该子便名为孔鲤，字伯鱼。孔鲤先孔子而死。

孔子早年生活极为艰辛，他说："吾少也贱，故多能鄙事。"年轻时，他为相礼，料理丧事，做过替人管理仓库的"委吏"，也做过看管牧场的"乘田"等。

在艰难困苦中，孔子发愤好学。他遍访名师，虚心求教，先后问礼于老聃，学鼓琴于师襄子，访乐于苌弘。

大约三十岁左右，最初的一些弟子来到孔子身边。此后，孔子一直从事教育事业，广收门徒，有"弟子三千"，其中"贤人七十二"。在德行方面出众的有：颜回、闵子骞、冉耕、冉雍等；在政事方面出众的有：冉求、子路等；在言语方面出众的有：宰予、子贡等；在文学方面出众的有：子夏、子游、曾参、公冶长等。

孔子首倡"有教无类"及"因材施教"，成为当时学术下移、私人讲学的先驱和代表。

孔子所处的春秋时代，西周社会以血缘氏族为基础的政治制度崩溃瓦解，而基于文化认同的"诸夏"民族正在形成。这是中国人的文化自觉最初发生的年代，古典成为时尚，一些人开始思考天道、人生和世界秩序等方面的问题，原先由贵族所垄断的文化教育也正逐渐流入民间。孔子正是这时代精神的代表人物与集大成者，遂开战国诸子百家之先河。

"大成至圣文宣先师"是后人对孔子所加的最高封号。

古乐九变而乐终，称为"大成"，引申为集中前人的优秀思想形成完整系统的学说体系，也称"集大成"。

"至圣"，指圣人中最伟大者。孔子生前，就有人说他多才多艺，是个圣人，他自己不予承认。西汉司马迁才开始称孔子为"至圣"。《史记·孔子世家》有记：司马迁到鲁国，参观孔子庙堂、车辆、服饰、礼器，儒生按时在孔子家练习礼仪，使他浮想联翩，感慨不已，"天下君王至于贤人众矣，当时则荣，没则已焉。孔子布衣，传十余世，学者宗之。自天子王侯，中国言《六艺》者折中于夫子，可谓至圣矣！"

唐玄宗于开元二十七年尊孔子为"文宣王"。宋代儒学大盛，孔子又一再被加封。宋

諸子百家——儒家

真宗于大中祥符五年封孔子为"至圣文宣王"。元成宗于大德十一年追封孔子为"大成至圣文宣王"。明朝世宗皇帝于嘉靖九年尊孔子为"至圣先师"。清世祖于顺治二年封孔子为"大成至圣文宣先师"。

从历代封建统治者对孔子不断加封来看,孔子显然是他们可以接受、可以利用的偶像,说明孔子的儒学在封建社会的两千多年中并没有过时。孔子原是中原地区汉族的圣人,后来,儒学的影响逐渐扩大到周边地区,被少数民族所接受。蒙古族入主中原,建立了元朝,满族入主中原,建立了清朝,他们也都推崇儒学,也都给孔子加封尊号,也都在孔子庙立了大碑。这说明孔子的思想没有狭隘的民族局限性,可以为汉族以外的其他民族所接受。现在,孔子的思想正在继续向外传播,中国以外的许多国家的人民也都推崇孔子。从此可见,孔子思想是很深刻的,超时空的,几千年后仍为许多人所传颂、信仰。

颜回

颜回(约公元前521年~前481年),字子渊,一作颜渊,又称"颜子",鲁国人,孔庙大成殿四配之首,人称"复圣",是孔子最得意的学生。孔门七十二贤人之首,是孔门弟子中德行修为最高者,所以得到特别的尊重。

《孔子家语》中有颜回一篇。据说颜回非常聪明,深晓推理之术。他主张为人要谨慎,克己,多注意自己的行为是否正确,而不应该严以待人。但是,孔子门下的学生中,最有聪明才智的却不是颜回,而当以子贡等人为代表,所以颜回不是以智慧才华而出众,而是以德行修为取胜。他在与孔子谈论志向时曾说:"我无伐善,无施劳。"(我希望我不炫耀自己的长处,有功劳,也不夸耀。)

唐太宗贞观二年(628年)尊颜回为"先师"。唐玄宗开元二十七年(739年)追封为"兖国公"。元文宗至顺元年(1330年)加封为"兖国复圣公"。

曾参

曾参(公元前505年~前435年),字子舆,春秋时期鲁国南武城(今山东省平邑县)人。孔子的弟子,世称"曾子","十哲"之一。后世儒家尊他为"宗圣"。

曾参曾提出"吾日三省吾身"(《论语·学而》)的修养方法。同时,他也是《二十四孝》中"啮指痛心"的主角。

曾参的父亲曾点,字皙,是孔子的早期弟子之一,行为不拘一格而有狂者的气质,其舞雩咏归的志向得到孔子的赞许,也成为后世儒者所追求的精神境界。

孔子去世后,曾参聚徒讲学,有不少弟子。唐开元二十七年(739年)追封"郕伯"。宋大中祥符二年(1009年)加封"郕侯"。元至顺元年(1330年)加封为"郕国宗圣公"。明嘉靖九年(1530年)改称"宗圣"。

子思

子思(公元前483年~前402年),姓孔,名伋,字子思,战国初期鲁国人,孔子的孙子。

诸子百家——儒家

孟子曾受业于其门下,儒家的主要代表之一。

唐宋开始,儒家道统论兴起,学者一般认为,子思上承曾子,下启孟子,在孔孟"道统"的传承中有重要的地位,而《中庸》一篇亦为子思所作。

北宋徽宗年间,子思被追封为"沂水侯"。元朝文宗至顺元年(1330年),又被追封为"述圣公",后人由此而尊他为"述圣"。

孟子

孟子(约公元前372年~前289年),名轲,字子舆,或子居。战国中期鲁国邹(今山东邹县)人。中国古代著名思想家、教育家,战国时期儒家代表人物。孟子著有《孟子》一书,继承并发扬了孔子的思想,成为仅次于孔子的一代儒家宗师。有"亚圣"之称,与孔子合称为"孔孟"。

孟子远祖是鲁国贵族孟孙氏,后来家道衰微,从鲁国迁居邹国。孟子三岁丧父,孟母艰辛地将他抚养成人。孟母管束甚严,"孟母三迁""孟母断织"等故事,成为千古美谈,是后世母教之典范。

孟子曾仿效孔子,带领门徒游说各国。后退隐与弟子一起著书。《孟子》一书是孟子的言论汇编,由孟子及其弟子共同编写而成,记录了孟子的语言、政治观点(仁政、王霸之辨、民本等)和政治行动的儒家经典著作。《孟子》有七篇传世:《梁惠王》上下;《公孙丑》上下;《滕文公》上下;《离娄》上下;《万章》上下;《告子》上下;《尽心》上下。其学说出发点为性善论,提出"仁政""王道",主张"德治"等。孟子的文章说理畅达,气势充沛并且长于论辩。

孟子的思想学说对后世有很大影响,尤其对宋明理学影响更巨。宋代以后常把孟子思想与孔子思想并称为"孔孟之道"。

冉耕

冉耕(约公元前544年~?),字伯牛,春秋末鲁国人。冉耕为人端正正派,善于待人接物。在孔子弟子中,以德行与颜渊、闵子骞等并称。因恶疾早逝。孔子哀叹其"亡之,命矣夫!"(《论语》)

唐玄宗开元二十七年(739年)追封为"郓侯"。宋大中祥符二年(1009年)改封"东平公"。南宋咸淳三年(1267年)改封为"郓公"。明嘉靖九年(1530年)改称"先贤冉子"。

冉求

冉求(公元前522年~?),字子有,也称冉有,春秋末鲁国人。孔门"七十二贤"之一。冉求是孔子的得意门生,在孔子的教导下逐渐向仁德靠拢,性情也因此而逐渐完善。

青年时期,冉求曾做过季氏的家臣,公元前487年率左师抵抗入侵的齐军,并身先士卒,以步兵执长矛的突击战术取得胜利。后随孔子周游列国。冉求多才多艺,性谦逊,长

諸子百家——儒家

于政事,孔子称赞其才可于"千户大邑,百乘兵马"之家,胜任总管职务。孔子晚年归隐鲁国,受到冉求很多的照顾。唐赠"徐侯"。宋封"彭城翁",后封"徐公"。

冉雍

冉雍(公元前522年~?),字仲弓,荼人(今菏泽市冉贤集)。孔子弟子,与冉耕、冉求皆在"孔门十哲"之列,世称"一门三贤",当地人称为"三冉"。

冉雍曾做过季氏私邑的长官,他为政"居敬行简",主张"以德化民",但是在季氏"仕三月,是待以礼貌,而谏不能尽行,言不能尽听,遂辞去,复从孔子。居则以处,行则以游,师文终身"。

冉雍在孔门弟子中以德行著称,孔子对其有"雍也可使南面"之誉。这是孔子对其他弟子从来没有过的最高评价。孔子临终时在弟子们面前夸奖他说:"……贤哉雍也,过人远也。"所以后世对冉雍的评价非常高。

子路

仲由(公元前542年~前480年),字子路,又字季路,春秋时期鲁国卞(今山东泗水县东)人。孔子得意门生,以政事见称。

子路为人伉直鲁莽,好勇力,事亲至孝。十八岁时,适逢孔子东游到卞,受到孔子赏识。孔子设礼相诱,收其为弟子。子路除学六艺外,还为孔子赶车、做侍卫,跟随孔子周游列国。他敢于对孔子提出批评,勇于改正错误,深得孔子器重。孔子称赞说:"子路好勇,闻过则喜。"又说:"我的主张如果行不通,就乘木筏子到海外去。那时跟随我的怕只有仲由了。"

子路为人重朋友、讲信义,是孔门弟子中性格较为独异的一位。后做卫国大夫孔悝之蒲邑宰,卫国贵族发生内讧,因参与斗争而被杀害。

唐开元二十七年(739年)追封为"卫侯"。宋大中祥符二年(1009年)加封为"河内公"。南宋咸淳三年(1267年)封为"卫公"。明嘉靖九年(1530年)改称"先贤仲子"。子路的言行在《论语》中出现过三十八次,是孔门弟子中对后世影响较大的一个。

闵子骞

闵子骞(公元前536年~前487年),名损,字子骞,春秋时期鲁国人,孔子高徒,在孔门中以德行著称,为"七十二贤人"之一。闵子骞为人所称道,主要是因为他的"孝"。在"二十四孝"中闵子骞排名第三,孔子称赞说:"孝哉,闵子骞!人不间于其父母昆弟之言。"是中华民族文化史上的先贤人物。

宰予

宰予(公元前522年~前458年),字子我,也称宰我,春秋末鲁国人。"孔门十哲"之一。

诸子百家——儒家

宰予能言善辩,被孔子诩为其言语科的高才生。曾随孔子周游列国,游历期间常受孔子派遣,使于齐国、楚国。宰予思想活跃、好学深思、善于提问,是孔门弟子中唯一一个敢正面对孔子学说提出异议的人。他指出孔子的"三年之丧"的制度不可取,说"三年之丧,期已久矣。君子三年不为礼,礼必坏;三年不为乐,乐必崩",因此认为可改为"一年之丧",被孔子批评为"予之不仁也"(《论语》)。

宰予昼寝(随便躺下睡午觉),被孔子骂作"朽木"和"粪土之墙"(像腐烂的木头不能雕刻,像粪土一样的墙壁不能粉刷)。孔子后来意识到对宰予有失公允,说自己"以言取人,失之宰予",并且从那时改变了自己以往的态度,说:"始吾于人也,听其言而信其行;今吾于人也,听其言而观其行。于予与改是。"(最初我听到别人的话,就相信他的行为一定与他说的一样;现在我听别人的话后,要考察一下他的行为。就从宰予起,我改变了判断一个人的态度。)(《论语》)

唐玄宗开元二十七年(739年)追封为"齐侯"。宋大中祥符二年(1009年)追封为"临淄公"。南宋咸淳三年(1267年)晋封为"齐公"。明嘉靖九年(1530年)改称"先贤宰子"。

子羔

春秋时期齐文公十八世孙子羔,名高字柴,字子羔,又称子皋、子高、季高,比孔子小三十岁,齐国人。

子羔身高不满五尺,在孔子门下受业,孔子认为他憨直忠厚。子路在季氏那里任职,举派子羔去做费邑宰。孔子怕他不能胜任说:"这是害了人家的儿子啊!"鲁哀公十五年,卫国政变,子羔急忙逃离卫国,并劝子路不要回宫里去,子路拒绝他的劝阻,结果回宫遇害。他以尊老孝亲著称,拜孔子为师后,从未违反过礼节。任卫国狱吏时,不徇私舞弊,按法规办事,为官清廉,执法公平,有仁爱之心,受到孔子的称赞、民众的赞扬。子羔为人性格直爽,与子路是好友。子路认为他忠厚纯正,能守孝道,并善为吏。

东汉永帝十五年(72年)开始祭祀子羔。唐玄宗开元二十七年(739年)封为"共伯"。宋大中祥符二年(1009年)改封为"共城侯"。南宋咸淳三年(1267年)以"共城侯"从祀孔子。

子贡

端木赐(公元前520年~前446年),春秋末年卫国人,字子贡。孔子的得意门生,"受业身通"的弟子之一。孔子曾称其为"瑚琏之器"。"孔门十哲"中以言语闻名。

子贡利口巧辞,善于雄辩,且有干济才,办事通达。曾任鲁、卫两国之相。他还善于经商之道,曾经经商于曹、鲁两国之间,富致千金,为孔子弟子中首富。

后世题词赠商界有成就之人,常以"端木遗风"等词,甚至有人奉之为财神。

子贡对孔子的颂扬在孔门弟子中是出了名的。孔子去世,鲁哀公来致哀,子贡批评说:"生不能用,死而诔之,非礼也!"(《左传》)子贡为孔子守墓长达六年之久。后世一般认为,孔子之名声之所以能传扬天下,颇得力于子贡的宣扬。

子贡死于齐国。唐开元二十七年(739年)追封其为"黎侯"。宋大中祥符二年(1009年)加封为"黎公"。明嘉靖九年(1530年)改称"先贤端木子"。

公冶长

公冶长(公元前519年~前470年),名长,字子长、子芝。春秋时齐国人,也有一说是鲁国人。

公冶长从小勤俭节约、聪颖好学、博通书礼、德才兼备,终生治学不仕禄。相传他通鸟语,并因此无辜获罪。孔子出于对诸侯开政的不满,又因对公冶长身陷囹圄而痛惜,便说:公冶长"虽在缧绁之中,非其罪也"。公冶长一生治学,鲁君多次请他为大夫,但他一概不应,而是继承孔子遗志,教学育人,成为著名文士。因德才兼备,深为孔子赏识。

有若

有若,姓有名若,字子有,亦称"有子",比孔子小四十三岁,鲁国人。他尊奉孔子,认为孔子是出类拔萃的天下第一圣人,刻苦学习孔子的思想,发扬"学而不厌"的精神,以火烙手,以防瞌睡,日夜攻读,对孔子的思想往往做出符合原意的解释和理解。孔子曾说在上位的人能用浓厚感情对待亲族,老百姓就会走向仁德的教导,成为有道德孝悌的人,不会犯上作乱,孝悌是人修养的根本,孝悌是"仁"之本。因而子有主张以"礼"为准绳,以"和"为原则处理事情。他认为人要守信义,一切盟约符合"仁""礼"都要兑现。

另外,他的孝悌思想对后世影响深远,汉朝设"孝悌力田""举孝廉"时多以他的话为依据。他主张减轻剥削、寓富于民的思想,成为后世贤臣规劝帝王的名言。有若为人的易笃行,是孔子晚年的弟子。他强记好古,在与鲁哀公论政时,提出"百姓富足了,国君怎么会不够? 百姓贫穷,用度不够,国君又怎么会够"的"贵民"观点。他还提出"善事父母和兄长是仁的根本","礼的运用以和谐为贵"等主张,丰富了儒家的学说。因为有若的相貌和孔子长得非常相像,所以当孔子去世以后,弟子们思念老师,就把有若当作老师一样对待。

唐玄宗开元二十七年(739年)封他为"汴伯"。宋真宗大中祥符二年(1009年)加封为"平阴侯"。南宋度宗咸淳三年(1267年)以"平阴侯"从祀孔子。清乾隆三年(1738年)升为十二哲之一。

子夏

卜商,字子夏(公元前507年~?),后人多称其字,是孔子著名的弟子,"孔门十哲"之一。善于文学。是春秋时期一位非常有成就的教育家。

子夏长于文学,对诗有深入的研究,能通其义理,著有诗序。因丧子哀恸过度而失明。他教人致知求仁的方法:广泛求学,记牢所学,就与切身有关的问题提出疑问并且思考,仁道就在这里面了。

诸子百家——儒家

40

按荀子的说法,子夏出生贫穷。约公元前483年,他来到鲁国拜孔子为师。公元前476年,他受邀赴晋国创办了一所学堂并在那里教了五十五年书。他生前的学生后来有许多都成了春秋时期很有影响的思想家和政治家,因此,他的影响很大。

唐玄宗时,被追封为"魏侯"。宋代时又加封为"河东公"。

子游

子游(公元前506年~前443年),姓言,名偃,字子游,亦称"言游""叔氏"。春秋末吴国人,与子夏、子张齐名,孔子著名的弟子,"孔门十哲"之一。曾为武城宰(县令)。

子游是孔子后期学生中的佼佼者,被孔子诩为其文学科的高才生。后人往往把他与子夏合称为"游夏"。

唐玄宗时,子游被追封为"吴侯"。宋代又被封为"丹阳公",后又称"吴公"。今江苏常熟还存有"言偃宅""言子墓"等遗迹。

子张

子张(公元前503年~?),姓颛孙,名师,字子张。春秋末陈国阳城(今河南登封)人。

子张好学深思,喜欢与孔子讨论问题。在忠、信的思想上受孔子影响极深,他把孔子关于忠、信的教导写在大带上,以示永远不忘,并在实践中收到明显效果。他鄙视品德修养低下者,认为缺乏道德、行为不坚强、信仰不坚的人,"有了不为多,没有不为少"。他提出,"士应该看见危险便肯豁出生命,看见所得便考虑是否该得,祭祀时考虑是否严肃认真,居丧时则应悲痛哀伤"。

他与人交往宽宏豁达,喜欢同比自己贤能的人交朋友,主张"尊贤容众"。他在与朋友相处过程中能做到不计较过去的恩怨(就是受到别人的攻击、欺侮也不计较),故又被称为"古之善交者"。他又办事勇武,在孔门弟子中是忠信的楷模。后人称子张有"亚圣之德"。

唐玄宗开元二十七年(739年)封子张为"陈伯"。宋真宗大中祥符二年(1009年)改封"宛邱侯"。度宗咸淳三年(1267年)尊为"陈公"。

荀子

荀子(约公元前313年~前238年),名况,时人尊而号为"卿"。因"荀"与"孙"二字古音相通,故又称"孙卿"。战国时期赵国人。著名思想家,教育家,儒家代表人物之一。

荀子博学深思,其思想学说以儒家为本,兼采道、法、名、墨诸家之长。他以孔子、冉雍的继承者自居,维护儒家的传统,痛斥子张氏、子夏氏、子游氏之儒为"贱儒"。其对孔子思想有所损益,政治思想中突出强调了孔子的"礼学"。

荀子一向被认为是儒家经学早期传授中的一个十分重要的人物,他兼通诸经。东汉应劭《风俗通》尝谓:"孙卿善为《诗》《礼》《易》《春秋》。"对重整儒家典籍有相当大的贡献,著作集为《荀子》。

諸子百家 —— 儒家

辕固生

辕固生,姓辕名固,生即"先生"之省称,齐(郡治在今山东淄博市临淄)人,其生卒年月已难详考,约在公元前三至二世纪之间。西汉初期儒家学者、经学家,西汉今文《诗》学中"齐诗学"的开创者。

辕固生在儒家学说的发展中发挥了非常重要的作用。司马迁在《史记》中说:"言《诗》,于鲁则申培公,于齐则辕固生,于燕则韩太傅;言《尚书》自济南伏生;言《礼》自鲁高堂生;言《易》自菑川田生;言《春秋》,于齐鲁自胡毋生,于赵自董仲舒。"

辕固生不但精通儒家经典,而且师徒繁衍,桃李满天下,形成了一个庞大的以齐人为主的"齐诗"学派,史称"诸齐以《诗》显贵,皆固之弟子也"。其弟子鲁人夏侯始昌最为知名,始昌后来传授后仓;后仓传授翼奉、肖望之、匡衡;匡衡传授琅邪师丹、伏理斿君、颍川满昌、君都;满昌传授九江张邯、琅邪皮容。因此,齐诗有"翼、匡、师、伏"之学。

公孙弘

公孙弘(公元前200年~前121年),字季,一字次卿,西汉淄川(郡治在今山东寿光南部)薛县人。西汉时儒家学者。

少时,公孙弘家境贫寒,曾为富人在海边牧豚(放猪)维持生活。年轻时,他曾任过薛县的狱吏,因无学识,常发生过失,故犯罪免职。为此,他立志在麓台(望留镇麓台村)读书,苦读到四十岁,又随老师胡毋子始修《春秋公羊传》。建元元年(公元前140年),汉武帝即位,便下诏访求贤良通文学之人。当时,公孙弘年已六十,他以贤良的名分去应征,被任命为博士。

公孙弘起身于乡鄙之间,居然为相,直至今日,人们依然对他推崇备至。尤其是他的"非学无以广才,非志无以成学"的精神,成为历史长卷中最醒目的一章,永垂后世。

公孙弘为相数年,曾建议设五经博士,置弟子员。著有《公孙弘》十篇,《汉书·艺文志》著录(已佚)。

叔孙通

叔孙通,又名叔孙何,生卒年不详,西汉初期儒家学者,薛县(今山东省滕州市)人。叔孙通因有文才而被朝廷征召,曾协助汉高祖制订汉朝的宫廷礼仪,先后出任太常及太子太傅。

当时,陈胜起义的消息传到咸阳后,秦二世征集所有儒生,商讨对策。除了叔孙通外,其他人均据实回报。秦二世便处罚其他儒生,而正式委任叔孙通为博士。叔孙通在回答秦二世的询问时阿意逢迎,引起了同僚的不满。叔孙通表示,这样做只是为了保全自己的性命。后来,他又逃亡回家乡薛县,其时,薛县已被起义军占领。叔孙通先后跟随起义军领袖项梁、熊心及项羽。公元前205年,刘邦率军攻入彭城,叔孙通向汉军投降。后来项羽回来打败刘邦,叔孙通跟随刘邦回到关中。汉高祖也委任叔孙通为博士,并赐封号"稷嗣君"。

叔孙通降汉后，最初常向刘邦引荐盗贼、力士，被同行的儒生埋怨。后来叔孙通向汉高祖建议制礼作乐时，引荐了同行的儒生。叔孙通曾表示：君主在进取、争夺天下时，最需要能打仗的人才；到了守护成果的时候，文人、儒生便比较可靠。

此外，叔孙通认为礼仪是可以因时势、人情等因素而做出改变，不必艰难地全盘草创。他为汉高祖制订的礼仪混合夏、商、周、秦四代的礼乐而成。

董仲舒

董仲舒（约公元前179年~约前104年），西汉广川（今河北枣县广川镇）人。西汉著名儒家学者，与时俱进的思想家、哲学家、经学家、《春秋》"公羊学"大师。

董仲舒曾任博士，汉武帝举贤良文学之士，他对策建议是"诸不在六艺之科、孔子之术者，皆绝其道，勿使并进"。为武帝所采纳，使儒学成为中国社会的正统思想，影响长达二千多年。董仲舒其学以儒家宗法思想为中心，杂以阴阳五行说，把神权、君权、父权、夫权贯串在一起，形成帝制神学体系。他提出了"三纲五常""天人感应"等儒家理论。

董仲舒

时至今日，仍有学者在研究他的思想体系及故里等方面的文化，他的著作汇集于《春秋繁露》一书。

郑玄

郑玄（127~200年），字康成，北海高密（今山东高密西南）人。东汉著名儒家学者，中国著名经济学家之一。

郑玄少时习《周易》《公羊传》，有"神童"之称。十八岁任乡啬夫（古代乡官之一）。晋为乡佐（古乡官名，主税赋）。北海国相杜密十分器重他，永寿三年（157年），荐入太学。延熹三年（160年），郑玄与卢植同拜马融（东汉儒家学者）为师，学习古文经学，又尝游学于幽、并、兖、豫诸州。因党锢事件而被禁，专心著述。后又博通今文经学，遍注群经，为汉代集经学之大成者，世称"郑学""通学"，或"综合学派"。其业绩是经学史上的一座丰碑。

郑玄遍注的群经，可惜大多已佚。至今完整的留存于《十三经注疏》中的《毛诗笺》和"三礼注"中，以大量篇幅考订名物制度，训诂精湛，较雠严密，为中国文化史研究提供了丰富而重要的资料。

诸子百家——儒家

何休

何休(129～182年),字邵公,东汉任城樊人(邻近曲阜)。父何豹,曾任九卿之中的少府。何休依据汉代官员子弟可荫任为中低层官吏的制度开始任官。何休的学问非常渊博,时人赞誉他"精研六经,世儒无及者",对孔子遗留下的经书有十分精辟的了解。当时皇帝的老师陈蕃邀请何休担任幕僚,陈蕃在宫廷斗争中失败,何休因党锢之祸被禁锢而被禁止任官,返归家乡。

何休被禁锢在家时,开始注解孔子的经书,目前仅存的唯一文本是他历时十七年才写成的《春秋公羊解诂》。

王肃

王肃(195～256年),字子雍,祖籍东海郯城(今山东郯城),出生于会稽(今属浙江)。三国魏儒家学者,著名经学家,其所注经学在魏晋时期被称作"王学"。

王肃的父亲王朗,以"通经"著名。汉献帝末年,王朗任会稽太守,被孙策誉为"雅儒",后投奔曹操。魏文帝时,王朗为司空(主管礼仪、德化、祭祀等)。魏明帝时,转为司徒(管理土地、百姓的官)。太和二年(228年)去世。王朗著有《易》《春秋》《孝经》《周官》之"传",是一位"通学"的专门家,对王肃经学研究有着直接的影响。

王肃幼承父教,十八岁时,曾跟随宋衷读《太玄》(汉杨雄撰),能提出自己的解释,已显露出善于独立思考的才能。由于家学渊源深厚,王肃能够广博地学到今古文经典及其传注。父亲死时,王肃已过而立之年,基本上形成了自己的治学风格。魏明帝时期,王肃历任散骑常侍、领秘书监,兼崇文观祭酒等职。王肃从事著书立说,为《尚书》《诗》《论语》《三礼》《左氏传》做注解,并撰定父亲遗著《易传》。

孔颖达

孔颖达(574～648年),字冲远、仲达,冀州衡水(今河北衡水市)人。隋唐间儒家学者、经学家。

孔颖达出身于官宦人家,自幼受到传统的儒学教育,曾从当时的名儒刘焯问学,以精通五经称于世,对南北朝经学之"南学""北学"均有颇深造诣,兼善历算、能属文。

隋炀帝大业(605～618年)初年,举明经高第,授河内郡博士。隋炀帝时,诸儒官于东都互相讨论学问,孔颖达水平最高,因此险遭妒忌者暗杀。隋末农民起义时,避居虎牢。入唐后,被李世民聘为秦王府文学馆学士,成为李世民智囊团中的重要人物,为"十八学士"之一。孔颖达历任国子博士、国子司业、国子祭酒等职。曾助魏征撰写《隋书》,参与修订"五礼"。

王通

王通(584～617年),字仲淹,谥号文中子,外号王孔子,河东郡龙门县通化镇(今山西

諸子百家 —— 儒家

省万荣县通化)人，隋朝大儒。

王通生于隋文帝开皇四年，是当时望族太原王氏的旁支。十八岁时秀才及第。仁寿三年(603年)西游长安，见隋文帝，献上"太平十二策"，未受重用，遂吟《东征之歌》而归。后来，由于同乡薛道衡的推荐，授以蜀郡司户书佐、蜀王侍郎，不久"弃官归，以著书讲学为业"。于北山白牛溪聚徒授业，"门人常以百数，唯河南董恒、南阳程元、中山贾琼、河东薛收、太山姚义、太原温彦博、京兆杜淹等十余人为俊颖，而以姚义慷慨，方之仲由，薛收理识，方之庄周"。隋室四度征召，始终不仕。隋炀帝大业十三年病逝于龙门县万春乡甘泽里第。

王通著有《续六经》，又名《王氏六经》，已佚。《文中子中说》，简称《中说》，流传至今。

王通虽然著作等身，但他英年早逝。然而，他的孙子王勃是"初唐四杰"之一，而他的弟子魏征也成了唐太宗初年的名臣。他的学说，对后来宋代的理学影响深远。

邵雍

邵雍(1011~1077年)，字尧夫，自号"安乐先生"，谥"康节"。生于河北范阳(今河北省涿州市)，后随父移居共城，晚年隐居于苏门山百源之上，故又称"百源先生"。北宋哲学家，理学的代表人物之一，创立北宋象数"先天之学"。著作今存有《皇极经世》《伊川击壤集》等。

周敦颐

周敦颐(1017~1073年)，原名惇实，字茂叔，号濂溪，传为三国名将周瑜二十九世孙。道州营道县(今湖南道县)人。北宋官员、理学家，宋明理学的创始人之一。周敦颐是孔子、孟子之后儒学发展史上最重要的代表者，在中国思想史上影响深远。

周敦颐生于一个官僚地主的家庭，十六岁时父亲病逝，母亲带他投靠于舅父龙图阁学士郑向，郑向见他聪颖好学，便栽培他念书。敦颐知识广泛，博取众家之长，融会贯通，成一家之言。他在研究《周易》后，写了著作《太极图·易说》，提出了一个宇宙生成论的体系。

1072年，周敦颐在江西庐山莲花洞创办了濂溪书院，并自号"濂溪先生"。著名散文作品《爱莲说》作于此时，表明了对莲花的赞赏，是为千古名篇。

熙宁六年(1073年)，周敦颐病逝。死后宁宗锡谥"元"，人称"元公"。弟子程颢、程颐继承和完善了他的思想。

二程兄弟、张横渠、邵雍、司马光五人，再加上周敦颐，被朱熹称为"北宋六先生"(《六先生画像赞》)。周敦颐的著作，后人合编为《周子全书》。

司马光

司马光(1019~1086年)，字君实，世称"涑水先生"，后人称"司马温公"，北宋陕州夏县涑水乡(今山西运城安邑镇东北)人。我国历史上著名的政治家、史学家、散文家。

司马光自幼喜读经史,尤爱《左氏春秋》,听讲后即能讲其大要。手不释卷,于学无所不通。宝元初,中进士甲科。历任苏州判官、大理评事、国子直讲等职。仁宗末年,司马光任天章阁待制兼侍制,立志要编一部编年体史书。治平三年(1066年),撰战国迄秦的《通志》八卷,进呈。英宗命设局正式编修《历代君臣事迹》。神宗即位,司马光晋升为翰林学士,神宗将其书赐名为《资治通鉴》。

司马光潜心研究儒家学说,创立了"涑水学派",著名门人有刘安世、范祖禹、晁说之等。在哲学思想上,他宣扬"天命思想",认为"得失有命","成功在天",天是"万物之父"。

司马光同时还继承和发展了儒家的"礼治"和"仁政"思想。他所撰的《资治通鉴》,以古为鉴,成为历代君臣的必读典籍,推动了儒学的发展。

张载

张载(1020~1077年),字子厚。北宋陕西凤翔县(今陕西眉县)横渠镇人,世称"横渠先生"。张载是二程的表叔。北宋儒家学者,著名哲学家,北宋理学的代表人物之一,"关学"的创始人。

张载年少时博览群书,颇有出仕建功之志,但在范仲淹的勉励下,投身学术研究。出入佛老,最终形成了自己独到的儒家思想。张载一生主张实学,强调经世致用,研究面广泛,对天文、历算、农学等自然科学和军事、政治等都有独到的见解。《正蒙》一书为张载最后的著作,是其一生思想的最高总结。

南宋嘉定十三年(1220年),宋宁宗赐谥"明"。宋理宗淳祐元年(1241年),封"眉伯",从祀孔庙。明世宗嘉靖九年(1530年)改称"先儒张子"。

王安石

王安石(1021~1086年),字介甫,亦作介父,号"半山",谥"文"。抚州临川(今江西抚州)人。北宋儒家学者、政治家、文学家、思想家。在文学中具有突出成就,名列"唐宋八大家",其诗文清新高峻,能反映社会现实,抒发政治抱负。

王安石出生在一个小官吏家庭。父益,字损之,曾为临江军判官,一生在南北各地做了几任州县官。王安石少好读书,记忆力强,受到较好的教育。庆历二年(1042年)登杨真榜进士第四名,先后任淮南判官、鄞县知县、舒州通判等地方的官吏。治平四年(1067年)神宗初即位,诏王安石任知江宁府,旋召为翰林学士。熙宁二年(1069年)提为参知政事。从熙宁三年起,两度任同中书门下平章事,推行新法。

王安石一生服膺孟子,是北宋中期"孟子升格运动"的人物之一。他认为"孔孟如日月,委蛇在苍冥;光明所照耀,万物成冬春"。(《王文公文集》卷三十八《扬雄三首》)把孟子引为自己的千古知己,说:"沉魄浮魂不可招,遗编一读想风标。何妨举世嫌迂阔,故有斯人慰寂寥。"(《王文公文集》卷七十三《孟子》)

诸子百家——儒家

在哲学上,王安石提出了"气"本论,提出中国传统哲学的"太极""道",实际就是"气"。他认为,"道"以"元气"为本体,"道有体有用,体者,元气之不动;用者,冲气运行于天地之间"。(《老子注》)

在经学上,王安石博通儒家经学,曾主持编写了《三经新义》(即《诗义》《书义》《周礼义》),由官学在全国正式颁行,从而标志着汉唐经学的真正结束和"宋学"的全面开展。

王安石的文集,今传有《王文公文集》和《临川先生文集》两种,其他著作大多亡散。后人辑有《周官新义》《诗义钩沉》等。

二程

二程,即指北宋程颢(1032~1085年)、程颐(1033~1107年)两位理学家。程颢字伯淳,世称"明道先生";程颐字正叔,世称"伊川先生",两人并称"二程"。二程祖籍洛阳(今河南洛阳),生于湖北黄陂,有《二程集》。早年一同求学于周敦颐。

程颢、程颐所创建的"天理"学说受到了后世历代封建王朝的尊崇。宋宁宗嘉定十三年(1220年),赐谥程颢为"纯公",程颐为"正公"。宋理宗淳祐元年(1241年),又追封程颢为"河南伯",程颐为"伊川伯",并"从祀孔子庙庭"。元明宗至顺元年(1330年),诏加封程颢为"豫国公",程颐为"洛国公"。

朱熹

朱熹(1130~1200年),字符晦,一字仲晦,号晦庵,又号晦翁,别称紫阳,徽州婺源(今属江西)人。南宋儒家学者,中国古代最著名的哲学家、经学家之一,宋代理学的集大成者,南宋"闽学"的创始人。朱熹三十一岁正式拜程颐的三传弟子李侗为师,专心儒学,成为程颢、程颐之后儒学的重要人物。朱熹在"白鹿国学"的基础上,建立白鹿洞书院。在潭州(今湖南长沙)修复岳麓书院。他继承二程,又独立发挥,形成了自己的体系,后人称为"程朱理学",是理学的集大成者,儒家的主要代表人物之一。

朱熹的学术思想,在中国元明清三代,一直是封建统治阶级的官方哲学,标志着封建社会意识形态的更趋完备。元朝皇庆二年(1313年)复科举,诏定以朱熹的《四书集注》试士子,朱学定为科场程序。明朱元璋洪武二年(1369年)科举以朱熹等"传注为宗",朱学遂成为巩固封建社会统治秩序的强有力的精神支柱。

朱熹的学术思想在世界文化史上,也有重要影响。其学说在明清两代被确立为儒学正宗,并影响至日本等国,如日本德川时代,"朱子学"颇为流行。其博览和慎思精神,对后世学者影响至深。著有《四书章句集注》《周易本义》《诗集传》《楚辞集注》,及后人所编纂的《晦庵先生朱文公文集》和《朱子语类》等。

陆九渊

陆九渊(1139~1193年),字子静,号存斋,南宋金溪县人。儒学者、理学家、教育家。陆九渊曾讲学于象山(今贵溪市南),人称"象山先生"。他的学说,经王守仁继承,发扬成为宋明理学的一个重要派别,影响极大。

陆九渊还热心于讲学授徒,大力发展教育事业,"每天讲席,学者辐辏,户外履满,耆老扶杖观听"。弟子遍布于江西、浙江两地。在长期的讲学实践中,形成了一套独特的教育思想理论。陆九渊认为教育对人的发展具有存心、养心、求放心和去蒙蔽、明天理的作用。他主张学以致用,其目的是培养具有强烈社会责任感的人才,以挽救南宋王朝衰败的命运。在教育内容上,陆九渊把封建伦理纲常和一般知识技能技巧,归纳为道、艺两大部分。主张以道为主,以艺为辅,认为只有通过对道的深入体会,才能达到成为一个堂堂正正的人的目的。因此,要求人们在"心"上做功夫,以发现人心中的良知良能,体认封建伦理纲常。

陆九渊一生从不著书,他基本上是通过讲学对他的学生发生影响。后人把他的一些书信、语录等文字材料结集成《陆象山文集》。今有校勘标点本的《陆九渊集》。

陈献章

陈献章(1428~1500年),又名陈白沙,字公甫,号石斋,别号"碧玉老人""玉台居士""南海樵夫""黄云老人"等。因曾在白沙村居住,人又称"白沙先生"。广东新会都会村人(即今广东江门市新会区)。明代儒家学者,著名思想家、理学家、书法家。

正统十二年(1447年)陈献章举广东乡试,会试不中,入国子监读书。景泰二年(1451年)再试不中,于景泰五年弃举子业,从名儒吴与弼学。不久归家,筑阳春台,静坐其中,足不出户数年。后复游太学,名扬京师,被认为是"真儒复出"。成化五年(1469年)再次参加会试,又下第,遂绝意功名,归广东讲学。成化十八年明宪宗下诏征聘,进京后,未被重用,上疏托疾乞归。此后,一直隐居故里,从事讲学著述。

陈献章早年学宗朱熹,自称:"吾道有宗主,千秋朱紫阳,说敬不离口,教我入德方。"后接受吴与弼的思想影响,观点发生变化,逐步转向心学。他赋予"心"以"无我、无人、无古今,塞乎天地之间"的绝对性质,认为"心"不仅制约天地的运行,而且还能产生万物,具有"生生化化之妙",得出"一体乾坤是此心""若个人心即是天"的结论。从以心为本体出发,他进一步提出所谓的"作圣之功",认为作为宇宙本体的"心",由于"下化""寓于形"而成为具体的人心;心本是一个,因受形体和物欲的蒙蔽,变得有理而不明,失去了支配天地万物的能力。在他看来,人生的最高目的,就是重新恢复人心的本来面目。要达到这一目的,光靠读书是不行的,必须通过"洗心"的办法,使心"无累于形骸,无累于外物",摆脱肉体的局限和物欲的蒙蔽。为此必须"静坐",他认为,人静坐久之,"心之体"就会"隐然显露,常若有物",达到这一境界,就会"天地我立,万化我出,而宇宙在我矣"(《与林辑熙》)。

陈献章虽然倡导"心学",但他思想中仍保留有程朱理学的一些观点。如他在论"气"与"道"的关系时,认为"道为天地之本"(《白沙子》),元气所充塞的天地,只不过是"沧海之一勺"。这与朱熹的"理"是"生物之本"观点十分相似。

陈白沙是岭南唯一诏准从祀孔庙之学者,享有"岭南第一人""广东第一大儒"的盛

诸子百家——儒家

誉。陈献章的主要著作是《白沙集》。

罗钦顺

罗钦顺(1465~1547年),字允升,号整庵,泰和(今属江西)人。明朝哲学家、儒家学者,"气学"的代表人物之一。在明中期,罗钦顺是和王守仁分庭抗礼的大学者。

弘治六年进士,罗钦顺官至南京吏部尚书,被称为"江右"大儒。罗钦顺对程朱理学的改造、对"气学"的创建、对佛学的批判,使他在中国古代思想史上有重要影响与地位。《明史·儒林传》说:"钦顺潜心理学,深有得于性命理气之微旨。"

卒后,赐罗钦顺太子太保,谥"文庄"。著作有《困知记》《整庵存稿》《整庵续稿》等。

王守仁

王守仁(1472~1529年),幼名云,字伯安,号阳明子。明代儒家学者,宋明理学中"心学"的集大成者,中国古代著名哲学家。

王守仁先祖世居山阴,后徙余姚,幼年全家迁回山阴。尝筑室故乡阳明洞中,故世称"阳明先生"。生平著作由门生辑成《王文成公全书》,共三十八卷,其中《传习录》和《大学问》是其主要哲学著作。其学说对后世影响巨大,且流传至日本、朝鲜及东南亚。

王艮

王艮(1483~1541年),初名银。老师王守仁为其更名,字汝止,号心斋。泰州安丰场(今江苏东台)人。明代儒家学者,理学家,"泰州学派"的创始人。王艮一生未入仕途,主要从事讲学,门生弟子众多,其中颜均、何心隐、罗汝芳、李贽等都是他的重要弟子和思想的继承者。主要著作有《王心斋先生遗集》。

刘宗周

刘宗周(1578~1645年),字起东,号念台,山阴(今浙江绍兴)人。因讲学于蕺山,学者称"蕺山先生"。明代儒家学者,是宋明时期最后一个有创造性的理学家。

刘宗周的学术思想"上承濂洛,下贯朱王"。他曾深受二程"洛学"和朱熹理学的影响,后来又倾向于陆王心学,晚年又力纠王学之弊,对王学末流有很多批评。刘宗周晚年致力于讲学,培养了许多著名学者和气节之士,其中黄宗羲、陈确是佼佼者。他对理气关系的讨论,被黄宗羲视为千古决疑之论。黄宗羲《明夷访录》中对君主私天下的谴责、陈确的"天理正从人欲中见"的命题,就是对刘宗周学术思想的发挥。

刘宗周思想在十九世纪初日本阳明学派中也有一定影响。

刘宗周主要著作,后人辑有《刘子全书》四十卷,《刘子全书遗编》二十四卷。

傅山

傅山(1607~1684年),字青竹,后改青主,别号颇多,诸如朱衣道人、石道人、蔷庐、侨黄、侨松等等,不一而足。阳曲人。明清之际儒家学者、思想家。

傅山为学反对理学的空疏,倡导学必实用。在学术研究中,敢于倡导新的学风。他认为做学问不能墨守前人旧见,只在注脚中讨分晓,主张应不断发挥新意。傅山还擅长音韵、训诂,工诗文、书画、金石,又精医学。

一生著述甚多,可惜大都散佚。其著作传世者有《霜红龛集》十二卷。近年来陆续发现了他的《荀子评注》《荀子校改》《庄子批点》《淮南存隽》《淮南子评注》《楞严经批注》《杂著录》《老学庵笔记批注》等著作。

黄宗羲

黄宗羲(1610~1695年),字太冲,号南雷、梨洲,学者称其为"梨洲先生"或"南雷先生",浙江余姚人。明清之际儒家学者,思想家、经学家、史学家,与顾炎武、王夫之并称为"清初三大儒"。

黄宗羲多才博学,于经史百家及天文、算术、乐律以及释、道无不研究。尤其在史学上成就很大。清政府撰修《明史》,"史局大议必咨之"(《清史稿》四百八十卷)。在哲学和政治思想方面,他从"民本"的立场抨击君主专制制度,堪称是"中国思想启蒙第一人"。他的政治理想主要集中在《明夷待访录》一书中。

黄宗羲一生著述大致依史学、经学、地理、律历、数学、诗文杂著为类,多至五十余种,三百多卷,其中最为重要的有《明儒学案》《宋元学案》《明夷待访录》《孟子师说》《葬制或问》《破邪论》《思旧录》《易学象数论》《明文海》《行朝录》《今水经》《大统历推法》《四明山志》等。黄宗羲生前曾自己整理编定《南雷文案》,又删订为《南雷文定》《文约》。

黄宗羲的《明儒学案》以及其开始草创并由后人和学生共同合作完成的《宋元学案》这两部著作,在中国史学史上有非常重要的地位。他开创了中国史学上的新体裁,即"学案体"。学案体以学派分类的方式介绍一定时代的学术史,这种体裁被清人取用,成为编写中国古代学术史的主要方式。

顾炎武

顾炎武(1613~1682年),原名绛,字忠清。明亡后改名炎武,字宁人,曾自署蒋山佣,一署顾圭年,尊称为"亭林先生"。汉族,苏州府昆山县(今江苏昆山)人。明清之际儒家学者,著名的思想家、史学家、语言学家。

顾炎武曾参加抗清斗争,后来致力于学术研究。晚年侧重经学的考证,考订古音,分古韵为十部。是清代"古韵学"的开山祖,成果累累。著有《日知录》《音学五书》等。

顾炎武学术的最大特色,是一反宋明理学的唯心主义的玄学,而强调客观的调查研究,开一代之新风。提出"君子为学,以明道也,以救世也。徒以诗文而已,所谓雕虫篆刻,亦何益哉?"顾炎武强调做学问必须先立人格,"礼义廉耻,是谓四维",提倡"天下兴亡,匹夫有责"。《日知录》卷十三《正始》:"保天下者,匹夫之贱,与有责焉耳矣。"

其他主要著作还有《音学五书》《左传杜解补正》《九经误字》《天下郡国利病书》《肇

域志》《亭林文集》《诗集》等十余种,共计二百余卷。

王夫之

王夫之(1619~1692年),字而农,号姜斋,湖南衡阳人。晚年因隐居湖南衡阳石船山,学者又称其为"船山先生"。明清之际儒家学者、哲学家。

王夫之是明清之际一位有深厚民族感情的仁人志士。明亡以后,他把一腔爱国热情倾注在学术研究上,以通过对中华民族两千年学术思想的总结,为未来的民族复兴尊定理论基础。他生前曾写下大量富有创造性见解的著作,其内容涉及政治、经济、哲学、历史、训诂、天文等许多方面。一些哲学理论成为近代启蒙思潮的重要思想源泉之一。特别是他的社会历史思想,对十九世纪末的爱国维新运动和二十世纪初的排满革命运动,产生过积极而广泛的影响。

王夫之思想学术方面的主要著作有:《周易内传》《周易内传发例》《周易大象解》《张子蒙注》《思问录》《尚书引义》《读四书大全说》《老子衍》《庄子解》《读通鉴论》《宋论》《楚辞通释》《噩梦》等。这些著作均收录于《船山遗书》中。

曾国藩

曾国藩(1811~1872年),原名子城,字伯涵,号涤生,谱名传豫,谥文正。湖南湘乡人。清代儒家学者。

曾国藩是道光年间进士,曾任礼部侍郎,后又相继改任兵、工、刑、吏诸部侍郎。1852年在湖南一带建立了一支地方团练,称为湘军,与太平军对抗,成为清王朝镇压太平天国起义的主要统帅。

曾国藩自踏入仕途起,即注意"详览前史,求经世学"。他在给贺长龄的信中透露出他对"仕途积习益尚虚文"现状的忧虑,十分钦佩贺长龄、魏源等人编纂的《皇朝经世文编》。他推崇司马光的《资治通鉴》,希望从中撷取一二"济世"的良方。曾国藩虽未能超越儒家尊孔崇经的传统,但将学术研究与现实相结合,舍弃学术上的门户之争,这不仅是他会通汉宋学术思想的具体化,而且也是对乾嘉以来过分强调门户学风的反拨,成为近代经学研究的一大特点。曾国藩的主要学术著述,都收录于《曾文正公全集》。

康有为

康有为(1858~1927年),又名祖诒,字广厦,号长素,又号西樵山人、更生,人称"南海先生",晚年别署"天游化人"。广东南海人。近代儒家学者,思想家,近代维新改良运动的组织者和领导者。

康有为是光绪年间进士,授工部主事。出身于仕宦家庭,乃广东望族,世代为儒,以理学传家。他信奉孔子的儒家学说,并致力于将儒家学说改造为可以适应现代社会的国教。十九世纪末的中国,正处在急剧动荡变化的时代,康有为利用经学研究宣传他的进化历史观,反映了新兴的中国资产阶级要求对古老中国进行变革的强烈愿望。

諸子百家——儒家

康有为的主要著作有:《康子篇》《新学伪经考》《孔子改制考》《论语注》《春秋微言大义考》《春秋董氏学》《共和平议》《大同书》《诸天讲》《戊戌奏稿》等。

第三节 儒家名言

一、孔子名言

学而时习之

子曰:"学而时习之,不亦说乎! 有朋自远方来,不亦乐乎! 人不知而不愠,不亦君子乎!"

【鉴赏】

这里的"说"同"悦"。"愠"是恼怒的意思。

《论语》的第一段语录同整本书的全部文字一样,看起来意思似乎浅近易懂,实际上含义隽永,回味无穷。

"学而时习之"可以做多种理解,可以解为学了以后经常复习,也可以读为时常体会所学内容的意味,探求其深层意义,或不时演习所学的内容,如练习礼仪、书法、算术。孔子主张经世致用,"学而时习之"也就是时时运用自己所学的知识和技艺。孔子是一个纯正的学者,他本人从学习中获得了无穷的乐趣,"学而时习之,不亦乐乎!"一句就是他的这种愉悦之情的自然流露。我们可以合理地想象,在"学而时习之"的过程中,一个人巩固了所学的知识,心中很高兴;或通过艰苦思索,终于掌握了复杂的学问,把本来非常羡慕的他人的知识或技能变成了自己的,对于他人的说法有了自己的体会和见解,心中十分得意;或"温故而知新"(《为政》),有了新的发现,新的理解,新的认识,体验到创新的快乐,因而十分兴奋;或豁然大悟,解决了一个苦恼多日的疑难,好像是从漆黑的深洞中摸索了出来,眼前一片光明,他无比欢欣。

这是孔子最珍视、最引以为豪的快乐。所以他扬扬自喜地说:"默而识之,学而不厌,诲人不倦,何有于我哉!"(《述而》)"十室之邑,必有忠信如丘者焉,不如丘之好学也。"(《公冶长》)孔子曾经在朝廷担任要职,他内心也喜欢功名富贵,但是他最深情、最兴奋地谈到的只是这种学习、研究之乐。一本《论语》有无数关于孔子的重要事迹和思想要记录,它把孔子这种第一快乐作为第一句话置于卷首。

"有朋自远方来,不亦乐乎!"古代旅途极其艰难危险,远方朋友不易相逢。现在经常思念、牵挂或是惺惺相惜以至于仰慕的远方友人来到了,孔子的欣喜之情溢于言表。知

諸子百家——儒家

音远来，重温旧情，交流见闻，切磋学问，心心相印，会心而笑，其乐何及！此语表现了孔子对人间真情的热爱和向往。

孔子所表达的是一种精神探索、高尚追求、真情慰藉的快乐，是一种真正的、持久的快乐，可以说是一种最高雅的人生幸福，不像粗鄙的感官刺激，肉体快感，转瞬即逝。

"人不知而不愠，不亦君子乎！"这是针对日常生活中常遇到的不如意的事情说的。一身才能，但怀才不遇；或苦心孤诣，真心诚意待人，却不为人们所了解，或为人们所误解，甚至为一些人所猜疑，在这种情况下产生难受、痛苦，以至于恼怒的感情，这是人之常情，是可以理解的。但是，我们从孔子此语可以认识到：第一，有道德的人的自我充实、自我发展是自我完善的需要，不是为了得到他人的赏识才做的，更不是为了向别人炫耀，某时、某地的某个人的欣赏与否并不具有决定性的意义。第二，"行有不得者皆反求诸己"（《孟子·离娄上》），如此心中不平之气自然会逐渐消解。第三，智者深知人世的艰难、人性的复杂和奸人用心的险恶，对于外界的种种反映自然不用大惊小怪。第四，君子对人宽厚，对于他人之心思多能理解，也就不会因他人的不理解埋怨他们。第五，智者相信，金子总是会发光，有真才实学者最终是会有地方、有时机发挥自己的作用。因此君子对于不为人知不会恼怒，反过来说，情操高洁、才能出众的人不为人知而不烦恼、痛苦的人必是君子。还有比达到君子的思想境界更值得高兴、自豪的吗？美德的养成、君子人格的获得是对那些怀才不遇而又不怨天尤人的人的最高奖赏。

可见，《论语》是心灵的鸡汤，是治疗心病的百忧解。在现代社会的种种竞争活动中，心灵伤痕累累、陷入忧虑、烦恼、痛苦、激愤而不能自拔的人，可以反复吟诵这段语录，细细品尝其中之味，会有一种肺腑澄澈的感受，觉悟到每天的生活都是非常美好的，能够长久滋养愉悦心灵的乐事唾手可得，有德者才能发现、体验真正的幸福。

值得一提的是三个并列的反问句的修辞手法极妙，它们既反映出讲话的人自己的坚定的信念，又活现了他相信、尊重、关爱听众、循循善诱的神态，具有很大的逻辑力量和启发、说服效果。

到此我们可以看到《论语》编纂者的智慧，他（们）把这段语录列为全书第一篇第一章是非常恰当的，因为《论语》虽然讲了很多关于政治、哲学的大道理，但其宗旨是教人培养理想人格，过理想的生活，寻求真正的幸福。《论语》是一部人生哲学教科书，这段语录放在首篇位置，开宗明义，很好地展示了《论语》这一主题。

吾日三省吾身

曾子曰："吾日三省吾身：为人谋而不忠乎？与朋友交而不信乎？传不习乎？"

【鉴赏】

遵守传统的基督教徒，尤其是天主教徒平日必做的一项功课就是忏悔，古罗马帝国晚期的奥古斯丁、近代法国的卢梭和俄国的托尔斯泰这些世界文化巨人都曾写过自我忏悔的不朽名著。在我国，早在两千五百年前，孔子就提倡类似于忏悔的精神修养活动：反

诸子百家——儒家

省。反省不是像现代人以为的那样是做了错事,或犯了罪行以后在外界压力下的自我检查,而是平时经常性的精神生活内容。孔子弟子曾子模范地实行了其老师这一教诲,这段语录就是他的反省活动的真实记录。从他的话语我们可以看到,反省是他自身的要求和自觉的行为,他每天都要多次反思自己的思想和言行。文中"三"字表示多数,表明他反复自我检查,次数可能还不止三次,这样他就把孔子的"求诸己"的教导落到了实处。

反省的修养方法在现代社会对传统的批判中曾经被当作妨碍实践的纯粹的精神内省活动而被贬低和抛弃,而在当代社会,它在许多人片面地理解的自信、自我意识、自我实现中被完全忘却,因此不少人在张扬自我中让心灵中的污秽泛滥成灾。现实生活中许多触目惊心的丑恶现象和令人发指的罪恶行为提醒人们,曾子的反省的精神生活也为今人所必须。

反省不仅是为了防范罪恶,从积极的意义上说,它也大有助于进取和成功。因为无论做什么事情,人都必须有自知之明,要自觉地扬己之长,避己之短,随时发现自身的错误,以便调整方向和举措,以便用更有效的方法和手段达到预定的目的。但是世界上最难的事情是认识自己,人们常常满足于自我欺骗,在自己的心中或在他人的交往中以各种理由为自己的错误行为辩解。这样就把真实的自我隐藏起来了。可以说每个人是自己的最远者,正如南宋著名学者吕祖谦所说:"明于观人,难于观己,此天下之公患也。见秋毫之末者,不能自见其睫;奉千钧之重者,不能自奉其神,甚矣,己之难观也。"(《东莱博议·晋怀公杀狐突》)许多人正是由于对自己思想、感情、行为陷入一种盲目状态,所以他们铸下大错,或为种种烦恼痛苦所击垮。如古罗马哲学家奥勒利乌斯所说:"人们不幸的根源并不是因为他们不了解别人,而是因为不了解自己。"(《沉思录》)

因此,人们必须致力于认识自己,这是人一生中的头等大事。法国思想家蒙田说得好:"这世界上最重要的事情,不论从任何角度来说,就是自己彻底了解自己。"(《散文集》)当然,认识自己的方法很多,但是其中最基本的是反省,因为如日本成功的企业家松下幸之助所说,"唯有强烈自我反省的人,才能透彻地了解自己。……这样的人很少犯错误。"(转引自《经营者365金言》)可见,我们现代人有必要像曾子那样每天自觉地、认真地检查自己所做的一切,按照高标准要求自己,从进步或成绩中寻找不足,为深感懊恼的不当言行或工作中的失误、挫折寻找自身的原因,为自己的不道德的行为和念头而感到可耻。如此持之以恒,积以时日,必然在各个方面大有长进。

礼之用,和为贵

有子曰:"礼之用,和为贵。先王之道,斯为美。小大由之,有所不行,知和而和,不以礼节之,亦不可行也。"

【鉴赏】

礼原是远古时代宗教祭祀的仪式和器物的总称,后来演变为区别贵贱亲疏的行为规范和等级名分制度。它所规范的范围囊括社会生活的各个方面,包括政治、军事、外交、教育、婚姻、祭祀、丧葬、社会交际、体育文娱活动等方面。礼的内容是对各种社会活动举行方式、对各种不同地位和身份的人应有的不同权利和享受、对人们在各种活动中的行为方式做出的具体、明确的规定。用历史的眼光来看,礼的基本目的之一是维护宗法等级制度。这样,礼的实行就要有一种恭敬之心,它的流弊是增强等级观念,压制个性,造成不同地位、等级的人之间关系的紧张。有若这句话就是针对这种情况说的,他企图按照孔子和的观念来发扬礼的固有精神,以克服礼的形式化过程中产生的流弊。

有若强调礼的根本目的、主要功用是为了实现和谐,这是阐述孔子的一贯思想。礼体现了一种秩序和正当的行为,因此孔子企图用礼造成父慈子孝,兄弟相爱,夫妻相敬如宾,家庭和睦的局面,使家中洋溢着一种和乐的气氛;同时依靠礼建立和美的社会关系,和洽的政治关系,因此上下同心同德,齐心协力,共同为了国家的利益和衷共济。孔子正是出于这一考虑而突出礼高于中国制度文化的各种成分的地位和作用,企图用以消弭当时社会上尔虞我诈、争权夺利、相互残杀的现象。

《论语》以"礼让"并称,如孔子说:能以礼让治国,还有什么困难呢?不能以礼让治国,怎么能实行礼呢?(见《里仁》)可见让是礼的基本要求。孔子不满足于形式上的谦让。他的礼让的观念也不只是一种谦逊的姿态,而是意味着对他人人格的尊重,这是对强加于人的霸道作风和行为的否定。由礼让而形成的和,是在承认个体的独立性和尊严的基础上形成的,是以尊重他人的主张和意见为前提的:我不愿意别人把意见强加于我,我也不想把自己的观点强加于他人(见《公冶长》第十二章),这就能为和谐的人际关系确立坚实的基础。

孔子和的观念还指一种理想的精神状态,即喜怒哀乐等各种感情在心中保持均衡的状态,显得极其纯正;它们的表达也十分恰当,而不乖戾。在孔子看来,礼的充满诗意的仪式、它所规定的温文尔雅的行为方式有助于培养这种理想的精神状态。而且礼与乐(包括音乐舞蹈)在古代文化中常常结合在一起,礼的实行不能没有音乐。礼借助乐在人心中激发、培育的情感不仅是圣洁的、虔敬的,同时也是中和的,因此,行礼的乐往往是音调雅正,色彩典雅,节奏舒缓,意境阔阔无际,非此不足以表现和培养博大的中和情感。

有若极其热情地推崇和的观念,说它是古代优秀传统中最美好的东西,无论大事还是小事,人们的所有的行为和活动都要贯彻和的精神。这表达了孔子的基本的信念和要求。孔子把和确立为君子的理想人格,说"君子和而不同,小人同而不和"(《子路》)。孔子一生的行事风格就是"温良恭俭让"(《学而》),《论语》的全部文字体现了和的观念。由于儒家和中国其他学派的大力提倡,和的精神渗透于中国文化的灵魂,成为源远流长的深厚传统,中国民族精神因此弥漫着冲和之气。正是由于这个原因,中国文化才显示出宏大的气象,具有包罗万象的气度,中国才能发展为拥有十三亿人口而又充满活力的泱泱大国。

不患人之不己知

子曰:"不患人之不己知,患不知人也。"

諸子百家——儒家

【鉴赏】

钟子期死,伯牙绝弦破琴,自古以来人们深知相知之难,知音难觅。成语"士为知己者死",表明人们多么看重对自己的了解和赏识。不为他人所了解是人类永恒的烦恼和痛苦。被视为道德的楷模的圣人孔子自己也常常因不为人所知而陷入苦闷,有一次他在击磬时流露出这种情绪,被一个懂音乐的隐士听出来,这个隐士说:硁硁的磬声,好像是说没有人知道自己(见《宪问》)。他曾悲叹:"莫我知也夫!"他甚至在不为人们了解这一点上不抱任何希望,说:"知我者其天乎!"(《宪问》)孔子一生政治上很不得意,他的政治努力一再遭受挫折,始终不能实现自己完善外部世界的理想,他自然会产生"莫我知也夫"的感叹。由此我们也可以理解,为何在《论语》中他不断地讲"不己知"的问题。

但是,孔子毕竟是一个有卓越人格的伟大学者、思想家,他是用高尚的精神追求来克服不为人知的痛苦,正像他对自己的描绘:"发愤忘食,乐以忘忧"(《述而》)。他是根据自己悲壮人生经历的体验,带着几分人生苦楚,来教人正确对待不为人知的问题。

为何"不患人之不己知"?因为人追求卓越的品性和真理、学习知识和才能从根本上说是自我完善的需要,而不是为了他人,不是为了向他人炫耀。正如孔子所说:"古之学者为己,今之学者为人。"(《宪问》)只要自己真的掌握了知识和才能,上不愧于天,下不怍于人,心安理得,就不会在乎别人是否知晓和承认。至于自己的才干是否为世所知,为世所用,这受制于许多外界因素,不是自己的欲望和力量能够完全决定的。有的人小有成绩便喜形于色,自鸣得意,到处自我宣扬,生怕人家不知道,这是浅薄的表现。正如南宋著名学者吕祖谦所说:"胸中浅狭,才有一功一善,便无安著处,虽欲强抑遏,终制不住。譬如瓶小水多,虽抑遏固闭,终必泛滥;若瓶大则自不泛滥,却不须闲费力。"(转引自李光地《周易折衷》)"人不知而不愠"(《学而》),淡泊以明志的人才能真正显示出深厚的道德修养和高洁的志趣情操。明代思想家吕坤说过,那些智深而勇沉者"不自好而露才,不轻试以侥功",有所不言,言必当,有所不为,为必成,只有这种人才可以算是真正的人才(《呻吟语·品藻》)。这是很有见地的。

当然,人们学习是为了经世致用,自己的才能只有得到社会的承认以后,才能在更大的范围内发挥作用。因此是需要用正当的手段、适当地推销自己。孔子本人正是这样做的。他曾经说他正在待价而沽(见《子罕》),又曾宣布自己不是一个葫芦,不能光是挂在什么地方而不给人家食用。他栖栖惶惶,周游列国,就是为了推销自己。因此"不患人之不己知"不是要人们做隐士,无所作为,而是教人不要因不为人知而心怀不满,或陷入消极、痛苦的情绪不能自拔;是劝人不要心浮气躁、不择手段地自我吹嘘,更不能为了扬名而牺牲原则,甚至贬损自己的人格和尊严。

"患不知人",真正需要担忧的不是不为人所知,而是不知人。如果对于你所接触的人的思想、品质、性格特点不能准确地把握,你就不能正确地对待他人,就不能发现真正值得自己尊敬、交往、学习、效法的贤人,也可能为无德无才者所误,甚至为奸人所骗、所害,这难道不值得担忧吗?

"患不知人"也是要把人因不为人知而产生的消极情绪引导到积极的方面。对别人不理解自己而耿耿于怀,这于事丝毫无补,不如自己采取主动去理解别人,从而打破人际关系的坚冰。孔子深知,知人很难。他曾经讲过自己这方面的体会。有的人话讲得很漂亮,但是其行为却非常令人失望,孔子说:"始吾于人也,听其言而信其行;今吾于人也,听其言而观其行。"(《公冶长》)在孔子看来知人是非常重要的事情,他的弟子樊迟问智,孔子说"知人",因为知人就可以分辨善恶忠奸贤不肖,从而亲君子而远小人,在治国理政时就能识别人才,量材用人。孔子说:选拔、重用正直的人,就能使邪恶的人归于正直(见《颜渊》)。因此人们应当经常努力培养知人的智慧。

　　"患不知人"这句话实际上指明了人际关系的症结所在:即不知人。因为不知人,所以会感到不为人知。人人都因不为人知而苦恼,然而自己正是他人面前的他人,如果自己主动地去关注、关爱、理解他人,那么对于某个他人来说不就减少了不为人知的苦恼了吗? 如果人人都能这样做,人们的不为人知的痛苦不就大大地减少了吗? 这就是孔子这句名言的深意所在。

为政以德

子曰:"为政以德,譬如北辰,居其所而众星共之。"

【鉴赏】

　　这里的"共"同"拱"。孔子主张以德治国,他认为统治者的个人行为和治国的大小举措都应当合乎道德,这样,就会像北极星那样,居于一定的方位,群星都环绕在它的周围运行。

　　与地球相对而言,北极星的位置是不变动的,但是天空无数星球却有条不紊地围绕着它运行,孔子仰望这一天象,心想人间的统治秩序如能这样就好了。他用北极星的隐喻表达一种无为而治的政治主张。他希望用北极星的隐喻,告诉统治者不要自作聪明,抛弃礼制,胡作非为。无为而治是孔子的一贯的政治理想,他曾说过:"无为而治者,其舜也与? 夫何为哉? 恭己正南面而已矣。"(《卫灵公》)这两种说法如出一辙,都反映了孔子反对君主个人予智予雄、唯我独尊、任性妄为、专制独裁的作风。

　　北极星没有依靠任何有形的力量来强使群星以自己为中心分布、旋转,同样,治国者的权威也不能依靠有形的物质力量,如武力或权力来加强,而应当靠无形的崇高的精神来维护。孔子始终认为,行政的压服和法律的强迫不能使人民心悦诚服,只有德行才能真正地感化人、教育人,才能获得他们的由衷的信任和支持。有一次鲁国的执政季康子在同孔子讨论政治问题的时候说,如果杀死无道的人,以促使人民走正确的道路,这样做好不好? 孔子当即批评他说,您治理国家何必杀人呢? 您如果想做善事,老百姓也是会效法您做善事的(《颜渊》)。在他看来,治国最有效的手段、维持社会秩序的最强大的力量,不是行政命令,不是法律的惩罚,而是德。

　　我们需要注意的是,孔子所说的德不限于伦理道德的范围,而是指高尚的精神、卓越的人格,是人的内在的品性,而不只是外在的行为准则。孔子曾经以良马为譬说明何为德。他说:"骥不称其力,称其德也。"(《宪问》)显然,良马无仁义孝悌等伦理道德可言,这里德与"力"(即才能)对言,当指致使良马日行千里的那种不畏险阻、坚忍不拔、勇往直前的非凡的精神力量。"为政以德"不仅要求统治者个人处理家庭关系、君臣关系以及在个人的生活中要遵循道德准则,还包括为国家和政府确立精神基础和价值导向,就是以崇高的精神价值,即用仁、义、礼、智、信等价值观念教育全体官吏和全体人民,要用以民为本的政治观念和富民、惠民等政策来作为政府的施政纲领。此外,统治者还要在处理政务中以自己的卓越的精神品质和人格魅力向全体人民显示一种人格典范。这种德实际上就是现代政治语汇中的"软实力"的概念,在孔子看来,重视软实力的作用,为政以德,治国者就占领了道义的制高点,就能不言而信,不怒而威,不令而行,具有首领、领袖的风范,自有臣服、统率万众的伟大力量,社会也就能长治久安,一个国家才能形成巨大的向心力和凝聚力,因此也才会具有向外界传输精神和道德能量的辐射力。因此,我们可以说孔子是世界上最早强调一个国家的软实力强于硬实力的思想家。

十有五而志于学

子曰:"吾十有五而志于学,三十而立,四十而不惑,五十而知天命,六十而耳顺,七十而从心所欲,不逾矩。"

【鉴赏】

人到老年,常常以深沉的感情回顾自己一生所走的道路,孔子这段著名的话语正是他在垂暮之年对自己一生的一个概括和总结。孔子一生经历了许多磨难,但是在他晚年时期,鲁国统治者把他视为国师,常到他府上问政咨询;他的弟子遍天下,有的已经在一些诸侯国担任要职;而在社会上,他被人们当成圣人,被公认为知识广博的学者。因此,我们在孔子回顾一生的话语中能够感受到他的欣慰自许之情。正像明代学者、政治家杨起元所说:"圣人履历,从圣人口中吐出,如忆梦中所见,如追旧时所识,有一种自吟自赏,不可名言妙处。"(转引自张岱《四书遇》)

孔子自言十五岁时立志学习,他所说的学,从《论语》其他文字可知,包括求知和品德修养两方面。实际上孔子自幼就好学,这里言十五而志于学,当是指一种自觉的行为。他这一志向终身未变,而且历久而弥坚,即使他在学识上取得伟大成就以后,仍然如此;在迈入晚年以后依然好学。可以说,孔子之所以能够成为一个伟大的学者和思想家,同他从少年起就立志学习有很大关系。

"三十而立"首先是指他从职业上说已能立于世。我们知道他从三十一岁开始收徒讲学。这句话还应当指他在思想、学术上已经形成一些基本的观点和立场以自守。

"四十而不惑"是说他在四十岁左右时因为经历了人生的各种磨炼,形成了坚定的意志和坚韧的品性,不会为自己一时的情绪所左右,也能够辨别各种观点的是非而不受迷惑。

"天命"是指人力难以改变的必然趋势，也指客观的法则，是"事物所以当然之故"（朱熹《四书集注》）。孔子年过半百后，经过了许多挫折和失败，深知人世的艰难，认识到世事的演变不是完全依个人的意志为转移的，所以要遵循外部世界的必然法则，不能一厢情愿，按照主观愿望做事。

"耳顺"的意思是无论什么事情入于耳即彻悟于心。孔子年逾花甲，经过长期的学习、实践和思索，对世事、知识和学理的领悟可以不假思索而豁然贯通。

"七十而从心所欲，不逾矩"是说孔子到古稀之年能够按照心中所想去做却不会违背规矩，可以说在实行儒家价值方面，他已经从必然王国进入自由王国了。这也就是说儒家的观念通过他而人格化了，它们同他的灵魂、同他的思想情感完全融合为一了。

孔子对自己的思想成长和成熟过程的追述显示了他自己的精神在其发展的六个阶段所达到的境界，实际上这也大体上显示了一个成功人士在人生各个阶段所要达到的目标：少年时期发奋学习，到三十岁左右就要成家立业，四十岁前后应该有坚定的信念，年过半百就要明白世事的当然之故和必然趋势，六十岁时要达到声入心通的境界，对各种意见都能正确地理解和对待，七十岁以后对自己认同的价值观念要运用自如，精神进入自由王国。我们可以把这六个阶段的规定看作是成功人生的路标，作为自己的人生追求的导向。

更一般地说，孔子的追忆可以视为描绘人生成长、成熟六个阶段的标志，由于孔子的概括非常准确，因此后人把它们视为年龄的标志，进而用以代指人生关键时段的年龄。这样，今人也把该成家立业的三十岁称为"而立之年"，把形成坚定信念的四十岁叫作"不惑之年"，如此等等，不一而足。

诸子百家 —— 儒家

当然，按照不同的眼光，对于人生各个阶段的特点可以做出不同的描述，孔子自己在别的地方对一般人的身心成长过程提出另外一种分析。他说："君子有三戒：少之时，血气未定，戒之在色；及其壮也，血气方刚，戒之在斗；及其老也，血气既衰，戒之在得（"得"意为贪得无厌）。"（《季氏》）这里把人生分为三个阶段，主要是指出每个阶段容易产生的问题和应对的办法，也十分符合个体成长的规律性，很值得人们认真汲取。

君子周而不比，小人比而不周

子曰："君子周而不比，小人比而不周。"

【鉴赏】

"周"是合群的意思，"比"意为勾结。这两个字都有关系好的意思，但是，"周"有周遍的含义，就是说不与一些人特别密切，而同另外一些人有意疏远。也就是没有宗派主义，不党同伐异，而"比"表示两者靠得特别紧，关系特别密切，因此在这句话中就有勾结的含义。

孔子用"周"与"比"来概括君子之交与小人之交的根本区别，来规定有道德的人应当遵循的交友之道。"周"与"比"之间的不同首先表现在是以坦诚、友好、善意的态度对待所有的人,而不是以个人好恶为标准来选择交友的对象,搞小圈子。孔子主张与人为善,成人之美,他说,君子对于天下人,不固定对谁亲,也不固定对谁远,只要是有义的人,都要同他亲近(见《里仁》)。这就是说对众人一视同仁,不论他是不是同乡,不论他是否有权势、财富、地位,也不论他是否有什么特别的才能,只要不是坏人,都应当竭诚以友善的态度与之相处。这就是《子张》中"君子尊贤而容众"一句表达的意思。因此孔子强调"君子无众寡,无小大,无敢慢"(《尧曰》),他主张搞五湖四海,最反对结成小宗派。

"周""比"之别还在于人与人之间不应当结成一种无原则的密切关系。儒家向往人与人之间有一种深厚的友谊和情感,但是他们主张在相互交往中在人与人之间要保持适当的距离。这是因为他们要维护自己独立的人格和思想,反对姑息错误的倾向,所以孔子要求"君子矜而不争,群而不党"(《卫灵公》),而"君子和而不同,小人同而不和"(《子路》)的名言也反映了同样的信念。人与人之间的关系如果过于密切了,以至于对于各自的缺点互相容忍,对于对方的错误互相包庇,发展下去必定是互相勾结,沆瀣一气,朋比为奸。古语云:"君子之交淡若水,小人之交甘若醴,君子淡以亲,小人甘以绝。"这句话虽然出自《庄子·山木》,但是用来表达儒家的友谊观却是再恰当不过的了。

"周"与"比"之间的根本区别是前者为公、后者为私;前者以道义相交,后者以臭味相投。出于公心,自然就有共同的目标,共同的语言,这样友谊才有坚实的基础;相反,如果从私利出发决定取舍,自然就会疏远与己利无关者,排斥妨碍自己利益的人。为谋私利,或为某种见不得人的目的而结合在一起的一伙人,一时打得火热,形成所谓的莫逆之交,或结成死党,但是这种关系是不能持久的,他们最终总是因利益的矛盾冲突而分裂,发生内讧,甚至自相残杀。"以财交者,财尽而交绝;以色交者,华落而爱渝"(《战国策·楚策一》),"以势利交者,势去则乖"(刘光第《都门偶学记七》)。以道义相交,朋友互助互学,相得益彰,而臭味相投者则必定是狐朋狗友,印度《五卷书》说得好:"对人最有助者莫过于良师益友,世间最有害者莫过于狐朋狗党。"此语可以为朋比为奸者戒。

学而不思则罔,思而不学则殆

子曰:"学而不思则罔,思而不学则殆。"

【鉴赏】

孔子重视学是无人不知的,《论语》中我们到处可以看到学字,全书用得最多的概念就是仁、礼、学。但是,他同样也强调思维的重要性。学是了解别人的认识,思是寻求自己的认识。"君子求诸己,小人求诸人"(《卫灵公》)一句不仅是指反躬自问、依靠自己,而且也是要求在思想认识上得之于己,自我创新。他从来反对死读书,食古不化,所以提出"温故而知新"(《为政》)。从《论语》我们可以看到,他一直有意识地着力培养学生的思维能力,他自觉地采用的启发式教育,就是千方百计促使学生思考问题。

他所说的"思",主要是指归纳推理和类比推理,例如他在讲述礼制、文化传统的演变

诸子百家——儒家

60

规律的时候说,商朝继承夏朝的礼制,减少和增加了些什么是可以知道的;周朝又继承商朝的礼制,减少和增加了些什么也是可以知道的;将来有继承周朝的,也不过是去除一些过时的东西,增加一些适应时代要求的东西,其基本精神就是传一百代也可以知道(《为政》)。这是使用归纳推理的思维过程。他提倡的举一反三则可以视为类比推理。孔子还提出了辩证的思维方法,即通过分析事物的矛盾、把握事物的对立面、从对立的统一中寻求正确的认识。他曾经说过:我有知识吗? 没有知识。有一个乡下人问我一个问题,我对于他问的事情本来毫无所知,但是。我抓住这个事情的正反两方面加以彻底的盘问,我就能够回答他的问题了。由上可见,孔子力图通过思使认识由此及彼,由表及里,从已知弄清未知,从而获得新知。孔子曾经用"闻一以知十"(《公冶长》)来说明思所显示的巨大功效。

在孔子的语汇中,思的含义非常丰富,除了指理性思维之外还表示自我力求完善的精神活动。他说"见贤思齐"(《里仁》),又提出"九思",即"视思明,听思聪,色思温,貌思恭,言思忠,事思敬,疑思问,忿思难,见思得"(《季氏》)。这些思所反映的主观活动比抽象化的逻辑思维活动具有更强的能动性、自觉性和超越性,它们是指主观精神的自我决定作用,是要求自我不受对象的限制和束缚,自作主宰,促使精神超越自我当下的状况,达到一种理想的状态。根据以上分析,如果不发挥思的这些作用,人们面对一大堆经验材料,就会感到茫然无绪,一筹莫展;或者是为外界的各种不同的意见、观点、理论所支配,分不清是非善恶美丑,不知所措;或者是为自己内心的某种消极、不健康的情绪所左右,迷失前进的方向,所以孔子说"学而不思则罔"。

稍晚于孔子的希腊哲学家苏格拉底也通过分析矛盾获得真知,但是他完全依靠抽象的逻辑分析的方法来寻求知识。与此不同,孔子主张思和学并重,认为两者必须紧密地结合在一起,相互促进,不可偏废。他曾谈过自己这方面的体会:"吾尝终日不食,终夜不寝,以思,无益,不如学也。"(《卫灵公》)他始终认为古代的优秀传统,特别是那些经典著作,经过历史的检验、淘汰和筛选,包含了前人治国修身的宝贵智慧,是每一个时代的人创造、前进的基础,学习这方面的知识是一个人成为真正的人的基本手段。所以他说:"君子学道则爱人"(《阳货》),"君子学以致其道"(《子张》)。在他看来,如果不通过学习掌握圣人所提出的真理,一个人就会走入歧路。因此,他警告人们:只是一味地苦思冥想而不学习,那是很危险的。他的意思可能不仅指在人生和学术道路上的迷误,而且也指损害身体健康。

明朝末年史学家、文学家张岱在其《四书遇》中用两个生动的比喻解说孔子这句话。他说:"一屋子散钱,无索子串起;一条寡索子,无钱可串。皆不济事。"他又说:"有闻见而无智慧,如人在三光(指日、月、星三天体之光)之下而自家无眼,不见一物,终冥然而已。有智慧而无闻见,如明眼人在大暗中举足坑堑,岂不臲卼("臲卼"原意动摇不定,这里意为危险)。这两个比喻很有启发性,可供理解孔子这句名言参考,也可以借用作为本文的总结。

里仁为美

子曰:"里仁为美。择不处仁,焉得知?"

【鉴赏】

文中"处"意为居住,"知"同"智"。这段语录意指人之居住环境当以有仁厚之德为美,以为仁德追求内蕴有审美情趣,表达了古代儒家关于伦理与审美相结合的价值观念。

殷周时期,"里"是最基层的区域行政单位。据《周礼·礼官·遂人》记载:"五家为邻,五邻为里。"是划 25 户为一"里",也有以百户为"里"的,并设"里正"行使管理职能。而孔子以"里"为喻,提出"里仁"一说,意在强调人之居处应是仁德风尚之地,或选择与仁者比邻。

显然,孔子很相信"近朱者赤,近墨者黑"的日常道理,注重环境条件对道德人格培养的制约、影响,所以,他由"里"的喻义引申出"里仁"观念,旨在说明人之居处,不仅是一种家庭生活的选择,更是一种道德生活的选择。可以说,史书记载的孟母三迁,就是实践孔子"里仁"观念的一个典型。

十分可贵的是,孔子讲"里仁",并不局限于人伦的、道德的选择。他确认的是"里仁为美"命题,认为居于仁德之地,或与仁者比邻而居,还出于内在的审美情趣和追求心灵美的需要。难怪孔子要说:"不仁者不可以久处约,不可以长处乐。"(《里仁》)以为缺乏仁德的人是不可能正确面对困境,也不可能获得真正的快乐。他还讲:"人而不仁,如礼何? 人而不仁,如乐何?"(《八佾》)揭示了那些缺乏仁德的人,从根本上讲是不懂礼乐、违背礼乐的。由此我们可以理解:孔子一听到颂扬尧之仁德的"韶乐",就由衷赞叹"尽善矣,又尽美矣"(《八佾》)。这是因为在孔子的内心,"仁"是包含良善和审美这两个方面。用荀子的话来概括,就叫:"美善相乐"(《乐论》),这阐明了孔子"里仁为美"的理念是表达了美善两者的相辅相成的关系。因此,儒家也就十分讲究环境美和风俗美。

需要指出的是,孔子的"里仁为美",不仅是道德和审美的结合,还出于智者的理性自觉。孔子用了个反问式的句型:"里仁为美。择不处仁,焉得知?"他在下面一段语录中接着又讲:"仁者安仁,知者利仁。"(《里仁》)两句话联系起来看,孔子揭示了"里仁"的选择,还是智者认知的产物和理性自觉的表现。

在善、美、知三者结合的基础上理解"里仁为美"的观念,可以帮助我们进一步拓展对孔子"克己复礼为仁""仁者爱人""仁知合一"等思想内涵的把握,也有助于我们对孔子"仁论"的价值再发现。这样的内涵把握和价值发现,就不仅仅是历史的考察,也是一种现代诠释,其思想的价值资源完全可以为现代人格的培养提供有益的借鉴和启示。

朝闻道,夕死可矣

子曰:"朝闻道,夕死可矣。"

诸子百家——儒家

【鉴赏】

这句话可以有两解：一是说早晨弄明白了道，就是晚上为之而死也心甘情愿；二是说早晨弄明白了道，就是晚上死了也就觉得此生无憾了。不论哪一种理解，它都是极言道对于个体人生的重要性，明确地指出道高于人的生命。孔子平时的讲话大多很平实，很少唱高调。读了这句重道而轻生命的话，人们自然会产生这样的问题：孔子所说的道究竟是什么，它为什么会有那样高的价值，以至于一个人可以为之付出生命？

道在孔子的话语中包含很多意义，它们主要分为两类，第一类是专有名词，表示特定的哲学观念、政治原则、文化传统，就此而言，它是指圣人之道，先王之道，这主要是儒家经典所总结的古代优秀传统，如仁爱观念，以德治国、以民为本的政治思想等。他还提出"君子之道"的概念，他曾列举其中的一些具体内容："其行己也恭，其事上也敬，其养民也惠，其使民也义。"（《公冶长》）第二类是一般的抽象名词，泛指最高的真理，或最深刻的哲学原理，必须遵循的政治原则，普遍的道德法则等等。如《论语》中的"邦有道则仕""邦无道则可卷而怀之""君子谋道不食""君子忧道不忧贫"等。此外，还表示道路和方法。"朝闻道"中的道当是在第二种意义上使用的，不排除道所包含的第一种意义。

在孔子看来，道是人生的必由之路，是必须遵循的法则，所以他说："谁能出不由户（指门），何莫由斯道也"（《雍也》）。生命的价值、生活的意义都离不开悟道。懂得道才看到人生的光明，才能发现人生的真正的美、真正的乐、真正的价值，才能为生活所陶醉。如果不能真正懂得道，就不知道世界的真理，不懂得生活、做人的根本道理，生活就像是在黑暗中行走，懵懵懂懂，如动物一般，枉然度过一生。不仅如此，不懂得道的生活，一个人轻则为种种无谓的纷争所纠缠，患得患失，陷入各种烦恼和痛苦而不能自拔，重则闯祸犯法，招致羞辱或惩罚。因此，孔子认为只要真正悟道，即使是在贫困的生活中人们的心灵也是快乐的。所以他说"仁者无忧"（《子罕》）。

孔子这句名言把悟道即追求真理、追求精神价值的生活看成是最值得过的生活，最幸福的生活。这同西方许多思想家的看法不谋而合。晚于孔子的古希腊哲学家芝诺说："幸福存在于美德之中，因为美德是这样一种心理状态：他倾向于使整个生活完全和谐。"（转引自第欧根尼《芝诺传》）古希腊哲学集大成者亚里士多德提出相似的观点："只有善德最大的人，感应最高尚的本源，才能有最高尚的幸福。"（《政治学》）中世纪意大利思想家阿奎那在《神学大全》中说最伟大的快乐存在于对真理的追求中。空想社会主义者托马斯·莫尔在其《乌托邦》中指出"不是一切快乐，只有真正高尚的快乐才能构成幸福"。德国伟大的诗人歌德认为人的幸福"全在于心之幸福"（《少年维特的烦恼》），美好的人格是大地之子的最高的幸福。按照这些文化巨人的观点，就像根据孔子的这句名言的逻辑，既然人们已经获得了真正的幸福，他们当然是死而无憾了。

这里特别值得注意的是"闻"字，它在句中表示领会。如果用一"行"字，则难以描述心灵的觉悟，也不能把机械地效法与自觉地实践区别开来。这个"闻"字相当于孔子所说的"六十而耳顺"里的"耳顺"两字之意，即表示入于耳而彻悟于心，与陶渊明的《归去来兮辞》"觉今是而昨非"中的"觉"字的意味颇为相近,可以说是异曲同工。这个"闻"字表达了豁然觉悟,大彻大悟的精神境界和思想感情,表明从心底里真正体会到合乎道的生活的无比美好,体现道的人格尽善尽美。

德不孤,必有邻

子曰:"德不孤,必有邻。"

【鉴赏】

孔子这句话是针对有道德的人不时产生孤独感而讲的。

从某种意义上说,伟大的人总是孤独的,爱因斯坦说过:"要记住那些优秀和高尚的人总是孤独的——也必须这样——而也就是因为这样,他们能够孤芳自赏。"(《爱因斯坦通信集》)有德之士产生孤独感是很自然的。他们在品质、人格和精神上超凡拔俗,在一个人群中好像鹤立鸡群,难免看起来有点孤独。有德者总是要坚持原则,不会随波逐流、随便附和别人的看法。孔子认为君子对于天下的人不固定对谁特别亲热,也不固定对谁特别疏远,只同有义的人亲近(见《里仁》),因此他们好像有点落落寡合。有时因为要坚持正确的立场而拒绝别人不正当的要求或不正确的观点,可能会让人不悦。孔子说过:"唯仁者能好人,能恶人"(《里仁》),这又势必至于得罪人。孔子自己可能时时感觉到孤独,所以他悲叹:"莫我知也夫!""知我者其天乎!"(《宪问》)有一次他因四处碰壁而心情很不好,甚至产生到海外去的念头,说如果我的主张行不通,就乘木筏到海外去,能跟随我的人,大概只有子路吧!(见《公冶长》)孤独之感溢于言表。

在孔子看来,君子一时产生孤独感并不奇怪,但是他们要认识到,按照道德行事,终究是不会孤独的。这里值得玩味的是句中一个"必"字。它表达了孔子的信念,也是要增强有德者的信心:虽然现在感到孤单,寂寞,但是只要坚持真理,迟早会得到人们的理解和肯定。根据孔子的思想,有德者行的是中庸之道,待人接物时态度温和,就像弟子对孔子的描绘那样:"温、良、恭、俭、让"(《学而》),平时"温而厉,威而不猛,恭而安"(《述而》)。有道德的人能够在坚持原则立场和独立见解的同时,尊重别人的人格和意见,正像孔子所指出的"君子和而不同,小人同而不和"(《子路》)。他们虽然不屑于与人勾结以谋私利,但是却是合群的,"君子周而不比,小人比而不周"(《为政》)。因此,君子不会走极端,一般不会经常与普通人发生激烈的冲突。因此坚持道德原则并不必定会脱离群众,成为孤家寡人。而从理想的情况来说,真正有道德的人具有"所过者化"的道德感化力和人格魅力,自然会得到人们的敬仰。

当然,孔子这句话的用意可能是为了安慰那些处于污浊的社会环境和贫贱困境之中、其思想行为不为人们所理解的情操高洁人士。他深信,他们也是会发现志同道合者,终究会找到知音。因为真理、道德的光芒终究是遮掩不住的,必定会照亮越来越多的心灵。在这种光芒的照射下,那些追求真理和合乎道德的生活的人是会不期而遇的。这类

诸子百家 ——儒家

朋友可能不会很多,但是正如伏尔泰所说:"酒色之徒只有狂饮暴食的酒肉朋友,以自我为中心的人只有同伴,政客只有党徒,来者不拒的懒人只有附属品,王子只有廷臣。只有正直的人才有朋友。"(《哲学词典·友谊》)

实际上我们可以从更大的视域解读"德不孤",就是说这三个字不是表示只是在自己的周围发现知音,因为在现实中坚守节操之士感到极度孤独的时候,其精神可以超越时空,与古圣人游。孔子自己就是这样做的,他的精神与几百年前的周公游。因为他不断地同周公进行心灵对话,所以他经常梦见周公。到晚年的时候,他曾为不常梦见周公而感到悲哀,说:"甚矣吾衰也,久矣吾不复梦见周公。"(《述而》)孔子提供了一种寻求精神慰藉者的方法,美国现代思想家弗罗姆曾经指出过这类方法对于那些处于严酷的逆境中的精神价值追求者的巨大作用,他说:"与世界发生精神联系可以有多种形式,居于密室而信仰上帝的僧侣、身陷囹圄而又觉得自己的同志就在身边的政治犯,在精神上就不孤独。"(弗罗姆《逃避自由》)此话有助于我们理解孔子"德不孤,必有邻"的不朽名言。

见其过而内自讼

子曰:"已矣乎! 吾未见能见其过而内自讼者也。"

【鉴赏】

"已矣乎"表示没有希望了,反映了孔子极度失望的心情。"自讼"是自责的意思。孔子特别重视内省的修身方法,提倡"躬自厚而薄责于人"(《卫灵公》),希望人们有了过失以后能够认真地检查自身,但是他发现这样的人实在太少了,以至于对能否看到这样的人也不抱任何希望了。

孔子这句话是基于他对人性的弱点和人类的通病的深刻观察而提出的。一个人与他人发生矛盾和纠纷以后,由于自我中心主义作怪,一般总是立即责怪、埋怨别人,甚或怨恨别人。即使犯了过错以后,也多文过饰非,归因于外界的客观原因,或归罪别人,就是不肯责备自己。这是许多人思想不能成熟、人格产生种种缺陷、事业得不到发展,甚至在人生路途中迷失方向的一个重要的主观原因。

"能见其过"四字表明孔子这句话首先要人们能够看到自己的过错,这是最起码的要求。有些人犯了过错以后羞于承认,以为承认自己的错误是很不光彩的,所以往往强词夺理,千方百计为自己辩解,竭力加以掩饰;有的则"以攻为守",用攻击别人的做法来为自己开脱。实际上这正是邪恶在进攻自己健康的心灵。邪恶常常不是明火执仗地进攻自己,"总是想法子来偷袭,总是戴着某种诡辩的面具,还时常披着某种道德的外衣"(卢梭《忏悔录》)。被人揭下面具,露出丢人的真面目是一种失败,但是自己揭下面具却是一种胜利。因为犯错误是难免的,世上从来不犯过失的人是没有的。美国首任总统华盛顿说得好:"犯错误是自然之事,改正错误却是光荣之事。"(转引自博勒《四十任美国总统轶事趣闻》)承认并改正错误表明战胜了自我,"胜人者力,自胜者强"(《老子》第三十三章),所以法国著名作家拉罗什福科说:"承认错误往往比不犯错误要伟大。"(《回忆录》)一个人的错误有时要比他的优点更能给人以启迪。所以应当时常警觉过错,反省自己,这就能使心灵健康刚强。

孔子这句名言中特别值得体味的是"自讼"两字,在他看来,产生了错误以后不应当只是在外部压力之下被动地、勉强地、轻描淡写地自我检查一番,而是要按照自己良心的需要,主动地痛下决心,以严厉的态度审问自己,以犀利的批判之刀锋解剖自己。"讼"是打官司,以严正的态度、充满义愤地揭露罪恶,司法者在起诉犯人时,对其罪行务求不遗漏一项,件件落实;对其犯法行为的危害和恶果加以充分揭露,态度严峻,言辞尖锐,唯恐人们对犯人及其罪行轻易放过。孔子希望人们用这样的态度来检查自己的错误。这种"自讼"不是故意跟自己过不去,而是为了使灵魂获得新生。强烈的内疚显示了一个人的生命力,它能使其精神从昏昏欲睡中清醒过来。良心的觉醒就是灵魂的伟大。当然这样做精神上是会痛苦的,但是"极度的痛苦才是精神的最后解放者,唯有此种痛苦,才强迫我们大彻大悟"(尼采《显赫的知识·序》)。正如法国作家罗曼·罗兰所写:"痛苦这把犁刀一方面划破了你的心,一方面掘出了生命的新的水源。"(《约翰·克利斯朵夫》)孔子提倡的"自讼"的意义正在于此。

三人行,必有我师

子曰:"三人行,必有我师焉。选其善者而从之,其不善者而改之。"

【鉴赏】

孔子一贯主张学无常师,从来不把学习活动只限制在学校之内,也不认为只有学校的教师才有资格称老师。正因为他虚心向一切有知识的人求教,所以他"入太庙,每事问"(《八佾》),因此在战国时期有七岁童子项橐为孔子师的传说。据记载,孔子曾向鲁乐官襄子学弹琴,向鲁之附庸国君主郯子学古史知识,又曾问礼于老子。孔子如此好学,所以博学多能。"三人行,必有我师"的说法正是他总结自己成长经历所得出的宝贵的经验之谈。

语录中的"善者"不一定是指道德行为,也指长处,优点;同样,语中"不善者"并非必定是说不道德的行为,也指短处、缺点。个体总是存在着差别,不同的人各有所长,各有所短。三人同行,或多人同行,如果看到有人在某方面胜过自己,有某种令人羡慕的优点或长处,那就见贤思齐;不然,如果发现某人有某种缺点,则把它看成是对自己的一种告诫,检查自己身上是否也有,有则改之。这样无论是有优点的人,还是有缺点的人,或是既有优点又有缺点的人,都能让我知道怎样完善自己,怎样提高自己。因此,他们也都可以说是促使我进步的老师。

人的通病是在向他人学习时,往往只注意那些贤于自己、高于自己的人,以为只有这些人才值得自己学习。然而这些人在特定的范围内是有限的。这样就限制了自己的学习机会,减少了自己获得更大进步的可能性。"三人行,必有我师"的思想是用积极的态度对待周围的一切因素,不论是正面的、还是负面的因素。这样,人无弃人,物无弃物,实际上我能从所有的人身上吸取教益,从而无限地扩大了学习的范围。明代剧作家汤显祖说:"师人有穷,师善无穷;师善有穷,师不善无穷。"(转引自张岱《四书遇》)这句话揭示了孔子至理名言所包含的深刻智慧。

俗语云:旁观者清。一个人往往不容易看清自己的问题所在,相反,对别人的状况,尤其是对他人的缺点看得清清楚楚。我们不能因此而热衷于议论他人,而是相反,利用人的这一特点来观照自己,就是说把他人的言行作为自己的一面镜子。吕祖谦说:"人皆知以己观己之难,而不知以人观己之易。因人之善,见己之恶;因人之恶,见己之善,观孰切于此者乎?"(《东莱博议·晋怀公杀狐突》)可见,在这里做有心人,有意识地将他人与自己做比较是重要的,当然,不是像许多人那样,以此寻找傲人、自鸣得意的理由,而是看到真实的自我,找到自己与高标准的差距,以便知道努力的方向。

我们经常听到人们讲"向他人学习""向周围的人学习",但是我们也看到不少人嘴上虽如此讲,但是平时十分自负,以自我为中心,自以为是,常常戴着有色眼镜、用某种成见或疑心看别人,或总是用几分不服别人的心理,甚至嫉妒的心理看别人的长处,因而常常轻视、鄙视,甚至厌恶别人。看到别人的缺点也不用以自警,而是嘲笑别人、自我欣赏。如此,"向他人学习"就变为一句空洞的、毫无意义的口号。因此我们要学习孔子的好学精神,像他那样有充实自己、完善自己的强烈愿望,有尊重、了解他人的诚意,以便让他的"三人行,必有我师"这句至理名言真正为我所用。

子绝四

子绝四:毋意,毋必,毋固,毋我。

【鉴赏】

"意"同"臆",表示臆测,猜疑。"必"意为自以为是,自以为必定如此,必然会有。"固":固执。"我":自私自利,自我中心。

这句名言讲述了孔子所厌恶的四种思想方式,指明了它们的根子都是以自我为中心。孔子对人们思维的两种顽症,即主观主义和绝对主义的针砭是逐层加深的,指出它们开始于一种自作聪明的臆想,即"意"。此后进一步想当然地认为这种臆想必定是或必将是事实,这表明主观主义和绝对主义的毛病加重了。听到不同的或反对的意见也不知反思;自己的认识在实际中碰壁或导致挫折、失败也不思悔改而一意孤行,这就是"固"了。所有这些表明自我中心主义是这些错误的思想方式的病根所在。可见《论语》对主观主义和绝对主义的批判入木三分,非常准确而深刻。

从《论语》的记述可见,孔子"绝四"表现在各个方面。他曾经提出对于自己不知道的事情和研究的问题,要采取老实的态度,不能毫无根据自以为是地发表意见。他说"知之为知之,不知为不知,是知也"(《为政》)。所以当一个乡下人向他请教一个他不熟悉的问题的时候,孔子坦然承认自己对此"无知",心中"空空如"。当然他凭借执两用中的辩证法,还是能引导这个乡下人自己解决了这个问题(见《子罕》第八章)。

绝对主义的一种表现是用必然性来束缚人们的头脑,把一种观念、法则和理论当成是无条件的,不受限制的,固定不变的,并且不根据具体条件来运用它们。孔子"毋必"的教导,他提出的"无可无不可"(《微子》)的生活态度和处事方式就是对这种绝对主义的思维方式的否定。他一方面赞扬弟子颜渊安贫乐道的精神,另一方面又夸奖弟子子贡善于做生意赢大利的才能;他推许那些维护自己的尊严和气节的人士,但是他又肯定春秋时齐国管仲不为旧主死节、归顺新主齐桓公的做法。他甚至认为,人们在做出某种诺言以后,不是在任何情况下都必定要去实行的,如果发现这种诺言不适当或有害,可以加以改正。所以他说"言必信,信必果,硁硁然小人哉!"

孔子主张在实现理想的时候不能死板,而应显示出灵活性。在他看来,如果不通过学习和考察来把握实际情况,盲目地据守一种做法,任何一种价值观念都会变成它的反面,他说:"好仁不好学,其蔽也愚;好知不好学,其蔽也荡;好信不好学,其蔽也贼;好直不好学,其蔽也绞;好勇不好学,其蔽也乱;好刚不好学,其蔽也狂。"(《阳货》)因此不能不顾实际情况、教条式地推崇和实行这些道德规范。

为了防止执守一种做法而陷入片面性和绝对化,孔子在提倡一种做法的同时总是有意识地提出与之对立或相反的另外一种做法,来加以平衡,以达到"毋必"的目的。如他要求"君子博学于文,约之以礼"(《雍也》),认为"质胜文则野,文胜质则史。文质彬彬,然后君子"(同上)。这类规定在《论语》中是不胜枚举的。

"绝四"的思想方法和生活态度实质上是与主张从实际出发,一切以时间、地点为转移的观点相近的,对后人也有很大的教育作用。

三军可夺帅,匹夫不可夺志

子曰:"三军可夺帅也,匹夫不可夺志也!"

【鉴赏】

周礼规定天子六军,诸侯大国三军。春秋时代大国军队一般分为上、中、下(或中、左、右)三军,每军一万二千五百人,因此三军是大国全部军队的总称。孔子在这里强调最坚定的信念和最顽强的意志是不可战胜的,个人伟大的精神力量胜过最强大的军事力量。在一场倾全国之力的你死我活的残酷战争中,要取全副武装的三军卫护的敌人主帅,谈何容易!然而所向披靡、攻无不克的队伍能够在敌人军心动摇之际,直捣中军,捕获主帅。与凶猛无比的战斗力量相比,一介匹夫似乎如草芥一般,微不足道,可是如果他怀有崇高的信仰,养成钢铁意志,那么他在任何一种不可一世的强大敌人面前,都能藐视他们气势汹汹的淫威,绝不会屈服,绝不改变自己的志向。巨川激流以雷霆万钧之力冲击,砥石巍然屹立;海潮巨浪以排山倒海之势发威,磐石岿然不动。齐庄公六年(公元前548年),齐国太史伯、仲兄弟两人不顾弑君之权臣崔杼的威胁,秉笔直书其罪行,相继赴

诸子百家——儒家

死,其弟季面对凶残敌人,毫不畏惧,前仆后继,终于以其凛然不可犯的气势迫使崔杼收起屠刀。其兄弟三人虽然都是文弱书生,但忠于史实的决心没有任何力量能够改变。南宋末年孤臣文天祥,现代革命家瞿秋白、方志敏身陷敌手之后,在酷刑拷打的威逼和高官厚禄的引诱之下,矢志不移,坚贞不屈,敌人终于黔驴技穷,无计可施。历史上无数志士豪杰以自己惊天地、泣鬼神的英雄壮举诠释、印证了孔子这一不朽名言的真理性。

实际上这句名言是孔子自己的人生和品格的写照。他自己的坚强意志从未在强权面前低头。鲁定公十年(公元前500年)他作为司寇(相当于司法部长)参加齐鲁两国君主在夹谷(今山东省莱芜市南)的盟会,齐国企图凭借其大国之实力劫持鲁君,但是孔子维护鲁国尊严的意志在刀光剑影中没有丝毫退缩,他义正词严,怒斥齐君的卑劣行径,粉碎了齐国的图谋。后来无论是在鲁国的朝廷中,还是在颠沛流离的周游列国的过程中,无论是国君权贵们的凌逼、中伤、冷落,还是武夫强人的威胁、围困、断粮,孔子坚持实现仁道的志向从未有任何的减弱。"三军可夺帅也,匹夫不可夺志也!"正是孔子自己心志的表白。

孔子这句话是对体现道义的精神力量的颂歌,它指出了个人意志的不可侵犯,宣布了个人意志对于压制自己的外部凶恶势力的无上威权,据此可以判定,西方某些浅薄的汉学家提出的所谓儒家没有意志自由的观念的观点,是完全不符合事实的。

增强意志力有助于张扬个性,维护人格尊严,发扬精神的能动作用。孔子对个人的志向和意志的推崇是由其思想体系的基本逻辑决定的。孔子具有博爱精神的仁道政治、社会理想极其崇高,然而孔子深切地意识到它们既同政治现状和社会现实、又同人性的阴暗面完全不相容的,因此他是"知其不可而为之"(《宪问》)。可是,他又认为:"我欲仁,斯仁至矣"(《述而》),这样,他就大力强调志向、意志的作用。

这句名言的修辞手段非常高明。作者把看似极为强大的三军之帅同力量似乎非常弱小的个人之志加以对比,指出前者可夺,反而是后者不可夺,这种截然相反的强烈的对比手法非常有力地突出、烘托了个人的志向和意志胜过世间最强大的物质力量的崇高地位,自古以来它激励和鼓舞了无数仁人志士百折不挠,坚守理想信念。

岁寒,然后知松柏之后彫

子曰:"岁寒,然后知松柏之后彫也。"

【鉴赏】

彫同"凋",表示凋零。

对于孔子这句话,历来注家多解为赞美有德之士的节操,如朱熹的《四书集注》引学者之语说:"士穷见节义,世乱识忠臣。"实际上孔子这句话所包含的更深刻、更积极的意义为注家所忽略。孔子是以松柏在严酷的环境中仍然焕发勃勃生机的现象,来赞颂理想人格在极其困难艰险的处境中所表现的永不衰竭的强大精神生命力。

在许多人的眼中,儒家士人不是死守陈旧道德教条的循规蹈矩之士,就是总是温和谦恭、谨言慎行、与世无争的安分之人。其实孔子所要求的理想人格不是这样的人，他历来期望君子有一种内在的不竭精神活力。孔子在周游列国时曾经深情地想起留在鲁国的学生，并且以赞赏的口气说"吾党之小子狂简，斐然成章"（《公冶长》）。这里的"狂"是指志向远大，生气勃勃，充满活力，这是孔子由衷喜欢的精神特质。他有一句有名的话，意思是我如果找不到遵循中庸之道的人与之交往，那就同狂者、狷者来往，因为"狂者进取，狷者有所不为也"（《子路》）。很明显，孔子厌恶狂妄的人格，但是他对狂者的进取心是加以肯定的，因为如此就有强大的前进动力，所以他愿意与他们交往。而狷者则是坚持原则，坚决不做违反道德的事情，他们是有节操的人士，自然是孔子所欣赏的。由此可见，孔子所称许的不限于那些有所不为的节操之士，他更看重的实际上是有进取心、决心有所作为的人格。

孔子深知，精神生命力只有在艰难困苦中才会受到严峻的考验，才能得到培育和加强。他曾经说过"贫而无怨难，富而无骄易"（《宪问》），这不仅是一般地议论无怨无骄的难易问题，而且也是强调精神、道德最灿烂的光辉不是在顺境中，而是在逆境中激发出来的。疾风知劲草，烈火见真金；时穷现高风，危难显英豪。在最严酷险恶的人生境遇中，许多人灰心丧气，颓废消沉了；有的人甚至不惜出卖原则，或人格，或朋友，以求得摆脱困境，他们是没有操守、没有坚强灵魂的人。然而在那样的情况下，也有一些人仍能乐观向上，坚守志向，不屈不挠，顽强奋斗，这样的人格表明其灵魂中有一种盎然不竭，沛然莫之能御的浩然之气，这就是强大的精神生命力的最生动的表现，如万木枯槁凋零的严冬，唯有松柏郁郁葱葱，一片生机，孔子自然要从心底里赞叹其顽强的生命力了。

只有根据孔子重视精神生命力的思想，我们才能真正理解孔子的一些重要的话语。他主张安贫乐道，曾经说过："饭疏食，饮水，曲肱而枕之，乐亦在其中矣。"（《述而》）有不少人把孔子这类说法仅仅看作是安于贫困，进而曲解为以贫困为乐，认为这是提倡清教徒的生活方式，完全不适应现代社会的需要。实际上孔子不是主张以贫困为乐，所谓"乐在其中"，是说在无可奈何的贫困中体验到求道、行道之乐。《论语》中孔子所说的"乐"字最值得寻味。它当然不是指肉欲的满足、躯体的快感，而是在精神追求中

朱熹

的心灵的愉悦、幸福的感受、高尚意欲的满足。这种乐之所以可贵，是因为在穷苦困厄之中仍然保持了乐观的心态，感觉到生命、生活的美好，依旧具有不可压抑的奋进动力，这些充分显示了灵魂的巨大活力。正像孔子对自己的精神状态和人生态度所做的描绘："其为人也，发愤忘食，乐以忘忧，不知老之将至。"（《述而》）很明显，孔子在任何情况下都能发扬一种奋发有为的精神，这是他的精神生命力的顽强表现。

虽然朱熹对"岁寒，然后知松柏之后彫"这句名言的解释未尽得孔子之意，但是他以

生说仁,认为"'仁'字恐只是生意,故其发而为恻隐,为善恶,为辞让,为是非"(《朱子语类》)。因此仁是万理之源,万事之本。朱熹此说确对孔子"仁"的观念领会颇深,也有助于加深我们对孔子这句名言的理解。

勇者不惧

"知者不惑,仁者不忧,勇者不惧。"

【鉴赏】

仁是孔门儒学的旨意所归,人一旦体仁、达仁,便能够获得一种非凡的气势和力量。"当仁,不让于师"(《卫灵公》),求道须尊师,但行仁则不必拘泥于繁文缛节而畏缩不前。面对师长,应该尊敬有加;而面对仁,则应该一马当先,勇往直前,义无反顾。仁者都能够见义勇为,而不仁者则往往见义不为、临阵脱逃,或者推诿、胆怯。孔子的仁始终具有最高德性、无上智慧、绝对真理的地位、功能与属性,于是,也便具有巨大的吸引力和感召力,它能够激励人的心魂,催发人的斗志。

人皆有仁心,因而每一个人都可以是仁的追求者、担当者或推行者,每一个人也都可以体认它、达到它,并不因为性别、年龄、种族及资历、身份、地位的不同而有所区分。凡夫俗子一旦发明本心或被仁心所充实,也就不再是普通人了,而毋宁说已经超凡入圣了。

孔子说:"君子不忧不惧。"(《颜渊》)生活世界里,人总有所忧、有所惧,或为生存条件之不足,或为财富之不安全,或为职位之不提升,或为婚姻之不幸,或为爱情之不得,或为人际关系之不调和……然而,为什么君子却一无所忧、一无所惧呢? 重要的原因之一就是君子通过"内省",已经体仁、达仁了。"内省不疚,夫何忧何惧?"(《颜渊》)

那些真正达到仁的境地的人,既拥有超凡的智慧,又具备勇敢的精神,因而是没有什么疑惑的,他能够远离迷误,同样也能够与万物相沟通,圆融无碍,真正实现了自然与自由的统一,而不会局限、滞留在具体的事情与器物上;因此也肯定是无所畏惧的。所以,孔子说:"知者不惑,仁者不忧,勇者不惧。"(《子罕》)

在儒家哲学里,仁不只是一种维护现实社会秩序的、伦理化的道德理想,而毋宁早已是人所获得的一种可以与物同体、共构、通情、会意的精神境界。仁是一种天下为公、万物一体的胸怀。人心一旦被仁所充塞、所鼓舞,他就会浑身豪胆,天不怕地不怕,进而,气壮山河,魂贯宇宙。达到这一境界的人,凛然正气。即便赴汤蹈火、慷慨就义,也从容不迫、义无反顾。所以孔子弟子子张提出"士见危致命,见得思义"(《子张》)。

儒家认为,有仁必有勇,勇是人发挥内在之仁的极致状态。仁之中渗透了勇,勇是仁的力量体现。至勇无敌,最勇敢的人也最接近于仁。《孟子·公孙丑上》说:从前齐国有一个叫北宫黝的勇者,在他的眼里刺杀一个"万乘之君"与刺杀一个平头老百姓("褐夫")根本没有任何区别;在他的心目中,也没有什么诸如国君、诸侯之类的人值得尊敬,谁要是责骂他,他必有回应。又有一个叫孟施舍的勇者,看待能够战胜的敌人与不能战胜的敌人没什么两样,他曾颇有感触地总结经验说,我只是能无所畏惧罢了! 勇者,就是具有"不动心"（朱熹《四书章句集注·孟子·公孙丑上》），显然，北宫黝、孟施舍面对任何人都没有起分别心，眼中只有一个义字，内里只有一个不动心，完全不计个人的利害安危，做所当作而已。

"见义不为，无勇也"（《为政》）。仁与义规定着勇，仁、义、勇以及智、信之类原本都是融为一体的，不可分离。当面临"害仁"与"成仁"的道德选择时，志士仁人毫不犹豫地站在"成仁"的一边，而绝不会贪生怕死，即便牺牲自己的生命也应该在所不惜。"志士仁人，无求生以害仁，有杀身以成仁"（《卫灵公》）。大千世界，人的生命异常珍贵。然而，有一种精神、信念、主义或理想却值得我们用自己的生命去换取，那就是仁。仁，发自内心而可与宇宙万物相交通。儒家这一道德本体的最高境界，曾经激起无数英雄为之赴汤蹈火，肝脑涂地，而铸就出无数巍峨的民族丰碑。他们在当下的历史境遇里，用自己的宝贵生命注解了孔子的"勇者不惧""杀身成仁"的真谛，谱写出一曲曲荡气回肠、传诵千古的道义凯歌。

四海之内皆兄弟

司马牛忧曰："人皆有兄弟，我独亡。"子夏曰："商闻之矣：'死生有命，富贵在天。'君子敬而无失，与人恭而有礼，四海之内，皆兄弟也。君子何患乎无兄弟也？"

【鉴赏】

"亡"同"无"。

司马牛名耕，字子牛，宋国人。此人平时多忧虑，曾问孔子怎样的人才算得上君子。孔子针对他的性格特点说："君子不忧不惧"，并且进一步补充说："内省不疚，夫何忧何惧？"（《颜渊》）在这一章中他忧虑的是自己没有兄弟。

对于司马牛无兄弟之说，过去的注家还有另外一种解释。《左传·哀公十四年》记载宋国司马（主管军事）桓魋作乱，其弟司马牛表示反对，后流亡卫、齐、吴等国，誓不与其兄共事宋君。这些注家，包括朱熹，都认为这里所说的无兄弟，意思是犹如没有兄弟一样。如朱熹说："牛有兄弟而云然者，忧其为乱而将死也。"（《四书集注》）然而今人杨伯峻认为此说不能成立，他指出当时有两个司马牛，一名耕，为孔子学生，另一个名犁，是桓魋之弟（见《论语译注》）。不论采取哪一种解释，都不妨碍我们对这段语录意义的把握。

子夏是孔门高足。他姓卜，名商，字子夏，晋国人。卜商以文学著称，又重践行，对经典的理解常能发表一些独到的见解，多次受到孔子的赞扬。孔子死后他曾做过魏文侯的老师，汉以后学者多以为儒家经书大都是由他传授下来的。

对于司马牛无兄弟之忧虑，卜商首先以"死生有命，富贵在天"的俗语来劝慰他。这句话表面看来是宣传了命定论，实际上其主旨是反无所作为的宿命论的。卜商用当时人们普遍相信的俗语告诉司马牛，世间有些事不是以自己个人的意志为转移的。在古代（在科学发达的今日也然）父母能生出几个孩子、或者说兄弟的政治品质如何，这不是一

诸子百家 —— 儒家

个人愿望能够决定的。他引用此语的用意十分明确,强调对于那些非自己力所能及的事不必过于操心,因为这不仅无济于事,而且恶化了自己的情绪,有害于自己的身心健康,不利于自己的进德修业。

卜商根据孔子的人生哲学,用一种积极的人生态度来引导司马牛摆脱忧愁的心理状态。孔子一贯教育其弟子,对于不可抗拒的个人命运不要过于计较,对于个人生活中种种不如意的事情不必太在意。一个人应当关注、并且用全力去做的,是自己可以做到、或应该做到、甚至是必须做到的那些有意义的事。所以孔子经常讲"仁者不忧"(《子罕》,《宪问》),又说"君子忧道不忧贫"(《卫灵公》)。因此,对于司马牛来说,决定性的事情不是他有没有兄弟,而是自己采取一种什么样的生活态度,怎样对待他人。卜商提出君子要以"敬而无失"自持,对人则要"恭而有礼"。这就是说自己要严肃认真地做事,保持谨慎的作风,避免犯错误,对人恭敬诚恳,彬彬有礼,这样自然会得到他人的敬爱,人们就会把他当作兄弟。如果这样做,不论到哪里都可以找到亲人,因此不必为自己没有同胞兄弟过于担忧。

应当说卜商的话很有逻辑性,极富说服力,是解决司马牛的心理问题的一帖良药。实际上他表达的思想对古今所有的人都有启示作用。在当代社会,那些为自己命苦而陷于痛苦、埋怨的人,如果细细体味卜商所说的道理,就能够从消沉颓唐中振作起来,奋发图强,开创人生的新局面。

卜商话中尤其值得注意的是"四海之内,皆兄弟也"一句。这句话的原意可能是说四海之内都可以找到与兄弟一样亲的人,但是句子表达方式本身表明天下所有的人都能成为兄弟,即都能以兄弟方式相处。不论怎么说,此语可以说表达了卜商对于天下人之间建立亲如兄弟的亲密关系的美好理想和坚定信念。在以压迫制度为基础,充满了欺诈、争夺、残杀的古代社会中,卜商这一信念显得十分难能可贵。

"四海之内皆兄弟"一语包含了"天下一家、人人都为兄弟、应当互爱互助"的思想,我们可以从孔子的学说中找到它的起源。孔子虽然主张爱有差等、维护以宗法等级制度为基础的礼制,但是他的仁学教人视人犹己,推己及人,要求"博施于民而能济众"(《雍也》),并且视天下为一家,力图在人世间建立一种和谐温馨的家庭关系。正是在这种思想的基础上才产生了"四海之内皆兄弟"的理想。

"四海之内皆兄弟"的理念在古代社会极具吸引力,因此产生了非常深远的影响。北京杰出的哲学家张载在《西铭》中以天地为父母,以天下所有的人为同胞兄弟姐妹的博爱思想与卜商此语一脉相承。《水浒》中的英雄豪杰不断以此语相勉,希望在他们之间建立一种兄弟般的同生死、共患难的亲密关系。由于《水浒》中经常出现"四海之内皆兄弟"的格言,所以诺贝尔文学奖获得者、美国作家赛珍珠在翻译了《水浒》以后用此格言作为此书的译名。由此"四海之内皆兄弟"的格言在世界范围内产生了广泛的影响。

"四海之内皆兄弟"的格言还挂到了联合国大厅。当今世界,不同国家、民族、文化传统之间存在着矛盾、偏见、猜疑、甚至对抗和残酷的斗争,如果各方都能按照《论语》中这一格言的精神彼此相处,就能逐步化解相互之间的不信任或仇恨心理,有助于解决对立

诸子百家——儒家

73

双方之间的矛盾和冲突。联合国是世界最高、最权威的国际组织,如果按照"四海之内皆兄弟"的精神处理一切国际事务,那么国际社会就一定会成为名副其实的和睦的世界大家庭。因此将这一格言悬挂在联合国大厅真是最恰当不过的了。

君子成人之美

子曰:"君子成人之美,不成人之恶。小人反是。"

【鉴赏】

基督教特别强调人的原罪的危害,以促使世人警觉,改恶从善。孔子也对人性的阴暗面做了许多透彻的剖析,但是他更多地从正面教育,力图用理想人格的光辉引导世人克服人性中的黑暗,孔子的这句名言,就是基于这一理念而提出的。孔子在这里实际上是指出人们在对待人性的痼疾——妒忌的两种截然不同的态度,一种是把它从心灵中完全扫除出去,从而成人之美,这样就成就了君子人格,而另外一种则是让它完全控制了自己的心灵,从而危害别人。他显然是希望人们用君子之风来扑灭嫉妒之毒焰。

"成人之美"就是成全别人的好事,有时这是在一个人的力所能及的范围之内的,不需要费多大的力气,但是有些人就是不愿这样做,因为他们对他人合情合理的愿望麻木不仁,对人十分冷漠,缺少同情心,有些人更是把自己可以为他人做到、或完全应该做到的事作为筹码,借以谋取私利。成人之美不仅是与人为善,帮助别人实现其梦寐以求的愿望,还应当指苦心孤诣地促进他人的进步,使他们变得更加美好,取得更大的成绩,即使对方因此超过自己也毫不在乎。

"成人之恶"就是助长他人的错误。这有几种情况,一种是与人同流合污,臭味相投,不仅不能认识自己言行的丑恶,反而以自己的坏作用促使他人为非作歹。另外一种是对于同自己没有利害关系的人,看到他们行为不端,不仅不像对自己家里的人那样着急,尽力去劝阻,反而当作一件趣事,津津乐道,更有甚者,为了某种不可告人的目的,迎合行为不端者的欲望,使之错误更趋严重。还有一种是对自己的竞争者或同自己有矛盾的人幸灾乐祸,急切地盼望他们失败丢丑,甚至费尽心机,施展阴谋,促使对手彻底垮台,名誉扫地。春秋早期郑国国君庄公就是一个典型的例子,他工于心计,善于玩弄权谋,为了除掉政治上对自己形成威胁、得到母后支持的弟弟共叔段,欲擒故纵,故意助长后者的政治野心,终于促成共叔段之恶,即谋反,然后他名正言顺地彻底铲除他弟弟的势力。这种成人之恶反映了人性中的歹毒。

成人之美是不容易做到的,而能够成全那些与自己有隙或者是自己的竞争者的好事就更加难能可贵了。因为普通人往往很难摆脱妒忌心的控制。荷兰近代哲学家斯宾诺莎曾经说过:"嫉妒是一种恨,此种恨使人对他人的幸福感到痛苦,对他人的灾殃感到快乐。"(《伦理学》)可怕的是对于许多人来说,这种嫉妒的情感根深蒂固,正如英国哲学家培根所说:"在人类的一切情欲中,嫉妒之情恐怕要算作最顽强、最持久的了。所以古人曾说过:'嫉妒心是不知道休息的。'"(《人生论·论嫉妒》)当然,人们的嫉妒心理有轻有

诸子百家——儒家

重,道德越是高尚的人嫉妒情感越少,越是自私自利的人嫉妒情感越是严重。如果完全驱逐了嫉妒之心,视人犹己,从心底里为他人每一个进步、每一项成就而感到高兴,"己欲立而人人,己欲达而达人"(《雍也》),这样就达到仁人君子的思想境界了。因此可以说,是成人之美,还是成人之恶,是区别君子和小人的一个重要标志。

欲速则不达

子夏为莒父宰,问政。子曰:"无欲速,无见小利。欲速则不达,见小利则大事不成。"

【鉴赏】

子夏(前507~?)姓卜,名商,字子夏,是孔子的学生。他出身于寒门,青少年时期家中"甚短于财"(刘向《说苑·杂言》),后以文学见长。孔子死后,他到魏国讲学,曾做过魏文侯的老师,汉代以后学者多认为儒家大部分经典是经由他传下来的。莒父是鲁国的小城镇,在今山东省莒县境内。本文中的宰是指地方行政长官。

对于子夏在莒父理政,孔子提出的唯一忠告是不要急功近利。他认为治理一个地方不能急于求成,希冀立竿见影,速见成效。这里所说的速效可能是社会治安的迅速改善,更可能是指他接着说到的"小利"的迅速增加。孔子并不讳言利,对于他来说,问题是讲什么样的利。他所说的"小利"当然不是从数量多少上来说的,因为孔子在这里并没有提出区分大、小利的数量标准。因此小利是与根本利益相对而言的,是指眼前的利益,很可能是指地方赋税收入。

孔子历来主张,政府不能不顾人民的死活来聚敛财货,只要民生问题解决了,政府自然就有充足的财力物力来源。"百姓足,君孰与不足?百姓不足,君孰与足?"(《颜渊》)这反映了孔子对于财政问题的根本思想。他要求"无见小利",就是教子夏不要在搜刮百姓钱财上动脑筋,下功夫,而要想办法发展生产,让百姓富裕起来。这大概就是他所说的"大事",虽然在这方面的努力不可能立即见效,但却是最为重要的,因为百姓富裕了,才能为治理一个地方打下坚实的基础。相反,如果为了表面的政绩而竭泽而渔,杀鸡取卵,最终必造成大患,所以孔子说"欲速则不达,见小利则大事不成"。

在司法上,也适用同样的道理。孔子曾经比较过治理社会的两种根本不同的做法,一种是强制性的行政命令和刑罚手段,另外一种是培养人的自觉的道德意识的礼治和伦理教育,他说:"道(同"导")之以政,齐之以刑,民免而无耻;道之以德,齐之以礼,有耻且格。"(《为政》)可见后者的作用远远胜过前者。当然,政令和刑罚直截了当,能够产生短期的效应;而用礼和道德教育人是一项长期的工程,其功效要经过相当长的时间才能逐渐发挥出来。然而,如果舍本逐末,只满足于政府的令行禁止和刑法的威慑作用,一旦地方有事,社会上发生尖锐矛盾和激烈冲突,局势就会迅速变得不可收拾,难以控制,以至于闹出大乱子。

实际上欲速则不达是一条普遍有效的真理,适用于一切人、一切活动。

在日常的学习、生活或经营活动中，人们也当时刻牢记这个真理。求知要打好扎实的基础，应当循序渐进，由浅入深，不能好高骛远，急于求成。而在工商业的活动中，那些不认真做市场调查，不下功夫搞好经营管理工作，培训人才，不努力提高产品质量，梦想一夜暴富，甚至不择手段，违法经营，这些人没有不失败的。

"欲速则不达，见小利则大事不成。"这句名言充满了辩证法的智慧。事物有其自身的发展规律和必经过程，如果无视这些规律，超越这种过程，事情就会走向它的反面，想快反而慢了，得了小利却做不成大事。因此，实事求是的老实态度是最科学，也是最有效的行事方式。

见利思义

子路问成人。子曰："若臧武仲之智，公绰之不欲，卞庄子之勇，冉求之艺，文之以礼乐，亦可以为成人矣。"曰："今之成人者何必然？见利思义，见危授命，久要不忘平生之言，亦可以为成人矣。"

【鉴赏】

成人，即成就一种君子的人格。孔子以为，完美的人格离不开礼乐的熏陶，如有臧武仲那样的智慧、孟公绰之清心寡欲、卞庄子式的勇敢、冉求的才艺，再"文之以礼乐，亦可以为成人矣"。他还从义利之辩的角度，提出"今之成人者何必然？见利思义，见危授命，久要不忘平生之言，亦可以为成人矣"（《宪问》）。

在孔子看来，君子人格的造就，并不只是局限于心性的修炼和道义的坚守，还要在实功事利的追求中，仍能遵循和信守道义的原则，即使面对危险境地也能勇于承担责任，虽长处困顿亦不忘平时许下的诺言。正是在这样的意义上，孔子确认了"见利思义"才是君子人格的一项基本标准和培养原则。可见，片面地从纯道义论立场上理解孔子关于君子人格的理念，不能真正切入孔子话语的本意。

诚然，孔子有许多关于"义以为上"的道义论思想。如讲"君子喻于义，小人喻于利"（《里仁》）；又讲："君子谋道不谋食。……忧道不忧贫。"强调"君子义以为质，礼以行之"（《卫灵公》）。声称："不义而富且贵，于我如浮云。"（《述而》）以至他的学生都觉得"子罕言利，与命、与仁"（《子罕》）。但孔子毕竟不是单纯的道德学家，作为一个富有经世致用精神、怀抱救乱治平之志、敢于直面社会人生的仁人和智者，他有救世改良的使命感和重民、惠民、富民、教民的责任心，在张扬道义信念的同时，并不排斥实功事利的追求和富贵欲望的企及。他在合理设计义利关系的先后次序和轻重缓急的方面，凸显了君子人格的立体性和丰富度。

其实，通读《论语》，我们可以发现孔子还有许多关于功利关切、富贵追求的言语，如他直言："富而可求也，虽执鞭之士，吾亦为之。"（《述而》）他又申明："富与贵，是人之所欲也，不以其道得之，不处也。贫与贱，是人之所恶也，不以其道得之，不去也。"（《里仁》）显然，《论语》宣示了孔子一个强烈而执着的理念：只要合乎道义，手段正当，追求富贵理所当然，脱贫弃贱当义无反顾。所以，《论语》说："士见危致命，见得思义。"（《子张》）又说："义然后取，人不厌其取。"（《宪问》）其确认的"见利思义"原则，应该说是反映了孔子的心声，昭示了原始儒家义利之辩的真精神。

实际上，"见利思义"的观念，在孔子所处的春秋战国时代并不鲜见。《国语·周语》就记载有"言义必及利"的命题，后来的孟子虽言必称尧尧，重在阐发性善、养气之论，以为"先王有不忍人之心，斯有不忍人之政"（《孟子·公孙丑上》），但他同时指出："仁政必自经界始"，"经界既正，分田制禄可坐而定"（《孟子·滕文公上》）。孟子又强调"明君制民之产"（《梁惠王上》），主张给民以"五亩之宅""百亩之田"的私人恒产，作为推行道义、落实仁政的经济基础。而荀子直接提出"以义制利"（《正论》）的命题，认为"先义而后利者荣，先利而后义者辱"（《荣辱》），更是把孔子的"见利思义"理念的深刻含义进一步阐明了。

至于汉代董仲舒所讲"正其谊不谋其利，明其道不计其功"，以及宋代理学家倡导"存天理灭人欲"。应该说对孔子"见利思义"理念的解读失之偏颇。难怪宋代的事功派儒家要对此做争论、批判，而明清之际的启蒙儒者更是通过对理学、心学作"悔过自新"（李二曲语）式反思，进而重扬先秦儒学的经世致用精神，更是在义利结合、理欲统一的基础上，接续孔子"见利思义"的观念，发展了儒家的义利之辩。

今天，社会主义中国正承担着深化改革开放、促进经济增长方式转变、加快和谐社会建设的历史任务，同时也面临着贫富差距拉大、社会公正失衡、道德人格危机等现实问题。在这种情况下，从先哲孔子"见利思义"理念的思想遗产中，我们可以得到有益的启示和借鉴。

以直报怨，以德报德

或曰："以德报怨何如?"子曰："何以报德? 以直报怨，以德报德。"

【鉴赏】

在平时待人接物中人们经常遇到的问题是，怎样对待怨恨自己或有恩德于自己的人，然而恰恰在这个问题上，人们很容易为自己一种盲目的感情所支配，做出不当的反应，孔子就是针对这种情况讲述自己的看法。

人活在世上，难免要遭人怨恨。人与人之间总是会发生龃龉，有龃龉就会产生怨恨。因自己的错误言行而遭人怨恨，这是十分自然的事，然而自己的做法一时不为人们所理解也会招致怨恨。不仅如此，自己对他人的好没有达到对方预期的程度，也会招来怨恨。此外，对有些人来说，自己对某人没有任何恶意，但是如果客观上成为此人升迁、致富的障碍，也会引起他的怨恨。甚至由于不同的传统、行为方式、风俗习惯，一个人也会成为恶毒的怨恨的无辜受害者。这样，如何对待怨恨自己的人就成为理论和实践上的重大问题。

在怎样对待怨恨的问题上有两种对立的做法，一种是以德报怨，这种做法最早是由老子提出的,他说:"报怨以德。"(《老子·六十三章》)这与基督教主张被人打了左脸以后,就把右脸也送上去让他打的说法有点相似。孔子明确反对这种做法,表现了儒家与道家、基督教传统的明显区别。

显然,以德报怨的做法容易形成逆来顺受的人格。表面上看来,以德报怨是表现了宽容、厚道的道德行为,然而不分是非善恶,一般地要求以德报怨,很可能伤害到一个人的人格和尊严。正像我们前面所指出的,产生怨恨的原因是各种各样的,因此不加具体分析,要求一律以德报怨,对于受害者来说,这样做不仅不能解决矛盾、缓和关系的紧张,而且很可能会助长对方不健康的情绪和思想,从而纵容恶的滋长。

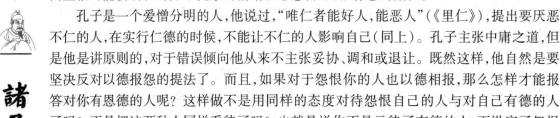

孔子是一个爱憎分明的人,他说过,"唯仁者能好人,能恶人"(《里仁》),提出要厌恶不仁的人,在实行仁德的时候,不能让不仁的人影响自己(同上)。孔子主张中庸之道,但是他是讲原则的,对于错误倾向他从来不主张妥协、调和或退让。既然这样,他自然是要坚决反对以德报怨的提法了。而且,如果对于怨恨你的人也以德相报,那么怎样才能报答对你有恩德的人呢? 这样做不是用同样的态度对待怨恨自己的人与对自己有德的人了吗? 不是把这两种人同样看待了吗? 也就是说你不是亏待了有德的人,而纵容了怨恨你的人了吗?

对于怨恨的另外一种做法是报复,以眼还眼,以牙还牙,这是自古至今许多人采取的办法。他们完全被偏见、厌恶、怨恨甚至仇恨的心理所控制,思想感情陷入了盲目的状态,以至于对他人合情合理的指责和抱怨也会异常恼怒。在这种心理的支配下他们常常做出一些非理性的举动,这些事例我们屡见不鲜。这种态度在孔子这句名言中虽然没有明确提到,但显然也是孔子所反对的。因为他相信和为贵,提倡以礼让治国,明确指出:"好勇疾贫,乱也。人而不仁,疾之已甚,乱也。"(《泰伯》)

针对这两种态度,孔子根据中庸之道的精神提出一种正确的做法,就是他说的"以直报怨,以德报德"。所谓"直"就是正直,要求以公正无私的态度对待怨恨。这就意味着对待怨恨不能被一种厌恶、仇视的心态所左右,要冷静、理智地分析对方是由于什么原因产生怨恨情绪。如果是自己的过错引起的,就不能怕丢面子,而必须向对方道歉,改正自己的错误;如果双方都有责任,就应当对己严,对人宽,孔子说"躬自厚而薄责于人,则远怨矣"(《卫灵公》);如果内省无疚,过错全在对方,则应当心平气和地讲清道理,以求得对方的理解;当然,对于恶意的挑衅和放肆的侵凌,也应当义正词严地指出对方的不是。这大概就是孔子所说的"以直报怨"的本义。

孔子特别强调要"以德报德",这值得每一个人永远铭记在心。由于各种各样的主观和客观的原因,譬如有的是因为长期在受宠爱的环境中生活,不知世事的艰难,人情的浇薄,有的是因为占据着特殊的社会地位,手中握有大权,有的是因为自私,自我中心,或是贪婪,许多人对于别人的恩德麻木不仁,视为理所当然,心安理得地享用,不思如何报答,更有甚者,忘恩负义,以恶报德。不知以德报德是精神不成熟的表现,终究要招致怨恨,甚至被人疏远或抛弃,而那些恩将仇报者则是衣冠禽兽,为人类所不齿。因此,人们要把孔子这句名言当作自己的座右铭,在自己的一生中做到滴水之恩,当涌泉相报,以弘扬中华传统美德。

杀身以成仁

子曰:"志士仁人,无求生以害仁,有杀身以成仁。"

【鉴赏】

儒家的理想人格如同孔子被描写的那样,"温、良、恭、俭、让"(《学而》),看起来好像温顺随和,然而实际上是外柔而内刚,其灵魂深处有一股强大的力量,具有不怕牺牲的豪杰精神。这段名言就是这种精神的一种表现。

孔子是个非常热爱生活、珍惜生命的人。有一次上朝回来听说马厩失火,他立即问是否伤了人,而不问马的损失如何。他从不要求为某个人甚至是君主死节。他教人"危邦不入,乱邦不居。天下有道则见,无道则隐"(《泰伯》),这显然是为了保证人身安全。他是决不主张"士为知己者死"的,更是反对为了自己的利益而冒生命危险。即使在谈到战争时他也要求国家尽最大力量避免造成无谓的人员伤亡,提出优秀的治国者要对百姓进行长达七年的军事训练,然后才可以派遣他们去作战,不然对百姓的战死要负有责任。

尽管孔子从不轻言牺牲,但是他认为在关系到大是大非的问题面前不能有任何的苟且,在重大原则问题面前不能有一点含糊,如果迫不得已,为了维护社会公义和民族大义,即使牺牲生命也在所不惜,即所谓"临大节而不可夺"(《泰伯》),这是他一贯的立场。他提出"笃信好学,守死善道"(《泰伯》),就是要以自己的生命捍卫自己的信仰和圣人之道。他赞扬"比干谏而死",因而把他同微子和箕子称为殷朝之"三仁"(《微子》)。

杀身成仁是舍弃生命而成就仁德,表明仁高于生命,比生命更重要。但这并不是说,在孔子思想中仁是同人的生命相对立的。传统的基督教神学有此岸和彼岸的对立,认为凡人生来带有原罪,只有在天国才能获得拯救,还把殉教说成是升登天国寻求永世幸福的一种途径。与此不同,孔子认为仁正是生活的意义所在,人们在世俗的生活中通过践履仁道达到完满的精神境界。所以孔子提出:"君子无终食之间违仁,造次必于是,颠沛必于是。"(《里仁》)生命的真正价值就是在行仁。可以说在孔子思想中人有两种生命,一是生物学上生命,一是精神生命,两者是统一的:精神生命依托生物学生命,生物学生命的目的和意义就是养育、弘扬、提升精神生命,精神生命就是仁。在他看来,杀身成仁是在特殊的人生情境中生命价值的最大的发挥,是生命放射出的最灿烂的光辉。

按照孔子的思想,同生物学生命相关的需要,如物质利益,并不是必定同精神生命相对立、冲突的,是可以,而且应当加以满足的,但是当两者发生不可调和的矛盾时应当服从精神生命的要求,"无求生以害仁",即使由此个人遭受种种损失、苦难,甚至牺牲生命也在所不惜。因此孔子主张士"见利思义,见危授命"(《宪问》),赞扬"不降其志,不辱其身"(《微子》)、"勇者不惧"(《子罕》)的精神,仁的观念的基本精神决定了"仁者必有勇"(《宪问》)。

孔子这一名言培养了中华民族魂的浩然正气,正像文天祥在英勇就义之前的绝笔所写:"孔曰成仁,孟曰取义,唯其义尽,所以仁至"。"杀身成仁"成为志士仁人为国捐躯的壮烈行为的主要精神来源之一,它后来逐渐演变为同革命精神相结合的宝贵的民族英雄主义传统。

人无远虑,必有近忧

子曰:"人无远虑,必有近忧。"

【鉴赏】

这句名言在现代汉语中已经成为一条成语,表示人们不可只关心眼前鼻子底下的一些微不足道的小事,而应当有远大的计划和谋划,对事件的未来的发展方向、可能出现的问题和危险要有一些预见、心理准备和预防措施,不然一旦有事,猝不及防,举止失当,造成重大的损失。孔子最信任"临事而惧,好谋而成者"(《述而》)。因此他告诫世人说"人无远虑,必有近忧"。这句名言表达了一种很有价值的谋事智慧。

然而,对于孔子来说,这句话还讲述了一种深刻的人生哲学。孔子认为人们对待生活要采取一种既忧虑又不忧虑的辩证态度。他首先提出"仁者不忧"(《子罕》),"君子不忧不惧"(《颜渊》),因为有仁德的人关心的是自己的道德修养、对他人给予帮助和对国家与社会做出的贡献,而不在乎个人利益的得失,不会为贫困的生活、低贱的社会地位而过于烦恼;遇到事业的挫折或与他人发生纠纷,因为自己已经尽了最大的努力,反身自问,内心无疚,所以在精神上也不需要过于痛苦,"内省不疚,夫何忧何惧?"(《颜渊》)因此君子应当以开朗乐观的态度对待生活,对待一切。孔子十分欣赏他的弟子颜回,说他"一箪食,一瓢饮,在陋巷,人不堪其忧,回也不改其乐",并且赞不绝口地说"贤哉,回也!"(《雍也》)而他自己虽然生活并不富裕,遭受各种艰难困苦,但是非常乐观,他"饭疏食,饮水,曲肱而枕之,乐亦在其中矣"(《述而》)。他说自己"其为人也发愤忘食,乐以忘忧,不知老之将至"(《述而》)。

但是,根据孔子的思想,人不能终日饱食,无所用心,而应当有所忧虑。"人无远虑"中的"虑"除了表示谋划以外,这个字本来还具有忧虑、忧愁的含义,如在先秦,《孙膑兵法》言"兵强人众自固,三军之士皆勇而无虑"(《十问》),又如唐诗"萧萧北风劲,抚事煎百虑"(杜甫《杜工部草堂诗笺·羌村之二》),其中的"虑"字都表示忧虑。孔子就讲过自己经常忧虑四方面的事情,说"德之不修,学之不讲,闻义不能徙,不善不能改,是吾忧也。"(《述而》)此外孔子也提出人们要有所"患",即忧虑、担心,他说"不患人之不己知,患不知人也"(《学而》),"不患无位,患所以立"(《里仁》),"不患人之不己知,患其不能也"(《宪问》),"君子病无能也,不病人之不己之也"(《卫灵公》)。对于国家和社会问题,孔子还提出人们也有需要担忧的事情,就是社会的贫富悬殊和社会的动乱,所以他提出:"丘也闻有国有家者,不患贫而患不均,不患寡而患不安。"(《季氏》)可见孔子是有忧患意识的,他一直担忧人民处于水深火热之中,又担忧人类和他自己因人性的弱点而不能成为有道德的人。这种忧患也应当是孔子所说的"远虑",因为它们不是为自己个人身

诸子百家——儒家

边的事而忧愁,而是为人类、国家和社会的问题而忧虑。

总之,孔子主张"君子忧道不忧贫"(《卫灵公》),"忧道"是担忧仁道在现实社会中得不到实现,这就是忧患意识,就是"远虑",即范仲淹所说的"先天下之忧而忧,后天下之乐而乐"。有了这种"远虑",就会关心国家大事,就会投身于对人民有益的事情,生活就会非常充实而富有意义,如此就不会为个人的命运不济而忧心忡忡,伤心不已;有了这种"远虑",就会时时修身养性,改正缺点,在工作、日常生活和待人接物中不大可能犯不可饶恕的错误,这样自然就少了许多令人烦恼、痛苦的事情。相反,没有忧患意识,也就是没有远虑,把个人的利益看得比天还大,"其未得之也,患得之。既得之,患失之。苟患失之,无所不至矣"(《阳货》)。遇到小小的不幸就像天要塌下来一样,陷于忧愁而不能自拔。由于不致力于道德修养,经常同外界发生不应有的矛盾和冲突,当然也就会平添无数的忧愁、烦恼和痛苦。这不是"人无远虑,必有近忧"吗,这不是值得每一个人要加以警惕的吗?

不以言举人,不以人废言

子曰:"君子不以言举人,不以人废言。"

【鉴赏】

人们常说"言为心声",然而事情未必尽然如此。一个人的思想、人格与他的言辞有时是不一致的,甚至是矛盾的。孔子教人重视这一现象,由此正确地评价和对待一个人及其言辞。

古代文明都十分重视语言表达能力,在古希腊,修辞即雄辩术是教育的基本科目,在中国这种能力也受到孔子的重视,他在评价其弟子的时候,首先是讲德行,其次就是言语,接下来是政事和文学(见《先进》)。但是与古希腊不同的是,儒家认为对于人格的全面发展来说,人的行比言更重要。道德从根本上说体现了一种实践理性,主要不是根据人的主观意向,而是按照实际行为来判断的,儒家既然把德性置于人格的首位,自然重视行胜过重视言。

不仅如此,语言作为表达意图、思想、感情的手段,有时能够制造假象。孔子就谈到过自己这方面的教训,他说起初我对于人,听了他的话就相信他的行为,后来发现他的行为并没有他自己说的那样好,所以从此以后对于一个人,是听了他的话以后还要观察他的行为(见《公冶长》)。而且,语言作为思想的形式,有时变得华而不实,甚至使人显得虚伪浮夸,所以孔子对于花言巧语是极其反感的,一再加以严厉的批评,说"巧言令色,鲜矣仁"(《学而》),"巧言乱德"(《卫灵公》)。而对那些埋头苦干、却不擅长言语的人,孔子倒是非常欣赏,说:"君子欲讷(说话迟钝)于言,而敏于行。"(《里仁》)又说:"刚、毅、木、讷,近仁。"(《子路》)

由于以上原因,孔子不主张单凭一个人的话说得好听,就重用他。就是说在提拔一个人的时候不仅要看他怎么说,还要看他怎样做;而且主要看他的行为表现,即看他在待人接

诸子百家——儒家

物中怎样对待自己和他人,看他实际工作的才能,考察他是否做出有益于国家或地方、人民的政绩。如果在这些方面一个人表现出色的话,即使他并不善于言谈,也要加以擢用。

然而,孔子不是一个刻板、僵化的道德主义者,在对待语言文辞的态度上他没有走向极端。他是个充满辩证智慧的思想家,在对待语言和思想、人格的关系上,他与那些主张无言无名、超言绝象的哲学理论和奉行不立文字的修行路线的宗教传统不同,力求全面把握语言与人格之间的关系。"有德者必有言,有言者不必有德"(《宪问》)就是对这种关系的辩证概括。

有言者不必有德,然而由于孔子十分重视言辞的作用和价值,所以他又主张即使那些没有高尚道德的人,他们所讲的话,只要真有价值,也应当加以重视。至于那些在政治上受轻视或歧视,自己所厌恶、或仇视、看不起的人,还算不上无德行的人,他们所说的话,只要有道理,那就更应当认真听取,加以重视。在孔子看来,无论什么人的话,只要对自己有益,只要对国家和人民有利,都应当加以接受。孔子"不以人废言"的格言教人不能意气用事,不能用偏见和成见对待他人,而要有宽广的胸怀,要人们对自身、对国家和人民有一种高度的责任心。

"不因人废言"对于保护、传承和发展文化成果也具有很大的作用。文化成果的作者,由于各种各样的原因。很少是完人,如果对作品的取舍要以道德上苛求其作者的人格为前提的话,那么人类文化的许多精品就会被人们抛弃。如李斯对于秦朝的苛政负有责任,并且陷害过他的同学、哲学家韩非,但他的《谏逐客书》却流传下来,千百年来为人们所欣赏;唐朝的文学家骆宾王曾经参加徐敬业的叛乱活动,但他的《代徐敬业传檄天下文》却是华美文字,值得人们反复诵读;近代英国培根有经济问题,但是他的哲学却开了一个时代的思想新风。因此,"不以人废言"是每个时代对待文化成果及其作者必须实行的做法。这种做法的必要性还在于,任何一个时代的人们都要受到这个时代的眼光的限制;而且他们都同这一时代的各种事件有着某种利害关系,因此他们评价人的立场就带有相当大的主观性。而完全按照特定时代的人对作者的评价来决定对其作品的态度,这样势必要扼杀许多天才的创造。这就更显示出"不因人废言"做法的极端重要性。

己所不欲,勿施于人

子贡问曰:"有一言而可以终身行之者乎?"子曰:"己所不欲,勿施于人。"

【鉴赏】

子贡(公元前520~前456)是孔子的弟子,姓端木,名赐,字子贡,卫国人。善经商,又有理论才华,治国才能,曾为官于鲁、卫等国。

仅从这条语录我们也可以看到,孔子对"己所不欲,勿施于人"一语是多么的重视,他是把它作为终身奉行的人生格言送给子贡的。孔子很可能经常用这一思想教育其弟子,所以不同的弟子都有记录。如《颜渊》第二章记载,他的学生仲弓问仁时,他在教以治国

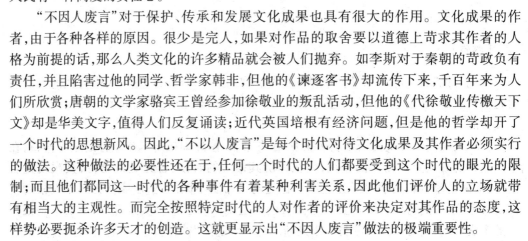

诸子百家——儒家

理政之道的时候把这八个大字连同其他教诲一并讲给学生听。

　　"己所不欲,勿施于人"被儒家称为"恕道",是孔子的"一贯之道",即"忠恕之道"的一部分。"忠"是"己欲立而立人,己欲达而达人"(《雍也》),是努力助人;而"恕道"是"己所不欲,勿施于人",是不做有害于他人的事。"忠恕之道"被说成是"能近取譬",即拿自己打比方,是推己及人,孔子把它规定为实行仁的方法(见《雍也》)。

　　关于这句名言所包含的意义,子贡曾经谈过自己的认识,他说:"我不欲人之加诸我也,吾亦欲无加诸人。"(《公冶长》)可见子贡的理解是维护自己的意志自由,也尊重他人的意志自由;要保持自己的独立人格和自己的观点,也尊重他人的人格和观点。子贡是一个理论领悟能力很强的人,他对这句话的解释深得孔子之意,并且得到了孔子赞许,不过孔子担心他难以做到。其实孔子这句话的意义是非常丰富的,可以做出更多的解释和发挥:我不愿意贫穷,因此我也不让人家贫穷;我不愿意让别人看不起,因此我也不看不起别人;我不愿意人家对我无礼,因此我也不能对别人无礼;我不愿意被人压制,因此我也不压制别人;我不愿意被他人伤害,因此我也不应当伤害别人……如此等等,不一而足。由此可见,这句话看起来浅显易懂,其中却包含了无数有价值的积极思想,当然是可以终身受用无穷了。

　　推己及人是将心比心,设身处地为他人着想。这样,就不能把他人看成是与己毫不相关,不能看成是异己的,更不能看成是对立的,而是当作同自己是一样的人,同自己有一样的情感,是心灵相通的。当你要对他人发火的时候,你可以想到别人心中将会怎样不好受;当你拣到内有巨款的手提包的时候,你能够想到丢包的人此时是多么焦急;当你企图诈骗他人的时候,你可以想到将会给受害者带来多大的损失,将给他和他的家庭造成多大痛苦。因此实行推己及人的恕道就能引导人关爱、同情他人,逐步改变冷漠、自私的习性,摆脱怨恨、仇恨的心理。可见恕道体现了仁的观念的要求,推己及人是培养、实行和弘扬仁道精神最切实可行、最有效的方法。

　　在怎样拯救、完善人自身和外部世界的问题上,宗教诉诸上帝、神,依靠宗教组织和教规教律,许多哲学传统则诉诸超越人类的法则。与他们不同,儒家的推己及人的方法却是诉诸普通人的良知、良心,依靠普通人的内心的觉悟。在这种推己及人的过程中,我们甚至都看不到用以约束人的外在准则的作用。孔子对普通人的欲望和要求不抱偏见,不认为它们同原罪相联系。他寄希望于人性中的光明面,因为这句名言的前提是"己所不欲",是合理的,他没有对"己所不欲"的内容加以任何的限制和规定。在世界主要的精神传统中,可以说儒家对人性的光明、对普通人的心灵的觉悟寄予的希望最大。

　　正因为"己所不欲,勿施于人"具有上述思想意义和哲学基础,所以能够产生极大的影响,它是《论语》中在世界上知名度最广的格言之一。早在18世纪前期,当《论语》最早的译本在西欧出现时,它就立即受到最敏感的思想家的注意。伏尔泰就曾赞扬孔子"把'己所不欲,勿施于人'这条法则铭刻在每个人的心中"(转引自杨焕英《孔子思想在国外的传播与影响》)。由于伏尔泰等人的宣传和推崇,孔子这句话在法国知识界广受赞誉和重视,以至于1793年法国《人权和公民权宣言》也把这句格言收入其中:"自由是属于所

诸子百家——儒家

有的人做一切不损害他人权利之事的权利;其原则为自然,其规则为正义,其保障为法律;其道德界限则在下述格言之中:己所不欲,勿施于人。"可见孔子提出的这个思想对人类追求自由理想有重要的影响。

道不同,不相为谋

子曰:"道不同,不相为谋。"

【鉴赏】

所谓"道不同",是指信仰不同,理想不同,志向不同;"道不同,不相为谋"就是保持独立的人格,走自己的人生道路。

孔子这句箴言可能首先是主张对统治者应当采取的态度,这是孔子所代表的士,即知识分子阶层所面对的一个重大问题。在古代社会,君主或权臣掌握着臣下的生死予夺之大权:获得他们的欢心,就可以受到重用,得到荣华富贵,能够荣宗耀祖;违背了他们的意志,冒犯了他们的威严,就会受到无情的压制,甚至残酷的打击。在这种制度下,臣下对长上一味阿谀奉承,以博得统治者的赏识为能事,谄媚逢迎,无所不用其极。由此会把政治原则、伦理道德和自己的人格尊严完全弃而不顾。孔子对这种风气极其反感,他在《季氏》第四章中对这类"便辟""善柔""便佞"之人表达了他的厌恶和鄙夷。

春秋时代诸侯国的当政者大多骄奢淫逸,昏聩无能,又凶残贪鄙,孔子从心底里看不起他们。他曾经应弟子子贡的要求评价当时上层社会四类人的品质,他把执政者贬为最低下的等次,轻蔑地称他们为"斗筲之人",即卑贱之人,说他们"何足算也",就是说他们算得了什么呢!(见《子路》)对于这种人控制下的官位,孔子视为敝屣,因为"道不同,不相为谋"。孔子对于无道君主一贯采取不合作的态度,所以他提出:"天下有道则见,无道则隐。邦有道,贫且贱焉,耻也;邦无道,富且贵焉,耻也。"(《泰伯》)孔子自己正是这样做的。他曾在鲁国朝廷内任职,但是当他看到鲁国统治者接受齐国赠送的几十名美女,沉迷于歌舞,不理朝政,认定他们只知享乐,毫无进取之心,感到不值得为之效力,毅然离开故国,开始了漫长的周游列国的历程。此后每到一国,一旦发现统治者不足与之共谋,就毫不犹豫地离去,另外寻找能实行自己理想的地方。孔子的思想和行为显示了知识分子的崇高的气节。

"道不同,不相为谋"也是交友之道的基本原则。世间总是会有一些众人仰慕的人,他们或是有钱,或是有权,或是有才,世人为了各种各样的目的,千方百计与之结交,以同他们认识为荣幸。这种显达之人,如若是正人君子,那么有机会与之接近,自然是件好事。但是,如果发现这种人心术不正,志趣粗鄙,人格卑下,行事奸险,则应当对其保持警惕,或与之决裂,而不能被其身上的耀眼光芒所迷惑。不然很可能受其所害,或受其连累。

即使对于一般的朋友,友谊也应以志同道合为基础。如果发现朋友人生的方向不正,追求的目标低下,也应好意相劝,如若反复劝告不听,也应当与之保持距离。即使是小时密友,患难之交,然而时过境迁,社会地位发生变化,思想感情、人生价值取向都有了根本的改变,那么人们也不能为过去的友情所束缚,被旧友错误的倾向所支配,仍然需要遵循孔子"道不同,不相为谋"的原则。

这样做难免被人讥为清高,然而君子处世应当显示出脱俗的超逸之风,只要清高不会变成孤高、孤傲、孤僻和孤行就可以了。对此孔子有许多精辟的表述,他说"君子和而不同,小人同而不和"(《子路》),又说"君子周而不比,小人比而不周"(《为政》),又说"君子矜而不争,群而不党"(《卫灵公》)。这些绝妙好辞表明在一般情况下君子是不会孤立的,但是在人生的某些境遇中可能会产生孤独的感觉,然而这种孤独是与丑恶的分离,是超越平庸和流俗。有时为了挣脱歪风的控制和时尚的束缚,为了追求美好的精神价值和卓越的人格,人们不得不付出感受孤独的代价。

性相近,习相远

子曰:"性相近也,习相远也。"

【鉴赏】

后世儒家,尤其是自宋朝以后的儒家,受孟子影响,喜欢谈心性。与他们不同,孔子直接讲人性的话不多,关于人性当然还没有形成系统的观点。所以弟子子贡说:"夫子之文章,可得而闻也;夫子之言性与天道,不可得而闻也。"(《公冶长》)尽管如此,孔子关于人的精神的许多论述实际上涉及人性的问题,他在这方面的思想仍然值得高度注意。

对于人性,孔子的根本观点是"性相近,习相远"。这就是说,人性基本上是差不多的,不同的人的本性没有本质的差别。孔子的用字是非常谨慎、讲究的,他的"相近"的措辞不把事情说死,不说得太绝对,这就为探究人性的差别留有余地。他讲过:"生而知之者,上也;学而知之者,次也;困而学之者,又其次也。"(《季氏》)他还说过:"唯上智与下愚不移。"(《阳货》)但是,严格地说,这主要是描述人的智力水平的高低,并不是直接讲人性。就是说,人一般都有智力,不过有的人生来聪明,有的人比较愚笨而已;有的人是天才,有的人则是天生的弱智。但是,即使他在谈到人的智能上的差别的时候,他实际上只是一般地假设有"生而知之者",从未用实有的事例来证明这一假设,即使像他这样一个圣人,自己也声明他"非生而知之者"(《述而》),何况那些一般的人呢?可见,在孔子看来,实际上是没有"生而知之者"的。

孔子的政治、伦理、教育思想就是建立在"性相近"的基础之上的。正因为人性是差不多的,人都有道德意识,没有天生的不可救药的恶人,所以治理天下主要不是靠强制性的政令和刑罚。这样,他就主张:"道(同"导")之以政,齐之以刑,民免而无耻;道之以德,齐之以礼,有耻且格。"(《为政》)正因为人性是差不多的,人们的心灵是可以相通的,可以将心比心,所以孔子才提出推己及人的忠恕之道,"己欲立而立人,己欲达而达人"(《雍也》),"己所不欲,勿施于人"(《卫灵公》)。正因为人性是差不多的,所以无论什么人都是可以教育的,因此孔子提出"有教无类"的主张。可以说,"性相近"是孔子的整个思想体系的哲学基础。

那么人性是善的还是恶的呢？这个问题是由于后世儒家的思想方式而产生的。对人天生的本性是怎样的问题孔子不感兴趣，自然他对性善还是性恶的问题没有明确的说法，但是也发表了与之相关的一些看法。他对人性中的光明面是有充分认识的，因此他相信人天生有完善自身的要求和能力，说"仁远乎哉？我欲仁，斯仁至矣？"（《述而》）并且把世界和人自身变得美好的希望主要寄托于人自己内在的精神生命力，说"君子求诸己，小人求诸人"（《卫灵公》）。性善论者能够从这些思想获得启示。而在另外一方面，孔子也深刻地认识到人性中有阴暗面，《论语》中两次记录了他的感叹："已矣乎！吾未见好德如好色者也。"（《卫灵公》，又见《子罕》）这一类语句可以说表达了类似性恶论的看法。当然他没有直接、清楚地说明人性是善还是恶，但这样反而为后来儒家人性论的展开留下了广阔的空间。

这句名言的旨意在于强调人本来没有太大的差别，后来不同的人的善恶截然相反，人格的巨大反差，智力和才能的高低悬殊，主要是由于各种后天因素造成的。孔子遣词造句特别喜欢用对比的手法，把两个意义反差极大的字并举对立，产生的意象往往振聋发聩，发人深省，从而造成极其巨大的语言效应。如三军之帅与匹夫之志，速与不达，古之学者为己与今之学者为人，君子怀德与小人怀刑等。在这里"相近"与"相远"的鲜明对比使人们不由得不联想到自己所熟知的人，他们小时候看起来都差不多，并没有分出多大的高低，后来他们有的成为闻名遐迩的善人、能人，甚至是了不起的人，而另外有的人则成为人们所不齿的坏人，或无用之人。这一鲜明的对比使人们不得不思考，为什么会产生这一结果？是"习"造成的！这样"习"的重要作用就非常突出了。

"习"在先秦的语言中表示学习、练习、效法、演习、习惯，具有实践的含义。孔子在这里所说的"习"首先指个人后天的努力。他特别注重个体的好学、勤奋和敬业的精神，他曾经现身说法，介绍自己成功的经验，说"我非生而知之者，好古，敏以求之者也"（《述而》）。孔子的许多箴言就是要大力倡导自强不息的精神，这句名言就是为了这个目的。就社会的风俗习惯而言，"习"还指外部环境，社会影响，因此孔子特别重视礼的作用，因为礼仪形式和活动能够培养人的高尚、虔敬的情感，陶冶人的情操。他还提出，人们居住的地方要适合于人们的道德修养，说要跟有仁德的人住在一起，这样才好，不然，怎能说是明智的呢？（见《里仁》）此外，孔子非常重视交友，主张"无友不如己者"（《学而》），具体地说，就是交三种有益的朋友，不交三种有害的朋友：即同正直的人、诚实的人、见闻广博的人交朋友，不同一贯走邪道的人、善于阿谀奉承的人、总是喜欢花言巧语的人交朋友。总之，他要人们有意识地选择有利于自己精神成长的环境生活。

孔子认为人的可塑性很强，实际上是主张学以成性，习以成性，行以成性，他更多的是从人的实践性和社会性来看人性，这一思想对后世人性论和政治、法律、道德和教育理论和实践的发展产生了积极的作用。

二、孟子名言

何必曰利？亦有仁义而已矣

王，何必曰利？亦有仁义而已矣。王曰："何以利吾国？"大夫曰："何以利吾家？"士庶人曰："何以利吾身？"上下交征利而国危矣。（《梁惠王上》）

【鉴赏】

义利之辩，孔子早有见解："君子喻于义，小人喻于利。"（《论语·里仁》）"不义而富且贵，于我如浮云。"（《论语·述而》）可见，义是孔子心中理想君子必备的品格。梁惠王向孟子请教治国策略，一开口便问利，这当然与孟子的仁义思想违背。因此孟子向梁惠王说明了只追求利的弊端，希望君王能够秉持重义轻利的原则治理国家。孟子继承了孔子重义轻利的观点，不仅将义与仁、礼、智看作是人心固有的品质，认为"仁义礼智，非由外铄我也，我固有之也"（《告子上》），而且，作为羞恶之心扩充的结果，他还将其从个人道德层面提升到政治社会层面，作为一种君民必须遵守的社会最高规范，必要时甚至可以舍生取义。在孟子看来，一个国家，如果从君王到老百姓都只盲目地追逐私利而不顾及仁义道德，那么就有灭亡的危险。所以他又说："为人臣者怀利以事其君，为人子者怀利以事其父，为人弟者怀利以事其兄。是君臣、父子、兄弟终去仁义，怀利以相接，然而不亡者，未之有也。"（《告子下》）

但是，孟子并非完全否定获利，他反对的只是一味求利，"后义而先利"的行为。孟子所主张的王道仁政，其中就包含了制民以恒产。他认为民"无恒产"则"无恒心"，"无恒心"则"放辟邪侈"，因此要求"明君制民之产……五亩之宅，树之以桑，五十者可以衣帛矣。鸡豚狗彘之畜，无失其时，七十者可以食肉矣。百亩之田，勿夺其时，八口之家可以无饥矣"（《梁惠王上》）。孟子认为，利应建立在促进社会整体和谐稳定、德行普遍提高的基础之上，而仁义则是辨别利是否合理的最高准则，即孔子所说的"见利思义"。

义利之辨一直是先秦诸子谈论的热门话题。墨家提倡兼爱，认为爱人和利人是统一的，要爱人只需利人就可以了，然而墨家并没有完全滑入功利主义，墨家所强调的利更多是指群体之利，在调节个人与集体利益时依旧以集体利益为主。走在儒家、墨家对立面的杨朱则主张极端的利己主义。孟子对二者的观点都进行了猛烈的抨击，指出"杨子取为我，拔一毛而利天下，不为也。墨子兼爱，摩顶放踵利天下，为之"（《尽心上》），"杨氏为我，是无君也；墨氏兼爱，是无父也，无父无君是禽兽也。"（《滕文公下》）战国之世，群雄纷争，追名逐利，义早已被束之高阁。孟子正是看到重利轻义的观点对社会造成的危难，因而才以复兴孔子仁义思想为己任，宣扬义的重要性，指出利的弊端，努力劝说君王和卿大夫弃利反义。

诸子百家 —— 儒家

乐民之乐者,民亦乐其乐

乐民之乐者,民亦乐其乐。忧民之忧者,民亦忧其忧。乐以天下,忧以天下,然而不王者,未之有也。(《梁惠王下》)

【鉴赏】

齐宣王在自己的离宫里问孟子,贤德的人是否也有赏园游猎的乐趣,孟子便用以上

齐宣王与孟子

两句回答,意在告诫齐宣王:贤德的人即便有赏园游猎的乐趣,但如果不能与民同乐,那他也不会去寻求这种乐趣。君王如果能做到乐以天下,忧以天下,就能实现王道理想,进而"王天下"。可见,与民同乐和与民同忧是孟子王道理想中的一个重要因素,也是仁政中的具体举措。

在当时大部分君王、士人以及政治、军事改革家的思想里,扩充疆土、富国强兵是最终目标,而百姓只是他们用来实现这一目标的工具。孟子则认为,霸道只能证明实力或军事上的成功,王天下才能达到整个社会的富裕公平和精神认同。他反对霸权行径,也轻视称霸天下的霸主,他追求的是天下之民安居乐业,老幼皆有所养,民受教化而守礼义。所以他说:"民为贵,社稷次之,君为轻。是故得乎丘民而为天子。"(《尽心下》)孟子对时代和社会的共同价值取向提出质疑,高调倡导仁政治国,要求君王重视百姓的真切感受,树立正确的享乐观和忧患意识,显示出一个思想家的高瞻远瞩。孟子的忧乐观,影响着历代的仁人志士,宋代名臣范仲淹更是由此生发出"先天下之忧而忧,后天下之乐而乐"(《岳阳楼记》)的千古名言,为孟子与民同忧乐的观点注入了更为强烈的使命感。

善与人同,舍己从人,乐取于人以为善

大舜有大焉,善与人同,舍己从人,乐取于人以为善。自耕稼、陶、渔以至为帝,无非

取于人者。取诸人以为善,是与人为善者也。故君子莫大乎与人为善。(《公孙丑上》)

【鉴赏】

舜是孔子和孟子都非常崇敬的一位古代圣人,他的一大优点便在于他乐于学习他人的善处,即句中所说的"与人为善"。此处的"与人为善"与今人的理解有一定差距,孟子的原意是,吸取他人的优点来自己行善,这就相当于偕同他人一起行善。舜在取得禅位之前,向他人学习耕稼、陶、渔的方法,在获得帝王之位后,又向他的大臣们学习治理国家的策略和方法。可以说,舜能成为圣君,与他一生都乐于向人学习,特别是学习他人的善处是密不可分的。

孟子主张"性善论",但并不是说人生下来就是至善的,事实上,人们必须通过修身才能达到至善的境界,"乐取于人以为善"便是孟子从舜身上总结出来的修身的一个好方法。这个方法有两点值得注意。首先,必须是"取善",即学习他人的长处,而且还要对长处短处进行鉴别,从而"见贤思齐焉,见不贤而内自省也"(《论语·里仁》)。其次,还应注意舜的学习对象,"自耕稼、陶、渔以至为帝",也就是说,舜的学习对象是不分层次不分等级的。这点对于具备一定知识水平和境界的人尤为重要。幼儿是善于学习的,因为他们什么都不懂,许多知识和能力都不具备,然而人长大后,随着知识和经验的增多,往往会产生一种骄傲自满的心理,学习的兴趣也会随之降低,只知屈从于权威,因此博采众长尤为必要。

孟子提出这一论述的目的,除了仰慕圣贤、启发后人外,更重要的是向当时的国君们阐述他的政治思想。舜得天下,是因为他善于舍己从人、取善于人,也就是顺从民意、以民为本,这其中暗含了一个政治成功的逻辑前提——肯定民众的智慧和劳动,而这在战国时期众多的政治理论中可谓独树一帜。"民"在孟子心目中不是生产和战争的工具,而是充满了智慧和勤劳的群体。虽然孟子并没有跳出"君与民"的等级观念,但他对于民智民力的肯定,已经具有了超前的眼光,代表着一种时代的进步。

天时不如地利,地利不如人和

天时不如地利,地利不如人和。得道者多助,失道者寡助。寡助之至,亲戚畔之,多助之至,天下顺之。(《公孙丑下》)

【鉴赏】

从"天时""地利""人和"三个方面去分析战争的胜负,这是先秦时期常见的做法。孟子说:"天时不如地利,地利不如人和。"与他同时代的尉缭子在其《战威篇》中也说道:"天时不如地利,地利不如人和,圣人所贵,人事而已。"之后的荀子在《王霸篇》中也说道:"上不失天时,下不失地利,中得人和。"事实上,影响一场战争成败的因素有很多,在兵家的著作《孙子兵法》中,孙子将"道""天""地""法"和"将",也就是"民心""天时""地利""权谋"和"将领"列为兵家的五个要素,并且说只要具备这五个要素,并且"校之

诸子百家——儒家

以计"，就可以克敌制胜了。从这五者的排列顺序上，可以看出，孙子更为看重前三者。而他的后人孙膑在《孙膑兵法·月战》中也说道："天时、地利、人和，三者不得，虽胜有殃。"虽然这些思想家和军事家的见解详略不一，但他们都将"人和"作为克敌制胜的首要因素。

我们所说的"天时"，一般指的是气候条件、时节相制等外部因素。气候条件比较好理解，也就是指战争期间的天气状况，比如在雨天、雾天和大风天等恶劣的气候条件下其实是不适宜战争的。成功的将领往往善于利用各种天气条件，为战争增加胜利的筹码，比如在赤壁之战中的"借东风"，这个故事便是"得天时"的最好例证。相对而言，时节相制这一点比较难理解，它是与五行说联系的，每个季节都会有一些相应的规则和禁忌，比如古人就有"冬夏不宜战争"一说，他们把时节的变换和事物的吉凶对应起来，所以会比较复杂。而"地利"指的是战争的一方在城池的稳固和地势的险峻等方面所占的优势。因此，那些险峻陡峭、易守难攻之处向来是兵家必争之地。而"人和"则是指战争的发动者是得乎民心，顺乎民意，不是统治者为了一己之私欲而引发的。在这三者之中，孟子非常重视"人和"在战争中的决定作用。孟子认为，得民心者得天下，那么怎样才能得到民心呢？"得道多助，失道寡助"，也就是说，君王只有施行王道仁政，才能得到普天下人的帮助。如果不实行王道，滥用武力，伤害民心，那么连亲戚都会背叛他。这样，用普天下都顺从的力量去攻打连亲戚都要背叛的人，就可以战无不胜了。

孟子"天时不如地利，地利不如人和""得道多助，失道寡助"这些话，已经作为名言警句广为流传。其实，孟子说这段话的目的并不是教导统治者如何在战争中取胜，而主要是劝诫统治者要重视民心，施行仁政。如果能够得乎民心，那么就能使国家在人口、疆域、经济等社会各个方面取得很大的发展，即使是不得已要参加战争，也能攻无不克，战无不胜，从而真正达到"仁者无敌"的境界。

如欲平治天下，当今之世，舍我其谁

夫天未欲平治天下也，如欲平治天下，当今之世，舍我其谁也？（《公孙丑下》）

【鉴赏】

孟子离开齐国，有人见孟子脸色不悦，便问他所为何故，孟子以此句作答，这也是孟子当时精神世界的生动写照。

"天未欲平治天下也"，是孟子年过半百却壮志未酬的感慨。孟子周游列国，想通过游说国君来实现自己的政治社会理想，特别是来到富庶强大的齐国后，孟子的这一愿望更加强烈，希望能在这样一个实力雄厚的国家实现自己仁政治国的抱负。然而齐国国君虽然礼遇他，却不重用他，最后孟子不得不离开齐国，另寻他路。孟子同孔子一样，也重视人力而少言天命，肯定人的主观能动性，但这里的天，主要是指超越于人之外的存在，是人力不可改变的神秘力量。所谓"天未欲平治天下也"，既体现了孟子心中之志未能施展的愤懑，也包含着"君子疾没世而名不称焉"的无奈。

然而孟子到底不是宿命论者,更不是悲观主义者,他秉信的是人的力量和个人的作为。因此他又说,倘若平治天下的外部环境一旦具备,他将义不容辞、奋不顾身地投入其中。这略带失落而又慷慨激昂的言辞,充分体现了这位浩气长存的大丈夫对于自身才干的自信,以及对于社会责任的担当。正是这份强烈的使命感,使他在不得志甚至种种困难挫折中,依然激情不改,锐气不减。正如他所宣称的那样:"穷则独善其身,达则兼济天下。"(《尽心上》)

言必称尧舜

　　孟子道性善,言必称尧舜。(《滕文公上》)

【鉴赏】

　　"性"是孟子思想中一个非常核心的问题。对于人的本性,孔子提出了"性相近,习相远"(《论语·阳货》)的说法,然而没有对其做出进一步的展开。孟子将孔子性相近的观点引申为性本善,并对本善之性做了具体的阐释。他说:"乃若其情,则可以为善矣,乃所谓善也。若夫为不善,非才之罪也。恻隐之心,人皆有之;羞恶之心,人皆有之;恭敬之心,人皆有之;是非之心,人皆有之。恻隐之心,仁也;羞恶之心,义也;恭敬之心,礼也;是非之心,智也。仁义礼智,非由外铄我也,我固有之也,弗思耳矣。"(《告子上》)孟子认为,人人先天具有四心,这四心分别是仁义礼智的最初端绪,人只要在后天不断扩充它们,就可以使处于端绪状态的仁义礼智达到完满,并向外转化为具体的仁义礼智行为。所谓"凡有四端于我者,知皆扩而充之矣,若火之始然,泉之始达。苟能充之,足以保四海;苟不充之,不足以事父母"(《公孙丑上》)。当仁义礼智由萌芽状态扩展为完满的德行时,人就已经完成了德行修养的过程,达到了理想人格的境界,这就是孟子所说的"人皆可以为尧舜"(《尽心上》)。在孟子那里,尧舜不仅是理想君王的象征,还是理想人格的代表。正是因为人性本善,人有仁义的自觉,所以通过修身,就可以达到理想人格的境界。虽然孟子这一性善论本身是一种先验的观念,但他把这种性善和修身成仁的学说联系起来,还是有其合理的地方,为达到理想人格境界提供了一条可行的路径。

　　比孟子略晚的另一位思想家荀子,则把孔子性相近的观点发展为性本恶,由此提出了一条不同于孟子的培养理想人格的路子,即"化性起伪"。所谓化性起伪,就是通过后天的以礼法制度为主要内容的学习、教育,改造恶的本性,从而达到理想人格的境界。较之于孟子,由于对外在规范——礼的强调,荀子更注重理想人格培养的外部条件和后天因素,因此个人的主体力量就被削弱了。但因为孟子提出的由内而外的修身方式在个人身上更加具备可行性,所以得到后代读书人的青睐,性善论也就成为人性问题的主流。正如徐复观先生所说,"性善两字说出后,主观实践的结论,通过概念而可诉之于每一个人的思想,乃可以在客观上为万人万世立教","孟子所说的性善,实际便是心善。经过此一点醒,每一个人皆可在自己的心上当下认取善的根苗,而无须向外凭空悬拟。"(《中国人性论史》)

枉己者，未有能直人者也

枉己者，未有能直人者也。(《滕文公下》)

【鉴赏】

这句话的意思是说，自己不正直，也就不能够要求别人正直。这是孟子教育弟子陈代的话。陈代希望孟子不要拘泥于小节，他认为即使是违背礼义去拜见诸侯，如果能因此得到重用，从而实现仁政，统一天下，也是可以做的。陈代的这种看法，正反映了当时士人们的实际情况：他们纷纷向诸侯国君进言献策，宣扬自己的政治主张和治国策略，希望得到国君的赏识，从而达到建功立业、出人头地的目的。其中许多人为了迎合国君而放弃操守，不顾道义，曲意逢迎，有的甚至丧失人格尊严。与这些无原则的干谒不同，孟子非常重视士人的德行操守，也不能接受他人哪怕是君王的非礼行为。在孟子看来，一个人要治理一方百姓，仅靠权势是不能实现的，也不能真正获得民心，只有坚守道义，提升和完善自己的德行操守，以身作则，才能国治民安。既然要求别人注重道德修养，那就要先从自身做起，如果自己都不能行得正、坐得端，又怎么能要求别人这样做呢？因此孟子特别重视个人德行的培养，他不仅善养"浩然之气"，而且有着"富贵不能淫，贫贱不能移，威武不能屈"的大丈夫精神。正是因此，他才可以在与任何人的辩论中理直气壮、直言不讳。今天我们常说正人先正己、身正不怕影儿斜、不做亏心事，不怕鬼敲门，也是这个道理。孟子"枉己者，未有能直人"的思想，对今人尤其是当政者、管理者、教育者同样具有重要的借鉴意义。

不以规矩，不能成方圆

离娄之明、公输子之巧，不以规矩，不能成方圆。(《离娄上》)

【鉴赏】

离娄，传说中视力特别强的人；公输子，即鲁班，古代杰出的土木工匠。"规""矩"在古代是木匠术语，"规"指的是圆规，用来画圆；"矩"指的是用来打制方形必备的直角尺。没有这两样东西，就算是离娄和公输子，也没办法准确地画出方与圆。孟子借这一比喻向国君阐述了行仁政的必要：王天下犹如画方圆，画方圆必须借助规和矩，而王天下也必须借助一定的方法，即仁政。所以孟子紧接着这句话说："尧舜之道，不以仁政，不能平治天下。"

为什么仁政可以成为治国的规与矩？孟子认为，仁政的核心是爱护百姓，爱护百姓的关键又在于让他们有固定的产业，能安居乐业，接受必要的礼仪教化，如此，则可以使国家安治。《孟子》书中反复描述了这一理想图景："五亩之宅，树之以桑，五十者可以衣帛矣。鸡豚狗彘之畜，无失其时，七十者可以食肉矣。百亩之田，勿夺其时，八口之家可以无饥矣。谨庠序之教，申之以孝悌之义，颁白者不负戴于道路矣。老者衣帛食肉，黎民不饥不寒,然而不王者,未之有也。"在孟子看来,君王统一天下,仁政就起着规矩的作用。

孟子的这句话,后来演变为"没有规矩不能成方圆"这一俗语,并有了新的内涵:做任何事情,小到个人的言行举止,大到国家的治理,都要有一定的规矩、规则,否则不能成功。所谓"国有国法,家有家规",讲的也正是这个道理。

天下之本在国,国之本在家,家之本在身

人有恒言,皆曰,"天下国家"。天下之本在国,国之本在家,家之本在身。(《离娄上》)

【鉴赏】

"天下国家"是一个内涵丰富的社会和政治概念。在很长一段时期,中国的社会结构都是由天下、国、家、个人共同组成。天下即古人理解的整个地域,它为天子所专有;国是指诸侯之国,为诸侯治理之地;家是指以血缘关系建立起来的社会最小组织;个人则是社会的最小元素。《大学》云:"物格而后知至,知至而后意诚,意诚而后心正,心正而后身修,身修而后家齐,家齐而后国治,国治而后天下平。"这就是我们常说的修身、齐家、治国、平天下。《大学》是从实现个人价值的角度,分析了每一个发展阶段之间的关系。孟子则是从社会组织结构角度,分析社会构成要素间的关系。虽然《大学》与孟子所说的角度不同,但天下、国、家、个人四者间的包含关系及因果关系是一致的。从权力的影响力来说,四者构成了一座金字塔形的社会结构模式,天子居于塔尖,百姓居于最底层。四个要素中,孟子一向重视民在国家治理中的地位和作用,这一群体也成了他治国思想的出发点和重心,即关注如何制民以恒产,如何使百姓安居乐业。但是,我们还应看到,孟子治民的落脚点是王天下,因此尽管他的政治思想中有民本的成分,但最终的目的还是为君王的统治服务的。

这句话还蕴含了孟子的一些治国管理策略。从天下到国、到家、最终到个人,既反映了孟子对于天下这个整体内部结构的理解,同时也体现出孟子管理思想中纵向分工的思路。这种方法在后世得到广泛运用,形成了从中央到地方一套完整而严密的管理体系和制度,成为维护大一统的重要手段。而孟子把治理的最后环节落实到个人,这与儒家提倡的修身理念是分不开的,儒家正是想通过修身齐家,达到治国平天下的目的,并最终为个人在社会中找到立足点。

顺天者存,逆天者亡

天下有道,小德役大德,小贤役大贤;天下无道,小役大,弱役强。斯二者,天也。顺天者存,逆天者亡。(《离娄上》)

【鉴赏】

孟子的意思是说:"政治清明之时,道德低的人为道德高的人所役使,小贤能的人为

大贤能的人所役使;政治黑暗之时,力量小的被力量大的所役使,弱的被强的所役使。这两种情况都是由天决定的。顺从天的就生存,违背天的就灭亡。"

孟子所说的清明之世,是指诸如尧、舜、禹,以及汤、文、武、周公之世,因为他们能"尊贤使能,俊杰在位",治世是依靠德行的高低而非力量的大小;黑暗之时则应该是指春秋战国时代,诸侯间兼并不断,实力此消彼长,大国先后争霸称雄,他们治世是依靠力量的大小而非德行的高低。虽然孟子一向宣扬以德治国的原则,反对横征暴敛、严刑峻法的力治,但在这里孟子却把德治与力治都归于天命,究竟是为什么呢?

孔子终生宣扬仁义之道,却惶惶然如丧家之犬。孟子以圣人之徒自居,倾其全力四处宣扬仁政,但是当梁惠王问孟子如何才能打败强大的齐国、秦国和楚国时,孟子却只能说:"王如施仁政于民,省刑罚,薄税敛,深耕易耨,壮者以暇日修身孝悌忠信,入以事其父兄,出以事其长上,可使制梃以挞秦楚之坚甲利兵矣。"(《梁惠王上》)用木棍能打败秦楚军队,在现代人看来,这真够荒唐。也许孟子说这话的时候,心里也没有多少底气吧。又比如,当滕文公问孟子,弱小的滕国应该怎样处理与强齐、强楚的关系时,孟子只能说,这个问题我解决不了,如果非要说,也只有深挖护城河,高筑城墙,与老百姓舍命保卫而已。当仁政遇到强权时,竟显得如此脆弱,正所谓"秀才遇到兵,有理说不清"。孟子从孔子和自身身上,看到了实现仁政的不易,所以就只好把德治与力治都归之于天命了。这多少显示了孟子对时局的无奈,也间接地反映出了时代的特点。

得天下有道,得其民

桀纣之失天下也,失其民也;失其民者,失其心也。得天下有道,得其民,斯得天下矣;得其民有道,得其心,斯得民矣;得其心有道,所欲与之聚之,所恶勿施,尔也。(《离娄上》)

【鉴赏】

孟子从历史上反面君王的典型桀纣说起,分析了其失天下的根本原因:不得民心。又从正面剖析了得天下、得民心的正确做法:得天下的方法,在于获得百姓支持;获得百姓支持的方法,在于获得民心;获得民心的方法,在于给予和聚积百姓想要的,去掉百姓所厌恶的。孟子从正反两面说明了得民心的重要性,体现了他强烈的民本思想。那怎样才能让百姓满意呢? 在孟子看来,让百姓满意莫过于推行仁政。他说:"夏商周三代获得天下是因为仁,失去天下是因为不仁。国家的兴衰存亡也是如此。天子不仁则失天下,诸侯不仁则失国家,卿大夫不仁则失宗庙,士人和老百姓不仁则掉脑袋。"仁不仅是天下国家存在的基础,也是老百姓保命的关键。

历史反复证明着得失民心与得失天下的关系。战国末期,百姓希望结束战争,走向统一,于是秦朝顺势而立。但秦的暴政又使其失去民心,早早地结束了千秋王朝梦。元以其强大的军事实力击败宋朝,建立了幅员辽阔的元帝国,但因不得民心,不到百年便走向土崩瓦解。清朝同元朝一样,也是一个非汉族建立的政权,而且明末清初还有许多志

诸子百家——儒家

士仁人反清复明,掀起了一波又一波的反抗,但是清初的统治者奖励垦荒,减免捐税,带给百姓和平与安宁,颇得民心,并实现了中国历史上少的繁荣。

民心的得失问题,历来被不少人重视。《左传》强调民心对战争胜负的决定作用。孟子高扬"民为贵,社稷次之,君为轻"(《尽心下》)的思想。荀子引用古语说:"君者,舟也;庶人者,水也。水则载舟,水则覆舟。"(《荀子·王制》)舟因水而存,也因水而亡。唐初唐太宗与魏徵以此为鉴,才有了中国历史上著名的"贞观之治"。纵观历史,古往今来的有识之士,都强调治理国家要高度关注广大老百姓的真实诉求,历史已经证明并将继续证明这一点。

君之视臣如手足,则臣视君如腹心

君之视臣如手足,则臣视君如腹心;君之视臣如犬马,则臣视君如国人;君之视臣如土芥,则臣视君如寇雠。(《离娄下》)

【鉴赏】

中国在漫长的封建统治时代,不断上演着朝代更迭、江山易主的剧目,一代代的君与一朝朝的臣演绎着复杂的君臣关系。提到这一关系,首先让人想到的自然是"君君臣臣、父父子子"(《论语·颜渊》)、"君要臣死,臣不得不死"这样的字句,似乎臣之于君,必须是绝对的忠心,无条件地付出。但孟子却认为,君与臣之间应当是一种相互的关系:君对待臣下如同手足,那么臣下待君王便会推心置腹;君对待臣下如同狗马,那么臣下待君王便如同陌生人;君对待臣下如同尘土草芥,那么臣下待君王便如同敌人。

孟子认为君与臣的关系不是单向的,而是双向的,君对待臣下的态度在一定程度上决定了臣下回报君王的态度。君臣关系不是天生的父子血亲关系,而是后天形成的,因此要依赖于双方的培养。君臣相处可比之于常人之间的相处,推之以腹才能得之以心。君在君臣关系中占据主动地位,因此君对臣的态度至关重要。齐宣王曾问孟子要怎样才能让臣下为曾经侍奉过的君王服丧,孟子回答说:"谏行言听,膏泽下于民;有故而去,则君使人导之出疆,又先于其所往;去三年不返,然后收其田里。"(《离娄下》)就是说,臣子的讽谏、进言会得到听取,恩泽遍及百姓;臣子有事要离开的,君王要让人引导其出境,并先让人到他要去的地方做好安排;臣子去三年不回来,才收回住所和土地。孟子称之为三礼,做到这样,那么臣下就会为侍奉过的君王服丧。

君、臣、民,一国之中,臣较之民近于君,君较之民近于臣,可以说臣是联结君与民的纽带,君使臣服,然后才能服民,君爱臣,然后才能爱民。"天生烝民而树以君"(《抱朴子·外篇》),君以牧民,其本身的职责就是养育教化万民,而臣为君执行教化万民的政策,因此君要国泰民安,必然要借助臣下的力量。贤明有功业的君王自然有其自身的雄才伟略,但贤良良相的辅佐也是必不可少的。中国历史上有着丰功伟业的君主必然有贤臣立于其朝堂之上:管仲助齐桓公成就春秋霸业;范蠡、文种助勾践雪耻复国;萧何、韩信、张良助刘邦夺取天下;诸葛亮助刘备三分天下。贤明的君主需要贤臣辅佐,但贤臣却并不一定能遇上赏识、重用他的君王来施展经世之才,正如韩愈所说"世有伯乐然后有千里马,千里马常有而伯乐不常有"(《马说》),伯乐较之于千里马而言似乎更加珍贵难得,明君之于贤臣就好比是伯乐之于千里马,能让臣下发挥其最大才能的君王就好似伯乐那样少有。

仰而思之,夜以继日

周公思兼三王,以施四事,其有不合者,仰而思之,夜以继日,幸而得之,坐以待旦。(《离娄下》)

【鉴赏】

人们常说"读万卷书,行万里路",书给予我们真知,而行则是对真知的实践和历练,知行要做到合一。周公为一代圣贤,为后世所推崇敬仰,他辅佐成王治国,治国之时,想要兼学夏、商、周三朝君王,来实践禹、汤、文、武四王所行的功业,遇到有不相符合的地方,便抬头思索,夜以继日,一旦侥幸想通了,就坐等着,一到天亮便马上实行。这是讲周公勤于思考,积极践行思考所得。"知"犹如杰出设计师心中完美的设计构图,无论构思得如何精巧,始终只是一幅虚空的图景,无法真实呈现;而"行"则是将这一绝妙的设计构思从想法转化为实际的过程,通过一步步的实行,将原本触碰不到的构思具象化,并最终让想象中的精美得以真实呈现。知对于行而言是指导,没有知,行便会失去方向;行对于知而言是实践,没有行,知就没有任何意义,知与行两者紧密不可分割,所以要做到知行合一。

真知不容易获得,而行比知又要难上数倍,有时虽心如明镜,明白个中道理,却不能完全付诸行动,明白该如何做和最终怎么做,两者之间往往会出现脱节,不能做到知行合一。例如大禹以酒为甘甜,但又厌恶酒,认为酒会让人沉迷。天下的人皆知酒能乱性,但又有几人能做到像大禹那样,在明白事理之后约束克制自己呢?西班牙作家塞万提斯笔下的堂吉诃德虽然行为荒唐,但因他敢于实践自己的奇思妙想而受人尊重。俄国作家冈察洛夫笔下的奥勃洛摩夫,虽然有许多美好的想法,却因缺少行动而成为"思想上的巨人,行动上的矮子",最终沦为"多余人"。今人有一种说法,说做事情只要在路上就好,在路上,就意味着在坚持自己的理想,践行着心中的信念。常在路上而不是停顿不前,正是个人、集体得以成功的关键。

世俗所谓不孝者五

世俗所谓不孝者五:惰其四支,不顾父母之养,一不孝也;博弈好饮酒,不顾父母之养,二不孝也;好货财,私妻子,不顾父母之养,三不孝也;从耳目之欲,以为父母戮,四不孝也;好勇斗狠,以危父母,五不孝也。(《离娄下》)

【鉴赏】

"孝"历来是中华民族的传统美德。所谓国家,有国才有家,有家乃成国,家庭是社会的基本组成单位。家是以血缘关系为基础而存在的,千百年来,中国社会极其重视血亲关系,而血亲关系以父母子女为最亲最重要,孝则是维系这一关系的道德准则。列夫·托尔斯泰说:"幸福的家庭都是相似的,不幸的家庭却各有各的不幸。"(《安娜·卡列尼娜》)中国式的幸福家庭也是相似的,都是父慈子孝、兄友弟恭。"百善孝为先",可见中国传统对孝的重视。很多朝代都讲究以孝治国,许多皇帝以孝为号。选官制度中也有举孝廉的制度,即推举孝顺廉洁之人为官。中国民间流传有二十四孝的故事:老莱子彩衣娱亲、董永卖身葬父、王祥卧冰求鲤……这些孝子的故事为历代所传颂。

孔子曰:"孝悌也者,其为仁之本与。"(《论语·学而》)儒家讲"仁",而孝悌则是仁之根本。孟子曰:"仁之实,事亲是也;义之实,从兄是也。"(《离娄上》)又曰:"事,孰为大?事亲为大。……事亲,事之本也。"(《离娄上》)侍养双亲是"仁"的实质。是侍养的根本。儒家的仁、义都是围绕着孝悌两者进行的,可见孝之于儒家文化的重要性。孟子以曾子的故事来阐释侍亲的准则:曾子奉养父亲曾晳,每餐必有酒肉,撤席之前必会询问父亲,剩下的食物给谁,若父亲问是否有余,一定回答有。曾晳去世之后,曾子之子曾元奉养曾子则不若曾子奉养曾晳,虽每餐亦必有肉,但撤席之前不询问剩余食物给谁,如果问是否有余,也回答没有。曾子在奉养其父时,不仅仅是物质上、身体上的奉养,也包括精神上的奉养,使父亲精神愉悦;而曾元则仅仅是物质上对其父进行奉养,所以孟子曰:"事亲若曾子者,可也。"(《离娄上》)孝如此,那么不孝又如何?孟子讲不孝分为五种:四体不勤,不顾赡养父母;沉溺下棋,喜好饮酒,不顾赡养父母;贪恋钱财,偏爱妻子儿女,不顾赡养父母;放纵声色的享受而使父母受辱;好勇斗狠而危及父母。此五种者,孟子认为不孝。孟子曾感叹:"大孝终身慕父母。五十而慕者,予于大舜见之矣。"(《万章上》)舜为一代先贤、圣王,拥有天下,万民爱戴,百官归顺,可以说是权力、财富、尊贵一样不缺,即使如此,他对父母仍孝敬如常,因此被视为孝的最高典范。

孟子相信人性本善,父母子女有着无法割舍的血缘关系,孝顺父母是人与生俱来的本能。但随着社会的不断发展,各种思想的不断涌入,中国的孝文化受到了前所未有的冲击,现代社会中,子女对于父母更多的是一种心安理得的索取,而不是基于感恩与回报的给予。"小皇帝""小公主"的称号正可反映这种心态。衣来伸手饭来张口成为生活常态,不是儿女奉养父母,反而是父母侍养儿女。"啃老族"在这个社会中早已不是新鲜名词,而已经成为一类普遍存在的人群。虽然我们反对愚孝,但对诸如孝顺父母这样的传统美德,我们不但不能丢弃,反而应将其传承与发扬。

爱人者,人恒爱之

君子所以异于人者,以其存心也。君子以仁存心,以礼存心。仁者爱人,有礼者敬人。爱人者,人恒爱之;敬人者,人恒敬之。(《离娄下》)

【鉴赏】

孟子认为:君子同一般人不同的地方,就在于其居心。君子居心于仁,居心于礼。仁

諸子百家——儒家

97

人爱别人,有礼的人恭敬别人。爱别人的人,别人经常爱他;恭敬别人的人,别人经常恭敬他。这里涉及的是一个人的为人处世方法,以及由此带来的人际关系问题。

在孟子看来,君子为人处世离不开仁和礼。仁是儒家最重要的伦理规范之一,照孔子的话讲,仁就是"爱人",就是"克己复礼",其核心是孝悌,即孝敬父母,敬爱兄弟。所以孔子"爱人"的实质又是以爱血缘之亲为基础,进而推广开去爱其他人,后来孟子把这一实质表述得更形象:"老吾老,以及人之老;幼吾幼,以及人之幼。"(《梁惠王上》)礼也是儒家最重要的伦理规范之一,孔子说一个人要"兴于诗,立于礼,成于乐"(《论语·泰伯》),又说"不知礼,无以立也"(《论语·尧曰》),礼乃是个人在社会立足的根本。就是说,仁是对人内在道德修养的要求,礼是对人外在行为规范的要求,仁和礼共同构成了儒家伦理道德的核心。所以孟子强调君子要"以仁存心,以礼存心",把二者视为个人行为处事的基础。

人与人之间的相处最难,也最需要智慧。中国历来是礼仪之邦,讲究宽以待人、以礼待人,要想得到别人的尊重和喜爱,只有如君子般心存礼义,爱护、尊敬他人,那么别人也才可能这样对自己。人际交往中的得失有着微妙的平衡,人总是会计较得失,希望得到的多,失去的少,但若只想着从别人处得到而不想付出,那么得失之间微妙的平衡也就会被破坏。现代社会,虽不能期望每人都以"圣人"的标准要求自身,但基本的爱心和礼节规范还是必不可少的。

舍生而取义

鱼,我所欲也;熊掌,亦我所欲也,二者不可得兼,舍鱼而取熊掌者也。生,亦我所欲也;义,亦我所欲也,二者不可得兼,舍生而取义者也。(《告子上》)

【鉴赏】

舍得,有舍才有得,有得必有舍。人生中时时刻刻需要我们做出舍与得的选择,如何舍与如何得是一门高深的学问,也是一个人价值观的直接体现。中国人善权衡之道,取舍之道即是一种精妙的权衡,人皆有趋利避害之心,在取舍之前总会在心中衡量一番,何轻何重,孰利孰害,做到心中有数乃能取舍。成功者深谙此道,有以退为进者,也有以舍为得者。当然某些时候并不能完全以利害得失来权衡取舍,在舍与得之间有值得不值得的问题,这就涉及了人生价值观判断的问题。

不同的理想和信念会有不同的道路和选择。鱼与熊掌不可兼得,舍鱼而取熊掌,因熊掌贵于鱼;生与义不可兼得,舍生而取义,因义重于生。生命诚可贵,但义更重于生,所以可以为义而舍生。生命对于万事万物弥足珍贵,求生是任何生物的本能,蝼蚁尚且偷生,人自然也不例外。但人之所以区别于其他动物,正是因为人不仅仅靠本能而生活,人还有思想。孔子说:"有杀身以成仁。"(《论语·卫灵公》)孟子说:"舍生以取义。"(《告子上》)两者都展现了人生价值观的取向标准,即人不能为求生而放弃道义,卑躬屈膝,违背自己的良心。司马迁说:"人固有一死,死有重于泰山,或轻于鸿毛。"(《汉书·司马迁

诸子百家——儒家

传》)为百姓、为天下国家而死者重于泰山;为一己之利而死者轻于鸿毛。历史的长河中,那些拥有铮铮铁骨,为国家、为民族抛头颅、洒热血的英雄豪杰谱写了一部部可歌可泣的传奇。诸如岳飞、文天祥、戚继光、邓世昌,等等,他们视死如归,舍生取义,用鲜血和生命捍卫了一个民族的理想和信念。

生与死的取舍或许是一种极端状态,在现实生活中很少遇到,但是两难的取舍却随处可见,如名利与道德、金钱与良知、世俗与理想等。人的一生有太多类似的选择和取舍,当面对它们时我们是否有"舍生取义"的勇气? 置身于现实社会中,面对形形色色的人和事,许多人最初的棱角和倔强慢慢被消磨殆尽,最后也就随波逐流,"义"更被抛诸脑后。鲁迅曾说过:"真的勇士敢于直面惨淡的人生,敢于正视淋漓的鲜血。"(《记念刘和珍君》)一个人要在现实的磨炼中坚守自己的理想和信念,不迷失自己。那些不涉及生死的选择有时候并不比"舍生取义"来得简单,或许还需要更大的勇气和智慧。

一箪食,一豆羹

一箪食,一豆羹,得之则生,弗得则死。嘑尔而与之,行道之人弗受;蹴尔而与之,乞人不屑也。(《告子上》)

【鉴赏】

孟子曰:"口之于味也,目之于色也,耳之于声也,鼻之于臭也,四肢之于安佚也,性也。"(《尽心上》)孟子承认口腹之欲、耳目之享是人的本性之一。每个人都希望自己的生活舒适安逸,不希望自己每天为了生计而奔波劳碌,但人之所以为人,除了与生俱来的欲求之外,还应当具有独立的精神。贫者不食嗟来之食,孟子认为,一碗饭、一碗汤,对于饥饿之人是救命的,但如果是侮辱性的施舍,就算饿死也是不能接受的,这坚守的就是人之为人的气节。不食嗟来之食已经成为气节的形象化表述,并内化到中华民族的民族性格里。

气节是中华民族的脊梁,支撑着五千年的古老历史,孟子说,大丈夫"富贵不能淫,贫贱不能移,威武不能屈"(《滕文公下》),君子"穷则独善其身,达则兼济天下"(《尽心上》),即使不得志也要坚守自己的修为。正因为有如此大丈夫气节,孟子才有底气说:我向诸侯进言,就得轻视他,不把他高高在上的地位放在眼里。我如果得志,不会把殿堂的基础做成两三丈高,屋檐几尺宽,也不会菜肴满桌,姬妾数百。更不会饮酒作乐,驰骋打猎而让千把辆车子跟随在后。后世有气节者比比皆是,伯夷和叔齐不食周粟,饿死首阳山;屈原自沉汨罗,以身殉国;苏武牧羊,十九年不改其志,他们的气节皆为后世所赞扬。孔子曰:"饭疏食,饮水,曲肱而枕之,乐亦在其中矣。不义而富且贵,于我如浮云。"(《论语·述而》)不需要锦衣玉食、高床软枕,简单的粗茶淡饭自有乐在其中。"君子爱财,取之有道",富贵荣华固然是好,但也要符合道义才能得之心安,否则也只是过眼即散的烟云。在中国历史上,晋商、徽商曾经叱咤风云,活跃数百年之久,成为商业史上的传奇。商人自古"唯利是图",逐利是商人最注重的目标,但晋商、徽商之所以在商界屹立数百

苏武牧羊

年,恰恰是因为两者都不将"利"放在行商的首位,晋商"首重信,次讲义,第三才是利";徽商奉行"财自道生,利缘义取","信"与"义"是他们行商的基本,这就完美诠释了"君子爱财,取之有道"的圣人教诲,也充分展现了中国古代商人的气节与操守。

仁之胜不仁也,犹水胜火

仁之胜不仁也,犹水胜火。今之为仁者,犹以一杯水,救一车薪之火也;不熄,则谓之水不胜火,此又与于不仁之甚者也。亦终必亡而已矣。(《告子上》)

【鉴赏】

孟子用杯水车薪的比喻说明:仁要胜过不仁是有条件的。

孟子虽然对仁义、仁政的作用保有坚定信心,反复向君王们宣称"仁者无敌"(《梁惠王上》)的观念,如"老吾老,以及人之老;幼吾幼,以及人之幼。天下可运于掌"(《梁惠王上》),"与百姓同乐,则王矣"(《梁惠王下》)。孟子甚至相信实行仁政"可使制梃以挞秦楚之坚甲利兵矣"(《梁惠王上》)。这里,孟子较为客观地分析了仁与不仁之间的辩证关系。他首先肯定仁必能战胜不仁,正如水能浇灭火一样,但他又看到了水浇灭火是有条件的,水可以浇灭火,这是水的本性,但一杯水不可以浇灭一车木材的火,这是因为两者力量悬殊。同样,仁可以战胜不仁,但必须达到足够的力量仁才能战胜不仁,若两者力量相距甚远,仁对于不仁就如螳臂当车。人们常说"星星之火可以燎原",这句话并不是说星星之火瞬间可以将广阔的原野燃烧殆尽,而是指由最初的星星点点的火苗逐渐发展蔓延,最终可以形成燎原之势。这是一个从量变到质变的过程。

求仁也是一个从量变到质变的过程,它不是朝发夕至的速成方案,而需要长期的坚持和努力,中途放弃就会功亏一篑。《战国策》引《诗》说:"行百里者半九十。"一百里路,如果走了九十里就放弃,那也只能算走了一半。荀子也说:"百发失一,不足谓善射;千里跬步不至,不足谓善御;伦类不通,仁义不一,不足谓善学。"(《荀子·劝学》)百发一箭未中，千里半步未至，礼法仁义一刻未坚持，就都不能称善，因为它们都没有实现质的突破。孟子认为"人性本善"，仁为"美种"，生于心中，需要通过后天的"养""扩充"等功夫，并排除外部环境的干扰，"勿以恶小而为之，勿以善小而不为"，逐渐累积力量。当达到一定的积累时便会开花结果，成熟起来，形成真正强大的仁，此时方能说仁能胜不仁。

人皆可以为尧舜

人皆可以为尧舜。（《告子下》）

【鉴赏】

《孟子》书中，把尧、舜合在一起说的地方约有四十余处，"孟子道性善，言必称尧舜"（《滕文公上》），可以说，在孟子眼里，尧舜已成为最完美的道德典范，成为内圣之道的最高代表，并已符号化为一种理想人格的象征。

既然尧舜代表着完美的理想人格，那为何又说人人都可以成为尧舜呢？孟子的这一结论有两个前后相承的依据：一是人人都有恻隐之心、羞恶之心、辞让之心和是非之心，因而人人都有善性；二是"凡同类者，举相似也，何独至于人而疑？圣人与我同类者。"（《告子上》）"我"与尧舜是同类，所以"尧舜与人同耳"（《离娄下》）。就是说，"我"与尧舜起点是一样的，都天生具有善性，尧舜能成就理想人格，"我"也应该能够。这样，孟子"人皆可以为尧舜"说就拉近了圣人与普通人之间的距离，为普通人通过内修德行而实现理想人格创造了可能。这也是孟子内圣功夫深受后人欢迎的重要原因。

尧舜成了圣人，而芸芸众生为何依旧只是平凡之人呢？孟子认为这是为与不为的区别，而不是能与不能的区别。他告诉梁惠王，挟着泰山跳过北海，这是不能，举不起一根羽毛，看不见一车木材，不愿为老人折取树枝，这不是不能，而是不为。同样，梁惠王不行王道，不加恩于百姓，也是不为，而不是不能。因此，人为尧舜不是能与不能的问题，而是为与不为的问题。"尧舜之道，孝弟而已矣"，"徐行后长者谓之弟，疾行先长者谓之弟"（《告子下》），道德的实践其实就是如此简单，慢慢行走谁不会呢，只看你愿不愿意去做，所以关键不是能与不能，而是为与不为。

天将降大任于是人也

天将降大任于是人也，必先苦其心志，劳其筋骨，饿其体肤，空乏其身，行拂乱其所为，所以动心忍性，曾益其所不能。人恒过，然后能改；困于心，衡于虑，而后作；征于色，发于声，而后喻。入则无法家拂士，出则无敌国外患者，国恒亡。然后知生于忧患而死于安乐也。（《告子下》）

【鉴赏】

这是一段耳熟能详的话，孟子意在告诫我们，如果想要大有所为，那么在面对外界的艰难困苦时，必须经受得住来自身体和心灵的重重压力，并不断增强自己处事的能力和

諸子百家——儒家

见识。人经常犯错误,然后才能改正;内心困顿、思虑阻塞,然后才会有所奋发;表露于脸色、流露于语言,然后才能被人所理解。孟子的这一成才观,是在考察了众多历史人物的经历后得出的。他说:"舜发于畎亩之中,傅说举于版筑之间,胶鬲举于鱼盐之中,管夷吾举于士,孙叔敖举于海,百里奚举于市。"(《告子下》)因此,这一结论具有一定的普遍性和合理性。

在孟子看来,人只有承受得住逆境、困苦甚至绝望的磨砺,才能心性坚韧,才能担当大任。如傲雪盛开的梅花,天气越是寒冷越是开得灿烂。孟子的观点在汉代被司马迁重新演绎,他说:"西伯拘而演《周易》;仲尼厄而作《春秋》;屈原放逐,乃赋《离骚》;左丘失明,厥有《国语》;孙子膑脚,《兵法》修列;不韦迁蜀,世传《吕览》;韩非囚秦,《说难》《孤愤》,《诗》三百篇,大抵圣贤发愤之所作也。"(《汉书·司马迁传》)在司马迁看来,这些经历过巨大困苦的人,都被激发起巨大的动力,创作出优秀的作品,这就是他著名的"发愤著书"说。文学创作是这样,做其他事情也是如此。英雄、圣贤并非天授,必然要经过无数的磨砺艰辛,最后屹立不倒者才可称之为英雄、圣贤。逆境、困苦是一种磨砺,是成功所必需的前提,能经得住逆境考验的人才具备成功的品格。成功并非出于侥幸,彩虹的美丽来自风雨的洗礼,成功的可贵亦当出自忧患的磨砺。

尽其心者,知其性也

尽其心者,知其性也。知其性,则知天矣。存其心,养其性,所以事天也。夭寿不贰,修身以俟之,所以立命也。(《尽心上》)

【鉴赏】

这段话孟子主要讲了心、性、天以及安身立命的问题。孟子的意思是说:"充分发挥善良的本心,就可以懂得人的本性了。懂得了人的本性,也就懂得天命了。"孟子把发挥本心看成是知人性、知天命的基础,这是因为他主张性本善,而本善之性就源自心先天具有的仁义礼智四端,性善也就是心善,修身实际上是修心,因此了解本心、悟知本性,这就是所谓的明心见性。同时,孟子又认为知人性也就是知天命了,知天命就包含在知人性里。在孟子这里,心、性、天就是连贯的,甚至可以说是合一的。这是因为,孟子虽然继承了传统的天命观,把天作为一种超越性的神秘力量,但他又常常把这样的天置于彼端加以弱化,因为他更看重人的主观努力,认为人只要尽心知性,那么知天命就是水到渠成的事情,而无须刻意去求取,所以孟子又说存心养性就是事天。说到底,孟子是把尽心作为修身立命的基础,这是一种成人、成圣的内修路子,靠的主要是自我体验、自我醒悟和自我发明。

孟子的内修路子基本继承了孔子"下学而上达"(《论语·宪问》)即由人及天的路向,把天主要视为一种超越于人的存在和主宰万物的无形力量。只是到了孟子这里,孔子的"下学"与"上达",以及从"下学"到"上达"这个过程,被表述得更为具体清楚,也更具有操作性。内修的第一步就是充分发挥内心固有的善端,即为尽心。发挥了善端,就

諸子百家

儒家

可以把处于萌芽状态的仁义礼智扩充为圆满的、现实的仁义礼智,此为第二步,即为知性。做到尽心、知性,也就实现了人内在德行的完善,之后的齐家、治国、平天下,就能循着心性去做。至于是否能实现,那就只有看天命了,此为第三步,即为事天。从心到性再到天的逻辑发展过程,正是孟子预设的由内而外的成人过程,即后人常说的内圣之道。

人不可以无耻

人不可以无耻。无耻之耻,无耻矣。(《尽心上》)

【鉴赏】

孟子的意思是说:"人不可以没有羞耻。不知羞耻的那种羞耻,就真是不知羞耻了。"他认为人最大的羞耻莫过于不知羞耻的羞耻。此外,他还说,"声闻过情,君子耻之。"(《离娄下》)出仕为官,"立乎人之本朝,而道不行,耻也。"(《万章下》)名声超过了实际,就有沽名钓誉之实;在朝为官,自己正义的主张得不到实现,就有在其位不谋其政之嫌,这些都是值得羞耻的事。可见,孟子的羞耻之心涉及道德、行为实践。

孟子之所以推崇羞耻之心,是由于他认为:"羞恶之心,义之端也。"(《公孙丑上》)羞恶之心就是羞耻之心,是人性中善端之一,是义的萌芽。没有羞耻之心,也就发展不出义这一德行,而"仁,人心也;义,人路也。舍其路而弗由,放其心而不知求,哀哉!"(《告子上》)义就是人行为的准则。由此可见羞耻之心在孟子道德体系中的重要性。孟子曾大声感叹:"耻之于人大矣。"(《尽心上》)他认为,人只有具备羞耻之心,才会有所为,有所不为。孟子做大小事情之前,都以道义来作为是否可行的标准,如果合乎义行,哪怕是接受一个国家都是可以的,如果不合乎义行,即使是一筐饭、一碗汤都是不能接受的。在孟子看来,如果能以此行事,那么人们也就不会遭受什么耻辱了。知耻不仅是免于受辱的关键,还是一个人进取的动力。孟子说:"不耻不若人,何若人有?"(《尽心上》)意思是说,不以不如别人为羞耻,又怎能赶上别人呢?《中庸》引孔子的话说:"知耻近乎勇。"知道耻辱就是近于勇敢了,因为知耻就会尽力避免受耻,就会产生上进的动力。孟子对羞耻之心的重视,成为后人为人处世的一条重要道德原则,人们津津乐道的"不食嗟来之食""不为五斗米折腰""士可杀,不可辱"等言论,无一不是对"人应该具有羞耻之心"的注释。

穷则独善其身,达则兼济天下

故士穷不失义,达不离道。穷不失义,故士得己焉;达不离道,故民不失望焉。古之人,得志,泽加于民;不得志,修身见于世。穷则独善其身,达则兼济天下。(《尽心上》)

【鉴赏】

先秦哲学家大多立足于人生,偏重于对人性和社会的思考。因此,人生境遇问题便成了他们关注的焦点所在。人的境遇风云多变,古代的文人士大夫往往总是在"穷困"与

"显达"这两种境遇中纠结徘徊。为了寻找到一种更合理更人性化的处世方式,先哲圣贤们针对这一问题进行了长期的思索和探讨。

儒家注重独立的人格和高度的社会责任感,孟子的"穷达之道"就是"穷不失义,达不离道"。在儒家道德体系中,孟子极为看重"义",认为"言不必信,行不必果,唯义所在。"(《离娄下》)他把是否合乎义当作衡量世事的重要价值标准,并进而提出了"舍生取义"的命题。当人处在顺境的时候,坚守义行可能不是一件难事,尤其是在名利双收之后,有了稳定的生活环境,人们会更加注重维护自己的名声,去做一些义行善举。而当人处于逆境,尤其是在温饱和生命安全这些基本需求都无法保障的情况下,是否坚守义行可能会成为一种艰难的选择。在这种情况下,弃明投暗,随波逐流,也许会带来生命的保障甚至高官厚禄,可是能这样做吗?孟子的回答是否定的。孟子认为,人在穷困时不能放弃自己的义行,如果放弃义行,就会丧失自己的本性,如果丧失本性,就永远谈不上仁了。那么士人在穷困时应当怎么做呢?孟子认为,"不得志,修身见于世","穷,则独善其身",当一个人处于不得志的境遇中时,社会价值是很难实现的,那么就要修养自身,提升个人价值。修养好心性,坚守好义行,以等待机遇的来临,所谓"孔颜乐处"指的大概就是这种情形。而现实生活中,还有另外一些人,他们在穷困之时还能兢兢业业,保持操守,一旦身居显位之后,反而恃宠而骄、背离正道。因此,孟子认为,当人处于显达之位时,应该"泽加于民""兼济天下",以平治天下为己任,努力实现自己的社会价值。

孟子通过对"穷困"和"显达"这两种人生境遇的分析和阐述,向我们揭示了人在不同境遇中所应当保持的操守,通过这种选择和坚守,人的自身价值和社会价值才能得到更好的平衡和实现。而孟子"穷则独善其身,达则兼济天下"的做法,极大地影响了后人在"仕"与"隐"之间的选择。

所不虑而知者,其良知也

人之所不学而能者,其良能也;所不虑而知者,其良知也。(《尽心上》)

【鉴赏】

孟子认为,人不经过学习就能做到的,是良能,不用思考就能知道的,是良知。这里的"良能"和"良知"其实指的就是人的天赋。不过,孟子注重的这个"天赋"跟我们日常所说的"天赋"不同,我们日常所说的"天赋"内容广泛,涉及社会领域的各个方面。而孟子所说的"天赋"是具有特定指向性的。

孟子在这句话后面还举了一个例子:"孩提之童,无不知爱其亲者;及其长也,无不知敬其兄也。亲亲,仁也;敬长,义也。无他,达之天下也。"(《尽心上》)照孟子的思路看,这里的良知、良能主要是指"亲亲"和"敬长"。"亲亲"是孝,即孝顺父母,侧重于仁;"敬长"是悌,即尊敬兄长,侧重于义。那么孟子所说的良知、良能,就是指仁、义、礼、智这一类先天具有的向善的本性。所以朱熹《孟子集注》解释说:"良者,本然之善也。"杨伯峻进一步解释为"本能"。朱熹的解释侧重于善,杨伯峻侧重在先天性。如果从孟子人性本善论来看,把"良"解释为趋善应更为准确,这也是我们今天常说的含义。但是孟子又曾说:"口之于味也,目之于色也,耳之于声也,鼻之于臭也,四肢之于安佚也,性也。"(《尽心下》)口之于味一类,也是人先天具有的,那么是否可以说,口喜欢美味、眼喜欢美色、耳喜欢美声、鼻喜欢香味、四肢喜欢安逸也是良知、良能呢? 在孟子看来,这些是影响仁义礼智走向完善的因素,因而不属于良知、良能。可见,朱熹的解释更为接近孟子的原意。

可是在现实生活中,随着人的不断成长,外界的诱惑和选择越来越多,保持婴儿般单纯的心性和良知良能也越来越难,很多人都在无形当中丢失了自己的善性,丢失了自己的良知良能。于是,孟子又提出了"反求诸己"的修养方法,希望人们能返回内心,关注善性。也就是说,这些人的善端和良知良能只是被后天的利欲恶行暂时遮蔽,并没有真正消失。只要愿意,他们随时可以止住恶行,回归到善的起点,重启善端和良知良能,因为为善之门永远都没有关闭。

身不行道

身不行道,不行于妻子;使人不以道,不能行于妻子。(《尽心下》)

【鉴赏】

孟子这是说的"道",主要是指儒家的一套伦理道德规范,包含仁、义、礼、智、诚以及孝悌、忠信等范畴。在孟子看来,推行道的前提是自己身体力行,否则,道在妻子身上都行不通;使唤别人也要合于道,否则,就连使唤自己的妻子都不可能。

纵观整个古代社会,不难发现这是一个明显的以男性为主导的社会形态。男子的品德、见识和能力的高低直接决定着这个国家发展的潜力和前景。儒家一向倡导积极进取,建功立业,并把个人的成长道路概括为修身、齐家、治国、平天下。其中,修身是齐家、治国、平天下的基础,也正是孟子所讲的"行道"。孟子还说:"天下之本在国,国之本在家,家之本在身。"(《离娄上》)由此可见,修身是最基础也是最重要的,所谓"一屋不扫何以扫天下",如果连个人身心都修养不好,又何谈治国平天下呢? 既然男性在这个社会中承担着更多的责任和期许,那么他们自然就会更注意自己的一言一行在现实生活中可能造成的影响。这也使得他们极易形成一种强烈的自律意识,坚持严于律己,以身作则,用自己良好的品德和合理的行为去影响自己身边的人。所以孔子说:"其身正,不令而行;其身不正,虽令不从。"(《论语·子路》)

我们知道,男性在社会中起着连接家、国和天下的重要纽带作用,其个人修养,小则影响家庭和谐,大则影响国家的兴亡和天下的安危。那么一个男人,应该具备怎样的品格才能成为大家竞相效仿的榜样呢? 孟子认为,大丈夫应该要居仁由义,要有自己的原则和操守,不因贫贱、富贵、武力等外在因素而改变自己的心志。唯有如此,他才能赢得大家的尊重和服从,才能以自己的道德力量去感化和改变身边的人和事,从而担负起"治国、平天下"的重任。对于外界给予的重任和期许,古代的文人士大夫总是欣然接受,并为之做出不懈的努力。孔子曾说:"天生德于予,桓魋其如予何!"(《论语·述而》)孟子也说："如欲平治天下,当今之世,舍我其谁也?"(《公孙丑下》)这种大丈夫气概和主人翁意识为我们树立了光辉的榜样,让我们在深深折服之余,时刻不忘提醒自己要沿着先哲圣贤的脚步继续前行。正如曾子所说:"士不可以不弘毅,任重而道远。"(《论语·泰伯》)

民为贵,社稷次之,君为轻

民为贵,社稷次之,君为轻。(《尽心下》)

【鉴赏】

"民本"思想是中国古代政治思想的精华。它源起于先秦,对历朝历代的政治、军事乃至思想文化都有着重大的影响。在先秦,孟子是大力倡导民本思想的第一人。

民贵君轻思想是孟子思想体系的重要组成部分。孟子非常重视人民的力量,他认为"天时不如地利,地利不如人和","得其民,斯得天下矣","得乎丘民而为天子"。孟子深刻地认识到,百姓的支持是国家兴衰存亡的关键,统治者只有赢得民心才能赢得天下。这也是孟子宣扬"仁政"思想的根本原因。"社稷"指的是古代皇帝和诸侯祭祀的土神和谷神,人们通常用它来指代国家,因而"社稷"也应该是非常重要的。但孟子认为,社稷是为保卫百姓而立的,君主更是为服务百姓和社稷而设的。如果祭祀品已经很完美,而且也按照规定的时节进行了祭祀,却还遭受水旱之灾,那说明土神和谷神不尽心尽责,就必须毁掉其坛,另立新的土神谷神祭坛。既然社稷都可以更立了,那么为百姓和社稷服务的君主就更可以根据人民大众的意愿择优而立了。孟子多次说明了"君为轻"的观点。在孟子看来,君王有过,如果臣子反复劝谏而不听,就可以罢免君主的权力。甚至于,对于那些不仁义的君主,百姓还可以杀掉他们。齐宣王曾问孟子:"身为臣子而犯上杀了他的君主,可以这么做吗?"孟子说:"破坏了仁的人,叫作贼,破坏了义的人,叫作残,残、贼一类的人叫作独夫。我只听说过杀了个独夫纣,没听说犯上杀了国君。"面对手握国家权柄的齐王,孟子敢于提出独夫民贼,人皆得而诛之的思想,着实需要卓绝的见识和非凡的魄力。

孟子的民贵君轻思想对于王权的至高无上而言是一种巨大的挑战,它激发了臣民们的自我意识,为处于"道德"和"责任"选择困惑中的人们,指明了一个突围的缺口,对后世的君臣观念产生了深远的影响。但同时它也引起了很多君王的强烈反感。朱元璋在看到《孟子》书中的"民为贵,社稷次之,君为轻",以及"君之视臣如手足,则臣视君如腹心;君之视臣如犬马,则臣视君如国人;君之视臣如土芥,则臣视君如寇雠"(《离娄下》)等章句时,感觉如芒在背,不由怒火中烧,从而引发了关于将孟子搬出太庙问题的争论。后儒们为了缓和《孟子》书中民本思想与封建王权之间的激烈冲突,不断对《孟子》进行种种修改和限制,后来甚至有了要求臣下一味尽忠以至愚忠地步的种种说教,事实上这已与《孟子》书中的旨趣大相径庭了。

諸子百家——儒家

养心莫善于寡欲

养心莫善于寡欲。其为人也寡欲，虽有不存焉者，寡矣；其为人也多欲，虽有存焉者，寡矣。(《尽心下》)

【鉴赏】

孟子这里主要讲修养心性的方法。他认为，修养心性的最好方法莫过于减少物质欲望。一个人如果物欲不多，那么善性即使有所丧失，也不会多；反之，如果物欲很多，那么善性即使有所保存，也是极少的了。

古代的圣贤们对于如何修身养性进行了长期的思索和探讨，而他们给我们最重要的一点建议就是"寡欲"。老子曾说过："祸莫大于不知足，咎莫大于欲得。"(《老子·第四十六章》)他把人的贪欲看成是一种灾难和过错，并把"少私寡欲"作为主要的道德规范之一。庄子说："古之畜天下者，无欲而天下足。"(《庄子·天地》)荀子也说："今人之性，生而有好利焉，顺是，故争夺生而辞让亡焉……生而有耳目之欲，有好声色焉，顺是，故淫乱生而礼义文理亡焉。"(《荀子·性恶》)无论是儒家还是道家，都把利欲看成是德行修养的天敌，都对耳目声色之欲存有戒心，因而都强调通过克制自己的欲望来达到内心的满足和天下的安定。

孟子说"养心莫善于寡欲"，可见孟子提倡"寡欲"的目的是为了"养心""存心"。那么为什么要"养心""存心"呢？孟子主张性善论，认为人生来具有"恻隐、是非、辞让、羞恶"之心，并且人心都具有向善性，因此"人皆可以为尧舜"。人的本心虽然是善的，但是由于受后天各种环境和条件的影响，人可能会丧失自己的本性，"苟得其养，无物不长。苟失其养，无物不消"(《告子上》)，因此要"养心""存心"。孟子说："口之于味也，目之于色也，耳之于声也，鼻之于臭也，四肢之于安佚也，性也。有命焉，君子不谓性也。"(《尽心下》)他认为这些欲望都是人的自然属性，由于受到仁、义、礼、智的制约，它们不可能全部如愿，这也就是所谓的"命"，所以"君子不谓性也"。孟子在寡欲的同时，注重培养自己内心的浩然之气，这样就可以淡泊名利，保存本性，从而达到"富贵不能淫，贫贱不能移，威武不能屈"的境界。

孟子要求"寡欲"，但他并不是一个禁欲主义者。因为孟子的"寡欲"主要是针对修养心性提出来的，而对于物质、权力、名声等欲望，孟子也不是一概反对。他要求制民以恒产，满足百姓对财富的欲求，还说"富，人之所欲"，"贵，人之所欲"(《万章上》)。孟子反对的只是"为富不仁"(《滕文公上》)的行为。俗话说：君子爱财，取之以道。讲的就是这个道理。

三、荀子名言

学不可以已

学不可以已。青，取之于蓝而青于蓝；冰，水为之而寒于水。木直中绳，輮以为轮，其

曲中规,虽有槁暴,不复挺者,輮使之然也。故木受绳则直,金就砺则利,君子博学而日参省乎己,则知明而行无过矣。(《劝学》)

【鉴赏】

这段话是《劝学》的开篇,它常常作为《荀子》的著名段落被选入中学语文课本进行讲解。若从义理角度来看,它几乎可说是《劝学》篇乃至整部《荀子》中最重要的一段话。战国时期儒家学派的两大传承者,一为战国中叶的孟子,他认为人性本善,只要将人与生俱来的恻隐之心施及大众,就能称为"仁心",有"仁心",则人皆可为尧舜;另一位则是战国末的荀子,他提出了人性本恶的观点,认为人天性本能中就有趋利、贪欲、好色之心,如果不加以遏制,则会陷于争夺、残暴、淫乱等等恶行,以至无所不为,而遏制本能、性恶之法,就在于学习不辍,即通过礼义辞让的教化,使人归于文治,成为良民;更进一步,博学知耻,过而能改,智慧通达,行事几无过错,则能称为君子;再进一步,由自身修养惠及家庭,使亲友和睦,乃至治国安邦,平定天下,则是儒者的最高境界"圣人"。在荀子的认识中,以上这三种层次,都不能脱离"学不可以已"这条路,他说:"真积力久则入,学至乎没而后止也。故学数有终,若其义则不可须臾舍也。为之,人也;舍之,禽兽也。"(《劝学》)人与禽兽的区别,就在于能否坚持不懈地学习,通过礼义的教化来克制自己的本能私欲。青出于蓝而胜于蓝,冰由水形成却比水冰冷,自然之木天生笔直,可与绳相适应,若以人力弯曲为轮,曲度也能与规相适应,即使槁暴枯干,也不再变直。荀子举出这些例子,都是为了说明人的材质如何虽与先天因素不无关系,但更主要的则是由其后天所处环境与经历来决定的。荀子在《性恶》篇中有一段相似的话:"故枸木必将待檃栝烝矫然后直,钝金必将待砻厉然后利。"人之一生譬如木金,受绳则直,就砺则利,博学而不厌倦,知明而无过错,最终就能获得成功的人生。古今中外,通过坚持刻苦学习从而改变人生的事例比比皆是,荀子的这一段话无论放在哪个时代,都有着其积极的意义。

不知天高地厚

不登高山,不知天之高也;不临深谿,不知地之厚也;不闻先王之遗言,不知学问之大也。(《劝学》)

【鉴赏】

在《庄子·秋水》中有一个"望洋兴叹"的寓言:黄河之神河伯见百川融汇于自身,泾流庞大,两岸之间,无法互相分辨景物,于是欣欣然以为天下美景都在自己这里,顺流而东,到了北海,一望天际,不见水端,才醒悟到自己实是井底之蛙,未见大道,有所叹悟。北海之神若因此才说它"可与语大理矣"。意为可以对河伯谈论大道了。这段"望洋兴叹"的寓言旨意与荀子所发"不知天高地厚"之论非常相似,但庄子更注重发挥天人合一的哲理,荀子则是诚恳笃实,谆谆教海,说明上古圣贤的学问广博无尽,普通大众若不去聆听和效法先王遗言,则永远无法认识到他们与君子圣人间的差距,不会追求进步,提高

诸子百家——儒家

自身修养,自然也永远无法获得真正的智慧与大德了。颜回称赞孔子"仰之弥高,钻之弥坚"(《论语·子罕》),这正是德行修养达到了一定境界才能发出的感叹。我们常说"无知者无畏",在一定意义上也与此有所关联——若将人所掌握的知识视作一个圆,圆内是其已知,知识多少由圆的大小来决定,而圆外则是其未知的世界,那么人所掌握的知识越多,就会明白他所未知的也越多,未知越多,则敬畏之心由此而生,人若无所知,则无所敬畏、无所不为,荀子所说的"不闻先王之遗言,不知学问之大也",或许也是为那些无所畏惧、不事学问、鄙陋浅寡却好"清谈高论"的小人所发。有鉴于荀子此语,我们应抱着对于未知的敬畏之情求学求知,即使不求能达到儒家君子圣人立德立言、教化天下的境界,也求能在人生道路上消虑解惑,以一种更为谦恭诚恳的姿态行至远方。

权利不能倾

权利不能倾也,群众不能移也,天下不能荡也。生乎由是,死乎由是,夫是之谓德操。(《劝学》)

【鉴赏】

这几句行文近似《孟子·滕文公下》:"富贵不能淫,贫贱不能移,威武不能屈,此之谓大丈夫。"孟子所谓不淫、不移、不屈的"大丈夫之道",实际也与荀子所说的"君子之德操"相去不远。但凡学习者有所学即有所获,日积月累,学习心得转化为坚定不移的意志与信念,且无论死生富贵,它们在学者日常言行思想中都会得以贯彻不辍,这即是荀子"君子德操"之义。这种因学习所得,发自内心而施于外界的"德操",不会被威权禄利倾覆;不会人云亦云,因受群体意志所迫而转移;不会因天下局势激荡而放弃信念。士君子在乐生达观时能安守其志,而至燕巢危幕、死生存亡之刻亦须臾不离本志,这也是孟子提出的不因富贵贫贱而改变,不因暴力而屈服的"大丈夫之道"。孔子云:"君子无终食之间违仁,造次必于是,颠沛必于是。"(《论语·里仁》)"唯上知与下愚不移。"(《论语·阳货》)孟子云:"虽千万人吾往矣。"(《孟子·公孙丑上》)都蕴含着这个道理。胡适在1932年写给毕业生的信中说,学生毕业之后无论选择什么道路发展,都不能没有堕落的危险,总括起来约有两大类,"第一是容易抛弃学生时代求知识的欲望","第二是容易抛弃学生时代理想的人生的追求",踏入社会后人们从事的工作常常学非所用,甚至所学全无用处,即使初始尚有一部分人能坚持求知求学,但更多则屈服于现实生存环境的压力,在社会中渐渐变得庸碌,放弃了自己曾经拥有的旺盛求知欲,转而为追逐世俗物欲了。另一方面,年轻学子怀揣着满腔热情与希望投身于社会,慢慢意识到理想与冷酷现实间的差距,棱角渐被磨平,锐气渐被消解殆尽,青年时代的梦想抱负,也往往在周遭众人的言行引导之下转移了初始的方向,最终被这洪炉所泯灭。荀子在这里对于"君子德操"不倾、不移、不荡的论断,或许也正为这种情况所发。今之视昔,或许亦正犹后之视今,愿我们在对志向、理想、信念等美好事物与情感心生迷茫的时候,多多念及荀子此语,无论贫贱窘迫加身,威权禄利外诱,世俗所趋,暴力所迫,都能坚守自己的"德操",死生由是,不

諸子百家——儒家

倾不移。孔子有云:"天下有道,丘不与易也。"谨以此共勉。

由礼则雅

容貌、态度、进退、趋行,由礼则雅,不由礼则夷固僻违,庸众而野。(《修身》)

【鉴赏】

这句名言的大意是说,人的修身,必须时时刻刻以"礼"为准则,如果不由"礼",不是目中无人、狂妄自大,就是孤陋寡闻、庸俗不堪。

《说文》曰:"礼,履也。所以事神致福也。"段注曰:"履,足所依也。引申之凡所依皆曰履。""礼"本是原始巫术图腾文明的产物。中国文明的可贵处在于,"把本来是维系氏族社会的图腾歌舞、巫术礼仪,转化为自觉人性和心理本体的建设。"(李泽厚《华夏美学》)所以孔子才会说:"克己复礼,天下归仁焉。"在孔子那里,"礼"已经被提到了本体的高度,成了一种普遍的宇宙生命节律。

但在荀子这里,情况又发生了变化。"同样是所谓'修身',与孟子大讲'仁义'偏重内在心理的发掘不同,荀子重新强调了外在规范的约束。"(李泽厚《中国古代思想史论》)荀子的"礼",更接近"履"的本义。但其目的,显然已经不是"事神致福",而是成为一种人间的社会规范。

于是,由原始图腾文明的"事神致福"的"礼",经由孔孟偏重内在体验的"礼",再到荀子的社会规范意义上的"礼","礼"之一字的含义,走过了一个否定之否定的"之"字形的路。我们现在所理解的"礼""礼教"的含义,终于在荀子这里成形了。

毫无疑问,这种社会规范意义上的"礼",对于稳定文明秩序是起着极其重要作用的。"礼,经国家,定社稷,序民人。"(《左传·隐公十一年》)倘若没有"礼",大到一个国家,小到一个个人,任何事业都将无从谈起。

今天的社会,所缺乏的正是这种"礼"。改革开放以来,人民致富的积极性已被充分调动起来了。这种"兴于诗"的豪情,正是实现中华民族伟大复兴所必需的。可是三十年后,当这种豪情冷静下来,我们发现,我们已变得不是"夷固僻违",就是"庸众而野"。中国人曾经的那种彬彬君子的风度、那种分寸感正在慢慢消失。这样,"立于礼"就要被提上日程了。"礼",可以使一个国家、一个人的豪情不至于盲目,可以使生命得到理性的指导,实现合目的性与合规律性的统一,从而最终达到"成于乐"的生命的最高境界。

这正是荀子"礼"论在当下的意义。

人无礼则不生,事无礼则不成,国家无礼则不宁

人无礼则不生,事无礼则不成,国家无礼则不宁。(《修身》)

【鉴赏】

"礼"之一字,在先秦儒家典籍中多有涉及。孔子说:"不学礼,无以立。"有子说:"礼

诸子百家——儒家

之用,和为贵……有所不行,知和而和,不以礼节之,亦不可行也。"孟子则说:"辞让之心,礼之端也。"其义或为"礼法",或为"礼节",或作"秩序制度",或作"和谐节制",在不同场合下义理也各有不同。

荀子认为人在日常生活中的一切行为,包括衣食、起居、出行等都应依礼而行,依礼而节,否则便会使身躯不适染病,生命不得安乐。举例而言,《荀子·大略》篇中载:"霜降逆女,冰泮杀内,十日一御。"古代男子娶妻时"请期""亲迎"的日期是由礼制严格规定的,更甚者,礼对婚后的男女之性、床笫之事,同样有所限定——"十日一御",这种礼制不是对人性的压抑迫害,而是为了体现"君子节于内"的道理。若人于房事不依礼节制,则容易纵欲从而导致百病遍体横生,生命自然就不得安乐了。庄子说:"衽席之上,饮食之间,而不知为之戒者,过也。"同样是这个道理。至于人在社会交往行为中的态度、言谈、举止亦须通过礼来约束引导,不然就会陷入进退失据、邪僻野蛮的地步。当这些循礼之人由个体汇聚为族群,乃至形成国家这个整体后,私人之"礼"就转化成公众之"礼",即整个国家的秩序与制度,大众社会生活中所必须依守的共通的行事准则。若国家没有礼治,就会使人无差等区别,各争所欲,最终就会让国家动荡不宁,人民无所适从。荀子在《礼论》篇中对"礼"有过明确论述,他说:"礼起于何也?曰:人生而有欲,欲而不得,则不能无求;求而无度量分界,则不能不争;争则乱,乱则穷。先王恶其乱也,故制礼义以分之,以养人之欲,给人之求。""故礼者,养也。君子既得其养。又好其别。曷谓别?曰:贵贱有等,长幼有差,贫富轻重皆有称者也。"这种不同阶层之间的差等区别,就是"礼"在先秦生活中的实际体现。《论语·八佾》中记载:"孔子谓季氏:'八佾舞于庭,是可忍也,孰不可忍也?'"又"三家者以《雍》彻,子曰:'相维辟公,天子穆穆,奚取于三家之堂?'"鲁国大夫在观舞与宗庙祭祀中都用了不属于自己本分的天子之礼。其僭窃之罪,既体现了春秋末鲁国国政旁落、国力卑下的情况,也为战国天下纷乱之世现出了一丝征兆。

现代社会虽然已经摆脱了古代社会森严的等级制度,压迫人性、歧视人权的礼法制度也逐渐消失于历史长河之中,但仍有一些旧的"礼制"需要我们传承下去。荀子所提出的"故人无礼则不生,事无礼则不成,国家无礼则不宁",在如今这个时代的意义,应当更侧重于依礼节制养生,以及遵循于人伦长幼之序上,一则以使自己的生命、身体获得安适,二则如孟子所说,当以辞让之心为"礼"之发端。若我们在生活中多以孝亲、尊师、爱幼作为自己的行事准则,那在这物欲横流的浮躁且淡漠的社会中,也能多寻得一丝关怀与安慰吧。

多闻曰博,多见曰闲

多闻曰博,少闻曰浅;多见曰闲,少见曰陋。(《修身》)

【鉴赏】

古代社会的信息传递能力极其低下,掌握知识的途径除了向贤师求教学习,阅读典籍效法古人之外,最根本的就是依靠自身的社会经历,多听多看,乃至多思多想,通过自

诸子百家——儒家

己的阅历与识见获得新的知识与技能。《论语·为政》载："子张学干禄。子曰：'多闻阙疑，慎言其余，则寡尤；多见阙殆，慎行其余，则寡悔。言寡尤，行寡悔，禄在其中矣。'"又《论语·述而》载："子曰：'盖有不知而作之者，我无是也。多闻，择其善者而从之；多见而识之；知之次也。'"孔子在日常生活与国家政事中都强调要多闻多见，以此消除疑虑与危机，掌握知识与技能。这即是常言所谓"读万卷书，行万里路"，在阅读典籍之外，生活经历中的所闻所见亦是对自身知识的重大补充与实践凝练。孔子又曾提出"益者三友"的概念，而"友多闻"这一条，正被他列入其中。荀子说"多闻曰博，少闻曰浅；多见曰闲，少见曰陋"，就是表明了他对"闻见"这一行为的重视态度。博，意为广博，多闻之人能以所听闻之事与自己所学所知相互启发参证，引起思索，以广博的信息、知识消除自己的疑惑与忧虑。孔子说"言寡尤"，就是指能避免罪患从外部加至自身。闲，指娴熟。多见所行之事就能对此娴熟了解，从而行事感觉宽大舒泰，毫不迫遽。与闲博相反，浅即渭浅薄、肤浅，陋即指鄙陋、寡陋，我们若说某人"浅陋"，就是批评他"少闻少见"的缺点，故而"浅薄"一词也能算作是"孤陋寡闻"这一成语的注解了。古人多将"孝悌"与"闲博"二词对举，前者是儒家强调的"为仁"之本，而后者经孔子提出，又由荀子强调后发扬光大，亦能称作"为学"之本，这两者互相影响，是古代君子修身处世的根基所在。今人处于信息爆炸的时代，获取信息、知识对我们而言不再是困难，然而"多闻多见"的要求却显得更为迫切，因为所知愈远，未知弥多，我们所需认识的世界与古人相比，更为广袤未知，对自身识见与技能的要求也变得更高。我们处于当下飞速发展的社会中，最为急切的要求之一，或许就是在无比纷杂烦冗的信息海洋里挑选和获取个人所必需的知识吧。荀子提出"多闻多见"的学习方法与要求，自古以来便是人们立身行世的金玉良言。

志意修则骄富贵

志意修则骄富贵，道义重则轻王公，内省而外物轻矣。（《修身》）

【鉴赏】

王侯公卿多为人所敬畏，富与贵多为人所欲求，凡此爵禄财富，皆为身外之物，君子多淡然处之。荀子说，意志修立就可傲视富贵；以道义为己任，自身气势厚重，则可以轻视王侯公卿；内心不断自省，外物就都微不足道了。孔子云："不义而富且贵，于我如浮云。"（《论语·述而》）孟子说："古之贤士何独不然？乐其道而忘人之势，故王公不致敬尽礼则不得亟见之。"（《孟子·尽心上》）庄子曰："物物而不物于物。"（《庄子·山木》）荀子曰："君子役物，小人役于物。"（《荀子·修身》）皆是一理。饱学君子专注于提高自身的修养，意志坚定，信念不移，以学习与存养的浩然之气提升自己的气质，他们明白自己真正的追求在于心灵修养的完美与安适，所以美色、天籁、富贵、权势这些外物都无法进入他们的视野与心胸。古时豪侠文士，墨客骚人，多因情系山水、避世隐遁，不应王侯公卿征辟的雅事流传于今。晋陶渊明因为"不愿为五斗米折腰"而成了千古第一文人隐士，唐代杜甫《饮中八仙歌》称赞李白"天子呼来不上船，自称臣是酒中仙"，宋代词人柳永浪迹俗世,寄兴青楼,也曾歌"忍把浮名,换了浅斟低唱",他们不同于慕仙访道的修炼导引之士,而是真正把胸中才学、信念志向作为自己立身处世的根基,不羡外物,不为世事所移,自然也就能骄视富贵,傲视王侯。现代社会虽然不如封建社会一般等级森严,但阶层差异也依然存在,一般人面对高官富商亦不免愤愤然自处卑下,荀子的这段话用在这里,一方面能使人们觉悟到"人人平等"的思想意义,而更为重要的则是指导人们专注于提高自身修养,不推崇权势富贵,不拘泥于营求外物,不被外物束缚自己的精神,从而得到心灵的安适与豁达,以"君子大丈夫"的身份屹立于世间。孔子曰:"衣敝缊袍,与衣狐貉者立,而不耻者,其由也与!"子路身着旧衣与穿着狐裘的人站在一起也不会感到羞愧,只因他一心进于道,更重视自身修养与志向,不以外物富贵动摇己心。《论语·子罕》中的这段记载,正可为荀子此语作结。

杜甫

君子唯其当之为贵

君子行不贵苟难,说不贵苟察,名不贵苟传,唯其当之为贵。(《不苟》)

【鉴赏】

《诗·小雅·鱼丽》云:"物其有矣,唯其时矣。"君子所崇尚的行为、言语、名望,都须与自身所处时代潮流相适应,并且与自己的志向操守相契合,如若不然,则不取也。荀子认为,殷商时申徒狄恨道不行而负石投河,可称坚贞之士;战国时名家学派提出卵有毛、鸡三足、火不热、白马非马等命题,竞相诡辩争论,谈说无穷,可称善辩之人;夏商二代的暴君桀、纣,名声昭如日月,能与五帝并而传世。这些人的行为、言语、名望都是一般人难以企及的,但儒家君子却一无所取,不以其为贵,只因为它们不合于礼义,不合于自己的志向操守。以此反观今之社会,多有人为求出名而搏出位,以至无所不言、无所不为,口称思想自由、个性解放,实为名声利益而四下奔走、八方喧噪,使得其自身与其支持者陷入深层的躁狂状态之中无法自拔,"X姐""X哥""X门"东西跳梁、肆无忌惮,这些现象对提高国民文化素质、改善社会精神风尚实有百害而无一利,若让它们成为中国文化的主流,则中华民族实无未来与希望可言。愿当事者得见荀子此语,勤加改励,避免老来悔恨,遗患子孙;又希冀那些现象的支持者们能以荀子此语反省自身,坚定操守志向,不被歪门邪径与不良的社会风气所影响。

君子絜其辩而同焉者合,善其言而类焉者应

君子絜其辩而同焉者合矣,善其言而类焉者应矣。故马鸣而马应之,非知也,其势然

也。故新浴者振其衣，新沐者弹其冠，人之情也。其谁能以己之潐潐，受人之掝掝者哉！(《不苟》)

【鉴赏】

《易·乾卦·文言》："子曰：同声相应，同气相求；水流湿，火就燥，云从龙，风从虎；圣人作而万物睹；本乎天者亲上。本乎地者亲下，则各从其类也。"此盖为荀子所本。《易·系辞上》又有"方以类聚，物以群分"，今人俗语"物以类聚，人以群分"，亦本于此。而《楚辞·渔父》亦有"屈原曰：'吾闻之：新沐者必弹冠，新浴者必振衣。安能以身之察察受物之汶汶者乎？'"几与《荀子》此语相同。现代人在洗浴之后会换上新衣，并且小心翼翼，不使衣物沾染到污渍，这种生活习惯与古人有类似之处，而在立身处世这一方面，也是与此相同。若人操志高洁，言行至清，则会进而思贤，退而自省，必不会趋于流俗，与一些恶言恶行同流合污。荀子的详细生平，如今已不可考，而屈原怀石沉江的传说，多为后人津津乐道，在"洁身自好"这一点上绝对能当上"絜辩而同""善言而同""同声同气"这些评价，成为与荀子志向操守相近、相契的道友。二人通过各自言行所树立的高洁形象在当时便已昭若日月，巍如玉山，且遥遥映照于千古之后，依然皓耀鲜洁，不染尘垢，成为历代儒者君子的典范表率，文人学士的倾慕对象。今人见得荀子此语，或当怀想屈子《离骚》《橘颂》之篇，倾之慕之。嗟之叹之！

义之所在，是士君子之勇

有狗彘之勇者，有贾盗之勇者，有小人之勇者，有士君子之勇者：争饮食，无廉耻，不知是非，不辟死伤，不畏众强，恈恈然唯利饮食之见，是狗彘之勇也。为事利，争货财，无辞让，果敢而振，猛贪而戾，恈恈然唯利之见，是贾盗之勇也。轻死而暴，是小人之勇也。义之所在，不倾于权，不顾其利，举国而与之不为改视，重死持义而不桡，是士君子之勇也。(《荣辱》)

【鉴赏】

这是说"勇"，其实还是在说"义"。

《说文》："勇，气也。从力甬声。……古文勇从心。"段注："气之所至，力亦至焉。心之所至，气乃至焉。故古文勇从心。"这是说，虽然"勇"是一种"气"，但真正的"勇"，还得在"心"上找动力。"匹夫之勇"和"士君子之勇"的区别正在此。匹夫以"气"为主，气之所至。勇即随之。士君子"以志帅气"，"自反而不缩，虽褐宽博，吾不惴焉；自反而缩，虽千万人，吾往矣。"(《孟子·公孙丑上》)

正因为士君子之勇有这样的特色，所以荀子为这种"勇"加了个前提："义之所在"。做到这种勇，主体必须有"集义"(《孟子·公孙丑上》)的功夫。"义"需要我"勇"，我便"勇"；"义"不需要我"勇"，我便不动。是之谓"义勇"。

真正做到这种义勇，是很不容易的。匹夫临难，浊气一升，"我跟你拼了"，这不难。

但如果面对的是深入骨髓的某种观念呢？你还有"勇气"为了"义"而破除它吗？当年岳飞朱仙镇大捷，正待直捣黄龙、恢复河山之时，接连收到了宋高宗的十二道金牌。此时的"义"，显然应该是"将在外，君命有所不受"的。但岳飞破除不了忠君观念，违心地撤了兵。这就不能说是"义"了。不"义"即是逆"天"，而"获罪于天，无可祷也"（《论语·八佾》）。

张居正则刚好相反。张居正在历史上的名声实在不是太好。但就是这个名声不好的人，可以打破"君为臣纲"的教条，将皇帝玩弄于股掌之上，也可以不管什么"君子小人"之防，与宦官结成统一战线，从而凭借其强力手腕，力行改革，为风雨飘摇的大明王朝延续了数十年的国运。这便是"义勇"。这种"义勇"，至其大处，实在可以颠倒乾坤。

今天我们的国歌，正叫作《义勇军进行曲》。任何一个中国人在唱这首歌的时候，都会感到心中升起的无限勇气。但唱完之后，我们是不是可以追问一下，这种勇气背后的"义"呢？只有"义"与"勇"合一，才能产生真正的力量。

先义而后利者荣，先利而后义者辱

荣辱之大分，安危利害之常体：先义而后利者荣，先利而后义者辱；荣者常通，辱者常穷；通者常制人，穷者常制于人。（《荣辱》）

【鉴赏】

大分，最大分界。常体，通常的体现。

这是讲荣辱与义利的关系以及由此而来的处世之道。荀子并不如汉儒一样否定利："正其义不谋其利，明其道不计其功"（《汉书·董仲舒传》），而是让人注意两者的实现顺序：以"义"为出发点，利自然在其中；以"利"为出发点，不但得不到利，还会受辱。

那么，什么是义，什么是利，两者的区别在何处？

"义"的繁体字为"義"。《说文》："义，己之威仪也。"段注："古者威仪字作义。今仁义字用之。……威义古分言之者……威义连文不分者，则随处而是。……义之本训谓礼容各得其宜。礼容得宜则善矣。""这意味着，'义'的本意是指在巫术——祭祀的礼仪活动中行为、举止、容貌、语言的适当、合度"（李泽厚《说"巫史传统"补》）——宜。

中国古代虽说有各种各样的祭祀，但无论祭祀形式有多么不同，最核心的还是"心祭"。孔子曰："吾不与祭，如不祭。"（《论语·八佾》）便是强调这种"心祭"的重要性。"心祭"必"尚德"，而这个"德"，并非指个人的道德，而是"天意""道意"的显现。中国文化"道""德"连用，就是说，孤立的个人无所谓德不德，只有"道"本身才有真正的"德"。这个"德"，随时、随地、随事、随心而显，无标准、无规则、无定义，只看"当"与"不当"。所以，"义"的本义是"宜"。

那么利呢？《易·乾卦》曰："利者，义之和也。"又曰："利物足以和义。""和，相应也。"（《说文》）我与天之德相应，我当然有德。有德之人，必得。义（宜）中可以有利，也可能无利，终是大利于我。因为"天""道"不可能不利于"我"。说到底还是一个"宜"。

诸子百家——儒家

115

但是,和世间的任何事物一样,一旦某种"义(宜)"反复出现之后,其内容必然被抽空,而形式被保留下来,从而发展成一个新事物。对这种新事物的认定,就成了一种新的"利"。而当新的"义(宜)"出现时,这旧的"义(宜)"反而会起阻碍作用了。当年改革开放时就是如此。如果依传统的社会主义理论,改革开放简直就是"见利忘义"。大力发展生产,搞市场经济,这不是典型的"求利"吗?可三十年下来,事实证明,这"求利",恰恰就是当年的"义(宜)"。

"义利之辨",有时候是不能那么僵化的。

今天,我们又走到一个"义利之辨"的关口。今天的"义(宜)"是什么?这恐怕依然是要"摸着石头过河"的。但不管怎样,我们总该记住两千年前荀子的告诫:"先义而后利者荣,先利而后义者辱","荣者常通,辱者常穷"。只有这样,这一路上的关口,才能从容地迈过去。

君子耻不修,不耻见污

君子耻不修,不耻见污;耻不信,不耻不见信;耻不能,不耻不见用。是以不诱于誉,不恐于诽,率道而行,端然正己,不为物倾侧,夫是之谓诚君子。(《非十二子》)

【鉴赏】

这是荀子的"耻"论。

应该说,儒家是很看重"耻"的。"好学近乎知,力行近乎仁,知耻近乎勇。"(《礼记·中庸》)"恭近于礼,远耻辱也。"(《论语·学而》)"道之以政,齐之以刑,民免而无耻;道之以德,齐之以礼,有耻且格。"(《论语·为政》)"声闻过情,君子耻之。"(《孟子·离娄下》)"人不可以无耻,无耻之耻,无耻矣。"(《孟子·尽心上》)这样谈"耻"的言论在儒家经典中几乎俯拾即是。

那么,究竟什么是耻?耻,应该是内心深处升起的一种羞辱感。"见污"、"不见信"、"不见用",在荀子那个时代便是很常见的三种"耻"。那时一个人如果能将这三种"耻"铭记在心,应该说已经很难得了,"知耻近乎勇"。

可真正的君子所"耻"之处却并不在此。与""不见信""不见用"这些外在的际遇相对,君子所"耻"的"不修""不信""不能"更偏向于内在的心理体验。以内在的心理体验为本,视外在的人生际遇为末;耻不能秉持这个内在的"本",而不耻能否因此而获得外在的"末",这便是孔门的"内省不疚"(《论语·颜渊》)。

但这并不是说,君子就应该如《汉书·董仲舒传》所说的"正其谊不谋其利,明其道不计其功",不管外在的功利。对真正的君子而言,任何外相变动,都不能干扰心中的大局("不诱于誉,不恐于诽")。正如围棋国手,每下一子,都要全盘考虑整个棋局的大势一样,真正的君子亦已在自己平淡的生活中建立了一种生命的"内时空"。每当外相入心,他首先不是对这个外相做简单的价值判断,而是为它在自己生命的"内时空"中找到一个合适的位置。誉也罢,毁也罢,都不会去聚焦,不管它有多么强大,终究会在心中最合适

諸子百家——儒家

的位置落下。而我只是"率道而行,端然正己",在这独一无二的国土里做个"观自在菩萨"。

达到这种境界当然是很不容易的。这里真正的难点,还不在于外在的"他誉""他毁",而在于由这"他誉""他毁"而引起的"自誉""自毁"。"他誉""他毁"的力量再强大,毕竟只存在于与人交接的一时,但其引起的"自誉""自毁"以及与此相关的种种成见却要萦绕在生活的时时刻刻。这才是真正的"物",这才是真正的"心中贼"(王阳明语)。面对这万分强大的"心中贼",你能做到"不为物倾侧"吗?做一名超道德的"诚君子",实在比做那种恪守道德的道学先生更难。

怎么办呢?孟子曰:"守约。"这个"耻"字毕竟是来自普遍认可的社会规范,为什么不试着转化它,让它成为"内时空"的一部分呢?在这个过程中,先"耻不修""耻不信""耻不能",以期最终有资格"不耻见污""不耻不见信""不耻不见用"。说实在话,倘若没有"耻不修""耻不信""耻不能"的心理经验,却偏要说着"不耻见污""不耻不见信""不耻不见用"的话头,这就真的有点"无耻"了。"无耻之耻,无耻矣。"中国文化在宋以后的衰败,正与这种好高骛远的心态有关。

画虎不成反类犬,儒门的向上一路,难学,但中国文化要发展,中国士人要成熟,恐怕也只有这一条路。

可杀而不可使为奸

可贵可贱也,可富可贫也,可杀而不可使为奸也。(《仲尼》)

【鉴赏】

君主制,实在是人类社会发展不得不面对的一种尴尬。人总是要生活在一定的社会群体中的。社会群体必须要有结构秩序。时代越靠前,社会对这种结构秩序的需求就越迫切。这样,总领其事的权威君主的出现就成为必然。具体到中国,小农经济的脆弱性又天然要求这种权威君主以世袭制的方式长期存在。于是,"事君"作为一种义务,就在社群内部长期固定下来了。

不同于欧洲骑士之侍奉领主,日本武士之忠于将军,中国的士大夫除了"事君"之外,还有另一种"事",那就是"事天"。

中国一向缺乏成型的宗教,但没宗教不代表没信仰。从上古开始,在中国士大夫心中,就一直存在着一个"天"的意识。"天"高于"天子",这应该是中国士大夫共同的信念。所谓"事君",实是要以"事君"的外在形式,来行使"事天"的实质内容。

但如同任何事物一样,形式与内容往往要产生冲突。如果每个"天子"都能够做到"小心翼翼,昭事上帝"(《诗经·大雅·大明》),那大家自然可以心甘情愿地"媚于天子"(《诗经·大雅·卷阿》)。可如果"天子"逆"天"而行呢?我是遵从"天子",还是越过"天子"直接去"替天行道"?面对这样的抉择,人往往是要精神分裂的。

到得后来,随着君主集权制的逐步确立,中国人精神世界里的宗教感也越来越淡薄,所谓"事君"和"事天"，也就渐渐地不再有什么区别了。"事君以事天"变成了"事君即事天"。古老的"事天"，不再具有形上感，而成了一种微妙的用心艺术。对于这样一种艺术，描述得比较细致的是荀子，他说：

主尊贵之，则恭敬而僔；主信爱之，则谨慎而嗛；主专任之，则拘守而详；主安近之，则慎比而不邪；主疏远之，则全一而不倍；主损绌之，则恐惧而不怨。贵而不为夸，信而不处谦，任重而不敢专，财利至则善而不及也，必将尽辞让之义然后受。福事至则和而理，祸事至则静而理。富则施广，贫则用节，可贵可贱也，可富可贫也，可杀而不可使为奸也。是持宠处位终身不厌之术也。（《仲尼》）

这好像是在向人传授"事君指南"。其实不然。这是在说"事君"，但也是在说"事天"。只是这种"事天"与"事君"高度重合，只有在其道德底线"可杀而不可使为奸"那里，才依稀透出一点古老的"事天"本色。

儒家的"天人合一"，到此可以说走到了尽头。

真正的"事天"，必须摆脱"事君"的枷锁，如庄子那样，挥斥八极，独与天地精神相往来。这在过去，只有"跳出三界外，不在五行中"的修行人能够做到，而在封建君主制业已废除的今天，则应该可以普遍地实现了。

闻之不若见之，见之不若知之，知之不若行之

不闻不若闻之，闻之不若见之，见之不若知之，知之不若行之，学至于行之而止矣。……故闻之而不见，虽博必谬；见之而不知，虽识必妄；知之而不行，虽敦必困。不闻不见，则虽当，非仁也，其道百举而百陷也。（《儒效》）

【鉴赏】

知行关系，一直是中国哲学史上的重要问题。从先秦开始，哲学家对于知与行之先后、轻重、难易，各有所论述。孔子认为有"生而知之者""学而知之者"和"困而学之者"（《论语·季氏》）。老子则"不行而知"，"不出户，知天下"（《老子》四十七章）。墨子把认识的来源归结为"闻之见之"（《墨子·明鬼下》），主张"口言之，身必行之"（《墨子·公孟》）。孟子主张人有"良知""良能"（《孟子·尽心上》）。荀子则明确提出"不闻不若闻之，闻之不若见之，见之不若知之。知之不若行之"。两汉以来，思想家们对这个问题亦多有辩难。到了明朝，王阳明以其不世出的"立德""立功""立言"三不朽的生命实践，总结出了"知行合一"的命题。不过这并没有结束争论。直到近代，这个问题依然被反复讨论着。

一个很简单的知行问题，为什么会被没完没了地讨论呢？"没有调查便没有发言权""实践是检验真理的唯一标准"，两句话不就说尽了吗？难道两千年来中国最聪明的头脑，连这一点也悟不到？

看来，这还真不是一个"简单"的问题。这个问题之所以"没那么简单"，关键在于"知""行"双方的转换机制上，尤其是"知"转"行"的机制上。

诸子百家——儒家

我们每个人每天都处在不停地生命实践中。有实践就有认识，实践的程度越深，认识也就越准确、越深刻。这就是"行"转"知"。这是生命天然的机制，人人不学而能。难题出在"知"转"行"上面。我们不能事事经历，那么在生命实践中，就必然要大量地借鉴前人的经验。尤其到了当代，媒体异常发达，我们能"直接经验"的东西远远比不上通过媒体了解到的"间接经验"。如何才能让这些"间接经验"最大限度地转化为"直接经验"，至少也降低它的间接性，为我们直接的生命实践服务呢？增加"间接经验"的层次是一个方法，比如任何复杂一点的电器都会配备详细的使用说明书，电脑还会赠送教学光盘。但这是在工具使用领域，在其他生活领域，我们依然面临着一个"由抽象到具体"的问题，比如复杂的人际关系、重大的人生抉择，对此，任何人生格言都只能是参考；如果不巧碰到了发生龃龉的格言，那连参考也谈不上。面对这样的"由抽象到具体"，又该怎么办？一切思辨哲学在这里语塞了。

也许正因为如此，康德才绝望地表示，由抽象到具体，没有已知途径可循。

真的没有途径可循吗？笔者揣测，这里，应该就是中国历代哲人思考的起点了。恐怕只有从这活生生的当下困惑出发，而不是依靠静态的思辨，我们才能真正合于"道"，才能开启一扇扇生命的"众妙之门"（《老子》一章）。

这样，我们也就能明白为什么看似简单的"知行"问题会被中国历代最聪明的人饶有兴致地讨论不休了。

人最为天下贵

水火有气而无生，草木有生而无知，禽兽有知而无义，人有气、有生、有知，亦且有义，故最为天下贵也。力不若牛，走不若马，而牛马为用，何也？曰：人能群，彼不能群也。人何以能群？曰：分。分何以能行？曰：义。故义以分则和，和则一，一则多力，多力则强，强则胜物，故宫室可得而居也。故序四时，裁万物，兼利天下，无它故焉，得之分义也。（《王制》）

【鉴赏】

人是什么（What is human）？这个终极问题，从古至今的一切哲人都在回答。有人说，人是神创造的，是神的奴仆，灵魂可以不朽（如基督教）。也有人认为，人是高级动物，虽然高级，也只是一次性消费，人死如灯灭（如当代盛行的唯物主义）。围绕这两种回答，宗教与科学展开了长期的论战。可以说，当今人类文化的一切冲突，都跟人们在这个问题上的看法不一致有关。

那么，有没有跳出这两种视域的第三种回答呢？

中国儒学大师荀子的"人学"观点就是这第三种回答的代表。他说："水火有气而无生，草木有生而无知，禽兽有知而无义，人有气、有生、有知，亦且有义，故最为天下贵也。"

不是抽象说什么是人区别于其他事物的"本质属性"，而是用一种发展的观点，来层层导出人的"本质属性"（义）；不是将人看作其他一切事物的对立面，而是将人看作包括

諸子百家——儒家

119

了其他事物的一切属性的总和。这，就是中国人独特的生命观——"天人合一"。

落实这"天人合一"，得靠一个"义"字。

何谓"义"？《国语·周语》曰："义，所以判断事宜也。"朱熹云："义者，心之制，事之宜也。"（《孟子·梁惠王上》注）是不是"义"，完全不能空谈，必须在事中体现——"必有事焉"（《孟子·公孙丑上》）。实践是检验真理的唯一标准。

由此我们也可以看出，中国的"人学"不从静态的概念出发——无论是肉体（Body）还是神性（Spirit）——去硬性回答"什么是人"（What）这个终极问题，而是要求人在一层层的生命实践——"义"中去体证你怎么（How）就是一个人的。在这个体证的"过程"中，"什么是人"这个终极问题的答案，会逐渐显现出来。这种答案的显现永远没有终结，主体必须有"终其天年而不中道夭"（《庄子·大宗师》）的气魄，才能领悟得越来越完满，才能充分占有自己的本质。

在今天这个工具理性甚嚣尘上的时代，最迫切的事，莫过于弘扬这种天人一体的生命观。西方那种天人对立的生命观泛滥得太久，造成的危害有目共睹，相形之下，我们这种古老的东方智慧则更胜一筹，在当下应该大有可为。

国危则无乐君，国安则无忧民

国危则无乐君，国安则无忧民。乱则国危，治则国安。今君人者急逐乐而缓治国，岂不过甚矣哉！譬之是由好声色而恬无耳目也，岂不哀哉！（《王霸》）

【鉴赏】

这里是说治国与享乐的关系。荀子认为，君主应该先治国，后享乐，而不应先享乐，后治国。先治国，为国家的一切事业打好物质基础，享乐亦自然随之。如果一开始就纵情享乐，将国事抛在一边，那最终就会导致亡国。

人究竟应不应该享乐？这向来是一个争论不休的问题。对待"乐"的态度一般有三种：纵之，禁之，节之。"节"的态度看起来是最明智的。但是，这个"节"的"度"该怎么把握呢？

中国古人处理这个问题的方法与这三种态度都不一样，既非纵，亦非禁，也不是一般意义上的节（《周易·节卦》："苦节不可贞。"）。它让"乐"处在其应有的先后次第上，使之与生活中其他"非乐"的部分合为一个整体。这样，就彻底避开了"纵之"（All）、"禁之"（Nothing）、"节之"（Part）的静态争论，从而形成了一种充满辩证意味的实践理性。

虽然这么说，但必须承认，要实现这种理性，在第一阶段，确乎是一个"禁"字（"先苦后甜"，"先天下之忧而忧，后天下之乐而乐"）。忍不住跳过这"禁"的阶段的，是小人，是暗主；能耐心地走完这个阶段的，是智者，是明君。

古时候能走完这个阶段的"明君"并不多。刘邦初入咸阳，见秦宫室珍宝，就产生了"纵之"的念头，亏得有张良谏阻，才将这"急逐乐"的心思收了回来。李世民得天下，也劝臣下不要太放纵，说这不仅是为了老百姓，也为了他们自身及其子孙后代的富贵能够长保。唐玄宗李隆基早年也曾励精图治,可是到了后期却恣意挥霍,最终导致了安史之乱。

爱民者强

爱民者强,不爱民者弱。(《议兵》)

【鉴赏】

这句话出自《荀子·议兵》。荀子和临武君在赵孝成王面前讨论用兵之道,临武君认为天时、地利或是权谋变诈才是用兵要道,荀子反驳说这都不如用仁心使人民归附自己,君臣一心,军民同力,"故仁人之兵聚则成卒,散则成列,延则若莫邪之长刃,婴之者断,兑则若莫邪之利锋,当之者溃,圜居而方止,则若盘石然,触之者角摧"(《议兵》),这样的军队自然战无不胜,所向披靡。

荀子认为国家的强弱取决于很多因素,其中最重要的莫过于爱民与否。

君主用仁心爱护人民,好像汤、武那样,人民自然敬爱他,上下一心,则无坚不摧,"故近者亲其善,远方慕其德,兵不血刃,远迩来服。德盛于此,施及四极"(《议兵》),施行仁义的人必定是爱民的,爱民就会尽其所能让人民安居乐业,那么远近的人民都会拥戴他,即使有战争,也能够达到不战而胜的最高境界;而桀纣这样的暴君,生活奢侈,暴虐无道,不知道怜悯人民。拿殷纣王来说,在其统治的后期,他任意残害人民,百姓和诸侯不堪其苦,渐生离心。就在武王伐纣的过程中,纣王众叛亲离,军队也倒戈相向,反过来帮着武王进攻商朝都城朝歌,正如《孟子·离娄上》所说:"桀纣之失天下也,失其民也。失其民者,失其心也。得天下有道,得其民,斯得天下矣。得其民有道,得其心,斯得民矣。"我们今天也会说"得民心者得天下,失民心者失天下"。

《荀子·哀公》记载了孔子的一句话:"君者舟也,庶人者水也。水则载舟,水则覆舟;君以此思危,则危将焉而不至矣!"《荀子·王制》也说:"庶人安政,然后君子安位。《传》曰:'君者,舟也;庶人者,水也。水则载舟,水则覆舟。'"用水与舟的关系来比喻君与民的关系十分精妙恰当,后来唐代魏征引此观点用来谏唐太宗:"臣又闻古语云:'君,舟也;人,水也。水能载舟,亦能覆舟。'陛下以为可畏,诚如圣旨。"(《贞观政要·论政体》)"怨不在大,可畏唯人;载舟覆舟,所宜深慎。"(《谏太宗十思疏》)唐太宗接受了魏徵的观点并从中悟出了自己的心得:"为君之道,必须先存百姓。若损百姓以奉其身,犹割股以啖腹,腹饱而身毙。"并告诫太子说:"舟所以比人君,水所以比黎庶,水能载舟,亦能覆舟。"(《自鉴录》)唐太宗吸取了隋亡的教训,深刻地认识到"存百姓"的重要性,他以农为本,积极改善人民的生活,减免徭役,降低赋税,使人民休养生息,自己则厉行节约。唐太宗在位期间,得到了各族人民的拥戴,国力空前强盛,历史上把这段时期称为"贞观之治"。

如果施行暴政,置人民生死于不顾,或是只想着用严令繁刑来压制人民,以为这样就可以钳制人民,巩固自己的王位,那么必定会因为脱离人民而自取灭亡。比如以韩非为代表的法家就主张以"威严之势"统治人民,"严家无悍虏,而慈母有败子"(《韩非子·显

诸子百家——儒家

学》），认为对人民太仁慈了反而不容易治理，只有严刑重罚才能让人民心生恐惧而顺从统治，并且役使人民无时无度，"君上之于民也，有难则用其死，安平则尽其力"（《韩非子·六反》），在国家有困难的时候，要求人民为国家效命，在和平时期，则要求人民全力劳动以供君主享受，不给人民喘息的机会。秦始皇采用了法家思想，统治残暴，徭役繁重，赋税沉重，思想上实行文化专制主义，焚书坑儒，导致民怨沸腾，最终人民忍无可忍，于是陈胜、吴广揭竿而起，动摇了秦的统治基础，公元前206年，刘邦率军抵达咸阳，盛极一时的秦朝灭亡。秦二世而亡，和统治者残酷对待人民不无关系。

民者，国之本也。因此统治者要发展经济，与民休养生息，真诚地爱护人民，使人民安居乐业，民富而后国强。

强本而节用，养备而动时，修道而不贰

强本而节用，则天不能贫；养备而动时，则天不能病；修道而不贰，则天不能祸。故水旱不能使之饥渴，寒暑不能使之疾，祅怪不能使之凶。（《天论》）

【鉴赏】

天人关系是中国古代哲学的一个重要命题。先秦时期，人们认为天和人一样，是有意识的，并主宰着人类的命运。到了荀子这里，天不再是人格神，只是独立于人类社会的自然的存在。而人类不能坐等天地的恩赐，被动地顺应自然，"从天而颂之，孰与制天命而用之？"（《天论》）加强农业生产，生活上勤俭节约，即使是上天也不能使他贫穷；丰衣足食又能顺时而动，那么上天也不能使他生病；专心不二地遵行礼义大道，上天也不能使他遭祸。

《天论》开篇，荀子就提出"天行有常，不为尧存，不为桀亡"。天地的运行遵循着固定的客观规律，不会因为尧的仁义就风调雨顺，也不会因为桀的暴虐就降下灾祸。帝舜时代曾经发生了历时十四年的大洪水，舜派大禹治水，利用水之就下的自然规律，疏导河流，终于制服洪水，可见只要在顺应自然规律的同时积极发挥人的主观能动性，即使天降灾害也无损于治世的称誉；秦朝大部分时候都是风调雨顺，五谷丰登，粮食储备丰富，全国建立了很多大粮仓，甚至到汉高祖时还在使用这些粮仓储存的粮食，可是秦却二世而亡。由此可见，人类社会的治乱吉凶与天地并没有必然的联系。

荀子反对把一些自然现象诸如流星、日食、地震等和人类社会的兴亡进行一一对应，认为这种附会就是迷信，是不可取的。天有天职，人有人事。"列星随旋，日月递炤，四时代御，阴阳大化，风雨博施，万物各得其和以生，各得其养以成"（《天论》），这是天职；"强本而节用，养备而动时，修道而不贰"，这是人事。荀子在《天论》中宣称："故明于天人之分，则可谓至人矣。"宇宙自然有其运行规律，而人类社会自诞生以来也遵循着自己的客观规律，人们应当各司其职、各尽所能。君主用仁义治理国家，抚恤百姓，而百姓各尽其职：农民顺应天时，勤于耕耘；工匠钻研技艺，精益求精；士人辅助君主，励精图治；商人恪守正道，重义轻利。那么即使是旱灾水患，也不能使这个国家贫穷；即使寒暑交替有疾病

瘟疫发生,也不会蔓延成灾,使百姓蒙受病痛之苦;即使有怪异的灾难产生,也不会使这个国家和百姓陷入险境。可见,荀子的话至今仍闪耀着思想的光辉。

万物各得其和以生,各得其养以成

列星随旋,日月递炤,四时代御,阴阳大化,风雨博施,万物各得其和以生,各得其养以成。(《天论》)

【鉴赏】

在浩瀚的天空中,众星相随旋转,太阳和月亮轮流将光辉洒向大地,春夏秋冬四季交替着出现。阴阳是古代哲学思想中的一个重要概念,在荀子的时代,阴阳可以指天地、寒暑、晦明、动静等具有对立属性的事物。阴阳的变化产生了丰富的自然现象,比如寒暑变化就有了春夏秋冬,晦明变化产生了白天黑夜,冷热空气交锋形成雨,高低气压碰撞产生风。有了风雨的广施博洒,万物才得以生存发展。

"万物各得其和以生",那么"和"是一种怎样的状态呢? 西周末年的思想家史伯曾提出"和实生物,同则不继"的观点,这里的"和"是指不同的事物互相融合而产生了新的事物,只有单一的事物是无法形成新事物的。荀子的"和"与此相类,比如太阳、地球、月亮按照一定的规律运转而产生了昼夜、四季等自然现象,如果没有日月,地球上就没有昼夜之分,一年中也没有四季的变化,还会有那么丰富的物种吗? 当然不会,整个地球将会是一片寂静荒凉。同样道理,如果世界上只有单一性别,万物就无法延续生命。

荀子的"和"还有和谐有序的意思,自然界中的万物都遵循着各自的规律,各司其职。截然有序,世界才能和谐平衡。大海通过水循环给陆地上生物提供淡水,还可以平衡陆地上的温度;森林作为各种生物的栖息地,是一个天然的生物宝藏,并能防止水土流失,维持生态平衡。但今天,由于人类过度开发自然资源,大海受到严重污染,森林被过度砍伐,一切已超出了大自然的承载能力,导致全球气候的恶化和反常,雪灾、旱涝等自然灾害交替出现,大自然不再按照原本的规律运行,人类饱受破坏生态环境所带来的恶果,这是生态环境的失和。我们再来回味荀子的"万物各得其和以生"这句话,就能明白尊重自然规律,顺时而动,始终对天地自然保持一颗敬畏之心是多么重要了。

"万物各得其养以成",也就是现在所谓的食物链,俗话说"大鱼吃小鱼,小鱼吃虾米,虾米吃泥巴"。人类和植食性动物是以绿色植物或其子实为食,而绿色植物需要阳光帮助它进行光合作用,还要有适中的温度,雨水的滋润,泥土中的营养,为其传授花粉的蜜蜂,才能开花结果,绿色植物、蜜蜂和人类就构成一条食物链。任何一个环节出了问题,食物链就会遭到破坏,就是不得其养了。

今天我们所说的"和谐"已经不仅仅指自然界,而是涵括了各个方面:人与自然、人与社会、人与人,只有"和而不同",既不重复别人、人云亦云,也不强求他人与自己一致,只有包容差异,人类才有可能和自然和他人和谐相处,才能永续发展。

諸子百家——儒家

天有其时，地有其财，人有其治

天有其时，地有其财，人有其治，夫是之谓能参。舍其所以参而愿其所参，则惑矣。（《天论》）

【鉴赏】

天有其时，这里的天是指自然意义上的"天"——自然界。天上的日月星辰按照一定的规律运行：地球围绕太阳一周为一年，一年中又分成春夏秋冬四时；月亮绕地球一周是一月，一月分为三旬；地球自转一周为一日，一日有二十四小时，这就是天时。先民通过长期的观察和实践，根据太阳在黄道上的运行轨道制定了二十四节气用以指导农业生产，这是顺天时。任何植物都是按照四时顺序即春生夏长秋收冬藏生长的，对于这些规律，我们当然不能改变，只能顺时而动，但也不是说只能被动地接受一切，无所作为，我们可以利用规律，"制天命而用之"。

地有其财，《周易》中提道："天行健，君子以自强不息"；"地势坤，君子以厚德载物"。大地具有厚实的品德，以宽广的胸怀包容万物、承载万物、孕育万物，一切生物的成长都离不开大地。大地提供给人类食物、矿产、森林等各类自然资源，还有人们栖居的场所。人永远无法离开大地。

天有其时，地有其财，而人治就是顺天时养地财。其实很早以前儒家就已经提出"取物不尽物""取物以顺时"等观点。《孟子·梁惠王上》："不违农时，谷不可胜食也；数罟不入洿池，鱼鳖不可胜食也；斧斤以时入山林，材木不可胜用也。"《荀子·王制》："草木荣华滋硕之时则斧斤不入山林，不夭其生，不绝其长也……春耕、夏耘、秋收、冬藏四者不失时，故五谷不绝而百姓有余食也；污池、渊沼、川泽谨其时禁，故鱼鳖优多而百姓有余用也；斩伐养长不失其时，故山林不童而百姓有余材也。"

正如《论语·阳货》所说："四时行焉，百物生焉。"四季变化、寒暑交替是天的职能，承载万物、提供物产是地的职能，而人类的职责就是按照春耕、夏耘、秋收、冬藏的规律顺时而动，合理地取用自然界的资源，我们在获得发展的同时也要让自然界得到永续发展。天地人各司其职，如果人放弃自己的努力，只是盼望着风调雨顺，坐等大地五谷丰登，就会使自己迷惑。如今，我们与自然界的关系非常紧张，无节制地向自然索取，导致生态的失衡，这也是因为我们悖逆了天时，没有尽自己的职责好好保护资源。荀子的话无疑对今天我们解决人与自然问题，依然有启发作用。

万物为道一偏

万物为道一偏，一物为万物一偏，愚者为一物一偏，而自以为知道，无知也。（《天论》）

【鉴赏】

春秋战国时期，社会正酝酿着一场大变革，思想空前解放。此时私学兴起，打破了当时"学在官府"的限制,不再是只有王公贵族的子弟才有资格接受教育,各阶层的人都有机会接受教育,出现了大量"士"。而当时各诸侯国为了能够一统天下。积极地招贤纳士,希望借着他们的聪明才智增强自己国家的经济、军事等实力。诸侯们厚待士人,使他们衣食充足,创造了宽松的思想、学术氛围。"士"还可以"择良木而栖",奔走于各个诸侯国之间宣传自己的政治主张。如果与国君不合,便可以潇洒离去,回到家乡,或广收门徒,或著书立说,阐述各自不同的对社会、自然的看法和主张,遂形成了春秋战国特有的"百家争鸣"的繁荣景象。其中影响较大的是儒、道、法、墨、名家,他们提出的有些概念和主张,比如儒家的"仁、义、礼、智、信",道家的"无为而治""祸兮福之所倚,福兮祸之所伏",墨家的"兼爱""非攻""尚贤",法家的"以法治国""世异则事异,事异则备变"等,对后世启发很大。

就在各家学派都以自己的学说为正宗时,荀子站出来批评他们是"蔽于一曲而暗于大理"(《解蔽》),认为世间万物只是大道的一部分,一物只是万物的一部分,而愚笨的人因为知道了一事一物就以为自己掌握了大道的全部,其实这恰恰是无知的表现,诸子的学说也只是大道的一部分。荀子的这些说法,不仅指出了道、法、墨诸家被蒙蔽的地方,对同一学派其他儒者更是进行了毫不留情的批评。

在《解蔽》篇中,荀子给出了解蔽的方法——虚壹而静。他说圣人知道由于认识的片面性而导致闭塞的危害,故而能将宇宙万物都纳入心中,以道为标准观照万物衡量是非,这样就不会被蒙蔽了。诚然,任何一个人都不可能穷尽事物之理,不免会有认识上的片面和局限,我们应该尽量扩大眼界,拓宽思路,超越自我,融会贯通。"不识庐山真面目,只缘身在此山中",跳出自以为是的狭隘圈子,我们将会看得更多更远。

人生而有知,知而有志

人生而有知,知而有志。志也者,臧也,然而有所谓虚,不以所已臧害所将受谓之虚。(《解蔽》)

【鉴赏】

人从一生下来就有认识能力,我们的眼睛能看到五色,耳朵能听到五音,嘴巴能品尝五味,我们的五官可以接收外界各种信息并且把这些信息储藏并记忆在自己的心中,然而我们的心仍要保持"虚"的状态,不要先入为主,不因为已有的知识而妨害接纳新的事物。因为虚,所以能藏。虚并非将已有的记忆和知识清空,如果没有大量的知识储备,接受和发现新的知识恐怕只是一句空话。虚不是空,不是什么都没有,而是不要带有主观情感。人有七情六欲,这是与生俱来的,如果带着自己个人的情感去看待外界事物的话,就像戴着有色眼镜一样,就不能看到事物最真实的一面。

荀子说:"凡人之患,蔽于一曲而暗于大理。"(《解蔽》)人之所患是由于人们考虑问题片面而造成的。善和恶、始和终、远和近、博和浅、古和今,人往往只看到事物的一面,强调其中的一者而忽视其他。人们极易因为认识的片面性而被蒙蔽,因此荀子主张解人心之蔽,圣人知道由于认识的片面性而导致闭塞的危害,故而能将宇宙万物都纳入心中,以道为标准观照万物衡量是非,这样就不会被蒙蔽了。那么心如何才能知"道"?曰"虚壹而静"(《解蔽》)。荀子的"虚壹而静"说来自老子的"致虚极,守静笃",但是两者有本质上的区别。老子的"虚静"说是道家体悟自然的方法,要求人的内心做到空虚和宁静的极致,老子没有给出达到虚静的具体方法,这种体道的方法依靠直觉,是超越认识层面的,是一种难以达到的境界。而荀子具体论述了"虚壹而静"的方法,摒弃了道家玄之又玄的部分,将其化为认识外界事物的一个具体的可行的方法。

在现实生活中,人们往往会因为"私其所积,唯恐闻其恶也;倚其所私,以观异术,唯恐闻其美也"(《解蔽》),骄傲自满就会妨碍接受新知识;心若不专一,"则白黑在前而目不见,雷鼓在侧而耳不闻";"心,卧则梦,偷则自行,使之则谋"(《解蔽》)。不论是清醒还是在睡梦中,不论是有意识还是无意识,我们的心无时无刻不处在思维活动中,但在认识的过程中,只有静心才会明察。藏和虚、壹和贰、动和静是"虚壹而静"的三对矛盾,荀子认为不必将这三者绝对地对立起来,而是在对立中寻求统一。没有藏,学习的过程就如同猴子掰苞米,最终一无所得;没有虚,就无法接受新的知识。心可以同时容纳很多事情,这样我们才能又快又多地吸收信息,但同时也能集中注意力专心于一件事情,否则我们将一事无成。心静才能明察,但是一味地苦思冥想,而不付诸实践,那就永远不会成功,正如荀子所说:"知之而不行,虽敦必困。"(《解蔽》)

人心譬如槃水,正错而勿动

人心譬如槃水,正错而勿动,则湛浊在下而清明在上,则足以见须眉而察理矣。(《解蔽》)

【鉴赏】

荀子将人心比作装满水的盘子,盘中的水只有在平静清澈的状态下才能照见物体。北宋哲学家邵雍在《观物吟》诗中说道:"天下之平,莫若止水。"又说"人心当如止水则定,定则静,静则明"(邵雍《观物外篇》)。苏轼有一首《泛颍》诗,其中说:"画船俯明镜,笑问汝为谁?忽然生鳞甲,乱我须与眉。散为百东坡,顷刻复在兹。"东坡泛舟颍河之上,水平如镜,照见自己的倒影,忽然微风拂过水面,影子被吹乱,"散为百东坡"了,写得妙趣横生,但其中自有深意在。人心亦如水面,在没有外在干扰时,可以如实观照事物,一旦被扰乱,失去了宁静之心,就无法明察事物了。

因此荀子认为只有保持人心"正错而勿动"才能正确认识事物,他说,心是权衡是非之具,假如心不正,如何能衡量判断是非?必然会以是为非、以非为是。人心必须正直,不可为外界的种种诱惑所动而失去了内心的澄明平静。如果我们内心被许多欲望所占据,那么心将会失去正确认识、分析、判断事物的作用。我们应该坚持自己心中的道(理想),坚持自己的原则,不为外界的诱惑、内心的欲望所动,以保持心灵的清明状态。只有排除心中的杂念,才有可能专注于某一件事物,内心就能平静,这也就是荀子反复强调的

諸子百家——儒家

虚壹而静的修养，那样就能达到所谓的"大清明"即心的空明境界。当然我们的心中也无法做到绝对的无一毫杂念，正如水中的湛浊，心中各种杂乱的意识，不可能完全去除，只能让各种意识沉淀下来，使内心纯粹而不杂乱，才能照见宇宙万物之理，正如刘禹锡在《和仆射牛相公寓言二首》中所说："心如止水鉴常明，见尽人间万物情。"

心有征知

心有征知。征知则缘耳而知声可也，缘目而知形可也，然而征知必将待天官之当簿其类然后可也。五官簿之而不知，心征知而无说，则人莫不然谓之不知。（《正名》）

【鉴赏】

心，这片方寸之地，自古以来就被人们当成"神之舍"。在中国传统哲学观念中，心可以认识事物，可以对信息进行加工处理，是人的思维器官。其实明代李时珍就已经提出了"脑为元神之府"的观点，但是人们还是习惯于把心和思维、意识、精神、情感联系起来。

荀子认为，"心者，形之君也，而神明之主也，出令而无所受令"（《解蔽》）。"心也者，道之工宰也。"（《正名》）在他看来，心不仅控制着人的形体和神明，而且还是大道的主宰，是天君，他将心的地位提高到了无以复加的地步。荀子也非常重视心的验证认识作用，正是因为心可以验证认识，才能调动耳目鼻口等各种感官与外界事物接触，比如依靠耳朵就可以辨别各种声音，依靠眼睛就可以辨别各种形状，如果没有心的征知作用，"中心不定，则外物不清"（《解蔽》），感觉器官就会产生错误的感觉，就像"冥冥而行者，见寝石以为伏虎也，见植林以为后人也"（《解蔽》），如果不用心，"则白黑在前而目不见，雷鼓在侧而耳不闻"（《解蔽》）。

荀子在强调心的主导作用的同时，也没有轻视感官的作用，认识的第一步就是从感觉开始，如果没有感官接触外界事物而收集到的各种感觉信息，那么心的认识作用就会成为无本之木、无源之水，变得没有意义了。

后人在解读荀子这句话的时候，往往是从认识论的角度来谈论，认为荀子在两千多年前就已经涉及了感觉与思维、感性认识和理性认识等认识论的概念，是难能可贵的。其实这句话的提出是有其特殊的现实背景的。战国时代，社会转型，深刻的社会变革产生了很多新的现象和事物，一时没有名称与之相对应，于是出现了以惠施、公孙龙为代表的专门研究名实问题的名家学派，他们热衷于辩论，擅长逻辑分析，积极地为各种事物"正名"，孔子也曾说过："名不正，则言不顺；言不顺，则事不成；事不成，则礼乐不兴；礼乐不兴，则刑罚不中；刑罚不中，则民无所措手足。"（《论语·子路》）如果事物没有固定的名称，或者名实不符，必将造成社会的混乱。名家的出发点是好的，但是他们提出的观点如惠施"天与地卑，山与泽平"、公孙龙"白马非马"则流于诡辩，有点玩弄文字游戏的味道了。有感于当时"奇辞起，名实乱，是非之形不明"（《正名》），荀子写下《正名》一文，主张"制名以指实"，以便"明贵贱""辨同异"，如果一个事物没有相应的名称，那么人的感官即使接收到信息也不认识，心即使能验证认识也不能说出来，那么人们就会认为他无知了。制定名称是认识的前提,更是实现荀子心目中理想社会的基础。

善言古者必有节于今,善言天者必有征于人

善言古者必有节于今,善言天者必有征于人。凡论者,贵其有辨合,有符验,故坐而言之,起而可设,张而可施行。(《性恶》)

【鉴赏】

荀子说,擅长谈论古代事情的人必定会用今天的事情作为验证。对于荀子思想的研究,一直有着"法先王"和"法后王"之争。其实,不论是"法先王"还是"法后王",荀子的落脚点只有一个,那就是当下。荀子在提到先王的时候总是和礼义联系在一起,效法的是先王传下来的"礼","法先王"是为了"以古持今"即继承从古代三王流传下来的理义,并以此来治理现今的社会;"欲观圣王之迹,则于其粲然者矣,后王是也"(《非相》),后王行之有效的制度,同样也是包含了先王的理义,要想了解先王的理义之道,只需考察一下后王的制度即可,这就是"以近知远"。两者看似相反,实则殊途同归,其目的都是为了建立荀子心中的理想社会。

擅长谈论天道的人必定会用人事作为验证,说到这里就会有人反驳了,认为荀子在《天论》篇写下的第一句不就说"天行有常,不为尧存,不为桀亡"吗?他认为,作为自然意义上的天有着自己固有的运行规律,自然界诸如流星、陨石、地震等怪异现象和人类社会的治乱是没有必然联系的。在两千多年前科学技术尚不发达的时候,荀子就提出了他的"天人之分"说,可谓是思想超前,但他又说擅长谈论天道的人必定会用人事来验证,将天道人事联系起来,是不是荀子自相矛盾,思想前后不统一呢?答案当然是否定的。天道虽然不能决定人事的变化,但是人在自然界中生存发展,就必须主动地去了解其规律,顺时而动,制天命而用之,以便更好地和自然和谐相处。比如天有四时,人类就根据四时中太阳在黄道上的运行位置制定了二十四节气,按照春耕、夏耘、秋收、冬藏来安排农业生产,才能五谷丰登。

凡是议论,最为宝贵的是所说的话要符合事实,经得起时间的考验。坐着议论,站起身来便可以安排实施,部署起来就可以执行。谈论古代最终要落实到今天,谈论天道最终要落实于人事,也就是议论内容的可操作性,"不闻不若闻之,闻之不若见之,见之不若知之,知之不若行之。"(《儒效》)显然知之而能行才是荀子重点所在。

求贤师而事之,择良友而友之

人虽有性质美而心辩知,必将求贤师而事之,择良友而友之。(《性恶》)

【鉴赏】

荀子认为:"人之性恶,其善者伪也。"(《性恶》)其实,人的本性如"饥而欲饱,寒而欲暖,劳而欲休"(同上),并无所谓善恶,但若一味顺其性发展则必然会走向恶,而人之所以

会表现出善良的一面，都是因为后天学习礼义的结果。荀子这里的"伪"并非"虚伪"的意思，而是作"人为"解。人即使有着优良的禀赋和理解力，也必须寻求贤师而侍奉之，选择良友而亲近之。正因为人性需要以礼义教化来引导，所以荀子特别注重环境的作用，强调学习和选择贤师良友的重要性。《劝学》篇："君子居必择乡，游必就士，所以防邪僻而近中正也。"环境之于一个人的成长有着非常重要的作用。昔日孟母三迁，为的就是给小孟子创造一个良好的生活学习环境。

那么贤师的标准是什么？荀子认为贤师所应具备的品格中，仅仅学问渊博是不够的，具备知识素养只是一个必要不充分的条件，他认为，有尊严有威信、阅历丰富且可信任、诵读解说经典时善守师说、能够论说精微的知识，这才是贤师应具备的四个最重要的因素。荀子重视的是老师的品德，百育德为先，如果老师的人品有问题，那么如何能成为学生的道德典范呢？

孔子曰："益者三友，损者三友。友直，友谅，友多闻，益矣。友便辟，友善柔，友便佞，损矣。"（《论语·季氏》）益友并非只是一味地肯定我们，荀子在《修身》篇中说道："非我而当者，吾师也；是我而当者，吾友也。"恰当的批评和肯定才会让我们成长和进步，言过其实的谄媚之词会蒙蔽我们的心灵，让我们不能正确地认识自己。因此，择师不可不慎也，择友亦不可不慎也。人是群居动物，易于受到他人的影响，容易被环境同化，所谓"蓬生麻中，不扶而直；白沙在涅，与之俱黑"（《劝学》），尤其是在纷繁复杂的现代社会中，选择于自己有益的师友显得至关重要。君子之交淡如水，真正的朋友也许不会在物质上给我们多大的帮助，但他可以给予我们心灵上、精神上的支持，当我们面临选择时，可以给我们建议；当我们面临歧途时，会用有力的臂膀拉我们一把；在我们失意时不离不弃，在我们成功时默默祝福。

"师友者，学问之资也。"（李惺《西沤外集·冰言补》）老师的言传身教，朋友间的互相切磋，都可以增长我们的知识。但是知识技能可以言传，高尚的道德修养却不是光靠语言就能传给学生，贤师在举手投足间即彰显着高世之德，因此"学莫便乎近其人"（《劝学》），接近并侍奉贤师才是学习的捷径。正如王肃在《孔子家语》中说："与善人居，如入芝兰之室，久而不闻其香，即与之化矣；与不善人居，如入鲍鱼之肆，久而不闻其臭，亦与之化矣。"

义胜利者为治世，利克义者为乱世

义与利者，人之所两有也。虽尧、舜不能去民之欲利，然而能使其欲利不克其好义也。虽桀、纣亦不能去民之好义，然而能使其好义不胜其欲利也。故义胜利者为治世，利克义者为乱世。（《大略》）

【鉴赏】

义利之辩是中国自古以来备受关注的一个问题。

义即宜，指公正合宜的道理和行为；利是物质利益。义在中国两千多年的封建社会中，一直是居于主导地位的道德价值评判标准，也是人们恪守的行为准则。中华民族历来就是一个尚义的民族:为了报燕太子丹的恩,荆轲慷慨高唱"风萧萧兮易水寒,壮士一去兮不复还",西渡易水,只身一人深入虎穴刺杀秦王;刘备、关羽、张飞为了拯救百姓于水深火热之中,在桃园结为兄弟,希望共同做出一番事业,一句"不求同年同月同日生,但求同年同月同日死"至今还让人们感叹唏嘘;春秋时晋国忠臣赵盾被奸臣屠岸贾陷害而惨遭灭门,赵氏遗孤被程婴救出,而屠岸贾下令将全国一月至半岁的婴儿全部杀尽,以绝后患,为了保护赵氏遗孤和天下无辜的孩子,程婴决定献出自己的幼子代替赵氏遗孤,这些都是出于义的考虑而放弃个人利益。而利呢?传统的训导是君子不言利,似乎谈及利益就是可耻的,就不是君子了。但如果人人都甘于淡泊,耻于追求利益,个人和社会如何生存?如何发展?

其实即使是圣人孔子也丝毫不讳言他对利的追求:"富而可求也,虽执鞭之士,吾亦为之。"(《论语·述而》)但若是"不义而富且贵,于我如浮云"(同上)。荀子"今人之性,生而有好利焉"(《性恶》),"好荣恶辱,好利恶害,是君子小人之所同也"(《荣辱》),也就是说趋利避害之心存在于每个人的心里,与生俱来,即使是尧舜这样的仁人统治天下,也不能让人放弃追求利益,但是可以让人在义的统领下去追求正当利益;同时人生来也是有向善的本性的,即使是桀纣这样暴虐的君主,也不能完全使人放弃对义的追求,重义轻利就是治世,重利轻义就是乱世。

荀子认为,人们追求满足自身的利益是天性使然,无可厚非,关键在于如何在义与利之间寻找平衡点。正如孔子所说:"富与贵,是人之所欲也,不以其道得之,不处也;贫与贱,是人之所恶也,不以其道得之,不去也。"(《论语·里仁》)孟子更是视义重于生:"生,亦我所欲也;义,亦我所欲也。二者不可得兼,舍生而取义者也。"(《孟子·告子上》)西汉的董仲舒也在其著作《春秋繁露》中指出:"天之生人也,使之生义与利。利以养其体,义以养其心。心不得义不能乐,体不得利不能安。"对于利益的追求必须要在合乎义的范围内进行。

所以我们应该坦然言利,不必谈利色变,但同时又要以义统利,见利思义,所谓"君子义以为上""君子义以为质",建立正确的义利观即重义轻利而非背义趋利。

第四节　儒家故事

人们喜爱各种故事与传说。在儒家文化中,有大量的故与传说,如孟母三迁、程门立雪等。这些故事与传说,或情节动人,或是发人深省,或者很好地体现了儒家思想,了解儒家文化不可不知的重要内容。

一、周公的故事

周公吐哺

周武王得了天下之后,为了巩固周朝的天下,便开始分封功臣和同姓的亲戚到各地

諸子百家——儒家

去做诸侯。在建国中立下汗马功劳的周公被封到了鲁地。但是由于周朝刚刚建立,礼乐等制度还不完备,武王还需要周公的帮助,于是周公就没有去自己的封地,而是留在周首都镐京。

周公

武王死了以后,年幼的成王即位,周公担心天下因为听见武王驾崩的消息而发生叛乱,于是就继续留下来代替成王履行君主的责任,让他的长子伯禽去他的封地鲁地当王。

长子伯禽虽然是一个很稳重的人,但是周公还是不太放心。在伯禽临走之前,周公语重心长地对伯禽说:"伯禽,虽然我是文王的儿子,武王的弟弟,现在成王的叔叔,在全天下人中,我的地位也不算低了,但我仍然不敢因为这个原因而骄傲。如果听说贤人来了,即使我正在洗头发,我都要把头发握起来;如果正在吃饭,我会吐出正在咀嚼的食物。"

周公接着说:"因为这个缘故,我常常洗一次头要三次握起头发,吃一顿饭要三次吐出正在咀嚼的食物,去接待贤能之士。但即使这样做,我都担心失掉天下的贤人。所以你到了鲁国,千万不要对你的臣民傲慢,要做到处事谨慎,生活俭朴,礼贤下士。"

父亲的话在伯禽的心里留下了深刻的印记。

二、孔子及其弟子的故事

孔子身世

孔子是帝王之后,其先祖是商朝的王族,曾被封到宋国,后因避祸而离开宋国,迁往鲁国。家族日益衰落。

孔子的父亲叔梁纥是当时鲁国的一个地方小官吏,相当于现在的镇长。他是一个健硕的勇士,打仗非常勇敢。据故事载,有一次,他冲到了敌人的城门当中,那个城是个瓮城,有一道闸门。敌人先把叔梁纥的士兵放到里面去,准备关闸门以后,把他们一网打尽。叔梁纥看到闸门要落下来的时候,力举千斤闸,硬是托住了闸门,让士兵逃生。孔子除了继承祖先高贵的血统外,还承袭了他父亲忠诚义勇、舍己为人的精神。

孔子出生时,他父亲已经有六十多岁,而他母亲只有不到二十岁。关于圣人的出生,总有许多美丽的传说。据说,孔子母亲怀孕后,有一次和孔父去沂山,走到半路上,孔母肚子疼,就要生了,但她太渴了。于是,叔梁纥去找水。母亲看到前面有一个井,但是痛得已没有了力气,正好井有一个井缆,他的母亲就用力把井缆一拉,井竟被她扳倒了,所以后来那口井就被叫作"扳倒井",那块地方也成了一个地名。

还有一个传说,母亲生孔子的地方,血留在草上,后来那里的青草每到秋天的时候就会变得很红。

孔子三岁时，他的父亲就去世了。因为家里矛盾多，为了给孔子一个好的生长环境，孔母和孔子迁到了鲁国都城，孔母靠给人家洗衣服来维持生计。母亲的勤俭自立，给小孔子树立了一个好的榜样。

孔子问礼

《史记·孔子世家》记载了孔子曾问礼于老聃（老子，亦称老聃，与孔子同时代人，其生卒年代和身世，今已无法确考）一事，此外《礼经》《庄子》中也有记载。

孔子到周天子所在地洛阳见老子问礼。老子告诉孔子说："我听说'富贵者赠送人以财物，仁人者赠送人以格言'。我不能富贵，但窃冒了'仁人'的称号，所以我只有赠送你以嘉言：一个聪明深察的人却走近死亡，就是因为他喜好议论别人的是非；一个驳辩广大的人，却危害其本身，就是因为他喜好揭发别人的罪过。为人子者不要只知有己，为人臣者不要只知有己。"

三盈三虚

《论衡·讲瑞》中记载："少正卯在鲁与孔子并。孔子之门，三盈三虚，唯颜渊不去。"

少正卯，春秋时期鲁国人，姓少正，名卯（"少正"在古代为官名，是管商业的小官，而古代有以官职为姓的习惯）。他的思想与孔子思想对立，孔子指责他"行辟而坚"。孔子在鲁国立私学，少正卯也办了一所私学，宣传法家的思想。东汉时儒家学者王充在其所著《论衡》中谈到，少正卯和孔子同时在鲁国招学生讲学，孔子门下学生多次满了又空，空了又满，皆因少正卯讲学之故，只有颜渊（孔子最得意弟子）一个人始终跟着孔子，没有离开。

后来，孔子当上鲁国的司寇，代理宰相职务后，列出少正卯的五项罪状，杀了少正卯。

孔子诛少正卯一事，虽然在《荀子》《史记》《说苑》（刘向著）以及《孔子家语》等文献中均有记载，但自朱熹始，亦有人对此持否认态度。

宥坐与断桄

传说有一年，孔子带领弟子们到周公庙参观。进入元圣庙后，有位弟子指着神位前的一个倾斜的圆形木器，问守庙人："这是什么祭器？"

守庙人回答："此器叫宥坐，以前是灌溉用的吸水陶罐，拴绳的罐耳在下边，用绳悬挂，罐身倾斜。打水很方便，后来成了明君的劝诫器。"

孔子望着弟子们疑惑的眼神，解释道："我听说宥坐这种器具，空着时倾斜，半实半虚时就会中正不倾，如果腹满就会翻倒，明君当成劝诫自己的用物，所以常常放在身边。"这时守庙人端来一盆水，从宥坐的小口往里灌，灌到一半时，宥坐变得平正稳当而不歪，当灌满水时，宥坐忽然翻倒，所灌进的水全部倒了出来。

孔子为此长叹："世上哪有满而不覆的器物呢！对人来说，骄傲自满就会退步，甚至

诸子百家——儒家

栽跟头啊！"

说罢，孔子又带弟子进入另一座殿堂，有位弟子指着窗户上的断梐问："老师，你看这是木匠的果实呢，还是另有说法？"

孔子看了看说："建筑太庙，选派的都是能工巧匠，选用的都是上好的木料，工程竭尽巧妙，决不会出现朽断的现象，这必然有说法，可能是昭示后人不要间断的意思吧！"

弟子们一路看一路听，对建筑太庙的古人十分佩服，一器一物都包含着艰深的道理。老师说得那么明白，并能由表及里阐释，弟子们受到了极深的教育和启示。

"七十二贤人"的由来

"孔子弟子三千人，贤者七十二"，就是说孔子有学生三千人，真正学出名堂的有七十二人。

对于"七十二贤人"的由来，民间有这么一段传说。据说，孔子带着弟子三千人，周游列国。一路上走散的走散，留在列国当差的当差，后来到达陈国时，只剩下了七十二人。他们前脚到，后脚就被陈蔡之兵围困起来，绝粮七天七夜。他们带的粮食都吃光了，能够食用的只有几袋子咸盐。弟子们饿急了，就只能吃盐粒、喝盐水，这样一连吃喝了几天。后来孔子见状，不由得仰天长叹："我的七十二弟子都快成咸人啦！"

由于咸、贤同音，"七十二贤人"就这么叫开了。

孔子料事如神

有一次，鲁国大夫季桓子叫人在家里挖井，竟从地下挖出一个瓦盆，盆底下还画着一只像羊的怪物。

挖井的人把瓦盆拿给季桓子看，季桓子里里外外翻看了一番，摇摇头说："我也不知这是个什么样的怪物，你们去问问孔子吧。"于是派人去问孔子。

派去的这个人很鬼。他走到半道上想，孔子既然博才多识，必定知道井里挖出的该是什么，不妨先骗骗他再说。于是，这个人见了孔子说："我家挖井，从土里挖出一条狗样的怪物，请问先生这是何怪？"

孔子不慌不忙地说："我想不该是狗，是只羊才对呀。"

这个人大吃一惊，连忙问："夫子怎么知道是只羊呢？"

孔子回答道："我听说，木石之怪，叫夔罔两；水怪，叫龙罔象；土怪，叫羊。因而我说你们挖出的是一只羊，而不是一条狗。"

这个人十分服气地谢了孔子，匆匆跑回去给季桓子一说，季桓子也忍不住地连连点头，拍手赞道："好呀，好呀，孔子果然料事如神呀！"

在孔子那个时代，人们习惯把有美德、有才学的人尊称为"子"，对那些杰出的、堪称师表的人敬称为"夫子"。所以说，"孔夫子""孟夫子"等称呼，代表了人们顶礼膜拜的心意。当然，"夫子"一词更直接地来自爱戴自己老师的学生之口。

吴王问骨

鲁国的南邻是吴国。春秋时候,吴国的国势非常强盛。有一年,吴王夫差带兵攻打越国,很快就占领了越国的大片土地,接着把越王勾践围困在会稽山上,又过了不久,便攻下了会稽山,俘虏了勾践。

吴军在收拾战利品时,从山上挖出了一节骨头。这节骨头很大很大,一辆大车都装不下。吴王见这大骨头不像人骨,也不像兽骨,就打发使臣去问孔子。

使臣到了鲁国,见了孔子说:"请问夫子,什么东西的骨头最大?"

孔子想了想说:"我听说,大禹治水时,在会稽山上宴请群神。防风氏去迟了,大禹发怒杀了他,就把防风氏的尸体埋在了会稽山,他的每节骨头,都要用一辆大车才能装下。防风氏的骨头可能是最大的了。"使臣大喜,他们获得的骨头正与孔子说的不谋而合。他万分钦佩地辞别了孔子。

有教无类

孔子之前的学校都是官办的,受教育者都是贵族子弟,一般老百姓的孩子是没有资格进学堂的。孔子创办私学,提出了"有教无类"的进步口号。就是说,任何人都可以受到教育,没有贫富贵贱和国别的限制。他的学生中,有鲁国的颜回、陈国的颛孙师、齐国的公冶长、宋国的司马牛、吴国的子游、楚国的公孙龙;还有一贫如洗的原宪、富商子贡;"野人"子路、盗贼颜涿聚等。

孔子认为,人一生下来时是没有什么差别的,人之所以各不一样,都是后天的影响所造成的。

有一天,曲阜城外互乡的一个小男孩来求见孔子。互乡是鲁国有名的风俗败坏的乡村,所以许多弟子不主张孔子接见小男孩。孔子没有理会弟子们的劝说,派颜回把小男孩喊了进来。小男孩进得门来,很有礼貌地向孔子行了礼。孔子问他:"你来见我有什么事吗?"小男孩答道:"我父亲让我来问问先生,小孩子到几岁才可以上学呢?"孔子一听这问话,就满心欢喜地答道:"只要能认得文字,听得懂我的讲义就可以了,年龄大小都是无关紧要的。"小男孩谢了孔子。

出了学馆,孔子见弟子们还在议论纷纷,就说:"我也知道互乡是个坏地方,但是这儿童是纯洁的。他诚心诚意来见我,我只看他眼前的诚心,不问他以前的好坏;我只让他进来相见,不问他出去是作恶还是为善,有什么可非议的呢? 你们想,假如我把这小男孩拒之门外,那么生长在不良风俗之乡的人都不敢来见我,岂不是阻塞了他们要改邪归正的道路吗?"一班弟子听了,再也不敢胡言乱语了。

诗礼堂

在孔子故宅里,有眼源远流长的孔宅故井,有闻名于世的鲁壁,还有一座高大雄伟的殿堂——诗礼堂。"诗礼堂"的得名也有一个故事呢。

有一天，孔子的学生陈亢遇上了孔鲤，就问："你是老师的儿子，老师是不是把特殊的学问，单独传授给你啦？"

孔鲤想了想，说："父亲对我好像没有什么特殊的传授。只记得有一天，我从这院子里经过，见父亲正站在院子里观天，我便想悄悄从他身后走过去，他叫住我，问道：'鲤呀，你学《诗》了吗？'我说：'没有。'他对我说：'不学《诗》，怎么能学会在人们面前说话呀？'于是，我便回去学《诗》。又过了几天，我又在院子里遇上他，他又问我：'鲤呀，你学《礼》了吗？'我回答说：'没有。'他说：'不学《礼》，怎么能在社会上立身处世和做人呀。'于是我便回去学《礼》——我只听到他特别教过我这两个问题。"

陈亢听了，非常高兴，逢人便说："我本想问孔鲤一件事，没想到知道了三件事。"人们问他哪三件事。

他说："知道了学《诗》会说话，知道了学《礼》能做人，还知道了一个有道德、有修养的人对自己的儿子也是严格要求，没有偏袒的！"

后世为了纪念孔子教儿子学《诗》、学《礼》，以及对儿子和学生都一视同仁的高洁德行，就把孔子故宅的房子改建成了"诗礼堂"，用以昭示后人。

孔子治学

孔子治学，美名远扬，每走到一处，都有好多人前来拜访，共同谈经论道。

一日，又有几位好友聚在一起，其中一位请教孔子："先生，我周围的人都很仰慕您的人品和学问，也很想知道您是怎样治学的，有没有什么秘诀可以授人呢？"孔子笑道："就算有吧。事实上，我这个人的特点就是喜爱古代文化，笃信古圣遗教，一心一意想从历史文化中寻找王道脉络。"

朋友又请教："您在学术上的贡献也是众人皆知的，能不能总结一下您的治学精神呢？"孔子答道："说到治学，我当然是求学不倦的。更主要的是总能把所学过的东西默诵至熟，牢记于心。然后，又用自己所学的知识来传播文化，广颂王道，辅导弟子而广育英才。"朋友颇受感染，插话道："是啊，先生您在教学上那更是独树一帜了。能不能总结一下你教书育人的经验呢？"孔子说："经验嘛，也谈不上，我无非是勤于教导学生，永不倦怠罢了。"

孔子学琴

孔子曾跟师襄学琴。

一天，师襄交给他一首曲子，让他自己练习。孔子足足练了十来天，仍然没有停下来的意思，师襄忍不住了，说："你可以换个曲子练练了。"

孔子答道："我虽然已熟悉它的曲调，但还没有摸到它的规律呢。"过了一段时间，师襄又说："你已摸到它的规律了，可以换个曲子练了。"不料孔子回答："我还没有领悟到它的音乐形象呢。"如此又过了一段时间，师襄发现孔子神情庄重，四体通泰，好似变了一个人。这次不待师襄发问，孔子就先说道："我已经体会到音乐形象了，黑黝黝的，个儿高高

諸子百家——儒家

135

的,目光深远,似有王者气概,此人非文王莫属也。"

师襄听罢,大吃一惊,因为此曲正好名叫《文王操》,而他事先并未对孔子讲过。

孔子可说是一位一流的音乐鉴赏家。《韶》相传是尧舜时的乐舞,孔子在鲁国一直没有机会听过,后在齐国的某次宫廷宴乐中终于欣赏到了。孔子完全被这庄严肃穆的音乐迷倒了,以致三月不知肉味,说道:"不图为乐之至于斯也。"

弹琴助猫

有一天,孔子闭门弹琴,那琴声如高山流水,明净淡远。曾参蹲在门外倾听,如痴如醉。

突然,琴声犹如万骑出动,接着又如阵前厮杀,曾参心头一惊,正巧见子贡经过,便对子贡说:"你听老师的琴声,怀有贪狠之心、邪僻之行。老师怎会弹出这样可怕的琴声呢?"

子贡听了听也有同感,便和曾参一起去见孔子。刚一推开门,就见一只狸猫衔着只灰鼠趁空逃出房门,孔子的琴声也随之戛然而止。

孔子见子贡面带不满的神色,便问:"你们进来干什么?"

子贡便把曾参听琴的感受告诉了孔子。

孔子哈哈笑道:"好呀,曾参,天下贤士呀,你可以做我的知音了!"孔子让他俩坐下,接着解释说,"刚才我正在平心静气地弹琴,忽见一只老鼠钻出来,正被我家的狸猫发现,老鼠蹿上房梁,行走自如,狸猫爬上房梁却不敢行走,只是曲脊龇牙,我便以琴助猫,终于使它鼓足勇气冲上去,一口咬断了老鼠的脖子。"

子贡、曾参听了老师的一番解说,不由得都哈哈大笑起来。

陋巷圣贤

我们都知道,孔子收徒,有教无类,不问贫富,只要认学,他都招进门里。颜回初见孔子时,是个十岁多的小孩,他个头矮小,衣衫简陋,面黄肌瘦,但他的额头却出奇的高,向前凸着,双眼深凹,炯炯有神,透着机智、聪慧。颜回向孔子三拜磕了三个头,就算成了孔门弟子了。

颜回初见,并没有给孔子留下特别深刻的印象。后来,孔子渐渐发现,在弟子之中读书最用功的就是颜回,而且很少提问,只是瞪着一双眼,像贪食般地听孔子讲经授业。

放学了,弟子们都回家吃饭了,颜回总是最后一个走,饭后又第一个来到学堂,然后就捧卷诵读。时间长了,孔子就觉得奇怪了,颜回为什么回家吃饭这么快?

这一天,孔子派人偷偷跟随颜回,想看个究竟。

原来,颜回家住东关的贫民区。平时,颜回的父亲在城外种地,不回家吃饭;颜回的母亲又在外给人帮工,也不回家吃饭。这样,颜母每天走时给儿子做一锅菜汤。颜回回到家也不管凉热,拿起竹筒做成的饭碗,舀出菜汤就津津有味地吃起来,有时菜汤喝不饱,他就跑到井边,用水瓢舀几瓢水喝,然后拍拍胀起的肚皮,乐滋滋地往学堂跑去。

孔子派人观察了几天,天天如此。孔子听了回报非常怜悯,又十分叹服。

后来人们把颜回居住的街称为了"陋巷街",把颜回当年吃水的井叫作"陋巷井",还在井上修建了"颜乐亭",以追念颜回这种贫贱不改志向的德行。

颜回弃金

童年的颜回,家中一贫如洗,生活十分窘迫,就连粗茶淡饭也吃不上,吃了前顿无后顿;穿的是大补丁套小补丁的"千层衣"。同乡有个富家子弟为了讨颜回的喜欢,曾多次馈钱赠物给颜回,但均被颜回断然谢绝了。

这一天,这位富家子弟看到颜回有气无力地低着头若有所思地走着,心想,颜回已断炊几日,他一定是为家中无米而愁。人们不是常说"饥不择食"吗? 我就不信颜回他不食嗟来之食。于是他在颜回回家必经的小桥上放了一锭金子,并在地上写道:"天赐颜回一锭金。"写完便悄然隐入林中。路过此地的颜回看到地上的金锭和字句,摇了摇头,置金于一边,蹲在地上用树枝在旁边又添了一句"穷人不受外来财",遂起身扬长而去。林间的那个富家子弟见颜回弃金而去,更加敬慕颜回。颜回"忍饥弃金"的事也由此传开了。

后来,颜回成了圣人孔子的得意弟子,以德见称,贫而好学,不为"贫而疚",而以"识为富"。

颜回斩蟒蛇

有一次,孔子路过一个小国,晚上住在一座破庙里。

夜深了,弟子们都睡着了,只有孔子和子路、颜回三个坐在石台阶上谈天说地。谈兴正浓,突然一个怪物冲了过来。这个怪物,人不像人,鬼不像鬼,小头尖面,身长数丈,两颗圆溜溜的眼珠子闪着寒光。

子路见这个怪物是冲着孔子来的,便一把将孔子推进屋里。

颜回也不躲闪,拔出腰间的宝剑,就向怪物刺去。怪物一见,扭头就走,颜回跨前一步,一把拖住怪物的腰带,用力一扯,怪物摇身一变,化成一条狰狞可怕的蟒蛇,张着血盆大口,向颜回袭来。颜回毫不畏惧,闪身躲过,接着跳到蟒蛇背后,未等蟒蛇调转头来,颜回已挥剑在蟒蛇身上连砍数刀,把条大蟒蛇斩为数段。

等孔子和弟子们出来看时,蟒蛇已被杀死了。蟒血溅了颜回一脸一身。孔子不禁赞叹道:"颜回真可谓智勇双全啊!"

颜回借梳子

有一次,孔子一行正在行进途中,孔子忽然觉得头皮有些发痒。正好见路边有一妇人头上插了把梳子,孔子便对弟子们说:"我想借那位老妇人头上的梳子用一用,不知你们谁能不讲明此用,而用一个比方把它借来。"

弟子颜回马上说:"这容易,我去借。"说完便向老妇人走去。只见他走到老妇人跟前,跪下,然后文绉绉地说道:"吾有徘徊之山,百草生其上,有枝而无叶,万兽集其里,故请从夫人借罗网以捕之。"颜回在这番文绉绉的话里所说的"吾有徘徊之山",是指能摇摆的头;"百草生其上,有枝而无叶",是指头发;所谓"万兽集其里",欲"借罗网以捕之"是指想借梳子捉虱。

老妇人听完后,旋即明白了颜回的意思,于是马上从头上取下梳子来递给了颜回。孔子见状,自是十分满意。

颜回巧对

对联是中华民族特有的一种文学样式,对联的出现大大晚于孔子,但在民间的确流传着孔子和弟子对对联的故事。

据说有一次,孔子要考考弟子谁最有才,于是说:"我给你们出个对子,看你们谁能应对。"孔子看了眼院中的大黄狗,大黄狗正趴在狗牙菜上呼呼大睡。孔子眼睛一亮,一个上联脱口而出:"狗牙菜上狗压菜。"这个像绕口令似的上联,可把弟子们难住了,他们一个个抓耳挠腮,大眼瞪小眼。这时,颜回也往院子里看了一眼,他见鸡冠花下,一只大红公鸡正在仰脖高吟,于是灵机一动,对道:"鸡冠花下鸡观花。"

其实,孔子说出上联后,也没想到可对的下联,没料到颜回对得如此工整、贴切、巧妙,不由打心眼里佩服。

孔子冲颜回点点头,不露声色地说:"刚才你是对的好,就是太慢了。我再出一联,你试试?"于是说道:"荷叶莲花藕。"孔子话音刚落,颜回的嘴张了张也没答出答案,这时候,一只讨厌的蚊子飞到颜回的鼻梁上,颜回急忙举手来打,这一句举手颜回立即想出了下联:"拳头巴掌手。"

孔子心中暗暗惊喜,但表面上仍是不动声色地问道:"你的'拳头巴掌手',怎么能对我的'荷叶莲花藕'呢?"颜回急忙站起来答道:"因为荷叶与莲花是同一种植物,藕是它们的果实,它们三个是一家;拳头与巴掌、手也是同一样物件呐。"孔子点头笑道:"还是颜回最有才华呀!"众弟子们也跟随着点头称是,自叹不如。

颜回独留

鲁国内乱时,孔子决定到齐国暂避一时。于是,带着一班弟子出了鲁门。一路上,大家沉默不语。孔子对赶车的人说:"请走慢些,请走慢些,这是离开我的祖国呀!"

这天,他们来到了泰山脚下的大汶河,孔子望着川流不息的河水,叹了口气,翻过泰山就是齐国的地界了。孔子和弟子们都心事重重地沿河而上,忽听到不远处传来一阵哭声,孔子叹道:"国乱民殃,不知谁家的亲人,在这场内乱中送了命啊!"一直没有言语的颜回,突然说:"听这哭声虽带悲哀,但不像是丧者哀音。"哭声越来越近,孔子看见一个衣冠不整的壮年汉子,站在山崖边,面对深谷激流,痛哭流涕。孔子急忙下车,关切地问道:"汉子,这里不是丧葬之地,为何在此涕泪呢?"

汉子抹泪道:"我后悔呀!"

孔子问:"你后悔什么呢?"

汉子道："我失去了三件最珍贵的东西,虚度了半生方才觉悟,后悔莫及啊!"

孔子又问："你失掉了什么,请说出来让我们听听,也许我们能帮帮您?"

那汉子道："我少年好学,游历四方,学成回家时,父母双亡,我未能尽孝,这是一失;年长后从政治国,郡主骄奢失地,我没能及时尽谏,这是二失;如今朋友们都同我断绝了关系,这是三失。我欲孝,亲不在;我欲谏,君不纳;我欲交友,而情绝。你们看我活着还有什么意思?"

孔子正想找句话宽慰宽慰他,不料那汉子纵身跳下山崖,落水后立即被急浪冲得无影无踪。

孔子惊呆了。

颜回平静地说："看那汉子目定神呆,肯定是疯子。"孔子道："即使是个疯子,他刚才的一番话却很有道理。如此看来,他这条路是因求学而被断送的!"停了一会儿,孔子对身后的弟子们叹道："谁人不为人子,谁又没有父母。希望你们不要为了跟我求学,而不能尽孝养之道,将来也和这汉子一样后悔莫及。你们愿跟我远行就随我而去,不愿跟我远行的请赶快回家去吧。"

孔子登车继续前行,随行的弟子越来越少,等到达齐国都城临淄时,随从的弟子就只剩下颜回了。

师徒赛眼力

一天,孔子和弟子们一起登上山顶。他们由南天门回首天外,只觉心旷神怡,飘然如入仙界。这时孔子叹道："不登泰山,不知天地之大,登上泰山,反觉得天地太小了!"

当他们攀到碧霞祠下边的凤凰山时,孔子突然指着东南方向的吴国阊门问弟子:"你们谁能看到吴国的阊门?"

众弟子张望了一阵后,都摇摇头。只有颜回说道："我看得见。"

孔子问："你看见门外有什么?"

颜回又眯起双眼很吃力地张望了一阵,迟疑了一下说："好像是一匹白练和一段蓝布。"孔子摇摇头,说:"不对,不对,你看错了。"

颜回还想再仔细辨认一番,孔子摇摇头,道:"算了,算了,我们下山吧。"

下山路上,孔子依然精神抖擞。可颜回呢,只觉得头昏眼花,力乏腿软,可好胜的性格使他还没忘记刚才望阊门的事儿,于是问:"老师,你说我看错了,可你看到了什么呢?"

孔子说:"我看到了一匹白马和一束喂马的草。"

孔子见颜回露出不大相信的神色,就派了个飞毛腿去吴国的阊门看看究竟是什么。

不久,飞毛腿回来了,说阊门外果然拴着一匹白马和一捆喂马的草。

颜回这才打心眼里佩服老师的眼力了。

至察无徒

孔子东游,来到一个地方,感觉腹中饥饿,就对弟子颜回说:"前面有一家饭馆,你去讨点饭来。"颜回就去到饭馆,说明来意。那饭馆的主人说:"要饭吃可以啊,不过我有个要求。"颜回忙道:"什么要求?"主人回答:"我写一字,你若认识,我就请你们师徒吃饭,若不认识乱棍打出。"

颜回微微一笑,说道:"主人家,回我不才,可我也跟老师多年。慢说一字,就是一篇文章又有何难?"主人也微微一笑,说:"先别夸口,认完再说。"说罢拿笔写了一个"真"字。颜回哈哈大笑:"主人家,你也太欺负我颜回无能了,我以为是什么难认之字,此字我颜回五岁就识。"主人微笑问:"此为何字?"回曰:是认真的"真"字。店主冷笑一声:"哼,无知之徒竟敢冒充孔老夫子门生,来人,乱棍打出。"

颜回就这样回来见老师,说了经过。孔老夫子微微一笑:"看来他是要为师前去不可。"说罢来到店前,说明来意。那店主一样写下"真"字。孔老夫子答曰:"此字念'直八'。"那店主笑道:"果是夫子来到,请。"就这样吃完喝完不出一分钱走了。

颜回不懂啊,问:"老师,你不是教我们那字念'真'吗?什么时候变'直八'了?"孔老夫子微微一笑:"有时候的事是认不得'真'啊。"

以信待人

孔子和他的弟子困在陈国和蔡国交接处的荒郊野外,住在简陋的屋子里。他们带的粮食很快就吃光了,一连七天用菜叶做的菜羹里面看不见一粒米,大家都一筹莫展。

子贡带上自己随身的财物,偷偷从包围圈中逃了出去,好不容易跟附近的村民换了一石米。孔子非常高兴,就让颜回和子路在旁边的破屋里做饭。但是子路在打水的时候发现,颜回从做饭的锅里抓了一些饭放在嘴里吃了,他非常不高兴。走到孔子那里问:"仁人君子到了逆境中是不是会改变自己的气节啊?"

孔子觉得非常突然,但仍然回答他说:"如果他改变了自己的气节,他怎么能被称为君子呢?"

"那么您觉得像颜回这样的人是否不会改变呢?"子路又接着问道。孔子回答:"不会改变的,他不会那样做的。"子路就把自己看见的事情告诉了孔子,孔子说:"我相信颜回是个君子。你这么肯定有这回事,我相信他这样做肯定是有理由的,让我问问他。"

孔子便把颜回叫过来,问他说:"我刚才梦见我亡父了,如果食物干净的话,我想去祭祀一下。"颜回说:"不行,刚才有尘埃落到饭里,扔掉食物不吉利,我就抓起来将它吃了。"

孔子听完后说:"我相信颜回,不是从今天开始的啊。"

人厚不会薄

一天,齐国派使臣来向孔子请教问题,因孔子与这位使臣见过面,孔子便把他让进屋里。

孔子与使臣谈话,颜回在一边倒茶。一不小心,颜回的大袖子把茶杯拉到了地上,摔了个粉碎。这个茶杯正好是老师专用的,老师格外爱惜。这怎么办呢?颜回怕老师知道了生气,于是就偷偷地把碎杯子藏在袖筒里,又拿出个新的,装作若无其事的样子,继续

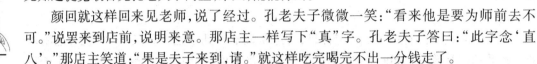

倒水奉茶。颜回见老师没有发觉,沾沾自喜,心里想,又躲过了一场责怪!

使臣请教完,孔子和颜回,目送使臣走远,正要回屋,忽见一群发丧的人走来,孝子哭得哭天喊地。

颜回看见了,就说:"自古常理,人死不会活呀。"

孔子在一旁接话说:"人厚了也不会薄呀!咱师徒俩这么多年,还有什么事情可以遮遮掩掩的呢?"

颜回听孔子话中有话,明白孔子已经知道刚才摔茶杯的事情了,脸就红成了大柿子。

孔子说道:"摔破茶杯就摔破茶杯,跟我说一声就完了,何必为这点小事遮遮掩掩呢!"颜回见老师原谅了自己,急忙把袖筒里的坏杯子扔掉了。

圣人赏月

在中国,很早就有中秋赏月的习惯。传说有一年的八月十五,孔子在杏坛设宴,和七十二位徒弟一起赏月。

一轮新月爬上杏林枝头,洁如明镜,流光如水。孔子望月,若有所思。众弟子也尽情享受这花好月圆的美好时光。子路看了一阵子,觉得颈酸脖歪,沉不住气地问道:"老师,你说是月亮离我们近呢?还是外国离我们近?"子路的提问,立时打破了刚才的宁静,大家便围绕着子路的问题争论起来,孔子一旁听了,便问一言不发的颜回:"你是什么看法?"

颜回说:"当然是月亮近,外国远喽!"

孔子又问:"为什么?"

颜回解释道:"举首就可望见明月,可谁曾看见过外国呢?"

孔子听后,含笑点头,众人纷纷赞扬颜回的高论。

转眼十几年过去了,又是一个中秋时节,孔子又在杏坛设宴,这回是三千弟子齐聚一堂。席间,有位入学较晚的弟子问孔子:"老师,你说是月亮离我们近呢,还是外国离我们近呢?"孔子笑了笑,朝颜回点点头。

颜回站起来说:"自然是外国离我们近,月亮离我们远喽。"

孔子闻言,脸色一沉,道:"颜回,你好没记性,难道不记得上次是怎么说的了?"

颜回道:"我上次的解释是毫无道理的。大家想,虽然外国一眼看不到,但我们跟着老师周游列国,遇山能翻,遇水能渡,走遍了鲁国之外的各国;可月亮看起来离我们很近,但谁能找到一条登上月亮的道路呢?"

孔子听罢颜回的见解,恍然大悟,点头称"是"。众弟子也纷纷称赞,"高""妙"之声,不绝于耳。

从此,孔子对反应敏捷、善于思考的颜回更加器重了。

子路得名

相传,子路原来是个"野人",没有名字,"子路"是孔子给他起的。

子路的家乡卞邑,地处山区,四面山峦起伏,林木茂盛,河沟甚多,道路崎岖。如果头一次来,一定有入迷宫的感觉。

传说有一年,孔子在去卞邑的路上迷失了方向,正原地团团打转,忽见从密林里窜出一个身穿兽皮、手握宝剑的大汉,把孔子吓了一跳。

那汉子恶声恶气地问孔子:"干什么的?"

孔子答:"我到卞邑去,不想在此地迷了路,正好向小先生您讨教,我该怎么走?"

那汉子白了一眼孔子:"什么先生不先生的,问路就问路,拽什么文字!"

孔子心想:今天真倒霉,先是在人烟稀少的山林里迷了路,好不容易遇上个人,还是个粗野无礼的家伙,看这人的打扮,不是强盗就是野人。

孔子扭头要走,没想到那汉子问:"你是什么人?"

孔子客气地说:"我是鲁国的孔丘。"

汉子一听来了精神:"啊,原来是当今圣人呀!问路可以,但我得考考你,说对了,给你指路,说不对,你走你的,我走我的。"

孔子心想:山野小人还会有什么难题? 就爽快地答道:"请出题吧。"

那汉子拾了块小石头,在地上画了一个圈,然后把小石头扔进圈里,问:"这是什么字?"

孔子左看右瞧,这不像个字啊。只好冲汉子摇摇头。

那汉子轻蔑地笑道:"连这么简单的字都不认得,还称什么圣人呢!"

孔子谦虚地问:"小先生,你说说这字念什么?"

那汉子挺了挺肚子道:"念'咚'。"

孔子问:"怎么念'咚'呢?"

那汉子指着他画的圈说:"这是井,往井里扔块石头不是'咚'的一声吗?"

孔子觉得好笑,不愿和这无知的野人纠缠,正要抬脚离开,不想汉子又拦住说:"这回不算,你猜猜我姓什么?"那汉子在刚才画的井口中间放了一根木棍,自己站到旁边。

孔子说:"圈上加竖是中,旁边站一人——你是姓仲吧?"

那汉子"扑通"一下就给孔子跪下了:"弟子久闻老师大名,今天是给您开玩笑呢。弟子姓仲,就是卞邑人,平时好习武弄棒,别人都称我为野人。弟子愿意拜您为师,重新做人,研习学问,以文养武。"

孔子笑哈哈地扶起汉子:"好好,我就收下你这个徒弟了。只知道你是卞邑仲姓人氏,还没告诉我你的名字呢。"

汉子挠了挠头皮,红着脸说:"山野粗人哪有什么名字,请老师起个名字吧。"

孔子想了想说:"嗯,我迷路收徒弟,我看你就叫'子路'吧。"

从此,"子路"的大名就叫开了。

师生比武

子路初入孔门,年轻好胜,自恃武艺高强,就连孔子也不放在眼里。

有一天,孔子带领弟子们到矍相圃演习武艺。子路说要同孔子比试比试,分出个高低上下,好叫弟子们心悦诚服。

师徒二人先比射术。子路兴冲冲地拉弓搭箭,"嗖嗖嗖"连发三箭,箭箭正中百尺开外的树干上。接着孔子搭箭拉弓,"嗖嗖嗖"三箭齐发,就见刚才子路射中的那棵树,"啪啪啪"三声断为三截。子路仍不服输,他要和孔子再比比力气。子路把一个重达三百斤的石锁高高举起,又轻轻放下。孔子从场外又提进一个同样大小的石锁,一手抓一个,说一声"起",就把两个石锁举过头顶,又绕场一周,然后把一对石锁轻轻放回原处。

子路终于服气了。原来孔子不仅学问天下第一,武艺也超群呀!

知明行笃

长沮和桀溺两个人正一起在田里耕作。孔子从楚国到蔡国,经过那儿,叫子路去问他们过河的渡口在哪边。

长沮问子路说:"那车上拉着缰绳的人是谁?"子路答道:"是孔丘。"长沮说:"是鲁国的孔丘吗?"子路说:"是的。"长沮说:"那么他应该晓得渡口在哪儿了!"

子路去问桀溺,桀溺说:"你是谁?"子路答道:"我是孔丘的学生子路。"桀溺说:"是鲁国孔丘的门徒吗?"子路回答道:"是的。"桀溺说:"滔滔大乱,天下都是如此,谁能改变这种局面呢? 难道跟从我们这些逃避乱世的人会比不上追随逃避坏人的人吗?"说完,仍然自顾自地犁土覆种。

子路回来告诉了孔子,孔子怅然地说:"人不可能跟山林的鸟兽同群! 我不跟世人生活在一起,那要与谁生活在一起呢! 天下如果太平的话,那我也不用出来试图进行改变了。"

亘古一人

子贡以前是卫国的商人,他长得眉清目秀,十分英俊,举止潇洒,而且极会说话。他投师孔子后,不像颜回那样终日跟着孔子,而是一边学习,一边经商。他长年奔波于列国,上结国君大臣,下交平民百姓,见多识广,能言善辩,聪明灵巧。所以,他只跟孔子学习了一年,就感到自己和孔子不差上下;第二年,就觉得孔子不如他;但学到第三年时,他才觉出自己的确不如孔子。因而,对孔子更加敬佩,从此也变得谦虚好学起来。

有一天,子贡到齐国受到齐景公的接见。景公听说子贡是孔子的弟子,就问:"孔子是位贤人吗?"

子贡惊奇地回答道:"孔子已是位高尚的圣人了,你怎么还说是位'贤人'呢?"

景公问:"孔子如何'圣'呀?"

子贡脱口道:"不知道。"

景公对子贡的回答十分不满,就问:"你说孔子'圣',可又说不出'圣'在哪里,你怎么解释?"

子贡马上回敬道:"我终日头顶苍天,但不知天有多高;我终日脚踩大地,但不知地有多厚。我跟着老师学习，就像拿着瓢到江河里饮水，只知腹满而去，哪里知道江海有多深呢？"

景公道："先生的比喻，是不是太过分啦？"

子贡回道："我的比喻不存在过分不过分的问题。我赞誉孔子，就像往泰山上捧了两把土，泰山不会因为我这两把土而高；我不赞誉孔子，就像从泰山上捧下两把土，泰山也不会因我这两把土而变低。"

景公仔细琢磨了一番，赞道："好，你说得太好了！正如《诗经》上说：'人们崇尚的偶像，岂容肆意毁谤！'"景公转念一想，又问："先生你是不是太谦虚了，你的言谈举止，已经大出我之所料，难道孔子真比你还强吗？"

子贡叹服地说："孔子是亘古一人的圣人，君王想达到孔子的水平都是不可能的事儿，何况我呢？"

子贡把孔子赞为"亘古一人"的圣人，其尊崇已到了无以复加的程度。孔子死后，子贡更是为孔子守墓六年。

三试南国女

据说，孔子在编辑《诗经》的时候，很重视第一手资料的搜集，并且常常实地考察，以验证这些歌谣是否真实。他不惜长途跋涉，从鲁国跑到齐、郑、卫、楚等国，听当地的风流雅士、民间歌手唱歌。

这天，子贡随孔子在楚国汉水采风。他们经过一处村庄时，看见一位美艳动人的少女正在溪畔浣纱。孔子对子贡说："去向那姑娘问问。她外表十分庄重安适，不知她的心底如何？你可以用巧言试探她。"子贡看着老师，神情有点不自然。孔子微笑着说："是碍于男女大防吧。"子贡笑着默认。孔子说："我曾说过，非礼勿视，非礼勿动。这都是指的非礼举止，至于采风，是合乎礼的。过去，为考察风俗民情、政事得失，古代帝王常常专设官职去做这样的事情。你去采风，不必忌讳。"

子贡奉师命，走到姑娘身旁，举杯施礼，道："这位姑娘，我是从北方来的，天气炎热，你能否给我一杯水，以解口渴？"

少女看了子贡一眼，微笑道："南国溪水，清凉透底，它属于过路人，并非我个人所有。你要喝水尽可以自己去舀，为何还要征得我的同意呢？"

少女嘴上虽这么说，还是接过子贡手中的杯子，舀了满满一杯，放在地上，很有礼貌地说："按照我们这里的礼节，这杯水我不能亲自递到您手里，请原谅！"

子贡把水端给孔子，将自己和少女的对话说了一遍。孔子听了点点头，又从车上拿出一张琴，对子贡说："你把这个拿去，再同她说几句，看她怎么回答。"

子贡拿着琴，又走到少女跟前说："刚才喝了您送的水，听了您说的话，好似秋风送爽，仿佛雪中送炭，令我周身舒畅。我这里有琴一张，不知您会调琴乎？"子贡故意把"调琴"说成"调情"，以观察少女的反应。

开始那少女很反感地皱皱眉，接着又心平气和地对子贡说："我是山野村姑，不通五音六律,怎么能与你调琴呢?"少女也故意把"调琴"说成"调情"。

子贡抱着琴回到孔子面前,把与少女的对话一说,孔子还是点点头说:"再把一些银两送她,看她怎么说。"

于是,子贡第三次来到少女身边,说:"刚才多承您的指教,因是赶路人,无以报答,现送您些银两略表寸心。"少女一听,站了起来,指着子贡怒斥道:"你究竟是什么人?为什么有路不走,却三番两次在此纠缠?又为什么平白无故地送我银两?你究竟安的是什么心?我一个年轻女子,怎么会随便收你的东西?你要是还不走,我就要喊人来对你不客气了!"

子贡见状,连声说:"对不起,对不起!"捡起银两,跑回孔子身边。

孔子听了子贡的叙说,连连点头,赞叹道:"对呀!对呀!《诗经》中说:'南国有很高大的树木,却不能在它下面休息;汉水有游春的少女,但不能对她行为不端。'南国少女果真如此呀!"

求教杜三娘

春秋时,孔子带着子贡和子路去陈国,行经卫国,恰风和日丽,夹道桑柳依依。孔子心境怡和,遂开口吟唱道:"南枝窈窕北枝长……"忽然道旁一位采桑妇接口吟唱道:"夫子行陈必绝粮!"孔子没有回答,但脚步渐慢渐沉重了。那采桑妇又吟唱道:"九曲明珠穿不过,回来问我采桑娘。"孔子莫名其妙,也就不加理会。后来,孔子果然饿于陈蔡间。

历尽艰辛,孔子他们到了陈国,拜见了陈侯。陈侯听闻孔子是时之圣人,有心考察一番,就拿出一颗珍珠,说:"这是九曲明珠,珠内有九曲窍,两端有孔,请先生为我以线穿之。"孔子自知不能,就施缓兵之计,说:"请给我三天时间想办法,届时定穿得过。"陈侯应许了。

回到驿馆,师徒们百思不得其法。忽然,孔子命子贡去备马,说:"你们还记得那采桑妇所言吗?她真有先见,也一定有办法。子贡,你去向她讨教!"

子贡日夜兼程,返回卫道。到了采桑之所,但那采桑妇却不知踪影了。只见桑树间堆着四堆泥,相隔逾尺。子贡沉思半晌,自诘道:"桑者,木也;泥者,土也。莫非她姓杜?旁边还有三堆,莫非她叫三娘?"恰巧有个樵夫路过,子贡就问道:"前面村里可有个采桑的妇人叫杜三娘?"樵夫答:"有。"子贡又问去路,不料那樵夫也出口成章:"芦塘荻渚绕华屋,瑶草疏花傍粉墙,行过小桥流水北,其间便是杜家庄。"按照歌谣的指示,子贡果然找到了那采桑妇——杜三娘。

子贡把来意说完,杜三娘莞尔一笑,说:"这没什么难办的,只要把丝线一头系在蚂蚁的腰上,线上涂上油脂,使之光滑,然后让蚂蚁爬进珍珠中间的小孔,慢慢地拉送丝线。若蚂蚁不肯爬,就在孔口拿烟熏它。这样,丝线就可以穿过九曲珠。"

子贡如获至宝,谢别杜三娘,即刻赶回去,把这个方法告诉孔子。孔子按照采桑妇的话去做,果然穿过了九曲夜明珠。

事后,孔子问子贡:"你有没有问那采桑妇,她如何先知道我们将厄于陈蔡,要穿九曲

诸子百家——儒家

珠?"子贡答道:"陈国和蔡国人烟稀少,连年歉收,她早有所闻;穿九曲珠是陈侯考贤的首本戏,她更是早就听闻,所以她才会出语相对。至于她是如何想出穿珠之法的,那就不得而知了。"

神鸟戏子路

有一年初春,孔子带着弟子周游列国,到达了郑国首都。这天,郑国人正举办社火节,孔子住下后,就让弟子们上街看热闹。

子贡来到街口,就见耍狮子舞龙的、演杂技踩高跷的、扭秧歌跑龙船的迎面而来,引得满街人山人海,喝彩声不断。子贡边走边看,不一会儿就来到了最热闹的社神庙(土地庙)前,只见社树周围围了许多人,还不时传出阵阵哄笑声。子贡挤进人群一看,原来是子路脚朝上、头朝下,被吊在社树上。子贡觉得奇怪,没绳没线,子路是怎么倒悬起来的呢?

原来,这社树是棵千年老树。树上住着一种神鸟。它们神通广大,变幻多端,能够降人以祸福。当地人没敢惹这种神鸟的,子路是个外地人,不知底细。他见这神鸟怪模怪样,十分安静地蹲在树丫上,便想悄悄爬上树,想捉一只。谁知刚爬到树半腰,就被神鸟发现了。神鸟使用法术,将子路倒悬在半空。

子路发现子贡呆在人群里,就大喊:"子贡,你快替我讲讲情,让它们把我放下来!"

子贡挤到树下,对树上的神鸟说道:"这小子是个不懂规矩的鲁莽汉子,今日冲撞了你们,但他绝不是出于恶意,只是想同你们开开玩笑而已。你们对他的惩罚已经够了,再这样继续拘禁他,就没什么意思了……"

子贡的话还没说完,就听"扑"的一声,子路从半空中摔了下来,正好把子贡压在底下,惹得围观的人一场大笑。

子路、子贡顾不得头疼脚肿,爬起来就逃出了人群。

子路

一年分三季

这年秋天,孔子乘坐的马车经过一片无际的玉米地。突然,玉米丛中窜出一个又高又大、怪模怪样的人来。只见他,帽子尖尖,眼睛圆圆,嘴到耳根,浑身上下穿绿袍。绿袍人把又尖又长的大手一张,拦住了孔子的去路。

赶车的子路急忙下车。绿袍人问子路:"你是何人?"

子路道:"我是孔圣人的学生子路呀。"

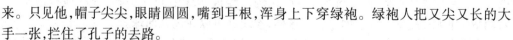

绿袍人笑了笑,说:"原来是圣人来到跟前了,我正有个问题想找他老人家解释解释呢。"

子路拦住他说:"不必找圣人,有什么事对我说就行。"

绿袍人说:"好吧。我问你,这一年当中到底是分三季呢,还是四季?"

子路原想这绿袍人口气不小,以为会有多么难的问题呢,没想到竟是这么一个尽人皆知的事儿,于是不屑地说:"还用说,一年分四季嘛!"

绿袍人一听,把眼一瞪,气横横地说:"还说是圣人的学生,连这么简单的事儿都分不清。"

子路十分恼怒,正要跟绿袍人动拳头。这时,孔子走下车来,两人都抢着请孔子详断是非。

子路说:"如果我老师说一年分四季,你就得给我磕三个响头。"

绿袍人也说:"如果孔圣人说一年分三季,你就得给我磕三个响头。"

孔子仔细打量了一番绿袍人,狡黠地笑道:"是呀,是呀,一年是分三季呀!"

绿袍人一听,哈哈大笑:"怎么样?还是圣人有学问,世人都是糊涂虫,谁见过一年有四季呢?子路还不快快给我磕头。"

子路无奈,只好忍气吞声地给绿袍人磕了三个头。绿袍人给孔子施了礼,便消失在玉米丛中。可赶车的子路扔了马鞭子,蹲在地头生起了闷气。

孔子说:"子路,赶车呀?"

子路没好气地说:"还赶什么车,讲什么学,当老师的在强人面前连句真话都不敢说,我还跟你学什么?不如回家算了!"

孔子笑道:"看你使的什么脾气呢?告诉你吧,刚才那怪人你没认出来,他是个蚂蚱精,春天生,秋天死,从来没见过冬天,所以他认为一年分三季。你和他怎能辩得清?"

孔子接着又说,"我说子路啊,生性耿直是你的优点,但你不懂得具体问题具体分析,不善于随机应变,一味地认死理,早晚会吃大亏的!"

孔子一席话,说得子路门窍大开,连忙拾起马鞭,"驾"的一声上了路。

九尾怪鸟

孔子一生读了大量的古书典籍,平时又很留心采集民间歌谣,考察民间风俗,他周游列国见多识广,从中认识了许多新鲜事物,因而成了一位博学多识的人。许多疑难怪题,只要请教于孔子,都能得到圆满的解答。无怪人们都赞叹孔子有一肚子学问呢。

古往今来,流传的孔子博物识怪的故事有很多。

传说有一次,孔子和弟子子夏出游,路上遇到一只九尾怪鸟,许多人围着看,但谁也叫不出鸟的名字来。

有人就向孔子请教,孔子说:"这鸟叫鹢。"

子夏问:"老师怎么知道它叫鹢呢?"

孔子回答说:"我听一位渔夫曾经唱过这样一首歌:'鹢啊,鹢啊!倒生的羽毛纷纷乱啊,一个身子九尾长啊!'所以我知道它就是鸽。"

人们听了,都向孔子投去敬佩的眼光。

孔子改"鲜"

中国最早创造文字的人,据说是黄帝时候的仓颉。可老百姓不知道这些历史上的事儿,他们以为汉字也是孔子创造的。

传说孔子最早创造的"鲜"字是"合赞"二字的合写,意思是,人尝一口便称赞不已。可后来为什么又改成"鱼羊鲜"呢?这还要从孔子在陈绝粮时说起。

孔子和弟子被围困在陈蔡之地,时间一长,许多弟子都饿得无精打采,甚至病倒了。几位大弟子便聚到一起商量对策,首先要解决的是肚子问题。于是,子路凭借勇猛杀出重围,从河沟里捉回一条大鱼;子贡凭着三寸不烂之舌,从陈蔡兵营里搞来一块羊肉。他俩把鱼和羊肉都交给了大师兄——火头军颜回。

颜回见老师和师弟们都饿得大眼瞪小眼,恨不能抓住生鱼就吃、拿过生羊肉就啃。于是,不问三七二十一就把鱼、羊放在一个锅里煮起来。

孔子历来主张"食不厌精",见颜回把鱼和羊肉放在一块煮,眉头皱了皱,但已经没有指责颜回的力气了。他只好听之任之,眯起双眼等待锅开。

过了一会儿,鱼羊做熟了,颜回先给孔子端上一碗。不知孔子是饥不择食,还是的确觉得好吃味美,刚刚喝了两口汤就连连赞道:"真鲜、真鲜!"

孔子吃饱了,用大袖子抹抹嘴,又望着弟子们狼吞虎咽、津津有味的吃相突然皱起了眉头,自言自语地说道:"我从前造的那个鲜字是毫无道理的,只有名而无实,这鱼羊合炖才叫鲜哪,干脆从今以后就把'鱼羊'二字合写成'鲜'字吧!"

孔子审案

孔子五十多岁时,做了鲁国的大司寇。大司寇是维护社会治安的官。

这天一大早,孔子就驱车来到大堂,刚刚坐下来,就听门外传来一阵吵嚷。孔子叫颜回出去看看。一会儿,颜回回报说:"外边有父子俩来告状,是父告子、子告父。"孔子一听很稀奇,就传他们进来。

这一老一少破衣烂衫,灰头土面,来到大堂,倒头便拜,接着吵吵嚷嚷争着诉说。

孔子脸一沉,惊堂木一拍,道:"父不父,子不子,成何体统!老者先说。"那少者赶紧闭了嘴,低下头听老者陈述。原来,这爷俩在一起生活,老者贪嘴,少者懒惰,家中一贫如洗,爷俩常常为吃喝争吵打闹。这一天早上,爷俩又为吃饭吵起来,父亲生气动手打了儿子,儿子赌气摔了家中唯一的饭碗。于是,父子俩就拉拉扯扯闹上了公堂。

孔子听了,气愤不已,但该怎样发落,也一时没了主意。他转脸看看颜回,颜回更是一脸茫然。真是清官难断家务案呐。孔子走下大堂,来到花棂子窗前沉思了片刻,对衙役们说:"把他们爷俩都关进大牢里去。"告状的爷俩想让孔子给个公平合理的判断,没想到不分青红皂白就要投进大牢,双双连喊:"冤枉。"孔子怒道:"身为周朝百姓,不懂伦理

诸子百家——儒家

道德,简直是禽兽不如,还敢喊冤枉。"孔子对衙役们说:"把那老者押进新牢,把那年轻人押进旧牢,饿他们三天,看还敢不敢说冤枉。"

老者被关在新牢里,一个劲地唉声叹气。突然,梁头上传来一阵叽叽喳喳的叫声。老者有气无力地抬头一看,原来是一窝燕子,老燕子衔小虫从牢窗外飞进来,喂给雏燕。老燕子从早到晚,飞进飞出,从不间断。老者倚在墙根看得入了迷……再说那位少者被关在一间旧牢里,里面又暗又潮。少者就趴在窗口往外瞅,庭院里空空荡荡只有一棵大槐树,槐树上有个老鸹窝,就见小老鸹正给老老鸹喂食。原来,老老鸹生下小老鸹十八天眼就瞎了,自己不能觅食了,以后的日子全靠小老鸹来喂养。这样一连看了三天,老老鸹"嗷嗷"的叫声,终于唤醒了年轻人的良心……

第四天,孔子升堂。从牢里提出老者和少者,这爷俩一见面,在大堂上抱头痛哭,十分伤心,使衙役们个个丈二和尚摸不着头脑,只有孔子心里最清楚,脸上不由得露出了笑容。

孔子问道:"你们知罪吗?"少者抹着泪道:"知罪。"孔子又问:"罪在哪里?"少者道:"罪在忘恩负义,不知报答父母的养育之恩。""以后怎么办?""痛改前非,重新做人。"孔子点点头,又问那老者:"你知罪吗?"老者道:"知罪。""罪在哪里?""罪在教子无方。"好了,孔子判道:"养不教,父之过。你俩要彻底戒掉好吃懒做的坏毛病,要勤于耕种,从此后好好回家过日子去吧。"退堂后,颜回陪着孔子在院内散步。颜回望一眼树杈上的老鸹窝和低飞的燕子,由衷地佩服道:"老师审案,别具一格,实在是高明呀!"

大写数字的由来

孔子周游列国,不料半道上断了粮草,万般无奈,孔子只好带颜回进城找吃的。

这时正是正月十五,家家户户都在过元宵节,店铺里不时飘出香甜的元宵味。孔子和颜回走在街上,更觉饥肠咕咕。正在东张西望,孔子突然眼前一亮,对颜回说:"咱们有吃的了。"颜回觉得很奇怪,就跟着孔子走到一家元宵店铺前,只见门口的招牌上写着:大元宵一文钱一个。

孔子摸出一文钱在颜回面前晃了一晃,颜回说:"只有一文钱,只能吃一个,老师您吃吧,我再往前转转。"

孔子急忙拉住颜回,四下一打量,又朝颜回笑笑,取出笔砚在"一文钱一个"上加了一竖,于是成了"一文钱十个"。随后走进了元宵铺,他们要了十个元宵,一人五个。吃罢,孔子把一文钱放在桌上就走,这时店小二急忙拦住他们,说:"二位,一文钱一个,你们吃了十个应该给十文钱才对呀。"正巧店老板也走了过来,颜回装作很气愤的样子说:"你们的招牌上不是写着一文钱十个吗?"

店老板走过去一看,招牌被人改了,又看孔子他们的着装打扮像个书生,于是心里就明白了,本想向前质问,转念一想,买卖人和为贵,就客气地说:"二位客人不要生气,我的招牌原本是写的一文钱一个,不知道哪位书生开玩笑,给改成了一文钱十个了。既然改成了十个,我就按一文钱十个收钱吧。"

孔子顿觉好笑,便说:"一字添一竖成十,就给你留情了,如果十字头上加一撇儿,就成一千个。一字改成十,你还讨个大便宜呢。"

店老板被孔子说得目瞪口呆,胆战心惊,连连称是。

归途中,孔子一边回味着元宵的香味,一边想:数字的写法还真的得变变样,不然以后麻烦会更多。于是又创造了:壹,贰,叁等数字。自从有了大写数字后,买卖人写招牌,都改成了大写数字啦。

子见南子

南子是卫国国君卫灵公的宠妃。据说此人天姿国色,非一般女子。

这一年,孔子一行周游来到卫国。他看到卫国上下倒也勤于理政,人民生活还算安宁,文化气氛也还不错,便想暂且滞留此地,多呆些时日。

且说南子虽在深宫,却对外面的世界了解甚多。她很早就仰慕孔子的人品才学,如今听说这位大学者来到卫国,恨不能一睹风采,也可以就一些学术问题求教名师。于是,南子派人特邀孔子进宫晤谈。孔子先是婉言谢绝。但南子的使者执意要请,又说:"以卫国的礼节,以周礼大仪,先生不去都有违礼节;何况先生您若想在卫国住下去办一些事情,又怎么可以得罪南子呢?"

孔子想想也是,何必为此小事而激怒东道主。于是便很慎重地换了礼服,往见南子。南子也穿上礼服,以周礼之仪隔着帘子与孔子交谈。二人相晤时间虽不算久,但南子还是感到实在获益不浅,吩咐大臣们多加关照孔子一行。

再说孔子回馆,听说老师与南子会见,别人倒还罢了,独有子路,一边嘟囔不休,一边就拉下脸来,不拿好脸色给孔子看。孔子当然理解子路的心思,却又不便多做表白,只好苦笑着对子路说:"自己若非为行治道而见南子,愿老天惩罚我!"至于人们传说孔子与南子的其他事情,则纯属杜撰。

没有走投无路的时候

孔子被困在陈国与蔡国之间,已经断粮七天,用野菜做的汤里面连一个米粒也没有。虽然孔子脸色显得有些疲惫,但是,仍然在屋里抚琴唱歌。

弟子颜回正在择野菜,但听到子路、子贡一起说着话:"老师两次被从鲁国驱逐出来,隐退到了卫国,后来到宋国讲学,又被人砍倒了大树,差一点丢了性命。还曾经在周地遭受困顿,现在又被围困在这里了。要杀害咱们老师的人竟然没有罪过,欺凌咱们老师的也没有人来禁止。可是,咱们的老师还是抚琴唱歌,君子难道就这样不把羞耻当回事吗?"言下之意,对孔子的做法有些不理解,甚至有些不满。

颜回无法回答这个问题,就进去对孔子说。孔子把琴推到一边,长叹了一声说:"子路和子贡,都是看问题太短浅了。你去把他们叫进来,我跟他们说说。"

子路和子贡进来了。子路有些愤愤不平地说:"像我们这样在天下传道,却遭受这样的困境的人,可以说就是走投无路了!"

孔子说:"怎么能这么说呢?君子能够通达道义就叫作'通'(左右逢源),不能通达道义才叫作'穷'(走投无路)。现在,我孔丘虽然在这样的乱世之中遇到忧患,但是,这是因为坚持仁义之道所致。如果因为遇到忧患就放弃仁义之道,还能算君子吗?既然有君子之道,就不能说是走投无路啊。"

子路和子贡认真地听着,两人互相用眼睛余光扫了对方一下。颜回默默地听着。

孔子接着说:"既然要推行君子之道,就要在心中永远坚持道义,无论遇到任何情况都不违背道义,都要坚持道德原则,即使遇到灾难也不失去道德原则。你们看到那些松树和柏树了吗?无论天气多么寒冷,霜雪多么凌厉,都是常青不谢。现在我们在陈蔡之间遇到了阻碍,正可以考验自己是否能坚持住道德仁义,这是一种幸运啊。"

说完,孔子又把琴拿过来,继续抚琴,唱起歌来。子路高兴地拿起盾牌随着节拍跳起舞来。

子贡感慨地说:"原来我真的不知道天有多高、地有多厚啊!有道义才能上薄云天,有修养才能承载一切啊!"

颜回早已把孔子的话牢牢记在心上,琢磨着如何才能落实到自己的言行之中去。

圣人在乱世能做什么

孔子来到都城,拜见苌弘。虽然这是天子所在之地,但是,其地位已经连一个诸侯国也不如了。当时在场的人,除了苌弘之外,还有刘文公。孔子与二人谈完话就离去了。

苌弘对刘文公说:"我看孔仲尼有圣人的相貌。双目如河,额头高耸,是黄帝的形象;手臂很长,背如龟形,身高九尺六寸,这是商汤的体貌。口中说话,都是先王如何如何,确实做到了身体力行圣人之道,清廉而且谦让,闻见渊博,善于记诵,几乎无所不知,大概是又一个圣人吧。"

刘文公说:"当今天下,周天子衰微,而诸侯国凭借武力相互争战,孔子只是一个布衣百姓,虽然说是圣人,又怎么施展得开呢?"

苌弘说:"尧舜以及周文王和周武王之道,现在已经被人懈怠,有失去的危险,礼乐之道已经崩溃丧失,孔子也只能凭借自己的心志来使历代相传的传统纲纪再回归到正道上来而已。"

孔子听说以后,说:"我怎么敢自比圣人呢?只不过是喜欢礼乐罢了。"

宰予坠车

有一年,孔子带着弟子路过殷纣王的都城朝歌(今河南淇县)。朝歌有一座叫鹿台的宫殿,是殷纣王征派了成千上万的百姓,花了七年的工夫修建起来的。穷奢极欲的纣王用美玉将整个宫殿装饰起来,又把骏马、名狗和大批的美女收进鹿台。后来,周武王带兵征讨,很快就把纣王打败了。殷纣王自杀身亡,殷朝也就灭亡了。

春秋时代的朝歌,早已是人去楼空,但在纣王的荒淫影响下,这里的男女依旧过着繁华奢靡的生活。因而,孔子的马车经过时,颜回赶紧加上一鞭,让马车赶快跑过。

坐在马车上的弟子们都以袖遮面，不愿被这丑恶的地方污染眼睛。可宰予不管这些，他的双眼竟像不够用似的，东瞧西望，看得津津有味，并且有点得意忘形的神情。

这下可把坐在宰予旁边的子路气坏了，他飞起一脚，把宰予踹下了马车。宰予被摔得晕头转向，还不知怎么回事，等他回过神来时，孔子的马车早已没了影了。

要说子路这样做，不大合适。不过如果不这样做，那还能叫子路吗？

小气鬼子夏

子夏，姓卜名商，春秋卫国人。现今的山东菏泽市城北有座卜子夏祠和卜子夏墓，当地流传着许多关于圣门弟子子夏的传说。

子夏的性格和子路很相似，也是一位勇猛的斗士。在孔子周游列国的十几年中，他一直是孔子的护卫。但他这人又是个有名的小气鬼。

有一天，孔子和弟子们外出，天要下雨，可都没带雨具，正好路过子夏的家。子路提议说："咱们到子夏家借把雨伞吧！"

孔子连忙拦住子路，说："不要去、不要去，子夏这人我了解。他十分护财，他的东西别人是借不出来的。"

子路瞪瞪眼说："我能把我的东西都拿出来和朋友一起享用，就是用坏了都不心疼，难道给老师借把雨伞用用，子夏都不肯吗？"

"我不是那个意思，"孔子感慨地说道，"咱们不能硬叫人家去干自己不愿干的事嘛。只有这样，咱们大家才能相处的时间长久些！"孔子观观天色，说道："咱们还是快点往回赶吧，也许咱们到家，大雨才能下来呢。"

果然，孔子他们前脚走进家门，大雨才跟着倾盆而下。

公冶长识鸟语

孔子的七十二贤中，有个识鸟语的，这个人是个打柴郎，叫公冶长。他的家里只有母亲一人，日子十分贫寒。他从小就很聪明，经常跟着母亲到山上打柴。有一天他的母亲生病了，不能上山打柴，家中又无米下锅，小小年纪的公冶长心里很难过，于是一个人拿着砍刀和绳子就偷偷地上了山。

公冶长自己来到山上，感到很孤单，心里有些害怕，不由得就哭起来。哭声越来越大，惊动了山上的小鸟，都嗡嗡从远处飞来，落到公冶长的身边。公冶长看着不知道从哪里飞来的这么多花花绿绿的鸟，感到很奇怪。这时有一只羽毛乌黑的鸟说："你哭什么？你哭什么？"小公冶长更纳闷了，心想：鸟怎么还会说话呢？因此就说："你是什么鸟，怎么也会说人话？""我叫八哥，生来就会说话。"公冶长心想：鸟能学人说话，那么说，人也能学鸟说话了。这时八哥又问："你叫什么名字，为什么会在这里哭啼？"小公冶长就把自己的名字和母亲生病以及到山上打柴害怕的事告诉八哥。八哥和其他的鸟听了以后，都觉得小公冶长怪可怜的，于是齐声说："我们大家同你做伴，帮助你捡柴。"小公冶长听了很高兴，也不害怕了，就和鸟一起拾起柴来。

他一边拾柴，一边看着这群鸟叼着一根根柴棒朝他身边堆，不一会，就堆成一座小山。公冶长用绳子捆好柴火要回家，这时八哥不知从哪里叼来一串花生，给小公冶长，叫他带回家给母亲治病。小公冶长很感激，背着柴，提着花生，恋恋不舍地离开了鸟群。回到家时，天快黑了，母亲问他去哪了，这么晚才回来。于是小公冶长就把上山的事讲给母亲听，母亲将他紧紧地抱在怀里，不由一阵心痛，接着就大串大串的泪珠落在小公冶长的脸上。小公冶长默默地拿起花生，送给母亲。

从此以后，小公冶长每天都到山上打柴，经常和这群鸟玩，还常常学着鸟的叫声。这样时间长了，小公冶长不知不觉竟学会了鸟语，懂得了鸟音。

几年后，小公冶长已长大成人，他仍然每天上山打柴，同这些鸟一块戏耍。一天，突然听到喜鹊说："公冶长，公冶长，南山有只死绵羊，你吃肉来我吃肠。"公冶长听后跑到了南山，果然看到有只死绵羊。他把羊拖回家里剥了，然后把羊肉煮熟吃了，可是他忘记了喜鹊的话，把羊肠子埋了。喜鹊很生气，认为公冶长不够朋友，就想报复他。

时隔不久，这天公冶长正在山上打柴，突然喜鹊又说："公冶长，公冶长，北山有只死绵羊，你吃肉我吃肠。"公冶长听后，又往北山跑去，在很远的地方，他发现一堆人围着看什么，他以为又是一只死绵羊，恐怕被别人拖去，就喊："是我打死的，是我打死的！"当他走近一看，躺在那里的不是死绵羊，原来是一个死人。围观的人把他捆了起来，送到县衙。

到了县衙大堂，县官问他为什么要打死人。公冶长申辩说："这个人不是我打死的，我也不知道谁打死的。"于是他将事情的经过向县官讲了一遍，县官听了，暗说："人怎么能会鸟语？"他怕公冶长撒谎，就叫差役背着公冶长，逮了一个小燕子装在一个笼子里，提到大堂上，这时老燕子飞来，在外面乱叫。县官就问公冶长："外边燕子说什么？"公冶长说："禀告大人，外边的燕子在说：我一没有得罪你，二没碍着你，为什么把我的孩子关在笼子里？"这时县官才真正相信公冶长懂得鸟语，确定他没有杀人，才把公冶长放了。

鞭打芦花

相传，闵子骞八岁丧母，父续娶后妻姚氏，生闵革、闵蒙二子。继母疼爱自己的亲生儿子，对子骞却横加虐待，但子骞诚实敦厚，毫无怨言。

有一年临近年底，父亲驱牛车外出访友，命三子随从，子骞赶车。行至一个村庄时，天气骤变，寒风刺骨，子骞战栗不已，手指冻僵，一不小心将牛缰绳和牛鞭滑落于地，于是牛车翻倒在路边的沟地里。父亲见状，以为闵子骞真的像继母所说的那样懒惰，非常生气，拾起牛鞭，便怒抽子骞。不料鞭落处绽露出芦花，芦英纷飞，饥寒交迫的闵子骞晕倒在雪地里。其父见状，惊奇不已，待撕开闵革、闵蒙的棉衣，见尽是丝絮，这才恍然大悟，知道是后妻虐待闵子骞，急忙脱下自己的衣服裹住了子骞。返回家中后，其父举鞭便抽打后妻，并当场写下了休书。

苏醒过来的小子骞，知道事情的缘由后，苦苦哀求父亲不要赶走后母。他诚恳地对父亲说："母在一子寒，母去三子单。"意思是休了后母，自己和两个弟弟有可能落入另一个后母的手里，两个弟弟将来也会像自己一样受苦。父亲听了子骞的话，觉得说得非常有道理，于是就放弃了休妻之事。继母听了此事后，深受感动，她痛改前非，从此对三个孩子都一样看待了。

孔子听说了这件事以后，对闵子骞极力赞赏，他说："孝哉！闵子骞，人不间于其父母昆弟之间。"当时孔子正在广收门徒，所以一家人和好以后，闵子骞就投师孔门。但当时家贫交不起充学费的束脩（干肉条），他就为老师奉上一缸精心酿制的佳酿。同学中有人嗤笑说："曹溪之水，怎能抵得上束脩？"孔子闻言，讲学时故意说道："闵子骞千里求学，精神可嘉，虽是曹溪一滴，远胜束脩百条。"

闵子骞求学后，读书刻苦，为人沉稳持重，崇尚节俭。鲁国要扩建新库房，征取他的意见时，他批评说："原来的库房就很好，为什么再劳民伤财去改造？"孔子知道了此事后，很赞成他的意见，于是评价他说："人不言，言必有中。"

闵子骞辞官

据说，闵子骞成名后，被鲁君派往费邑为宰。他在费邑行仁政，施德治，不出一年，费邑就发生了很大的变化。

秋粮刚刚收获，鲁国权臣季氏的家臣阳虎便赶来催缴赋税。

闵子骞说："官税刚刚收了一部分，等收齐后我亲自送到国库里去。"

阳虎摆摆手说："费邑是季氏的私邑，官税直接交给季氏就行。"

闵子骞是个实在人，不由得问道："我生在鲁国，长在鲁国，如今又为费邑宰，怎么从没听说过费邑是私人的邑地呢？"

阳虎不耐烦地说道："鲁定公以弟继承兄位，也是不合理的，这都是季氏拥戴他的结果。如今国家大权掌握在季氏手中，这费邑还不是季氏家的吗？"

闵子骞听了，憋了一肚子气。自己全心全意治理费邑，原以为是替国家出力，没想到干来干去竟是为私人卖命，于是决定辞去官职。他在辞呈中假说父亲年高体弱，老病缠身，要归家侍候老父，以尽孝道。因忠孝不能两全，所以要辞去费邑宰的职务。

鲁君闻知，连忙派人劝阻，但闵子骞主意已定，坚辞官职。不待鲁君批准，就匆匆离任，隐居到汶水之滨。从此再也不肯出山为官了。

孔子训鹅

闵子骞辞官后，日子过得十分清苦。有一天，孔子和学生公冶长等人路过闵家庄，顺便到闵子骞家看看。闵子骞见老师来了十分高兴，就张罗让妻子做饭。妻子说："咱家有大米，做米饭吃吧。"

闵子骞说："老师吃米饭倒行，就是没有菜呀？"

妻子说："家里还有两只鹅，要不就先把那只小的杀了吧！"说着，就把小鹅绑了起来。

闵子骞说："我们师徒好几个，这一只小鹅不够吃呀？"

"那就杀大鹅吧！"妻子说着又把大鹅捆了起来。

孔子在堂屋里坐着，见闵家贫寒得很。忽听屋后有两只鹅"啊啊"乱叫，就问公冶长："公冶长，你通鸟语，你听听你闵贤弟家的鹅说什么呢？"

公冶长竖起耳朵听了听，说："是闵贤弟见咱们师徒来了，要杀鹅给咱们吃。两只鹅打算杀一个，大鹅给小鹅说：'我死以后，你要好好给东家看家，白天防着黄狼鼠，夜里小心花狐狸，没娘的孩子要学会照应你自己。'小鹅说：'我死后，你别哭来也别烦，我就像一个短命的小孩子，你别哭坏了身子，没人侍候你。你也得好好给东家把家看，白天防着黄狼鼠，夜里小心花狐狸。'"

孔子听了公冶长的话，就说："你去给闵子骞说，一对鹅，哪个也别杀，他要杀，就不在他家吃饭了。"

闵子骞最听孔子的话，赶紧把两只鹅放开了。鹅站起来扑拉着双翅，"鹅鹅鹅"地朝闵子骞施礼，闵子骞说："你别谢我，是堂屋里的老师不叫杀你的，你去谢谢老师的不杀之恩吧！"

两只鹅来到孔子脚下，点了三下头就要走。孔子说："二鹅回来。往后下河不准再伤鱼虾，你想活它也想活。我给你头上按个红疙瘩，从今儿后，你要口衔青草！"

鹅遵了孔子之命，从此以后，就只吃青草，不逮鱼虾啦。

子路治蒲

子路是孔子弟子中善于施政者之一。卫国的蒲邑壮士多而难治，子路为蒲邑大夫，向孔子辞行。临行前，孔子告诫子路说："恭谨谦敬，可以制服勇士；宽大清正，可以亲附民众；自身恭正，百姓安静，即可报效上司。"

子路带着老师的话踏上了行程。到了那里，子路为了防备水患，春天就与民共修沟渠。考虑到民众烦苦，就私自赠送给每人一箪饭，一壶水浆。孔子闻之，即遣子贡去取消它。子路愤然往见孔子，责问孔子道："老师不是让弟子施行仁义吗？教以仁义而禁行仁义，我不能接受。"孔子教导子路说："臣见民饿而不告于君，请求君主发仓济贫，而私自馈赠百姓，这是不彰明君主的恩惠，而只显示个人的德义，赶快停止，否则将获罪。"子路听了老师的话以后，才知道事情的严重性，于是心悦诚服地返回了卫国。

后来，子路治蒲三年，孔子过之，未见子路而三称其善：入境观其田畴，知民尽力于耕，称子路恭敬而信；入城观其屋树，知民安居不苟，称子路忠信而宽；入庭观其院甚闲，知民不扰，称子路明察以断。

不签不义盟约

子路是孔门的文武双才，有亚圣之德。后人尊他为"至贤"，清代皇帝又封他为"卫圣"。子路待人诚实，特别讲信用，所以格外受人信赖。

传说有一年，邾国（今山东邹县境内）的射将军受鲁国人的引诱，率军投奔鲁国。鲁国的执政大臣派出冉求和射将军谈判，最后要签订盟约了，射将军指名让子路代表鲁国签约，而对其他人一概不相信。

冉求便找到子路说:"郏国的射将军竟然不信任有千乘战车的大国,而只信你子路一人,真是怪哉!"

子路知道经过后,坚决不去见射将军,更不跟着冉求去签订什么盟约。他说:"射将军虽最信赖我一个人,但我也不能跟他签订这个盟约。"

冉求问道:"这是为什么?"

子路说:"因为我不能鼓励那些背叛国家的不义之事!"

从善意来看人

孔子的弟子宰予出使齐国,回来之后,见到孔子,对孔子说:"梁丘据(齐国大夫)遇到了毒蛇之害,过了一个多月才好。然后,他去朝见齐国国君,聚会了各位大夫宾客进行庆祝,弟子也作为宾客前往。大夫以及各位宾客都一个接一个地献上治疗蛇毒的药方。弟子对他们说:'献上药方的目的,是为了治病。现在梁丘先生的病已经痊愈了,各位夫子却再来献药方,还有什么用呢?莫非是想要让梁丘大夫再遇到毒蛇而用这些药方吗?'大家都沉默了,谁也没有说话。弟子这样说对不对?"

孔子说:"你这样说是不对的。如果一个人三次骨折,便有可能成为治疗骨折方面的好医生。梁丘先生遇到毒蛇之害能够痊愈,很多患同样病症的人一定会到他这里来问是用什么药方治好的。大家因为这个原因,各自说出自己所知道的药方,是想要使人知道这些药方,以便治疗疾病啊。凡是来说自己药方的,都会认为他的药方好,这样可以与梁丘据所用的药方进行优劣的比较罢了。"

宰予使楚

宰予的口才在孔门弟子中是出类拔萃的。据说有一年,宰予出使楚国。楚昭王久闻孔子大名,为了表示对孔子的敬意,特意准备了一辆十分豪华的马车,打算请宰予带给孔子。

宰予听说此事后,对楚昭王说:"我老师不用这样的车子。"

昭王问:"为什么呢?"

宰予回答说:"我老师重视仁义,崇尚道德,平时生活俭朴,所以我知道他不会喜欢你送的礼物。"

昭王很有兴趣地问:"孔子都喜欢些什么呢?"

宰予道:"老师的心愿是提倡美好的道德,希望有英明的国君推行德政。大王若是能实现我老师的政治主张,他就是步行千里来朝见您也很乐意。"

昭王不由得赞叹道:"孔子的品德真是伟大呀!"

难不倒

孔子来到齐国的消息被国君齐景公知道了。齐景公对孔子早有耳闻,于是就接见了孔子,并进行了两次长谈。

齐景公对孔子的才学及治国理论十分欣赏,有心重用他。可是,许多王公大臣坚决反对重用孔子。

一天,执政大臣晏婴给齐景公出了个主意,他说:"孔子不是博才多识吗?我想国公既然要重用他,就必须叫您现在的大臣服气才行。您不妨当着大臣们的面,考问一下孔子,他要是能答上来,我们自然欢迎与他共事;他如果回答不上来,这就说明他没有什么真才实学。"

齐景公觉得有道理,就问:"你们打算考什么呢?"

晏婴说:"古书上的学问难不住他,礼乐上的知识也难不倒他。我们想了个奇怪的考题……"说着,叫人拿来一块带窟窿眼的木板。

齐景公看了看说:"这算什么问题?"

晏婴说:"孔子来了,国公就用手指一指这块木板,问他这是什么?孔子肯定会说是个木头,我们就说不对,是木板;如果孔子说这是个窟窿,我们就说不对,这是眼。这样一来,孔子肯定回答不上来了。"

齐景公虽然觉得这题目太刁钻,但确实也没有别的好办法来考孔子,只好点头同意了大臣们的主张。

这天,孔子来了,齐景公命令鼓乐齐奏,鞭炮齐鸣,并亲自把孔子请进宫里。客套了几句,齐景公就说:"我有个问题要考考您,不知您能否回答得上来?"

孔子说:"那要看什么问题,或许我能解答上来。"

这时,晏婴派人拿来了木板。

齐景公用手一指,问:"这是什么?"

孔子万万没有想到是个开玩笑的问题,于是说:"此乃木头板,上刻窟窿眼。"

齐景公一听,面红耳赤。晏婴和大臣们也都羞得无地自容了。

后来,孔子听说这是大臣们故意来嘲弄他时,十分气愤,心里说:你齐景公能同意出这样的问题来考我,看来你齐景公对我也没有诚意。于是,孔子又离开了齐国。

近悦远来

鲁哀公对孔子说:"我今天有些空闲,让我跟您谈谈我的心情吧。"孔子容色为之一变,避开席位说:"君主不可以向下臣谈论心情,这样君主就不像君主了。还是让我们谈一下怎么治理国家吧。"鲁哀公说:"很好,那就请先生讲讲吧。"

孔子说道:"在治理国家方面,虞舜可以说是榜样了。他凭借高尚的道德承袭了尧的王位,他制定礼规,发散圣德,北方边远的少数民族都前来归顺。南方的交趾接受安抚,从东到西,日月出入的广大范围内,没有人不听从他的号令。"

孔子接着说:"那时人民心明眼亮,都能阐明虞舜的德教,使之通达于四方,四方之外的肃慎、北发、渠搜、氐、羌竞相归顺。虞舜之后大禹继起,他根据天意行事,修明道德、发挥才干,人民都能阐发他的德教,使之通达于四方,四方之外的那些地方又都竞相归顺。

"大禹去世后,传了十七代便是夏桀。桀不遵循先王圣明的教化,沉醉酒色,政治悖

諸子百家——儒家

157

乱,大肆兴修宫室、建筑高台,害虐人民。民众忧愁得快逃走了。于是商汤继起,他不忍心看见天下的人民遭受杀戮,便接受天命做了天子。他继承了大禹的德政并续修虞舜的事业,辅助上天,终于又使人民喜悦,四方之夷前来归附。"

鲁哀公神色凝重地说:"先生教给我的这些为政之道简直太伟大了!但是,先生所列举的这些圣王的德教,很难做到啊。"

孔子说:"没有什么困难的,善于管理政事的人,要使在近处的老百姓感到喜悦;对待远方的人,要亲近他们,使他们前来投奔。如果能够做到这些的话,也就够了。"

名正言顺

五十多岁的孔子做了鲁国的大司寇,管司法工作。这样,孔子参与政治的抱负终于实现了。后来,孔子又由大司寇,代理相国职务。他参与国政仅仅三个月,鲁国的风俗就大大变了样。孔子的成就使齐景公感到害怕,他特地挑了八十个美貌的女子,让她们穿上华丽的衣服,教她们学会舞蹈,加上一百二十匹骏马,一起送给贪图享乐的鲁定公,以腐蚀他的意志。这一计果然奏效,鲁定公沉湎于歌舞淫乐之中,不再过问政事了。

孔子的学生子路见到这种情况,便对孔子说。"老师,我们可以离开这里了吧!"孔子回答说:"鲁国就要到郊外祭祀,如果他能按照礼法把典礼后的烤肉分给我,那我还可以留下不走。"结果,鲁定公违背常礼,没有把烤肉分给他。于是,孔子离开鲁国,来到了卫国。

来到卫国后,卫灵公问孔子,在鲁国得到的俸禄是多少。孔子回答说是俸米六万斗。于是,卫灵公也给了他这个数的俸米。跟随孔子的学生们见有了安身之处,都很高兴。子路尤其高兴,问孔子道:"卫国的君主等待你去治理国政,你首先干些什么呢?"孔子略

孔庙

为思索了一下,说:"我认为首先要纠正名分。"子路不客气地说:"老师未免太迂腐了,这有什么纠正的必要呢?"孔子反驳说:"你真粗暴!君子对他所不知道地抱持存疑的态度。名分不正,道理也就讲不通;道理不通,事情也就办不成;事情办不成,国家的礼乐教化也就兴办不起来;礼乐教化兴办不起来,刑罚就不会得当;刑罚不得当,老百姓就会不知如

诸子百家——儒家

何是好,连手脚都不晓得往何处摆了。所以君子首先要确定一个名分,必须能说得明白,讲出来的道理也一定要行得通。"

不久,有人向卫灵公说了孔子不少坏话,卫灵公就派人监视孔子的出入。孔子怕继续留在这里出事,在卫国只居住了十个月,就离开了。

树德与树怨

孔子的弟子子羔,在卫国从政期间,曾经对一个人用过砍断脚的刖刑。

卫国发生动乱的时候,子羔要逃走,来到城门前,发现城门已经关闭了。守门的就是那个曾经被子羔砍断脚的人。

那人说:"在那边城墙上有个缺口,可以逃走。"

子羔说:"君子不能从缺口过去。"

那人说:"另外那一边有个洞口,可以逃走。"

子羔说:"君子不能钻洞逃走。"

那人说:"这里有一间房子可以躲避。"

于是,子羔进入了那座房子。追兵过去之后,子羔要离开,对那个受刑的人说:"我不能损害国君制订的法令,因而用刑砍断了您的脚。我现在逃难,这是您报仇抱怨的好时候,您为什么还会帮助我逃避灾难呢?"

那人说:"砍断我的脚,本来就是因为我犯了罪,那是无可奈何的事情。当初您审判臣的时候,一开始先根据法律寻找减轻臣刑罚的方法,是想要让臣免于法律的惩罚,这臣很明白;在审判完了定罪的时候,您很庄重伤感,都可以从表情上显现出来,这个也是臣很明白的。您不是因为私情而要对臣徇私舞弊,只是因为有天生的仁人之心,才会自然而然地这样做。这是臣要使您逃避灾难的原因。"

孔子听说之后说:"善于做官吏的人,尽力树立起自己的品德;不善于做官的人,总是会多构成怨敌。用公正之心来指导自己的言行,大概可以说子羔做到了。"

三千乌鸦兵

据说孔林的树上不栖乌鸦,有诗云:"荆棘不生茔域地,乌巢长避楷林风。"而在孔庙则相反,每当旭日将升,随着晨钟声声,大群大群的乌鸦"哇哇"叫着从孔庙里腾空而起,在曲阜城上空盘旋几周后,便成群结队地各奔东西。当暮鼓擂响的时候,这些乌鸦又飞回孔庙夜宿。一朝一暮,整个天空犹如乌鸦的世界。

一般人认为乌鸦是一种不祥之鸟,但曲阜人却非常喜欢乌鸦,这里有段优美动人的神话故事。

孔子周游列国十九年,六十多岁的时候,他决定回到故乡曲阜。

一天,他的车马来到尼山时,忽遭兵匪袭击,孔子的弟子们虽殊死搏斗,终因寡不敌众而被打败。孔子见状,对天长叹道:"难道我孔丘辛苦一生,壮志未酬,就要丧生于兵匪之手,真乃天灭我也!"

正在这危难之机，只听一阵"哇哇哇"的声生由远而近，一时间天昏地暗，原来是一群乌鸦冲了上来，把兵匪冲散了。

孔子师徒被乌鸦所解救，真是感恩不尽。回曲阜的路上，这些乌鸦一直将孔子护送到家。后来，这些乌鸦便住在了孔子故宅附近，孔子死后，乌鸦又搬进孔府，为孔子看家护院至今。从此，"孔子三千乌鸦兵"的传说就流传开了。

"阙里"的来历

孔子故宅门前有一条街道叫阙里街。春秋时期，街道通称"里"，因为这条街上有两个石阙，故名"阙里"。汉时，阙里街上曾建起两座方形的雕刻石阙。石阙四面刻花，每座六层，上刻方脊瓦垅顶，并饰有人、车、马、鹿、贯环等。到元代因修庙扩街，把这一对石阙移入孔庙，建起了现存的木结构牌坊，后来曾多次重修。此坊四柱三楹，每楹三层梁坊，上有密集的斗拱和云龙透花板，中间红色坊额、上书"阙里"两个金字，坊顶覆绿琉璃瓦，各挑角均挂风铃，风起时叮咚作响。如今这里已是一处胜迹，说起它的来历，还有一段故事呢。

传说，有一天孔子因急事外出，迎门被一个无赖挡住了去路。无赖用破砖烂瓦筑了个方方正正的城堡，并端坐其间。孔子好言劝他让让路，那无赖却反问道："自古常理，只有车躲城，哪有城躲车的?"孔子无奈，只好说："那我就绕城而过吧。"还没等孔子的马车挪步，那无赖又拦住孔子说："夫子，你没听说过'三里之城，七里之郭'吗? 你看你的车都快压着我的城郭啦!"孔子低头见"城堡"外边还有用黄土圈的一个大圈，把整整一条路给堵死了。孔子一时气得没办法，又没时间和他争辩，只好步行着绕过了"城郭"。

孔子一边走一边回头叹道："缺理呀! 缺理!"于是，后人就将孔子故宅前的那条街叫作"缺理街"。因"缺理"这两个字写在圣人门前太不雅观，遂取其谐音，称作"阙里"街了。再说那个无赖，天天到孔子门前摆城阵，时间长了，自己也觉得无趣，干脆入了孔门，做了孔子的学生，后来也成了一位贤士。

倒流水

古人说："条条大河向东流，奔流到海不复回。"可孔子的家乡喝水都是由东向西流，形成了圣人门前倒流水的奇迹。

传说有一年，曲阜大旱，孔子带领弟子们天天到祈雨台上求雨。这天求雨归来，孔子路过一条浅浅的小河，见一群顽童正用石头追打一条小白蛇。小白蛇已是伤痕累累，血迹斑斑，但仍艰难地向河里前进。孔子见了，顿生仁慈之心，立即喝退顽童，将受伤的小白蛇带回学馆喂养。

每当孔子来学馆授课时，小白蛇就像通了灵性似的伸长脖子，双眼紧盯孔子，一副聚精会神的样子。几个月过去了，小白蛇的伤养好了，孔子要把它送回河里去。一路上，小白蛇望着孔子流泪，孔子心想:这个东西还真有灵性啊! 来到一条大河边，孔子将小白蛇放入水中，说道:"回家去吧!"话音刚落，就见水惊浪腾，一只龙爪向孔子一挥，就听道:

"夫子救命之恩,弟子来日再报!"孔子大吃一惊,原来自己救了一条龙啊。

原来,小白蛇是东海龙王的太子小白龙。小白龙回到东海龙宫,见了龙王就哭,龙王问他怎么了,小白龙就把事情叙述了一遍。龙王说:"你遇上好人了。我们的宫里有金银珠宝,你拿去谢谢人家吧!"

小白龙说:"我在他家养伤数月,知道他是位讲仁义行善德的大圣人。因曲阜大旱,他每天求雨,我请父王给曲阜下一场透雨吧,救命恩人知道是咱降的甘霖,比给他金银珠宝都高兴啊!"

龙王十分为难地说:"降场透雨容易,只是玉皇大帝有令,要大旱三年,这鲁都曲阜正在山东地界。玉帝旨意谁敢违抗?"老龙王前思后想,终于答应了儿子的请求。不料想,小白龙先父亲一步,悄悄地点齐水族,晚上向曲阜进发了。

半道上,小白龙的行动被巡天的夜叉发现了,急忙报告了玉帝。玉帝听闻,勃然大怒,大骂东海龙王竟敢拿御旨当儿戏,擅自去东山降雨,于是命令雷神出动,阻止小白龙。

小白龙一路匆慌,刚刚到达曲阜上空,还没来得及下雨,正好和雷神相遇。雷神不问青红皂白,一霹雳闪电,把小白龙击死在曲阜城东,化作一座土丘,就是现在的泗水城东五十里处的陪尾山。

小白龙虽然被击毙,但仍念念不忘曲阜的旱情,便从许多石缝里吐出泉水,形成了"泉林"胜景。泉水汇聚在一起又曲折蛇行,由东往西流去,形成了中原地区少见的倒流水——泗水河。

诸子百家——儒家

小儿庙

中国的庙多,神也多。但是,河北省满城县有个小儿庙,还是人们头一次听说。

传说,有一年孔子北游,路过满城,见这里湖光山色,景如图画,便停车观览。他正走着,忽见前边有两个小孩对着天指手画脚,争论不休。孔子兴致正高,便过去含笑问道:"你们俩小童在争论什么呢?"大一点的孩子指指天说:"我们在争论这个太阳。我说中午的太阳离地面最近。""为什么呢?"孔子问。"因为中午的太阳最炎热,照得地面发烫,浑身流汗。"孔子正要点头,不想另一个小孩又抢着说:"我说早晨刚刚升起的太阳离地面最近。"孔子又问:"这是什么道理呢?"小孩说:"因为早晨的太阳大如车轮,这是近大远小的道理。"

孔子一听傻了眼,觉得两个小孩说得都有道理。这时两个小孩一人抓住孔子的一只胳膊,请孔子裁判。人们都说孔子上知天文下晓地理,没想到这个问题还真把他难住了,一时不知如何说才对,只好说:"都有道理,都有道理。"接着挣脱小孩,登车而去了。

后来,后人为了纪念此事,就在小儿问日处,修建了小儿庙,这个故事也就一代一代地流传下来了。

薄葬颜回

颜回是孔子最喜欢的弟子,他随孔子登泰山,回曲阜,后来不几天就病死了。孔子得信，老泪纵横，十分悲伤地长叹："真是老天惩罚我呀！"颜回家贫如洗，孔子与弟子都赠送了许多东西为他办理丧事。

一天，颜回的父亲颜路找到孔子，他想用孔子的坐车为颜回改做成椁(棺材外面套的大棺)。孔子想了想说："寻常人死后不用椁，我的儿子孔鲤死了也是有棺无椁的，除非王公大臣死后棺椁并用，甚至用活人、宝物殉葬。发明殉葬的人，我想他一定是断子绝孙，永无后代！"孔子有点气愤了，"这样的恶习，我要设法戒除，以免后患。棺木既厚，我看就不要用椁了吧！"夫子之言，颜路只好照办。

鲁哀公听到颜回的死讯，也觉惋惜，他把孔子请进宫里，问道："颜回是夫子门下第一贤士，而今死了，我要吊唁一下，表示哀思。只是颜回终生未做官，死后该用什么样的吊礼好呢？"

孔子答道："凡是鲁国境内的百姓，您都可以看作臣子。按照古礼，君吊臣，向尸而哭，君送吊礼，多少都是荣耀。"

第三天，哀公亲吊颜回，并赠送了丧礼。

发丧(出殡)当天，子贡问孔子："颜回的葬礼该怎样举行呢？"孔子说："葬礼要看家中富贫。家贫可以从简，可照古法用车拉灵柩，现在有的人用木偶做陪葬，我看与用活人没有什么两样，我深恶痛绝！"弟子们按照孔子的意思，从简埋葬了大师兄。

说来也怪，孔子养了一条大黄狗，因为近年来都是颜回来喂食，所以，自颜回死后，大黄狗整天不吃不喝，不几天也死了。从此以后，孔子常常弹琴自娱，但再听不到铮铮强音，而只有哀伤沉闷的声音了。

卧冰求鱼

据说曾参的母亲体弱多病，父亲又跟着孔子在曲阜求学，长年不在家，年幼的曾参就担负起过于繁重的家务劳动。这使他养成了吃苦耐劳、不向困难低头的倔强性格。

有一年冬天，鹅毛大雪一连下了七天七夜。曾母又患了伤寒病，卧床不起。曾参看看家里的粮食不多了，十分着急。每到吃饭时，曾参都是硬着头皮含着泪把糠菜团子端给母亲。他见母亲一口饭吃半天、难以下咽的样子，就像百爪挠心似的难受。

这天雪停了，曾参就走到母亲床前问道："娘，看您病成这个样子，爹又不在家，您想吃点什么就给我说吧，再难我也得叫娘吃上可口的饭菜。"

曾母看着既懂事又孝顺的儿子，不由得双眼噙满泪水。她凝视着窗外银白色的大地，深深叹了一口气，说："要是老天爷下白面馍馍，再炖条鱼吃，该多好呀！"

曾参记住了母亲的话。第二天一大早，他就踏着厚厚的积雪来到集市，瞅着一袋袋白面大米，摸摸空空的口袋，想想母亲那病弱的模样，曾参真恨不得大哭一场。曾参在集市上转了一圈又一圈，咬咬牙把身上穿着的一件半新不旧的棉袄扒下来，给人家换了几斤面粉，往家奔去。他想到母亲就要吃上白面馍馍了，心中生出阵阵暖意，竟忘记了衣单体冷、寒风刺骨。

一会儿，就来到沭水河畔，他正要从冰面上走过去，猛然想起母亲还想吃鱼呢。他望

诸子百家

——儒家

了眼冰封的河面,咬着牙,抱起一块大石头向冰面砸去,一下,两下,三下……冰面纹丝不动,只有冰花飞溅。怎么办? 曾参站在河岸边喘着粗气,心里暗下决心,不达目的决不罢休。想到此,他又抱起大石头,突然看见自己头上的汗珠子在冰上融化出一个个芝麻大的点点,他有了办法,高兴极了。曾参扔下大石头,脱下上衣,趴在冰面上,他要用胸膛暖化封冻已久的坚冰。

时间慢慢地过去了。曾参终于用一腔热血暖化了厚厚的冰层,河面上露出了一个盆口大的窟窿。曾参兴奋地正要往水里伸手,就听"啪"的一声,一条一斤多重的红尾鲤鱼从冰窟窿里蹦出来,在冰面上不停地翻动跳跃。曾参立即扑上去,把红尾鲤鱼紧紧抓住。

曾参在数九寒天,当袄换面,卧冰求鱼,孝敬母亲的事儿传扬开去,不仅受世人称道,据说还感动了上天,让曾母很快恢复了健康,又增加了寿数。

曾参出妻

曾参的生母去世后,曾参父亲曾点又续娶了个妻子。曾参的继母对曾参没一点慈爱可言,还常常刁难曾参的妻子儿女。但曾参对她仍恪尽孝道,早晚问安,供养不衰。

有一天,继母想吃梨,可她的牙齿全掉光了,根本咬不动梨子。怎么办? 曾参想了想,就对妻子说:"你去买几个梨来,蒸熟了再给母亲吃。"妻子买来梨子放在蒸笼里蒸了蒸,就端给了婆母。婆母咬了两口,见梨子没有蒸熟蒸透,十分恼火。等曾参回了家,她把儿媳蒸梨不熟的事儿,添油加醋地向曾参哭诉了一番

曾参听了,不容妻子辩解,立即写了一纸休书,就把妻子休出了家门。

曾参的朋友们认为他的做法太过分了,就问他:"妇人须犯七出之条方可休她,蒸梨不熟是件小事,并未犯七出之条啊! 你为何非要休妻不可呢?"

曾参答道:"不错,蒸梨的确是桩小事,不在七出之例。但我让她将梨蒸熟后奉给老母,她竟不听,蒸个半生不熟就给了老母。小事她敢如此,大事谁敢保证她不如此呢? 像这样的妇人我怎么还敢留她!"

曾参的儿子曾元,见母亲走后煮饭缝衣的事儿都是父亲亲自动手,十分同情他,就劝曾参再续娶一位。曾参见儿子小小年纪就知道心疼人,感到十分宽慰。他爱抚着儿子的头说:"孩子,你还小,还不懂得事理。当年高宗因有了后妻而杀死前妇之子,尹吉甫因有了后妻而将前妻的儿子赶出家门。我上不如高宗,下不及尹吉甫,一旦有了后妻,谁能保证我不做出不合礼数的事来呢?"

后来,曾参终生没再娶。

曾参更席

曾参在七十岁时得了重病,卧床不能起了。于是,他把儿子曾元叫到跟前说:"人生的经验,不要花多实少,言多行少。比如飞鸟鱼鳖,为了追求食饵而身亡;君子不要以利辱身才是。"

有一天,他的学生孟敬子前来问候病情,曾参又语重心长地对学生孟敬子说:"鸟到

临死时,叫得极为悲哀;人到临死时,言语极为善良。君子生养之道,至死也不会忘掉修养才行。"

又过了几天,他的弟子乐正子春也来看望老师。乐正子春坐在床前,大儿子曾元、二儿子曾申都坐在他的足下,跟随乐正子春的书童坐在墙角的凳子上,手端着一尊明烛。书童突然用手指着曾参床上正铺着的席子说:"那华美的竹席子是大夫的席子吧?"

曾参在朦胧中听到书童说话,忽然猛醒地说:"这席子是季孙氏大夫送给我的,还未能更换下来。"曾参猛喊曾元:"元儿! 快更换席子!""父亲的病重了,不可以更换了!"曾参说:"你爱我,不如君子爱人,君子是以德爱人。你这样姑息我,我还求什么呢?"曾元听了,无可奈何,知道父亲是不愿死在季孙氏大夫赠送的席子上,只好遵命更席。曾参起身尚未躺好,便咽了气。

子思问祖

孔子的儿子死得早,儿媳又改嫁去了卫国,遗下孙子子思。孔子对孙子格外疼爱又严格要求,年幼的子思不仅养成了刚毅的性格,而且勤奋好学,令年迈的孔子备感欣慰。

一天傍晚,孔子和子思祖孙俩闲坐在阶前,孔子忽然长叹了一声。子思问:"爷爷长叹,是担心孙子不能继承祖业呢,还是忧虑尧舜之道不能行之于天下呀?"

孔子说:"你小孩子家懂什么!"

子思回答道:"我常听爷爷说,做父亲的劈柴,如果做儿子的不能背回家,就是不孝。我一想起这话就担心,生怕自己不勤奋而荒废了学业,将来不能立身处世。"

孔子闻言,笑逐颜开,亲切地说道:"好孙子,听了你这番话,我就没有什么可担忧的了!"

孔子临终时,子思还是个孩子。孔子把曾参和子思叫到床前,嘱咐曾参要好好地传业于子思,又要子思三拜曾参为师。

孔子死后,曾参把孔子传授的全部学问传授给了子思。子思在曾参门下,不仅掌握了儒家的全部思想,而且还有所发挥,著成了《中庸》一书。

子思与鲁穆公

子思生长在圣人门里,自幼就受到良好的教育,他对事物善于分析思考,常有独到的见解。

有一天,他到沂河岸边游玩。见一个渔夫从沂河里钓上一条百十斤重的大鳇鱼,子思十分惊奇,就问渔夫:"听说大鳇鱼很狡猾,轻易不会上钩,您是怎么把它钓上来的呢?"

渔夫双手按着活蹦乱跳的大鳇鱼说:"开始的时候,我在鱼钩上放了一点小鱼饵,这条大鳇鱼从旁边游过去,毫不理会。后来,我换上了一挂猪肠子,它就又游过来,一口吞下去,便上钩了。"

子思听了,很有感触地叹道:"鳇鱼虽然最难上钩,但终因贪恋大块食物,而死于饵。这和做官的人虽然心中有道,但因贪图俸禄,最后死于俸禄,是一样的道理呀!"

诸子百家——儒家

子思长大后，也成了鲁国有名的贤士。当时执政的鲁穆公听说子思德才兼备，就常常请子思到宫中叙谈。一次，鲁穆公问子思："听人说，你做了好事不愿被别人称赞，是这样吗？"

子思答道："不是的。我做了好事、善事，希望世人皆知，更愿意得到别人的赞扬，还希望别人都像我一样做好事、行善事。"

鲁穆公又问："鲁国现在非常衰弱，你看还有强盛起来的可能吗？"

子思答道："如果您使大臣们都能按照周公之礼办事，兴公灭私，对老百姓多施恩惠，对邻国礼尚往来，鲁国不但能强盛，还有可能会称霸天下呢。"

鲁穆公听了，连声说好。但从没按子思的主张做过。

后来，鲁穆公准备聘子思为国相。曾参闻知不由得叹道："子思性格太刚直孤傲了，恐怕不适合做人臣呀！"

子思考虑了一番，对曾参说："在鲁国当前的形势下，即使让我做了国相，也无法推行我的政治主张。不能推行我的主张，我何必去干这受罪的差使呢？"于是谢绝了鲁穆公。鲁穆公为了显示自己爱惜人才，便不断地派人问候子思或送些酒肉礼物。开始，子思都接受了，但心里老觉得别扭。时间长了，子思便把送礼的人拒之门外。

有一天，鲁穆公又派人到子思家送礼物，子思当着来人的面面北而跪，道："我今天才知道君主把我当成犬马一样喂养呀！"说完，把送礼的人赶出大门。

从此，鲁穆公再也不给子思送礼物了。

子思谏卫侯

子思向卫国国君提起苟变，说："他的才能可统领五百辆车。"卫侯说："我知道他是个将才，然而苟变做官吏的时候，有次征税他吃了老百姓两个鸡蛋，所以我不用他。"子思说："圣人选人任官，就好比木匠使用木料，取其所长，弃其所短；因此，一根合抱的良木，虽然有几尺朽烂处，高明的工匠是不会扔掉它的。现在国君您处在战国纷争之世，正要收罗锋爪利牙的人才，却因为两个鸡蛋而舍弃了一员可守一城的大将，这事可不能让邻国知道啊！"卫侯一再拜谢说："我接受你的指教。"

卫侯提出了一项不正确的计划，而大臣们却附和如出一口。子思说："我看卫国，真是'君不像君，臣不像臣'呀！"公丘懿子问道："为什么竟会这样？"子思说："君主自以为是，大家便不提出自己的意见。即使事情处理对了，没有听取众议，也是排斥了众人的意见，更何况现在，众人都附和错误见解而助长邪恶之风呢！不考察事情的是非而乐于让别人赞扬，是无比的昏庸；不判断事情是否有道理而一味阿谀奉承，是无比的谄媚。君主昏庸而臣下谄媚，这样居于百姓之上，老百姓是不会同意的。"

子思对卫侯说："你的国家将要一天不如一天了。"卫侯问："为什么？"回答说："事出有因。国君你说话自以为是，卿大夫等官员没有人敢改正你的错误；于是他们也说话自以为是，士人百姓也不敢改正其误。君臣都自以为贤能，下属又同声称贤，称赞贤能则和顺而有福，指出错误则忤逆而有祸，这样，怎么会有好的结果！《诗经》说：'都称道自己是

諸子百家——儒家

165

圣贤,乌鸦雌雄谁能辨?'不也像你们这些君臣吗?"

三、孟子的故事

孟母三迁

孟子小的时候,他的父亲早早地死去了,母亲守节没有改嫁。

有一次,他们住在墓地旁边。孟子就和邻居的小孩一起学着大人跪拜、哭嚎的样子,玩起办理丧事的游戏。孟子的母亲看到了,就皱起眉头:"不行! 我不能让我的孩子住在这里了!"孟子的母亲就带着孟子搬到市集旁边去住。到了市集,孟子又和邻居的小孩,学起商人做生意的样子。一会儿鞠躬欢迎客人、一会儿招待客人、一会儿和客人讨价还价,表演得像极了! 孟子的母亲知道了,又皱皱眉头说道:"这个地方也不适合我的孩子居住!"于是,他们又搬家了。这一次,他们搬到了学校附近。孟子开始变得守秩序、懂礼貌、喜欢读书。这个时候,孟子的母亲很满意地点着头说:"这才是我儿子应该住的地方呀!"

后来,大家就用"孟母三迁"来表示人应该要接近好的人、事、物,才能学习到好的习惯。

孟母断织

有一次孟子放学回家,母亲正在织布,见他回来便问道:"学习怎么样了?"孟子漫不经心地回答说:"跟过去一样。"孟母见孟子一脸无所谓的样子,便十分恼火,拿起剪刀来就把织好的布给剪断了。孟子见母亲发了这么大的脾气,心里害怕极了,就怯怯地问母亲:"为什么要发这么大的火?"

孟母语重心长地对孟子说:"你荒废学业,如同我剪断这布一样。有德行的人学习是为了树立名声,增长知识。所以平时能平安无事,做起事来就可以避开祸害。如果现在荒废了学业,就不免于做下贱的劳役,而且难于避免祸患。"孟子听了母亲的教诲,从此以后,从早到晚勤学不止,把子思当作老师,终于成了天下有名的大儒,这同孟母的教育也是分不开的。

四十立子

中国两千多年的传统习惯就是,每个家庭做父母的把孩子养大成人后,还要为儿女继续操劳,为儿子再娶上媳妇,给闺女找上婆家,才算彻底完成了养儿育女的责任。孟母含辛茹苦把孟子拉扯大,又供他读书,孟子十七八岁的时候,孟母又操持着给孟子找了位既贤惠又有才学的女子——田氏为妻。

孟子婚后,和田氏和和美美,日子过得十分快活,孟母见了心里也乐滋滋的,就盼着早日抱上孙子。

转眼两三年过去了,孟母脸上的笑容不见了。她在堂屋里设上灵主牌位,天天烧香磕头,期盼送子娘娘快给她送个孙子来。又过了两三年,还不见田氏怀孕,老太太实在坐不住了,便带着儿媳四处求医拜神。封建社会讲究续香火,孟子也说过:"不孝有三,无后为大。"所以孟子心里也分外着急,不愿在自己这一代断了孟家的香火。可田氏不生养,有什么办法呢? 一天,孟母把儿子、儿媳叫到自己房里,商量着要抱养个孩子。孟子对母亲一贯言听计从,便答应下来。

过了不久,孟母就从外边抱来个又白又胖的小子,这孩子因家穷养不起,所以送给了孟家。

田氏把收养的孩子视为己出,精心抚养。孟母和孟子也格外疼爱,等他长大后,就跟着孟子读书习文,也成了孟子的得意门生。

孟子四十岁那年,妻子田氏竟有了身孕,终于生下个白白胖胖的男孩。孟子觉得养子是老大,就给亲生的孩子取名叫孟仲子。

孟母见有了亲生孙子,一连几天喜得合不拢嘴,就对儿媳说:"你这是带人家的孩子,修自己的孩子。这不,人家的孩子带大了,自己的孩子也有了。"

孟子休妻

孟子对母亲很孝顺,但他常年聚众讲学,周游列国,很少有机会在家。所以侍奉老母的担子就落在了妻子田氏的肩上。孟母通情达理,田氏知冷知热,婆媳俩处得十分融洽。

有一年夏天,孟子从外边讲学回来,先到母亲房里请安,然后回自己屋。他推开屋门一看,只见田氏袒胸露臂,赤着上身正在织机前织布呢。田氏见孟子推门而入,羞得满面通红,急忙低着头抓过衣裳穿了起来。

孟子沉着脸,二话没说走到桌前,铺纸提笔,"刷刷刷",一张休书写好了。田氏原以为孟子不过责备自己几句而已,没想到孟子会这样绝情,休回娘家如何见人? 于是暗自哭泣,欲寻短见。

晚饭的时候,孟母见儿子回来格外高兴,可见儿媳两眼红肿,十分纳闷,心想一定出了什么事儿。孟母把儿媳叫到屋里一盘问,知道了事情的原委,老太太非但没责怪儿媳,反而宽慰了几句。

随后,孟母把孟子叫进屋里,说:"古人言:'将上堂,声必扬。'你是个通文晓礼的人,怎么连这个规矩都不懂呢? 进你妻子的房间,你为什么不先敲敲门,或者咳嗽一声呢? 你不声不响推门而入,这是你的不是,怎么能怪你妻子呢?"

孟子听了母亲的话,觉得有道理,立即给母亲认了错,向妻子赔了不是。回到自己房里,就把休书撕毁了。

草帽接燕巢

一般农村都是在春季建造房屋,房屋建好后,还要等过了夏天才搬进去居住。这是为了让春风吹吹,夏日晒晒,去去潮气。新房一空数月,小燕子就偷空衔泥做巢。燕巢大都在堂屋当门房顶的檩子上。

传说有一年,孟子出游齐国,随行的弟子万章说:"老师,前边不远就是我的家了,老师是不是到我家歇歇腿喝口水?"孟子说:"好吧。"

万章把老师请进家中。谁想孟子刚走进堂屋门,就听"叽"的一声,一块燕屎差点落在孟子头上。

万章一见,很生气,顺手操起一根竹竿就要把屋顶上的燕巢戳下来,把燕子赶走。孟子抬起头,看了看,拦住万章说:"不要这样。这燕巢是燕子一口泥一口草衔来的,它们做成这么个巢不容易呀。你要把它戳下来,燕子就无家可归了。再说,巢内还有一些没长大的小燕子,你要把巢戳下来,小燕子不就摔死了? 我看,咱对这些小生灵也该施点仁政,就饶了它们吧!"

万章觉得老师说得很有道理,但这燕屎不定什么时候就落下来,不是脏了地面,就是落在人身上,多脏呀。

孟子看出了万章的心事,于是取下头上的草帽,递给万章说:"你把草帽挂在燕巢下边,接住粪便,不就什么都解决了嘛!"

万章觉得这个主意不错,立即接过老师的草帽挂在燕巢之下。

直到现在,孟子家乡的许多农家还有用草帽接燕粪的风俗习惯呢。

燕子路

有一年初夏,孟子到郊外散步,在回来的路上天降暴雨,无处躲避,就急匆匆地往回赶。

前面就是公孙丑的家了,孟子决定到公孙丑家避避雨。

当他赶到公孙丑家门口时,见一对燕子在泥水里挣扎。孟子弯腰拾起那对燕子,放在胸前暖着。等喊开公孙丑家的门,孟子一步迈进去,就听梁上燕巢里的一群小燕子,望着孟子"叽叽喳喳"乱叫。孟子顾不得换干衣服,就叫公孙丑擦去燕子羽毛上的泥水,放进燕巢里。

孟子抬头看了看燕子们亲昵的样子,便语重心长地对公孙丑说:"我们行仁义,不仅对人,对万事万物都应想着'仁义'两字。刮风下雨时,你把屋门一关,大燕子就会被关在门外冻死,小燕子无人喂养就可能饿死。我看你不如在门上留个孔,一来给燕子留条路,二来屋里也能进点新鲜空气,这不是个两全其美的事吗?"

公孙丑尊了师命,随即拿了把锯,在屋门上方锯了个小孔。现在鲁西南农家的房门上方大多留有一个空隙或小孔,就是为了使燕子出入方便,人称"燕子路"。

仁者无敌

一次,惠王请教孟子。惠王说:"魏国曾一度在天下称强,这是夫子您知道的。可是到了我这时候,东边被齐国打败,连我的大儿子都死了;西边丧失了七百里土地给秦国;南边又受楚国的侮辱。我为这些事感到非常羞耻,希望替所有的死难者报仇雪恨,我要怎样做才行呢?"

孟子回答说:"只要有方圆一百里的土地就可以使天下归服。大王如果对老百姓施行仁政,减免刑罚,少收赋税,深耕细作,及时除草;让身强力壮的人抽出时间修养孝顺、尊敬、忠诚、守信的品德,在家侍奉父母兄长,出门尊敬长辈上级。这样,就是让他们制作木棒也可以打击那些拥有坚实盔甲、锐利刀枪的秦楚军队了。因为,那些秦国、楚国的执政者剥夺了他们老百姓的生产时间,使他们不能够深耕细作来赡养父母,父母受冻挨饿,兄弟妻子东离西散。他们使老百姓陷入深渊之中,大王去征伐他们,有谁来和您抵抗呢?所以说:'施行仁政的人是没有敌人的。'"

孟子受赏不受贿

齐威王当政时期,孟子曾到过齐国。那时,齐威王重用孙膑、田忌等军事家,四面出击,大有一统天下之势。处于这种情况下,齐威王自然听不进孟子施行仁政的主张。

孟子看到在齐国自己的政治抱负得不到施展,便准备离开齐国。齐威王是重才纳贤之君,他不接受孟子的主张,只不过是因为政治观点的不同,而对孟子的才华还是非常佩服的。齐威王得知孟子要走的消息后,极其惋惜,特派人送给孟子许多黄金,以示挽留,但孟子却婉言谢绝了。

后来,孟子从齐国来到宋国,刚刚住下,宋国大臣戴盈之就立即前往求见,对孟子来宋推行仁政表示欢迎,随即将孟子引荐给了宋王。宋王把孟子请进王宫,以请教的口吻问道:"宋国是一个小国,处在齐楚两个大国之间,时刻都有被他们吞并的危险。您说,我应该用什么办法才能使宋国不至于灭亡呢?"孟子直言不讳地说:"施行仁政。如果宋王实行了仁政,本国的百姓就会团结起来拥戴你,共同抵抗外来之敌;甚至其他国家的百姓也会投奔到宋国来,支援你、帮助你。如果这样,即使齐楚再强大一倍,也奈何不了宋国。"宋王听了孟子的话深受启发,诚恳地请孟子留下来,帮助宋国实行仁政,治理国家。果不其然,在孟子的帮助下,宋国推行了仁政之道,不长时间就见到了成效,国力有了明显的增强。

时间过得真快,孟子在宋国一晃就是三四年,可这对思母心切的孟子来讲是既短暂又漫长。孟子决定告别宋王,回乡看望母亲。宋王见此,不好挽留,便在临行时将七十镒黄金送给孟子,孟子十分乐意地接受了。

回乡的路上,孟子的学生陈臻不解地问:"老师上次离开齐国时,齐王送给你那么多上等黄金,你不要,而这次宋国给你这点黄金,你却要了。如果说上次不要是对的话,那么这次要了不就是错了吗?"孟子蛮有兴致地答道:"不,这两次都是对的。君子爱财,取之有道。上次在齐国,我没做成什么事情,齐王送黄金是拿钱收买我、贿赂我,所以我拒绝了;这次我为宋国做了不少事,宋王送的是赏金,因此我接受了。受赏是天经地义的,赏可受,贿不可受。"孟子说完,带着弟子高高兴兴地回了邹国。

"四梁八柱"的由来

中国古代建造的殿堂庙宇大都是四梁八柱,究其缘由还与孟子有关系呢。

諸子百家——儒家

孟子在齐国时,向齐宣王提出了"施行仁政"和"民贵君轻"的主张,引起了齐宣王反感,可得到了朝野上下的拥护。由此,孟子在齐国的名望越来越高。后来,齐宣王想出了一个所谓一箭双雕的坏主意。他要凭借孟子的声望,增加农民的税收,然后再把这个责任推给孟子,从而达到破坏孟子在民众心目中形象的目的。

齐宣王的坏点子是这样的:他亲自授意派人更改以往建房的常规,精心为孟子设计了一套外表堂皇而内部每间都按双梁构造的别墅。待别墅建好之后,安排孟子在这里居住。齐宣王认为,等叫孟子前来看房子时只要稍加引导,孟子肯定会高兴地说:"这房子盖得不错,双梁好,双梁好,还是双梁好呀!"齐宣王就是想抓住孟子说的"还是双梁好"这句话,向老百姓增加田税,要"双粮"。

别墅建好后,齐宣王差人把孟子请来,并且亲自带着大臣们在门前迎接。齐宣王见到孟子,极其关心地说:"你是大师,又有治国安邦之才,住在学宫实在是太委屈你了。你看,我派人特意为你建造了这套既漂亮又结实的房子。你上上下下仔细瞧瞧,一定会满意的。"

孟子跟随齐宣王及众位大臣细心地查看了一番,他敏锐地发现每间房子都是双梁,立刻猜透了齐宣王的诡计,于是就"啊"的一声,抱着头跑了出去。齐宣王不知发生了什么情况,也惊慌失措地跟着跑了出来。出来后,齐宣王回头看,那房子岿然屹立,并无别样,便指着房子上边说:"夫子,这房子是双梁,坚固得很,你怕什么呀?"孟子一语双关地说:"我当然怕喽,你看,上边的梁(粮)太多了,下边的柱(助)太少了,这样早晚会把房子压塌的。盖房子不能梁(粮)多柱(助)少,这房子要是每根梁下加两根柱子,四梁八柱就好了。"孟子进一步开导说:"君主应实行薄税政策。如果君主向四方百姓征粮征税征得多了,必然会加重百姓的负担,这样他们会怨恨君王,君王也就得不到老百姓的帮助;相反,要是向老百姓征收的赋税尽可能少一些,他们就会拥护你,帮助你的人也会多起来,这样国家也就稳固了。治理国家和盖房子的道理是一样的,请君王认真思量,千万把住'得道者多助,失道者寡助'的治国理念。"

齐宣王听了孟子的这番话后觉得很有道理,由此不仅打消了增加税收的念头,取消了排挤孟子的想法,而且还将孟子封为客卿,请孟子帮助他治国安邦。随后,又下令将这一别墅的每根梁下加了两根柱子,成了"四梁八柱"。

从那以后,建造宫殿庙宇便一直沿用四梁八柱的模式。

猎场劝道

有一年春天,齐宣王要到城外猎场去打猎,请孟子随行。

孟子到猎场一看,猎场的面积并不算大,四周有木栏相围,猎场内有山有水,林木葱茏,野草丛生,好一派风光。但见齐宣王骑着骏马,带领随从前呼后拥地跑进了猎场,打破了山林的寂静,瞬时间鸟儿展翅飞翔,野兽四处躲藏,增添了山野的热闹气氛。

孟子在一旁观看着齐宣王追逐猎物。不一会儿工夫,齐宣王就射死了几只飞鸟和一头麋鹿。孟子不由得赞叹道:"好功夫,国王真是骑射高手啊!"

齐宣王听了,心里美滋滋的,喜上眉梢。他下马把弓箭朝卫士手里一扔,独自走到孟子身边,一边擦汗一边问道:"听说周文王也有一处猎场,方圆七十里,真有这么回事吗?"孟子点点头说:"史书上是有这样的记载。"

齐宣王紧接着又问:"真有这么大吗?"

孟子又点了点头说:"是的,可是他有这么大的猎场,老百姓还嫌小呢!"

齐宣王急步请孟子来到一座石亭前,让孟子快快坐下,疑惑地问:"夫子,我的猎场方圆还不到四十里,比周文王的猎场小得多。为什么老百姓却感到他的猎场太小了,而我的猎场太大了呢?"

孟子沉思了一下,目视远方,说:"文王的猎场虽大,可他允许老百姓去割草打柴,欢迎老百姓去打鸟捕兽,愿意与老百姓在猎场同猎同乐,共同享用猎场。正因为这样,老百姓自然认为猎场太小了!"孟子又望了望近处的山野,接着说:"宣王呀,您呢? 恰恰与周文王相反。您不让老百姓进入猎场,更不允许老百姓在猎场打猎,谁要是在您的猎场捕杀了鸟兽,就等于犯了杀人之罪。这对于齐国的老百姓来讲,您方圆四十里的猎场,就好似一处陷阱,只要老百姓稍有不慎,就有可能掉进去没命了。像这样的猎场,老百姓能不嫌大吗?"

听孟子这一讲,齐宣王才大彻大悟。于是,他照着周文王的样子,马上下令开放猎场。从此以后,齐宣王也和百姓一起共同享用这个猎场了。

四、荀子的故事

和他的两个学生韩非子、李斯

荀子一生的愿望是一统天下,结束诸国纷争、分裂战乱的局面,让百姓过上太平日子。荀子活了九十岁,是名副其实的一代宗师,他带出几个在历史上非常有影响的弟子,如李斯、韩非和陈嚣等。

春秋战国诸子百家中,荀子是个孤例。为什么这么说呢? 因为其他诸子比如老子、孔子、庄子、韩非子都比较好归类。是儒家、道家还是法家,没有争议,但荀子到底是儒家呢还是法家,不太好归类,学界也没有一个标准答案或者定论。有人说,荀子是儒家的代表人物,是"先秦最后的儒者"。也有人说,荀子是法家。也有人认为,他时而是儒家,时而是法家,时而是兼济儒法。

作为战国末期思想家、教育家,荀子吸取了道、墨、名、法诸家的思想,批判和总结了先秦诸子的学术思想,是我国先秦思想的集大成者。

荀子学成于晋地,就是今天的山西。为了实现自己的政治抱负,他也曾经像孔子一样,周游列国。

荀子到处推广自己的政治主张,司马迁说荀子"年五十始来游学于齐"。据《汉书·艺文志》中著录说:"《孙卿子》三十三篇。"班固自注说:"名况,赵人,为齐稷下祭酒。"

稷下，在当时可是大名鼎鼎，稷下学宫就像今天的北京大学一样吸引了列国的知识分子前来读书、交流、演讲和工作。

在战国七雄当中，位置在今天山东淄博一带的齐国，经济相对发达，政治相对开明，学术风气相当浓厚，天下士人最向往，吸引了列国的学者。这些大学者纷纷来到齐国，聚集到齐国的稷下学宫讲学，一时稷下学宫成了著名的学术的圣殿，云集了数千名士。荀子就是这个时候来到齐国讲学的，由于他的名气大，学问深厚，被聘为稷下祭酒，也就是稷下学宫的校长，还兼了齐国的顾问。

荀子曾向齐湣王进言，说"处胜人之势，行胜人之道，天下莫忿，汤、武是也；处胜人之势，不以胜人之道，厚于有天下之势，索为匹夫不可得也，桀、纣是也。"荀子说您如果行王道政治，那么，一统天下就不再是传说。齐国现在兵势强盛，刚刚吞并了宋国，但胜也应该"胜人之道"，应该行仁义王道。后来又提了几次建议，甚至警告过齐湣王，说您这样一意孤行、继续霸道的话，很危险啊！

齐湣王最牛的时候，听的全是恭维话，像这种反对意见他根本听不进去。荀子一看，这样再在齐国待下去也没意思，还是识趣点，走吧，省得惹人烦。离开齐国，去了楚国。后来，齐湣王战败逃跑，在路上被楚国的淖齿杀死。

荀况这样总结齐湣王失败的教训："及以燕赵起而攻之，若振槁然，而身死国亡，为天下大戮，后世言恶，则必稽焉！是无它故焉，唯共不由礼义而由权谋也。"堂堂一国之君，只喜好权谋，天天玩人，一点礼义也不修，一点王道也不行，结果被人玩死了。

荀子在楚国混得也不好，未被重用。怎么回事呢？原来，荀子给君王提了很多建议，均未被采纳。荀子不愿意再做这样的说客，因为自己的角色不过是个摆设，他想做事，想实现自己的政治主张。他把这种想法和著名的"战国四君子"之一的春申君谈了，春申君当时是楚国宰相，有职有权，在春申君的推荐下，他做了兰陵县令。

任职的第一年，就碰上兰陵大旱。荀子带着弟子李斯和陈器四处寻找水源，以解干旱之急。这个时候，他接到楚王的旨意，要荀子代替他祭天求雨。荀子没有理会，因为在他看来，求雨是愚昧加愚蠢，便继续找水源，碰巧天下起了大雨。楚王看到下雨了，就下令奖赏荀子，说荀子替他祭天求雨有功。荀子不领这个情，也不接受奖赏，他对众人说，这是"天论"，他说："天常，不为尧存，不为桀亡。"下雨与祈雨无关。天不下雨，就想法引河开渠，才能有水。故错人而思天，则失万物之情。天有它自己的运行规律，不因人的意志而改变。天上下雨了，那是天上有雨，不是人求来的。放下人为的努力而指望天赐，那就违反了万物之理。人应该按照天的运行轨迹而不是相反。

楚王能高兴吗？春申君婉言请荀子离开兰

李斯

诸子百家——儒家

陵,说您可以到大王的身边来工作。荀子当然明白这意味着什么,于是,愤然挂冠而去,回自己的故乡赵国。赵王听说大师回来了,亲自迎接荀子进宫,向荀子请教治国之道。荀子对赵王说,用兵打仗最重要的是"一民",如何才能做到"一民"呢?很简单,您自己首先要修身。君王的威至高无上,但需爱民,违背礼义,失却道德,视百姓如草芥,百姓就会抛弃他。赵王表面说您说得很好,心里却在为爱妃的病危而心急如焚。正在这时,闻报说,秦国使臣来献还阳草,就是可以让他的爱妃起死回生的草。赵王欣喜若狂,并爽快答应秦国,秦王要多少领土?割去就是了。世上哪有什么还阳草?忽悠人的嘛,可当时赵王病急乱投医,竟轻信了秦国使臣的一派胡言。结果可想而知,他爱妃病不但没有治好,还加速死了。

荀子一看,这是一个什么君王啊?懦弱,愚蠢。指望这样的人一统天下无异于痴人说梦。趁早离开吧。

恰在这时,春申君听从门客的意见,要请荀子重回楚国。为了表示诚意,春申君化装成商人,亲自到邯郸,秘密见荀子,并当面道歉;并告知说,荀子失散的夫人与女儿已被救下,现在楚国调养。荀子离开自己的故国,又来到楚国,依然到兰陵做县令。"齐人或谗荀卿,荀卿乃适楚,而春申君以为兰陵令。"(司马迁语)春申君再让他做楚国的兰陵(今山东兰陵县)令。兰陵百姓一直在念叨这位父母官的好,于是纷纷出来迎接荀子。荀子此后在兰陵办乡学,教授学生。

楚王死后,楚国发生了宫廷政变,春申君被杀。自己的后台没有了,荀子的官也当不成了,但荀子从此便定居于兰陵,授徒著书,一直到死。

花开两朵,各表一枝。现在该说说荀子和他的两个学生韩非子、李斯了。

李斯是个不甘心的人,他一直在琢磨向上爬的途径和机会。有一次,李斯在他的穷困的农村老家呆坐,观察到一个奇怪的现象:厕所里的老鼠,可怜地寻找东西吃,忽然一条狗出现了,这厮吓得马上藏起来。但是,那些大粮仓里的老鼠,躺在里面大模大样地吃饱睡觉,旁若无人的样子,别说是狗,猫来了藏起来就是了,并不怕。

那一刻,李斯发誓,要做就做大粮仓里的老鼠,一辈子享福,万不可做厕所里的老鼠,东躲西藏。那么,怎么样才能到大粮仓里生活呢?当官、向上爬,做到一人之下万人之上。从此,他决心向荀子学习"帝王之术"。

孔子主张恢复周礼,这在当时未免太过理想主义,荀子要务实一些,他认为,礼是社会自然形成的公共法则,无论谁都得遵守,这个不能讨价还价,无法选择,绝对不许怀疑。曾拜在他门下的两名出色学生李斯和韩非,深刻领会了老师的这个观点并发扬光大,成为以后的法家思想。

怎么样才能让老师毫无保留地传授自己呢?李斯决定从老师在邯郸收养的义女幽兰身上下手,因为老师和师母荀夫人最疼爱幽兰。虽然他不爱幽兰,但为了让老师高兴,还是想方设法地讨好幽兰,以师兄的身份亲近幽兰。但幽兰的心中只有韩非,容不下别人,包括李斯。荀夫人很高兴,误以为两个人有意思,就想撮合幽兰和李斯成婚。恰在这个时候,吕不韦做了秦国的丞相,贴出招贤榜,邀请天下贤士到秦国去一展身手。李斯感觉到"大粮仓"居住的机会近了,再也不理会什么幽兰,不为"儒者不入秦"所限,坚决地来到秦国。李斯由侍郎到廷尉,最后到丞相,飞黄腾达。

荀子的另一个学生韩非,在韩国混得并不好,愤然撰文。他的老师荀子看到了韩非的文章,知道他的志向不能实现,心中郁闷、纠结。秦王看到了韩非的文章,很欣赏,想把这个人才要过来为自己服务。韩国不放,秦王为了得到韩非,就派兵攻打韩国。韩国国君自知不是对手,就派韩非出使秦国,谈判。秦王只想得到韩非,就对李斯说你想办法把韩非留下来,我有用。韩非不愿意留在秦国,李斯自知韩非的才华远在自己之上,嫉妒他的才华,就对秦王进谗言,说韩非看不起您,还骂你,还是杀掉吧。

韩非被杀的消息传到荀子和荀夫人的耳朵里,荀夫人非常喜欢这个学生,感觉像孩子一样,一气之下,死了。荀子在悲伤中继续办学、传授自己的学说。陈嚣一直陪伴在身边,成了荀子学校的执行校长。幽兰最爱的人韩非被杀了,凶手竟然是李斯,情何以堪?眼看着自己的父亲日渐老去,而陈嚣一直不离不弃,她终于接受了多年来一直暗恋着她的陈嚣的求婚。

公元前223年,秦国灭掉楚国。后来,秦国又陆续平灭了六国,统一了天下。九十岁的荀子听说李斯做了丞相,对学生叹息说:"儒者法先王,隆礼义,谨乎君子而致贵其上者也。""行一不义,杀一无罪,而得天下,不为也。"李斯有攻伐之谋,但功利之心太重,他来做丞相,秦国必然有不测之祸。绝食三日之后,荀子离开了这个世界。

学界也有一种说法认为,"大概在公元前238年,荀子去世,享年约九十岁,此时距秦始皇统一中国还有十七年。"

劝学

按照韩非子的说法,儒家当时分为八派,主要就是孟子与荀子两大派。但荀子与孟子的思想分歧相当大:孟子颇有理想主义色彩,主张性本善,舍生取义,饿死也不吃嗟来之食等,总之,凡事追求完美,包括社会架构和人类秩序。而荀子更加实用主义,更立足于现实,认为求利没什么不好,君子一样可以言利求利,只要取之有道。主张性本恶,主张人定胜天,"制天命而用之"。当美好的理想在骨感的现实面前行不通的时候怎么办?那就妥协,要学会妥协才能生存。

荀子的功利的思想,在宋代以后受到理学家的非难,将他的人定胜天与注重功利的思想视如"洪水猛兽"。二程抨击说荀子学说"极偏驳",朱熹对他的学生说:"不须理会荀卿。"可是,荀子还有一个观点,那就是反对放纵,他认为,眼睛好美色,耳朵好音乐,舌头好美味,这是天赋自然的本能。吃喝玩乐、好逸恶劳,这是人的天性,所以人才有七情六欲。七情六欲并不是不好,可是如果放纵,不加约束,任其发展,必然会引起争夺暴虐,从而导致自私恐怖的发生。

战国时代,诸侯纷争,如此乱世,实用主义的荀派儒学自然暂时占了上风。追求完美主义,那是太平盛世坐在书斋里的学者追求的。乱世之中,自然生存至上。

由于荀子的整个思想比较倾向于实用主义,他在写文章中少有庄子的虚无缥缈、飘

诸子百家——儒家

逸洒脱,也少引用寓言故事,而是更注重从细微处说理。当下很流行一句话:细节决定成败。这话就从《荀子·强国》里的一句话"能积微者速成"演变而来。荀子强调一个简单的道理,即天下大事必做于细。一个人想干大事,这愿望很好,起码志向远大,但要变成现实,必须"做于细",做好了每个细节,就能事业有成;否则,失之于细,就失之于效。如果不能在细节上做好,如果不积小微,那再远大的目标、再美好的愿望,也只能是海市蜃楼,最终一事无成。

《荀子》三十二篇,大多数是说理文。我们来看荀子的一篇被选入中学课本的说理散文《劝学》吧。

君子曰:学不可以已。青,取之于蓝,而青于蓝;冰,水为之,而寒于水。木直中绳,𫐓以为轮,其曲中规,虽有槁暴,不复挺者,𫐓使之然也。故木受绳则直,金就砺则利,君子博学而日参省乎己,则知明而行无过矣。

故不登高山,不知天之高也;不临深溪,不知地之厚也;不闻先王之遗言,不知学问之大也。干、越、夷、貉之子,生而同声,长而异俗,教使之然也。诗曰:"嗟尔君子,无恒安息。靖共尔位,好是正直。神之听之,介尔景福。"神莫大于化道,福莫长于无祸。

大体意思是:君子说,学习是不可以停止的。靛青,是从蓝草中提取的。却比蓝草的颜色还要青;冰,是水凝固而成的,却比水还要寒冷。木材笔直,合乎墨线,它把烤弯煨成车轮,木材的弯度就合乎圆的标准了,即使再干枯了,也不会再挺直,是因为经过加工,使它成为这样的。所以木材经过墨线量过就能取直,刀剑等金属制品在磨刀石上磨过就能变得锋利,君子多学习,每天三省,就会聪明有智慧,行为就不会有过错。因此,不上高山,就不知天多高;不面临深涧,就不知地多厚;不懂得先代帝王的遗教,就不知道学问的博大。干、越、夷、貉之人,刚生下来啼哭的声音是一样的,而长大后风俗习惯却不同,这是教化之功。《诗》上说:君子不要老是想着安逸。要尽好本位,拥有正直的德行。这样做神明会赐给幸福。至高精神境界是化道,最大的福分是无灾无祸。

荀子还说,君子要谨言慎行,"故言有招祸也,行有招辱也,君子慎其所立乎!'君子'结于一也。"君子行为要专一不偏邪。行为专一不偏邪,意志才会如磐石坚。

为了使人们理解"行为专一"的妙处,他拿蚯蚓和螃蟹做对比。蚯蚓没有锐利的爪子和牙齿,筋骨更说不上强健,但它向上能吃到泥土,向下能喝到泉水,为什么? 因为它用心专一。螃蟹有八只脚。但是如果没有蛇、蟮的洞穴它就无处藏身,为什么? 不专一,心浮躁。

君子的学习和小人的学习,区别在哪里呢? 荀子说,"君子之学也,入乎耳,着乎心,布乎四体,形乎动静。端而言,蠕而动,一可以为法则。小人之学也,入乎耳,出乎口;口耳之间,则四寸耳,曷足以美七尺之躯哉! 古之学者为己,今之学者为人。君子之学也,以美其身;小人之学也,以为禽犊。"意思是说,君子学习,耳听、心记,一言一行,都有法则。小人学习,耳听了嘴出了,口耳之间相距不过四寸,怎么能够完善他的七尺之躯呢? 古人是为自己学习,现在的人学习则是为了炫耀。君子学习是为了让自身更美好,小人学习是为了卖弄。

诸子百家 —— 儒家

《劝学》是选入中学课本的名篇，广为人知，通过荀子讲的道理，让我们明白了学习的方法和道理。

五、晏子的故事

晏婴，齐国上大夫晏弱之子，字仲，谥平，习惯上多称平仲，又称晏子，夷维人。春秋后期一位重要的政治家、思想家、外交家。以生活节俭，谦恭下士著称。据说晏婴身材不高，其貌不扬。齐灵公二十六年（公元前556年），晏弱病死，晏婴继任为上大夫。历任齐灵公、齐庄公、齐景公三朝，辅政长达五十余年。周敬王二十年（公元前500年），晏婴病逝。孔子曾赞曰："救民百姓而不夸，行补三君而不有，晏子果君子也！"

三寸不烂之舌

有个成语叫"巧舌如簧"，用来形容人能言善辩。诸葛亮能在东吴舌战群儒，蔺相如出使秦国完璧归赵，苏秦游说六国的成功，凭的都是三寸不烂之舌。

历史上还有一位巧舌如簧的人，这个人其貌不扬，甚至丑陋，五短身材，身高却不足五尺（春秋时期尺子小，一尺合现在的七市寸左右），却能"出使四方，不辱君命"。这个人就是齐国的晏子。司马迁将其比为管仲，推崇备至，用"不辱使命，雄辩四方"八个字来形容他的外交活动。

晏子任国相，先后经历齐灵公、齐庄公、齐景公三朝，辅政长达五十余年。周敬王二十年（公元前500年），晏婴病逝。现存晏婴墓在山东淄博齐都镇永顺村东南约三百五十米处。

山东淄博的临淄是古代齐国文化的古城，晏婴的故事在这里广为流传。关心老百姓的疾苦，敢于批评国君的错误，是齐景公的主要助手。老百姓都尊敬地叫他"晏子"。他凭借自己的才华和高尚的品格，赢得老百姓的喜爱。在民间有许多关于他的传说。现在，临淄有一条路叫晏婴路，就是为了来纪念他而命名的。

晏子体形矮小，有人说他这是让"心眼"坠的，让巧舌压的。他在齐景公时代表现非常出色。有一次，齐景公派他出使楚国，这就是著名的"晏子使楚"的故事。

晏子出使楚国。那时，楚国强大，总想欺压别的国家。楚王为人很霸道，高傲，听说晏子身材矮小，压根儿没看得起晏子，派人提前在大门旁边扒开一个小洞，让他从这儿钻进去，以此羞辱他。晏子来到楚国，一看大门紧闭，迎请他的人示意他从小洞进入。晏子脸色一变，生气地对卫兵说："只有到狗国的人，才从狗洞进去呢。今天我到楚国访问，为什么让我钻狗洞呢？"迎宾者没话可说，只好请他走正门。楚王的下马威被聪明的晏子打回去了。

楚王心里不痛快，出于礼貌，接见晏子，也不跟他握手。开口就说："齐国没有人了吗？"言外之意，怎么派一个小不点儿来出国访问呢？

晏子回答说："齐国的都城临淄有七八千户人家，大街上熙熙攘攘。人们一起伸开衣

诸子百家——儒家

袖,就能遮住太阳;一起擦一把汗,就跟下雨一样。肩挨着肩,脚尖顶脚后跟,怎么能说齐国没有人呢?"楚王说:"既然齐国有那么多人,为什么派你来当使者呢?"晏子反唇相讥:"我们齐国派使臣有个原则:对方是什么样的国家,就派什么样的人去。如果对方的国王有才能,就派有才能的人去;如果对方的国王没有才能,就派没有才能的人去。我是个最没有用的人,所以被派到楚国来了。"

楚王听了,无言以对。心想,这家伙好大胆子,嘴巴功夫如此了得。

一日,楚王设宴招待晏子。大家正吃得高兴,忽然,两个吏卒绑着一个犯人来到楚王面前。楚王问:"这个人是干什么的? 所犯何罪?"卫兵回答说:"这个人偷了东西,是齐国人。"楚王听了,转过身来,笑着问晏子:"晏相国,齐国人有偷东西的毛病吗?"

晏婴当然知道楚王是以此来取笑自己,报以前之辱,于是从容不迫地回答说:"在下听说:橘树长在淮河以南,结的橘子又香又甜;如果把它移植到淮河以北,就变成了枳树,结的果实小而酸涩,苦不可食,之所以会有这两种截然相反的情况,实在是土地的缘故。现在这个齐国人出生在齐国,并非盗贼,而是一个良民。可是为什么来到楚国,却变成了盗贼呢? 这是楚国使他发生了这种变化,齐人之于楚国正如橘子之于淮北,这与齐国又有什么关系呢?"

楚王弄巧成拙,当众难堪。楚王甘拜下风,自我解嘲说:"圣人是不可与他开玩笑的,我反而自讨没趣。这是寡人的过错,见谅寡人吧!"于是楚王善待晏婴,晏婴圆满完成了使命,回到齐国。晏婴面对着国强而盛气凌人的楚王,毅然予以反击,他昂然不屈,除了维护个人的名声,最终目标还是在保持齐国的声威。

可见算计人就是给自己设陷阱,自己给自己下套往里钻。晏子的巧舌作用发挥到了极致,实在是妙。他就是凭借"巧舌"在齐国的政坛上有了一席之地,声名远播各诸侯国。

二桃杀三士

齐景公对晏子说:"东海里边,有古铜色水流。在这红色水域里边,有枣树,只开花,不结果,什么原因?"

晏子回答:"从前,秦缪公乘龙船巡视天下,用黄布包裹着蒸枣。龙舟泛游到东海,秦缪公抛弃裹枣的黄布,使那黄布染红了海水,所以海水呈古铜色。又因枣被蒸过,所以种植后只开花,不结果。"

景公不满意地说:"我装着问,你为什么对我胡诌?"

晏子说:"我听说,对于假装提问的人,也可以虚假地回答他。"

从这个故事可以看出,晏子不仅嘴巴厉害,脑子也极其聪明,反应快。

齐国在管仲的治理下成为春秋五霸之首。管仲死去之后过了一百多年,齐国出了一位和管仲齐名的人物——就是今天大家称呼的晏子。晏子的智慧体现在很多故事上,"二桃杀三士"就是其中之一。

"二桃杀三士"的典故,体现了晏子的非凡智慧。这个故事来自《宴子春秋·谏下》,比喻借刀杀人。诸葛亮《梁甫吟》中说:"一朝被谗言,二桃杀三士。"李白在《梁甫吟》中云:"力拔南山三壮士,齐相杀之费二桃。"那么,有人问了,好好的,为什么晏子要用这种看上去极其聪明的办法来除掉这三名勇士呢?事情的经过是这样的:公孙接、田开疆、古冶子事景公,力气大得出奇,能够徒手打败老虎,所以在齐国非常有名,一般人不敢惹他们三个。

有一天,晏子从他们身旁经过时,小步快走以示敬意,但这三个人却表现旁若无人的样子,也不起来,对晏子非常失礼。晏子可是一国之相啊,对一品大员还这么傲慢,对下面的官员更不用说了。

晏子非常生气,便去觐见景公,说:"我听说,贤能的君王蓄养的勇士,对内可以禁止暴乱,对外可以威慑敌人,上面赞扬他们的功劳,下面佩服他们的勇气,所以使他们有尊贵的地位,优厚的俸禄。而现在君王所蓄养的勇士,对上没有君臣之礼,对下也不讲究长幼之伦,对内不能禁止暴乱,对外不能威慑敌人,这些是祸国殃民之人,不如赶快除掉他们。"景公也早觉得这三个人太无礼,仗势欺人。可是一时又想不出办法来治他们的罪。景公说:"这三个人力气大,与他们硬拼,恐怕拼不过他们,暗中刺杀,恐怕又刺不中。"晏子说:"这些人虽然力大好斗,不惧强敌,但不讲究长幼之礼。"于是便乘机请景公派人赏赐他们两个桃子,对他们说道:"你们三个人就按功劳大小去分吃这两个桃子吧!"晏子就这样不费吹灰之力除掉了他们三个。

晏子聪明,有智慧,他的运气也好,碰上齐景公这样善于纳谏的好主子,好东家,如果碰上秦二世那样心狠手辣的坏主子,估计晏子也没辙。有一次,齐景公的老婆婴子看上了一套马车,撒娇要搞回家玩,齐景公拧不过她就答应了。回头齐景公就跟晏子说,这个献马车的人不错,应该重赏。晏子语重心长地对齐景公说:"大王,其实您是因为您的夫人才要这么做的吧?要知道俗话说'哲夫成城,哲妇倾城',意思就是,亲近男人就能成城,亲近女人就会毁城,您这样为妇人所牵制,您还是男人嘛您?"齐景公听了很羞愧,回去把马车退掉了。

历史上有个著名的典故叫"折冲樽俎"。就是来自晏婴的事迹。有一次。中原的强国晋国谋划攻打齐国。为了探听齐国的情况,便派大夫范昭出使齐国。齐景公以盛宴款待范昭。席间,正值酒酣耳热,均有几分醉意之时,范昭借酒劲向齐景公说:"请您给我一杯酒喝吧!"景公回头告诉左右侍臣道:"把酒倒在我的杯中给客人。"范昭接过侍臣递给的酒,一饮而尽。晏婴在一旁把这一切看在眼中,厉声命令侍臣道:"快扔掉这个酒杯,为主公再换一个。"依照当时的礼节,在酒席之上,君臣应是各自用个人的酒杯。范昭用景公的酒杯喝酒违反了这个礼节,是对齐国国君的不敬,范昭是故意这样做的,目的在于试探对方的反应如何,但还是被晏婴识破了。

范昭回国后,向晋平公报告说:"现在还不是攻打齐国的时候,我试探了一下齐国君臣的反应,结果让晏婴识破了。"范昭认为齐国有这样的贤臣,现在去攻打齐国,绝对没有胜利的把握,晋平公因而放弃了攻打齐国的打算。

孔子称赞晏婴的外交表现说:"不出樽俎之间,而折冲千里之外",正是晏子计谋的真实写照。

晏子经常用自己的智慧规劝国君,使他多关心群众。有一年,齐国下大雪,三天不转晴。景公披着狐皮大衣,坐在朝堂一侧台阶上。晏子进去朝见,站了一会儿,景公说:"奇怪啊!雪下了三天,可是天气一点也不冷。"晏子回答说:"天气真的不冷吗?"景公笑了。晏子说:"我听说古时候好的君主自己吃饱了却想到别人的饥饿,自己暖和了却想到别人的寒冷,自己安闲了却想到别人的劳苦,现在您不曾想到别人啊。"景公说:"好!我受到教诲了。"于是拿出皮衣,打开粮仓,来发给饥寒的人。

齐景公特别喜欢鸟,喜欢捉鸟玩。有一次他得到了一只漂亮的鸟,就派一个叫烛邹的人专门负责养这只鸟。可是几天后,那只鸟飞跑了。景公大为恼火,下令杀死他。晏子说:"烛邹有三条罪状,让我数落他一番。然后再杀,让他死个明白。"齐景公高兴地说:"好。"于是把烛邹叫进来。

晏子便一本正经地说:"烛邹!你知罪吗?你为国王管鸟却让它逃走,这是第一条罪状;使国王为了鸟而杀人,这是第二条罪状;这事传出,让天下人认为我国重小鸟而轻士人,败坏我们国王的名誉,这是第三条罪状。你真是罪该万死!"说完,马上请求景公下令斩杀。

可是,景公干咳了一声,说:"算了,把他放了吧。"接着,走到晏子面前。拱手说:"若不是您的开导,我险些犯了大错误呀!"

不嫌弃丑妻,拒当驸马爷

史书记载,晏婴任国相时,力行节俭,这点却为茶所证实。采集了晏婴事迹及其诤谏言词的作品《晏子春秋》中说,晏婴担任齐景公园相时,吃的是糙米饭,除了三五样荤菜以外,只有"茗菜"而已。唐代"茶圣"陆羽把《晏子春秋》这段文字引入了《茶经》中的《七之事》里。

当然,关于晏婴吃茶一事,学界颇有争议。有人说,春秋战国时期,茶还不是现在的饮品,而是药用。山东又不产茶叶,即使有人赠送,晏子也不可能将药用的茶和饭一起吃。更有人认为,"茗菜"就是茗菜,而不是茶和菜,也就是说,晏婴不是饮茶,而是吃一种叫"茗菜"的菜。这一说法的依据是至今云南西双版纳的基诺族等少数民族仍爱吃"凉拌茶菜"。这种茶菜叶色黄绿鲜翠。有咸辣之味,又有茶香,用以佐食蕉叶糯米饭,味道非常爽口。另外还有南方的名菜"龙井虾仁""碧螺虾仁""樟茶鸭子"等茶菜。远的如果不说。近在山东的孔府名菜"茶烧肉"也是一例。

茶在周武王的时候,那可是贡品,很贵重的,在晏婴看来却是低廉之物。这说明什么呢?如果这还不足以说明晏子生活上的朴实和节俭,那么让我们看看下面的故事。

晏子贵为一国之相,却没有任何架子,他的车夫反而显出高傲的样子。有一次出门,车夫的老婆从门缝里偷偷看着她的丈夫,只见丈夫扬鞭策马,意气扬扬,一副趾高气扬、目中无人的样子。再看看晏子一脸谦逊,小心翼翼。

晏子的车夫回到家,他的妻子恳请说,"你把我休了吧。我不想跟你这种人在一起过了。"丈夫一听,说,"你今天这是怎么了?吃错药了?"妻子说,"我没有吃错药。我告诉你理由:晏子是你的主人,你看看晏子,身长不满六尺,做了一国之相,名声显赫于诸侯。今天我看他出门,思虑深远,且总是态度谦和。你呢? 身长八尺,却做了人家仆从和车夫,但是你的意气自感满足了。所以我要离开你。"

晏子的车夫听了老婆的话,觉得很惭愧,从此便自觉地控制自己的一言一行,一举一动。晏子感觉到了这种变化,非常奇怪地问车夫,"怎么回事? 怎么变得文质彬彬起来?"车夫如实地回答,晏子就推荐他做了大夫。

在历史文献中,有多处关于晏婴节俭的记载。晏婴穿的是粗布衣服,吃的喝的是粗茶淡饭。正餐也不过是糙米饭,只有一荤一素两个菜。

据说,齐景公有位年轻漂亮的千金,很佩服晏婴的才华,愿意嫁给晏婴。有一天,齐景公到晏婴府上喝酒、商量国家大事。喝到半醉的时候,看到一个老婆婆或者说老阿姨穿堂而过,齐景公带着惊讶地问:"晏婴,这就是你老婆?"晏婴点头,说,"没错,是我老婆。"景公故作惊讶地说:"哎呀,怎么这么老,这么丑啊!"接着又说自己有个女儿年轻漂亮,愿意嫁给他做夫人。晏婴一听,马上站了起来,诚惶诚恐地表示:"现在,我妻子确实又老又难看,但她年轻时,也是很漂亮的。只是随着岁月的流逝、年龄的增加,才变成这般模样的。我们已经共同生活了几十年,我绝不能辜负她!"并进一步说:"无论任何人都会随着岁月的流逝而变得衰老和难看的。我非常感谢主公的好意,但却万万不能从命!"说罢,俯身下拜不起。景公见状,也只好作罢。

"贫贱不能移,富贵不能淫,威武不能屈",是中国传统士大夫孜孜追求的最高道德境界,晏婴做到了。

诸子百家

儒家

六、董仲舒的故事

众儒之首

汉惠帝四年,即公元前 191 年,汉王朝废除了秦朝私藏诗书灭门的法令。董仲舒家有大批藏书,他从小就潜心于钻研儒家学说,阅读了大量的经传著作,而且对《公羊传》下了很大功夫。

到 30 岁时,他已成为对《春秋》深有研究的大学者。但他并没有走上仕途为官的道路,而是开始了他的教书生涯。有些人认为他是"汉代孔子"。董仲舒招收大批学生,宣扬儒家经典,开始传播他的思想。董仲舒教出了大批学生,他的思想也成为当时流行的学说。在当时新兴起来的学者中,董仲舒已成为最著名的一个。他成了当之无愧的"众儒之首"。

汉景帝时,董仲舒做了博士。尽管这不是一个政治性的职位,但使董仲舒能够进入统治阶级的最高层,并且为以后他以自己的主张影响皇帝打下了基础。这一个时期,董仲舒的思想体系已经形成,他以后的经历,都是在完善和推行自己的思想。这个时候,董仲舒不但有了一定的政治地位,而且有了自己的政治理想。就在董仲舒的思想进一步成熟之时,西汉王朝也在发生着深刻的变化。

七、郑玄的故事

郑玄求师

后汉的时候,有个人叫郑玄,他年轻的时候做乡官,管打官司、收税这类事,后来回家不干了。

他在家经常到读书的地方去,不愿意做官吏。他父亲很生气,可是制止不了。于是,就叫他到太学读书深造。在太学,开始他先通读了《京氏易传》《公羊传》《三统历》《九章算术》这些书;又随从东汉经学家张恭祖学习《礼记》《左传》《韩诗》等。

后来,郑玄认为山东一带再没有可以请教的人了,于是就向西到了关中,拜求东汉儒家学者马融做老师。马融的学生有四百多人,其中,学习程度高的不过五十多人。马融平素骄傲自尊,郑玄在这里做学生,马融竟然让他的学习程度高的学生教给郑玄。郑玄并不因为老师不直接教他而表示不满,却是独立钻研,从不松懈。

有一天,马融召集学生考问图纬,听说郑玄会计算,就把郑玄叫到楼上。郑玄借这个机会提出许多需要解决的疑难问题来请教。问答完毕,郑玄就辞别马融回山东去了。马融感叹地告诉学生们说:"郑生现在一走,我的学说就流传到东方去了!"

八、司马光的故事

司马光教子

据有关史料记载,司马光在工作和生活中都十分注意教导孩子力戒奢侈,谨身节用。他在《答刘蒙书》中说自己"视地而后敢行,顿足而后敢立"。为了完成《资治通鉴》这部历史巨著,他不但找来刘攽、刘恕、范祖禹等人当助手,还要自己的儿子司马康也参加这项工作。当他看到儿子读书用指甲抓书页时,非常生气,认真地传授了他爱护书籍的经验与方法:读书前,先要把书桌擦干净,垫上桌布;读书时,要坐得端端正正;翻书页时,要先用右手拇指的侧面把书页的边缘托起,再用食指轻轻盖住以揭开书页。司马光教诫儿子说:做生意的人要多积蓄一些本钱,读书人就应该好好爱护书籍。为了实现著书立说治国鉴戒的理想,他始终不懈,经常抱病工作。他的亲朋好友劝他"宜少节烦劳",他回答说:"先王曰,死生命也。"

在生活方面,司马光节俭纯朴,"平生衣取蔽寒,食取充腹",但却"不敢服垢弊以矫俗于名"。他常常教育儿子说,"食丰而生奢,阔盛而生侈"。为了使儿子认识崇尚俭朴的重要,他曾以家书体裁写了一篇论俭约的文章。在文章中他强烈反对生活奢靡,极力提倡节俭朴实。

司马光的工作、生活作风,使儿子和同僚们深受启迪。

诸子百家——儒家

九、朱熹的故事

神笔镇流

朱熹到永春后，走访一些书友，"昼则联车出游，夜则对榻论诗"，颇可相得。

一日，当他来到蓬壶高丽（即福建省永春县高丽村）的林氏祖宇，只见千峰凝翠，万木吐绿，山深菁密，树木葱茏，一时雅兴，即索纸笔，题字以赠。竹纸算是现成，可是没有大笔。俗话说"刀钝出利手"，朱熹即以茅草临时扎成，当场书写"居敬"二字赠之。

后来，乡老争相传诵圣人留下的金字，即以楠木作匾，镌之以作永远的纪念。当金匾悬挂于祖宇厅堂之后，即将这根茅笔置于匾后，以示子孙。久之辄发毫光，初颇感奇特，久之不以为意。

到了清代康熙年间，浙江举人骆起明任永春知县之时，下乡劝农来到蓬壶，即有传闻朱熹茅笔题字之事，就乘兴前往高丽谒见林氏祖宇。只见"居敬"微尘不染，索笔觇之，如获拱璧，时过四百余载，仍保护完好。经乡人同意即收在身边赏玩，用香囊盛之，锦缎裹之，并作为传世之宝珍藏起来。

康熙十年，骆起明任满，他在过乌龙江时，一时风浪大作，翻江倒海，轻舟上颠下簸，真有覆舟之险。同舟之人认为是妖邪作祟，争求宝物以压邪，骆起明行装内仅有书籍数筐，别无珍宝。最后他以朱熹茅笔掷之江中，说来也怪，一时风平浪静。众人皆誉之为神笔。

十、王守仁的故事

心即理也

一次，王守仁同朋友在郊外游览。朋友指着山中开花的树木问他："你说天下无心外之物，山中树木的花开花落，同我心有何相关？"王守仁回答道："你不来看此花时，此花与你的心同归于寂；你来看此花时，此花颜色一时明白起来，就说明此花不在你的心外。"

致良知

据说，王守仁的弟子有一次捉到了小偷，便按老师的教导对小偷讲"良知"的道理。小偷嬉皮笑脸地问："我的良知在哪里？"弟子让小偷一件件地脱衣服，脱到下衣时，小偷不再脱了，弟子说："这便是你的良知！"

十一、二程的故事

程门立雪

"程门立雪"这个成语家喻户晓。它出自宋代著名理学家杨时求学程颐的故事。

宋代理学家杨时从小就聪明伶俐,四岁入村学,七岁能写诗,八岁就能作赋,人称神童。他十五岁时攻读经史,熙宁九年登进士榜。杨时一生立志著书立说,曾在许多地方讲学,备受欢迎。居家时,长期在含云寺和龟山书院,潜心攻读,写作教学。

有一年,杨时赴浏阳县令途中,不辞劳苦,绕道洛阳,拜师程颐,以求学问上进一步深造。一天,杨时与他的学友游酢,因对某问题有不同看法,为了求得一个正确答案,他们俩便一起去老师家请教。

时值隆冬,天寒地冻,浓云密布。他们行至半途,朔风凛凛,瑞雪霏霏,冷飕飕的寒风肆无忌惮地灌进他们的领口。他们把衣服裹得紧紧的,匆匆赶路。当来到程颐家时,适逢先生正坐在炉旁打坐养神。杨时二人不敢惊动老师,就恭恭敬敬地侍立在门外,等候着先生醒来。

这时,远山如玉簇,树林如银妆,房屋也披上了洁白的素装。杨时的一只脚冻僵了,冷得发抖,但依然恭敬侍立。

过了良久,程颐一觉醒来,从窗口发现侍立在风雪中的杨时二人,只见他们通身披雪,脚下的积雪已一尺多厚了,赶忙起身迎他俩进屋。

"程门立雪"就由此而来,成为儒家千古佳句,流传至今。

君子德润

程颢出身于书香门第,从小就受到良好的家庭教育。追随他三十余年的门生刘立之常对朋友说:"与老师相处这么久,从来没见他发过火、动过怒,一般人很难有这种修养。"

学生们每天听从程颢的谆谆教导,从他的言行中感受到了真正的儒者风范,大家都说:"与老师相处,真有一种春风拂面的感觉。"他的门人朱光庭曾在汝州拜见他,一个月后回来,家里人问他:"程先生待你如何?"他愉快地说:"光庭宛如在春风中坐了一个月。"

和学生讨论问题,在遇到与自己意见相左的观点时,程颢从不以老师的威严压制学生,而是说:"这个问题还需要商量。"

一次,程颢与王安石政见不同,皇上召见他们共同议政。王安石一脸厉色,正要怒声争辩,却见程颢和颜悦色地说道:"天下的事应该从容和气地讨论,我愿意平心静气地听您谈谈看法。"王安石听了这话,稍感惭愧,自觉气度不如程颢。

后来王安石的新法得到宋神宗的支持,许多异己被罢免,但对于程颢,王安石却格外宽容,他说:"这个人虽然不能理解我的治国之道,但也是一个忠诚可信的人。"于是仍给他官做,可是程颢却拒绝了,他说:"为政须赏罚同等,臣自请降职。"

第五节　儒家典籍

"四书五经"是儒家的经典,是中华传统文化的精髓。"四书"指的是《论语》《孟子》《大学》和《中庸》。"五经"指的是《诗经》《尚书》《礼记》《周易》和《春秋》,简称为"诗、书、礼、易、春秋"。"四书五经"是儒家思想的核心载体,更是中国历史文化古籍中的宝典。"四书五经"包含的内容极其广泛、深刻,在世界文化史、思想史上具有极高的地位,在社会规范、人际交流、社会文化等方面产生了不可估量的影响。

《论语》

《论语》是记载孔子及其学生言行的一部书。《论语》成书于春秋战国之际,由孔子的学生及其再传学生记录整理。

《论语》涉及哲学、政治、经济、教育、文艺等诸多方面,内容非常丰富,是儒学的主要经典之一。在表达上,《论语》语言精练、形象生动,是语录体散文的典范。在编排上,《论语》没有严格的编纂体例,每一条就是一章,集章为篇,篇、章之间也无紧密联系,只是大致归类。

到汉代时,有《鲁论语》(20篇)、《齐论语》(22篇)、《古文论语》(21篇)三种《论语》版本流传。东汉末年,郑玄以《鲁论语》为底本,参考《齐论语》和《古文论语》,编校成一个新的本子,并加以注释。郑玄的注本流传后,《齐论语》和《古文论语》便逐渐亡佚。以后各代注释《论语》的版本主要有:三国时魏国何晏《论语集解》、南北朝梁代皇侃《论语义疏》、宋代邢昺《论语注疏》、南宋朱熹《论语集注》、清代刘宝楠《论语正义》等。

《孟子》

《孟子》是记载战国时期孟子及其学生言行的一部书,是儒家主要经典之一。

东汉赵岐在《孟子题辞》中把《孟子》与《论语》相比,认为《孟子》是"拟圣而作"。所以,尽管《汉书·艺文志》仅仅把《孟子》放在诸子略中,视为子书,但实际上在汉代人的心目中已经把它看作辅助"经书"的"传"书了。汉朝时,汉文帝把《论语》《孝经》《孟子》《尔雅》各置博士,叫作"传记博士"。到五代时,后蜀主孟昶命令人楷书十一经刻石,其中包括了《孟子》,这可能是《孟子》列入"经书"的开始。到南宋孝宗时,朱熹编《四书》列入了《孟子》,把《孟子》提到了非常高的地位。元、明以后《孟子》又成为科举考试的内容,更是读书人的必读书了。

汉文帝

《孟子》一书全面系统地反映了孟子及其学派的政治主张和思想学说。孟子学说的核心是"仁政"。"仁,人心也。"他要求统治者"施仁政于民"(《孟子·梁惠王上》),并强调只有这样才能做到"治天下可运之掌上"(《孟子·公孙丑上》)。仁政的内容包括:在政治上要实行禅让制,任用贤能,减免刑罚;在经济上要划定田界,分田制禄,轻徭薄赋;在军事上要节兵轻武,只兴仁义之师,反对霸权主义。

《孟子》一书包含着许多深刻的哲理,对后世有着非常深远的影响。

諸子百家——儒家

《大学》

《大学》原为《礼记》中的一篇,在南宋前从未单独刊印。相传为孔子弟子曾参所作。自唐代韩愈、李翱维护道统而推崇《大学》与《中庸》,至北宋的二程百般褒奖宣扬,甚至称《大学》为"孔氏之遗书而初学入德之门也",再到朱熹继承二程思想,便把《大学》从《礼记》中抽出来,与《论语》《孟子》《中庸》并列。到朱熹撰《四书章句集注》时,《大学》便成了《四书》之一。

《大学》全面总结了先秦儒家对于道德修养、道德作用及其与治国平天下关系的理解与认知,对个人修养至今仍有借鉴意义。

《中庸》

《中庸》原是《礼记》中的一篇,在南宋前从未单独刊印。一般认为它出自孔子的孙子子思之手。《史记·孔子世家》称"子思作《中庸》"。据考证,应成书于秦汉时期。自唐代韩愈、李翱维护道统而推崇《中庸》与《大学》。至北宋的二程百般褒奖宣扬,认为《中庸》是"孔门传收授心法",再到朱熹继承二程思想,便把《中庸》从《礼记》中抽出来,与《论语》《孟子》《大学》并列。到朱熹撰《四书章句集注》时,《中庸》便成了《四书》之一。《中庸》是四书中哲理最深奥的一本,所以列四书之末。是中国古代讨论教育理论的重要论著,对古代教育产生了极大的影响。

《中庸》是国学的一个重要组成部分,它主要阐述"中庸之道",教育人们自觉地进行自我修养、自我监督、自我教育、自我完善,把自己培养成为具有理想人格,达至至善、至仁、至诚、至道、至德、至圣、合外内之道的君子,共创"致中和,天地位焉,万物育焉"的"太平和合"境界。

《诗经》

《诗经》在先秦称《诗》或《诗三百》,是中国第一本诗歌总集。汇集了从西周初年到春秋中期五百多年的诗歌三百零五篇,是西周初至春秋中期的诗歌总集。

据传"古者《诗》三千余篇,及于孔子,去其重……"(《史记·孔子世家》),最终有三百零五篇为孔子编定。孔子说:"诗三百,一言以蔽之,曰思无邪。""不学诗,无以言。""乐而不淫,哀而不伤。"

《诗经》分"风""雅""颂"三部分,"风"为土风歌谣,"雅"为西周王畿的正声雅乐,"颂"为上层社会宗庙祭祀的舞曲歌辞。此书广泛地反映了当时社会生活的各个方面(包括文学、历史、哲学、政治学、人类学、民俗学、动植物学等等),具有"根"的意义,千百年来一直是我们的美感和创造力之源。

《尚书》

《尚书》在古时称《书》,至汉称《尚书》,"尚"是指"上""上古",是我国古代最早的一

诸子百家——儒家

185

部历史文献汇编,记载上起传说中的尧舜时代,下至东周(春秋中期),约一千五百多年的历史。

《尚书》的基本内容是古代帝王的文告和君臣谈话内容的记录,这说明作者应是史官。《史记·孔子世家》称孔子"序《书传》,上纪唐虞之际,下至秦缪,编次其事",相传为孔子编定。《尚书》有两种传本,一种是《今文尚书》,一种是《古文尚书》,现通行的《十三经注疏》本,是《今文尚书》和《伪古文尚书》的合编。古时称赞人"饱读诗书","诗书"就是指《诗经》和《尚书》。

《仪礼》

《仪礼》又称《礼》《士礼》《礼经》,是周代礼仪活动的资料汇编,是儒家传习最早的一部书,儒家经典之一。《仪礼》一书形诸文字,应在春秋时代,但其所载的礼仪活动,在成书之前早已有了。仪礼经过长期行用,逐渐充实完善而定型,可能是孔子采辑周鲁各国即将失传的礼仪,加以整理记录而成。

《仪礼》为礼仪的详细记录,只记礼仪礼节,不讲礼的意义。《仪礼》有今、古文,今文经有十七篇,立于学官,流传至今;古文经有五十六篇,其中十七篇与今文经相同,仅文字上稍有出入;另外三十九篇被称作《逸礼》,唐代以后亡佚。今存《仪礼》十七篇之篇次,为郑玄根据刘向《别录》所定。

《仪礼》所记之仪节制度,对后世的影响十分深远。历代礼典的制定,大都以《仪礼》作为重要的依据,而冠婚丧祭各种礼节一般也都为后世袭承,只是细节上略加变动而已。

《周礼》

《周礼》是西周时期的著名政治家、文学家、军事家周公旦所著。《周礼》所涉及之内容极为丰富,大至天下九州,天文历象;小至沟洫道路,草木虫鱼。凡邦国建制、政法文教、礼乐兵刑、赋税度支、膳食衣饰、寝庙车马、农商医卜、工艺制作,各种名物、典章、制度,无所不包。堪称"上古文化史之宝库"。

西汉的景帝、武帝之际,河间献王刘德从民间征得一批古书,其中一部名为《周官》。原书当有天官、地官、春官、夏官、秋官、冬官六篇,冬官篇已亡,汉儒取性质与之相似的《考工记》补其缺。王莽时,因刘歆奏请,《周官》被列入学官,并更名为《周礼》。东汉末,郑玄为《周礼》作了出色的注。由于郑玄的崇高学术声望,《周礼》一跃而居《三礼》之一,成为儒家的皇皇大典之一,对后世影响很大。

《周易》

《周易》又称《易》,汉以后尊称为《易经》。《周易》是占卜之书,其外层神秘,而内蕴的哲理至深至弘。关于《周易》的作者及成书年代,自古说法不同。《周易》的创作经历了远古至春秋战国之间的漫长过程,可以说是多代人的集体成果。

《周易》内容广泛,记录了西周社会的各方面,有较高的史料价值、思想价值和文学价

諸子百家 ——儒家

值。《周易》包括《经》和《传》两部分。《经》文由六十四卦卦象及相应的卦名、卦辞、爻名、爻辞等组成。《传》一共七种十篇，有《彖》上下篇，《象》上下篇，《文言》，《系辞》上下篇，《说卦》、《杂卦》和《序卦》；古人把这十篇《传》合称《十翼》，意指《传》是附属于《经》的羽翼，即用来解说《经》的内容。

经过历代的研究和注释，《周易》已成为一部蕴含着丰富哲学思想的著作，它的本体论学说、辩证法思想、社会进化的历史观及道德伦理观，奠定了中华民族传统思想文化的基础。

《春秋》

《春秋》是我国现存的最早的编年体史书，据说是孔子据鲁国史书删定而成，是儒家经典著作之一。

《春秋》本为春秋时期鲁国史官按年月记载的大事记。"春秋"一词，是当时史书的通名。当时晋国有《乘》，楚国有《梼杌》，后来这些史书失传，"春秋"遂为专名，特指这部儒家经典。其记事起自鲁隐公元年（公元前 722 年），止于鲁哀公十四年（公元前 481年），包括鲁国十二个国君，共二百四十二年。

《春秋》大部分内容记载政治活动情况，如征战、会盟等，也有一些记述婚丧嫁娶和自然、灾害现象。记事十分简略，全书仅一万六千余字，记事一千八百余条，每条最多四十余字，最少仅一字。这样一来，给后人的阅读理解带来很大的困难，对于书中所记之事的原委经过也很难了解。因此，后代学者有的便为《春秋》做解释和说明，名之为"传"。《汉书·艺文志》著录的《传》有五种，即《左传》《公羊传》《穀梁传》《夹氏传》《邹氏传》。后两传已亡佚，今存前三传。经与传最初是分别成册的，以后经传合一，前三传分别被称为《春秋左氏传》《春秋公羊传》和《春秋穀梁传》。自此，《春秋》本书则不再单行。

《左传》

《左传》是我国古代第一部记事翔实、议论精辟的编年体史书。亦称《春秋左氏传》《左氏春秋》。

关于《左氏春秋》的作者，《史记·十二诸侯年表序》中称是左丘明，班固又称"左丘明，鲁太史"，两汉魏晋学者并无异辞；至唐代赵匡始疑，宋元以来疑者更众，但至今也无定论。著作的年代应在战国初年。

《左传》解经，以记载史事为主，广泛"取各国史策"来补充、说明、订正《春秋》，所记史实按鲁国隐、桓、庄、闵、僖、文、宣、成、襄、昭、定、哀等十二公次第编年，约二百五十余年，较《春秋》多十几年。《左传》不以空言论道，有若干条甚至是"无经之传"，或有经无传，不像《公羊传》《穀梁传》多逞臆说。《左传》内容丰富，兼包政治、军事、经济、外交以及社会各个方面，于自然、天象、医学、音乐等项也多有记载。《左传》行文简洁详密、生动委婉，更擅长叙述及人物描写，是一部记载春秋历史的重要著作。

《左传》初与《春秋》"各自单行"，至晋代杜预，始"分经之年与传之年相附，比其义类，各随而解之"，于是两书合编加注，成为一体。

《公羊传》

《公羊传》又名《春秋公羊传》《公羊春秋》，是解释《春秋》"微言大义"之书。旧题战国时齐人公羊高著，实由其口述相传，至汉景帝时其玄孙公羊寿及胡毋生都辑录成书。

《公羊传》记事起于鲁隐公元年（公元前 722 年），止于鲁哀公十四年（公元前 481 年），与《春秋》所记一致。书中对于经文的疏证并不是引用大量的史实来加以说明，而是采用问答体的形式，逐字逐句地解释《春秋》。作者本意在通过阐述《春秋》中的"微言大义"，尊周王室，诛乱臣贼子，亲中国而斥夷狄，实现普天之下莫非王土的大一统局面。由于传文不重史事，多所牵强。

汉初，《公羊传》所强调的"以有道伐无道""尊王攘夷""大一统"等思想，适应了统治集团加强中央集权的需要，所以在景帝时笔录成书。汉武帝更好公羊之学，公孙弘、董仲舒等一批学者也极力宣扬公羊学。公羊学一时成为显学。

《公羊传》与《春秋》原各自为卷，分别单行。《汉书·艺文志》注《公羊传》十一卷，经传合一不知始于何人。《四库全书总目》谓"今本以传附经，或徐彦作疏之时所合并欤"。《春秋公羊传》在《文献通考》中注为三十卷，今本仅二十八卷，"或彦丰以经文并为两卷，别冠于前，后人又散入传中，故少此两卷"（《四库全书总目》）。

《穀梁传》

《穀梁传》亦称《春秋穀梁传》《穀梁春秋》，是一部对《春秋》的注解。起于鲁隐公元年，终于鲁哀公十四年。所讲叙史事绝少，大多各逞胸臆，不合本旨。《穀梁传》解经，有驳公羊说者，有与公羊矛盾者，体裁皆为一问一答逐层逐字释义。《穀梁传》行文清新婉约，说理透彻，许多处另有新意，文章亦优于《公羊传》，但逊于《左传》。

《穀梁传》和《公羊传》在汉代都立于学官，但《穀梁传》并未成显学，只在汉宣帝时才又盛行。其注家不多，影响亦远不及《左传》及《公羊传》两家。

《孝经》

《孝经》是儒家讲"孝道"的典籍。《孝经》之得名，《汉书·艺文志》曰："夫孝，天之经，地之义，民之行也。举大者方，故曰《孝经》。"关于《孝经》的作者有几种说法，一说为孔子作，二说为曾子作，三说为曾子门人作，另有说为子思作，等等。由《孝经》内容看，其中多引《左传》《孟子》《荀子》语句。《孝经》写作时代当在公元前三世纪期间，为孔子再传弟子作，寄名于孔子、曾子。

《孝经》全书仅一千七百九十九字，分为十八章。篇幅虽小，但依然为一本独立的经书。全书以孝为中心，比较集中地阐发了儒家的伦理思想。书中指出，"孝"是诸德之本，"人之行，莫大于孝"，国君可以用孝治理国家，臣民能够用孝立身理家，保持爵禄。《孝经》在伦理思想中，首次将"孝亲"与"忠君"联系起来，认为"忠"是"孝"的发展和扩大，并把"孝"的社会作用绝对化、神秘化，认为"孝悌之至"就能够"通于神明，光于四海，无所不通"。

《孝经》在唐代被尊为"经书",南宋以后被列为《十三经》之一。在长期的封建社会中它被看作是"孔子述作,垂范将来"的经典,对传播和维护封建纲常起了很大作用。《孝经》为十三经中唯一一本被皇帝(唐明皇)御注的书。现存今古文两种版本,今文较为流行。

《尔雅》

《尔雅》是我国最早的一部以解释字义和词义为主要内容的词典。著作时代与作者已不可考。今人认为它是汉代经师解释六经训诂的汇集,成书于汉代,非出于一时一人之手。

《尔雅》是儒家的经典之一,列入十三经之中。其中"尔"是"近"的意思;"雅"本意为"正",引申为"雅言",指官方规定的规范语言。"尔雅"就是"近正",使语言接近于官方规定的语言。《尔雅》是后代考证古代词语的一部著作。

《近思录》

《近思录》是辑录周敦颐、二程和张载言论之书。朱熹、吕祖谦编,十四卷。

朱熹与南宋著名哲学家吕祖谦曾在寒宗精舍共读周敦颐、张载和二程之书,深感其博大精深,难以很快理解,特别是对于初学者来说,更不易求得入门之途径。所以,他们从四子书中,掇拾其中"关于大体而切于日用者",得六百六十二条,分道体、为学、致和、存养、克治、家道、出处、治体、治法、政事、教学、警戒、辨异端、观圣贤共十四门,重新加以编排而成书,为晚进后学者提供了入学门径。由于这本书的内容集中于性理之说方面,故被后世看作是"后来性理诸书之祖"(《四库全书总目》)。

《近思录》问世之后,很快受到广泛重视,并对后世产生了很大的影响,为明清时期的文人学子必读之书。一些著名学者也相继为此书作注,主要有南宋叶采的《近思录集解》,清代茅星来的《近思录集注》、江永的《近思录集注》等。

《传习录》

《传习录》是王守仁的哲学语录集,由其弟子徐爱、钱德洪辑录删定,凡上中下三卷。

徐爱系王守仁妹夫,也为其最早的及门弟子,传其心学,对"致良知"之说体认尤深。钱德洪曾受业于王守仁,颇得"致良知"说之真谛。

该书取曾子"传不习乎"之意以名。初为徐爱备录其师王守仁讲学之语,对王学"致良知"之说疏通辨析,阐发旨要,以便学者。徐爱去世后,明薛侃(1486~1545年)于正德十三年(1518年)将其稿刊行,是为上卷。其后,南大吉于嘉靖三年(1524年)续刻该书,增入王守仁论学书信八篇,即为中卷。此后,钱德洪再加编定,删去书信二封,并易中卷为问答体,又增加陈九川、黄以方等弟子所记之语,编为下卷。

该书荟萃王守仁心学体系的各种思想主张,如"心即理""知行合一""致良知"等,是研究王守仁思想、学术的重要资料。

《三字经》

《三字经》是一部在儒家思想指导下编成的读物,是中国古代历史文化的宝贵遗产,是学习中华传统文化不可多得的儿童启蒙读本。它短小精悍、朗朗上口,千百年来,家喻户晓。其内容涵盖历史、天文、地理、道德以及一些民间传说,有"熟读《三字经》,可知天下事"之说。基于历史原因,《三字经》的成书年代和作者难于确定,但其独特的思想价值和文化魅力为人们所公认,流传至今。

《三字经》与《百家姓》《千字文》合称"三、百、千",同属于儒家经典。

《百家姓》

据明清时期学者的研究,《百家姓》是由宋朝初期一位地处吴、越地区的儒家学者编辑、装订成册,距今已有一千多年的历史。《百家姓》是一本关于"中文姓氏"的书,原收集姓氏411个,后增补到504个,其中单姓444个,复姓60个。《百家姓》的次序不是依各姓氏人口实际排列,而是因为读来顺口,易学好记。《百家姓》是中国幼儿的启蒙读物,得到了人们普遍的重视和喜爱。

《千字文》

根据史书记载,《千字文》是南朝梁武帝在位时期(502年~549年)编成的,其编者是梁朝散骑侍郎、给事中周兴嗣。据唐代李绰《尚书故实》记载,梁武帝命大臣殷铁石模次王羲之书碣碑石的字迹,拓出一千字都不重复,以赐八王。殷铁石拓出后,此千余字互不联属,梁武帝又命令周兴嗣将这一千字编成有意义的句子,"卿有才思,为我韵之"。结果周兴嗣写成了《千字文》,头发都白了。古人也简称其为《千文》。

《千字文》在"三、百、千"中虽排在最后,但其成书时间却是最早的,也是"三、百、千"中唯一确切知道成书时间和作者的一部儒家经典。

《千字文》问世一千多年,既是一部优秀的童蒙读物,也是中国优秀传统文化的一个组成部分。

《菜根谭》

《菜根谭》是明代的一部语录体著作。著者洪应明,字自诚,号还初道人,籍贯、生卒年不详。据说万历三十年(1602年)前后曾居住在南京秦淮河一带,潜心著述。

俗话说:"咬得菜根,百事可做。"洪应明取其义而创作《菜根谭》,融儒家精髓于一书,总结了为人处世的谋略、修身养性的智慧,融处世哲学、生活艺术、审美情趣于一体。格言警句式的语言深入浅出、凝练隽永。成书以来,深受历代读者喜爱,影响广达于社会生活的方方面面。

《菜根谭》分为上、下两卷。上卷有《修省》《应酬》《评议》《闲话》四个章节,下卷有《概论》一个章节,另有《菜根谭续遗》一百五十三段。涉及的内容极为广泛,引用及改编了大量的圣贤格言、民谚名句。这本书融合了儒家的中庸思想、道家的无为思想和释家的出世思想,在劝导人们积极进取的同时,要求人们坚持道德标准。

第六节　儒家智慧

一、包容的智慧

儒家思想包容万千,主张一种积极入世的态度,提出了各种解决社会关系的准则和方法,主张以君子之道坦然面对种种矛盾!儒家提出了许多震撼人心,具有穿透时空的警世恒言,如"仁者爱人""己所不欲勿施于人""穷则独善其身,达则兼济天下"等等,当然虽主张对人要宽厚仁慈,但并不是为人处世不讲原则和方法,一味顺从或不懂变通,而是能够世事洞明、随机应变、处事练达,妥善处理各种关系,达到立人成事之功!

尽心竭力,诚信对人,忠恕之道

【子曰】

"子曰:'参乎!吾道一以贯之。'曾子曰:'唯'。子出。门人问曰:'何谓也?'曾子曰:'夫子之道,忠恕而已矣。'"

——《论语·里仁》

【智者感悟】

"孔子说:'曾参呀!我的思想可以用一个词来表达并能贯穿始终,你知道吗?'曾子回答说:'知道'。孔子说完就出去了。同学们问曾子:'老师刚才说的是什么意思呀?'曾子回答说:'老师的思想可以用一个词来形容,那就是忠恕之道啊!'"

忠恕之道是儒家为人处世的基本原则,任何其他的处世原则都要符合忠恕之道。忠恕之道,包括两方面的要求,一个是正面的积极的规定:"己欲立而立人,己欲达而达人",一个是消极的反向的规定,那就是:"己所不欲,勿施于人"。对于第一个要求,是让人们爱护他人,关心他人,相互帮助,成人之美;对于后一个要求,则是让人们必须尊重他人,不得伤害他人。如果第一个要求有可能过高,还可以适当放宽,做到"穷则独善其身,达则兼济天下"就可以了,但第二个要求则是任何时候都必须遵守

曾参

的,不容打折扣的。它是人类的道德修养和生存法则!

"尽己之谓忠,推己之谓恕。"朱熹《论语集注》如此释"忠恕",他又引用程子的话:"以己及物,仁也;推己及物,恕也。"其实,无论"尽己"还是"推己",都没有实质性的差别。就像一块磁铁的两极,"尽己之谓忠","忠"的含义是尽心竭力、无私、真诚。"忠"作为一个道德规范,只有自己内心中有一种真诚去对人对事的态度,以及由此而诚实地为他人谋事做事的行为,才能做到"恕"。"推己之谓恕",就是自己想要达到的也要尽量想到别人亦或是如此,并帮助要别人达到。现代所谓的共赢就体现这个思想。同时还要注意自己不想要的,不利于自己的,可能也不利于别人,也是别人不想要的。就是"己所不欲,勿施于人","忠"与"恕"其实相互补充、相互规定、相辅相成。只有把"忠"与"恕"统一起来,才能既做到"己欲立而立人,己欲达而达人",又能做到"己所不欲,勿施于人",成就孔子的"一以贯之"的仁道。《中庸》云:"忠恕违道不远,施诸己而不愿,亦勿施于人。"由此可见,"恕"亦可包含"忠"。也就是说,若真能做到"己所不欲,勿施于人",则不仅可以谓之"恕",而且可谓之"忠恕"。刘宝楠《论语正义》中解释《颜渊》篇仲弓问仁、孔子回答之"己所不欲,勿施于人",即谓:"己所不欲,勿施于人,则己所欲,必有当施于人。"

原壤是孔子的老朋友,其母病故后,孔子立即去他家里帮助入殓并吊唁祭奠。原壤痛哭了一阵子,不知怎的,他竟上棺而立,大声叫喊:"好久没唱了,今日唱一段儿!"说完,便扯起嗓子唱了两句:棺材板木纹条条,实在美丽好看;棺材板刨刮平滑,如同姑娘脸蛋!

原山一把将其弟原壤从棺材上拉下,气得七窍生烟,"啪! 啪!"连打两个耳光。原壤无地自容,趴在丧棚里。家人、亲朋,邻居们也都很气愤。孔子将原壤拉至一边,狠狠地批评说:"殓葬好父母是儿女应尽的孝道! 今日母亡,本应十分悲伤,而你立棺而唱,有失伦理,不仁不孝,实为荒唐! 快去五体投地,痛哭亲娘!",听到好友的痛心批评,原壤如梦初醒:"哦! 乱了! 我的脑子乱了!"说完,跪在母亲灵柩前,痛哭不已,悲痛欲绝。一位帮助办理丧事的人对孔子说:"你是大名鼎鼎的圣人,对这等忤逆不孝之友,如不当众宣布断绝交情,有累圣德!"孔子道:"俗话说,亲戚做出非礼之事,不可马上断绝亲情;朋友做出非礼之事,不可马上割断友谊。我对原壤这位朋友教而不弃!"事后,人们评说:"孔子对做出非礼之事的朋友教而不弃,可谓胸怀大度,宽以恕人!"。

《说文》:"忠,敬也。尽心曰忠"。《广韵》:"忠,无私也"。儒家把"忠"纳入道德范畴,"忠"的基本意思是尽心竭力、公而无私。杨倞《荀子·礼论注》:"忠,诚也"。"诚"与"实"同义,即"忠"是诚实无怨的意思。孔子说:"主忠信",主张对人要以"忠、信"两种道德为主;《论语·学而》篇载曾子曰:"吾日三省吾身,为人谋而不忠乎? 与朋友交而不信乎? 传不习乎?"此句中的"为人谋而不忠乎",就是每日反省自己,在替别人办事时否用尽心力了? (《论语·学而》)

君臣之间、个人与国家、民族之间道德关系之中都包含着"忠"。孔子的学生子张问道:"楚国的令尹子文三次做令尹的官,没有高兴的表现;三次被罢免,没有怨恨的表现。每一次事务交代时,一定把自己的一切政令全部告诉接位的人。这个人怎样?"孔子回答说:"忠矣。"(《论语·公冶长》)这里说的"忠"是指尹文子对国家民族的忠心。鲁定公曾

諸子百家——儒家

经问孔子,君怎样对待臣,臣又该怎么样侍奉君呢?孔子回答说:"君使臣以礼,臣事君以忠。"(《论语·八佾》)君应该依礼纳用臣子,臣应该忠心尽职侍奉君主。"孝兹,则忠"是说如果你孝顺父母,慈爱幼小,众人就地对你尽忠竭力。这里的"忠"主要是指臣下对君主,下属对上司要尽心竭力工作的道德关系。由此可见,儒家的"忠"不但规范普通人之间的道德关系之外,还规范着上下之间、个人对国家民族之间的道德关系。

关羽的事迹可以很好地诠释"忠"。关羽为人忠厚,豪爽,重感情,讲义气。他和刘备,张飞三人桃园结义,成为兄弟,寝则同榻,食则同桌,被后代尊为讲义气、重情意、交朋友的典范。他忠君、忠主、忠朋友。当初,关羽被曹操所俘,曹操给他高官厚禄,拜为偏将,封议寿亭侯。但他"身在曹营心在汉",丝毫不为曹操的高官厚禄所动,"过五关斩六将",毅然决然回到刘备身边,一心事主,忠心不渝。成就千古佳话!在刘备面前关羽竭尽忠心,能为其两肋插刀,深得刘备的器重。被历史尊为君臣相处的典范,成为全忠全孝之人,流芳千古,历代祭祀。

这样的事例不胜枚举。唐代郭子仪,忠厚宽恕。对国家一片赤诚丹心,对同僚、朋友一片忠诚宽厚。他宽厚待人,对部下宽恕,兵士乐为其用,忠诚赤心,竭尽全力,在"安史之乱"中,郭子仪的部队所向披靡,战无不胜,平定了"安史之乱",为李氏唐立下了"家国再造"的赫赫功勋。大历二年(767)十二月,郭子仪父亲之墓被人盗掘,官府未能捕获盗墓人。人们都认为鱼朝恩一向妒忌郭子仪,怀疑是他指使的,子仪也深知其原委。盗掘祖坟,是一般人所不能忍受的污辱。郭子仪入朝时,人们都以为会喋血京师,公卿大臣们因此而深感不安。可是当代宗向他讲述了此事,他却哭泣着说:"臣久主兵,不能禁暴,军人残人之墓,固亦多矣。此臣不忠不孝,上获天谴,非人患也。"郭子仪宽厚待人,犯而不怒,尽力把大事化小,维护朝廷上下的相安无事。尽管鱼朝恩一再诋毁、离间,散尽天良,郭子仪对他仍是以诚相待。大历四年(769)正月,郭子仪入朝时,鱼朝恩邀他去章敬寺,宰相元载暗中托人告诉子仪"朝思谋不利于公",子仪不听。将士们请内衣甲三百人随从侍卫,他又不许,说:"我乃国之大臣,彼无天子之命,安敢害我!若受命而来,汝曹欲何为!"遂以家僮数人随从前往。朝恩亲来迎接,见其随从甚少,很感惊讶,子仪把所听到的事如实相告,并且说:"恐烦公经营耳。"朝恩听了倍受感动,抚膺捧手,流着眼泪说:"非公长者,能无疑乎!"自此后再无害仪心。

可见,我们不能拥有了自由,却失去了人类精神的伟大与崇高!拥有了法治,却失去了道德!倘若人们心中不再有爱,对他人漠不关心,没有责任感,不愿主动去承担自己应尽的义务,那么,生命的意义何在?

以和为贵,进退有据,天下之达道

【子曰】

"喜怒哀乐之未发,谓之中;发而皆中节。谓之和。中也者。天下之大本也;和也者,天下之达道也。致中和,天地位焉。万物育焉。"

——《中庸》

喜怒哀乐的情感还没有发生的时候,心是平静无所偏倚的,称之为"中";如果感情之发生都能合乎节度,没有过与不及则称之为和。"中"是天下万事万物的根本,"和"是天下共行的大道。如果能够把中和的道理推而及之。达到圆满的境界。那么天地万物。都能各安其所。各遂其生了。

《论语》主张以和为贵。类似的古训很多,和为贵、和气生财、和气致祥、和衷共济、家和万事兴,百忍堂中有太和,都强调了一个字,"和"。儒家的"太和"观念,包涵了所有的和谐,人与自然的和谐、人与人的和谐,以及自我的和谐。儒家是通过道德教养达到自身的和谐,再推广到"人与人的和谐"。和睦的人际关系,和谐的社会环境,对于人的生存和发展,至关重要。

这里面包含着一个重要的关系:人的喜怒哀乐之情与中和的关系。所谓中,就是适度,无过无不及,把握合适的分寸。只有适度,才能和谐;中是和的前提和条件。所以和又称中和;和为贵也可说是中和为贵。而中和的达到和实现,又与喜怒哀乐之情的恰当表达有着密切的关系。喜怒哀乐是人之常情,人的一切行为,都出于情,而情是性的表现。人都有喜怒哀悲之气,这是人性;人与外界相接触,性即表现为喜怒哀乐之情。喜怒哀乐之未发,指天赋之性未与外界接触之时;此属于自然之性。自然状态亦是本然状态。在自然状态下,不存在过与不及,所以是"中"。自然之性与事相接而表现为喜怒哀乐之情,由于人生活在群体中,情的表达也就受到种种人际关系的限制,需要有度;而由于人们环境、地位、利益以及学识修养等等的不同的影响,又会使情的表达有过或不及。过与不及,都会影响社会和自身的和谐。刻薄寡情,冷漠无情,固然会危害社会和谐;喜怒哀乐之无节制的过度宣泄,也会伤及身体,危及和谐;尤其在复杂的环境之中,小不忍则乱大谋,无节制的任性而为,更会危及全局。因用情不当而带来的教训,史不绝书。由此,喜怒哀乐之情需要有种种人文的规范,也就是传统所说的道。人情之发只有符合道的节制,无过无不及,才能保证社会的"和"。所以说"发而皆中节,谓之和。"

自我身心平衡也可以通过"和"调整。当你的心充满平和,去到哪里都一样欢喜自在;但如果你心中没有平和,即使走到天涯海角也不会寻得到它。"喜怒哀乐之未发谓之中,发而皆中节谓之和"。人的喜怒哀乐之情在没有外发的时候,即是处于"中"的位置,既不过分,也没有不足的问题。当人在受到外界的刺激,情感的外发,往往就达不到"和",不是太过,就是不足。要想做到"发而皆中节",就是恰到好处,就像孔子评价《诗经》的时候所讲的,"乐而不淫、哀而不伤",是一件很不容易的事情了。一旦进入"和"的境界,在任何时候都能波澜不惊,从容面对一切,情绪不会大起大落,不会起伏跌宕,不会大喜大悲、狂怒暴躁,"举世誉之而不私悦,举世毁之而不加沮",要想达到这样高的修养,常人需要长期不断地学习和提高。

"家和万事兴",家和是万事兴的前提。一个家庭要想家和,必须家庭里的每一成员都要相互了解、相互体贴、相互尊重、相互包容。对于生活在这个世界上的人,没有人不

诸子百家——儒家

希望自己拥有一个幸福、美满的家。和,和谐、和睦、和气,没有人会拒绝。每一个家庭,成员无不抱着美好的憧憬和善良的愿望。说到家,有大家庭,有小家庭。现代的社会,大家庭人多,最大的困难就是不容易和谐。小家庭因为人口少,如果住的房子大,每天面对空旷无人的家,好像没有依靠的感觉;如果住的房子小,每天面对的是坚硬冷寂的砖瓦、壁板,一样感受不到家的温馨气氛。所以即使有家,家中要有人;有人,就要能和顺。俗语说:家不和被人欺;家和才能万事兴。在家庭里,能够父慈子孝,能够兄友弟恭,能够夫唱妇随,所谓合家一条心,泥土也能变成金。天下以和为贵,和气生财,平和、和缓、和谐、和睦。和气致祥。中国人最讲究中庸之道,讲究一个"和"字,人以和为贵,天下和为美,中正平和,和颜悦色,必定能处事如愿,遇难呈祥。"人和"是企业发展的必要因素,没有"人和"就无法实现持续长期的发展。在市场竞争异常激烈的环境下,"天时、地利"往往不能被一家企业所独享,"人和"则成为保持旺盛竞争力的关键因素。经营者只有讲究和气生财,言而有信,诚信经营,大家必然都一鼓作气,沟通、尊重、坦诚、信任,达到永续经营,从古到今都一贯如此。

下面这个例子可以说明"和"在人们生活中的意义。

清朝时,在安徽桐城有个一个著名的家族,父子两代为相,权势显赫,这就是张英、张廷玉父子。清康熙年间,张英在朝廷当文华殿大学士、礼部尚书。老家桐城的老宅与吴家为邻,两家府邸之间有个空地,供双方来往交通使用。后来邻居吴家建房,要占用这个通道,张家不同意,双方将官司打倒县衙门。县官考虑纠纷双方都是官位显赫,名门望族,不敢轻易了断。在这期间,张家人写了一封信,给在北京当大官的张英,要求张英出面,干涉此事。张英收到信件后,认为应该谦让邻里,给家里回信中写了四句话:

千里来书只为墙,

让他三尺又何妨?

万里长城今犹在,

不见当年秦始皇。

家人阅罢,明白其中意思,主动让出三尺空地。吴家见状,深受感动,也出动让出三尺房基地,这样就形成了一个6尺的巷子。

和而不同,同而不和,和是有条件的

【子曰】

"礼之用。和为贵。先王之道,斯为美;小大由之。有所不行,知和而和。不以礼节之。亦不可行也"。

——《论语》

【智者感悟】

"礼的应用,以和谐为贵。古代君主的治国方法,可宝贵的地方就在这里。但不论大事小事只顾按和谐的办法去做。有的时候就行不通。(这是因为)为和谐而和谐,不以礼

来节制和谐,也是不可行的。"

　　"和"作为一种为人处世的准则,并不是无原则的一味求和,而是有其一定适用范围和对象的。因此,对于一件事,"知和而和",为和谐而和谐而"不以礼节之,亦不可行也。"

　　《论语·子路》有载,"君子和而不同,小人同而不和",君子与人和谐相处,有自己的主张,同时也会允许别人保留自己的意见;小人表面上很容易苟同别人,但因为各争私利,必然冲突四起,往往都不能与人和平相处。这样的"同"反而导致了"不和"。何晏《论语集解》说:"君子心和,然其所见各异,故曰不同,小人所嗜好则同,然各争利,安得而和?"这样便把"和"与"同"彻底地归于人的不同上来,君子的见解相同,但他们所做的不一定都相同,如在教化上,有些人认为要出仕做官,有些人认为要教书育人等等,各有所见,互不相同,但他们都是为了教化。小人看似相同,却是为了利益,如果同伴中损伤了他们的利益,很容易生成内讧,如鸟兽散。宋儒十分注重义利之辩,他们结合"君子喻于义,小人喻于利",用"义"和"利"解释了"和而不同",认为君子的"和"是"义"的结果,小人的"同"是"利"的驱使。刘宝楠《论语正义》说:"和因义起,同由利生。"这种解释一直持续影响到清末。

　　"君子和而不同",是对"和"这一理念的具体阐释。"以和为贵"是中国传统文化的根本特征和基本价值取向。"和而不同"追求内在的和谐统一,而不是表象上的相同和一致。今天,"和而不同"是人类共同生存的生活理念和基本法则。大智者共事,常常能够求大同,存小异。也就是说,在原则性的问题上,大家各自理出自己的观点,经过讨论或协商之后,总能够达成一致,较少固执己见。他们很会取人长,补己短。这样的人进步是很快的,也容易与人相处。所以君子在一起,虽然意见和观点会经常不同,但总是能够通过沟通与斗争达成共识,能够长久地相处。做君子需要有宽广的胸怀,又要有坚持原则的精神。庸者聚合,在感情和义气上以求大家和和气气。但是这种和气是没有正基的,常常会很快瓦解。

　　夫妻之间、朋友之间、集团之间,甚至国家之间,如果一方总是一味地顺从另一方,不分是非曲直,将会失去自身的独立性,那简直是一种灾难,要想持久几乎是不可能的。

　　不管是亲人、朋友、同事之间,还是竞争者之间,都要讲和为贵;对于为非作歹的歹徒,穷凶极恶的恶棍,不是不可以讲和为贵,前提是他们必须放下凶器、承认错误,主动改邪归正,或者受到强力制裁、废除武功,丧失作恶能力。否则,泛泛而谈和为贵,很容易流于迂腐、乡愿、和稀泥,成了无原则无是非的纵容和包庇,甚至成为罪恶的帮凶。子曰:"唯仁者,能好人,能恶人。"意思是作为仁者,不但要能够对好人好,也要能对恶人心存厌恶!牟宗三先生对这句话的解释很有启迪意义,他说:孔子的"仁"之意义很不容易去把握,如"唯仁者能好人,能恶人",好恶是每个人都有的,人若没有好恶就是没有是非,但要能成就好恶更是不容易的。唯仁者才能成就"好人"之好,"恶人"之恶。如一讨厌就讨厌得不得了,即是所谓的恶恶丧德。"爱之欲其生,恶之欲其死。"喜欢时千方百计地设法使其生,但到讨厌时也非得把他杀掉不可,处之于死地。这样的好是溺爱不明,这样的恶是恶恶丧德。恶是当该恶的,但恶之至于丧德,其本身就是恶,好即本来你是恶恶,但恶

196

的结果是你本身陷于罪恶,甚至比原来所恶的恶更恶。这个道理孔子在二千多前就已经说出来了。故"唯仁者能好人,能恶人。"仁者是指能善察仁道的人,也即生命中有定常之体(仁体)的人,即是有真实生命的人。有真实生命的仁者,才能好,才能恶,才能成就好之为好、恶之为恶。儒家是肯定好恶的,因无好恶就无是非。接下来就是如何成就好恶,但要成就好恶就要下许多工夫。

好恶是人所需要的,有好恶才能表明有是非,维护社会正义。但是,如果不懂得正确的好恶,本身也就很容易陷入恶中。牟宗三先生说的"恶恶丧德",指的就是这个意思。如果你恨一个人,恨到极致,恨到想把对方杀了的程度,那这种恨已经同时转化为你自己的恶了。

自古至今,人类因国界、宗教、种族、主权、经济利益的歧义,思想、语言的差别,乃至因家庭、财产、感情等诸多问题,引起的矛盾不胜枚举,以至常常上演"争地以战,杀人盈野;争城以战,杀人盈城"的悲剧。人类往往最善于共处,又最不善于共处。人与自然、社会、他人、心灵、文明,都处在各种各样形式的共处中,并在共处中生存。人们欲自己生存,亦要让自然、社会、他人、文明同存;人们相互共处,但由于其价值观、思维方式、风俗习惯、文化素质的差异,亦会发生冲突和竞争。和为贵的观念,对匡正今日社会所发生的种种弊病,裨益多多。从理性上看待这个问题,我们又感到,孔子既强调礼的运用,以和为贵,又指出不能为和而和,要以礼节制之,可见孔子所提倡的和是有前提和条件的,而不是一味求和。

赠人玫瑰,手有余香,君子有成人之美

【子曰】

"子曰:君子成人之美,不成人之恶。小人反是。"

——《论语·颜渊》

【智者感悟】

孔子说:"君子要成全别人的好事,不要促成别人的坏事。小人却正好相反"。

成人之美是古今君子所持有的美德,是孔子所提倡的一条重要的为人原则。作为君子,看到朋友、同事以及任何其他人的好事,都愿意主动去帮助他们完成,若是坏事则要设法阻止使他不再继续恶化。无论从政、经商还是做人,都一样要做到这种程度。而小人却正好相反,就喜欢帮助人家做坏事,嫉妒破坏别人的好事。成人之美是一种气度,一种胸怀,一种君子风范。儒家认为只要这种做人的风范成为每个人内心的道德自律,这个世界才会安定,达到天下大同,人们就会和睦共处,合心建造和谐的社会。

需要注意做到这几点,才能成人之美,首先要有成人之美的心胸,不要看到人家好就心生嫉妒。其次,成人之美要做的恰到好处,过了就成无原则的老好人,如果做不到位就会失去意义。同时,也要避免成人之恶,为虎添翼!

成人之美需要君子般的胸怀和气量,而有些人通常是"只要你过得比我好,我就受不

了!",妒忌成性,成人之美需要把握火候和分寸,否则或被人讥讪充好人,或被人误会别有所图。相反,往往成人之恶成本更低,更受人欢迎,而揭灭别人的恶事却付出代价,所以人们想做君子,成人之美,不成人之恶在实际生活中很难践行,需要不一般的正直、执着、胸怀。

儒家认为,只要你有一颗坦荡之心,真诚帮助别人,成其美事,阻止恶事,是能够得到理解和尊重的,这种君子之道也会给你带来意想不到的荣耀和感激,虽然君子并不是为了成名!事实也证明,为他人鼓掌、成人之美是一种修养,也是一种高尚的品德,它需要有宽广的胸襟和与人为善的性情。对于患得患失、一切都要算计自己能得到多少好处的人来说,是无法做到成人之美的,因为他们总是迷失在自己的得失里。

下面是一个成人之美的故事,使一对夫妻破镜重圆:

杨素,字处道,在辅佐隋文帝杨坚结束割据,统一天下,建立隋朝江山方面立下了汗马功劳。他不仅足智多谋,才华横溢,而且文武双全,风流倜傥,在朝野上下都声势显赫。

隋开皇九年(公元 589 年)杨素与文帝杨坚的两个儿子陈后主叔宝的嫔妃、亲戚,其中有陈叔宝的妹妹枣陈太子舍人徐德言之妻,也就是陈国的乐昌公主。由于杨素破陈有功,加之乐昌公主才人绝代,隋文帝就乱点鸳鸯,将乐昌公主送进杨素中,赐为杨素小妾。杨素既仰慕乐昌公主的才华,又贪图乐昌公主的美色,因此就更加宠爱,还为乐昌公主专门营造了宅院。然而乐昌公主却终日郁郁寡欢,默默无语。

原来,乐昌公主与丈夫徐德言心心相知,情义深厚。陈国将亡之际,徐德言曾流着泪对妻子说:"国已危如累卵,家安岂能保全,你我分离已成必然。以你这般容貌与才华,国亡后必然会被掠入豪宅之家,我们夫妻长久离散,各居一方,唯有日夜相思,梦中神会。倘若苍天有眼,不割断我们今世的这段情缘,你我今后定会有相见之日。所以我们应当有个信物,以求日后相认重逢。"说完,徐德言把一枚铜镜一劈两半,夫妻二人各收半边。徐德言又说:"如果你真的被掠进富豪人家,就在明年正月十五那天,将你的半片铜镜拿到街市去卖,假若我也幸存人世,那一天就一定会赶到都市,通过铜镜去打听你的消息。"

一对恩爱夫妻,在国家山河破碎之时,虽然劫后余生,却受尽了离散之苦。好容易盼到第二年正月十五,徐德言经过千辛万苦,颠沛流离,终于赶到都市大街,果然看见一个老头在叫卖半片铜镜,而且价钱昂贵,令人不敢问津。徐德言一看半片铜镜,知妻子已有下落,禁不住涕泪俱下。他不敢怠慢,忙按老者要的价给了钱,又立即把老者领到自己的住处。吃喝已罢,徐德言向老者讲述一年前破镜的故事,并拿出自己珍藏的另一半铜镜。颤索索两半铜镜还未吻合,徐德言早已泣不成声……卖镜老人被他们的夫妻深情感动得热泪盈眶。他答应徐德言,一定要在他们之间传递消息,让他们夫妻早日团圆。徐德言就着月光题诗一首,托老人带给乐昌公主。诗这样写道:

镜与人俱去,镜归人不归。

无复嫦娥影,空留明月辉。

乐昌公主看到丈夫题诗,想到与丈夫咫尺天涯,难以相见,更是悲声大放,终日容颜凄苦,水米不进。杨素再三盘问,才知道了其中原委,也不由得被他二人的真情深深打动。他立即派人将徐德言召入府中，让他夫妻二人团聚。府中上下都为徐陈二人破镜重圆和越国公杨素的宽宏大度、成人之美而感叹不已。带着欢庆的感激之情。宴罢，夫妻二人携手同归江南故里。这段佳话被四处传扬，所以就有了破镜重圆的典故，一直流传至今。

下面的这个故事，和破镜重圆的故事异曲同工，但同样展示成人之美的胸怀！

唐朝有一个叫谢原的人，精通辞赋，善作词歌，所做的词歌在民间流传甚广。有一年春天，谢原到张穆王家做客，张穆王亲自接待他。饮酒畅谈之余，张穆王便让自己的小妾谈氏在帘子后面动情的弹唱。谢原仔细一听，谈氏唱的正是自己所做的一首竹枝词。（张穆王见谢原听得十分出神，干脆叫谈氏出来拜见）谈氏长得非常漂亮，她接着又把谢原所作的歌词都唱了一遍。谢原十分高兴，犹如遇到了知音，对谈氏产生了爱慕之情。他站起来说："承蒙夫人的厚爱，在下感激不尽，只不过夫人所唱的是在下的粗浅之作。我应该重做几首好词，以备府上之需。"次日，谢原即奉上新词八首，谈氏把它们一一谱曲弹唱，两人配合得十分默契。这样一来，谢原和谈氏你来我往，日久生情，终于有一天，谢原向谈氏表白了。谈氏虽然心里欢喜，但自知是张穆王的小妾，身不由己，不敢妄自相告。

于是，谢原亲自去拜见张穆王，请求张穆王成全。照理说，世上的哪个王爷遇到这样的事情不大发雷霆的，但张穆王却异常相反，他哈哈大笑说："其实我早有此意了。虽然我也喜欢她，但你们两个是天生的一对啊。一个作词，一个谱曲，一个吹拉，一个弹唱，你说，这不是天造地设的一对吗？"谢原没有想到张穆王能如此大度，十分感动。后来为报答张穆王，谢原把此事做成词，谈氏把它谱成曲，四处传唱。张穆王的成人之美的美名马上传播开来，很多有识之士也因此都来投靠他。成人之美的同时，也成就了自己。

一代明君唐太宗，以自己的雄才大略开创了难有的贞观盛世。而作为一代贤相，魏征在"贞观之治"中起着举足轻重的作用。魏征对待李世民，既做到了不成人之恶，敢于犯颜直谏；又能做到成人之美，助李世民成就千古美名！魏征不仅帮唐太宗制定了"偃武修文，中国既安，四夷自服"的治国方针，也时时刻刻提醒着唐太宗的谬误。他为唐太宗讲解了"民可载舟，亦可覆舟""兼听则明，偏信则暗"等治国道理，也常常犯颜直谏。从贞观初到贞观十七年魏征病故为止，17年间魏征谏奏的事例，有史籍可考的达200多项，内容涉及政治、经济、文化、对外关系和皇帝私生活等等，全都知无不言，言无不尽，有时竟让唐太宗下不了台。当然，皇帝也是人，有时唐太宗回宫后发火，声言恨不得杀了这个乡下佬，但他又不愧一代贤明君主，火气过后又会为有这样忠谏之臣感到欣慰，也一次次原谅魏征的犯颜直谏。以致在魏征死后，唐太宗极为伤感地对众臣说："以铜为鉴，可以正衣冠；以古为鉴，可以知兴替；以人为鉴，可以明得失。今魏征逝，一鉴亡矣。"魏征成就唐太宗千古贤君的美名，同时也成就了自己"忠直"的美名！成人之美也同时成己之美，两全其美。

人们经常为了名利而如何如何，但事实往往相反！生活就是这样，做人也是这样，如果我们心胸广阔、光明磊落、处事泰然，无心成名却会赢得尊重和喝彩！

诸子百家——儒家

199

第一次登上月球的航天员,其实共有两位。除了大家所熟知的阿姆斯特朗之外,还有一位就是奥德伦。在庆祝登陆月球成功的记者会上,有一个记者突然问奥德伦一个很特别的问题:"让阿姆斯特朗先下去,使他成为世界上登陆月球的第一个人,你是不是会觉到有点遗憾?"在全场有点尴尬的注目下,奥德伦很有风度地回答说:"各位请不要忘记,当航天器回到地球时,我可是最先走出太空舱的。"他环顾四周笑着说:"所以我是从别的星球来到地球的第一个人。"大家听后,都在笑声中给予他最热烈的掌声。

做到成人之美是一种技巧性很强的事情,需要很强的驾驭能力,不容易轻易做到,否则会适得其反,更是因为成人之美之心,实在太难得,现代社会更为明显,在一个大都市中,人们的物理空间很近很近,但心理上的距离却远隔千山万水。近在咫尺,隔一个楼道或一堵墙,却老死不相往来,人们表现出一种冷漠、孤独和对他人的怀疑,我不去帮助他人,更不奢望得到他人的帮助,即使他人帮助也不会很放心,怀疑他别有所图,在这种环境下长期生存,要想成人之美确实有些困难!但是同时也相信社会风气还是向上的,人们也是在不断进步的,成人之美也许并不会成为一个个高高搁置的神话!

人非圣贤,孰能无过,知道错了就改

【子曰】

子曰:"君子不重则不威,学则不固。主忠信。无友不如己者。过则勿惮改。"

——左传·宣公二年

【智者感悟】

孔子说:"君子如果没有外在敦重就会丧失威严,其为学也就不能坚固而达于礼。君子要亲近忠信之人,为学之道是以忠信为本的。不要与不如自己的人相交,这样才能从胜于自己的人那里获得益处。如果犯了错误,不要畏难改过,要立即改正。"

在这个世界上,每个人都避免不了犯错误,"过,则勿惮该",古训说得好,"人非圣贤,孰能无过",其实错误并不可怕,重要的是对错误的态度!儒家智慧是一种生活化的智慧,贴近生活,对生活中的各种行为和事件做自己的判断和解释。儒家认为,每个人都避免不了犯错,过错是被承认的,也是可以被容忍和原谅的,没有错误的过程,就没有生命的成长,儒家提倡一种宽容的精神,推己及人,自己会犯错,别人也会犯错,所以对错误本身并不蔑视,而是正视这种现象。这种态度,从根本上端正了人们对过错的认识。如果每个人都对过错报以嗤之以鼻,不屑提及个人的错误,势必很难发现错误,及时改正错误,避免发生更大错误,造成更大损害。武则天后来就说过"人非上智,其孰无过。过而能改,可以为明;知而能改,可以跻圣。"(唐《内训·迁善》)人并不都是高明的智者,芸芸众生谁能没有过错。有过错就能改正,可以成为聪明人。知错能改,就离圣贤就不远了。孔子万世师表、德高望重,但他的一生其实也在不断地犯错,他自己说过"吾十有五而志于学,三十而立,四十而不惑,五十而知天命,六十而耳顺,七十而从心所欲,不逾矩。"意思是说:孔子十五岁开始有志于学问。到三十岁,他可以知书达理,能够立身处世。到四

诸子百家
——儒家

十岁,他能够对自己的言行学说坚信不疑。到五十岁,懂得世事的发展和自然规律。到六十岁,已经能够理解和泰然地对待存在的一切。到七十岁,他就可以从心到身自由发动,而又不超越规矩。我们可以发现,老夫子到了七十才做到"从心所欲而不逾矩",那么在此以前呢,他肯定避免不了有"逾矩"之处。让我们来看看下面这个例子。

　　一天,孔子来到学生子游管理的武城,听到到处弹琴和唱歌声,心情极是欣慰。喜不自禁的他大概有点得意忘形。他冲子游微微一乐:杀鸡何用牛刀呢? 言外之意就是说,武城如此之小的地方,有必要用音乐来教化人民吗? 谁知子游听了这话,正色道:弟子愚钝,老师素来不是教给我们要用礼乐来教化人民吗,您不是说,君子受到教化就会爱人,小人物受到教化就容易相处吗? 莫非我听错了,老师? 子游如此较真,老夫子赶紧收起笑脸:"各位,子游方才说的极是,刚才我是跟他开玩笑啊!"

　　既然人人都会犯错,那犯错误之后的行动就显得更重要,应该做到"过而改之,是不过也。"(《韩诗外传·三》),而如果"过而不改,是谓之过矣。"(《卫灵公》)张岱《四书遇》中说:"一则成误,二则成过,过而能改,更有何过? 季彭山曰:圣人汲汲教人改,过政恐其不及改也。"朱子《论语集注》中说:"过而能改,则复于无过。惟不改则其过遂成,而将不及改矣。"这就是儒家对改过自新的重要性的强调,其实上面阐述的儒家对过错本身的认识就已经暗含了对改过的预期! 子贡说过:"君子之过也,如日月之食焉。过也,人皆见之;更也,人皆仰之。"意思是说:"君子的过错,好比日月蚀那样。他犯过错的时候,人们都看得见;他改正过错的时候,人们都敬仰着他。"君子不怕有过错,因为世上没有完美无过的人。而且,君子对自己的过错要光明磊落,错了就承认,不隐瞒不掩饰,让大家都看得见。君子"过则勿惮改","不惮"两字很重要,是指不怕别人的议论,不怕丢面子,不怕改过的困难。知道自己的过失应当不隐讳,主动改正自己的过错。应当毫不害怕,乐于接受大家的监督,公开改正错误。过而改之不为过,损害不了君子形象,反而会得到大家的信任与尊敬。过也光明,改也光明;过也人可见,改也人可见,这就是君子对待过错的正确的态度。人之过,只要不是故意为之,有则改之,无损形象,还能得人共仰,何乐而不为呢? 过而不改,一而再、再而三地犯同一错,才是真正的过错。

　　孟子改过的故事就深得人们的称赞! 有一次,孟子进屋时,忽然看见妻子由氏挽着衣袖露出手臂,心中不高兴,就停住脚步转身出屋了。由氏看到孟子没有进屋,就明白了他的意思,难过地到婆婆那里去辞行,说:"妇人在自己房里看见丈夫,本来是不行宾客礼节的。现在丈夫用宾客之礼来对待我,说明是我做得不好,有失礼节,才使丈夫将我当宾客看了。妇人家做客时是不能够留下过夜的。所以,现在我只好向您告别,回到爹娘那里了。"孟母仉氏听完儿媳的话后,立刻召唤孟子。孟子不敢怠慢,马上快步来到母亲面前:"母亲,您有什么吩咐呢?"母亲对孟子说:"《礼记》里讲,如果将要走上厅堂的时候,声音一定要高一些,好让里面的人知道而有所准备。如果将要走进人家房间,迈过门槛的时候,眼睛一定要向下看,以避免见到人家的疏漏或过失,使人感到尴尬。现在你自己对礼还不尽明白,就去责备人家,岂不是违背了礼的精神吗?"听完母亲的话,孟子反省到自己的错误,顿然升起惭愧之心。于是他向母亲深施一礼说:"感谢母亲的教诲,帮助儿

诸子百家——儒家

子及时指正过失,并使我对礼有了更深的认识。现在儿子知道错了,一定会认真反省改过,请母亲放心。"孟子对母亲说完,当着母亲的面,转身向由氏施礼道歉说:"刚才是我的错,使你受了委屈,现在我真心地请你留下来……"由氏见孟子如此真诚,也就欣然点头。这时母亲脸上露出了欣慰的笑容,夫妻二人的内心也随之充满了喜悦。

知错能改,善莫大焉。儒家认为,只要有了正确的态度,有了改过的决心,就应该马上践行,立即改错!改过一般要分为两步,先是自省,然后是行动。孔子说:"内省不疚,夫何忧何惧。"(《颜渊》)内省的重点就是要通过真诚的自省,忏悔自己的过错,总结得失,找出自己有什么过错,然后比照贤人之道,找出自己的差距。通过这样方法来不断完善自己,最终达到"内省不疚"的境界。

生活中,我们应该预防过错出现,防备的办法在于提高道德修养,不断参省自己。道德修养的提高,使我们能够掌握大原则和大方向不会错。"闻过则喜"出自陆九渊《与傅全美》,意思是听到别人说自己有错就很高兴。孔子的弟子子路是个谦虚的人,孟子曾夸奖他说:"子路,人告之以有过,则喜。"南宋的思想家陆九渊用这一典故,扩充了关于知过必改的含义,提出了三层意思。首先,不怕人指出错误,相反的,发现错了更是一种庆幸;其次,知道错了不自欺欺人,自己仔细分析错误的由来;最后,坚决地改正错误。

一个人有过错不要紧,只要能改,能改过就好了。孔子是这样对待错误的。如果有过错而不肯改,这就是大过,真正的过错了。儒家正是同这样的训练才出现了"吾日三省吾身"的曾子,有了"不迁怒不贰过"的颜回,和后来的"有过能改,善莫大焉"的孟子。

我国现代著名作家沈从文,出生在湖南省凤凰县的一个农户家庭。小时候,沈从文特别喜欢看木偶戏,常常因为看戏入迷而耽误了读书。有一天上午,沈从文从课堂里溜出来,一个人跑到村子里去看戏,那天木偶戏演的是"孙悟空过火焰山"。沈从文看得眉飞色舞,捧腹大笑。一直看到太阳落山,他才恋恋不舍地回到学校。这时,同学都早已放学回家了。第二天,沈从文刚进校门,老师就严厉地责问他为什么旷课。他惭愧地羞红着脸,支支吾吾地答不上来。老师气得罚他跪在树下,并大声训斥道:"你看,这楠木树天天往上长,而你却偏偏不思进取,甘愿做一个没出息的矮子。"第二天,老师又把他叫去,对他说:"大家都在用功读书,你却偷偷溜出去看戏。昨天我虽然羞辱了你,可这也是为了你好。一个人只有尊重自己,才能得到别人的尊重。"老师的一番话,使沈从文感动得流下了眼泪。他暗暗发誓,一定要记住这次教训,做一个受人尊重的人。此后,沈从文一直严格要求自己,长大后成了著名的作家。

有些人似乎总是对自己的错误视而不见,却不允许别人的一点小错。对过错的纠正,主要是通过道德和舆论的监督来解决,对社会危害比较严重的过错,常常通过法律来纠正,这方面做得比以往任何时候都要成功;而通过道德和舆论来解决的,却做得并不是很成功!容不得别人的指正,缺少更多的宽容精神,也缺少面对过错的勇气,不敢将自己过错放在阳光下烤晒,更没有自省己过,闻过则喜的想法!这不得不让人扪心自问,我们缺失的是什么。

诸子百家——儒家

己所不欲,勿施于人,待人秉承忠恕之道

【子曰】

子贡问曰:"有一言而可以终身行之者乎?"

子曰:"其恕乎! 己所不欲。勿施于人。"

——《论语·卫灵公》

【智者感悟】

"子贡问孔子说:'有没有一句话,可以让人一辈子遵照行事的呢?'孔子回答说:"那就是恕吧! 自己不愿意的,不要强加给别人。"

儒家"己所不欲,勿施于人"的思想,有着极为丰富的内涵,体现着人道主义精神。对于为政者,孔子反对"居上不宽",要求对下级"赦小过"。上级要根据制度规范的职责范围使用下属,为政者使用民力时,应像祭祀天地祖宗那样慎重、虔诚,不可轻率妄为,这些都是对为政者行恕道的基本要求。对一般人而言,要求"躬身自厚而薄责于人",即多自责,少责人,以及贵人而贱己,先人而后己等等,都是"恕"的体现。

恕道精神,是实行仁义的重要原则。如果每个人都从这里入手,就有可能成为一个具有仁义道德的人。这个精神发展到近代,就是要设身处地地替别人着想的意思。一个人要办什么事,首先要想一想,假如自己处在这样的地位,又将会怎么做? 设身处地的换位思考,就会理解和体谅别人。

古今中外在实践中总结出各种原则,其中有不少人类所共同遵守的原则。在日常生活中,总要面对他人,处理和他人之间的关系,"己所不欲,勿施于人"就是其中一个,它要求做事要以人们所共有的好恶之心为依据,自己不愿意做的事情就不要强加给他人,这样将会是社会更加和谐。各民族总是以各种不同的语言和方式来表述这一法则,但都遵守这一人与人之间关系的准则! 历史证明,不论是古代还是现代,不论是东方还是在西方,这一规则都是一个被广泛认可、普遍接受的交际规则。对于"己欲"和"他人"的表述无论在实践中还是在理论中,都存在其他形式,至少还有下面三种形式:"己所不欲,施之于人""己之所欲,施之于人""己之所欲,不施于人"三种表述!

"己所不欲,施之于人",是被理解为的最糟糕的一种情况! 霍布斯在《利维坦》一书中表述最为精彩,他以人性本恶为根据推论,在书中描写了一种所谓的"自然状态",在那里人们就奉行"己所不欲,施之于人"的原则,最终导致人们之间不休的对峙,他写道:"人的自然本性是自私自利、恐惧、贪婪、残暴无情,人与人互相防范、敌对、争战不已,像狼和狼一样,处于可怕的自然状态中。"它描述的自然状态虽然未必是真实存在,但他告诉我们"己所不欲,施之于人"对人类来说绝对是个灾难! 下面摘录了《利维坦》中关于"己所不欲,施之于人"的精彩描述和大家分享:

"因此,任何两个人如果想取得同一东西而又不能同时享用时,彼此就会成为仇敌。他们的目的主要是自我保全,有时则只是为了自己的欢乐;在达到这一目的的过程中,彼

诸子百家——儒家

此都力图摧毁或征服对方。这样就出现一种情形,当侵犯者所引为畏惧的只是另一人单枪匹马的力量时,如果有一个人培植、建立或具有一个方便的地位,其他人就可能会准备好联合力量前来,不但要剥夺他的劳动成果,而且要剥夺他的生命或自由。而侵犯者本人也面临着来自别人的同样的危险。"

人们的互相猜疑畏惧,造成现在人们最合理的自保之道就是先发制人。也就是用武力或机诈来控制一切其所能控制的人,直到他看到没有其他力量足以危害他为止。这并没有超出他的自我保全所要求的限度,一般也是允许的。同时又由于有些人把征服进行得超出了自己的安全所需要的限度之外,以回味自己在这种征服中的权势为乐;那么其他那些本来乐于安分守己,不愿以侵略扩张其权势的人们,他们也不能长期的单纯只靠防守而生存下去。其结果是这种统治权的扩张成了人们自我保全的必要条件,应当加以允许。此外,在没有权力可以使大家全都慑服的地方,人们相处时就不会有快乐存在;相反地他们往往还会有很大的忧伤。因为每一个人都希望共处的人对自己的估价和自己对自己的估价相当。每当他遇到轻视或估价过低的迹象时,自然就会敢于用尽自己的胆量(在没有共同权力使大家平安相处的地方,这就足以使彼此互相摧毁)加害于人,强使轻视者做出更高的估价,并且以诛一儆百的方式从其他人方面得到同样的结果。"

据《贞观政要》记载:在贞观四年,唐太宗李世民有一次与臣属魏征谈皇帝的行事原则问题。李世民说:"扩建修饰宫殿屋宇,游玩观赏池台,这是皇帝所希望的,但不为百姓所认可。帝王所希望的是骄奢淫逸,百姓所不希望的是劳累疲惫。其实,劳累疲惫恐怕是人见人弃的事;孔子曾经说过:'己所不欲,勿施于人',看来劳累疲惫的事,确实不能施加给百姓。我处于帝王的尊位,富有天下,处理事情都能设身处地,才真正能够节制自己的欲望。如果百姓不希望那样做而硬要做下去,就不能够顺应民意。"魏征说:"陛下素来怜恤百姓,常常节制自己去顺应民情,臣听说:'拿自己的欲望去顺应民情的就会昌盛,劳累百姓来娱乐自己的就会灭亡。'隋炀帝贪心无厌,专门喜好奢侈,每当有关官署供奉营造稍不称心,就用严厉的刑罚处罚。上面爱好做什么,下面必定做得更厉害。上下争相奢侈放纵没有限度,最终导致灭亡。这不仅是史籍有记载,也是陛下亲眼所见的。陛下如果认为欲望满足了,那么现在不仅仅是满足了,而是应该节制欲望了。如果认为欲望还不能满足,那么再超过这样万倍也依然不会满足。"太宗说:"你讲得很好!不是你,我岂能听到这些话?"唐太宗的言行为"己所不欲,勿施于人"做了很好的注解。

其实是很多人都可以做到"己所不欲,勿施于人"这样的标准,而且一切人一生都用得着的,上至帝王,下至黎民百姓,都可以,也应该以"恕"字规范自己,要求自己。相信这样,不仅能与人为善,而且人也会与"我"为善,岂不是两全其美。

趋利避害,是人的本性。如果自己都不愿意做的事隋,怎么能够去强加于别人。这个本性本身没有什么不对,没有什么不好。但问题是,许多人却在趋"利"的同时,把"害"推给别人——这是人趋利避害的本性所派生出来的一个恶果。孔老夫子可能正是看到了人性中的这个恶,才提出了他的思想。我们的这位老祖宗是换位思考的典范,他推己及人,深刻地认识到了这个问题,并对世人道出了自己的谆谆告诫。

诸子百家——儒家

"己所不欲,勿施于人",一方面表现在法律上对这一原则的保护和落实,一方面表现为柔性的但更具长远意义的道德诉求,如果人人能从内心深处理解并支持这一理念,在日常生活中遵守这一规则,那么即使是经济至上的时代,也会饱含温馨,处处温暖。

温良敦厚,恭敬勤俭,做事有谦让

【子曰】

"子禽问于子贡曰:'夫子至于是邦也,必闻其政。求之与? 抑与之与?'子贡曰:'夫子温、良、恭、俭、让以得之。夫子之求之也。其诸异乎人之求之与!'"

——《论语》

【智者感悟】

"子禽问子贡说:'老师每到一个国家,总是能够预闻这个国家的政事。(这种资格)是他自己求得呢,还是人家国君主动给他的呢?'子贡说:'老师温和、善良、恭敬、俭朴、谦让,所以才得到这样的资格,(这种资格也可以说是求得的)。但他求的方法,或许与别人的求法不同吧?'

中华民族五千年的风雨历程,沉淀了礼仪之邦的美誉,人与人之间的礼道显得十分重要! 礼貌,是出自内心的尊重和热爱,是人的言语和动作表现,属于人类行为方面的修养。礼,是内容;貌,是形式,属仪。儒家所说的"礼仪",包括国家制度、等级秩序和典章仪式等。而所谓礼貌,恭谦礼让,儒家认为它从属于"忠恕之道",既属于内在道德修养,以"仁"为核心,以"礼"为规范,又属于外在的行为表现,要求人们为人处世时做到温和、善良、恭敬、简朴、谦让,成谦谦君子之礼。

子贡是孔圣学生中很杰出的人才,在政治、军事、经济、外交等各方面都有很多自己的见解。子禽,名亢,字子元,比孔子小四十岁。有一天子禽问子贡,我们的老师每到一个地方,必先了解那里的社会政治状况,他是想在那里求官做,还是要给他们点什么呢?子贡没有正面回答子禽的问题,而是对他说,我们的老师温、良、恭、俭、让,以得之。温是温和、平和。良是善良,有修养。恭是恭敬严明。俭是节俭,不张扬奢华。让是谦让礼让。五个字概括了孔子的风度,性格,修养和身为圣人的风范。孔子之所以受到各国统治者的礼遇和器重,就在于孔子具备有温和、善良、恭敬、俭朴、谦让的高尚品格。孔子待人处事有不同于他人的态度,不是凭借势力压人,倚强凌弱,靠争夺强力夺取,而总是用温良恭俭让的方式和态度去得到自己所要追求的东西,继而实现自己的人生价值。

孔子拜师和礼遇项橐两个故事就能很好地说明孔子在日常生活中遵守温、良、恭、俭、让的品德。

公元前 523 年,孔子得知他的学生南宫敬叔奉鲁国国君之命,要前往周朝京都洛阳去朝拜天子,认为这是向周南朝守藏史老子请教"礼制"学识的好机会,于是征得鲁昭公的同意后,与南宫敬叔同行。抵达京都的第二天,孔子便徒步前往守藏史府去拜望老子。正在书写《道德经》的老子听说誉满天下的孔丘前来求教,赶忙放下手中刀笔,整顿衣冠出迎。孔子见大门里出来一位年逾古稀、精神矍铄的老人，料想此人便是老子，急趋向前，恭恭敬敬地向老子行了弟子礼。进入大厅后，孔子再拜后才坐下来。老子问孔子为何事而来，孔子起座回答："我学识浅薄，对古代的'礼制'所知甚少，特地向老师请教。"老子见孔子这样诚恳，便详细地抒发了自己的见解。回到鲁国后，孔子的学生们请求他讲授老子的学识。孔子说："老子博古通今，通礼乐之源，明道德之归，确实是我的好老师。"同时还打比方赞扬老子，他说："鸟儿，我知道它能飞；鱼儿，我知道它乐游；野兽，我知道它能跑。善跑的野兽我可以结网来逮住它，会游的鱼儿我可以用丝条缚在鱼钩来钓到它，高飞的鸟儿我可以用良箭把它射下来。至于龙，我却不能够知道它是如何乘风云而上天的。老子，其犹龙耶！"由此可见孔子谦卑好学的品质。

诸子百家——儒家

下一个故事是发生在孔子与小孩之间的故事。一天，孔子和他的朋友驾车去晋国。一个孩子在路当中堆碎石瓦片玩，挡住了他们的去路。孔子说："你不应该在路当中玩，挡住我们的车！"。孩子指着地上说："老人家，您看这是什么？"孔子一看，是用碎石瓦片摆的一座城。孩子又说："您说，应该是城给车让路还是车给城让路呢？"孔子被问住了。孔子觉得这孩子很懂得礼貌，便问："你叫什么？几岁啦？"孩子说："我叫项橐，七岁！"孔子对学生们说："项橐七岁懂礼，他可以做我的老师啊！"孔子不但对德高望重的老人恭敬，对孩子也是这么谦虚温和！

孟子曾说，"爱人者，人恒爱之；敬人者，人恒敬之。"所谓温良恭俭让，无非就是温和、善良、恭敬有礼貌、俭朴、谦让等行为规范，相与之对立的，自然就是粗暴冷淡、凶恶仇恨、强硬傲慢、奢侈放纵之类。谦虚礼貌，是中华民族传统美德的重要组成部分，谦虚礼貌，指人的言行举止要合乎一定的礼仪规范，待人接物，和蔼可亲，为人正直、公正、礼让。如果我们自己一向待人温良宽厚、谦虚有礼，别人又怎么能够对自己刻薄冷淡、傲慢不逊？相反，如果我们极端自私，待人刻薄，怎么能够希望别人无私、宽厚地待我？得道者多助，失道者寡助。儒家认为，好胜，争取名声；夸功，争取名利；争不到便怨恨别人，以及在名利上贪心不足的行为，都不符合礼让的道德原则。据此可知，让这一基本原则形成社会风尚的可贵之处是：就人情而言，谦让名利地位之风，人们就多学别人之所长而鉴人所短。前者可以引导人们团结、和睦、向善；后者则诱人嫉贤妒能。二者的社会效果截然相反，不同的态度得到的收获也是有天壤之别的。

"让"在这五种道德品质中，在人格的塑造过程中，起着十分重要的作用。"让"是在国家安危上先公后私，在功名利权上先人后己，在职责义务上先己后人。让用之于外交如国事访问，也是合乎客观需要的一个重要条件。儒者不要像一般人那样，遇到出头露脸又有好处的事就抢着干，而是谦让，处处显良德。

孔融，有五个哥哥，一个小弟弟。有一天，家里吃梨。一盘梨子放在大家面前，哥哥让弟弟先拿。孔融不挑好的，不拣大的，只拿了一个最小的。爸爸看见了，心里很高兴：别看这孩子才四岁，还真懂事哩。就故意问孔融："这么多的梨，又让你先拿，你为什么不拿大的，只拿一个最小的呢？"孔融回答说："我年纪小，应该拿个最小的；大的留给哥哥吃。"父亲又问他："你还有个弟弟，弟弟不是比你还要小吗？"孔融说："我比弟弟大，我是

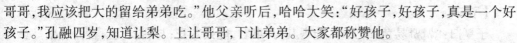

孔融让梨

哥哥,我应该把大的留给弟弟吃。"他父亲听后,哈哈大笑:"好孩子,好孩子,真是一个好孩子。"孔融四岁,知道让梨。上让哥哥,下让弟弟。大家都称赞他。

张良,字子房,战国时韩国(今河南中部)人,是刘邦的军师,为其出谋划策,屡建功业,是东汉的开国元勋。张良为人就比较温和谦恭,进退有度,他曾经为一个素不相识老头提过鞋!后来刘邦灭项羽建汉称帝,高祖六年(公元前201年)大封功臣。高祖说:"运筹帷幄中,决胜千里外,子房功也",并让张良选择3万户作为封地。张良之功,可比日月,但他并不居功自傲,一直秉持中庸之道,不受其封,张良说:"我和帝初见面时在留,把我封在留就可以了",因此张良被称为留侯,后弃官辞封,退出朝政,隐居在山林中。谦恭的低调态度有时会为人生赢得另一半精彩。

儒家倡导温良恭俭让的君子之道,同时也极力反对外表温和恭顺,满口仁义,内心却卑鄙龌龊,《论语》中:"子曰:巧言、令色、足恭,左丘明耻之,丘亦耻之。匿怨而友其人,左丘明耻之,丘亦耻之。"意思是说,一个人讲虚妄好听的话,脸上表现得很讨人喜欢,看起来很恭敬诚恳的样子,可实际上却是虚情假意,左丘明很讨厌这种人,孔子对这种人也非常讨厌。

《论语》中还记载:"子曰:巧言令色鲜矣仁。"巧言,就是语言上的伪诈矫饰,能说会道,吹牛拍马,阿谀奉承。有些人说话很漂亮,冠冕堂皇,满口仁义道德,态度上表现得很真诚。但是要注意,这种言过其实的表演也许不是他的本来面目,这种人内心真正仁义的成分不多。"令色"是指表面态度很诚恳的样子。巧言令色的人有时候确实能得到人们一时的赞许,但绝不可能长久地蒙骗世人,当人们一旦看清他的真面目的时候,他得到的只有世人的鄙视和唾弃。只有真诚才是一个人长久的立身处世之道。我们只有坚持以温、良、恭、俭、让待人,才能在为人处世中成就君子之道!现代社会中也只有谦虚、温良,才能得到他人的支持和帮助,才能团结最大多数的人,这是我们的生活和事业须臾离不开的,是成功和幸福的基石。只有人人努力做到为人善良谦虚、对人礼让恭敬,才能创造和保持一个稳定和谐的环境,形成人与人之间互助相敬、亲密和谐的气氛,而这正是个人成长和社会发展所不可或缺的品质,是安身立命的必备条件。

二、为人的智慧

中华民族是一个礼孝仁义的民族,强调立身立心,以孝为先。孝道作为人伦道德之根很大程度上成了几千年来中国社会的生活规范。父母之爱、手足之情,是世上最纯洁高尚、不计功利的感情,友情是人世间最真切最朴素最珍贵的感情,是维系关系的纽带,也是社会人际交往的基础。今天,我们更应该固守心灵的这片净土,做一个守礼知孝的人。

与朋友交,言而有信,成仁者浩然之气

【子曰】

子夏曰:"贤贤易色;事父母,能竭其力;事君,能致其身;与朋友交。言而有信。虽曰未学。吾必谓之学矣。"

——《论语·学而》

【智者感悟】

子夏说:"一个人,面对贤者能肃然起敬,用尊敬贤能的心,来替代爱好美色的心。侍奉父母能尽心尽力,服侍君主时贡献心智不遗余力。和朋友交往。能做到诚信不欺,这样的人。纵使他谦虚地说没有读过书。我也必定肯定他很有学问。"

儒家学说十分注重与人交际之道。生活在社会大家庭中,每个人都无法隔绝与外界的联系,与人交往也需要注意方式和分寸。

诚信,是个人道德修养的最基本内容,有了诚信,人才可立足社会。《论语颜渊》曾记载子贡向孔子问政,孔子回答:"足食,足兵,民信之矣",并且明确告诫子贡,如果在这三者中去其二,则只取"信",因为在孔子看来,"自古皆有死,民无信不立。"在中国传统文化中,诚信一直是社会交往中最为基本的原则之一。要想获得别人的信任,只有自己先对别人讲诚信,建立起互信的桥梁。

在千变万化的社会中,人们之间的交往需要更多的理解,友谊,真诚。巴金说:"友情是生命中的一盏明灯,离开它,生存就没有了光彩;离开它,生命就不会开花结果。"所以友谊永远是崇高的、万古长青的话题之一,古今中外流传着无数的伟大友情故事。刘备、关羽、张飞"桃园三结义",千古流传,妇孺皆知。李白与杜甫的浪漫之交,令人称羡,千古佳话。从鲍叔与管仲到钟子期与俞伯牙、再从马克思与恩格斯的伟大友谊到鲁迅与瞿秋白,这些伟大的友谊都被后世所仰慕!古人推崇"君子之交淡如水;小人之交甘若醴"。主张以义择友成就君子之交;若以利结朋则为小人之交。每个人都对友谊有自己的想法和做法,儒家思想也不例外,将朋友之交定为五伦之一,交友之道是最基础的命题。

曾子说"吾日三省吾身:为人谋而不忠乎? 与朋友交而不信乎? 传不习乎?"子夏也说,"与朋友交言而有信",可见言而有信是交朋友的第一要义! 道理很简单,"人无信不

诸子百家——儒家

立"，如果一个人没有信用，就得不到他人的信任，也很难自立，要交到真正的朋友就更不可能了。只有达到信誉著于四海，才能朋友满京华。但在实际生活中，虽然很多人很想做到"与朋友交言而有信"，可是做起来却是十分困难。

曾子是孔子的学生。有一次，曾子的妻子要上街，儿子哭闹着要跟去，妻子就哄他说："你在家等我，回来给你杀猪炖肉吃"。孩子就信以为真。妻子回来，见曾子正磨刀霍霍准备杀猪，赶忙阻拦说："你怎么真的要杀猪给他吃啊？我只是哄哄他的"。曾子认真地说："对小孩子怎么能欺骗呢？我们的一言一行对孩子都有影响，我们说了不算数，孩子以后也会这样去对待别人"。他果真把猪杀了。曾子用言行告诉人们，哪怕对孩子，为了做好一件事，也应言而有信，无欺无诈，身教重于言教。曾子言传身教以身作则，广为后世传颂。

我们应该怎样才能与朋友更为融洽的相处呢？每个人都有与朋友相处的方式方法。子贡就曾经问过他的老师，孔子告诉他说："忠告而善道之，不可则止，勿自辱焉。"（《论语·颜渊》）意思是说，看到朋友做了不对的事，就要真心地相劝告，善意地引导，如果他实在不听就算了，别再说了，不要自取其辱。所以，与好朋友相处也要讲究分寸和尺度，不是说朋友之间就可以毫无顾忌地随便乱讲，什么样的事情都可以大包大揽。也就是说，交朋友不仅要讲究信用，相互信任，还要讲究方法，不要过分亲近！这样的友情才不至于一朝一夕，朝聚夕散，才能永葆活力。

1936年，鲁迅先生逝世。四天后，林语堂就写下了这样的文字："鲁迅与我相得者二次，疏离者二次，其即其离，皆出自然，非吾与鲁迅有轩轾于其间也。吾始终敬鲁迅：鲁迅顾我，我喜其相知；鲁迅弃我，我亦无悔。大凡以所见相同，而为离合之迹，绝无私人意气存焉。"鲁迅是中国文坛最英勇的斗士，他以手中的笔为投枪、为匕首，对当时社会的人或事进行无情的批判和揭露，以期拯救国民的麻木与无知。在他身后，有人敬畏他，费尽心思只为获得他的认同；也有人憎恶他，认为他只不过是献身于文坛的一个"骂将"。但林语堂却不同，他敬鲁迅，却不盲从；渴求与他相交，却不强求。他只是以一颗平常的心站在鲁迅旁边，不狂妄亦不自卑，更不会因为鲁迅或顾或离而改变自己的立场、见解。他心里充满了善良和智慧，所以他能以幽默善待人生，他的幽默使他淡然、超脱、不俗，大凡文人，或因惺惺相惜而为知己、为友人，或因见解不同而为文敌、成骂友，互信诋毁。虽然大都是以"所见相左相同而为离合之迹"，但其间亦不乏"意气存焉"，而林语堂却能始终心平气和地正视与鲁迅的相交：他不因鲁迅的相顾而得意忘形，亦不因鲁迅的相去而自惭形秽，指责抱怨。不禁令人想到范仲淹的名句"不以物喜，不以己悲"，这是一种超越了个人得失的交友原则，也是一种为人处事的大智慧、大境界。一句"绝无私人意气存焉"，坦坦荡荡，毫无做作之态，包含着一颗何等宽广的心胸，也许正是因为他包容一切的雅量，才能使他同时立于中西两种文化之上，兼容并收，成为当时东西文化交流的"一代名师"。

《论语·季氏》中孔子说："益者三友，损者三友。友直，友谅，友多闻，益矣。友便辟，友善柔，友便佞，损矣。"孔子的意思是说："有益的朋友有三种，有害的朋友有三种。结交正直的朋友，诚信可靠的朋友，知识广博的朋友，是有益的。结交谄媚逢迎的人，结交表

诸子百家——儒家

面奉承而背后诽谤人的人，结交善于花言巧语的人，是有害的。"这几句话我们大家都十分熟悉。"友直、友谅、友多闻"，是有益处的好朋友。第一种友直，是直话直说的朋友，这种朋友为人正直，坦荡，刚正不阿，顶天立地。这样的朋友可以影响你的人格，可以在怯懦的时候给对方勇气；第二种友谅，是比较能原谅人，性格宽厚的朋友。也就是有宽大胸襟的朋友，当一个人犯了错误，如果能得到朋友的宽容，就会给他一种自省的力量，比批评来得更有效；第三种友多闻，是知识渊博的朋友。从你的朋友那里收获很多你所不知道的知识，让他的经验传授给你。在朋友中有三种对己有害的朋友。第一种友便辟，就是性格怪僻，荤素不吃，和他相处随时都会有被责难的可能。对于陷阱，你还在观望的时候，这种朋友会先冲动，导致你犯错误，对于机会，你还在犹豫的时候，他先愤怒，导致你失去机会；第二种友善柔。就是性格软弱，依赖性太强，处处都迎合你，即使你有不对的地方，他也不反对，成事不足，败事也不足。这个跟第一种相反，这样的朋友不会冲动，却过分的优柔寡断，这样的朋友在你面对真正的机会的时候，也会给你一种制约的力量，使得你放弃机会从而变得过于保守，失去本该有的状态。第三种是友便佞。这种人专门拍马阿谀，逢迎趋附，绝对成事不足，败事有余。这种人是最不可交的人，心怀叵测，不择手段去谋取个人利益，这种朋友，是万万不能交的，一旦认清了就马上当机立断处理。

　　管鲍之交。中国春秋时期的政治家管仲（字夷吾）和鲍叔（字叔牙），是好朋友。鲍叔直率、能原谅宽恕人，诠释了"友直、友谅"，而管仲的才能则诠释了"友多闻"。管仲比较穷，鲍叔比较富有，但是他们之间彼此了解、相互信任。管仲和鲍叔早年时合伙做生意，管仲出很少的本钱，分红的时候却拿了大部分。鲍叔毫不计较，他知道管仲的家庭负担大。有好几次，管仲帮鲍叔出主意办事，却反而把事情办砸了，鲍叔也不生气，他知道只是管仲的运气不好而已。管仲曾经做了几次官，但是每次都被罢免，鲍叔认为不是管仲没有才能，而是因为管仲还没有碰到赏识他的人。管仲参军作战，临阵却逃跑了，鲍叔也没有讥笑管仲怕死，他知道管仲是因为牵挂家里年老的母亲。后来，管仲和鲍叔都从政了。当时齐国朝政非常乱，王子们为了避祸，纷纷逃往别的国家等待机会。管仲辅佐在鲁国居住的公子纠，而鲍叔则在莒国侍奉另一个齐国公子小白。不久，齐国发生暴乱，国王被杀死，国家没有了君主。公子纠和小白听到消息，急忙动身赶往齐国，都想抢夺王位，自立为王。两支队伍正好在路上相遇，管仲为了让纠当上国王，乱军中一箭射向小白，谁知正好射在他腰带上的挂钩，没有伤到小白。后来，小白战胜了纠和其他王子成为齐国国王，也就是春秋五霸之一的"齐桓公"。齐桓公一当上国王，就让鲁国把公子纠杀死，把管仲囚禁起来。齐桓公想让鲍叔当丞相，协助他治理国家。鲍叔却认为自己没有能力胜任当丞相之职。他大力举荐被囚禁在鲁国的管仲。鲍叔说："治理国家，我不如管仲。管仲宽厚仁慈，诚信忠实，能制定规范的国家制度，还善于指挥军队。这些都是我不具备的，所以陛下要想治理好国家，就只能请管仲出马当丞相。"齐桓公不同意，他说："管仲当初射我一箭，差点把我害死，我不杀他就已经很仁至义尽了，怎么还能让他当丞相？"鲍叔说："我听说贤君明主是不记仇的。更何况当时管仲是为王子纠效命。一个人能忠心为主人办事，也一定能忠心地为君王效力。陛下如果想称霸天下，没有管仲就不能成功。您一定要任用他。"终于齐桓公被鲍叔说服了，把管仲接回齐国。管仲回到齐国，当了丞相，而鲍叔却甘心做管仲的助手。在管仲和鲍叔的合力治理下，齐国成为诸侯国中实力最强大的国家，齐桓公成为诸侯王中的霸主。鲍叔死后，管仲在他的墓前痛哭不止，想起鲍叔对他的理解和支持，他感叹说："当初，我辅佐的公子纠失败了，别的大臣都以死誓忠，我却甘愿被囚，鲍叔没有耻笑我没有气节，他知道我是为了图谋大业而不在乎一时之间的名声。生养我的是父母，但是真正了解我的是鲍叔啊！"管鲍之交完美地诠释了"友直、友谅、友多闻"慎交友的重要作用。

　　"有朋自远方来，不亦乐乎！"，儒家认为，交朋友是人生的一大乐趣！"朋"，专指志同道合的朋友。志同道合的朋友从远方而来，与自己谈天论地，解答不可释惑的难题，难道不是人生的一大乐事！《论语》中孔子还说："益者三乐，损者三乐：乐节礼乐，乐道人之善，乐多贤友，益矣；乐骄乐，乐佚游，乐宴乐，损矣。"意思说："有益的快乐有三种，有害的快乐也有三种。以节制礼乐为快乐，以宣扬别人的优点为快乐，以广交贤良的朋友为快乐，是有益的。以骄恣淫乐为快乐，以放荡无度为快乐，以宴玩荒淫为快乐，都是有害的。"可以看出与志同道合的朋友一起相处确实是儒家推崇的一种快乐！但能交到志同道合的朋友实际上很难，也有人感慨说："一生能交一知己足矣！"钟子期就很幸运，交到了一位难逢的知音，成就了一段千古佳话，流传至今！

諸子百家——儒家

　　春秋时期，楚国有一位出名的音乐家，他的名字叫俞伯牙。俞伯牙天性聪慧，天赋极高，又很喜欢音乐，他拜当时很有名气的琴师成连为老师。学习了三年，俞伯牙琴艺大长，成了当地有名气的琴师。但是俞伯牙常常感到苦恼，因为在艺术上总达不到更高的境界。俞伯牙的老师连成知道他的心思后，便对他说，我已经把自己的全部技艺都教给了你，而且你学习得很好。至于音乐的感受力、悟性方面，我自己也没学好。我的老师方子春是一代宗师，他琴艺高超，对音乐有独特的感受力。他现住在东海的一个岛上，我带你去拜见他，跟他继续深造，你看行吗？俞伯牙闻后大喜，连声说好！他们准备了充足的食品，乘船往东海出发。一天，船行至东海的蓬莱山，成连对伯牙说："你先在蓬莱山稍候，我去接老师，马上就回来。"说完，连成划船离开了。过了许多天，连成没回来，伯牙很伤心。他抬头望大海，大海波涛汹涌，回首望岛内，山林一片寂静，只有鸟儿在啼鸣，像在唱着忧伤的歌。伯牙不禁触景生情，有感而发，仰天长叹，即兴弹了一首曲子。曲中充满了忧伤之情。从这时起，俞伯牙的琴艺大长。其实，成连老师是让俞伯牙独自在大自然中寻求一种感受，提高他对音乐的灵感和悟性。俞伯牙身处孤岛，整日与海为伴，与树林飞鸟为伍，感情很自然地发生了细腻的变化，陶冶了心灵，真正体会到了艺术的本质，创作了不少真正的传世之作。后来，俞伯牙成了一代杰出的琴师，但真心能听懂他的曲子的人却寥寥无几。有一次，俞伯牙乘船沿江旅游。船行到一座高山旁时，突然下起了大雨，船停在山边避雨。伯牙耳听淅沥的雨声，眼望雨打江面的生动景象，琴兴大发。伯牙正弹到兴头上，突然感到琴弦上有异样的颤抖，这是琴师的心灵感应，说明附近有人在听琴。伯牙走出船外，果然看见岸上树林边坐着一个叫钟子期的打柴人。伯牙把子期请到船上，两人互通了姓名，伯牙说："我为你弹一首曲子听好吗？"子期立即表示洗耳恭听。

伯牙即兴弹了一曲《高山》，子期赞叹道："多么巍峨的高山啊！"伯牙又弹了一曲《流水》子期称赞道"多么浩荡的江水啊！"伯牙既佩服又激动，对子期说："这个世界上只有你才懂得我的心声，你真是我的知音啊！"于是两个人结拜为生死之交。伯牙与子期约定，待周游完毕要前往他家拜访他。一日，伯牙如约前来子期家拜访他，但是子期已经因病不幸去世了。伯牙闻听悲痛欲绝，奔到子期墓前，为他弹奏了一首充满怀念和悲伤的曲子，然后站立起来，将自己珍贵的琴砸碎于子期的墓前。从此，伯牙与琴绝缘，再也没有弹过琴。朋友之交如若此般，生而无憾！儒家交友还有更高的要求就是求"仁"，《论语·颜渊》记曾子："君子以文会友，以友辅仁。"君子以讲习诗书礼乐文章学问来聚会结交朋友，依靠朋友互相帮助来培养仁德。

很多年前的一场 NBA 决赛中，NBA 中的另一位新秀皮蓬独得 33 分超过乔丹 3 分，成为公牛队比赛得分首次超过乔丹的球员。比赛结束后，乔丹与皮蓬紧紧拥抱着，两人泪光闪闪。这里有一个乔丹和皮蓬之间鲜为人知的故事。当年乔丹在公牛队时，皮蓬是公牛队最有希望超越乔丹的新秀，他时常流露出一种对乔丹不屑一顾的神情，还经常说乔丹某方面不如自己，自己一定会把乔丹推倒一类的话。但乔丹没有把皮蓬当作潜在的威胁而排挤他，反而对皮蓬处处加以鼓励。有一次乔丹对皮蓬说："我俩的三分球谁投得好？"皮蓬有点心不在焉地回答："你明知故问什么，当然是你。"因为那时乔丹的三分球成功率是 28.6%，而皮蓬是 26.4%。但乔丹微笑着纠正："不，是你！你投三分球的动作规范、自然，很有天赋，以后一定会投得更好，而我投三分球还有很多弱点。"并且还对他说："我扣篮多用右手，习惯地用左手帮一下，而你，左右都行。"这一细节连皮蓬自己都不知道。他深深地为乔丹的无私所感动。从那以后，皮蓬和乔丹成了最好的朋友，皮蓬也成了公牛队 17 场比赛得分首次超过乔丹的球员。乔丹这种无私的品质为公牛队注入了难以击破的凝聚力，从而使公牛队创造了一个又一个的奇迹。

儒家交友，并不仅仅是求交友之乐，也不是出于某种功利之心，而是为了能够更好地体验天道，体味仁心，养浩然之气，成就不世之功！现代人交友似乎不用这么严苛，但儒家的交友之道还是可以给我们很多启示！

每个人都需要朋友，更多的是一种精神上的需要，但这种需要是超功利的，不带功利色彩的，就像我们对待自己的情感不能以金钱来衡量一样，即使物欲膨胀、人与人之间表现冷漠，真正的友谊还是无处不在，是社会生活中的一大亮点。朋友之间的情意寄托着无尽的美好回忆、无限的真诚和自我灵魂的慰藉。友谊是任何一个时代都被人赞颂的主题，他是每个人内心深处的一种对自我情感的延伸与诉求。

孝敬父母，立身行道，性德之本

【子曰】

子曰："夫孝，德之本也。教之所由生也。""身体发肤。受之父母。不敢毁伤，孝之始也。立身行道。扬名于后世，以显父母。孝之终也。"

——《论语》

【智者感悟】

孔子说:"孝,是一切德行的根本,也是教化产生的根源。人的身体四肢、毛发皮肤,都是父母赋予的,不敢予以损毁伤残,这是孝的开始。人在世上遵循仁义道德。有所建树,显扬名声于后世。从而使父母显赫荣耀,这是孝的终极目标。

尊老敬老是中华民族的优良传统,在新的历史时期弘扬这一优良传统,有利于提高现代文明的水平,构建和谐社会。中国人把子女对父母实行孝道称之为"讲孝心",另一说法叫"牵挂",无论天涯海角,无论高官大位,无论眉白发霜,他无法割断自己和父母的联系,他始终是父母的孩子。

曾经看到某媒体随机调查,对100名40岁以下的中青年人进行了一个对家庭成员生日、年龄记忆的测试。调查结果显示,100人中有57人不知道父母生日,74人不知父母的具体年龄。可是,当问及孩子和爱人的生日及年龄时,几乎全都迅速、准确地回答出来。

孝是孝敬、孝顺、孝养;孝道,为人子女,或为人弟子,对于父母师长,必须恭敬顺从,供养侍奉的正道。孝道的意义,有广狭的不同。狭义的孝道,是一般人所谓孝敬父母,侍奉师长,其代表者当推孔孟之学。至于广义的孝道,则由个人父母,推及他人父母,进而推及社会、国家,最后发展成尊重自然,顺应自然。

"百善孝为先"中国古代,非常重视孝道。特别是儒家思想,主张人慎终追远,以孝立身。以孝齐家,甚至以孝治国平天下。《诗经·小雅·蓼莪》云:"哀哀父母,生我劬劳。欲报之德,昊天罔极。"然人欲报亲恩,必须孝亲、敬亲、爱亲、养亲,还要善体亲心。"父母之所爱爱之,父母之所敬敬之。"(《礼记·内则》)孔子曰:"夫孝者,善继人之志、善继人之事者也。"(《礼记·中庸》)是以古人对于父母,除孝顺恭敬、供养侍奉外,还要继承父母的遗志,发扬光大父母的事业,务使自己:"名声昭于时,利泽施于人。"以光宗耀祖,垂芳百世,始尽人子之孝。

孝是良心之本,人格之基,儒家认为,孝是所有其他美德之根本,是做人的基础,如果做人不能尽孝,就不可能成就内圣外王之道!如果一个人对养育自己的父母都不能尽孝,就可以断定这个人对其他人也不会有多少爱心,就是表现出爱心,也是为了某种利益而驱使表现出来的伪善!《论语》中有子也说:"其为人也孝悌,而好犯上者,鲜矣;不好犯上,而好作乱,未之有也。君子务本,本立而道生。孝悌也者,其为仁之本欤!"这句话的意思是说,一个人具有孝、悌的真情真性,就不会犯上,既然不会犯上,那么就不会做出违乱的事。因为这种人做事注重分寸有原则,他们会从根本上通过孝、悌确立自己的人生观和内在的品格修养,从而他们的为人处事之道也就自然产生了。就此而言的孝、悌,不就是做人的根本吗?孝,是对历史和人类本身的尊重,父辈本身就曾经创造和延续历史,代表着过去和历史,因此孝敬父母就是对历史的尊重。同时人刚一出生就有着继承历史的责任,长大后就要成就事业以创造历史、延续历史,因此孝敬父母也是对自我、对历史的尊重!

诸子百家——儒家

孔门弟子不但在理论上奉行孝道,在实践中更是恪守孝道!孔子的弟子中就有很多出名的孝子和他们的事迹!

仲由,字子路,孔子弟子。生性至孝,家境贫寒,常以野菜为食。仲由为孝敬父母,常从百里之外背米回来供养父母。仲由父母去世后,他随孔子周游列国时,在楚国面对美味佳肴,回忆起昔日生活之苦,更加思念其父母。后来仲由在鲁国、卫国做官,成了千古闻名的孝子。

闵损,字子骞,孔子子弟。生性至孝,自幼丧母,后母对两个亲生儿子用棉花做衣服,对他却用芦花。一次,他为父亲驾车,体寒手抖,车子险些失控,父亲怒而鞭打他,芦花飞出,才发觉后母虐待他。父亲决定休掉后母,闵损却哭泣着劝阻说:"娘在只孩儿一人受冻,娘走了三个孩子衣单。"后娘知道后很受感动,从此待他如亲生儿子一样,一家和和睦睦。

曾参,姓曾名参,字子兴,又称曾子,孔子子弟。著有《大学》一书。儒家代表人物之一。对母孝顺。据说,有一天,他进入深山砍柴,家中来了客人,母亲急盼儿归,便咬了咬自己的手指,此时曾参忽感心痛,知是慈母呼唤,急忙背柴回家。真是母子连心,其孝可见一斑!

孔子所说"父父、子子"是告诉人们,做父母的要有做父母的样子,做子女的要有做子女的准则。父母和子女之间的关系是双向的。并不仅仅是对单方的要求和约束!做父母的要对子女付出做父母的慈爱,尽到一个做父母的责任和关怀,做子女的回报父母要有做子女的诚意,"父慈子孝"这是必然的因果。"孝""慈"是父母、子女之间真情的表现,是爱的交流和相互反馈。"孝"是"父慈子孝"之孝,就是说父母对子女付出慈爱,子女回报孝敬父母。"孝"是相对的,是父子之间感情的双向交流。后世有一种说法叫"天下无不是的父母",这是至宋代才形成的一种思想观念,与真正的"孔孟之道"已相去甚远,圣人说:"人非圣贤孰能无过"。圣人尚且有过,为人父母者既不是圣人又不是神仙怎么可能没有不是? 因此孔子说:"事父母几谏,见志不从,又敬不违,劳而无怨。"就是说,对父母的错误,作为子女应晓之以理,喻之以道,进行规劝。如果父母不听忠劝,还要无怨无尤地服从双亲。曾子也有类似的思想,他说:"父母之行,若十道则从,若不中道则谏:谏而不用,行之如由己。从而不谏,非孝也;谏而不从,亦非孝也。孝子之谏,达善而不敢争辩。争辩者,作乱之所由兴也。"在这里,曾子为谏亲订立了一个界限:谏而不逆。如果父母不思悔改,子女不应拂逆其志,不可由婉言劝谏升至为争辩;相反,子女应顺从父母。儒家把规劝父母改正错误作为子女尽孝的一项义务,这是非常正确的。《孔子家语·六本》篇里记载着一个事例,意思是说:曾子犯了小过,斩断了他父亲曾皙以从吴国觅来的瓜种,曾皙一怒之下用锄柄将曾子打昏了。曾子苏醒后问父亲:"刚才我犯了过错,您老教训我,没累着您吧?"之后回房弹琴而歌,好让父亲听见,表示他挨打后没有不适。孔子知道后批评说:"一点小事,曾皙不该暴怒杖罚,而曾子不该以待杖罚,如果万一被父打死,死的没有道理可言,人们就会指责曾皙的不义,这是大不孝!"在儒家经典《易经》中有"干父之蛊、干母之蛊"的卦辞,是说做父母的虽然一时糊涂做了错事,但做子女

诸子百家——儒家

的要以极大的爱心，站在子女的立场上去体谅他们。父母有了不对的地方做子女的有责任去劝谏，如果他们执意不听，那就算了，但仍然要对他们敬爱如常，不可心生怨恨，这是为人子的本分。

　　舜帝，传说中的远古帝王，五帝之一，姓姚，名重华，号有虞氏，史称虞舜。面对继母的过错，且屡犯不改，就表现出了大孝至孝的美德！相传他的父亲瞽叟及继母、异母弟象，多次想害死他：让舜修补谷仓仓顶时，从谷仓下纵火，舜手持两个斗笠跳下逃脱；让舜掘井时，瞽叟与象却下土填井，舜掘地道逃脱。事后舜毫不嫉恨，仍对父亲恭顺，对弟弟慈爱。他的孝行感动了天帝。舜在历山耕种，大象替他耕地，鸟代他锄草。帝尧听说舜非常孝顺，并且有处理政事的才干，把两个女儿娥皇和女英嫁给他；经过多年观察和考验，选定舜做他的继承人。舜登天子位后，去看望父亲，仍然恭恭敬敬，并封象为诸侯。这是何等的大孝至孝啊！

　　《尚书》讲"奉先思孝"，《诗经》讲"永言孝思"，孔子也说："父在观其志，父没观其行；三年无改于父之道，可谓孝矣。"但说得最集中、最具体的还是《礼记》，《曲礼上》有如下记载：

　　凡为人子之礼，冬温而夏清，昏定晨省。

　　为人子者，出必告，反必面。

　　为人子者，父母存，冠衣不纯素。

　　父母存，不许友以死，不有私财。

　　居不主奥（奥，室内西南角，为尊者所居），坐不中席，行不中道，立不中门。

　　见父之执（执，至交，朋友），不谓之进，不敢进；不谓之退，不敢退；不问，不敢对。

　　父母有疾，琴瑟不御（御，弹奏）。

　　从以上种种言论中我们可以得出一些对待父母的原则，即子女对父母必须尊重、体贴和服从，具体而言：一、想父母所想，急父母所急；二、心中始终存有父母；三、父母对子女的优先地位。这些原则不是事实上的认真，而是一种心理上的对待。中国人把子女孝顺父母称为"讲孝心"，还有一个词叫"牵挂"，都是关系心灵与情感的。无论天涯海角，无论高官大位，无论眉白发霜，他都无法斩断和父母的联系，他始终是父母的孩子，永远走不出母亲的视线，这是世间唯一不可变更的关系，所以他才会魂牵梦绕，牵肠挂肚。为什么要"讲孝心"？为什么要"牵挂"？这主要的原因在于：父母对子女有养育之恩，恩比天高，情比海深，所谓"父母生之，续莫大焉；君亲临之，厚莫重焉"。做子女的就该知恩图报，但即便如此，也只能报以万一，很少很少。宋代儒者袁采说得好："父母于其子幼之时，爱念抚育，有不可以尽言者，子虽终身承欢尽养，极尽孝道，终不能报其少小爱念抚育之恩。"这种感受恐怕只有做过父母的人才能有所体会，无论子女如何尽孝，他的报答都是有限的，他无法像父母爱子女那样去感恩疼爱父母，所以从这个角度来说每个人都是有欠于父母的，他至多只能在父母有生之年表示一点心意。中国人的表示方法就是"顺"，顺就是依从，无所违逆。《近思录》说"顺，事亲之本也。"朱子还说"极天下之歌，不足以解忧；而惟顺父母，可以解忧。"随顺父母，并非满足父母的一切欲望，让父母锦衣美食,而是知晓父母的心思,替父母分忧,这样尽心贴己,父母才会高兴。曾国藩的"八本"中便有一条,即"事亲以得欢心为本"。所以作为人子,最重要的一点就是感恩,尽孝。《孝经》上说"人之行,莫大于孝。"而且孝是人类一切德性中最基本的德性,一个对父母不孝的人,也往往是个对朋友不忠的人,除非他对这个朋友有利可图。马克斯·韦伯在考察儒家的德性时指出:"孝是引出其他各种德性的元德,有了孝,就是经受了考验。"

儒家也提出了一些具体如何尽孝的原则和方法。尽孝不外乎天理人情。《论语·为政》"孟懿子问孝,子曰:无违。樊迟御,子告之曰:孟孙问孝于我,我对曰:无违。樊迟曰:何谓也? 子曰:生,事之以礼;死,葬之以礼,祭之以礼。"这段文字的意思是:孟懿子是鲁国的大夫,有一天问孔子,什么是孝,孔子告诉他,无违——不要违背,到底不要违背什么,没有往下讲。等一会儿孔子要出门,学生樊迟驾车,在车上孔子谈到刚才的事。樊迟问老师,你说的"无违"是什么意思? 孔圣告诉樊迟,一个人做人不要违背了天理人情,父母在世的时候,要按礼法赡养他们,去世时按照礼法埋葬,以后按礼法祭祀,就是尽了孝。首先,孝敬父母要发自内心,真心对待父母! 父母对子女的心是无私的,真心的,不求回报的。孟武伯在问孝的时候,孔子说:"父母唯其疾之忧"。多精彩啊! 父母出于对我们的爱,担心我们的身体,怕我们生病,我们对待年老的父母更应该怀着这样的心情呀! 若是孝敬父母能像父母担心我们的疾病的那种心情,就是孝了!《论语》中载:"子夏问孝。子曰:色难。有事弟子服其劳,有酒食,先生馔。曾是以为孝乎?"子夏向老师请教关于孝的问题。孔圣告诉他,"色难",脸色温和、态度和蔼很重要,也很难做到。有事的时候,做晚辈的要主动去做,有好吃的先给父母长辈吃,你以为这就是孝吗? 孝首先是有发自内心的敬意,然后态度要和悦。现代社会,有很多人孝敬父母完全是出于社会舆论的压力,根本就不是真心行孝! 但是想到"父母为其疾是忧"该有多愧疚呢,如果良心还有一些未泯。

汉高祖之第三子,汉文帝刘恒,为薄太后所生。高后八年(前180)即帝位。他以仁孝之名,闻于天下,侍奉母亲从不懈怠。母亲卧病三年,他常常目不交睫,衣不解带;母亲所服的汤药,他亲口尝过后才放心让母亲服用。他在位24年,重德治,兴礼仪,注意发展农业,使西汉社会稳定,人丁兴旺,经济得到恢复和发展,他与汉景帝的统治时期被并誉为"文景之治"。

古人云:"孝子之事亲也,有三道焉:生则养,没则丧,丧毕则祭。"这就告诉人们:父母活着的时候要供养,父母去世的时候要服丧,丧期完毕要祭祀。对父母生时的尽心奉养,作为子女应承担的道德责任,对于长期以来维系中国家庭和社会的稳定,起到了十分重要的作用,至今仍有积极意义。孝敬父母,还要在物质生活上赡养父母,保证父母无生活上的无忧。这是尽孝的最基本的方式! 儒家伦理一直把生活上的"养亲"看作是"孝"的基本要求,看作是子女应尽的基本义务。父母抚养子女历尽艰辛,含辛茹苦,子女成人后应尽心尽力供养双亲,使父母在物质生活上尽可能地得到满足。这是儒家孝道的基本要求。

敬亲比物质上的孝敬更为重要! 尤其是现代社会,精神上孝敬父母比从物质上孝敬

諸子百家——儒家

更重要！因为现代社会从物质上孝敬父母几乎没有任何难度！使父母得到精神上的满足，保持身心愉悦，安度晚年，孝敬父母以使他们精神上得到慰藉，感情上有所寄托。孔子当时就说过："今之孝者，是渭能养，至于：犬马皆能有养。不敬，何以别乎？"意思是说，现在的人不懂得什么是孝道，以为奉养父母，仅仅是给他们饭吃，给他们衣穿，就算是孝子，其实即便是养一只狗、一匹马或其他什么动物都要给它们吃饱吃好。所以光是养活而没有真诚的付出和尊敬，那和养动物有什么区别！孔子在这里表达了一个重要思想，即将孝与敬联系起来，这是非常正确的。儿女在经济上赡养父母，保证父母吃饱穿暖，无饥寒之虑，固然重要，可单仅仅做到这一点是不够的。因为即使狗和马也能够得到饲养，人若养父母而不敬，则何以别于犬马乎？孟子也认为，"爱而不敬，兽禽也。"所以，养亲必敬，光养而无敬爱之心，就不是真孝。孔子的学生曾子进一步解释说："孝者三：大孝尊亲，其次不辱，其下能养。"可见，曾子把尊亲放在"孝"德的首要地位。曾子还认为，如果做不到尊亲，起码不能做坏事，以免使父母受辱。他把物质生活上的奉养看作是孝的最低层次。"子曰：父母之年不可不知也，一则以喜，一则以惧。"做子女的对父母的年龄不可以不知道，一则，过一年添一年寿，为此而欢喜；再则，父母年事越高，尽孝的日子越来越少，为此而忧惧。

如何尽孝是需要真心和细心的。当父母有了一定的年纪，除了熟记父母的年庚，给父母过生日既要替父母高兴，还要为父母的渐渐老去担心！孔子说："父母之年，不可不知也，一则以喜，一则以惧。"有些人整天忙于自己的事情，而对父母的关照有些忽略，一旦当操劳一辈子的父母突然去世，就会悔恨不已，甚至遗憾终生。岁月易逝，作为子女应当知道父母的年龄，看到父母的年岁在一天天地增长，要有行孝的紧迫感。孔子的目的正是提醒人们要注意父母的日渐衰老而及时行孝。当父母的年岁较高时，尽量不要出远门，如果是为了求学或事业，非得远游的话，一定要有一个妥善的方法把父母的生活安排好再走，并要告诉父母去向，以免父母牵肠挂肚。这是仁道在家事上的具体表现。孔子说："父母在，不远游，游必有方。"当父母故去以后，要做到"父没观其行，三年无改于父之道"（《论语》）意思是：父母死后，在没有父母管教的情况下，仍然能三年不改初衷，一如既往，这个人可以说是有孝道修养的。离开父母后，三年中对父母的敬爱之情仍深系于怀，不改变对父母行仁孝的天道。这是做子女的本分，有这样情怀的人永远会把父母的养育之恩记在心中，能做到这样，可以说就是一个孝子了，我们每个人理应都当如此。

孟子列举了五种不孝的行为，和我们自己的行为对比一下，以作参省！"世俗所谓不孝者五：惰其四支（肢），不顾父母之养，一不孝也；博弈，好饮酒，不顾父母之养，二不孝也；好货财，私妻子，不顾父母之养，三不孝也；从（纵）耳目之欲，以为父母戮，四不孝也；好勇斗很（狠），以危父母，五不孝也。"孟子说："世俗所说不孝的事有五种：手脚懒惰不肯做事，又不能够奉养父母，是第一种不孝；喜欢赌博下棋，又好饮酒，不能够奉养父母，是第二种不孝；贪爱财物，偏爱妻子，不能够奉养父母，是第三种不孝；纵情于耳目之欲，涉足声色场所，使父母受辱，是第四种不孝；喜欢逞血气之勇，与人打架争斗，连累到父母，这是第五种不孝。"

诸子百家——儒家

217

中华民族几千年的历史感、责任感以及集体主义的奉献精神,甚至对祖国的热爱、民族的骄傲之情都是发源于"孝道",都是"孝道"在各个时代的具体彰显。"孝道"寄托着历史的厚重,连接着过去与未来,它既表现为一种自我天性的良知,也表现为对人类本身的成长历史的尊重。"孝"和"文",合为一字就是教,因此,要发扬孝的精神,我们还是要提高自我认知,对社会的认知,教育是提升孝道、教人行孝的重要途径。我们也呼吁社会,子女对父母的爱,以及推及他人的爱的教育已经刻不容缓!

夫妻和谐,相顾相助,成君子之道

【子曰】

昔三代明王之政,必敬其妻也有道。妻也者,亲之主也,敢不敬与。

——《礼记·哀公问》

【智者感悟】

古时候的三代圣主帝王当政,必定用一定的礼节来敬爱他们的妻子。因为,妻子,是各种亲情关系中最为主要的一个,怎么能不敬爱她呢?

夫妻彼此间的情感是多种多样的,是一种特殊的人际关系,可以说它是人生中最亲密而又特殊的人际关系。和谐的夫妻关系不仅使人感到无比的幸福,更是一股无形的精神力量;同时也是一种很具体、很强大的助力,给人在家庭以外的各个方面以有力的支持,帮助人在事业上谋取成功。营造完美的夫妻关系,与其他许多艰难而伟大的事业一样,是一个赢得人心、赢得合作的过程,是需要用心血去经营的。它需要耐心,更需要智慧;需要胆识,更需要谋略;需要做人的技巧,更需要收服人心的合理方式。

以宗法制为基础的中国古代社会,把夫妻关系看得极重。认为是"人伦之始"和"王化之基"。国是家的扩大,社会规范是家庭伦常的延伸,故此十分重视家庭和妇女的作用。夫妇之际,是人道的大伦。先秦儒家认为夫妇之间的关系是各种社会关系最重要的一个。儒家所重视的五伦,包括夫妇、君臣、父子、兄弟和朋友。其中有三大伦,按照"自然的顺序"应该是先有夫妇,再有父子,后有君臣。虽然从古代到现代,人类社会经历了很大的变化,但家庭是社会的细胞,夫妇之道是人伦之始,这是人类社会所恒久不变的。"夫妇正则父子亲",有了夫妇之间的相互尊敬与和谐,才能有父母与子女之亲、兄弟姐妹之爱,也才能"入则孝,出则悌,谨而信,泛爱众而亲仁"。如《周易·序卦传》中说:"有天地然后有万物,有万物然后有男女,有男女然后有夫妇,有夫妇然后有父子,有父子然后有君臣,有君臣然后有上下,有上下然后礼义有所错(措)。"就是说,夫妇关系是社会当中最基本的关系。夫妇关系是产生一切社会关系的基础。没有夫妇关系,便没有父子关系,也没有兄弟关系,也不可能有君臣关系,更不可能有朋友关系及社会成员的有关系。可见夫妇是最早,也是最重要的一轮!后来晋代的韩康伯在注解《序卦传》的这段话时,说:"咸,柔上而刚下,感应以相与,夫妇之象,莫美乎斯。人伦之道,莫大乎夫妇,故夫子殷勤深述其义,以崇人伦之始,而不系之于离也。"唐代的孔颖达在注解《诗经》之首篇

《关雎》时也曾说:"以夫妇之性,人伦之重,故夫妇正则父子亲,父子亲则君臣敬。"三大伦之间的自然顺序,其实本应该就是如此。只不过到了后来,为了更好地实行君主专制,随着"三纲五常"的兴起,"君为臣纲"成为首要的教条,所以夫妇一轮的地位才降低。虽然在魏晋南朝有"君父先后"的争论,但自唐代以后又恢复并强化优化了君权的地位。

《中庸》所说:"君子之道,造端乎夫妇。"意思是说,要想成就君子之道,要先从妥善处理夫妻关系开始。儒家认为,做君子,行君子的忠恕之道,以实现修身齐家治国平天下,要从夫妇之道开始。如果对妻子都不能行君子之道,对外人就更不可能了!所谓的齐家也不过是正确、稳妥的处理夫妻关系,只要处理好夫妻关系,家庭自然和睦安定。明清之际的唐甄认为,人伦之道从夫妇之间的相互尊敬与和谐开始,"敬且和,夫妇之伦乃尽"。而当时的人伦不明,"莫甚于夫妻","人而无良,至此其极"。针对此,他提出:"恕者,君子善世之大枢也。五伦百行,非恕不行,行之自妻始。不恕于妻而能恕人,吾不信也。""恕"就是"己所不欲,勿施于人"。唐甄解释恕道为"君子善世之大枢",这符合孔子的思想,也符合当今普世伦理所谓"道德的黄金律"。唐甄提出"五伦百行,非恕不行,行之自妻始",这是恢复了儒家所重视五伦或三大伦的"自然顺序",符合《中庸》所谓"君子之道,造端乎夫妇"的思想,恕道的推行是从夫妇之伦开始,人与人之间的所有伦理关系和道德行为都应该遵循忠恕的原则。

"糟糠之妻不下堂"的故事就体现了宋宏的君子风范。光武帝有一个姐姐湖阳公主死了丈夫,独居宫中,终日郁郁寡欢。光武帝很敬爱这个姐姐,想在大臣中再为她找个丈夫,故意与她谈论朝中大事,顺便谈起大臣们的人品、言行,想看看姐姐的心意如何。湖阳公主说:"依我看,朝中所有大臣,人品、才学、气宇都不及大司徒宋公!"光武帝知道了姐姐对宋弘有爱慕之心,就告诉湖阳公主,想把她嫁给宋弘。公主听了,又羞又喜,却也欣然答应。光武帝一心想促成这件事。但是,宋弘是有妻室的,公主当然不能给人做妾。所以,若要把公主嫁给他,只有让他先把妻子休弃了才行。光武帝一心想促成这件事,特别安排,让湖阳公主坐在屏风之后,然后召宋弘入宫。谈完了公事,光武帝闲闲地提起:"有句话俗话说:'人,有了地位就换朋友,有了钱财就会换妻子',你觉得这是不是人之常情呢?"他的本意是想试探宋弘的心意;如果宋弘认为这是人之常情,就可以往下谈,要宋弘休妻,当湖阳公主的"驸马"了。没想到,宋弘神色庄重地回答说:"我所知道的,与陛下说的不尽一样。我只听说:贫贱时交的朋友,是绝不可以忘掉的。曾陪你过穷困日子的妻子,也是绝不可以抛弃的!"光武帝听了,只好跟湖阳公主说:"这事办不成,你还是死了心吧!"而宋弘的这句话,却留了下来,成为后世君子的人格指标。君子应该"勿厌故,勿喜新"。物质、人情皆有新旧,喜新厌旧,就会造成浇薄寡恩的风气,所以古人曾说:"与其结新交,不如敦旧好。"宋宏回答光武帝说:"贫贱之交不可忘,糟糠之妻不下堂。"正体现了一位谦谦君子的德行,能坚守婚姻,不喜新厌旧,不攀附权贵的品质。

儒家提倡,夫妇之道要以"恒"为训,以"和"为贵!"恒"更就是要忠于家庭和配偶,保持夫妇之间的恒久不变关系,切不可朝秦暮楚,朝三暮四!"和"就是琴瑟和谐,夫妻恩爱,永结同好。《周易·序卦传》云:"夫妇之道,不可以不久也,故受之以恒。恒者,久

諸子百家——儒家

也。"可以看出，"恒"是夫妇本来就应该遵守的本分。人们经常用"百年好合""白头偕老"等成语来祝福新婚夫妇，可是怎样才能做到夫妇关系的恒久不衰呢？儒家认为"相敬如宾"是夫妻关系保持永恒的重要条件。

《礼记·文王世子》中说夫妇之间应该"爱之以敬，行之以礼"，夫妇之道，在于"上床夫妻，下地君子"，"相敬如宾"，礼义相待，彼此之间保持一定的距离，能达到历久弥新的效果。用现在的话说就是距离产生美。中国旧式婚姻，主张门第相当，才貌相配，有老成的人为之主持，结合之后，又主张亲而不狎，相敬如宾；这样，婚前既有相当的客观的条件做保障，婚后又有一些培植的功夫来维持，旧时夫妇关系的所以能历久相安，这些显然是原因的一部分了。"相敬如宾"是一个原则，其目的是以适当的距离添加彼此的思慕，增加美好的想象，从而起到维持婚姻长久的作用。相传金圣叹曾经把妻子送回娘家，过上一段时间，又鼓乐喧阗的用花轿把她抬回来，这虽未免过于轻忽，但就"距离之美"而言，还是可以接受的。"上床夫妻，下地君子"就是对这个原则的注解。

梁鸿、孟光夫妇的故事堪称"相敬如宾"的典范。据《后汉书逸民列传》记载，梁鸿年少入洛阳太学受业，博览群书，学问渊博，后归故里。乡人仰慕梁鸿为人诚信，品行高尚，竞先前来议婚，但他不愿轻娶平庸之妻，一一谢绝。孟家有一女，体肥面黑，三十不肯出嫁。父母问她缘故，答曰："必得梁鸿那样的贤士方才嫁"。梁闻其言，心中称奇，遂聘娶为妻。孟女深知梁鸿有隐居之志，便穿上布衣，向丈夫表白自己能吃苦，愿与之隐居。梁鸿大喜，说："能侍奉我于山林，这真是梁鸿之妻也！"于是为她起名孟光。不久，两人隐居山林。不慕功利，安贫乐道，以耕织为生，空闲时以读书、吟诗、弹琴自娱，婚姻生活幸福美满。后因得罪官僚，梁鸿只得易姓改名，与妻子避居于齐、鲁一带，最后又逃隐于吴地。夫妻两人一贫如洗，只得寄居于人家堂下的次屋中，梁鸿以为人舂米养家活口。生活即便如此困窘，夫妇二人仍相敬相爱。每当梁鸿收工回来，孟光即刻准备饭菜，并低下头，恭恭敬敬的双手将案（食盘）高高托起，与眉毛齐平，请丈夫进食，以此表示自己的恭顺与敬意。旁人看见都非常惊异，称："能得到妻子如此贤德，定非凡庸之人。"此后，"举案齐眉"之事便渐渐被流传开来，而梁鸿与孟光也被后人标榜为恩爱夫妻的典范。

即使夫妇恩爱也要相互尊重对方的人格、严格区分各自所应遵守的道德规范，只有这样才能使幸福长久。儒家认为夫妻之间的分工，也就是五伦中讲的"男女有别"，也是保证婚姻恒久的重要条件。"男女有别"其真实意义在于，强调丈夫与妻子在家庭中有不同之本分，彼此间要懂得如何对待，才能营造美满幸福之婚姻生活。夫妇有别并不能简单地理解为重男轻女，也不是男女平等，而是指男女的应该各自有自己的任务，要使双方相辅相成，发挥互补互助的作用。男女有别的传统伦理道德秩序，可以保持男女的本色和纯洁性，为建立幸福的家庭打下坚实的基础。客观上讲，男女之间的生理、心理、性情、体格、才能都千差万别，男女的结合，使婚姻生活中能借对方之优点、特性，以弥补本身之弱点，故彼此间当诚心相待，相敬如宾，相顾相助，恩爱相处，安度一生。

孔子特别强调丈夫要尊敬妻子，他说："昔三代明王之政，必敬其妻也有道。妻也者，亲之主也，敢不敬与？"丈夫的责任首先是齐家，最重要的是要尊敬妻子，然后就是养家糊口,建功立业。不管古代还是当今社会,尊敬妻子都是一项丈夫必须遵守的义务。

儒家认为妻子的首要责任是相夫教子。相夫教子简单说就是辅助丈夫和教育子女。儒家对妇女的德行要求比较严格,而且后来对妇女的要求变得更就严苛。

唐太宗时期,天下盛极一时,除了依靠他手下的一大批谋臣武将外,也与他贤淑温良的妻子长孙皇后的辅佐是分不开的。长孙皇后知书达礼、贤淑温柔、正直善良。对于年老赋闲的太上皇李渊,她十分恭敬而细致地侍奉,每日早晚必去请安,时时提醒太上皇身旁的宫女如何调节他的生活起居,像一个普通的儿媳那样全力尽着应行的孝道。对后宫的妃嫔,长孙皇后也非常宽容和气,她并不一心争得专宠,反而常规劝李世民要公平地对待每一位妃嫔,正因如此,唐太宗的后宫很少出现争风吃醋的韵事,这在历代也都是极少见的。长孙皇后凭着自己的端庄品性,悄然无言的影响和感化了整个后宫的气氛,唐太宗不受后宫是非的干扰,可以专心致志料理国家大事,唐太宗对她十分敬佩。

长孙皇后

虽然长孙皇后出身显贵之家,又贵为皇后,但她却一直遵奉着节俭简朴的生活方式,衣服用品都不讲求豪奢华美,饮食宴庆也从不铺张浪费,因而也带动了后宫之中的朴实风尚,恰好为唐太宗励精图治的治国政策的实行做出了先正己身的榜样。长孙皇后不但气度宽宏,而且还有过人的才智。一次,唐太宗回宫见到了长孙皇后,犹自义愤填膺地说:"一定要杀掉魏征这个老顽固,才能一泄我心头之恨!"长孙皇后轻声问明了缘由后,也没说什么,只悄悄地回到内室穿戴上礼服,然后面容庄重地来到唐太宗面前,叩首即拜,口中直称:"恭祝陛下!"她这一举动弄得唐太宗满头雾水,不知她葫芦里卖的什么药,因而吃惊地问:"什么事这样慎重?"长孙皇后一本正经地回答:"臣妾听说只有明主才会有直臣,魏征是个典型的直臣,肯于犯颜直谏,由此可见陛下是个明君,故臣妾要来恭祝陛下。"唐太宗听了心中一怔,觉得皇后说得甚是有理,于是满天阴云随之而释,魏征也得以保住了他的性命。长孙皇后以她的贤淑的品性和无私的性情,不仅赢得了唐太宗及宫内外知情人士的敬仰,而且为后世树立了贤妻良后的典范,到了高宗时,尊号她为"文心顺圣皇后。"

孟子幼年丧父以后,母亲就成了他第一任启蒙老师。其父名激,字公宜,并无什么功绩可称道。但据史籍记载,其母仉氏却是一位极有独特见识又很会教育子女的人。孟子的成长深受其母的教诲。孟母教子故事久为世人传诵,已经成为后世教育子女的典范。孟家原在马鞍山下的鬼村,山麓坟茔处处,村中儿童追逐嬉戏,不时看到丧葬的情形,也三五成群地模仿大人们的行为,扮演丧葬的过程,孟母看在眼里,痛在心里,既不能总是把一个活泼好动的孩子关在家里,唯一办法就是搬迁居住环境。经过一番周折,孟家母子从凫村迁到了十里外的庙户营村,这里是一个"日中为市"的交易集市,每逢一、三、五、七单日,远远近近的百姓们,手拎肩挑一些自己的土特产来到集市交易,讨价还价,喧嚣热闹,这场面对孩子来说是颇有吸引力的,耳濡目染,孟子和其他一些孩子也学会了锱铢必较的交换。孟母忐忑不安,住了半年又再次迁居。孟母既不愿儿子成为一个默默无闻的人,也不想让儿子沾染唯利是图的市侩气,她一定要选择一个适合儿子成长的良好环境,她第三次把家搬到了邹城的学宫附近,虽然房子破烂不堪,但是孟母带着儿子安安心心地定居下来。学宫附近常常有读书人来往,高雅的气韵,从容的风范,优雅的举止与循规蹈矩的礼仪行为,都潜移默化的给附近居民不少影响,尤其是初触人事的孩子们,常群集在大树底下,演练学宫中揖让进退的礼仪,有模有样,一片庄严肃穆的景象,使得远远察看的孟母内心深处大为高兴:"这才是孩子们最佳的居住环境!"她由衷地发出感叹。做人是要求诚实,所谓"言必行,行必果。"当孟家还在庙户营村市集旁居住时,东邻有人杀猪,孟子不解地问母亲:"邻家杀猪干什么?"孟母当时正忙,便随口答应:"给你吃!"孟子十分高兴等待食肉,孟母为了不失信于儿子,忍痛在捉襟见肘的生活费中,取出一部分钱买了一块肉,让儿子吃了个痛快。做事必须有恒心,一旦认准目标,就不为外界所干扰。孟子具有天生的灵性与大智,但也有一般幼童共有的怠惰贪玩习惯。有一天,孟子竟然逃学到外面玩了半天。当儿子回家时,孟母不声不响地拿起一把剪刀,将织成的一段锦绢咔嗒咔嗒,拦腰剪成两段,就在孟子惊呼不解时,孟母说道:"你的废学,就像我剪断织绢!一个君子学以成名,问则广知,所以居则安宁,动则远害,你今天不读书,就不可以离于祸患,今后永远就只做一些蝇营狗苟的小事,中道废而不为,怎么能衣其夫子,而不乏粮食呢?"孟母用"断织"来警喻"辍学",指出做事半途而废,后果是十分严重的。"断织督学"的一幕在孟子小小的心灵中,留下了既惊且警的鲜明印象,从此孜孜不倦,日夜勤学不息。最终在孟母的谆谆教诲下,孟子成就大气,被后世尊为"亚圣"。

"礼之用,唯婚姻为兢兢"。夫妇和谐是婚姻恒久的保障,也是婚姻恒久的最高境界。夫妻礼义相待,以和为贵:"礼义以为纪,以正君臣,以笃父子,以睦兄弟,以和夫妇。"要做到"妻子好合,如鼓瑟琴……宜尔家室,乐而妻帑。"《诗经》有云:"妻子好合,如鼓瑟琴。"这些对古代理想夫妻关系的描述在今天看来,别有一番滋味。

苏轼与第一位妻子王弗是一桩典型的"父母之命、媒妁之言"的婚姻,夫妇和睦,琴瑟和谐。王弗是个很贤淑、"敏而静"的女人,她平实精明,一直关爱着自己的丈夫。她内向,与苏东坡的坦诚豪放的性格恰好互补共助。她知道苏东坡勤读苦学,就伴他"终日不去";对于书中记事,东坡偶有遗忘,她都能从旁提醒,东坡问她其他书籍,她也"皆略知之"。在东坡做官之后,她时常提醒着丈夫为官琐事。东坡往往把与之交往的每个人都当成好人,自称"眼前见天下无一个不好人",又言"余性不慎言语,与人无亲疏,辄输写肺腑。有所不尽,如茹物不下,必吐之乃已,而人或记疏以为怨咎……"于是,就有了王弗"幕后听言"的故事。当东坡在与来访的客人谈话之时,王弗总是躲在屏风的后面悄声静听。有一天,一位客人走后,她问丈夫:"某人也,言辄持两端,惟子意之所向,子何用与是人言?"她说,你呀费那么多工夫跟他说话干什么,他只是留心听你要说什么,好说话迎合你。又有一次，"有来求与轼亲厚甚者"，王弗待客人走后，立即对丈夫劝诚说："恐不能久，其与人锐，其去人必速！已而果然。"有王弗在身边，可以说是苏东坡的大幸运。不幸的是，王弗二十六岁时不幸病逝，葬后，东坡在王弗的墓前悲痛地长叹道："鸣呼哀哉！余永无所一怙！"苏东坡与王弗共同生活了十一年。王弗去世后，东坡一直不能忘怀，妻子提醒他的话语总是不时在耳边响起。就在王弗死后的第十个周年，正当苏东坡调知密州（今山东诸城）的孤寂失意的日子里，在梦中又依稀见到了久别的妻子，于是写下了让后人读了只想落泪的两阕小词，以寄托自己的情思。其词曰："十年生死两茫茫，不思量，自难忘。千里孤坟，无处话凄凉。纵使相逢应不识。尘满面，鬓如霜。夜来幽梦忽还乡，小轩窗，正梳妆。相顾无言，唯有泪千行。料得年年肠断处，明月夜，短松冈。"那年苏东坡39岁。词中写出了一个中年男人对爱妻十年前生死离别的惨痛回忆，透露出的是在幸福走开后只有在梦中才能追踪的那种凄苦心情，开创了用词来悼念亡妻的先河，深沉地表达了对亡妻的追念与哀思。

事君以忠，尽忠合礼，以天下为先

【子曰】

"定公问曰：'君使臣，臣事君，如之何？'孔子对曰：'君使臣以礼臣事君以忠。'"

——《论语·八佾》

【智者感悟】

鲁定公问道："君主使用臣下。臣下服侍君主。该怎样做？"孔子回答说："君主应该按照礼来对待臣下，臣下应该尽心尽力去效命君主。"

君臣关系被历代儒学者和统治者重视，是儒家讨论最为激烈的话题之一。在当时的各种社会和人身关系中，君臣关系是最重要的关系之一，因为它不仅仅是一种人与人之间的单纯性质关系，而且还是一种关系到社会稳定和发展的社会关系，所以君臣关系得到历代儒学者和统治者重视。儒家在讨论君臣关系时，涉及君主和臣下的关系如何进行定位、君主和臣子应当共同遵循的原则有哪些、君主如何对待臣子、臣子如何面对君主、还包括当君臣关系发生矛盾时应该如何解决等方面的阐述。

儒家认为"天下为公"，无论是君主还是臣子都是为了方便百姓而服务的，所以君主和臣子应该是一种分工关系。孔子一生以克己复礼为任，礼是周公创设的制度，至孔子时已经礼崩乐坏。为了恢复旧时礼乐，孔子在君臣对待关系中，强调君使臣，要按照周代礼制的方式；相应地，臣事君，也要忠于自己的职分。

孟子所谓"天子不能以天下与人"（《孟子万章上》），儒家思想认为一个掌权的君主不可以置天下于不顾而把国家和社会纯粹视为自己私人财产的。这个论点也基本能被多数君王和统治者接受。《礼记·礼运》中说："大道之行也，天下为公"，意思是说，天下是君主的天下，臣子的天下，更是人民的天下，不时某一个人的天下。王夫之就说："若夫土则天地之固有矣。王者代兴代废，而山川不改其旧，其生百谷以养人，王者亦待养焉，

诸子百家——儒家

无所待于王者也,而王者固不得而擅之。"(《读通鉴论》)。意思说土地非王者一个人私有,而是为天人所有。这正是"大同社会"之理想,例如明代的樊玉衡就曾上疏万历提醒道:"皇上牵于皇贵妃体貌难处之故,优游隐忍,甘以宗社为戏,不知天下者非我皇上皇贵妃之天下。"中国古代的天下为公的讨论,还回答了设君之道、为君之道等重大政治理论问题,它既论证了人类实行君主制度的必然性与合理性,又为君权的存在与行使设置了条件和规范。一般来说,历代统治者不仅不排斥这些思想,还往往自觉地去运用它、利用它来调节政治或变革政治事务。

儒家民本思想的基本要求是:"天生民而立之君,以利之也。"和"保民而王"。万民立下君主是为了更有利于人民和维护政治秩序。荀子说"天之生民,非为君也;天之立君,以为民也"(《荀子大略》)。《左·文公十三年传》中说:"苟利于民,孤(邾文公自称)之利也。天生民而树之君,以利之也;民既利矣,孤必与(在其中)焉。"意思是说,上天所以为民立君主,是为了让人民更好的生活。《尚书仲虺之诰》中说:"呜呼!惟天生民有欲,无主乃乱"。也就是说,人民天生是有其意志和欲望的,那么,不同人在自己意志和欲望下的行为就产生了相互关系中的矛盾和秩序问题,所以,如果没有君主出现那就会使社会混乱。君主的职责是节强扶弱,任贤除奸,尚义兴利,安民怀远,保疆卫土。中国古代统治思想的重要组成部分还有立君为公、君位为天下之公器、君道尚公等思想。

孟子认为,君臣实际上就是一种不同的社会分工,因此,他把君臣关系作为一种社会分工来看待,指出君臣之间应建立在相互尊重、相互依赖、相互承认对方的独立人格的基础上,赋予君臣之间以一种崭新的政治关系。在儒家看来,君主只是依据天道扮演的一个职务性的政治角色,臣子是辅助君王完成利民惠民职责的,君主和臣下是一种分工关系。君主必须本分地遵守法则下的秩序和规则,遵守为君之道,而不可肆意妄为,否则,他将面临批评和反对,处于被动的困境。臣子必须以礼来忠君,维护君主的威严,完成君主交给的任务。在君臣关系人格平等的框架下,按照不同的社会分工,为君为臣者都要履行好自己的所系职责,扮演好自己的角色,端正自己的品行。孟子站在儒家伦理政治立场上,把君主的行为和臣子责任建立在个人道德的修养与提高上,并以此来实现国顺民富!黄宗羲认为,天下之大,事务纷繁复杂,并非一个人能够治理得了,而必须由众多臣工共同扶植,于是有君臣的分工。而君臣关系并非像父子那样是不可改变的亲情关系,而是像师友那样可以选择的平等关系。人们出来为臣做官,是"为天下,非为君也;为万民,非为一姓也",即并非为君王一人一姓做奴仆,而是对人民负责,为大众服务。而天下的根本大事,"不在一姓之兴亡,而在万民之忧乐",所以,君臣之间应和衷共济,共同"以天下万民为事",忧民之忧,乐民之乐。

《论语》中记载:"有子曰:礼之用,和为贵,先王之道,斯为美,小大由之;有所行,知和而和,不以礼节之,亦不可行也。"这段话强调了"礼"的重要作用,儒家认为,处理君主和臣子之间的关系应该共同遵循一个原则——"礼"。"礼"是先王所遵守的原则,"礼"是一种规范,是社会、家庭和个人的秩序和行为规范,无论大事还是小事,大至国家事务,小至个人的起居往来言行举止都有一个规矩并且以它为标准,都要遵守礼的规定。"礼"是尽善尽美的,无论家事国事只要照"礼"的精神去处理,做事以礼义为先,做人就不会出问题。由此告诉我们,"礼"最重要的作用就是协调和维持社会上人与人之间的和谐平衡。上下左右,亲友邻居,人与人之间言语谦和,举止得体。互相之间彬彬有礼地相处,那是一个人素质和教养的体现,是人类社会文明进步的表现。所以说,要构建和谐的社会氛围,礼仪文化的倡导是非常重要的一个方面。《论语》中的一段话值得我们思考:"道之以政,齐之以刑,民免而无耻;道之以德,齐之以礼,有耻且格。"即仅仅用政令来禁止,用刑法来惩治,百姓会因害怕而避免受罚,却没有廉耻之心;但以德来引导,以礼来规范,百姓会因知廉耻而遵守法规。君臣间关系的处理和解决其他事情一样,都要遵守"礼"的规定,达到"以睦君臣"的目的。因为"礼"是君臣应该共守的,所以"礼"必须体现"仁"的精神,这样才能保证"礼"的正义性! 所以孔子说:"人而不仁,如礼何? 人而不仁,如乐何?",这样就需要注重在制定和实施中,君臣之礼要发挥"仁"的精神。一是君如何待臣,一是臣如何待君,在"仁"的精神下,君臣之礼应包括以上两个方面。

　　《论语·八佾》记载:"定公问曰:'君使臣,臣事君,如之何?'孔子对曰:'君使臣以礼臣事君以忠。'"鲁定公以一个国君的身份请教孔子,问他作为一个君王,应该怎样对待臣下;作为臣下又该如何侍奉君主? 孔子从道德修养方面回答了鲁定公的问题。孔圣说,只要领导对下属真诚地礼敬、爱护、礼贤下士,臣下就会对君王尽心尽力、忠贞不贰。孔子认为君礼臣忠。君应当以礼使臣,凡事当依国家所定的规矩而行。儒家认为,君主与臣子之间的权利和义务应该对等,并不是单方的义务。臣应当以忠事君,要尽其应尽的职责。君臣相遇,各尽其道,各尽所责。

　　儒家倡导在君臣关系上,首先臣下要以礼侍君。在处理君臣关系上,孔孟强调了一种有条件的命令与服从关系,在常态下,人当然要尊老、自谦、礼让,要下级服从上级。没有这样的秩序,社会就无法运作,也不可能和谐。

　　《论语》中就详细记载了一则孔子面见君王时的样子:"入公门,鞠躬如也,如不容。立不中门,行不履阈。过位,色勃如也,足躩如也,其言似不足者。摄齐升堂,鞠躬如也,屏气似不息者。出,降一等,逞颜色,怡怡如也。没阶,趋进,翼如也。复其位,踧踖如也。"意思是说:进入朝廷大门时,曲身鞠躬而入,敬畏似无容身之处。不站在大门中央,因中央为君出入之处,立中门为不尊。行不踩踏门槛,踩门槛则不恪。过位,门之中位即君之出入位,不可穿越。君虽不在,过之必敬,足不可轻人之;同时说话声音低微,好像力气不足的样子。进入朝廷议事大堂,先要提起衣服的下摆,使之离地而不止于绊脚栽倒而失礼。侍立于大堂听君令,静心屏息,不喘粗气。这是近临君身当有的气容肃穆。议事毕出大堂之门,下了一级台阶后,才舒气解颜,恢复平日的怡然愉悦。下完台阶之后,像鸟儿般快步走,回到自己的位置上,复其常态的从容,但仍存有敬谨之心。

　　这些都是孔子对君主的应尽的礼节,但更重要的是表现了孔子对君主的尊敬。孔子也曾自己说过:"事君尽礼,人以为谄也。"意思是说,对君主尽忠,人们认为是在谄媚。这样做是不是有一点过分了呢? 做人难,做一个忠臣更难。一个人有时候想做一个好臣下,对君主尽忠合礼,而别人会认为你是溜须拍马。所以孔子告诉学生,做臣子就要有个臣子的样子,与君王相处必须讲究礼仪规矩,不要管别人怎么看,只要你的内心是真诚的,不是故意讨好巴结就行。正所谓"君子坦荡荡,小人长戚戚"。用现在的话说,就是"走自己的路,让别人去说吧!"只要对得起自己的良心,扪心自问而无愧。

《论语》记载:"君赐食,必正席,先尝之;君赐腥,必熟而荐之;君赐生,必畜之。侍食于君,君祭,先饭。疾,君视之,东首,加朝服,拖绅。君命召,不俟驾行矣。"夫子事君极其敬谨。君主所赐之熟食,必先正坐而尝之,再分赐予他人。正席先尝如面对君食一般敬重。君所赐之生肉,煮熟之后,必先进供于天地祖宗。君王所赐之畜生之类,必念君之惠,念生之怜,不敢杀之,而当精心畜养。周礼有"王日一举,膳夫授祭,品尝食,王乃食"。故服侍于君王,君祭祀前不能食,而己不祭则先食之,似若为君食也。或若有疾,而君来视,则移身于南牖下东首,使君得以南视之。东为生气之方,首向东以受生气。病卧不能着衣束带,又不可以亵服见君,故加朝服于身,又引大带于上,犹如着朝服面君一般,敬之至也。夫子身为大夫,若君有命召见,则即刻赴命,不等驾好车马就先步行走了。

除了以上的观点,儒家还认为臣对君还需要尽忠。何谓忠?查《说文解字》:"忠,敬也,尽心曰忠。"《左传·桓公六年》:"上思利民,忠也。"《左传·昭公元年》:"临患不忘国,忠也。"这是春秋时代人们对忠的解释。忠,是一种应有的品德和行为准则。它是一种对事对人的应有品德和行为准则,因为它必然要通过人事才能表现出来。其对象较为广泛,对自己的分内之事,对亲、师、友、君所交代的事都要忠(尽心)。间接地,也便成了待亲、待师、待友、待君都应该忠(尽心),当然这忠并非无原则的忠。在孔孟那里,"忠"隶属于"仁",忠是诚实的表现,它所传示的精深内涵本身便是仁义。《荀子·君子》篇里:"忠者,敦慎此者也。"把办事敦慎称为忠。忠是侍奉君主的原则,更是做人的原则。

同样,君主对待臣下也要以礼相待。当君主与臣子发生矛盾,君王有违天道人伦、发生错误时,臣下应该"从道不从君",坚持正义。儒家从来不认为忠君就要卑躬屈膝,失去自我。《孝经》中曾参问孔子:"敢问子从父之令,可谓孝乎?"孔子回答说:"是何言与?是何言与?父有争子,则身不陷於不义,故当不义,则子不可以不争於父,臣不可以不争於君。故当不义则争之,从父之令,又焉得为孝乎?"意思是当忠君就会陷于不义的时候,就可以与君争,不从君命!

对于无原则的"愚忠"是儒家极力反对的。《左传》是儒家经典教材,儒家对于是不是应该死于"君难"的看法是:"故君为社稷死,则死之;为社稷亡,则亡之。若为己死,而为己亡,非其私昵,谁敢任之?"。就是说国君为了社稷国家去死,死得其所,我们就应该与之合力赴难,如果是为自己的私利而死,死的就不得其所。那么大臣们就可以不为其殉难。

"亚圣"孟子谈到忠时,和孔子一样,绝没有认为忠是无原则地听从上司、君主之命。不仅这样,儒家还认为当君主不能善待或者迫害臣下时,不但可以不忠于他,还可以起来反抗他。《孟子·离娄》篇中,"子告齐宣王曰:'君之视臣如手足,则臣视君如腹心;君之视臣如犬马,则臣视君如国人;君之视臣如土芥,则臣视君如寇仇。'"意思是:孟子告诉齐宣王说:"君主把臣下当手足,臣下就会把君主当腹心;君主把臣

诸子百家——儒家

下当狗马,臣下就会把君主当一般不相干的人;君主把臣下当泥土草芥,臣下就会把君主当仇敌。孟子还说:"贼仁者谓之贼,贼义者谓之残,残贼之人谓之一夫。闻诛一夫纣矣,未闻弑君也。"(《梁惠王下》)意思是,当君主残暴不仁,就完全没有必要再忠于他,而是应该讨伐他,而不被视为弑君,如果再为暴君效力,则是助纣为虐。君的原意是群,君的职能是维护群体的利益,残害仁义的纣王只是独夫民贼而已,没有资格再被视为君。

韩愈、二程和朱熹等人开创的宋明理学或称道学,演绎出一个"尧以是传之舜,舜以是传之禹,禹以是传之汤,汤以是传之文、武、周公;文、武、周公传之孔子,孔子传之孟轲"(《原道》,《昌黎先生集》卷十一),以后又经韩愈、朱熹传之后世的儒家"道统"。儒学认为,臣子应该"从道不从君",发展了"道统"思想,为臣子怎样侍君提供了行动的原则。道统思想中所表达的儒家思想代表了中国传统文化的真谛,把"道统"从"政统""皇统"中独立出来,甚至凌驾于后者之上,臣子可以挺直腰板,不卑不亢,以浩然正气面对君主的过错。正所谓投桃报李,士为知己者死;又谓滴水之恩,当涌泉相报。

洞明世事,练达人情,做事注重权变之道

【子曰】
子谓子夏曰:"女为君子儒,无为小人儒!"

——《论语·雍也》

【智者感悟】

孔子对子夏说:你要做君子之儒。不要做小人之儒。

"世事洞明皆学问,人情练达即文章"是儒家的传统观念,体现的是儒家思想中的入世的一面,也是封建道德标准之一。

孔子主张学以致用,认为学习的本质是为更好地治国富民。子夏,孔子弟子,姓卜,名商,字子夏。孔子告诫子夏,让他扬长避短,因为孔子知道子夏做学问谨密有余,而大气不足,怕子夏溺情于典籍,而心忘治世之道,不能专务章句训诂,而忽于义理。因为孔子的学问是实用的处世艺术,不是空洞的理论说教,学生们学业有成之后都要到社会上建功立业,他不希望自己的学生变得迂腐呆板,不堪大用的"小人儒"。"小人儒"是相对于"君子儒"而言的,指书读得好,学习也用功,文章写得也好,讲道理一套一套的,但要把具体大事交给他办,就会靠不住,也就是所谓的书呆子,所以孔圣要子夏学习"君子儒"。《礼记·儒行》篇中专门讲君子之儒者的作风及人格标准,其中提到了"君子儒"。"君子儒"不仅要德,才,学三者兼备,而且要具备丰富的社会体验,深明事理,人情练达。君子儒者,为治国平天下而学,以利天下人为己任。因此,须学大道。小人儒者,学为自己正心修身而已。子夏文学特长,孔子希望他进而学道,以资利益人群。所以说,你要学做君子儒,不要学做小人儒。君子之儒,学道以修身,道明而身修,言谈举止皆合乎于正道。君子之儒成于仁,用于行,不仅明道理,而且知权变;立身于世,无所不通。君子之儒,进

可以为官治民,退可以独善其身。小人之儒则不然,学道不能用于身,不知用于行,只知空守一言,而不知进退权变。进则迂腐不能治民,退则怨天尤人。君子之儒道在心中,小人之儒道经常表现在口中。

《三国演义》诸葛亮在舌战群儒时,就历数小人之儒的弱点,并提出什么才是真正的儒者!

"忽又一人大声曰:'公好为大言,未必真有实学,恐适为儒者所笑耳。'孔明视其人,乃汝阳程德枢也。孔明答曰:'儒有君子小人之别。君子之儒,忠君爱国,守正恶邪,务使泽及当时,名留后世。若夫小人之儒,惟务雕虫,专工翰墨,青春作赋,皓首穷经;笔下虽有千言,胸中实无一策。且如杨雄以文章名世,而屈身事莽,不免投阁而死,此所谓小人之儒也;虽日赋万言,亦何取哉!'"

"孔明曰:'寻章摘句,世之腐儒也,何能兴邦立事?且古耕莘伊尹,钓渭子牙,张良、陈平之流。邓禹、耿弇之辈,皆有匡扶宇宙之才,未审其生平治何经典。岂亦效书生,区区于笔砚之间,数黑论黄,舞文弄墨而已乎?'"

子曰:"君子不器。"儒家为人处世讲究原则和礼数,但也同样注重权变和变通,随机应变,而不是墨守成规,食古不化!比如,儒家的忠恕之道、人和之道、孝道、君臣之道不是一味地求宽容、求和、求孝、求忠,而是都有其一定适用范围的,注重变化的,否则就变成愚忠、愚孝、老好人,好好先生了!君子不器,意思是,君子不是一件没有思想的器具。是定了型的死东西,而君子要有鲜明正确的思想和立场,还要文武兼备,洞明世事,做人通达,做事能审时度势,因势利导。否则,只能成为一个僵化的工具。君子在个人品德修养时,不可像器物一样只针对某些特别的目地,而必须广泛地涉猎各种知识,培养多种技能;在个人之气度与修为方面,则应不像器物一般,仅有一定的容量,须要以宽广的胸襟来看待世间万事万物;在待人处事的原则方面,则不应一成不变,须因时因地制宜,"待人要和中有介,处事要方中有园,行事要精中有果,认理要正中有通。"

明事理,顺势而为之,多可事半功倍。要想处事练达,首先就要对世事洞明,知事明理,在生活实践中培养真正的自我。要明事理,就需要有开放的心态,读万卷书,行千里路,从外界不断地吸取总结,洞察万事万物内在的规律,这就是学问。儒家的"修身"需要"练达人情,洞明世事"这样的自我认识。通过与他人及外部大千世界发生联系,我们学习在担任父、母、夫、妻、子、女、朋友、同事、老师、学生、雇主、雇员、施惠者与受益者诸具体角色而非抽象概念中体现自我。处在社会关系之中的自我在与他人的能动交往中获得真正的自我。"自我"并非是一个静态结构,而是像流动的河水,在与其他"自我"的接触中自身发生变化。而人,本着"与人相处"的精神通过习"礼"学习才可成为一个人。这就需要一个"成人"的过程。

《孟子》中记载这样一段对话:"淳于髡曰:'男女授受不亲,礼与?'孟子曰:'礼也。'曰:'嫂溺,则援之以手乎?'曰:'嫂溺不援,是豺狼也。男女授受不亲,礼也;嫂溺援之以手,权也。'"意思是,淳于髡问:"男生和女生彼此不能直接用手接受,这合礼节吗?"孟子说:"合于礼节。"淳于髡说:"假使嫂子掉到水里,能不能用手去救她?"孟子说:"嫂嫂掉到水里不伸援手救她,简直就是豺狼禽兽的行为。男生女生不能直接用手接或受,这是礼节;嫂嫂掉到水里伸以援手,用手救她,这是权宜之计,是变通的方法。"

人们常说做大事要不拘小节,然而要想人情练达,就得在细微之处的人情世故上下功夫,关注小节,从平凡的事情上着手培养人与人之间的感情,才能见到这种"练达"的真功。

有这样一个这样故事:英国的撒切尔夫人有一次她在官邸里面请客吃饭,那个女孩子,就是女侍者,拿着一碗汤每桌每人一份,捧到了内政大臣,就是内政部长的前面,一不小心这碗汤就撒了,倒在了内政大臣的衣服上面,当然衣服也弄脏了,内政大臣也被烫了。这时候大家满座的人都觉得很意外,撒切尔夫人赶紧跑过来,请注意啊,她第一个反应是搂住这个闯祸的女孩,拍她的肩膀安慰她,给她压惊。跟她说,亲爱的,这种错误我们每个人都会发生,类似这样不小心的错误我们都会发生,不要难过亲爱的。然后才慰问这个内政大臣。请注意她这个小动作,没有时间给你思考,当时的立刻反应就是这么仁爱,这么了不起,这样子能够体贴入微。她知道当时当场最窘的,最难过的是这个女孩子,所以要鼓励她,安慰她,这一点比内政大臣这个大男人被烫伤、衣服被弄脏都重要。

《论语》上记载,"厩焚。子退朝,曰:'伤人乎?'不问马。"有一次马棚着火被焚。孔夫子退朝后忙问:伤了人没有?而未问马如何。并非圣人不爱马,而是以人为重,恐伤人之意,故未暇问马之事。盖贵人贱畜,理当如此。

"子曰:视其所以,观其所由,察其所安,人焉廋哉?人焉廋哉?"意思是,看一个人要看他的本质和做事的动机;看他做事的起始缘由和过程;还要看他平常做人处事的目的何在。廋是缩小、潜藏的意思。如果从这三方面去考察一个人,他要隐藏或逃避什么,基本上是不可能的了。儒家认为要想洞明世事,还要正确认识周围的每个人,明辨是非,不要被恶人蒙骗。观人测事,料敌先制,抢先一步,先发制人,所依据的就是孔子提到这三点:看任何一个人为人处世,他的目的是什么? 他的做法怎样? 他平常的涵养如何,他安于什么? 只要把握住了这些,我们就把握住了人性与人心。孟子也说过:"存乎人者,莫良于眸子;眸子不能掩其恶。胸中正,则眸子瞭(了)焉;胸中不正,则眸子眊焉,听其言也,观其眸子,人焉廋哉!"意思是,观察一个人,没有比观察他的眼神更好,更清楚了;眼神没有办法遮掩他的恶念,存心正直善良,眼神就明亮;存心邪恶,眼神就混浊不明。所以只要听他所说的话,再看看他的眼神,哪一个人能隐藏呢? 君子处世还要胸怀宽广,不以物喜,不以己悲,才能世事洞明,处事练达。孔子说:"人不知而不愠,不亦君子乎?""愠"是指内心的怨愤,心理不平衡。一个有学问而且彻悟了人生真谛的人,也许不会被世俗社会所理解,但是这个人不管是顺境还是逆境都能泰然处之,内心里如春风吹拂,不会有丝毫怨天尤人的念头,这样的人格修养才是真正君子的修养,也只有这样,不被外物轻易激怒,才能沉着稳重,洞明世间之事。

君子处事过程中要有所忌讳,才有可能圆满。有一次子贡和孔子谈论君子是不是也讨厌某些人,"子贡曰:'君子亦有恶乎?''子曰:有恶。恶称人之恶者,恶居下流而讪上者,恶勇而无礼者,恶果敢而窒者。'曰:'赐也亦有恶乎? 恶徼以为知者,恶不孙以为勇

諸子百家——儒家

229

者,恶讦以为直者.'"意思是子路的问题引出了子贡的问题。子贡问老师:一个仁人君子也有讨厌别人的时候吗?孔圣说:有。孔圣举例说:君子讨厌说别人坏话的人。讨厌居下位而讪谤上位的人。讨厌好勇斗狠而没有文化修养的人。讨厌果敢而独断专行关起门来自以为是的人。子贡听了老师的举例之后说:我也有讨厌的人,我讨厌把自己的偏见认为是最高智慧的人。讨厌没礼貌,行为暴躁而自以为有勇的人。还有嘴上尖酸刻薄攻击别人,表面上装作说真话的人。在现实生活中这几种人确实很讨厌,有些人有这些毛病而不自知,结果到处讨人嫌还莫名其妙。所以我们在处事过程中也要避免这些行为,先正己身。

人们往往最容易被自己打倒。《孟子·离娄章句》中孟子说:"夫人必自侮,然后人侮之;家必自毁,而后人毁之;国必自伐,而后人伐之。太甲曰:'天作孽,犹可违;自作孽,不可活。'此之谓也。"意思是,大凡一个人,必定是自己先有轻慢自己的行为,然后别人才会来侮辱;一个家必定是自己先不珍惜、自己先破坏,而后别人才会来破坏;一个国家必定是内部互相争斗攻打,然后他国才会乘机来攻打。《书经·太甲篇》说:"上天降下的灾祸,还可以逃避;自己造成的灾祸,那就不能活命了。"说的就是这种情形。因此要想在世间有所成,切勿自毁长城,留下缺口让敌人攻击!

三、处世的智慧

重修身,则无不克。中国的修身之道源远流长,本是一个很古老的话题。儒家的修身注重自己对社会的责任感,修身为了更好地治国平天下,理想是成就内圣外王之道。修身不仅是儒家人生实践的思想基础,也是理解儒家思想的一把钥匙,只有全面而深入地了解儒家修身思想,才能真正地掌握儒家智慧之精华,尤其是当今社会,儒家修身思想对我们的现实生活有更多的启迪作用!

知诚正心,修身立德,不断自我完善

【子曰】

"古之欲明明德于天下者。先治其国;欲治其国者,先齐其家;欲齐其家者,先修其身;欲修其身者,先正其心;欲正其心者,先诚其意;欲诚其意者,先致其知;致知在格物。物格而后知至。知至而后意诚,意诚而后心正,心正而后身修,身修而后家齐,家齐而后国治,国治而后天下平。自天子以至于庶人,壹是皆以修身为本。"

——《大学》

【智者感悟】

古时候想要把彰明的德性推及天下人,先要治理好自己的国家。要想治理好自己的国家,先要整治好自己的家族。要想整治好自己的家族,先要修养自身的德性。要想提升自身的德性,先要端正内心。要想端正内心,先要使自己的意念精诚。要想使自己的

诸子百家——儒家

意念精诚,先要推极自己的智识。要推极自己的智识。先要穷尽事物之理。穷尽事物之理而后能够推极自己的智识,推极自己的智识而后意念精诚。意念精诚而后内心端正,内心端正而后才能提升自身德性修养,提升自身德性修养而后才能整治好自己的家族,整治好自己的家族而后才能治理好自己的国家,治理好自己的国家而后才能使天下太平。从天子到平民百姓,一切都以修养自身德性为根本。

知诚正心,修身立德,是儒学三纲八目的追求。所谓三纲,是指明德、新民、止于至善。它既是《大学》的纲领旨趣,也是儒学"垂世立教"的目标所在。所谓八目,是指格物、致知、诚意、正心、修身、齐家、治国、平天下。它既是为达到"三纲"而设计的条目工夫,也是儒学为我们所展示的人生进修阶梯。

古人常常谈及"修身"。"修身养性"指的是培养性格,涵养,性情,用现在的话来说,就是锻炼增强心理承受能力和心理调节能力,在古人心目中,修身养性要达到的境界主要表现在两个方面,一是遇事冷静沉着,头脑清醒;二是与人相处宽容大度,有礼有节,能达到这种境界的人历来都很受推崇。修身也可以理解为定力,涵养,大度,宽容。倘若真正做到这些,那便是一种高的境界,一种修为。在任何环境下都可立于不败之地,不为世俗庸事所牵绊负累。

修身养性并不只是代表急流勇退或养生之道,这种理解并不全面,它也代表一种进取,一种历练的精神和态度。儒家的修身之道,是一种思想,一种哲学,虽有与世无争的淡薄,却更有着励精图治,卧薪尝胆的锐利。

修身是打开儒家思想与智慧的一把钥匙。儒家以塑造人格为首要目的,而其起点与底蕴则是"修身"。修身向内则表现为成就圣人,向外则表现为成就王道!儒家经典《大学》就指出:"自天子以至于庶人,壹是皆以修身为本"。这句话的意思是说,上至君王大臣,下至黎民百姓,一律以"修身为本",人人重德向善,就会得到家庭和谐,民富国强,天下一片太平盛世的景象。这个涉及道德理想的宣言表达了儒家的一种信仰;而且它很自然地表达了如下一系列道德推论:"修身"被视为"齐家"的基础,"齐家"同样又成为"治国"的前提,而只有"治国"之后才可能做到"平天下"。所以世人不论高低贵贱,都必须通过"修身"这种道德方面的努力,积极"实现自我",服务社会。

《大学》的系列方略赋予了"修身"以枢纽交集的地位。儒家学者把修身视作齐家、治国、平天下的基础,他们将其道德教育的大厦奠基于"修身"之上,修身是齐家治国的基础,也是格物、致知、诚意、正心所要达到的目的,是齐家、治国、平天下的根本,作为关键环节,具有内外相合的特征。修身的特点是将人内在的意念及其活动表现出来,意念是否诚、是否正,在诚意、正心两个步骤上还不能得到证明,只有意念及其活动表现出来时才能得到验证。因此,修身在这里就有对前面格物、致知、诚意、正心进行验证和总结的意义。所认,修身不只是口头上的表述,而是需要心生而力行的实际行为。

正其心是修身养性的前提。所谓"正心",就是确立正识、正见、正念,使知、情、意等能够守善勿失,达到一种中正平和的心态,用以纠正、改造意识中不符合道德人生观的部分,使人确立正识正见,将私心和欲望分离到符合德性规范允许的范围之内,使愤怒、恐惧、喜好、忧患等情感的生发处于正常的生理范围，修持心性，达到心地开阔，坦荡无私，光明磊落。

以端正的心思来"正其心"，驾驭感情，进行调节，以保持中正平和的心态，集中精神修养品性。只有把心洗得一干二净，达到澄澈圆明后才是真正的修身。心不纯，刚修身无望无用。我们要注意的是，正心不是要完全摒弃喜怒哀乐惧等情欲，不是绝对禁欲，而只是说要让理智来克制、驾驭情欲，使心思不被情欲所左右，从而做到身心和谐地修身养性。也就是说，修身在正其心不外乎是要心思端正，不要三心二意，不要为情所牵，要以端正的心思（理智）来驾驭感情，进行调节，以保持中正平和的心态，集中精神修养品性。

朱元璋（1328～1367），明朝开国皇帝，史称明太祖。朱元璋对子女的教育非常严格。既重视孩子学习知识，更注重帮助他们修德、正心，因为"德"既能补体，也可补智。为此，他采取了重言传、聘严师、亲力行的办法。他曾经严肃地训诫太子和其他儿子，说："你们知道'进德修业'的道理吗？'进德'，即进益道德；'修业'，即修营功业。古代的君子，德存十内，又见于外，故器识高明，善道日多，恶行邪僻皆避之。已修道已成，必能服人，贤者集拢于你的周围，不肖者远避。能进德修业，则天下必治；否则必败。"为了使诸子做到"进德修业"，朱元璋聘请各地名师，精选经典著作，对诸子进行严格的、系统的"德行"教育。他要求这些老师："好师傅要做出好榜样来，因材施教，以德教人。我的诸子是要治理国事的，教的法子，最重要的是要正心。先正心，什么事都可办好；正不了心，各种私欲便乘虚而入。你们必须教诸子以实实在在的东西，不要光背些华丽的辞藻，要真正让他们进德修业。"开国以后，朱元璋依据这一方针，除在宫中建大本堂，收存古今图籍，聘请各地名儒，以儒家典籍教育诸子之外，还精心挑选了一批有封建德行的士人，充当太子宾客和太子谕德，对诸子进行严格的、系统的封建"德行"教育，尤其注意发挥师保们的积极作用。基于"连抱之木，必以授良匠；万金之璧，不以付拙工"的思想，洪武元年（1368）立皇太子后，他便委开国重臣李善长、徐达、常遇春等分别兼任太子少师、太子少傅和太子少保。让他们"以道德辅导太子，""规诲过失"，使太子有长足进步。特别是被称为"开国文臣之首"的宋濂，对于太子的"德行"修养影响最大。

尽管修身还只是个人的自我道德的践行，但它却是道德修养由人的意念转向现实的行为的关节点，所以《大学》强调"自天子以至于庶人，壹是皆以修身为本"，正是由修身在八目中的这种特殊意义决定的。

修身首要的是避免成见，以自我为中心，使人际关系被扭曲。根据《大学》，人对自己所亲爱的、所贱恶的、所的敬畏的、所哀矜的以及所傲惰的人最容易有成见，这样的心理偏差往往主要发生在家庭里，是上至帝王将相、王公大臣，乃至每一个平民的家庭随时随地也都普遍存在的问题，作为一个主持家政的人首要的修养就反映在这里。

正心达到一定境界就会从人的精神内里发出一种浩然之气，这种浩然之气是创造人类悲壮、伟大历史的底蕴，后来被孟子所发挥，提出"养吾浩然之气"一说，成为中华民族几千年来的魂魄！

子贡，17岁拜孔子为师，深得孔子学说真谛和儒家思想精髓，成为孔门高徒。这位春秋时期杰出商人的商业精神奠定了儒商思想的基础，开创了儒商传统的先河，成为彪炳

诸子百家——儒家

千秋的儒商典范。子贡以其齐家治国之气魄，勤奋好学之精神，博济广施之胸怀，谦逊至孝之美德，垂名百世。他后来长期担任鲁、卫二国宰相之职，成为儒家第一代弟子中至富与贵者。成为历代儒商推崇效仿的楷模。中国旧时商店的门面通常雕刻"陶朱事业，端木生涯"楹联，作为商店的通用标识，"陶朱事业"成为商业的代名词，"端木生涯"则是商人职业的称谓。这既表达了后世商人对这位儒商鼻祖的景仰和尊崇，也反映出这位儒商思想创始人在我国商业发展史上的地位和影响。子贡不只是一位富商，他还是一位卓越的社会活动家。"子贡结驷连骑，束帛之币以聘享诸侯，所至，国君无不分庭与之抗礼"。（《史记·货殖列传》），由此足见，子贡在诸侯眼里的社会地位是何等之高。他不但积极从事商业和社会政治活动，还以他的雄厚财力到处宣扬孔子和儒家学说。正如司马迁所云："夫使孔子名布扬于天下者，子贡先后之也。"（《史记·货殖列传》）可以说，子贡不愧是中国儒商的始祖。

唐太宗李世民成为历史上的贤德明君，关键在于注重修养，严格律己。他把百姓比做水，君王比做舟，指出："水可载舟，亦可覆舟"，他以天心民意为准绳，严以律己，谦恭自守，勤于纳谏，从谏如流。皇帝率先修身，带动群臣百姓修德向善，天下人都成为有德之士，社会自然富庶太平，从而开创了富而有德的盛世天下，被称为"贞观之治"，成为后世治国的楷模。

宋代欧阳修说："不修其身，虽君子而为小人，能修其身，虽小人而为君子。"他认为，君子与小人并非天生注定，人格高下取决于自身的修为。人类社会是一个大染缸，只重做事不重做人，只想赚钱当官，不修自身品德，就会道德下滑，人格蜕变；相反，重视做人，注重修养，世俗小人也会成为有德君子。每个人都有善恶两种因素，抑恶扬善就要严以律己，绝不能随波逐流。由此可见，人生就是一个通过不断"修道"而达到自我完善的过程。而"为人者必先正其身"这一传统美德，一直被几千年来的有志之士遵循着，也教会无数世人如何在这个世界上幸福地生活。翻开历史的日记，我们会发现，无论是明君贤臣，还是圣人先哲，无不倡导为人要修身立德，正人先正己。历史上的贤良大德都是经过严格的律己修身之后，成就一段段历史佳话！

"修身、齐家、平天下"的儒家信条，对曾国藩来说不是一句空话，而是被他奉为至高无上的人生圭旨，并一丝不苟、孜孜不倦地终生实践着。曾国藩就是按照修身齐家治国平天下这样一个方向塑造自己的，最终成为国家中兴之臣！他平日里注意检点自己的思想言语、行为举止，能够做到日日反躬自问，并写下日记，不断修正自己的言行举止。临终前几日仍然捧读《二程全书》，如此修养功夫，不由不令人佩服与感叹。人以群分，物以类聚，好学上进的他很快就找到了知音。大儒唐鉴和"理学大师"倭仁，都成了他的良师益友。他以一个纯正儒者的面貌赢得了政治的人望。曾国藩是那种真正有理想的人，唐鉴对曾国藩非常器重，曾赠给他一张亲笔所书的条幅：不为圣贤，则为禽兽；只问耕耘，不问收获。唐鉴是想勉励他不渝地走"内圣外王"之路，高于标准，严于要求，不随波逐流，不问得失。曾国藩在两位大师的影响下，一方面以南宋理学巨擘朱熹的《朱子全书》为宗，下苦功夫钻研义理之学，并精通天下时务；另一方面对自己的言谈举止严加整饬。他给自己定下了每日必须完

諸子百家——儒家

成的十二项"功课"：主敬、静坐、早起、读书不二、读史、写日记、记茶余偶谈、作诗文数首、谨言、保身、早起临摹字帖、夜不出门。几十年如一日，他真的恭行不怠地做到了，并实现了治国平天下的远大抱负！他的为官之道也成为后世官员的模范榜样。

孔子说："吾十有五而志于学，三十而立，四十而不惑，五十而知天命，六十而耳顺，七十而从心所欲，不逾矩。"孔子自己承认，他并非天生就是圣人，而是经过一生的修养磨炼，最后才达到"从心所欲，不逾矩"的境界。在孔子心目中，尧、舜、禹、汤、文、武、周公等都是古代圣人。他们都是经过严格修身而具有高尚品德的人，同时他们的道德践行又建树了"博施于民而济众"的功业。"人皆可以为尧舜"，古人修身的理想人格是圣人，但必须经过修养磨砺过程，道德修养要从细微小事做起。三国时刘备遗诏后主刘禅，告诫他"勿以善小而不为，勿以恶小而为之，唯贤准德，能服于人。"要注重自身修养的点滴积累，才能修出贤良高尚的品德，从而使人敬服。"宝剑锋从磨砺出，梅花香自苦寒来"。圣贤的高尚品格往往在穷达生死考验中得到升华。孔子说："知者不惑，仁者不忧，勇者不惧。"（《论语·子罕》），《礼记·中庸》说："知、仁、勇，三者天下之达德也。"聪明人不会迷惑，有仁德的人不会忧愁，勇敢的人不会畏惧，具备了这三德，才可成真正的君子，此三德也是孔子教导门下学生及后世要立君子品，做有德人！

慎独自若，省察克治，固守良心本性

【子曰】

"君子戒慎乎其所不睹，恐惧乎其所不闻。莫见乎隐，莫显乎微，故君子慎其独也。"

——《中庸》

【智者感悟】

有德行的人就是在别人眼睛看不到的地方，也是谨慎检点。就是在别人耳朵听不到的地方，也是怀着恐惧心理而加以注意。没有比处在幽暗之中更为显著的，没有比置于细微之处更为明显的。所以君子在一个人独处的时候要十分谨慎。

"慎独"，是儒家最先提出的，具有中国特色的自我修身方法。最先见于《礼记·大学》和《礼记·中庸》。慎独是一种个人情操，一种道德修养，更是一种坦荡。它要求按照一定的道德规范行动，不做任何有违道德信念、做人原则之事。

"慎独"是儒家修身的重要组成部分。儒家主张为人应该谨慎，在无人监督时不可放松道德要求。儒家认为有德行的人应该在别人眼看不到的地方，也是谨慎检点；在别人耳听不到的地方，也是倍加小心。没有比在幽暗之中、细微之处更为显明的。它要求人们去恶从善，坚持善良的意志，不要自欺欺人，像小人那样，闲居无事时什么坏事都干，见到君子以后就遮遮掩掩。

慎独强调修养的自觉性，把能否慎独作为区别君子小人的标准。郑玄解释"慎独"时说"慎独者，慎其闲居之所为。"朱熹从理学的观点对"慎独"作了进一步的解释和发挥。他认为"慎独"是对待唯己所知、而不为人所知的细微的事情上要谨慎不苟。

道德作为人们的行为规范,要靠内心的自觉,不能靠外力的强制。因此,慎独对于道德的形成有重要作用。这种自觉性是由于人们把道德规范化为内在的信念,因而能在别人看不到的地方,听不到的时候,也能够自觉地遵守,不做违反道德要求的事情。由于道德规范已化为内在信念,就能从人们的一切言行中表现出来。不仅在公开的、大的事情上能按道德原则办事,在闲居独处、无人监督的时候,也能在各种细小问题上谨慎处事,不做违反道德的事情。只要按照这样的标准要求自己,自然就可以达到高尚的道德境界。

慎独所要求的戒慎、谨慎,并不是要人凡事战战兢兢,如履薄冰,即使在独处的环境中也要承受"十目所视、十手所指"(《大学·传六章》)的道德压力;而是要人慎重地对待自己天赋的善性,无论面对何事何物都要以诚待之,时刻保持自己的道德理性和人格尊严。在这个意义上理解"无愧屋漏""不欺暗室",即是在放下了一切外在礼法、繁文缛节之后,仍然能够认真谨慎地对待自己在独处时暴露出来的人格缺陷,既不因为小小的成功而自鸣得意,也不由于偶然的身处逆境而妄自菲薄。如此,不仅在人群之中能够彼此袒露胸襟,赤诚相对,而且在独居暗室时也可以泰然自若,独立不改。

中国古代正直的文人学者,多以慎独为修身的重要方法,也有不少人达到了这种高尚的道德境界。元代大学者许衡,一年夏天路过某地,天热口渴,适逢路边有棵梨树,人们都去摘梨止渴,唯独许衡端坐树下。有人劝他也去摘梨吃,他说:不是自己的东西是不能随便拿来享用的。劝他的人说:现在世道混乱,这棵梨树恐怕早就没有主人了。许衡说:梨无主,难道我心中也无主了吗? 许衡在乱世能守住自己的良心本性,这是对自己心中之主负责的表现。

《后汉书·杨震传》也记载了有一则"暮夜无知"的故事:杨震被任命为东莱太守,赴任时途经经昌邑,他曾经举荐王密为昌邑县令,王密感激杨震过去举荐之恩,晚上拜谒时送他十斤黄金,说'黑夜无人知道'。杨震严词拒绝,可算是"慎独"的范例。吕坤从这则故事中引出一条人生教训:"'暮夜无知',此四字百恶之总根也。大奸大盗,皆自无知之念充之。"

那些大奸大恶之徒在行凶作恶的时候,都自以为别人是不会知道的。这种侥幸心理是产生各种罪恶的总根子。一切恶行不仅是从无人知道的地方开始的,也是从细小的事情上开始的。所以刘备说:"毋以善小而不为,毋以恶小而为之。"从正反两个方面说点滴之事对我们人格的重大影响。因此慎独的修身方法仍有现实意义。

杨震

"慎独"经常和"自省"相联系。有自省的工夫,才能达到慎独的境界。孔子就首先倡导自省、内省、自讼的修养方法。他说:"见贤思齐焉,见不贤而内自省也"(《论语·里仁》);"内省不疚,夫何忧何惧?"(《论语·颜渊》)看到好的人和事要学习,看到不好的人和事要自我反省,有没有同样的缺点错误;如果有就自觉改正,如果没有,就无忧无惧,心安理得了。

《论语》中记载了曾子内省的故事:"曾子曰,'吾日三省吾身:为人谋而不忠乎? 与朋友交而不信乎? 传不习乎?'"曾子每天从办事、交友、学习三方面进行检查,是否达到了忠信和学而时习之的要求,树立了自省的范例。因此朱熹称赞说:"曾子以三者日省其身,有则改之,无则加勉,其自治诚且如此,可谓得为学本矣。"

孟子说:"君子必自反也。"(《孟子·离娄下》)。荀子也认为君子要"博学而日参省乎己"。孟子说的"自反"和荀子说的"参省",同孔子说的"自省""内省"一脉相承,都是要求人们自觉地检查反省自己的思想言行,发扬优点,克服缺点,以达到提高道德水平的目的。

孔孟之后,自省一直是儒家倡导的基本修养方法。明代王守仁提倡的"省察克治"也是从自省方法发展而来的。王守仁的"省察克治"方法是要求人们通过自我检查,克服不符合道德要求的思想行为,而且要持之以恒。要把隐藏的私利欲念搜索出来,加以克治,不可姑息。如果有丝毫私利欲念存在,众恶便相引而来。可见"省察克治"是为了达到"存天理,灭人欲"的目的,这是不可取的。不过这种方法也反映了思想斗争的某些规律:善恶观念此消彼长,姑息恶念,将成大恶。我们培养道德观念也应该注意这个问题。

儒家对于慎独的解释是:"能为一者,言能以多为一;以多为一也者,言能以夫五为一也。""慎其独也者,言舍夫五而慎其心之谓也。独然后一,一也者,夫五为一也,然后得之。""仁义礼智圣"为其五,也就是儒家风范的重中之重,通称为"儒风五行"。

按照"儒风五行"的规定,它是五种"形于内"的"德之行"。仁义礼智圣虽然是"形于内"、形成于内心的,但它还有"多"的嫌疑,还没有真正统一于心,故需要舍弃仁义礼智圣形式上的外在差别,将其看作一个有机整体,使其真正统一于内心,故说"一也者,夫五为一心也"。因此,这里的慎独实际是指内心的专注、专一,具体讲,是指内心专注于仁义礼智圣五种"德之行"的状态。

我们要运用自省的方法正确地认识自己。人贵有自知之明,对自己的思想、学识、能力,对自己在社会中的地位、角色、作用等等,有正确的认识和评价。这样,才能获得自控能力,提出恰当的目标、计划和要求,以实现自己的人生价值。没有自知之明,就会陷入盲目性而四处碰壁。古人说:"自知者英,自胜者雄"(王通《文中子·周公》),讲的就是这个道理。但正确认识自己并不是容易的事情。"人虽至愚,责人则明,虽有聪明,恕己则昏"。(《小学集注·广敬身》)看别人,明察秋毫,看自己就糊涂了。这就需要有自省的自觉性,时时注意反观自己,检查自己,努力做到对自己有一个客观的认识和评价。在自省的时候,要注意听取别人的意见,校正自我认识的盲目性。"占之人目短于自见,故以镜观面;智短于自知,故以道正己。"(《韩非子·观行》)虚心听取别人意见和自省自反是相辅相成的。

人无完人，即便是圣贤也难免有缺点过失。要运用自省的方法自觉地克服缺点错误，达到自我完善的目的。只有不断克服缺点，才能达到成熟完善的境界。因此君子闻过则喜，"过而能改，善莫大焉。"（《左传宣公二年》）每一个要求进步、追求成功的人，都要自觉地解剖自己的思想，反省自己的言行，自觉地克服缺点错误。自省是人类共有的品质之一。下面是奥古斯丁在《忏悔录》中的自省文字：

"我愿回忆我过去的污秽和我灵魂的纵情肉欲，并非因为我流连以往，而是为了爱你，我的天父。因为我喜爱你的爱，才这样做：怀着满腔辛酸，追溯我最险恶的经历，为了享受你的甘饴，这甘饴不是欺人的甘饴，而是幸福可靠的甘饴；为了请你收束这支离放矢的我、因背弃了独一无二的你而散失于许多事物中的我。我青年时一度狂热地渴求以地狱的快乐为满足，滋长着各式各样的黑暗恋爱，我的美丽凋谢了，我在你面前不过是腐臭，而我却沾沾自喜，并力求取悦于人。"

小至家庭团体，大至国家社会，人们相处总会有矛盾冲突。人人都注意内讼自省，有利于人际关系的和谐社会的安定团结。有了矛盾冲突，大家都能反躬自问，从自己身上找原因，矛盾就容易化解。如果只从别人身上找原因，自己处处皆是，别人处处皆非，小矛盾也会变成大矛盾，甚至发展到对抗冲突、势不两立的地步。我们还是要提倡对己严，对人宽，各自多作自我批评。有了矛盾，先从自己身上找原因，凡是要求别人做的自己首先做到，善于求大同，存小异，不把时间精力花在无益的争论上。这样便能创造良好的人际环境，有利于发挥个人的聪明才智和事业的成功。

富兰克林就曾自订每天自省的十三项内容：1.节制。食不过饱，饮酒不醉；2.沉默寡言，避免无益的聊天；3.生活秩序：每件东西放在一定位置，每件日常事务应有一定的时间；4.决心：要做的事情坚持不懈；5.俭朴：切戒浪费；6.勤勉：每时每刻做些有益的事情；7.诚恳：不欺骗人；8.公正：不做不利于人的事情，不忘记对人应尽的义务；9.中庸适度，避免极端；10.清洁；11.镇静：勿因小事和不可避免的事故惊慌失措；12.贞节，切戒房事过度；13.谦虚：效仿苏格拉底。富兰克林并不知道儒家自省的修养方法，但他做的却合乎自省自反的要求。这说明自省的方法反映了品德修养的规律，因而具有普遍的意义。

一个人独立工作、无人监督时，有做各种坏事的可能。而做不做坏事，能否做到"慎独"，以及坚持"慎独"所能达到的程度，是衡量人们是否坚持自我修身以及在修身中取得成绩大小的重要标尺。"慎独"作为自我修身方法，不仅在古代的道德实践中发挥过重要作用，而且对今天的社会主义道德建设仍具有重要的现实价值。

费利斯的父亲出生在贫苦农家，只读到 5 年级，家里就要他退学到工厂做工去了。从此，世界便成了他的学校。他对什么都有兴趣，他阅读一切能够得到的书籍、杂志和报纸。他爱听镇上乡亲们的谈话，以了解人们世世代代居住的这个偏僻小村以外的世界。父亲非常好学，他对外面世界的好奇心，不但随同他远渡重洋来到美国，后来还传给了他的家人。他决心要让他的每一个孩子受到良好教育。费利斯的父亲认为，最不可宽恕的是我们晚上上床时还像早上醒来时一样无知。他常说："该学的东西太多了，虽然我们出世时愚昧无知，但只有'才'永远如此。"为了防止孩子们堕入自满的陷阱，父亲要他们每

諸子百家——儒家

天必须学一样新的东西,而晚餐时间似乎是他们交换新知识的最佳场合。他们每人有一项"新知"之后,便可以去吃饭了。适时,父亲的目光会停在他们当中一人身上。"费利斯,告诉我你今天学些什么。""我今天学到的是尼泊尔的人口……"餐桌上顿时鸦雀无声。费利斯一向都觉得奇怪,不论他所说的是什么东西,父亲都不会认为琐碎。"尼泊尔的人口。嗯。好。"接着,他父亲看看坐在桌子的另一端的母亲。"孩子的妈,这个答案你知道吗?"母亲的回答总是会使严肃的气氛变得轻松起来。"尼泊尔?"她说,"我不但不知道尼泊尔的人口有多少,我连它在世界上什么地方也不知道呢!"当然,这种回答正中父亲下怀。"费利斯,"父亲又说,"把地图拿来,我们来告诉你妈妈尼泊尔在哪里。"于是,全家人开始在地图上找尼泊尔。费利斯当时只是个孩子,一点也觉察不出这种教育的妙处。他只是迫不及待地想走出屋外,去跟小朋友一起玩游戏。如今回想起来,他才明白父亲给他的是一种多么生动有力的教育。在不知不觉中,他们全家人共同学习一同长进。费利斯进大学后不久,便决定以教学为终身事业。在求学时期,他曾追随几位全国最著名的教育家学习。最后,他完成大学教育,具备了丰富的理论与技能,但令他感到非常有趣的,是发现那些教授教导他的,正是父亲早就知道的东西——不断学习、不断自省的价值。

曾国藩总结自己一生的处世经验,写了著名的"日课四条",即:慎独、主敬、求仁、习劳。这四条,慎独是根本,是"体";其他三条是枝叶,是"用"。

《大学》里面说,"所谓诚其意者,毋自欺也。如恶恶臭,如好好色,此之谓自谦。故君子必慎其独也。"意思就是,使自己的意念诚实,就是说不要自己欺骗自己。就如同厌恶污秽的气味那样,就如同喜爱美丽的女子那样,才能让自己感到心安理得。因此君子在独处的时候一定要保持谨慎的态度。曾子曰,"十目所视,十手所指,其严乎。"同样是告诫人们要慎独,又有"富润屋,德润身。心广,体胖。故君子必诚其意。"财富可以装饰房屋,品德却可以修养身心,使心胸宽广而身体舒泰安康。因此,品德高尚的人一定要使自己的意念真诚,独处自若,修心养德,坚守内心的性情。

知止而定,静而能安,达到至善的境界

【子曰】

"知止而后有定,定而后能静,静而后能安。安而后能虑。虑而后能得。"

——《大学》

【智者感悟】

能够知其所止,止于至善,然后意志才有定力;意志有了定力,然后心才能静下来,不会妄动;能做到心不妄动,然后才能安于处境随遇而安;能够随遇而安,然后才能处事精当思虑周详;能够思虑周详,才能得到至善的境界。

"静心"是中国所有古哲学流派都倡导的内功心法,但儒家的观念更积极,也更具有现实指导意义。儒家主张:止、定、静、安、虑、得,这是儒家修身养性的一种次序。道家主

张:致虚极,守静笃。佛家主张:戒定慧。都是强调了要虚静,当今竞争激烈,人心浮躁,静心养性是我们涤荡精神的一剂良药。一个人要达到气定神闲,宠辱不惊,得之淡然,失之泰然的境界,就必须要静下心来。

"静",在外则表现为客观环境,在内则是一种安定虚灵的精神状态。后者比前者更重要,因为环境并不是左右人行为的主要原因,是可以通过内心的调节加以控制,只要内心平静,环境再不安静,也不能阻止自己对理想境界的追求,所谓"泰山崩于前而色不变,麋鹿兴于左而目不瞬。"外部的环境是难以改变的,只有从内心修养出发,才能达到真正的"静"。在修养中,在浮华矫造的现代社会,我们应学会改变自己的心态,以安静、闲适之心来探究世界、认识世界,切不可浮躁不安,更不可为世俗浮华和虚夸所累,而应该以超拔平静的心面对世界!

儒家和道家、佛家静心功夫相比,相对简单,主要是以守静的心斋、坐忘为代表。颜回曾经问孔子什么是心斋,他答道:"若一志,无听之以耳,而听之以心;无听之以气,听止于耳,心止于符(神),气也者,虚而待物者也,唯道集虚。虚者,心斋也。"

孔子上面所主张的心斋,主要是通过意念专一、呼吸细长、耳之不闻、虚明灵觉,进而达到神气相通、天人合一,进入清静纯一的境界。孔子认为心斋这种功夫是修身的关键,不但可以使人延年益寿,增进智慧,而且可以洞察世间万物的发展变化! 有了这种认识,孔子在任何环境中都能自己保持一种宁静豁达的心态。根据《史记·孔子世家》记载,孔子在 63 岁的时候,有两次被鲁国驱逐。在宋国时,司马桓砍倒大树对他进行恐吓威胁。后来到了卫国,又被错抓入狱。在陈国和蔡国之间,又被楚军包围,围困达七日之多,结果饿得弟子们有气无力,但孔子却毫不计较,"饭疏食饮水,曲肱而枕之,乐在其中矣"。孔子的意志力比一般人要强好多。

孟子在继承孔子守静的理论后,又进一步提出了内观养心养气的功法。孟子的功法分为两个阶段:第一阶段是求放心或存夜气。求放心就是把为外物迷惑的心收敛起来,养夜气是把人在子夜到清晨未与外界事物接交时的清明之气存养起来。孟子认为这是保养真气的好方法。第二阶段是思诚和养浩然之气。思诚就是悟道,至于养浩然之气,就是一种"至大至刚"的宇宙元气。

孔子和孟子之后,儒家的学者们基本上都继承了孔孟先圣的静心功法。到了宋朝,以朱熹为代表的理学家,将静坐看作同读书、做学问同等重要的事。他们认为在读书、做学问过程中只有安下心、静下神,平心静气,不受外界干扰,专心致志去探究大千世界,"奥理"才有可能获得。郭沫若曾说:"静坐这项工夫在宋、明诸儒是很注重的。"宋明诸儒有一种独特的观点,认为读书学道与静坐养生之间有着内在的联系。所谓"闭门即是深山,读书随处净土。"善养生者,学道读书亦为养生;善治学者,养生静坐均可治学。从根本上说,两者是一回事。

朱熹指出:"始学功夫,须是静坐。静坐则本原已定,虽不免逐物,及收归来,也有个安顿处。"(《朱子语类》卷十二)朱子把静坐当作进学的基础,读书的安顿处,不外两方面的意思。一方面,身体是读书治学活动的物质前提,健康的体魄、旺盛的精力是读书活动能持之以恒的基本保证。读书之前静坐养气，能使神清气旺、精力充沛，以这样的身心状态去读书治学，效果自然会好。这方面朱子本人深有体会，他晚年时常头昏目眩，不敢着力读书，静坐后才觉得好多了。梁章钜也深有感触地说："余尝十日九疾，生产作业之事，既不能自立，而读书作文，亦皆苦不能精思，只坐(因)气薄耳。"(《退庵随笔》卷十二)另一方面，读书治学活动首先要求安心，所谓"须是静方可为学"，心绪不宁是无法读书学习的。因此，朱子告诫门人，平时少说一点闲话，省去一些交际，抽出时间来静坐养气，这对读书治学大有裨益。晁补之曾说：黄庭坚"于治气养心能为人所不为，故用于读书为文字，致思高远，亦似其为人"(《鸡肋集》卷三十三)。这表明"治气养心"的静坐功夫会带来"致思高远"的读书效果。读书前稍事静坐，整容收心，进入虚静恬淡的精神状态，这就为读书治学活动提供了良好的心理条件。相反，心猿意马，放心不求，则精神涣散，读书的效果自然也就很差。有鉴于此，宋明诸儒才强调以静坐求放心、息思虑。朱熹说："为学大要，只在求放心。此心泛滥无所收拾，将甚处做管辖处？其他用功总嫌慢。须先就自心上立得定，决不杂，则自然光明四达，照用有余。"(《宋元学案·晦翁学案上》)王阳明在《传习录》中也说："初学时，心猿意马，拴缚不定，其所思虑，多是久欲一边，故且教静坐息思虑。"

朱熹对学生说："用半日静坐，半日读书，如此一二年，何患不进！"(《朱子语类》卷一百一十六)明儒高攀龙《水居》诗云："兀兀日趺坐，忻忻时读书。"清儒梁章钜更是一语破的："学道养生本是一串事，但学道者，虽养生亦为学道；养生者，虽学道亦为养生耳。"(《退庵随笔》卷十二)程颐见人静坐即叹其善学，王阳明欲以静坐求放心。翻开《宋元学案》和《明儒学案》，就可以清楚地看到静坐养生在宋明诸儒的读书治学活动中占有重要的地位。他们不仅把静坐看作是进学的基础，而且还把它视为明理的阶梯、见性的法门。

宋明诸儒是这样说的，也是这样做的。罗从彦在罗浮山"静坐三年，以观天地万物之理。"他摒弃一切杂念，专心于学问，不求功名利禄，不求人知，静心学问，"有志于学，无志于仕"，"深造圣经之奥旨"，结果"不求人知，人自知之。远近之士，闻风慕道，重迹而前，肩摩而袂属也。"

由上可知，宋明诸儒提倡静坐之事，与禅师道徒以静坐为出世求仙之术不同，他们只是把静坐当作读书的手段，进学的基础。对此，王阳明说得明白："所谓静坐事，非欲坐禅入定，盖因吾辈平日为事物纷拿，未知为已，欲以此补小学收放心一段功夫耳。"(《明儒学案·姚江学案》)关于静坐方法，高攀龙说："静坐之法，不用一毫安排，只平平常，默默静坐。"所以，高攀龙的这种儒家静坐法，虽然很平淡朴实，但也是一种大众化的静坐法。

在孔子之后，儒家学者和弟子们在儒家功法方面都没有超过先圣孔子，其实，儒家的功法是一种为入世做准备，或者对强身健体起促进作用的功法。儒家功的目的并不是追求多高多深的功法和境界，而是静心养性，培养意志力和忍耐力。所以，就功法的优劣来说，儒家功或许在其他功之下，但在对世俗社会的影响方面，则是道、佛教所无法比拟的。

一代名儒王永彬说"势利人装腔作势，都只在体面上铺张，虚浮人指东画西，定然其一事无成"(《围炉夜话》)。仔细观察我们就会发现，越是精神孱弱，缺乏内涵的人，就越是热衷用华丽的外饰来装点自己的不同凡响。今天有的人过度的沉迷于玩潇洒、玩时尚、抽脂塑身、换皮美容,这些玩过了就穿露脐装、提臀裤来彰显个性吸引眼球,正说明其内心不静。他们的人生往往缺乏整体思维构想和战略路线,也就时常坐立不安,莫名焦躁,定性不足。自然,与他们谋发展大计,也是空谈。静心需要虚中求实,切不可浮华表面。

当今的社会是一个开放的社会,开放的社会为人们展开许多发展的机会,机会多诱惑就多,诱惑多了,心就容易乱,心乱表现在行为上的忙碌失措,这种现象被称之为浮躁。我们如果遇到很棘手很困难的事情不妨试试:脑子不能有太多的杂念,而且要有意思去排斥各种诱惑、干扰,心思尽可能单纯专一,时常保持一种宁静如水的心态。浮躁已成为当今社会一大通病,医治这种浮躁一大药方便是静字工夫。看好一个大好格局,要心不旁骛,神无外用,坚定不移地朝着它走去,诸葛亮说的"非宁静无以至远",就是说就是这个道理。

三国诸葛亮的《诫子书》:"夫君子之行,静以修身,俭以养德,非淡泊无以明志,非宁静无以致远。夫学须静也,才须学也,非学无以广才,非志无以成学。淫慢则不能励精,险躁则不能治性。年与时驰,意与日去,遂成枯落,多不接世,悲守穷庐,将复何及。"其意为,高尚君子的行为,是以宁静来提高自身的修养,以节俭来培养自己的品德。不宁静寡欲就无法确立志向,不排除外来干扰更无法达到远大目标。学习必须静心专一,而且才能来自学习。所以不学习就无法增长才华,没有志向就不能使学习有所成就。放纵懒散就不能振奋精神,冒险急躁就不能陶冶性情。年华随时光而飞驰,意志随岁月而流逝,最后终于枯萎凋零,大多不接触世事、不能为社会所用,只能悲哀地坐守着那狭小穷困的居舍,这时悔恨又怎么来得及呢?

因此,静心要达到以静制动、见招拆招,并非清心寡欲和不思进取,它是内心的荡涤与澄净,也不是死气沉沉的被动接受,静心意味着成为自己头脑机制的主人,以非常科学化的观念指导自己。一个人的成长分两个阶段,第一是健全自我,第二是超越自我,静心的目标就是超越自我以取得更高的事业成就。它要求我们摒弃张扬浮躁,提升洞察能力,内心不为外界所动,是定性与沉着的力量,是更高层次的修身境界。

格物致知,推究明理,活水才可清如许

【子曰】

"致知在格物。物格而后知至。"

——《大学》

【智者感悟】

学习知识就在于能够推究事物的内在原理。只有推究事物的原理,而后才能更明确的认识事物。学习知识。

格物致知是《大学》八目的基础功夫,更是"诚意正心"的修持基础,同时也是后世儒

者争论不休的热点命题,超越了先秦儒家的思想深度,现在社会上关于格物致知的通用诠释是根据南宋朱熹学说的部分观点,认为格物致知就是研究事物而获得知识、道理。

"格物",可以简单理解为研究考察事物的结构和原理,可以和现代的自然科学方法做对比,"格物"相当于通过实验、观察等方法对某一个具体现象或事物进行的客观的研究,以此来认识这一事物的结构、性质、发生发展规律等。"致知"同样可以简单理解为在"格物"的基础上,进一步系统地学习和印证理论知识,并做到更高的理论升华。可见"格物致知"是一种学习方法,他与近代的科学研究方法有某些共同之处,只不过是他们的研究领域与兴趣不同,儒家更重中对社会和人的道德的研究,所以儒家所格的"物",所致的"知"都是指伦理和道德原则,是指修己治人的道德修养。就像掌握科学的研究方法是进行科学研究的基础一样,"格物致知"这一方法也同样是儒家认识和研究社会的基础,也是修身、齐家、治国平天下的基础。

《大学》认为,人的认识社会和适应社会的成长过程是从格物开始的。事物本身存在着事理,即道理,社会现存的一切都有其"所以然"之理。格物,即是于物上体悟冥会,从特定的物我对比与类比之中,通过对物的研究形成或强化对自己的本性的认知。其内在目的,是用于"亲民、爱物、止于至善"。人的成长过程就是对这个事理的认知过程,进而使人与整个人类的环境和谐并进、共同发展。

但是对格物致知的真正含义,已是儒学思想史上的千古之谜。从最早为《大学》作注的东汉郑玄,一直到现代的儒学学者,已经争论了一千余年,至今仍无定论。不过,格物致知作为修身治国的第一步是毋庸置疑的,跳过一些无谓的争论,我们只将"格物致知"作为一种认识事务和学习理论的方法,只对那些对我们仍然有价值的东西进行分析整理!

朱熹和王阳明的"格物致知"中的部分理论如下。

朱熹的格物致知理论

它研究的是,格物致知的对象是什么,即儒家认识和研究的事物应该有哪些?

世界上的事物很多,儒家讲的格物,究竟格哪些事物?哪些应该认识,哪些不应当认识;哪些需要重点认识,哪些只需要了解,这是首先要弄清楚的问题。朱熹认为格物中的"物",是指一切事物,凡天地之间,无论是客观的物质实体,还是社会政治和伦理方面的行为,都属于思维念虑的范围之内。朱熹说:"圣人只说格物二字,便是要人就事物上理会。且自一念着急微,以至事事物物,若静若动,凡居出饮食言语,无不是事。"这样朱熹认为天下的事物莫不有理,无论是大小、轻重、贵贱等等,万事万物皆有理,所以格物是从理论上讲对这些事物的理也要格,只不过在实践中有轻重缓急的问题,需要随机而断。这是朱熹格物致知的总原则。朱熹同其他儒家学者一样,总是在不知不觉间偏重对社会伦理道德的研究,将社会问题放在格物致知的首位!

只有首先通过"格物致知",了解事物本来面目,掌握它的运行规律,才能进而懂得什么是对的,什么是错的;应该做什么,不该做什么,从而提高道德认识,进而调动主观能动性,形成自我教育的信念。这种把教育过程首先建立在"物格致知"基础上的思想,要求人们从掌握和熟悉现存的社会规范入手,进而完成其逐渐适应社会的过程。

格物致知的方法是什么?

"格物须是到处求,博学之,审问之,谨思之,明辩之,皆格物之谓也。若只求诸己,亦恐有见错处,不可执一。"(《语类》十八)从而要求人通过对外在对象的考究中把握义理,以达到引起内心的波动而达到致知的效果。

朱熹的格物致知的具体方法如下:

博学。博学的目的是为了穷理,广泛的学习知识是为穷理做准备的。1.博学虽是无所不学,但又要有先后次序,不可杂而无序。"博学,谓天地万物之理,修己治人之方,皆所当学,然亦各有次序,当以其大而急者为先,不可杂而无统也。"(《语类》卷八)2.他还提出必须先博而后约,博而不能反于约,就不能穷理,就会流于杂。3.他还提出了这样一条,就是一方面肯定人心有先知,另一方面强调观物、读书不能有私心,不能被旧见束缚。他指出:"今学者有二种病,一是主私意,一是旧有先人之说,虽欲摆脱,亦被他自来相寻。"(《语类》卷十一)己意、私见在作怪,难免先入主见,是不可能真正知道彼事的。朱熹有两句诗很有名气,"问渠那得清如许? 为有源头活水来",(《观书有感》之一,《文集》卷二)用朱熹的话来解释就是:"读书若有所见,未必便是,不可便执着,且放到一边,益更读书,以来新见。若执着一见,则此心便被此见遮蔽了""学者不可只管守从前所见,须除了,方见新意。如去了浊水,然后清者出焉。"

积累。朱熹十分强调积累之功,他说:"格物致知,大学之端,始学之事也。一物格则一知至,其功有渐,积久贯通,然后胸中判然不疑所行,而意诚心正矣。然所致之知固有深浅,岂遽以为与尧舜同者,一旦忽然而见之也哉! 此殆释氏一闻千悟,一超直入之虚谈,非圣门明善诚身之实务也。"(《文集》七十二)这样格物须是一个由一到十,到百的过程,如果不能切实的"今日格一物,明日格一物"则会一事无成,超越积累而想达到格物是不可能的,虚妄的。在这里积累首先是要切己之实。这里他批判了用禅宗的顿悟方式来达到格物。朱熹的观点是从即物的见闻之知入手,这个"知"要从小的入手,从自己入手。

贯通。朱熹并不认为格一物而万物通,而是认为融会贯通视需要积累的,只有之类到一定程度才能贯通。"问:一理则万物通,其说如何? 曰:伊川尝云,虽颜子亦未到此。天下岂有一理而万物通便解万理皆通? 也须积累将去。如颜子高明,不过闻一知十,亦是大段聪明了。学问却有渐,无急迫之理。有尝说学问只用穷究一个大处,则其他皆通,如某正不敢如此说。须是遂旋做将去,不成只用穷究一个,其他更不用管,便都理会得,岂有此理!"(《语类》卷十八)"这道理不只是就一件事上理会见得便了,学时无所不学,理会时却是逐件上理会去。"(《语类》卷百十七)照朱熹的说法,每个事物皆有它自己的理,这个理是十分具体的,但是这些具体的理又受到一普遍原理所支配,普遍原理存在于一切有差别的具体的理之中,一切有差别的具体的理,都是普遍之理的个别表现。这样不可能由只格一物而认识到普遍原理的。他强调由个别具体之理贯通而达到普遍原理,达到以识的飞跃。

"举一反三,触类旁通"。从一类事物积累而得到一个普遍原理,再用这个普遍原理去推知其他事物之理。他肯定了人在认识事物上的能动性,有认识到一事物与它周围的任何事物都有联系,一叶知秋、见微知著。但是朱熹认为这种推理而得的知识,只是大体上如此而已,对此也不能全信,还有疑虑。

王阳明的格物致知理论

王阳明在《大学问》中说:"格者,正也,正其不正以归于正之谓也。正其不正者,去恶之谓也。归于正者,为善之谓也。夫是之谓格。"王阳明认为格物首先要从主观上先形成善恶、正与不正的观念,然后用正去除不正,即用正确的认识驱逐不正确的认识,以正见去邪见,达到去恶以归正的目的。就像我们现代的教育方法,在学习过程中先确立科学的认知,然后以之去除心中原来的对事物的不科学的认知。不过,格物,面对事事物物的理要以仁义为正之,仁义是在格物过程中标准,如果格物过程中违背仁义的标准就不是格物而是落入邪见!

致良知是王阳明心学的核心。"致知,云者,非若后儒所谓充扩其知识之谓也,致吾心之良知焉耳。良知者,孟子所谓'是非之心,人皆有之'者也。是非之心,不待虑而知,不待学而能,是故谓之良知。是乃天命之性,吾心之本体,自然良知明觉者也。"他认为,"致知"就是致吾心内在的良知。这里所说的"良知",既是道德意识,也指最高本体。他认为,良知人人具有,个个自足,是一种不假外力的内在力量。"致良知"就是将良知推广扩充到事事物物。"致良知"也就是知行合一。"良知"是知是知非的"知","致"是在事上磨炼,见诸客观实际。"致良知"即是在实际行动中实现良知,知行合一。致知者就是将良知扩充,使良知成为当下心理意志的主导力量,以良知为准来面对事物进而采取各种作法。所以格物致知,就是用自己的道德良心去做自己应该做的。

"致良知"说是王阳明道德修养方法论的核心。在这一方法论思想的指导下,王阳明又提出了一些具体的道德修养方法,如立志自信、克己省察、静坐等。在他看来,普通人的良知往往受私欲遮蔽,所以要"格物",才能达到良知。然而他所谓格物与朱熹不同,朱熹认为"格物致之",即是"即物穷理",向外用功,以求灭绝私欲。王阳明反其道而行之,对"格物"做了新的解释,格物就是格心,即正心,在心理上做去恶为善的功夫。"天下之物本无可格者,其格物之功只在身心上做。"也就是说,向内用劲。

下面讲一下王阳明格竹的故事,来看两家格物思想的分歧。

王阳明年轻时候学习儒家,崇尚理学,并按朱熹格物的理论去实践,准备格亭前的朱子,他端坐在椅子上,对着亭前竹子望,望了七天七夜,大病一场,什么也没格出来,于是王阳明说"我不配做圣人,不能格物"。后来又亲近禅门大德学佛法,潜心于老庄之说,有所体悟又再回到儒家。后因得罪了宦官刘瑾被贬到贵州龙场当一个小官。在贵州龙场找不到书看,只好每天静坐。最后在龙场大彻大悟,明白古人讲的格物致知不是向外求事理,而是向内求自家之良知。王阳明悟道后,从床上跳起来,大呼大叫,如疯癫状。学术史上称为龙场悟道。

"格竹"行动的失败,在于王阳明把探察外界客观事物的规律误认为探讨自己内心的道德了。而朱熹的格物思想,是倾向于对于客观规律的获取,需要积极的详尽的观察与研究,而不仅仅是做理论上的内心的思考。就像用利刃来断水,刃虽利,却不能断水,因为它用错了地方! 朱与王所走的路向不同,所以注定王阳明格竹的失败。而龙场悟道的成功,是王阳明完全抛弃前人思想的桎梏,走上心学之路并能豁然圆通,最终大彻大悟,形成了自己的理论体系!

要实践格物致知精神,需要今天的我们保留一个怀疑求真的态度,靠实践来发现事真相的态度。格物致知是要通过严格的实践修行与不断学习才能达到完满,而无论是实践修行还是理论学习都离不开学习方法问题,这也是格物致知在今天的重要意义的体现。

礼乐修身,陶冶性情,达中和之美

【子曰】

凡音者,生于人心者也;乐者,通于伦理者也。是故知声而不知音者。禽兽是也;知音而不知乐者,众庶是也。唯君子为能知乐。是故审声以知音,审音以知乐,审乐以知政,而治道备矣。是故不知声者不可与言音。不知音者不可与言乐,知乐则几于礼矣。礼乐皆得,谓之有德。德者得也。

——《礼记·乐记》

【智者感悟】

凡音,是在人心中产生的;乐,是与伦理相通的。所以单知声而不知音的,是禽兽;知音而不知乐的,是普通百姓。唯有君子才懂得乐。所以详细审察声以了解音,审察音以了解乐,审察乐以了解政治情况,治理天下的方法也就完备了。因此不懂得声的不足以与他谈论音,不懂得音的不足以与他谈论乐,懂得乐就近于明礼了。礼乐的精义都能得之于心,称为有德,德就是得的意思。

许渊冲在翻译《追忆逝水年华》里说,"儒家治国之道就是'礼乐'二字。'礼'模仿自然界外在的秩序,'乐'模仿自然界内在的和谐;'礼'可以养性,'乐'可以怡情;'礼'是'义'的外化,'乐'是'仁'的外化。做人要重'仁义',治国要重'礼乐',这就是中国文化几千年不衰的原因。在世界各国中,希腊罗马有古无今,英美法德俄有今无古,印度、埃及都曾遭受亡国之痛,只有中国屹立在世界东方,几千年如一日,对世界文明做出了独一无二的贡献。"可见,礼乐教化在儒家思想以及中国文化发展中的重要地位。

礼乐教化就是一种以礼乐为仪式的,在润物无声的情况下,向人们传达蕴于礼乐之中的义理精神和人文精神。儒家思想有所谓礼乐教化,儒家认为可以通过音乐达到个人的修身与大众的教化的目的。为什么可以如此呢? 因为艺术可以陶冶人的性情,人的性情一旦被陶冶,即可归于纯真,而纯真的性情正是道德的根基。故艺术可达至道德。后来古人将琴棋书画列为君子四雅,作为修身怡情的方法,它们同礼乐的教化作用一样,都有一个共同的特点,就是,可以言志,可以修身,可以怡情,可以通神。所谓"弈则改山河,琴则和正气"就是这个意思。儒家虽倡导的艺术的修身功能,但也注重艺术的教化功能:

"乐行而伦清,耳目聪明,血气和平,移风易俗,天下皆宁",即治国者根据人的天性推广音乐,既满足百姓感情需要,又完成对人民的教化,引导风俗向正常发展,此伦理上的社会功能。

孔子的音乐修养就相当深厚。孔子善唱,在《论语·述而》第三十二则中记载:"子与人歌而善,必使反之,而后和之。"意思是说孔子和别人一道唱歌,如果唱得好,一定请他再唱一遍,然后自己和之。与"歌而善"者互为唱和,这大约说明孔子唱功不错。孔子的音乐修养不仅仅限于此,他精神上的音乐修为则更是臻于化境。《论语·述而》第十四则中说,"子在齐闻韶,三月不知肉味,曰:不图为乐之至于斯也。"孔子在齐国欣赏了名为《韶》的音乐深为陶醉,以至于达到"三月不知肉味"的境界。没有深厚的音乐修养怎么可能如此沉醉于音乐呢?再说孔子还是位很有修养的营养学家和美食家,他对饮食有相当多的讲究,曾记载他"食不厌精,脍不厌细"。但是当他听到了美妙的《韶》乐,他竟然陶醉得"三月不知肉味",如此超拔的艺术欣赏境界,没有深厚的艺术修养功底,实在是很难达到的。

孔子闻听韶乐以后,在《论语·八佾》中提出文学艺术要"尽善尽美"的观点。"子谓韶,'尽美矣,又尽善也。'谓武,'尽美矣,未尽善也。'"孔子之所以如此推崇《韶》乐,并且称赞其"尽善尽美",是因为《韶》乐是舜乐,舜因为具备圣德而受禅让,符合所谓"唐虞之道",所以达到了"尽善";《韶》乐又具有"中和之美",所以达到了"尽美"。而《武》乐是周武王之乐,武王是用武力夺取政权的,故"未尽善",但《武》乐也具有"中和之美",故"尽美"。这种"尽善尽美"的美学观成为孔子和后来儒家的艺术评判标准。

孔子在《论语·为政》篇中说:"《诗》三百,一言以蔽之,曰:'思无邪。'"提出艺术评判的另一标准——"思无邪",而"思无邪"其实是"尽美"的更具体的表述,就是提倡"中和"之美。《诗》三百中的作品起初不仅关涉内容(歌词),而且与音乐有紧密的关系。因此,从音乐上讲,"思无邪"就是要提倡音乐的曲调,要中正平和,要做到"乐而不淫,哀而不伤"。

音乐,作为人怡情养志的艺术门类,是人性内在欲望与需求的一种,所以人的生活不能缺少音乐。音乐的"乐"与快乐的"乐"同源同训,在字面意义上就已说明音乐为人带来的感官享受和精神愉悦作用,是一种积极的评价。"和",作为音乐重要的审美标准,是音乐追求的最高境界,它要求音乐与天地万物和谐,可以调节顺畅人的情志,使人听到以后血气平和,正好符合中医所讲的调摄精神、使"内外和谐,邪不能害"养生学原理,可见"乐和"的观念与养生理论是相溶相通的。

"唐宋八大家"中的欧阳修,晚年自号六一居士,他说"吾《集古录》一千卷,藏书一万卷,有琴一张,有棋一局,而常置酒一壶,吾老於其间,是为六一"。其中"六一"之中就有琴与棋。他在《送杨置序》中曾经谈到他年轻时由于不得意,幽忧难平,所以精神萎靡低落而导致精神疾病,后来他开始学习弹琴,用优美平和的音律来抚平心灵:

"予尝有幽忧之疾,退而闲居,不能治也。既而学琴于友人孙道滋,受宫声数引,久而乐之,愉然不知疾之在其体也。夫疾生乎忧者也,药之毒者能攻其疾之聚,不若声之至者能和其心之所不平心而平,不和者和,则疾之忘也,宜哉。夫琴之为技小矣,及其至也…听之以耳,应之以手,取其和者,道其堙郁,写其忧思,则感人之际,亦有至者焉。…予友杨君…以多疾之体有不平之心,居异宜之俗,其能郁郁以久乎,然欲其心以养其疾,于琴亦将有得焉,故多作琴说以赠其行,…"(一作送杨二赴剑序《欧阳文忠集》)

　　儒家对艺术修养的要求是多方面的,例如孔子就对各种艺术都有所研究,所谓"志于道,据于德,依于仁,游于艺"中的"游于艺"就是指广义的艺术,具体而言,是指"六艺"包括"礼(礼节)、乐(音乐)、射(射箭)、御(驾车)、书(书法)、数(算数)。"在此基础上,后来的儒家学者又丰富和发展了多种艺术修身形式!

　　书法艺术的修身功能是毋庸置疑的,汉字书法的精神,在于修炼人的意志与品行,书法实际上就是一门"做人的学问",所以学习书法,要从修身开始。"品格不高,落墨无法也","游于艺者,首务品高,次求学富"就是这个意思。儒家是通过内心反省与实践的身体力行来培养完善的人格的,人的气质性格、毅力、意志、审美水平、心理素质等都是包含个人修养的范围之内。任何伟大的书法作品,无不是书法家人格修养与心灵的外化,情感的外化,字里行间交融着书家的学识,修养品操,情感等精神内涵。因此,研习这种作品,常令人兴致勃生,乐而忘忧,因为它们都传递着修身陶情和超然物外的精神。历史上,大凡著名书法家,其书艺与人品同样弥足珍贵,如颜真卿的忠义光明,柳公权的心正笔正,都是我们学习的榜样,学书就应当以人格为基础,只有形成高尚的人格,才能陶冶甚至改变性格,而性格则体现了学书者的兴趣爱好、理想信念、世界观和气质等方面,学习书法,能够培养诸多的优良品质。书法过程中最重要的一点,就是静思、凝神,做到胸无杂念,如临帖时要心静气平,专一而无杂念;要专心练习一帖,直到能从形、神两方面都领悟为止;临帖要天天坚持,最忌讳忽冷忽热、一日曝而十日寒。如果心浮气躁或者漫不经心,就不会达到预期的收效。书法过程实际上是一个养静与专一的修炼过程。这些都暗合修身之法。

　　茶道艺术也与修身之道息息相关。有人对茶曾经这样描述:"茶生于灵山妙峰,承甘露之芳泽,蕴天地之精气,承清灵玄幽之秉性,与文人脱逸超然的情趣相符合,当他们在社会中受到挫折与磨难,产生退隐情绪,茶更是他们获得精神解脱的好伴侣,闲适人生就是这些儒士茶人的追求。不止陆羽、苏轼,还有白居易、欧阳修、黄庭坚、陆游、郑板桥等无不是优秀的茶客,现代鲁迅、郭沫若、张大千、老舍、林语堂等都是嗜茶客,他们无不对茶的优秀品质赞赏有加。'平生茶炉为故人,一日不见心生尘','买得青山只种茶,峰前峰后摘春芽','汲来江水烹新茗,买尽青山当画屏'饮茶的妙趣不但在于它独有的色、香、味、形,而在于它使人把心放在闲处,涤荡性灵,独留一方心灵清纯之气。'碧沉霞脚露,香泛乳花轻。'茶是本色、真香、全味,茶人对茶器美和品饮环境美的追求,充分展现了茶的风采神韵,茶实在又是一种很具灵性的东西,偷得浮生半日闲,泡一杯好茶,使生命在这片片翠波中充盈起来。"儒者历来都注重茶道养生的妙处!

　　诗词与绘画也同样是儒家学者修身养性的重要方法,很多文人雅士、迁客骚人和达官显贵都喜欢吟诗作画,并以此作为修身养性的手段,如唐代王维就诗画双绝,被称为

"诗中有画,画中有诗",达到双峰并置。中国的传统绘画艺术,主流属于文人画,"画以载道"是永恒主题。梅、兰、竹、菊是他们的偏爱,画这些是借物言志、以艺修身,咏叹它们的内在品格,发挥他们的道德内涵。苏轼在《书摩诘蓝田烟雨诗》中说:"味摩诘之诗,诗中有画;观摩诘之画,画中有诗。"在这段最为有名的论述中,就包含了即要注重"画中有诗"的"尽善",又要形美而达到"尽美",从而使画神形兼备。所谓"画中有诗",就是明确提出画中应当蕴含超乎于绘画之上,在所描绘的有形之物内蕴涵这更为广泛和更为丰富的无形的东西;这也就是画要重格调、重意境、重学养、重品质。

纯粹的艺术所起的作用是有限的,做人不能大喜、大悲、暴怒,也不能怠惰、懦弱、无情,要力求进入"大中至正"之域,这样才是一个有教养的人、一个文明时代的人、一个脱离了动物境界的人。这就是礼乐教化之道在今天的重要启示!

知者乐水,仁者乐山,万古之慧

【子曰】

子曰:知者乐水。仁者乐山。知者动,仁者静。知者乐。仁者寿。

——《论语》

【智者感悟】

"孔子说:一个拥有智慧的人,只有当他的智慧像江河一样不停地流动的时候,他才能真正感觉到智慧本身的快乐;一个拥有一颗仁爱的心灵的人,只有当他的仁爱像高山一样静止不动的时候,他才能感受到仁爱本身的幸福。智慧的本质是流动的,仁爱的本质是静止的。聪明的人快乐而幸福。仁爱的人健康而长寿。"

知者上善若水,海纳百川;仁者高山仰止,厚德载物。因智慧而超脱的人像流动的水一样快乐;信奉仁义道德的人像沉静的山一样恒久。喜好水是知者的天性,喜好山则是仁者的天性,一动一静,体现出的是知者与仁者的人生性格区别。

"乐水"者,大体在于喜动态,好开阔,或有方塘一鉴、天光云影,或有非常规之思维,这是"智"者之特点。山气韵神闲,安泰如素,厚德载物,"乐山"者,大体是喜稳健平和,秀外慧中,神气若定,"每临大事有静气",这是"仁"者之特点。

在中国的文化中,山水被不断地进行着人文审美,并在这种人文审美中,被定格成某种相对"人格"。故千百年来,无论是仁者的"客路青山下",还是智者的"行舟绿水前",都是一幅物我相融、耐人寻味的精神图画。

佛家有所谓"三重境界"说,即"看山是山,看水是水;看山不是山,看水不是水;看山仍是山,看水仍是水"。仁者和智者的"乐"山"乐"水,应处于第三重。在这第三重上,才能乐山之所以乐,乐水之所以乐,此中有真意,欲辩已忘言。

古人云:"北人跑马,南人行船。"实际情况亦是如此:西、北多山,北人性格如山,故北方出仁者;东、南多水,南人性格如水,故南方出知者。仁义之人可成就丰功伟业,或为王,或为圣;智能之人基上大隐于市,或逸士,或高人。故此,千年以降,王气在北,民气

诸子百家——儒家

在南。

　　虽然在孔子的思想里,他更推崇乐山的仁者(仁是孔子的主导思想)。但其实仁者、知者并无高下之别,就像自然界的山与水从无争胜之心,且互为映衬,共成山水。知者上善若水,海纳百川;仁者高山仰止,厚德载物。孔子所说的:"这个水,它可比君子的德。普遍给予而无私,像德;所达到的就生,所达不到的就死,像仁;它的流向低下,弯曲都循着它的理,像义;浅的流行,深的不测,像智;它奔赴百仞的深谷不迟疑,像勇;绵弱但细微都到达,像察;受到恶劣的不避让,像包;蒙受不清的渗入,鲜洁的流出,像善化;到量一定平,像正;盈满了不用概,像度;万次曲折一定向东,像意。所以君子看到大水一定关注它啊。"

　　仁德的人神用如山,如《韩诗外传》中所说:"这个山,万民所瞻仰啊。材用在这里出生,宝藏在这里培植,飞禽在这里萃集,走兽在这里群伏。养育群物但不疲倦,有像那仁人志士的地方,所以仁者乐山啊。"这最后一点,就很好理解了,那就是:智慧的人造化之功在自身表现为"乐"。仁德的人造化之功在自身表现为"寿"。

　　儒家思想中智慧与美德是十分被推崇的品质。有一天,孔子对他的学生们说:"聪明的人喜欢水,有仁德的人喜欢山。聪明的人性格就像水一样活泼,有仁德的^就像山一样安静。聪明的人生活快乐,有仁德的人会长寿。"子张便问孔子说:"为什么仁人乐于见到山呢?"孔子说:"山,它高大巍峨,为什么山高大巍峨仁者就乐于见到它呢? 这是因为山上草木茂密,鸟兽群集,人们生产生活所用的一切东西山上都生产,并且取之不尽用之不竭。山出产了许多对人们有益的东西,可它自己并不从人们那里索取任何东西,四面八方的人来到山上取其所需,山都慷慨给予。山还兴风雷做云雨以贯通天地,使阴阳二气调和,降下甘霖以惠泽万物,万物因之得以生长,人民因之得以饱暖。这就是仁人之所以乐于见到山的原因啊。"子贡接着问道:"为什么智者乐于见到水呢?"孔子回答说:"水,它富有一切生命的物体而出乎自然,就像是人的美德;它流向低处,蜿蜒曲折却有一定的方向,就像正义一样;它汹涌澎湃没有止境;就像人的德行,假如人们开掘堤坝使其流淌,它就会一泻千里,即使它跌进万丈深的山谷,它也毫无畏惧,就像勇敢无所畏惧。它柔弱,但是却又无所不达,万物出入于它,而变得新鲜洁净,就像善于教化一样。这不就是智者的品格吗?"

　　商汤的开国大臣伊尹,就很深谙万古之慧的真谛:

　　伊尹辅佐汤推翻了夏桀的残暴统治,建立了在我国历史上维系约六百年之久的商朝。伊尹原来不过是汤身边的厨师。他看到汤成天为与夏桀争夺天下而忙碌着,显得十分焦急,以致一日三餐都食不甘味。他就想出一个办法来引起汤的注意。他把上一顿饭的菜做得特别咸,下一顿饭的菜又故意不放盐,让汤吃得不对味而来责备自己。接着,他又把每顿饭的菜做得咸淡适中,美味可口,让汤吃得十分满意。伊尹早已算计好了,汤准会表扬自己。果然,有一次饭后汤对伊尹说:"看来你做菜的本事确实不凡。"伊尹说:"大王,这并不值得夸奖,菜不宜太咸,也不能太淡,只要把佐料调配得当,吃起来自然适口有味。这和你治理国家是一个道理,既不能无所作为,也不能急于求成,只有掌握好分寸关节,才能把事情办好。”

孟子后来对伊尹的评价是:“治亦进,乱亦进,伊尹也。”意思是说伊尹在天下太平时入仕做官,在天下动乱时也入仕做官。伊尹之所以能够做到这点,关键是善于把握好分寸,有所为有所不为,深悟其中的为人处事哲理。

老子云:“知人者智;自知者明。”知者之知,乃明智之智,是为大智慧,非为小聪明。知者便是那些对自己、对人生、对人性有着足够的了解和领悟的人,并且因智慧而超脱;仁者,古人常说:仁者无敌。何谓仁?孔子云:“克己复礼为仁,一日克己复礼,天下归仁焉。”仁为本心之德,仁者是能够克制自己的私欲,遵从天理,讲求仁义道德之人。让我们以智慧的心灵去看待身边的世界,以高尚的性情去对待人们。

商汤

对于一个人来说,智也好,仁也好,都是很高的境界,而智兼仁者,则更难企及。只是芸芸众生,平凡者众,且仁且智,几为圣贤,斯难求矣!《诗经·国风》中说:“嘅其叹矣,遇人之艰难矣”,也正如《论语·泰伯》中孔子喟叹:“才难,不其然乎?”再说,即便智仁兼者,世间存焉,也难免曲高和寡,独具匠心而能识之者、赏之者、扬之者,几难求欤!

自强不息,厚德载物,刚毅坚卓

【子曰】

“象曰:天行健。君子以自强不息。”

“象曰:地势坤,君子以厚德载物。”

——《易经》

【智者感悟】

“《象辞》说:天道运行周而复始,永无止息,谁也不能阻挡,君子应效法天道,自立自强,不停地奋斗下去。”

“《象辞》说:坤象征大地。君子应效法大地,胸怀宽广。包容万物。”

读《易传·系辞上》,人们会从“形而上者谓之道,形而下者谓之器”“《易》有太极,是生两仪,两仪生四象,四象生八卦,八卦定吉凶,吉凶生大业”的字里行间,体味出深邃的哲学之理。“哲理”是有点抽象的,“哲趣”则生动得多。自然界总是不停地在运动、变化、发展着,总是那么刚健、有为,——“天行健”,人何以就不能“自强不息”呢? 大地总是毫无怨言地承载着自然界的万事万物,总是那么大度、包容,——“地势坤”,人何以就不能“厚德载物”呢? 涵泳着《周易》的哲学之趣,孱弱的普罗大众得到了心灵的鼓舞,拥

諸子百家——儒家

有了行动的力量。

《易经》是儒家诸经之首，孔子五十岁学易，以至于韦编三绝，他在《论语》中说道："假我数年，五十以学《易》，亦可以无大过矣。"可见《易经》在儒家思想中的作用。同时《易经》也被道家尊为经典，这部经典所散发的智慧形成中华几千年文明的脊梁！《易经》洋溢着浓厚的刚健有为精神。上面的引文所表达的意义就是：天的运动刚强劲健，相应于此，君子处世，应像天一样，自我力求进步，刚毅坚卓，发奋图强，永不停息；大地的气势厚实和顺，君子应增厚美德，容载万物。君子应该像天宇一样运行不息，即使颠沛流离，也不屈不挠；如果你是君子，接物度量要像大地一样，没有任何东西不能承载。

儒家立足于"乾"卦，乾卦代表天，天之最大者就是太阳，太阳是天地的主宰，万物生长靠太阳。提倡人在社会活动中应该保持"自强不息"奋发有为的精神，这突出乾阳刚健、自强不息的精神，高扬人的刚性人格，认为人只有永不停息地去创造，才能德配寰宇；推崇"生生不已"的生命创新精神，天以生生为体，乾体阳刚是生生不已的内在动力来源。《易经》的特点之一就是强调阳刚力量的伟大，认为太极阴阳转换中，阳刚决定事物发展的主要方面。乾卦描述太阳的性能和形状，太阳运转不息，永放光辉，刚健无比，而"乾"古音为"健"，在古代指的就是太阳。乾也可以看作是日出的光气舒展的形状、宇宙间生生不息的功能。它彪炳人健动不息、不屈不挠的斗争情怀。

乾卦象曰，"大哉乾元，万物资始，乃统天。云行雨施，品物流形。大明始终，六位时成，时乘六龙以御天。乾道变化，各正性命，保合大和，乃利贞。首出庶物，万国咸宁。"这里赞叹"乾"的伟大，万物因为它而开始了生命，它是统治天的真正主宰，它可以布雨行云，滋润万物，大自然由此流布成形。太阳早晨从东方升起，中午位于南天，夕昏则由西而降，周而复始、循环不已、无穷无尽。纵观大自然的一切事物，无不遵循它的运动法则。大自然的运行过程，由潜藏、酝酿生机，萌芽生长，奋发苗壮，欣欣向荣，经过不断的考验，到达开花结果的极盛时期，然后又由盈而亏，返回原始，重新开始。宇宙间这一生生不息的原动力，完全出乎自然，祥和而纯正。

"天行健，君子以自强不息"是中华民族不屈不挠创造历史的精神写照。几千年来，《易经》阐扬的勤勉奋发和自强不息的精神哺育了一代又一代时代英豪，他们把时代的忧患、民族的忧患集于一身，打出"天下兴亡，匹夫有责"的旗号，在民族存亡的紧要关头，总能挺身而出，从容赴难，挽狂澜于既倒，扶大厦于将倾。正像鲁迅先生所说："我们自古以来，就有埋头苦干的人，……有拼命硬干的人，有为民请命的人，有舍身求法的人，……这就是中国的脊梁"。

孔子本人就以乾元为榜样，自强不息，勤奋进取，《论语》中他自己说："发愤忘食，乐以忘忧，不知老之将至。"后世儒者无不以此自勉，成就一段段不朽的佳话，最终刚健有为、自强不息成为中华民族的内在精神！

晋朝人祖逖胸有大志，起初他不喜欢读书，后来发奋攻读，他与志同道合的刘琨在司州（今洛阳一带）担任文官小职，两人志同道合，气意相投，都希望为国家出力，干出一番事业。晚上经常盖着一床被子聊天，谈起国家大事，二人慷慨激昂。一天半夜，祖逖被远

諸子百家——儒家

处传来的鸡啼声惊醒,就把刘锟叫醒说:"你听鸡都叫了,我们起来练功吧!"二人同到院子里舞剑,一直练到天亮。晋元帝时,祖逖在南方任豫州刺史,北渡长江讨伐匈奴贵族,收复了中原不少失地。做出了自己的贡献。

范仲淹,两岁时丧父,因随母改嫁倍受歧视,加之家境贫寒,范仲淹自幼形成自强不息的性格。范仲淹的读书生涯非常艰辛,他二十岁时,孤身一人到长白山上醴泉寺读书。范仲淹到长白山醴泉寺借读,刻苦自律,倍受磨难,他读书累了,就用冷水沃面;没有食物,就烧一锅白粥,维持最简单的生活。每日"画粥断齑",却笃学不辍。后来范仲淹出任宰相,主持庆历新政,施展自己治国平天下的抱负。他在《岳阳楼记》中写的"先天下之忧而忧,后天下之乐而乐"成为后世儒者一种割舍不掉的爱国情怀!

张载,是范仲淹同时代人,"关学"(关中学派)创始人。提出"为天地立心,为生民立命,为往圣继绝学,为万世开太平"的响亮口号。这也成为后世学者追求的最高精神境界。

这种自强不息的例子不胜枚举,从孟子的"天降大任于斯人"到谭嗣同的"我自横刀向天笑,去留肝胆两昆仑",再加上韩愈、王安石、文天祥、顾炎武、黄宗羲、孙中山等人物的事迹无不体现中华民族自强不息的精神境界!

"地势坤,君子以厚德载物"用以赞扬大地的伟大,易辞中说:"坤厚载物,德合无疆"。意思是说:大地以宽广深厚承载万物,所以能以最优的品行福德来造福万物而无所不包。"君子以厚德载物"这句与前一句紧密联系,用大地的宽广厚实来比喻人的胸怀气魄。君子应像大地一样以宽广深厚的好品行来承载万物,包容万物,滋养万物,造福万物。这句话与"天行健,君子以自强不息"相对应,告诫君子不但要有与众不同的济世才能,还要有高尚的品德,具有造福万众的奉献精神。在做人与处世时,心胸开阔,意志高远,严于律己宽以待人,也就是强调有才有德,德才兼备。由此可见"天行健,君子以自强不息"表现了中华民族顽强进取、蓬勃向上的精神风貌;"地势坤,君子以厚德载物"则展示了中华民族胸怀宽广、无私奉献的高尚品格。

厚德载物,要求君子有大地一样的胸怀,为人处世要有度量,这是儒家修身宏德的表现。下面这个例子希望能给大家一些启示。

宋朝的王旦,官居宰相,个性却很宽厚,为人随和,气量宏大,非常会为人着想,除了说话的语气、态度很和气以外,对于别人做错事,也能宽宏大量,不予计较。王旦与寇准两个人同朝为官,王旦在担任宰相掌管中书省时,寇准在枢密院主管军机要务。有一次中书省的一位官员,把要送到枢密院公文的印信盖颠倒了。寇准知道了,就派人到中书省指责他们的错误,并且上奏书给真宗皇帝。宋真宗为了这件事责备了王旦,王旦当场承认自己的错误,中书省的官吏们也因此受到皇帝的责罚。后来,有一次,枢密院公文也把印信盖颠倒了。中书省官员们发现以后,心中暗暗高兴,认为这是报复的好机会,就将此事呈报王旦,想趁机出口气。王旦听了他们的报告,便对那些起哄的人说:"当初大家被责罚时,心里一定很不舒服,你们说说看,当初枢密院的人这样做对不对?"当大家都回答王旦说:"不对"时,王旦接着说:"印信盖颠倒,不是什么大事,下次小心就好了,如果我

诸子百家——儒家

们认为这样不对,就不要学他们。"这件原可责罚枢密院的事情,就是因为王旦的宽厚而平息下来。事情最后还是终于传到寇准耳中,寇准觉得很惭愧,第二天上朝时,特别到王旦的面前,为上次指责中书省印信盖颠倒的事道歉,并感谢王旦不追究枢密院的过错,还感慨地说:"我虽然跟您同年考上进士,您有这么大的肚量,我却万万比不上啊!"

宋朝的文彦博曾经因为造了一盏金灯笼而受到唐介的弹劾,被罢去了丞相一职,降任为许州知府;而唐介也因为言语直率激怒了皇上,被贬到秦州。后来文彦博再次出任丞相,首先就推荐了唐介,并将其召回知谏院。

上面的所描述的人物都是饱读圣人诗书的国之栋梁,他们德育万物的精神正是厚德载物的明证!

君子应刚毅坚卓,奋发图强;大地的气势厚实和顺,君子应增厚美德,容载万物。古代中国人认为"乾"为天,"坤"为地,天地最大,它包容万物。对天地的理解是:天在上,地在下;天为阳,地为阴;天为金,地为土;天性刚,地性柔。认为天地合而万物生焉,四时行焉。没有天地便没有一切。天地就是宇宙,宇宙就是天地。这就是古代中国人对宇宙的朴素唯物主义看法,也是中国人的宇宙观。所以八卦中乾卦为首,坤卦次之;乾在上,坤在下;乾在北,坤在南;天高行健,地厚载物。然后从对乾坤两卦物象的解释属性中进一步引申出人生哲理,即人生要像天那样高大刚毅而自强不息,要像地那样厚重广阔而厚德载物。

近代中国,饱受沧桑与欺凌,无数仁人志士开始以自强不息之精神探求救国救民的真理,从"师夷长技以自强"到"师夷长技以制夷",无不体现中国人自强精神!

梁启超,字卓如,号任公,广东人。举国沉睡时第一个摇旗呐喊变法维新,变法革命失败后第一个开始思考西学之用的流毒。一直是中国思想界的旗手引领着一股股新潮。周恩来青年时在日记中学习梁启超就曾说过:"观梁任公之:人生三十无奇功,誓把区区七尺还天公;十年之后当思我,举国如狂欲语谁,世界无穷愿无尽,海天辽阔立多时。"

周总理自青年便立大志,"为中华之崛起而读书",自强不息,在《答友询学问有何进境启》中言:"弟终朝嫁务纷纭,无片刻或息;于教程上可谓毫无心得(西学)。夫国之立于今而不败者,所恃非仅铁与血也,物质文明非足以卫国于永久,而延国脉于不堕者,唯精神之上国魂尔。今吾学者,只知为西学是求,视国学无所用而不重也,虽卑之。殊不知国魂国魂,唯斯是附,今吾弃之,国何以立。"同年《或多难以固邦国论》中言:"强弱相侵,杀戮频仍,国家有荆棘之感,宗社有禾黍之危。大厦将倾,扶危有待众木,国运既替,光复必依后人。是诚所谓非常之势矣,是有非常之势,然后又非常之英雄。"敬业乐群会之《成立宣言》:"青年为斯世将来之主,学者乃领异标新之人。况生值学道将绝之国,大厦将倾之邦,则吾辈后生责任,不更加重大耶?独修每嫌固陋,斯自治必先合群。"

在民国时期,梁启超在清华大学任教时,曾给当时的清华学子作了《论君子》的演讲,他在演讲中希望清华学子们都能继承中华传统美德,并引用了《易经》上的"自强不息""厚德载物"等话语来激励清华学子。此后,清华人便把"自强不息,厚德载物"八个字写进了清华校规,后来又逐渐演变成为清华校训。这八个字并不仅仅是一个学校的校训,而且承载中华民族的内在精神！

　　"自强不息"就是要在做事上不屈不挠,奋发向上,但现实之

四、为学的智慧

　　学习是一种知识修为,更是一种人生的体悟与境界。建立广泛的学习兴趣,博览群书,博采众长,为我所用是儒家所历来推崇的,儒家思想之所以能在几千年中长盛不衰,且每有新意,与其包容精神、胸怀博大是分不开的。

温故知新,学而不厌,了悟大道

【子曰】

"子曰:'温故而知新,可以为师矣。','默而识之,学而不厌。诲人不倦。'"

——《论语·为政》

【智者感悟】

　　孔子说:"温习旧的知识,进而懂得新的知识,这样的人可以做老师了。默默地记住(所学的知识)。学习不觉得厌烦,教人不知道疲倦。"

　　"温故而知新",是孔子提倡的一种学习方法。这一学习方法影响了几千年,也由于它的魅力所在,至今我们仍在受用。我们从小就从书本和老师口中熟悉这句话,虽然当时并不一定能真正了解它的内涵和精神境界。"学而不厌,诲人不倦",反映了孔子教育方法的一个侧面。这对中国教育思想的形成与发展产生了很大的影响,以至于在今天,我们仍在宣传他的这一教育学说。

　　朱熹在《论语集注》里面这么解释温故而知新:"故者,旧所闻。新者,今所得。言学能时习旧闻,而每有新得,则所学在我,而其应不穷,故可以为人师。"温故而知新包括两个层面,一是温故,就是回首,而旧学旧闻和旧事又构成人的旧历和人生;一是知新,就是对旧学、旧闻和旧事进行不断的回顾并且不断有所感悟,最终豁然圆通,达到更高的知识境界与人生境界！这是一种循环往复的过程,直到能达到大彻大悟、了无宇宙与生死奥秘为止！

　　温故,首先要明了什么是"故"然后才能知道怎样去"温"。"故"的范围很广,所有过去的东西和发生的事情都可以叫作"故",而不仅仅局限在过去所学过的知识,这太狭隘了,就是知识也不仅仅是书本知识,自古就有"有字书"和"无字书"两种知识,而"无字书"是要求多数人用一辈子去读的。因此"故"就包括一个人的旧学、旧闻、旧事,"温故而知新"在《中庸·大哉章》中是与"君子遵德性而道学问,致广大而尽精微,极高明而道中庸,温故而知新,敦厚而崇礼"并列出现的,将其提升到另一高度,这里的温故知新就有更大的解释余地,有鉴古知今,见前辙而知兴替,甚至能了悟大道的感觉！知道得了"故"的范围,就应该探索怎样去"温"了！要"温"首先要有温的内容,没有一定的知识储

诸子百家——儒家

备和人生阅历是"温"不起来的,因为没有可以拿来去"温"的东西,同时没有一定的知识储备和人生阅历恐怕连温的"火种"都没有!至于如何"温"对于书本知识就需要多读,特别是经典要翻来覆去地读,过上一段时间就要读上一遍,真正的经典是可以读一辈子的!这很容易理解,一份报纸是很难让我们提起兴趣读第二遍的,很多小说也是,但对于经典文学则可以让你读很多遍,像我国的四大名著就可以读几十遍,而能让我们读上一辈子的就是真正的经典了,像《论语》,你读一万遍都会有新收获!

王国维认为治学第一境界:"昨夜西风凋碧树。独上高楼,望尽天涯路",说的是做学问成大事业者,首先要有执着的追求,必须有勇于攀登高峰的精神,要想尽一切办法,去登高望远,瞰察路径,"望尽天涯路",开阔自己的视野,寻求知识的宝藏。他的治学第二境界是说:"衣带渐宽终不悔,为伊消得人憔悴。"王国维以此两句来比喻成大事业、大学问者,不是轻而易举,随便可得的,必须坚定不移,经过一番辛勤劳动,废寝忘食,孜孜以求,直至人瘦带宽也不后悔。他的治学第三境界是说:"众里寻他千百度,蓦然回首,那人却在,灯火阑珊处。"借用辛弃疾的词,说的是只要博览广识,坚持反复深入地有毅力的进行钻研,做到熟读精思,到了一定的时候,就会豁然开朗,有所发现,有所创造。他以此词最后的四句为"境界"之第三,即最终最高境界。要达到第三境界,必须有专注的精神,反复追寻、研究,下足功夫,自然会豁然贯通,返璞归真,了悟大道,明白生死,究竟涅槃,既有儒家天人合一之境、又有佛家气象!

知新有两个层次和境界,第一个是知识层次的有形境界,第二个是智慧层次的人生境界。第一个层次表现为知识的增加与积累,人生阅历的丰富与个人见识的增长,只是知识数量上的增加,这些可以说是有形的。第二个境界是一种更高的层次,它已经上升为人生的境界,它是一种超越,一种生命感悟!这个境界很像王国维在《人间词话》中讲的人生、治学三境界中的最高境界。他说:"古今之成大事业、大学问者,必经过三种之境界:'昨夜西风凋碧树。独上高楼,望尽天涯路。'此第一境也。'衣带渐宽终不悔,为伊消得人憔悴。'此第二境也。'众里寻他千百度,蓦然回首,那人却在灯火阑珊处。'此第三境也。此等语皆非大词人不能道。然遽以此意解释诸词,恐为晏欧诸公所不许也。"

"子曰:吾十有五而志于学,三十而立,四十而不惑,五十而知天命,六十而耳顺,七十而从心所欲不逾矩。"这是孔圣的自我剖析,总结了自己一生艰苦奋斗的历程,五十岁时已经穷尽知识领域达到知天命,但还没有达到最高的境界,到了七十岁达到从心所欲的最高人生境界,彻底领悟天地间的大道,成为被人万世景仰圣人。孔子一生的经历也可以做温故知新的注脚。他说:我十五岁的时候立志于人生学问的研究,经过十五年的磨炼,到三十岁时,立定了自己的人生道路和做人做事的原则,但对自己的选择也曾有过怀疑和动摇。到四十岁的时候,才坚定了信念没有了疑惑。经过十年的实践和修养,到五十岁的时候,领悟了天地宇宙和人生的真谛。六十岁的时候,达到了处波澜而不惊的境界,社会上对我的毁誉丝毫都扰乱不了我的信念和内心的平静。到七十岁的时候,可以"从心所欲不逾矩",做自己想做的事而不着痕迹,一草一木无不是道,万法归真而平常心即为大道,万物圆融,天人合一,是一种不可名状的崇高境界!

海纳百川,有容乃大,君子博学而参省

【子曰】

君子博学而日参省乎己。则知明而行无过矣。

——《荀子·劝学》

【智者感悟】

品德高尚的人好学并且每日都反省自己。那么就知晓明白行为没有过错了。

君子曰:学不可以已。青,取之于蓝,而青于蓝;冰,水为之,而寒于水。木直中绳,揉以为轮,其曲中规,虽有槁暴,不复挺者,使之然也。故木受绳则直,金就砺则利。君子博学而日参省乎己,则知明而行无过矣。

儒家为学首先要广泛的猎取,积累大量的各类知识,培养充沛而旺盛的好奇心。它既可以与道家思想融合,形成儒道合流,又可以向佛家学习,形成宋明理学,还可以在近代与西学对话,形成新儒家学派,总是力图使自己吸收新血液,适应时代要求,完成对新时代、新命题的解释与阐述。这些都与儒家的博学性格分不开。"博"意味着博大和宽容。唯有博大和宽容,才能兼容并包,使为学具有世界眼光和开放胸襟,真正做到"海纳百川、有容乃大",进而"泛爱众,而亲仁"。

博学是学问之道的第一步,是为学的开端。《中庸》上说:"博学之,审问之,慎思之,明辨之,笃行之。有弗学,学之弗能弗措也;有弗问,问之弗知弗措也;有弗思,思之弗得弗措也;有弗辨,辨之弗明弗措也;有弗行,行之弗笃弗措也。人一能之,己百之;人十能之,己千之。果能此道矣,虽愚必明,虽柔必强。"意思是说,要广博地学习,要详细地询问,要慎重地思考,要清晰地辨别,要忠实地贯彻。要么就不学,学了没有学会就不中止。要么就不问。问了还不明白就不中止。要么就不思考,思考了没有收获就不中止。要么就不辨别,辨别了不清楚就不中止。要么就不实行,实行了不到忠实程度就不中止。别人一次能做到的,我用百倍的功夫,别人十次能做到的,我用千倍的功夫。如果真能这样做,即使愚笨也会变得聪明,即使柔弱也会变得刚强。

"读书破万卷,下笔如有神",是唐代大诗人杜甫的名句,也经常被人们用来形容博学的好处。汉代著名思想家王充说:"人不博览者,不闻古今,不见事类,不知然否,犹目盲耳聋鼻痈者也。"可见一个鼠目寸光、知识狭窄、抱残守缺的人是不可能有什么大作为的。

清代仇兆鳌在《杜诗详注》中对"读书破万卷"中的"破"字举有三说,一曰:"胸罗万卷,故左右逢源而下笔有神"。是说胸中怀有万册,当用到时会自然流露,汩荡而出,下笔如有神助,并且纹理清晰,逻辑自恰。二曰:"书破,犹韦编三绝之意。盖熟读则卷易磨也"。是借孔子晚年读《周易》韦编三绝的故事,说真正做到"破"卷,要根据实际需要,选出经典书籍反复阅读,深入理解,加深记忆,这是行之有效的读书方法。精读,一要抓住重点,宁精勿杂;二要深入钻研,务求精通。选好了重点,确定了主攻方向,就要深入、刻苦钻研,直到真正弄懂弄通为止苏东坡有诗云:"故书不厌百回读,熟读深思子自知。"这

诸子百家——儒家

是经验之谈。三曰："识破万卷之理"。这是要求在读书中悟出"理"，经行知识的升华，融入自己的血液。宋代哲学家陆九渊说："学必无所蔽而后可"。毛泽东就主张应该博学，他说："孔子之言，谓博学于文，孟子曰博学而详说，窃以为是天经地义，学者之所宜遵循"《毛泽东早期文稿》，第21页。)

博学是为许多伟大人物所共有的特性，他们以他们的渊博学识为基础，用自己的智慧在科学、文化以及政治等方面建立永远的丰碑。

南北朝的祖冲之，是著名的数学家，他推算出圆周率是在3.1415926和3.1415927之间。在世界上，他第一次把圆周率的准确数值，计算到小数点以后的7位数字。同时他对王码文历法和机械也很有研究，他编制了《大明历》，测定了回归年的天数，即两年的冬至点之间的时间，跟现代天文科学测得结果只差50秒钟。他还发明了"水推磨""千里船""指南车"。不仅如此，他还是一位研究经书和诸子百家学说的学者，注释过《老子》《易经》《论语》《孝经》等书。用现在的话说，他是一位真正达到同时精通自然科学与社会科学的科学家和思想家！

毛泽东一生嗜好读书，博闻广记，为他领导革命与建设奠定了坚实的知识基础。他少年时代到处借书读，青年时代是图书馆的常客。战争年代戎马倥偬，他也常手不释卷。解放后进入北京，身为党和国家的主要领导人日理万机，他仍读书不辍。据不完全统计，从1949年至1966年9月，他先后从北京各大图书馆借阅的图书近二千余种，五千余册。就在他逝世前两年的1974年，借阅的图书就近六百种、一千一百册。在毛泽东的卧室里、睡床上、办公桌上、会客室里，到处都放着书。读书是毛泽东一生最大的嗜好。现代著名历史学家，学者陈寅恪，人称"教授之教授"。学贯中西，著作等省，是公认的本世纪最有学问、最有成就的学界大师。在清华国学院成立之初，梁启超向校长推荐留居国外的陈寅恪。校长因陈寅恪一无学位，二无论著而拒绝。梁启超力争说："我梁某也算著作等身了，但总共还不如陈先生寥寥数百字有价值。"校长终于被说服。在20年代的清华园，有一位"教授中的教授"，因为凡是他讲课，很多教授都会来听。他在国外断续留学20年，潜心读书和研究，但对"博士""硕士"学位之类，却淡然处之。因此连大学文凭也没拿过。然而就是这个没学位的人，当在哈佛大学任教的赵元任被聘为清华导师时，哈佛大学点名要他继任。关于他的学问，只从一点就可知其精深与博大：他虽然不是语言学家，但他通晓的文字多达二三十种。著名学者吴宓对他有这样的评价："合中西新旧各种学问统论之，吾以寅恪为全中国最博学之人。"他在少年时代就研习《说文解字》和训诂学，熟读经书和《二十四史》；13岁留学日栋京巢鸭弘文学院，21岁留学欧美，先后就读于德国柏林大学，法国巴黎高等政治学校，瑞士苏黎世古学，美国哈佛大学。他精通英、德、法、日文，还基本掌握了拉丁文、希腊文、梵文、巴利文、波斯文、突厥文、西夏文、藏文、蒙文和满文等19种文字。他先后在香港和内地多所著名高等学府任教授，新中国成立后任中央文史馆副馆长。他对魏晋南关朝史，隋唐史，蒙古史，以及对梵文、突厥文、西夏文等古文字和佛教经典，均有精湛研究，为国内外学者所推崇。著作有《隋唐制度渊源略论稿》《唐代政治史述论稿》《元白诗笺证稿》《柳如是别传》等，并有《金明馆丛稿》等大批论文。

儒家力主读书要博，但又怕博而杂，所以又加上日省，以防读书太多而消化不良。所以"子曰：'君子博学于文，约之以礼，亦可以弗畔矣夫？'"意思是，孔子说："君子广泛地学习文化知识，并且用礼来约束自己，也就可以不离经叛道了啊！"就是博学要有所约束而不是漫无目的，否则会茫然而不知所致，甚至走向邪路。《荀子劝学》也说："木直中绳，輮以为轮，其曲中规，虽有槁暴，不复挺者，輮使之然也。故木受绳则直，金就砺则利，君子博学而日参省乎己，则知明而行无过矣。"可见在学习过程中要注意对所学知识进行有效的整理于领悟，要经常对所学进行自省，去其粗而取其精，使之融入自己的知识框架之内，能为我所用。知识框架的建立和知识结构的有效组合是非常重要的，在自己的脑中对各门学问要有清醒的认识和定位，并清楚它在自己知识框架中的地位和主次，把它放到适当位置，并以一种主要的内在的精神把所有的知识统一起来，使其成为有机的整体。否则就会成为"腐儒"，成为"会走路的两脚书橱"！

金字塔不是一天就建成的，长城也不是一天就建成的，黄金时代自然也不可能在某一个早晨突然降临。我们还需要一个漫长的积累、酝酿的过程，那就是人人做到"博学而日参省乎己"，即不断地坚持广泛深入的理论学习和真切实际的实践改进。唯有此方能有真正的精神独立。而唯有精神独立，方能有"心灵的空间""明月清泉"需要守护。也唯有如此，才能守护。

我们的心田不能做某种思想的跑马场，更不能变成野草丛生的玫瑰园，要试种移栽思想的鲜花，唯有牢记荀况所言："君子博学而日参省乎己，则知明而行无过矣。"

学无止境，孜孜以求，诠释学之道

【子曰】

子曰："朝闻道，夕死可矣。"

——《论语·里仁八》

【智者感悟】

孔子说："早晨得知了道，就是当天晚上死去也心甘。"

为学应该虚心求教，不耻下问，孜孜以求。这是一种向上的学习态度，在现今社会，更是值得我们推崇的学习态度。

古时候有一个和尚学艺的故事：一个弟子认为自己十八般武艺都学会了，就找到师傅提出要下山。师傅取来一只木桶让他装满石头。装完后师傅问他："装满了吗？"他自信地说："装满了。"师傅又问："能不能再往里面装一些沙子？"弟子便又装了一些沙子，而且特意添满了石头间的所有缝隙。于是走到师傅面前坚定地说："这次真的装满了，不能再装任何东西了。"师傅舀了一大碗水，竟然又全部倒了进去。弟子满脸愧色，再不提下山之事。

人一出生，从慢慢学会走路、说话，到长大成人，步入老年，在整个过程中，要接触到各种事物,都是不断学习的过程,如处理日常事务、人际关系等等。有的人善于学习,于是在各种环境中都能应付自如,游刃有余。有的人却故步自封,懒于学习,结果遇事时不知所措,被时代、社会所抛弃。这样的例子可谓屡见不鲜,数不胜数。

儒家拥有崇高的人生理想和境界,并且有为理想奋斗和牺牲的勇气。追求"大道",即追求人间真理是儒者为学所追求的最高理想。孔子说:"朝闻道,夕死可矣",可见其追求真理的迫切与真诚。孔子用一生孜孜以求,最后得以闻悟大道,可以随心所欲而不逾矩,当然这是靠他用一生的艰苦追索与人生历练所取得的。我们可以想象他五十岁时还不断学习,"五十以学易",竟至"纬编三绝",这是一种什么境界!

"书到用时方恨少",直到栽跟头一刻才真正懂得学无止境学海无涯;学得越多的人越觉得"学无止境",便越虚心,越发奋学习。其实在学习的过程中,知识是一环扣一环的,会学的人就会思,会思考问题就会发现问题,发现自己知识中缺乏的一面,为了解决问题就得更进一步地学,接着更进一步地思,这是一个学习的过程。这个过程绝非一条线段,而是一条射线。有一个起点,却没有尽头。

自古以来,有成就的读书人谈起他们的经验,受过教训的人讲起他们的教训,往往都会谈到"不耻下问"。我国南北朝时杰出的农业学家贾思勰,一生孜孜不倦,刻苦攻读,知识渊博。他的《齐民要术》闻名于世。但是,这样一位有学问的科学家,还向当时被一些人认为是最低贱的农夫求教。一些人知道了这件事,就冷嘲热讽地说:"赫赫有名的贾思勰,怎么还向羊倌求教,岂不太失体面了吗?"但是贾思勰不在意,坚持像小学生那样,拜能者为师。

"不耻下问",孔子的这种学习态度对后世文人学士产生了深远的影响。一个聪明人是不大好学的,而且聪明的人往往以为自己的学问很高,尤其我们现代人,很容易犯这个毛病,好像自己什么都懂;而且现代人犯一个更大的毛病,地位越高了,好像自己的学问也随之越高深了。于是,不光自己不学习了,而且更不会向比自己地位低的人请教了。

道有时显得遥不可及,可望而不可即,虚无缥缈,而有时又是实实在在,就在我们身边发挥作用,所谓"道不远人",它是一种实实在在的人生体悟,一种对生命与自然的思索。它值得道我们用一生去求索,用生命去捍卫,用大诚挚心去证悟。对于一个儒士来说,"从道不从君",正是这个信仰,支撑了此后二千多年中国士人的脊梁。后世无数人都用生命去诠释这一道理。

汉代有个叫黄霸的官员,由于不曲阿朝廷,受到牵连而被关入大狱。黄霸是吏员出生,没有读过什么书,最初的官位也是纳赀得来的。他因为崇仰儒学,就在狱中请求夏侯胜传授他《尚书》。夏侯胜对他说,这一次恐怕都要判死罪,又何必学呢? 黄霸就以孔子的话回答夏侯胜:朝闻道,夕死可矣。夏侯胜很感动,于是就在狱中传授给《尚书》。黄霸,后来也成为良吏的代名词。

宋濂,明朝著名散文家、学者。宋濂自幼好学,为求学不计荣辱于生死,不仅学识渊博,而且写得一手好文章,被明太祖朱元璋赞誉为"开国文臣之首",成为后世求道精神的典范。宋濂治学精神极为可贵,经常为弄清楚一个小问题而访问名师。有一次,宋濂为了搞清楚一个问题,冒雪行走数十里,去请教已经不收学生的梦吉老师,但老师并不在家。宋濂并不气馁,而是在几天后再次拜访老师,但老师并没有接见他。因为天冷,宋濂和同伴都被冻得厉害,宋濂的脚趾都被冻伤了。当宋濂第三次独自拜访的时候,掉入了雪坑中,幸被人救起。当宋濂几乎晕倒在老师家门口的时候,老师被他的诚心所感动,耐心解答了宋濂的问题。后来,宋濂为了求得更多的学问,不畏艰辛困苦,拜访了很多老师,最终成了闻名遐迩的散文家! 他在教育后学的名文,《送东阳马生序》一文中写道:

"余幼时即嗜学。家贫,无从致书以观,每假借于藏书之家,手自笔录,计日以还。天大寒,砚冰坚,手指不可屈伸,弗之怠。录毕,走送之,不敢稍逾约。以是人多以书假余,余因得遍观群书。既加冠,益慕圣贤之道,又患无砚师、名人与游,尝趋百里外,从乡之先达执经叩问。先达德隆望尊,门人弟子填其室,未尝稍降辞色。余立侍左右,援疑质理,俯身倾耳以请;或遇其叱咄,色愈恭,礼愈至,不敢出一言以复;俟其欣悦,则又请焉。故余虽愚,卒获有所闻。当余之从师也,负箧曳屣,行深山巨谷中,穷冬烈风,大雪深数尺,足肤皲裂而不知。至舍,四肢僵劲不能动,媵人持汤沃灌,以衾拥覆,久而乃和。寓逆旅主人,日再食,无鲜肥滋味之享。同舍生皆被绮绣,戴珠缨宝饰之帽,腰白玉之环,左佩刀,右备容臭,煜然若神人;余则缊袍敝衣处其间,略无慕艳意。以中有足乐者,不知口体之奉不若人也。盖余之勤且艰若此。今虽耄老,未有所成,犹幸预君子之列,而承天子之宠光,缀公卿之后,日侍坐备顾问,四海亦谬称其氏名,况才之过于余者乎?"

上面这两则故事说明古人的求道精神,他们用一颗诚心甚至生命换取真理,不畏艰辛,一心求道。这样的例子史不绝书,也正是这些动人的事迹与伟大的人格托起了中国历史的伟大文明。近现代的学者怀着对祖国热爱与激情,传承几千年的求道与治学精神,为祖国的强盛和中华文化的复兴而上下求索,不畏路之漫漫,重塑中国人精神! 新文化运动前后的几十年,出现了一个又一个的文化巨人,他们用行动与文字谱写了中国文人的骨气与傲气,为了真理敢于献身,赢得了广泛的声誉! 这时候的伟人的名字一串串,他们的事迹更是数不胜数,他们都治学严谨,勇于求道,著作等身,人格崇高,像严复、谭嗣同、梁启超、王国维、陈寅恪、林语堂、鲁迅……

赵元任在 20 世纪被称为"清华四大导师"之一,其学术造诣和治学严谨是后辈学人的楷模。他对方言的研究非他人所能及,他会 33 种方言。他的治学严谨和刻苦,令人叹为观止。赵老是中国第一位用科学方法作方言和方音调查的学者。他的耳朵能辨别各种细微的语音差别。在二三十年代期间曾亲自考察和研究过吴语等近 60 种方言。1927 年春天,赵老在清华大学研究所担任指导老师时,曾到江、浙两省专门调查吴语。经常是一天跑两、三个地方,边调查边记录,找不到旅馆就住在农民家里。一次,他和助手夜间由无锡赶火车去苏州,只买到硬板椅的四等车票。由于身体太疲乏,上车后躺在长板座上就呼呼地睡着了。等醒来时,满车漆黑,往外一看,才知道前面几节车厢已开走,把这节四等车厢甩下了。助手问他怎么办? 他说:"现在反正也找不到旅馆,就在车上睡到天亮吧!"助手见他身体虚弱,劝他每天少搞点调查,他诙谐地说:"搞调查就是要辛苦些,抓紧些,否则咱们不能早点回家呀! 将来不是要更费时间,也更辛苦吗?"在那次调查吴语的行动中,他不辞劳苦,经镇江、丹阳、无锡，每站下车，再乘小火轮到宜兴、溧阳，又转回到无锡等地，冒着严寒，辗转往复，深入群众，多访广纳，记录了大量的当地方言。3个月后，回到北京，他把调查的材料写成一本《现代吴语研究》。在出版此书时，语音符号采用国际音标，印刷厂没有字模，他和助手就自己用手写，画成表格影印，每天工作在10小时以上。这本书出版后，为研究吴语和方言做出极为珍贵的贡献，赵元任也成为我国方言调查的鼻祖。

吕叔湘学贯中西，著作等身，写有大量具有学术价值的专著和论文。吕叔湘生活朴素，和蔼可亲，为人性急耿直，对人要求严格，为中国的语言科学无私的奉献一生。尤其被人称道的是吕叔湘治学严谨。70年代末，他建议赵元任（老一辈著名语言学家，曾与王国维、梁启超、陈寅恪并称清华研究院四大导师，后移居美国，曾任美国语言学会会长）的名著《汉语口语语法》翻译出来在大陆出版，语言所的几位中青年语言工作者翻出来后，吕叔湘很不满意，竟不顾自己年迈体衰，花了很大精力将全书重新翻译。这件事使赵元任十分感动，专门在中译本前言里向吕叔湘这位"老朋友"表示感谢。

俄国的列宾是世界著名的现实主义画家，他的代表作品《伏尔加纤夫》《宗教行列》《临刑前拒绝忏悔》等作品早已成为世界画廊里的珍品。列宾获得巨大成功，但为人极为谦逊。一次，列宾接到一位文学家写来的信，信上说："列宾，你以自己杰出的作品证明，你是一位伟大的画家……""伟大？谈不上，太过分了。"列宾竟像一个受表扬的小学生，脸立刻红了，他自言自语着，似乎感到无地自容。他马上给文学家回信，写道："我是一个很平凡的普通人，您是知道的，可是您却要把我送到一个宏伟的高台上去，假如我真爬上了高台，您看见了这么一个渺小的人站得那样高，也会发笑的。"这是真情的流露。因为列宾从来不满意自己的作品，而他参观其他艺术家的作品展览会时，总是一边细心观摩，一边喃喃地说："这幅画太好了，我画不出，我还得努力啊！"

如果联想当代的学术氛围和治学方式，不用说为真理现身的精神，就连最起码的个人道德修养都成问题，想一想古圣先贤我们何颜以对？商品经济扫除了贫穷，却将有些文人最宝贵的一点清高之气也一扫而光，这虽是文人的弱点，但这也正是中国文人最可贵的精神呀！

常言道："书山有路勤为径，学海无涯苦作舟。"可见人的一生能坚持学习是很不容易的。它需要有坚强毅力和孜孜不倦的刻苦精神，还要摒弃懈怠之心、功利之念、浮躁之气。当前由于系统论、控制论、信息论的确立，以及心理学与教育法的发展，学习方法在传统的基础上有了新的发展，使人们做到在生活中学、在活动中学、在实践中学、在研究中学，为人们做到终身无止境学习创造了良好的条件。但在我们学习的道路上，没有捷径可走，没有顺风船可驶，想要在广博的学海中汲取更多更广的知识，勤奋也是必不可少的。把心沉下来，给自己一个安宁的学习环境和心理空间，营造一种脚踏实地勤奋向上的氛围，才能收到理想的效果。

学无止境。活到老，学到老。不管你是涉世未深的青年，还是经验丰富的长者；不管你是胸无半点文墨，还是学富五车，都应该树立学无止境的全新理念。做到在学习中工作，在工作中学习。真正实现自我完善、自我超越。只有做到这一点，才能使你始终保持坚定正确的理想信念,在错综复杂的环境中不迷失方向;才能使你始终保持内心世界的纯洁,做到自觉抵御腐朽思想的侵蚀;才能使你始终保持积极进取的精神状态,永远充满活力地幸福生活。

学中求思,思中求辩,思亦无止境

【子曰】

"学而不思则罔。思而不学则殆。"

——《论语·为政》

【智者感悟】

只学习而不动脑筋思考,就会茫然不解;只凭空思考而不学习。就会疑惑不解。

众所周知,学习与思考是相互影响,相互促进的。在现今知识经济的时代,正确地处理学与思的关系,能帮助我们更好地学习、掌握和运用知识,从而在激烈的竞争中占据上风,立于不败之地。

《论语》有云:"学而不思则罔,思而不学则殆。"也就是说,那些只学习而不思考的人,无法深入理解、领会所学知识的要义,学得越多,你的疑惑也就越多;而那些整日空想的人,没有一定知识作基础,只会越想越迷糊。由此可见,唯有做到学习与思考双管齐下,才能成为有智慧的人。

读书是在学习别人的智慧,思考是在形成自己的智慧。一位传记作家曾问爱因斯坦怎样建立相对论。爱因斯坦答道:"空间、时间是什么,小学的课本就解释得很清楚了,但我智力发育迟,所以比别人想得多了一些,把从书本里学到的,思考了近十年,才弄懂了空间与时间的关系。"爱因斯坦正是在学习与思考的过程中,超越前辈,把物理学提升到一个更高的水平上。

学与思是我们在学习过程中必须面对的一对矛盾。孔子很早就提出这一问题,并很好地做出解答,他说:"学而不思则罔,思而不学则殆。"对学与思的关系做出了辩证的解释与回答,是后世学习都普遍遵循的金科玉律。在学习过程中如果一味地读书,而不进行有效的思考,就会被书本所累,容易形成教条主义,就会像韩愈所说的那样"生死文字间,岂异蠹书虫",被书本牵着鼻子走,从而受到书本表象的迷惑而不能深解意趣。"尽信书则不如无书"说的就是这么回事。如果只是一味地空想,而不进行有效的书本知识的积累,就会如同无源之水,无本之木,势必终是空中楼阁,镜花水月那样虚妄不实。只有把学习和思考结合起来,才能学到有用的真知。南宋朱熹的《论语集注》记载:"子曰:'学而不思则罔,思而不学则殆。'不求诸心,故昏而无得。不习其事,故危而不安。"程子也说:"博学、审问、慎思、明辨、笃行五者,废其一,非学也。"西方的哲人也探讨过学与思的关系,康德说过"感性无知性则盲,知性无感性则空。"与孔子的这句"学而不思则罔,思而不学则殆"很相似。可见人类具有某些认知的共性是可以被接受的。

学习是进行思考的基础,思考是深入学习的手段。在你学习的旅途中,知识就好比

諸子百家——儒家

雨水,它让你沟满塘盈;而思考就好比蜿蜒向前的山谷、溪涧、河道,它们引导你走向远方,让你跋涉千里,汇入江海。朱熹说过:"读而未晓则思,思而为晓则读。"说的正是这个道理。只有进行大量的学习,积累广泛的感性素材,才能进行有目的的、深入的思考。孔子说:"吾尝终日不食,终夜不寝,以思,无益,不如学也。"(《卫灵公》)孔子说他自己曾经整天不吃饭,整夜不睡眠,独自寻思,但无获益,还不如读书求学好。可见学习是思考的前提和基础。《中庸》指出"博学之,审问之。"学习是自我修养的第一步,是获得智慧和高尚品质途径,只有通过广泛的学习各种社会规范和人类优秀文化成果,个人的智慧和自我修养才能有所进境。学是什么? 学就是后人对前人知识的传承。学习是一个艰苦的过程,不容许投机取巧,需要扎扎实实的打好基础。这样才能举一反三、触类旁通,才能为更进一步的思考、知识的升华做好准备。学习知识,须先耐着性子,掌握基本概念、规则和方法,防止偷懒取巧。一个人有思想,也很聪明,但是没有做人的真学问,做人不踏实不厚道,在人生道路上迟早会出问题。

孔子在《论语·阳货》中也指出:"好仁不好说,其蔽也愚;好知不好说,其蔽也荡;好信不好说,其蔽也贼;好直不好学,其蔽也绞;好勇不好学,其蔽也乱;好刚不好学,其蔽也狂。"意思是,孔子说:"喜好仁德,却不喜好学问,那种弊病就是容易被人愚弄;喜好聪明,却不喜好学问,那种弊病就是放荡而无基础;喜好诚实,却不喜好学问,那种弊病就是会受损害;喜好直率,却不喜好学问,那种弊病就是尖刻刺人;喜好勇敢,却不喜好学问,那种弊病就是捣乱闯祸;喜好刚强,却不喜好学问,那种弊病就是狂妄。"孔子总是反复强调学习对于仁德的重要辅助作用。六种美德必须用学习来统率,不学,六种美德可转变成六种弊病,可见学习是非常重要的。只有在学习的基础上,用知识武装下的头脑去进行广泛的美德与爱好才会圆满。第一,"好仁不好学,其蔽也愚"。修仁道当然是对的,但是没有真正的智慧学问修养,就会死搬硬套而非善恶不分,把仁道当成教条,变成一个一个愚蠢的令人讨厌的滥好人。好心仁慈的人,智慧学问不够,流弊就是愚蠢。第二,"好知不好学,其蔽也荡"。有的人爱好聪明,但没有做人的真学问,流弊就是爱耍小聪明,放荡任性。第三,"好信不好学,其蔽也贼"。如果一个人对所有人都无原则地讲信用,特别是在战场上和敌人讲信用,以讲信用为标榜,不加分析判断,其结果就是做出一些害人害己的事;第四,"好直不好学,其蔽也绞"。一个人太直,没有涵养的学问,流弊就是脾气急躁,最后一事无成;第五,"好勇不好学,其蔽也乱"。勇敢脾气大,白刀子进,红刀子出,没有真正的学问修养,一味好勇斗狠,就容易闯祸,出乱子;第六,"好刚不好学,其蔽也狂"。一个人胸襟开阔,直来直去,个性刚烈,不会转弯,如果没有智慧学问的中和就会变成狂妄自大。

思考是学习和对已有知识的升华。只有思考才能使知识落到实处,为我所用,也为进一步的学习打下牢固基础。孔子认为,一个人学习求知刻苦认真无可非议,但是如果没有智慧的思想,对所学的东西不能明辨深思,就会迂腐不切实际,成为书呆子,就会罔,终究不堪大用。"思"乃是我们获取生活智慧之途径的另外半部,无思之学不仅无益,而且有害。在这点上,它与孟子所说的"尽信书,则不如无书"(《孟子》尽心下)是一致的。在学习中独立思考,是人类进步的动力源泉。一个人从接受知识到运用知识的过程,实际上就是一个记与识、学与思的过程。学是思的基础，思是学的深化，这正如人摄取食物一样，只学不思，那是不加咀嚼，囫囵吞枣，食而不化，难以吸收，所学知识无法为"己有"。只有学而思之，才能将所学知识融会贯通，举一反三。《论语·述而》："举一隅不以三隅反，则不复也。""吾生也有涯，而知也无涯"，面对如此浩瀚的知识海洋，光靠死记硬背是不可能到达光明的彼岸，只有在学习中思考，在思考中提出独立的见解，培养自己的思考能力，才能以有限的生命驾驭无限的可能。在学习中应当具有思辨意识，具有判断意识，具有创新意识，勤于思考，善于思考，明辨是非，洞察真伪，力戒浮躁。学会分析问题，研究问题，解决问题的方式和方法，从而提高自己应对各种困难和局面的能力。

像万事万物都有自己的结构和内在逻辑一样，思考也是有一定的方法和次序的，不是天马行空，任意为之的。"物有本末，事有终始，知所先后，则近道矣"，就是在思考中要由近及远，由易及难，由浅及深，由表及里，由小及大，从而达到由已知及未知的目的；思想不是空幻的，而是有起点，讲方法，合逻辑，成系统的。例如月晕而风，润础而雨，见一叶落而知秋，就是用多年的经验来进行的符合习惯的推断。在做事与学习中必须慎思，慎思必须明辨，明辨就是要辨别真伪、是非、大小、轻重、长短、先后、缓急、公私、利害、忠奸等等。最好的伦理是根据事实的伦理，不以人废言，不以言废事，毋为感情所蔽，毋为孤陋寡闻所欺，毋为现象所惑而忽其本相。

学与思相结合，是掌握知识过程中的必由之路，子夏说："博学而笃志，切问而近思，仁在其中矣。"《注疏》正义曰："此章论好学近于仁也。博，广也。笃，厚也。志，识也。言广学而厚识之，使不忘。切问者，亲切问于己所学未悟之事，不泛滥问之也。近思者，思己历未能及之事，不远思也。若泛问所未学，远思所未达，则于所习者不精，所思者不解。仁者之性纯笃，今学者既能笃志近思，故曰仁在其中矣。"这些都是强调学习与思考相结合的重要性。大千世界，万物俱变。从降生的那一刻起，我们就开始了"学"。进入青少年时，我们开始学着思考，因为我们知道"学"无边无际，"思"亦永无止境。仅仅是一味不变地"学"与模仿相接近，我们还需要改进，创造，发展，这些都离不开"思"，也只有学中求思，思中求变，思考的本身就是与自己争论。正确的"学—思"的关系就既有不可偏废于"单纯的学"的一面，也有不可执迷于"单纯的思"的另一面。改进，创造，发展都需要实力，这实力就来源于学习。学与思，对陶冶人的情操，提高自身素质有着重要意义。从中我们会发觉：没有知识的人常常议论别人的无知而显得无知，有知识、有涵养的人时时发现自己无知而终能成就大智。学习，要自强不息，以求进取；思考，要通万物之神韵，明万事之义理，才有发展。

请记住伏尔泰的这句话："书读得越多而不加思考，你就会觉得知道得很多，而当你读书越多，思考越多的时候，你就会清楚你知道得很少，从而更加努力。"

格物致知，知行合一，君子治学之道【子曰】

子曰：君子耻其言而过其行。

——《论语·宪问篇》

孔子说:"君子以说过的话却不能做到——言过其行为耻。"

知行合一,是指客体顺应主体,知是指科学知识,行是指人的实践,知与行的合一,既不是以知来吞并行,认为知便是行,也不是以行来吞并知,认为行便是知。它是中国古代哲学中认识论和实践论的命题,主要是关于道德修养、道德实践方面的。中国古代哲学家认为,不仅要认识("知"),尤其应当实践("行"),只有把"知"和"行"统一起来,才能称得上"善"。

知行合一的思想被公认为整个儒家学说的主要思想,在中国每一个重要的哲学时代,在每一个重要的思想家那里,都有关于知行合一的论述。知与行之间的关系,是历来儒家学者所关注的问题,也是人类任何时候都面对的生活中的实际问题。它不仅涉及怎样致知和致什么样的知,还涉及实践问题,不仅是一个哲学问题,更是一个实际问题,关乎现实生活的中的人生态度和实际的道的修行。对知与行之间的关系历来都有争论,但都突出了两者的关系却很重要。孔子讲求知行相符,反对言过其行,他说:"君子耻其言而过其行。"类似的话孔子说了很多,如"其言之不怍,则为之也难",认为行动比要说难得多;《里仁篇》:"古者言之不出,耻躬之不逮也",认为做不到的事情要慎言;《礼记·杂记》里更直接:"有其言,无其行,君子耻之"。孔子一系列告诫,旨在说明言顾行,行顾言,言行相符。后来的儒家学者也不断地丰富和发展知与行之间关系的理论。

儒家认为"知"是"行"的开始,"知"的内容关乎"行"的善恶好坏,所以要"致良知",这样才能行善行,这一思想被明代的王阳明所推崇和发展,形成新的儒学理论。王阳明说:"知是行之始,行是知之成""即知即行,不行仍是未知",可见在未行之前要有善良的、正确的、符合人性的良知为准备,才能做到行为的正直无私。致良知,是王守仁的心学宗旨。"良知"来自《孟子·尽心上》:"人之所不学而能者,其良能也;所不虑而知者,其良知也。"《大学》有"致知在格物"语。朱熹解释格物致知为"言欲致吾之知,在即物而穷其理也",即向外穷理以求得知识。王守仁不同意朱熹的解释,他将《大学》的"致知"与《孟子》的"良知"结合起来,说"致知"是致吾心内在的良知。王守仁的良知比孟子的良知意义广泛,除个人知是知非的内在主观的道德意识外,也指最高的本体。他认为,良知人人具有,圣愚所同,个个自足,不假外求,任何情况下都不会泯灭,虽有时为私欲习气所蔽,但只要良知一旦自觉,则本身就具有一种内在的力量,不必依靠外力的帮助。照王守仁的说法,良知对于善恶的辨别,是一种直觉的认识,并不是一种道德的判断,就是说,是一种直接的反应,并不是经过思考而得到的命题。王守仁以良知为衡量一切真假善恶的标准,认为良知对于一切事物,如同规矩尺度对于方圆长短一样。王守仁在给邹守益的信上说:"近来信得致良知三字,真圣门正法眼藏。往年尚疑未尽,今日多事以来,只此良知无不具足。譬之操舟得舵,平澜浅濑,无不如意,虽遇颠风送浪,舵柄在手,可免没溺之患矣。"他又对门人陈九川说:"我此良知二字,实千古圣贤相传一点滴骨血也。"还说:"某于此良知之说,从百死千难中得来,不得已与人一口说尽,只恐学者得之容易,把做一种光景玩弄,不实落用功,负此知耳。"

《尚书》说"知难行易",程颐说"知先行后",王船山说"行先后知",孙中山说"知难行易",但不管有多少差异,最终都要归结到知行合一上来。"知"要解决的是个深度问题,"行"要解决的是个程度问题,知行合一就是这深度和程度的完满结合。

在实际的生活中,行动往往要比学知识更难,做到知行合一并不容易。《中庸》记载孔子所说:"君子之道四,丘未能一焉:所求乎子以事父,未能也;所求乎臣以事君,未能也;所求乎弟以事兄,未能也;所求乎朋友先施之,未能也。庸德之行,庸言之谨,有所不足,不敢不勉,有余不敢尽。言顾行,行顾言,君子胡不慥慥尔!"意思是说,君子的道理有四条,我孔丘一条也不能做到:第一,我要求做儿子的应该尽孝道,但反求我自己侍奉父母却不能尽孝道。第二,我要求做臣子的应该尽忠心,但反求我自己侍奉君主却没有尽忠心。第三,我要求做弟弟的应该恭敬,但反求我自己服侍兄长却没有做到恭敬。第四,我要求做朋友的应该要有信实,但反求我自己却没有能先对朋友做到信实不欺。平常的道德,要着力实行,平常的语言,要谨慎地说。所言所行或有不足之处,不敢不尽力奋勉,所言所行或尚有余力,也不敢说尽做绝,要留有余地。口里讲的话,要顾到身体所行的事;身体所行的事,要顾到口里讲的话。如果言行一致,岂不可称是忠厚笃实的君子吗!

陆游在《冬夜读书示子聿》这首诗中写道:"古人学问无遗力,少壮工夫老始成。纸上得来终觉浅,绝知此事要躬行。"这首诗的意思是说,古人做学问是不遗余力的。终身为之奋斗,往往是年轻时开始努力,到了老年才取得成功。从书本上得到的知识终归是浅薄的,未能理解知识的真谛,要真正理解书中的深刻道理,必须亲身去躬行实践。这是一首教子诗,是要告诉儿子做学问的道理。首句是对古人刻苦做学问精神的赞扬。做学问要无保留,竭尽全力之意。次句是说做学问的艰难。只有从少年开始,养成良好习惯,打好扎实基础,并经过几十年的努力,最后才能有所成就。这是以古人刻苦学习的精神及做学问的艰难来告诫自己的儿子:做学问一定要有孜孜不倦、持之以恒的精神。后两句,诗人更进一步指出实践经验的重要性。从书本上得到的知识终归是浅薄的,未能理解知识的真谛,要真正理解书中的深刻道理,必须亲身去躬行实践。"纸上得来",指的是书本知识。"绝知此事",指的是真正把握事物的底蕴。"躬行",就是指亲自去实践。孜孜不倦、持之以恒地做学问,固然很重要,但仅此还不够,因为那只是书本知识,书本知识是前人实践经验的总结,能否符合此时此地的情况,还有待实践去检验。一个既有书本知识,又有实践经验的人,才是真正有学问的人。

由于"行"比"知"难,同时行要落实到实际,所以儒家对"行"更为关注。孔子教人非常注重实践。子曰:"文,莫吾犹人也。躬行君子,则吾未之有得。"可见孔子是非常重视学问的躬行。荀子也十分重视行在认识中的作用,论述了知、行关系,他在《儒效篇》中说:"不闻不若闻之,闻之不若见之,见之不若知之,知之不若行之。学至于行之而止矣。行之,明也。"他把行看作是认识的最后归宿,行包括认识,高于认识。儒家德育认为,道德教育不能仅仅停留在口头上,而要引导他们进行实际锻炼,把提高思想认识与培养道德行为习惯结合起来,使学生做到知行统一,言行一致。孔子说过:"君子耻其言而过其

诸子百家——儒家

行"，"力行近乎仁"。朱熹也指出："论先后，知为先；论轻重，行为重。"朱熹强调知是行的基础，主张知先行后。王守仁讲"良知"，并不是一般地讲认识论。"良知"是知，"致良知"是行，这个"行"也不是一般的行。他讲"知行合一"，并不是一般地讲认识和行为的关系，也不是一般地讲理论和实践的关系。"知行合一"是王守仁哲学思想中的一个重要部分，他所讲的"知行合一"也就是"致良知"。王阳明认为主观的意念活动就是"行"，抹煞了知行界限，提出了"一念发动处便即是行"的主观唯心论的"知行合一"说。另一些哲学家，如明清之际的王夫之，在唯物主义基础上，把朴素辩证法思想运用于认识论。在知行关系上，王夫之提出了"知行相资以为用""并进而有功"的知行统一观。清朝儒学家颜元说得更明确："心中醒，口中说，纸上作，不从身上习过，皆无用也。"因此，在德育过程中，道德实践是高于道德说教的。所以说，要想做一个儒家的智者，必要先做一个儒家的"行"者。虽然儒家的思想博大精深，但是如果脱离行为实践这一环节，修身治国平天下都是空话。一个儒者，应当是一个学者，更应当是一个社会中的"能"者与智者。

谭嗣同勇于将自己的理想付诸实际行动，并用自己的生命捍卫自己的理想，可以想见知行合一有时是很难做到的，有时他需要真正的勇气，甚至以生命为代价也在所不惜。1898年6月11日，光绪皇帝向全国颁布了"明定国是"诏书，中国近代史上轰轰烈烈的戊戌变法运动开始了。为了网罗天下英才，军机处两次拍电报催促谭嗣同火速进京。谭嗣同辞别了妻子李闰，踏上征途。途中，黄河两岸饿殍满地，哀鸿遍野的景象深深震动了谭嗣同，他更坚信只有变法才能救中国。谭嗣同到京后，马上受到光绪皇帝的召见。他横溢的才思和无畏的胆识备

谭嗣同

受皇上赞赏。光绪皇帝激动地授予他四品章京衔，命他在军机处供职，希望他成为中兴之臣。革新志士康有为、杨深秀、林旭、刘光第等在得月楼设宴为谭嗣同洗尘。他们烛下长谈，共谋维新大业。光绪皇帝依靠谭嗣同、康有为变法图强的决心，深深地震惊了以太后为首的封建专制势力。此时，谭嗣同、康有为等准备乘胜追击，奏请皇上开设懋勤殿，驾空昏庸老臣，实行朝纲独断。太后和荣禄也频频来往，密室共议。他们一面调动军队做好防范，一面筹划9月天津阅兵，准备到时废掉皇上。新旧两党的斗争达到白热化。在这关键时刻，光绪皇帝遭到太后的软禁。康有为、谭嗣同等了5天不见君面，只得到一道光绪设法传出来的要他们设法相救的特谕。他们当时都惊愕不已，束手无策。谭嗣同突然想到兵部侍郎袁世凯，决定孤注一掷，夜访法华寺，求助于袁世凯。看了皇上亲笔手谕，袁世凯万分震惊。他慷慨陈词发誓要效犬马之劳。但在打发下了谭嗣同后，袁世凯投靠太后，出卖了谭嗣同和维新大业。慈禧太后得到密报，连夜返回紫禁城，发动了震惊中外的戊戌政变，再度训政。除康有为、梁启超逃往国外，革新志士纷纷被捕。谭嗣同谢

绝了梁启超、日本友人及好友大刀王五的诚恳相救,决心以一死来惊醒黎民百姓。谭嗣同等6位维新派志士被押往菜市口刑场。谭嗣同为无力回天而感叹,为死得其所而慰藉。他们把满腔热血喷洒在祖国的大地上。并写下:"我自横刀向天笑,去留肝胆两昆仑"的悲壮诗句!

那么儒家是如何具体地看待"知"和"行"的相互关系的呢?

我们先说说荀子的"知"与"行"。荀子认为,无论是间接知识还是直接知识,无论是感性知识还是理性知识,知识的最后归宿或落脚点是人的行为,知识再广博,如果不落实到人的行为上,那也是空的或者没有用的。荀子说:"不闻不若闻之,闻之不若见之,见之不若知之,知之不若行之。学至于行之而止矣。行之明也,明之圣人也。"可见,"行"是"知"的目的,"行"比"知"更为重要,一个人知识渊博,若不与道德践履相亲和,那也必然是困惑的、糊涂的。他还说:"故闻之而不见,虽博必谬;见之而不知,虽识必妄;知之而不行,虽敦必困。不闻不见,则虽当非仁也,其道百举,而为陷也。"虽然"行"比"知"更根本,但荀子并没有否定"知"的作用,相反,荀子也很重视"知",他认为,在间接知识(闻)与直接知识(见)中,直接知识更重要;在感性认识(见)与理性认识(知)中,理性认识更重要;而且知识对人的行为具有重要指导作用。所以既重知识,更重道德践履,才可以成为圣人。荀子说"圣人也者,本仁义,当是非,齐言行,不失毫厘,无它道焉,已乎行之矣。"这个"齐言行"不就是知行合一吗?如果说荀子的知行合一"行"为重"知"为轻,那么二程的知行合一则是"知"为先,"行"为后。也就是说"知"第一位的,"行"是第二位的,"知"是关键或基点。程颐说:"到底,须是知了方得行。""须是识在所行之先,譬如行路,须得光照。"他明确提出了"知先行后"的命题。程颐也说:"人最可畏者便是做,要在烛理。"他认为,最能体现人的力量的地方在于人能做事,而做事的关键在于明理。他还说:"君子以识为本,行次之"。(以上均见于《遗书》)二程之所以把知放在首位,是因为他们看到了"知"对"行"的指导作用和决定意义,明理方能做人,一个人的精神品级有多高,他的人生境界才会有多高,如果他从来没有这样想,他就不可以这样做。只有认识自己,才能改变自己。一个人之所以不断成长,是因为他能不断了解自己,也能不断调整自己。如果自己是个具有浓厚忧郁气质的人,总喜欢从事物的最坏的一面去思考或打算,总是压抑自己,折磨自己,自己跟自己作对,到头来还是自己作践自己。曾国藩就是这么一个人,其实事情并不像他想象得那么糟,相反比他想象得还要好得多。可他对自我的压抑与折磨并不会改变什么,除了给自我增加无穷的心理负担,没有丝毫益处。后来他认识到了自己的这个毛病,试图从"淡"字着手,他读庄子,读苏轼,就是想以达观来冲淡自己的忧郁。后来他真的吃得好睡得香,不再那么患得患失了。西方有句格言:"认识你自己。"说的就是这个意思。当人了解了自己,做起来就简单了。程颢就说:"圣人循理,故平直而易行。异端造作,大小大费力,非自然也,故失之远。"所以关键还是明理。虽然二程主张先知后行,但他们也仍然是知行合一论者。在程颢看来,穷理既是"知"之事,也是"行"之道,倘若是与"行"无关的"知",那只是道听途说,并非实理,它也就不会成为自己生命的一部分,他说,"若穷得实理,即性命亦可了。"他还说:"如心得之,则'施之四体,四体不言而喻'。譬如学书,若未得者,须心手相须而学;苟得矣,下笔便能书,不必积学。"真正化作自己血肉的知识,才会身体力行,而自己还不能遵照而行的知识,则不是"真知"。二程的知行合一是知行体。

朱子综合了荀子的"轻重说"、二程的"先后说",提出了"知行相须而发"的主张。《朱子语类》卷九云:"论先后,知为先;论轻重,行为重。"他还说:"知与行工夫,须着并进。"与二程一样,朱子也十分注重"知"对"行"的指导作用,"论知之与行,曰方其知之,而行之未及也,则知尚浅。"这与程颐的观点如出一辙,程颐说:"故人知不善而犹为不善,是亦未尝真知。若真知,决不为矣。"人之所以言行不一或者知行不一,是因为还没有达到真知和深知,实际上是浅知或不知。程颐就说:"若夫真知,未有不能行者。"朱子也说:"既亲历其域,则知之益明,非前日之意味。"在知先行后的问题上,朱子基本上继承二程的学说。但朱子也很重视"行",因为"行"是"知"的落实。他说:"善在那里,自家却去行它,行之久则与自家为一,为一则得之在我。未能行,善自善,我自我。"有了关于善的知识,应该去实行它,这个"行"就是将善的知识自我化和内在化,用朱子的话说即"格物",今日格一物,明日格一物,经过一个艰难而持久的自我转化,人就可以成圣成贤,至善至美了。

对知行合一做出系统阐述的当推王阳明,他是个彻底的知行合一论者。在《传习录》中他说:"知是行的主意,行是知的工夫。知是行之始,行是知之成。若会得时,只说一个知,已自有行在。只说一个行,已自有知在。他还说:"今人学问,只因知行分作两件,故此一念发动,虽不是善,然却未曾行,便不去禁止。我今说个知行合一,正要人晓得一念发动处,便即是行了。"据此,一些哲学史家便认定王阳明的知行思想为"知即是行",评论他模糊了知与行的差别性,王夫之就说他是"销行以归知,终始于知"。这种评论是一种认识论上的评说,喜欢或者习惯于这种思维的人往往把一切哲学问题作为认识论化,仿佛认识论是高于哲学的,他们知道哲学有认识论,但他们忽视了哲学并不仅仅是认识论;除了认识论,还有伦理学。而中国古代哲学主要是一种伦理学,所以谈中国古代哲学,也许可以不谈认识论,但一定不能不谈伦理学,对于王阳明的知行思想就可以如是观之。王阳明并没有混淆知与行的界限,他说:"古人所以既说一个知,又说一个行者,只为有一种懵懵懂懂的任意去做,全不解思维省察,也只是个冥行妄作,所以必说个知,方才是行得是。又有一种人茫茫荡荡,悬空去思索,全不肯着实躬行,也只是个揣摩影响,所以必说一个行,方才知得真。"(《传习录》上)如果把这个观点放在伦理学的境域来观察,那不仅没有错误,反而是正确的。因为做人,既包括他说的,也包括他做的,既包括他想的,也包括他干的。当一个人想到他如何去做人时或者他立志做一个什么样的人时,他就已经开始做人了,所谓"一念发动处,便即是行了"。当一个人想到了一个坏主意,或者撒了一个谎,难道只是"知"的范畴吗?某一个人成为坏人可并不是从他做坏事开始的,而是从他想到一个坏主意就开始了。即使现代法律也会考察一个人的犯罪动机,因为那也构成了他犯罪的一部分。正是依循这种思路,王阳明才警告说,"发动处有不善,就将这不善的念克倒了,须要彻根彻底,不使那一念不善潜伏在胸中。"这就叫"防于未萌之先,而克

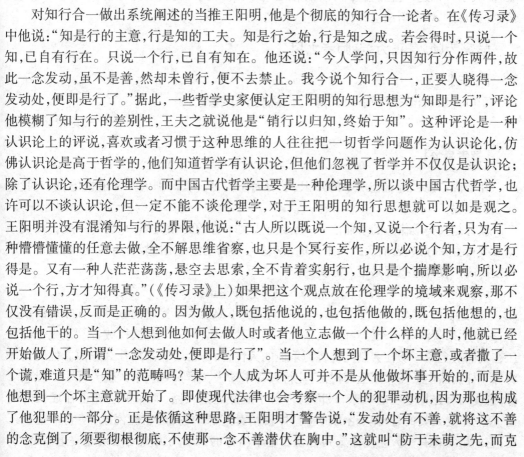

诸子百家——儒家

于方萌之际"。所"知"就不仅仅是一种认识、思想、观念、愿望和心理,它深藏在人的意识之中,或者说它就是人生命的另一种存在形式,绝不是可有可无的,它影响着、制约着并且也构成着人的"行"。所谓不知不足谓之行,不行不足谓之知,这才是真正意义上的知行合一。

知行合一,学以致用。这不仅是一种学习方法的问题,更重要的是将实践与理论联系起来,倡导了实践的重要作用。凡是所学的东西,总要能够应用才好。如其单是记牢其方法成句,而不能应用,那了解学问和方法也是枉然。

五、育人的智慧

儒家的教育思想发端于孔子,他是世界上最伟大的教育家之一。孔子的很多教育思想具有世界普世价值,"有教无类","敏而好学,不耻下问","后生可畏",礼、乐、射、御、书、数六艺教育,因材施教、举一反三的教、学态度等,都是教育界永远的座右铭。

儒家的育人之道有着穿越时空的魅力,它不仅传递师道、弘扬师道,铸就万世之师表,而且孕育打造时代之精英,培养百年之人才! 即使在科技教育高度发达的当今社会,儒家的教育思想也熠熠生辉!

学高为师,身正为范,师者之风

【子曰】

子曰:"默而识之,学而不厌,诲人不倦,何有于我哉?"

——《论语·述而》

【智者感悟】

孔子说:"默默地记住所学的知识,学习而不满足。教诲别人不知道疲倦,这对我有什么困难呢?"

教育是人类最伟大的事业之一,涉及对人类本身的终极关怀,兴衰与发展直接关系到人类自身荣辱兴衰,肩负人类未来的希望。在当今社会,无论教育者或受教育者,传承和发扬儒家教育思想都是很有必要的。

卢梭在他的教育学名著《爱弥儿》一书中这样写道:

"不这样做,事情可能更糟糕一些;我们人类不愿意受不完善的教养。在今后的情况下,一个生来就没有别人教养的人,他也许简直就不成样子。偏见、权威、需要、先例以及压在我们身上的一切社会制度都将扼杀他的天性,而不会给它添加什么东西。他的天性将像一株偶然生长在大路上的树苗,让行人碰来撞去,东弯西扭,不久就弄死了。我恳求你,慈爱而有先见之明的母亲,最因为你善于避开这条大路,而保护这株正在成长的幼苗,使它不受人类的各种舆论的冲击! 你要培育这棵幼树,给它浇浇水,使它不至于死亡;它的果实将有一天会使你感到喜悦。趁早给你的孩子的灵魂周围筑起一道围墙,别

諸子百家——儒家

人可以画出这道围墙的范围,但是你应当给它安上栅栏。

我们栽培草木,使它长成一定的样子,我们教育人,使他具有一定的才能。如果一个人生来就又高大又强壮,他的身材和气力,在他没有学会如何使用它们以前,对他是没有用处的;它们可能对他还有所不利,因为它们将使别人想不到要帮助这个人;于是,他孤孤单单的,还没有明白他需要些什么以前,就悲惨地死了。我们怜悯婴儿的处境,然而我们还不了解,如果人不是从做婴儿开始的话,人类也许是已经灭亡了。

我们生来是软弱的,所以我们需要力量;我们生来是一无所有的,所以需要帮助;我们生来是愚昧的,所以需要判断的能力。我们在出生的时候所没有的东西,我们在长大的时候所需要的东西,全都要由教育赐予我们。

这种教育,我们或是受之于自然,或是受之于人,或是受之于事物。我们的才能和器官的内在的发展,是自然的教育;别人教我们如何利用这种发展,是人的教育;我们对影响我们的事物获得良好的经验,是事物的教育。"

儒家很早就发现教育对人的未来和发展的重要作用,提出了一系列的教育方法与原则,其中尤其提出了师道的问题,因为师道关乎教育的成败与兴衰,所以在将儒家育人之道中无法避开对师道的认识。

儒家倡导尊重师道。古语云:"天不生仲尼,万古如长夜;世间若无佛,众生永沉沦。"如果没有圣人出兴,众生便永无出苦之日。提倡"师道",尊师重教,这是儒家的传统。孔子、孟子、荀子都是大教育家,他们阐述并发扬了师道。有学者云:"华夏文化,至重师承。"两汉时期,经学昌明,博士讲学之风极盛,师道保持不堕。到了魏晋乱世,政治分裂、战争频仍、此风始坏,这与当时的士家大族等有相当关系(参见陈寅恪《隋唐制度渊源略论稿》,上海古籍出版社 1982 年版)。隋唐时期"师道"更是堕落,仍然不兴,韩愈作《师说》《进学解》,抨击当时不重师道的现状,提出师的标准应该具有"传道、授业、解惑"三方面的职能;也不应以地位、资历、贵贱、长幼来确定"师";认为"弟子不必不如师,师不必贤于弟子"。韩愈在具体的教育实践中还提出了不少具有真知灼见的名言佳句,如"业精于勤,荒于嬉;行成于思,毁于随"等等。下面是其传世之作《师说》:

古之学者必有师。师者,所以传道授业解惑也。人非生而知之者,孰能无惑?惑而不从师,其为惑也,终不解矣。生乎吾前,其闻道也固先乎吾,吾从而师之;生乎吾后,其闻道也亦先乎吾,吾从而师之。吾师道也,夫庸知其年之先后生于吾乎!是故无贵无贱无长无少,道之所存,师之所存也。嗟乎!师道之不传也久矣,欲人之无惑也难矣。古之圣人,其出人也远矣,犹且从师而问焉;今之众人,其下圣人也亦远矣,而耻学于师。是故圣益圣,愚益愚。圣人之所以为圣,愚人之所以为愚,其皆出于此乎?爱其子,择师而教之,与其身也,则耻师焉,惑焉。彼童子之师,授之书而习其句读者,非吾所谓传其道、解其惑者也。句读之不知,惑之不解,或师焉,或不焉,小学而大遗,吾未见其明也。巫医、乐师、百工之人不耻相师,士大夫之族曰"师"曰"弟子"之云者,则群聚而笑之。问之,则曰:彼与彼年相若也,道相似也,位卑则足羞,官盛则近谀。呜呼!师道之不复,可知矣。巫医、乐师、百工之人,君子不齿,今其智乃反不能及,其可怪也欤!圣人无常师。孔子师

诸子百家

儒家

271

郯子、苌子、师襄、老聃。郯子之徒，其贤不及孔子。孔子曰："三人行，必有我师。"是故弟子不必不如师，师不必贤于弟子。闻道有先后，术业有专攻，如是而已。

中华民族在几千年的教育实践中，形成了优良的师德，如"当师之务，在于胜理，在于行义"；"为人师表、教学相长"；"学高为人师、身正为范"；"师者，所以传道、授业、解惑也"等等。子曰："学而不厌，诲人不倦"。这句话的意思是说，做人要不断学习，不感到厌烦；教育学生要有耐心，不感到疲倦。"诲人不倦"的教学态度是师道的重要表现。这看起来容易，做起来难。孟子说"得天下英才而教育之，一乐也。"但是如果"得不到天下英才而教育之"又当如何？教育的事有时真使人厌倦不堪。所以有人说："一个真正的教育家，必须要爱人爱世，须要有舍身饲虎、入海救人的牺牲精神才行"。

现代教育家陶行知的师德为世人所敬仰，为了教育事业，他甘为孺子牛。1941年，在极端困难和不断遇到迫害的严重情况下，陶行知更表现出革命英雄主义精神。在反动统治的阴霾笼罩下，物价暴涨不停，育才学校开支发生了极大困难，常有断炊之忧。他以至于发出了现在"我不得不和米价赛跑"的感慨。国民党政府教育部长陈立夫乘机向他提出，如同意他们派训育主任，即可拨给全部经费，但遭到陶行知断然拒绝。在经济最困难的时刻，陶行知不得不忍痛宣布，全校节衣缩食，每天改吃两餐。他甚至提出要像武训那样用"行乞兴学"的精神来渡过难关。1944年9月25日，陶行知在为画家沈淑羊画的《武训画像》题词时，深情地写道："为了苦孩，甘为骆驼；于人有益，牛马也做。"陶行知自己节衣缩食，把捐到的涓涓滴滴都拿去哺养儿童。常穿着敝衣奔走于富贵大人和太太之门，他从英国回来之时曾买了一件晴雨夹大衣，穿久了，又脏又破，他便把它翻过来穿。一次去找一位阔大人，通报的人说："先生，对不起，我们老爷向来不接待这样装束的人，请你回去吧。"陶行知不慌不忙，掏出一张名片来递给他，那人只好恭顺地送进去了。在晓庄师范学校，陶行知和大家一起穿草鞋、挑粪、种田、种菜、养鱼，他请唐家洼一位出色的庄稼人唐老头教大家耕种的方法，他自己也做了唐老头的学生。他说，三百六十行，行行出状元，行行都有我们的老师。那时候，大家都是自己扫地、抹桌、烧饭……所有生活上的事不用听差、伙夫，陶行知也亲自参与其事。

教师要德才兼备。教师在道德高尚的基础上还要学有所长，教学相长，不断学习，所谓"才高八斗，学富五车"是也！在孔子看来，学而不厌、诲人不倦是作为教师应该具备的两个重要品质。一个是"才"，一个是"德"，通过"学而不厌"获得才能，体现着教师内心的开放、自强不息和不断进取，而通过"诲人不倦"成就高尚的道德，体现着教师的爱心、耐心和敬业精神。学而不厌是诲人不倦的前提、基础和条件。教师只有学而不厌，才能保持内心的开放和鲜活，才能保证过人的才具，才有与人的资格，才会有不断增长的与人分享的内在需要。否则，诲人不倦就只能是无休无止的唠叨，空洞的说教，就只可能教师"教"得辛苦，学生"学"得痛苦，就只可能是"教"的低效、无效甚至负效，甚至误人子弟、贻害人间。作为教师尤其要做到这一点。教师是学生的示范，我们希望学生做一个终生学习的人，首先教师要做一个终生学习的人。

儒家主张诲人要以德为先。子曰，"君子不重则不威。"孔子以"仁""爱人"为教育

諸子百家——儒家

的核心，行"忠恕之道"——"己欲立而立人，己欲达而达人"，"己所不欲，勿施于人"；提倡中庸中和、温柔敦厚的君子风范——"君子劳而不怨，欲而不贪，泰而不骄，威而不猛"，"温而厉"，"恭而安"，"君子中庸"，"和为贵"，"君子和而不同，小人同而不和"，"君子矜而不争，群而不党"，"君子无众寡，无大小"（君子无所谓人多人少，官大官小），"文质彬彬，然后君子"等。孔子极为注重道德、诚信、气节、人格的教育，"道之以德"，"不义而富且贵，于我如浮云"，"放于利而行，多怨"（放肆地追求利益，会招致很多的怨恨），"富与贵，人之所欲也，不以其道得之，不处也"；"人而无信，不知其可"，"民无信不立"；"不降其志，不辱其身"，"志士仁人，无求生以害人，有杀身以成仁"，"知者不惑，仁者不忧，勇者不惧"，这些教育思想在任何时候都会发出耀眼的光芒！

儒家非常重视言传身教。"身教重于言传"，"亲其师，信其道"，教师应该是学生很好的榜样。汉代哲学家杨雄说："师者，人之模范也"。教师不仅要以其人格的力量，令学生所敬佩，还要以最佳的思想境界、精神状态和行为表现，将言传和身教完美结合起来，以身作则，行为示范，积极地影响和教育学生，使他们"亲其师"，"信其道"，健康成长。孔子还提出了身教重于言教以及君子在言行、修身方面的要求："其身正，不令而行"，"君子讷于言而敏于行"，"敏于事而慎于言"，"仁者，其言也讱"，"听其言而观其行"，"君子正其衣冠"，"君子有三变：望之俨然，即之也温，听其言也厉"，"君子坦荡荡"，"无求备于一人"（对任何人不求全责备），"道不行，乘桴（小木筏）浮于海"（面对挫折，保持达观）。

孔子是人类的精神导师，是人道主义的启蒙者，是世界上公认的伟大的思想家。他被联合国教科文组织评为"世界十大文化名人"之一，并名列榜首。孔子本身就注重和提倡身教，处处为人师表。

孔子十分注意自己的举止仪表。在待人接物方面，事事处处做到有礼有节，言行适度，举动文雅，在衣食住行方面也养成了一些好习惯。例如，和乡下人一块饮酒时，喝完酒以后总是让年长的先走，然后自己才退出来。吃着饭的时候，不和别人交谈；临睡之前，不高谈阔论。孔子既注重礼貌，又很强调要有真情实感。他很富有同情心。本来孔子好唱歌，但是遇到人家办丧事的时候，这一天他就不再唱歌了。在死了亲属的人旁边吃饭，他不曾吃饱过。他看见盲人、穿孝服的人，即使对方年轻，也一定站起来；路上碰到的也赶陕迎上前去。一天，有位盲人乐师来见孔子，孔子赶紧迎上去。乐师走到台阶边的时候，孔子就告诉他："这是台阶"。当走到席子边的时候，孔子就告诉他："这是席子"。等乐师坐下以后，孔子又向他一一介绍屋子里的人，说："某某坐在这里，某某坐在那里"。送走乐师以后，学生子张便问道："这样不是太麻烦吗？"孔子回答说："接待盲人就应该这样"。有一次马棚失火，孔子赶紧问："伤着人了吗？"并不问伤没伤马。孔子的一个学生因事被捕，进了监狱。孔子并没有嫌弃他，认为"他虽然进了监狱，但并不是他的罪过"，还是把自己的女儿嫁给了他。孔子也很爱惜动物。据说孔子养的一条狗死了，便叫子贡给埋起来。他对子贡说："我听说，破帐子别扔，好埋马；破车盖儿别扔，好埋狗。我连车盖儿也没有，你拿我的破席子把狗盖上吧，别叫他脑袋露着啊！"孔子很喜欢结交朋友。对于朋友之情，他很珍惜，就是和自己作风不同的人也不肯轻易绝交。他和原壤

諸子百家——儒家

273

的交往就是如此。原壤是鲁国人，孔子早年的朋友，为人狂放，不拘礼节，思想作风和孔子很不同。可是孔子和他相处得很好，直到老年仍保持着密切交往。孔子给人的印象是谦和的，可是他对于认为应该做的事，便坚决地去做，百折不挠。他说："看见道义上该做的事而不去做，这就是没有勇气"。他还提出"当仁不让于师"。

在如今中国应试教育的现状下，儒家提出的许多教学思想和关于教学的方法，都显得十分弥足珍贵，让我们继承这些思想精髓，发扬我国的传统文化！

因人而宜，因材施教，教亦多术

【子曰】

"孔子教人。各因其材"

——朱熹

【智者感悟】

孔子教育学生。根据他们不同的材质分别进行不同的教育。

因材施教思想始自孔子，内涵博大精深，是我国教育思想史中的宝贵财富。时代发展到今天，儒家因材施教思想仍然是我国素质教育中一个十分重要的教学原则，并且发挥着越来越大、越来越广泛的指导作用。

"因材施教"是说，不同的人有不同的特点，不同的学生有不同的天赋，每个学生的年龄不一，出身不同，地区不限，文化水平、道德素养、性格特征存在着很大的差异，所以在教育过程中不能千篇一律，不能采取"大锅烩"的方法，而应当注意因材施教。教师根据每个学生的个别差异及其形成规律，针对学生的不同特点采取不同的教育措施，对其进行相应的教育。个别差异是因材施教的心理学依据。"材"是指学生心理的个别差异，其中主要是指他们的兴趣、能力、气质和性格等心理特点。因材施教就是在教学中，从学生的实际出发，针对学生的特点区别对待，有的放矢，使学生按照不同的途径，不同的条件和方式，以取得最佳的教育和教学的效果。现代教育心理学研究表明，学生的个别差异是客观存在的，主要有：认知方面的个别差异，包括智力和认识结构差异；性格类型的差异；气质类型的差异；能力方面的差异，包括一般能力和特殊才能差异等。孔子非常重视学生的个别差异，教学受学生的个别差异所制约，又能长善救失，促进个性的发展，培养出各种人才，这就是教学与学生差异之间的本质联系，也是孔子因材施教教育思想的内涵。论语上记载这样一则著名的因材施教的故事：

子路问："闻斯行诸?"子曰："有父兄在，如之何其闻斯行之?"冉有问："闻斯行诸?"子曰："闻斯行之。"公西华曰："由也问闻斯行诸，子曰，有'父兄在'；求也问闻斯行诸，子曰，'闻斯行之'。赤也惑，敢问。"子曰："求也退，故进之；由也兼人，故退之。"

它的意思是，孔子讲完课回到自己的书房，学生公西华给他端上一杯水。这时候，子路匆匆地走进来，大声地向老师讨教："先生，如果我听到一种正确的主张，可以立刻去做吗?"孔子看了子路一眼，慢条斯理地说："总要问一下父亲和兄长吧？怎么能听到就去做呢!"子路刚出去,另一个学生冉有悄悄的走到孔子面前,恭敬地问:"先生,我要是听到正确的主张,就应该立刻去实行吗?"孔子马上回答:"对,应该立刻实行。"冉有走后公西华奇怪地问:"先生,一样的问题你的回答怎么相反呢?"孔子笑了笑说:"冉有性格谦恭,办事犹豫不决,所以我鼓励他临事果断,但是子路逞强好胜,办事不周全,所以我就劝他遇事多听取别人的意见,三思而行。"

儒家认为实施因材施教的前提是认真了解学生的不同特质。孔子曾经说的:"生而知之者,上也;学而知之者,次也;困而学之,又其次也;困而不学,民斯为下矣。"。孔子对自己的学生就很了解,他能够说出学生的性格特点和智力水平,并且针对不同的特点,用不同的方法进行教育,把学生培养成各种不同的人才。他经常通过谈话、观察、了解学生的志向、思想、言行,从中进行分类、归纳。除年龄、出身等方面差异外,尚有智力、性格、气质、才能、志向等方面的差异颜回能"闻一知十",子贡只能"闻一知二",说明孔子早就注意到学生在智力灵活性方面有着明显差异。孔子还在他的言论中反映了他对性格气质差异的看法,他说过:"柴也愚,参也鲁,由也谚"。"师也过,商也不及。"又如"由也果""赐也达""求也艺"等。孔子曾对孟武伯评价他的学生的才能,"由也,千乘之国,可使治其赋也","求也,千室之邑,百乘之家,可使为之宰也","赤也,束带立于朝,可使与客言也"。还说"雍也可使南面","赐不受命而货殖焉,亿则屡中。"这些无不反映孔子对学生才能差异的洞察。子路愿意拥有"千乘之国",并且"比及三年,可使有勇,且知方也";冉求只想管理"方六七十,如五六十"的小国,做到"比及三年,可使足民";公西华则只想"宇宙之事,如会同,端章甫,愿为小相焉",而曾点的志向是"暮春者,春服既成,冠者五六人,童子六七人,浴乎沂,风乎舞雩,咏而归"。针对学生不同年龄层次的特点,孔子也有不同的教学侧重点。"少之时,血气未定,戒之在色;及其壮也,血气方刚,戒之在斗;及其老也,血气既衰,戒之在得。"

儒家主张从学生的个别差异出发,进而进行有针对性的教学。因材施教能帮助学生更好地发挥自己的潜质,走向人生的成功。形状奇怪的树根如果想要按照普通的方法做成木材,不过是废料一根,而如果经根雕家因势利导因材施教稍加雕琢,便会成为举世无双的工艺精品。一废变一精,便是因材施教的成果。所以说,只有针对不同学生的天赋特点,因势利导因材施教,选择特殊的方法和途径,才能造就人才。《礼记·学记》认为:"学者有四失,教者必知之。人之学也,或失则多,或失则寡,或失则易,或失则止。此四者,心之莫同也,知其心,然后能救其失心。"意思是说,学生常犯四种毛病,或贪多务得,或孤陋寡闻,或浅尝辄止,或畏难而退,其原因在于"心之莫同",即个性差异。因此,教师要掌握学生的心理差异,认识到它有两重性。即"多、寡、易、止,虽各有失,但多者便于博、寡者易于专,易者勇于行,止者安于序,亦各有善焉,救其失则善长矣"。所以《学记》要求"教也者,长善而救其失者也"。教师要注意学生的个别差异,帮助他们发扬优点,克服缺点。"长善救失"使"因材"与"施教"的关系更加明确。

孟子说:"君子之所以教者五:有如时雨化之者,有成德者,有达材者,有答问者,有私淑艾者"。对学生有的应及时点化,有的应成就其德行,有的要发展才能,有的可答其所问,不能入门者则可以间接地受教,甚至"予不屑之教诲也者,足亦教诲之而已矣"。拒绝教诲,足以成为人的警策,事实上也成为一种教导。因此,"教亦多术",一切因人而宜。对不同的受教者施以不同的教育,这是儒家因材施教教学思想的精髓,也是这一思想得以落实的保障。它既应成为我们实施素质教育的特质,也应该是学生才能有效培养的捷径。

人人平等。有教无类,兼容并包

【子曰】

"子曰:'有教无类。'"

——《论语·卫灵公》

诸子百家

——儒家

【智者感悟】

孔子说:"人人我都教育,没有贫富、智愚,地域等等的区别。"

孔子之所以被世人尊崇为圣人,除了因为他是儒家思想创始人之外,最重要的一条,就是他对教育的贡献。这种贡献不仅仅来自他培养的三千弟子和七十二贤人,更重要的是他提出的教育理念。在这些理念当中,最重要的又当数他的"有教无类"的公平教育思想。教育平等思想早已被现代人所接受,但是教育平等思想并不是从来就有的。这一思想是儒家对后世的又一大贡献。

"有教无类"是孔子最先提出来的一种教育主张,语出《论语·卫灵公篇》。东汉学者马融对这句话做注解:"言人所在见教,无有种类。"意思是说不管对哪一类人都应当给以教育。梁朝皇侃也表达同样的思想:"人乃有贵贱,宜同资教,不可以其种类庶鄙而不教之也,教之则善,本无类也。"这一思想与"因材施教"相得益彰。在教育面前,每个人都是平等的,任何人都有接受教育的权利。孔子的学生中各个阶层的人都有,来自贵族阶层的有南司马牛、官敬叔、孟懿子等,而更多的是来自平民阶层的,比如闵子骞、颜回、曾参、子路、子张、仲弓、子夏、公冶长、子贡等。而也有来自不同国度的学生,包括鲁、齐、晋、宋、陈、蔡、秦、楚等等。这不仅打破了当时的国界,也打破了当时的夷夏之分。来自楚国人公孙龙和秦商就是典型的例子,因为在中国人眼里,当时的楚国还是"蛮夷之邦"。而从以上的事实可以说明,孔子确实用自己的实际行动实践了他的"有教无类"思想。

孔子的"有教无类"主张的提出后,培养了大批人才,也在一定程度上促进了百家争鸣的新局面,表现了鲜明的人民性、开放性,具划时代意义,孔子之后的孟子又沈"夫子之设科也,往者不追,来者不拒,苟以是心志,斯受之而已矣(《孟子·尽心下》)唐宋以后兴起的书院制度,在教学中实行"门户开放"政策,若有名师来书院讲学,其他书院或外地书院的师生都可来听讲,而不受地域,贫富,年龄、学派的限制,也体现出儒家教育强想的"大教育观特征"。

孔子从十五岁立志于学,到了三十岁时,已成为一位通晓古今的大学问家。他不仅全面掌握了"六艺",而且通晓了"六经",为他后来的从政、办学打下了坚实的基础。孔子由一个穷孩子,突然变得博闻多识,便有人恭维他是"天才"。孔子说,我十五志于学,三十而立。后来是"四十而不惑,五十而知天命,六十而耳顺,七十而从心所欲,不逾矩。"

他不认为自己是天才，而是勤奋学成的，所以他又说："就是十户人家的地方，一定有像我这样又忠心又讲信用的人，只是没有我这么喜欢钻研学问罢了。"孔子十九岁娶亓官氏为妻，次年生子，许多人都来祝贺，就连国君鲁昭公都送上一条大鲤鱼表示祝贺，可见孔子当时在鲁国已有很高的声誉了。孔子的名望越来越高，便有一些富家子弟要拜孔子为师。鲁国大夫孟僖子临死时，把两个儿子叫到床前说："孔子知识渊博，将来会成为圣人。我死后你们一定要拜他为师跟他学习，将来定会有出息的！"孟僖子死后，他的两个儿子孟懿子和南宫敬叔都成了孔子的弟子。随着求学人的增多，孔子干脆辞掉了"委吏"和"乘田"的官职，开始收徒讲学，过去受教育的人都是贵族的孩子，孔子提出了"有教无类"的办学思想，使普通老百姓的子女也有受教育的机会。这种学校就叫"私塾"。孔子招生的手续也很简单，只要交上十条干肉作为学费，就收为门徒。孔子的教学方法是一个十分周全的系统。他设立了"文、行、忠、信"四种科目，又严立了"格物、致和、诚意、正心、修身、齐家、治国、平天下"等八个为学、立身、处世的大宗旨。具体教授"礼、乐、射、御、书、数"等六艺，以达到"智、仁、勇"三德。孔子的教学又分为"志于道、据于德、依于仁、游于艺"四个阶段，以德行为首，语言次之，政事第三，文学最末。传说"孔子弟子三千，贤者七十二"，就是说孔子有学生三千多，真正学成才的只有七十二人。

孔子之前的学校都是官办的，受教育者都是贵族子弟，一般老百姓的孩子是没有资格进学堂的。孔子创办私学，提出了"有教无类"的进步口号。就是说，任何人都有受教育的权利，没有贫富贵贱和国别的限制。他的学生中，有鲁国的颜回、陈国的颛孙师、齐国的公冶长、宋国的司马牛、吴国的子游、楚国的公孙龙；还有一贫如洗的原宪、富商子贡、贵族孟懿子、野人子路、盗贼颜涿聚等。孔子认为，人一生下来是没有什么差别的，人之所以各不一样，都是后天的影响所造成的。有一天，曲阜城外互乡的一个小男孩来求见孔子。因互乡是鲁国有名的风俗败坏的乡村，所以许多弟子不主张孔子接见小男孩。孔子没有理会弟子们的劝说，只管让颜回把小男孩喊了进来。小男孩进得门来，很有礼貌地向孔子行了礼。孔子问他："你来见我有什么事吗？"小男孩答道："我父亲让我来问问先生，小孩子要到几岁才可以上学呢？"孔子一听这话，就满心欢喜地答道："只要能认得文字，听得懂我的讲义，就可以了。年龄大小都是无关紧要的。"小男孩谢了孔子，出了学馆。孔子见弟子们还在议论纷纷，就说："我也知道互乡是个坏地方，但是这儿童是纯洁的。他诚心诚意来见我，我只看他眼前的诚心，不问他以前的好坏，我只让他进来相见，不问他出去是作恶还是为善，有什么可非议的呢？你们想，假如我把这小男孩拒之门外，那么生长在不良风俗之乡的人，都不敢来见我，岂不是阻塞了我们要改邪归正的道路吗？"弟子们听了，都无话可说。

"学在官府"是贵族子弟有受教育的权利。因而当官的资格也只有贵族子弟才有，官位为贵族所垄断。"有教无类"的本义是无分平民与贵族，不分国界与华夷，也就是所有人，只要他有心向学，都可以入学受到教育。孔子的弟子来自不同国度，各种类别的人，不分地域、贫富、老少、贤愚，都是孔子施教的对象。孔子的学生来自不同的诸侯国，包括鲁、齐、晋、宋、陈、蔡、秦、楚等国，如曾子是鲁人，子张是陈人，子长是齐人，子游是吴人。这不仅打破了当时的国界，也打破了当时的夷夏之分。孔子吸收了被中原人视为"蛮夷

諸子百家——儒家

之邦"的楚国人公孙龙和秦商入学,还欲居"九夷"施教,就说明了后一点。孔子弟子中有来自贵族阶层的,如南宫敬叔、司马牛、孟懿子,但更多的还是来自平民家庭,如颜回、曾参、闵子骞、仲弓、子路、子夏、公冶长等,子贡曾经是卫国的商人,颜涿聚更是当过强盗,子张也曾做过马匹交易的经纪人。正是由于孔子的"有教无类",才使得这样一些平民、商人,甚至于强盗,受到教育后成了社会上的显达之士。而平民教育也更能体现孔子"有教无类"的精神实质。儒家主张人性本善,每个人的本性都是善良的,只要对它们进行有效的教育都能回复善良本性,甚至成贤成圣。孔子"有教无类"思想的理论基础是"人之初,性本善"和"性相近也,习相远也"的人性论。"性本善"和"性相近"说明了所有人都具备善良的本性,而且皆有成才成德的可能性,而"习相远",意即每个人的性格和习性不同,又说明了实施教育和"因材施教"的重要性。正是基于"人皆可以成尧舜"的认识,孔子做出了"有教无类"的决断。当然,孔子的"有教无类"的"类",不只是表现在贵贱这一个方面,而是包括了其他许多方面。比如孔子的弟子性格各异,缺点各自不同,高柴愚笨,曾参迟钝,颛孙师偏激,仲由鲁莽,但都同样可以受到教育,只不过孔子还能进一步做到"因材施教"。正是由于孔门弟子各类人都有,所以南郭惠子问子贡:"夫子之门何其杂也?"子贡回答说:"君子正身以俟,欲来者不距,欲去者不止……是以杂也。"孔子讲学兼收并蓄,来去自由,所以人员很杂,而这一"杂"字正是孔子办学"有教无类"的生动体现,近代北京大学校长蔡元培就明确主张"兼容并包"的思想。

《史记》中记载这样一则故事:"子路性鄙,好勇力,志伉直,冠雄鸡,佩豭豚,陵暴孔子。孔子设礼稍诱子路,子路后儒服委质,因门人请为弟子"。这段话的意思是是:子路性情粗朴,喜欢逞勇斗力,志气刚强,性格直爽,曾经戴着公鸡的羽毛,佩着公猪的牙齿等示强之物,侮辱过孔子。孔子用礼乐慢慢地诱导他,后来,子路穿着儒服,带着拜师的礼物,通过孔子学生的引荐,请求作孔子的学生。后来子路成了孔门弟子中的大贤人。假如孔子因为子路侮辱过自己而不对他进行教育,那么社会上就会多一个粗鲁的人,而少一个贤人。

儒家思想是我国古代社会长期的主导思想,儒家对"有教无类"思想的提倡有利于这一主张的实施,扩大了教育的社会基础和人才来源,对于社会的进步、稳定以及全体社会成员素质的提高无疑起到了积极的推动作用。因此,孔子"有教无类"的思想在教育发展史上具有划时代的意义。

孔子的有教无类思想在历史上起到了很大的进步作用。概括起来就是:第一,不分行业和出身,打破奴隶贵族对教育的垄断。第二,不分地区和族类,促进各民族的文化交流。第三,不择对象,广收弟子,造就了一批人才。

对教育平等的追求是人们永恒的理想,正是对这一理想的执着才使人们不断地审视现实,努力使现实更接近于理想!

学无常师,全面教育,以达圆融万物之境

【子曰】

达巷党人曰:"大哉孔子! 博学而无所成名。"子闻之,谓门弟子曰:"吾何执? 执御乎？执射乎？吾执御矣。"

——《论语·子罕》

【智者感悟】

达巷党这个地方有人说："孔子真伟大啊！他学问渊博，因而不能以某一方面的专长来称赞他。"孔子听说了。对他的学生说："我要专长于哪个方面呢？驾车呢？还是射箭呢？我还是驾车吧。"

子曰："三人行，必有吾师焉，择其善者而从之，其不善者而改之。"（《论语·述而》）意思是说，"三个人一起走路，其中必定有我可以效法和学习的人，我可以学习他们的优点和长处，也要撷取他们拥有的知识，而我没有的和不懂的知识，并以他们身上的不善为鉴改正自己的不善。

学无常师，生活中每一个人都有值得我们学习的地方。成绩和学历只能代表过去，只有学习才能代表将来。只有重视学习的人，才能积累更多的经验，才能在工作和生活中少走弯路，取得事半功倍的效果。只有放下面子，虚心向看起来比自己学历低的人学习，才能不断地进步，少走弯路。

孔子的这句话受到许多人的赞赏。他如此博学，还能虚心向别人学习，精神十分可贵，但更可贵的是，他不仅要以善者为师，而且以不善者为师，这其中包含有深刻的哲理。他的这段话，对于指导我们处事待人、修身养性、增长知识，都是有益的。有些人总是目空一切，自高自大，认为别人都不如自己，结果只能导致自己没有任何发展，因此，我们要坚决杜绝这种行为。其实，每个人都有自己的长处，所以，我们要学习别人的长处，克服自己的短处。人的能力是有限的，我们可能在某一方面是权威、专家，但是在另一方面很可能知之甚少了，这就需要我们向别人学习、不耻下问。

要想有所成就，就必须经常加以学习，而且还要善于学习。楚庄王引述仲虺的话说："诸侯之德，能自为取师者王。"意思是说，诸侯中有能自觉选择好的老师求学，向他学习高尚品德的人，就一定能够称王，我们要问，孔子的知识是从哪里来的呢？学问是怎样获得的呢？卫国的公孙朝，曾经向子贡询问过孔子学问的来历，子贡说：孔子无处不求学，所以，不需要一定的老师来专门教他。孔子更是一贯坚持和强调随时随地向别人学习。《史记·甘茂传》说："项橐生七岁为孔子师。"虽然现在已经不知道孔子向这位七岁小孩学到了什么，但这说明孔子很善于以人为师。《史记·孔子世家》记载了孔子向师襄子学习弹琴；《礼记·曾子问》记载了孔子向老聃学习葬礼；据《左传·昭公十六年》记载，孔子听说郯子向昭子讲过，少皋氏为何以鸟名作为官名的道理，譬如，把管历法的官叫"凤鸟氏"，把管刑法的官叫"鸣鸠氏"等等。孔子就赶忙跑去向郯子学习。这些都说明孔子是一个广泛取法，学无常师的人。

两小儿辩日的故事，我们小时候在课本里都学过：

孔子师徒周游列国时，有一天，路过楚国的满城，见到这里湖光山色，秀丽如画，便停车观赏游览。正走着，忽然看见前边路旁有两个小孩正对着天空指手画脚，争论不休。看上去，两个小孩争论得还非常激烈，互不相让。孔子走上前去，微笑着问："二位童子，

诸子百家——儒家

你们为何事如此争论不休?"一个小孩说:"我们在争辩这轮红日,何时离地面最近。"孔子吃了一惊,小小年纪,竟然提出了这样连大人也想不到的问题,可见楚国的教化不同凡响。孔子对这两个孩子和他们所提出的问题很感兴趣,便凑上前去,十分关注地问:"依你们之见,太阳何时离地面最近呢?"刚才说话的小孩回答说:"早晨与晚上,太阳离地面最近。"孔子又问道:"这是为什么呢?"这个孩子解释道:"日出和日落的时候,太阳很大,像车轮和盛菜的小盘子。但凡我们看一件东西时,离着近就大,而离着远就小,所以我认为早晨与傍晚太阳离地面最近。"孔子听后,觉得很有道理,就赞道:"说得好,言之有理啊!"

两小儿辩日

这时,另外一个一直没说话的小孩过来了,他说:"不对不对,应该是中午太阳离地面最近,早晨与傍晚的太阳,我们感觉都是凉的,而只有中午的太阳我们感觉到的才是灼热的,但凡我们感觉一种发热的东西,离着近时就会觉得热,而离得远时则会感觉凉。所以我认为太阳中午才是离地面最近的。"孔子想了想,觉得也有道理。人们都说孔子博览群书,上知天文下知地理,没想到这两个小孩子争论的问题把他给难住了,一时不知如何说才好。两个孩子都瞪大眼睛等待着孔子说出正确的答案,孔子却无言以对。但孔子向来实事求是,知道就是知道,不知道就是不知道,所以他没有欺骗小孩子随意说出一个答案,而是老老实实地告诉孩子,他也不知道。这时,两个孩子感到很失望,其中一个说:"人人都说你是一个无所不知的圣人,可是你也有不知道的事啊!"

这个故事告诉我们,没有人无所不知,连圣人都如此。世界如此之大,每个人看问题的角度和方法不同,有时候就会得出不同的结论。只有我们放开心胸,广泛地接纳万事万物,学习别人身上的优点,检讨自己的缺点与不足,那么世间万物都可以是我们的老师。

孔子主张全面教育,他的多才多艺和能文能武是被后世所景仰的,也正是因为他的多才多艺才为他主张全面教育提供更多的实际支持,也通过孔子的言传身教使孔门多贤者。孔子的文教自不必说,就是骑马、射箭、弹琴、跳舞、种田、放牧等也是样样精通,射箭能百发百中,驾车技术更是炉火纯青,以致达巷党人赞叹说:"大哉孔子!博学而无所成名。"孔子听说了,对他的学生说:"我的专长在于哪个方面呢?驾车呢?还是射箭呢?我还是驾车吧。"同时孔子生得高大威猛,外号"长人";力大如牛,可以手举城门,是国际闻

諸子百家——儒家

名的举重大力士。所以太宰就问子贡说："夫子圣者与？何其多能也。"子贡达到："固天纵之将圣，又多能也。"孔子听到后谦虚地说："太宰知我乎。吾少也贱，故多能鄙事。君子多乎哉？不多也。"牢曰："子云：吾不试，故艺。"（《子罕篇》）这段话的意思是表达怎样看待孔子的多能（多才多艺）？与太宰、子贡的解释不同，孔子谦虚的认为自己多能只是因少时贫贱，为谋生才不得不多学几项手艺啊。

孔子的多才多能还表现在能把他的技艺学问传给弟子，孔门弟子三千，六艺皆通者就有七十二人。有这样一个故事，有一次，楚昭王想给孔子封地拜官，他的宰相子西阻止他说："大王自认为手下的宰相有没有比得上颜回的？"昭王说没有。子西又问，那么大王的将军有没有比得上子路的呢？昭王又说没有。子西又问他有没有像子贡这样的外交官，宰予这样的执事官，昭王经过子西这番提醒，才发现要是引进孔子这样的人才，恐怕要连自己的宝座都保不住，于是最终改变了主意。可见孔子全面教育是非常成功的。

孔子是个知识渊博且学问博雅的人，这一方面得力于他过人的聪颖和超常的刻苦，另一方面得益于他的学无常师。郑板桥在《潍县署中寄舍弟墨第一书》中写道："千古过目成诵，孰有如孔子者乎？读易至韦编三绝（读《周易》读到如此地步，将牛皮编联起来的竹简多次读断），不知翻阅几千遍来，微言精义，愈探愈入，愈往而不知其穷。虽生知安行之圣，不废困勉下学之功。"可见孔子在学问上是下过硬功夫、死功夫的，但这仅仅是一个方面。另一方面孔子十分善于向人请教，他说："三人行，必有我师焉；择其善者而从之，其不善者而改之。"这意思是说，只要人多的地方，就一定有我的老师。但这并不意味着这个人的什么东西都值得学习，在实际生活中，人们向一个人学习，不仅喜欢他的值得学习的地方，也往往喜欢上了他不值得学习的地方，荀子就说："学之经莫速乎好其人。"这对初学者来说不失为一个有用的方法，但它的弊端也是显而易见的，那就是在获得有价值的东西的同时也得到了一些有害的东西。而孔子的择其善者而从之，不善者而改之就显得十分成熟而且必要，那里有他自己的分析、判断和思考。这一向人学习的方法也蕴含着孔子的另一拜师经验：不耻下问，也就是敢于向不如自己的人请教。孔子触及了学习过程中存在的深层心理问题，向比自己高明的人请教，是容易的也是人们所乐于接受的；但向不如自己的人请教，人们就不容易做到了，那需要对自己的智慧和能力的相当的自信，他必须证明或者明显地感觉到比他人强，或者他有许多成功的经验，不然他总会感觉到那是一种耻辱，总担心人们是否把他看低了，从而使他的自尊心遭到伤害。孔子敢于向不如自己的人请教，除了对于自身的品德和智慧的自信外，或许与他所删定的《诗经》的影响有关，《诗经·大雅·板》中云："先民有言，询于刍荛。"刍，即割草者，荛，即砍柴者，也就是向没有多少文化的樵夫请教，孔子自信是敏而好学的人，所以他到周太公庙后能事事向人请教。

儒家主张全面教育，但是强调教育应该把道德的教育放在首位，道德教育是整个教育的基础。如果不能把学生培养成道德高尚的人。那么教育就不算成功，因为只有学会了怎样做人，怎样做高尚的人，才能有益于社会，才能对社会有所贡献。所以儒家认为人的素质最核心的是人的道德素质，只有树立正确的人生观、道德观，才能成为对社会的有用之才。"仁"是孔子学说也是后世儒家的教学核心，儒家的教育内容的核心也是"仁"，关于道德的培养我们已经在前面的修身等章节做了详述,这里只做简单介绍,只是让我们明白,在学习儒家思想时任何时候都不能离开修身与道德的磨炼。儒家努力要把人培养成为有仁德的人,成为志士仁人。儒家强调首先要"己立""己达""成己",要"明德",要"止于至善"。这是"修身""明德"的基本要求,也是一个人自我价值肯定的要求。只有"己立"才能"立人",只有"己达"才能达人,只有"成己"才能"成物"。接着将修己的功夫外推,形成对他人的"爱"和"恕",即是"仁者爱人""忠恕之道"的进一步展开。做到"己所不欲勿施于人""己欲立而立人,己欲达尔达人"。《学记》强调通过教育培养善德,使之化民成俗,是建立国家政权,实施国家管理的首要任务。"发虑宪,求善良,足以谀闻,不足以动众;就贤体远,足以动众,不足以化民,君子如欲化民成俗,其必由学乎?""人不学,不知道,是故古之王者,建国君民,教学为先。"

儒家在强调"德教"是也注重"智教""诗教"和"乐教"。从孔子的"四教"和以"六艺"教育学生的过程来看,在儒家的教育中包含有德育、智育、美育的内容,除了上面讲到的道德教育,还包括文化知识和技能的教育以及美育。汉代以后,我国的教育更加发达,从中央到地方设有官学,还有私学。教学内容除了儒家经学之外,还有书学、算学、律学、医学、卜筮、天文、历数、漏刻、兽医、校书等学科。除了通过经学培养国家管理人才之外,还着力于培养各类专业人才。

儒家的"诗教"和"乐教"是通过诗和乐的教育来理解世界的真善美,提高人的意境,达到天人合一,万物圆融的境界,在美学教育中达到人是自身与社会的作用。孔子评价《诗经》时说:"诗三百,一言以蔽之,曰:'思无邪'。"(《论语·为政》)"《关雎》乐而不淫,哀而不伤。"(《论语·八佾》)还说:"《关雎》之乱,洋洋乎盈耳哉!"(《论语·泰伯》)孔子不但把《诗》作为教育学生的基本教材,强调要学习诗,"不学诗,无以知言。"(《论语·季氏》)要"兴於诗"(《论语·泰伯》),学习诗可以增长自己的才干,获得很多文化知识、管理国家的本领,他说:《诗》可以兴,可以观,可以群,可以怨。迩之事父,远之事君。多识于鸟兽草木之名。"(《论语·阳货》)读诗可以培养联想力,可以提高观察力,可以锻炼群体性,可以学到讽谏的方法。其中的道理可以用来侍奉父母,也可以用来服侍君上。还可以认识鸟兽草木的名称。

音乐之美在于"和",而乐之用则在于化民。音乐,作为人怡情养志的艺术门类,是人性内在欲望与需求的一种,所以人的生活不能缺少音乐。音乐的"乐"与快乐的"乐"同源同训,在字面意义上就已说明音乐为人带来的感官享受和精神愉悦作用,是一种积极的评价。"和",作为音乐重要的审美标准,是音乐追求的最高境界,它要求音乐与天地万物和谐,可以调节顺畅人的情志,使人听到以后血气平和,正好符合中医所讲的调摄精神、使"内外和谐,邪不能害"养生学原理,可见"乐和"的观念与养生理论是相溶相通的。它们同礼乐的教化作用一样,都有一个共同的特点,就是,可以言志,可以修身,可以怡情,可以通神。所谓"弈则改山河,琴则和正气"就是这个意思。儒家虽倡导的艺术的修身功能,但也注重艺术的教化功能:"乐行而伦清,耳目聪明,血气和平,移风易俗,天下皆宁",即治国者根据人的天性推广音乐,既满足百姓感情需要,又完成对人民的教化,引导风俗向正常发展,此伦理上的社会功能。

諸子百家——儒家

孔子的音乐修养就相当深厚。孔子善唱,在《论语·述而》第三十二则中记载:"子与人歌而善,必使反之,而后和之。"意思是说孔子和别人一道唱歌,如果唱得好,一定请他再唱一遍,然后自己和之。与"歌而善"者互为唱和,这大约说明孔子唱功不错。孔子的音乐修养不仅仅限于此,他精神上的音乐修为则更是臻于化境。《论语·述而》第十四则中说,"子在齐闻韶,三月不知肉味,曰:不图为乐之至於斯也。"孔子在齐国欣赏了名为《韶》的音乐深为陶醉,以至于达到"三月不知肉味"的境界。没有深厚的音乐修养怎么可能如此沉醉于音乐呢?再说孔子还是位很有修养的营养学家和美食家,他对饮食有相当多的讲究,曾记载他"食不厌精,脍不厌细"。但是当他听到了美妙的《韶》乐,他竟然陶醉得"三月不知肉味",如此超拔的艺术欣赏境界,没有深厚的艺术修养功底,实在是很难达到的。

六、管理的智慧

中国儒家管理思想源于华夏文化,兴之春秋战国,经过千百年的发展演变,有其不容置疑的成就和价值,重道、明德、信义、崇礼,儒家的简单的朴素的管理思想,是在实践中不断总结出来的。儒家管理思想有着鲜明的人本主义色彩,建立起了系统的人性管理模式。"道之以德,齐之以礼"是孔子管理思想的精髓与原则。文化是企业发展之魂,儒家文化是管心的文化,儒家文化应该成为企业发展的动力文化。

以人为本,人性管理,仁和为核心

【子曰】
子曰:"道之以政,齐之以刑。民免而无耻,道之以德,齐之以礼。有耻且格。"

——《论语·为政第二》

【智者感悟】

孔子说:"用法制禁令去引导百姓,使用刑法来约束他们,老百姓只是求得免于犯罪受惩。却失去了廉耻之心;用道德教化引导百姓。使用礼制去统一百姓的言行,百姓不仅会有羞耻之心,而且也就守规矩了。"

以人为本是儒家管理的精髓儒家。建立了以人性本善和以人为本的管理模式,儒家管理思想有着鲜明的人本主义色彩。孟子认为,人具有先天的"善端",即善的萌芽,人的善端表现出来就有善心和善德。人所具有的这种善德是人从事一切有利于社会行为的内在依据。

《孟子·滕文公上》:"孟子道性善,言必称尧舜。"孟子对于性善论的最有力的论证,是通过人的心理活动来证明的。孟子认为,性善可以通过每一个人都具有的普遍的心理活动加以验证。既然这种心理活动是普遍的,因此性善就是有根据的,是出于人的本性、天性的,孟子称之为"良知""良能"。《孟子·告子上》:"恻隐之心,人皆有之;羞恶之心,人皆有之;恭敬之心,人皆有之;是非之心,人皆有之。恻隐之心,仁也;羞恶之心,义也;

诸子百家——儒家

恭敬之心,礼也;是非之心,智也。仁义礼智非由外铄我也,我固有之也。"

《孟子·公孙丑上》:"人皆有不忍人之心。所以谓人皆有不忍人之心者,今人乍见孺子将入于井,皆有怵惕恻隐之心。非所以内交于孺子之父母也,非所以要誉于乡党朋友也,非恶其声而然也。"《孟子·尽心上》:"人之所不学而能者,其良能也;所不虑而知者,其良知也。孩提之童无不知爱其亲者,及其长也,无不知敬其兄也。"恻隐和羞恶是人的一种心理常态,孟子说"人皆有之",即认为这种心理常态是人人具有的,无一例外,以此是带有普遍性的。普遍存在的,也就是天然所固有的。无一人能够例外,非个人能力所及,于是就成为一种绝对,一种极致。所以孟子说性善"人皆有之",又说"我固有之"。孟子认为,这种人心所固有的心理常态就是仁义的萌芽之所,是仁义礼智的本原。

儒家十分重视人在管理过程中的地位,可以说人的管理和施行管理的人是儒家理论的核心。有了人才有管理,这种观点和儒家的性善论分不开的。人本主义倾向把人从宗天神学解放出来,使人获得了在社会、国家中的重要地位,加之孟子对人性善的宣扬,从此以后,儒家始终把人作为研究的对象,人的生存、人的价值、人的尊严、人的教育以及人的家庭和社会组织成了儒学一贯关心的课题。儒学明确断言,管理、治理的核心是人,管理的主体和客体都是人。根据人在宇宙和社会中地位的确立,儒家做出了人性本善的假设。以性善论为基础的人性管理模式,充分体现了儒家管理思想的人本主义性质。贵人的思想是儒家的一个根本观念。在儒家看来,天地之间只有人是最宝贵的,是万物之灵。

儒家继承周公"敬德、明德、修德"的思想,主张依靠礼义道德来教化人们,唤醒内心之反省,使之日趋于善。同时,还强调重义轻利的价值观,主张六德(仁、义、礼、智、信、忠)、六行(孝、友、娣、姻、任、恤)、六艺(礼、乐、射、御、书、数)。儒家主张"为政以德""以德服人",提倡教化,反对"不教而诛"。

儒家把"道之以德"作为管理的主要手段,重视管理的道德性,强调道德在管理的有序化中的重要作用。这就像将"德"放在北极星儒家的"为政以德"和"仁政思想"是道的管理的体现。在孔子看来,管理者要讲求道德,以之作为自己的治国方针,这样自己就可以取得无为而治的效果。道德教化是一个国家管理的重要前提之一。要想使一种政治措施能迅速地推行,管理者就要以身作则;要想使广大人民迅速地归附,这种归附是心悦诚服的,那么管理者就要道之以德才行。这是要求管理者通过自身的模范行为,把一定的价值观念,灌输到组织成员的头脑中去,使之转化为一种发自内心的自觉的行为,不是通过外在的而是通过内在的把人性中的最积极的东西调动出来,实行内在的管理自我控制,来达到管理的目标。仁是儒家理论的核心,对于仁的解释也是在不同的地方有着不同的解释在这里我们可以看出儒家的仁的管理方法:一是以身作则,以自己的行动来带动其他人;二是无论是管理者还是被管理者,都必须要有一种爱心,而且还要知道干什么事都会遇到困难,克服了困难然后才会有收获;更为重要的是人在一个集体中活动,一种集体主义的精神才是一种真正的仁。在孟子看来实行"王道"和推行"仁政"是一种理想的社会。他认为:凡事以民生安定为第一位,这是实行王道政治的第一步,只有人民生活安定了,社会才会稳定。王道上位者本身具备"德",再将"德"推广,教导每个老百姓的方式,也就是说与国民"有福同享,有难同当"的管理模式。

儒家人性本善思想讲究"恕道"与"和谐"，它是维护组织内部社平衡与和谐的道德基础。儒家认为，整个宇宙是一个和合体，天道和合，人道和合，人与自然的和合，人的生理与心理的和合。"和也者，天下之达道也"（《中庸》），和合共存是宇宙、社会发展的普遍规律。在人类社会中，只有实行"恕道"才能实现和合的氛围。儒学文化十分强调人与人之间、人与组织之间、组织内部以及组织与组织之间的协作与和谐。只有相互宽容，互相理解、相互克己、相互忍让才能达到和谐。儒家"恕"的内容包括：1.己所不欲，勿施于人。《论语·卫灵公》篇有："子贡问曰：'有一言而可以终身行之者乎？'子曰：'其恕乎！己所不欲，勿施于人。'"孔子的学生仲弓问怎样实行仁德，孔子回答说："出门如见大宾，使民如承大祭。在邦无怨，在家无怨"。（《论语·颜渊》）"施诸己而不愿，亦无施于人"。（《礼记·中庸》）如果人人都自觉地按照"己所不欲，无施于人"，"施诸己而不愿，亦无施于人"的原则处理人与人的关系，那就不会有怨恨和不愉快的事情发生，社会就会出现和谐的局面。2."己欲立而立人，己欲达而达人"。子贡问孔子："如有博施于民而能济众，何如？可谓仁乎？"孔子回答说："何事于仁！必也圣乎！尧舜其犹病诸！夫仁者，己欲立而立人，己欲达而达人。能近取譬，可谓仁之方也。"（《论语·雍也》）即是说，自己所希望的，所欲求的，所要达到的某个目标，也要让别人去追求和实现，所欲与之，这是恕道的另一方面。即不要把自己所厌恶的事情，强加给别人。

由此可见，儒家的"恕道"是将心比心，严于律己，宽以待人，以己度人，推己及人的道德规范。这种道德规范利于人与人之间的相互理解和谅解。如果人人都懂得这个"恕道"的价值，并且实行它，就可以消除人与人之间的隔阂，就可以化解人与人之间的某些不必要的矛盾，人与人之间的关系就可以变得更加和谐。所以，孔子说："恕道"是"可以终身行之"的一种道德规范。"恕"与"和"是不可分的，是相互为用，互为因果的。为此，儒家提出"和为贵"的思想，认为它是建立一个和合性社会生态的根本指导原则。无论是管理主体，还是管理客体，管理主体与管理客体之间以及组织与组织之间，组织与社会之间都是由多种因素构成的复合体，其相互之间的关系是多元的、复杂的，存在着诸多矛盾，存在着认识上、利益上的诸多不一致，因而必然会产生不协调、纠纷甚至冲突。所以需要以"忠恕之道"进行有效管理。上级与下属之间、管理者与被管理者之间都应该讲"恕道"。管理者上层与下属之间讲"恕道"，首先，要建立起一种互爱互敬的关系，"君使臣以礼，臣事君以忠"（《论语·八佾》），上级对待下级要讲原则，要以礼相待，下属才会尽心竭力的工作。"君仁莫不仁，君义莫不义。"（《孟子·离娄下》）"上好礼，则民莫敢不敬；上好义，则民莫敢不服；上好信，则民莫敢不用情。"（《论语·子路》）上下是否和谐的关键在于上属，在于管理者。其次，上属执行政策时，要刚柔适中，合于"度"。孔子说："政宽则民慢，慢则纠之以猛；猛则民残，残则施之以宽。宽以济猛，猛以济宽，政是以和。"（《左传·昭公十二年》）

儒家的"恕道"在日本形成了日本管理文化的宽容性特征，这种宽容性的管理，形成了职工"以厂为家"的观念，从而也就形成了以处理"家庭关系"的宽容心理来处理企业各成员之间相互关系的传统。这实质上就是儒家的"恕"道。值至今日，对于日本人来说，"和"乃是至上的美德。日本各种团体的领导人的最主要的任务不是制定正确的方针、政策,而是维持团体的'和'。因而,日本团体的领导人未必是团体中最有能力的人,但必须是德高望重或资历最高,能集中属员意志并能消弭其分裂与对立的人。为维持团体成员的一体感,日本在团体内部想尽一切办法避免公开的对抗,维护团体内部一体感的乃是儒家的"恕"道。

总而言之,儒家是一种入世治政之说,不消极、不逃避,正视人在管理中的作用,强调人的主观能动性。因此,其"人治"中的积极因素尤显可贵,值得现代管理者借鉴。

弃之所短,取之所长,知人善用

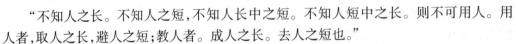

"不知人之长。不知人之短,不知人长中之短。不知人短中之长。则不可用人。用人者,取人之长,避人之短;教人者。成人之长。去人之短也。"

——魏源

用人要有识人之慧眼,识人是用人的前提和基础。儒家认为在用人之先要知人,在与其接触过程中考察他的道德品行与工作能力。纵观历史,事业成败之关键在于用人。

昔之汉高祖刘邦之所以能从一个小小亭长成为一代开国皇帝,就在于他唯才是用,善于用人。《史记》中曾记载他的这样一段名言:夫运筹策帷帐之中,决胜于千里之外,吾不如子房。镇国家,抚百姓,给馈饷,不绝粮道,吾不如萧何。连百万之军,战必胜,攻必取,吾不如韩信。此三者,皆人杰,吾能用之,此吾所以取天下也。由此可见,一个国家、一个民族要独立自主、兴旺发达,真正强大起来,关键在于如何用人、用什么样的人。

诸葛亮就总结了很好的用人经验,他说:"知人之道有七焉:一曰,问之以是非而观其志;二曰,穷之辞辩以观其变;三曰,咨之以计谋而观其识;四曰,告之以祸难而观其勇;五曰,醉之以酒而观其性;六曰,临之以利而观其廉;七曰,期之以事而观其信。"一是"问之以是非而观其变",就是向他提出矛盾的观点,看他的辨别能力;二是"穷人之辞辨而观其变",就是同他辨证一个问题,看他的辨才和机智应变能力;三是"咨之以计谋而观其识",就是请他出谋划策,看他审时度势和分析问题的能力;四是"告之以难而观其勇",就是把面临的危险告诉他,看他的能力和牺牲精神;五是"醉之以酒而观其性",就是在开怀畅饮的场合,看他的自制能力和醉酒以后所显示的本色;六是"临之以利而观其廉",就是让他有利可图,看他是否廉洁奉公;七是"期之以事而观其信",就是同他约定某种事情看他的信用。

要做到知人善任,必须清楚人的长处与短处,取其长避其短。世界上绝没十全十美的事物,即所谓"人无完人,金无足赤"。即是任何人都有自己的长处,同时又都有自己的短处。如果用人求全责备,那是障蔽了我们识人用人的眼睛,就无人才可用。唐太宗李世民说:"人之所能,不能兼备。朕常弃其短,取其所长"。宋代的王安石认为,"一人之身,原有长短",任何人都不可能十全十美,完美无缺,用人的时候,"取其长则不问其短","可以任则任,可以止则止","以其人长于某不而任之,在事虽短何害"? 对德厚才高的人,任其为长。对德薄才下的人,任其为佐属,要充分发挥个人的特长,不能责人以细过。王安石认为,人的才智是差别的,能力是有大小的,用人时一定要把人才放在相应能级的岗位上,能力强的大用,能力弱的则小用,"使大者、小者、长者、短者、强者、弱者,无不适

诸子百家
——儒家

其任者。"做到人尽其才，才尽其用。明代薛王宣说："用人当取其长而舍其短，若求备于一人，则世无可用之才也。"可见，自古以来就有用其长而避其短的丰富理论和经验，这也是符合人才任用规律的。因此，任何层次和任何类型的人才都有自己的长处和短处，长处和短处，优点和缺点是相互依存的，所以，我们使用人才时就不要求全责备，用其所长的一面，避其所短的一面。这是任人之道的重要问题，不可忽视的。所以清代的魏源说："不知人之长，不知人之短，不人人长中之短，不知人短中之长，则不可用人。用人者，取人之长，避人之短；教人者，成人之长，去人之短也。"

据《贞观政要》记载：贞观二年，太宗对右仆射封德彝说："致安之本，唯在得人，比来命卿举贤，未尝有所推荐。天下事重，卿宜分朕忧劳。卿既不言，朕将安寄？"封德彝回答说："臣愚岂敢不尽情，但今未见有奇能。"太宗说："前代明王使人如器，皆取士于当时，不借才于异代，岂得待梦傅说、逢吕尚，然后为政乎？且何代无贤，但患遗而不知耳！"德彝感到十分惭愧。唐太宗认为，使用人才就是要和使用器具一样，不同的器具自有它不同的用处，只要是有用的器具，用之得当就有它的价值，如果求全责备就发现不了人才。有才德之人，何时何地都存在，只不过是看你有没有慧眼识英才的本领，有没有使用英才的魄力而已！

知人还要知道每个人的才能的大小，与每个人才能的不同与各自专长，做到量才授职。刘勰说："是以君子量才而授任，量任而授爵，则君无虚授，臣无虚任。故无负山之累，折足之忧也"。(《刘子》)唐代赵蕤也提出"量才授官，至理之术"的用人原则。他认为人的"才能参差大小不同，犹升不可以盛斛，满则弃矣。非其人而用之，安得不殆乎？"(《长短经》)汉代的王充在《论衡·程材》篇中，把人才分为四个层次：即"能说一经者为儒生；博览古今者为通人；采掇传书，以上书奏记者为文人；能精思著文，联结篇章者为鸿儒。故儒生俗人，通人过儒生，文人过通人，鸿儒过文人。"鸿儒是人才的最高层次。晋代傅玄把人的才能分为九等，然后根据人的才能的不同，而委之以任。傅玄说："凡才有九：一曰，德行，以立道本；二曰，理才，以研事机；三曰，政才，以经治本；四曰，学才，以综经文；五曰，武才，以御军旅；六曰，农才，经教耕稼；七曰，工才，以作器用；八曰，商才，以兴国利；九曰，辩才，以长讽谏。此量才者也。"（转引自《长短经》）也即是要根据人的不同的能力而任之。他还强调不同的事情，要具有不同才能的人来做。他说："夫裁径尺之帛，形方寸之本，不任左右，必求良工者。裁帛形木，非左右之所能也。径尺之帛，方寸之木，薄物也，非良不能裁之，况帝王之佐，经国之任，可不审择其人乎"（《傅子》）。人的才能是有差别的，每一个人有每一个人才能，真正说起来，世界上是没有全才的。因此，一些适合于做这方面的工作，另一些人适合于做另一方面的工作，所以必须认识一个人的才能的不同，从而委之以不同的任务，授之以不同的职务。这也是我国古代任人的一重要的原则。为要做到扬长避短，必须要分别人才的层次和类型。

知人善用，不以貌取，当以质论。三国时期，庞统隐居在江东，鲁肃慧眼识英才，周瑜死后，他就向孙权极力推荐庞统。可是孙权见庞统"浓眉掀鼻，黑面短髯，形容古怪"，心里十分不喜欢，又嫌庞统出言不逊，轻视周瑜，便拒而不用，轻易地将他放走了。于是，鲁肃只好把他推荐给了刘备。庞统虽然早死，但是从当事人对他的评价，以及他生前所做的事来看,他确实是一个不可多得的人才。孙权因为以貌取人,就失去了这样一个人才,不能不说是很大的遗憾。

对人的判断失误,导致良机丧失,甚至丧身辱国的事情,在历史上比比皆是。如关羽因为低估了东吴的吕蒙,终致城亡兵败,身死无地。而楚汉相争之时,项羽勇猛无敌,威名天下,却因为前来投奔的韩信曾受过胯下之辱而不用之,使得韩信改投市井小人一般的刘邦,让不可一世的楚霸王落入十面埋伏之中,落得个霸王别姬、乌江自刎的凄惨结局。

一个人是否应该被看重,重要的当然是看他内在的道德品质和学识修养,至于外在的容貌、装饰以及言谈举止等,其实都是次要的。无论是选才用人还是结亲交友,有见识者当然要以此为标准。当然,能够"质"与"文"俱佳更好,但是,切记不可因"文"而废"质"。否则,一旦被外表迷惑,得到一个华而不实的废物,甚至是一个仅仅外面光的"驴粪蛋",就会不但无益,反而有害。

《史记·高祖本纪》记载:一天,汉高祖设酒宴于洛阳南宫,刘邦问群臣说:"列侯诸将无敢隐朕,皆言其情。吾所以有天下者何? 项氏之所以失天真者何?"高起、王陵对曰:"陛下慢而侮人,项羽仁而爱人,然陛下使人攻城略地,所降下者因以予之,与天下同利也。项羽妒贤嫉能,有功者害之,贤者疑之,战胜而不予人功,得地而不与人利,此所以失天下也"。刘邦说:"公知其一,不知其二。夫运筹策帷幄之中,决胜于千里之外,吾不如子房。镇国家,抚百姓,给馈饷,不绝粮道,吾不如萧何。连百万之军,战必胜,攻必取,吾不如韩信。此三者,皆人杰也,吾能用之,此所以取天下也。项羽有一范增而不能用,此所为我所擒也"。这一段话表明善于用人者则事业兴旺,不善于用人者则事业无成。刘邦比项羽善于用人,所以刘邦取得了成功。用人为要大公无私,任人要不避贵贱,不避亲疏,不论其社会地位如何,只要他有才干就任用他。唐代韩愈说:"古之所谓公无私者,其取、舍、进、退无择于亲疏远迩,唯其可宜焉"。即是说,只要他能力能适宜从事某项工作,不能因为他和自己疏远或和自己有某种亲戚或亲密关系,就用或弃,而是大胆使用。

用人还要有宽容的胸怀,做到大度。三国时的陈寿说"苟得其人,虽仇必举"。用贤不避仇必须要有广阔的胸怀,要有容人之量,楚庄王在平定斗氏之乱以后,举行宴会庆贺。在宴会上,楚王命他的宠姬许氏为群臣斟酒,有一个臣子叫唐狡的,见许姬长得非常美貌,借风吹灭灯之机,拉许姬的袖子。许姬顺手将这个人的冠缨摘走,并走到楚庄王面前,告之此事,要求楚庄王查处。楚庄王听了此事之后,不但不查处,反而命令掌灯的人把灯灭了,叫在场的所有人员都把冠缨摘下来。这样就辨不出拉许姬的人。后来,楚庄王攻伐郑国时,唐狡拼死护卫庄王,楚庄王十分感动,问其原因时,才知道当时拉许姬衣袖的人就是唐狡。正是楚庄王以宽容的态度对下属,才赢得了唐狡对他的忠心。

用人要容人之短。寸有其长,尺有其短。许多人才,往往是一些"怪才",有的刚正不阿,有的不善言表,有的不谙世故。"量小失众友,度大集群朋"。只有海纳百川,尊人之长,容人之短,善于发挥他们的优点、克服他们的缺点、弥补他们的弱点,才能广纳人才,才尽其用。容人还要容人之过。人非圣贤,孰能无过。要有"宰相肚里能撑船"的度量,在用人时切忌以个人好恶取舍,对冒犯过自己,或者对自己有成见的人,要求同存异,以

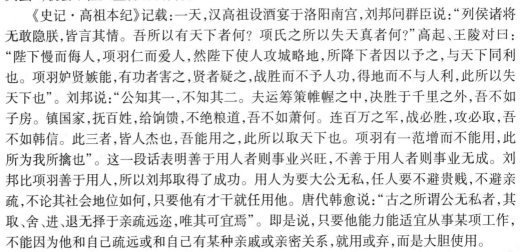

诸子百家——儒家

自己的高尚情操感化他,团结他,使之为我所用。容人更要容人之长。人各有所长,取人之长补己之短,才能相互提高,促进事业发展。对那些能力水平超过自己的人才,要放下架子,虚心请教,放手使用。

金无足赤,人无完人。选用人才要看大局,管理人要做到张弛有度,该严的地方要严格,该宽松的地方要宽松。很多管理者,特别是刚刚出道、本身学历又很高、做事情求完美的管理者,非常容易犯的管理错误就是对人比较挑剔,眼睛里容不得沙子,甚至苛刻到完全以自己的行为标准和价值判断来要求自己的下属。这样,容易在管理者和被管理者之间,工作团队内部制造紧张,最后不可避免地影响到团队的战斗力,甚至使团队趋于解体。

管理是一门平衡的艺术,要做到"赦小过",谁不能宽容别人,也就不能管理别人和领导别人。在重视人际关系和人情面子的中国,掌握这种平衡的艺术,尤其显得重要。

古人云:治安之本,唯在得人。人才的成长有其自身规律,我们只有尊重人才的成长规律,努力为人才提供良好的生长环境,才能使他们真正脱颖而出,形成人才辈出、人尽其才的良好局面。

人尽所能,劳心者治人,劳力者治于人

【子曰】

"或劳心,或劳力。劳心者治人,劳力者治于人。治于人者食人,治人者食于人:天下之通义也。"

——《孟子·滕文公上》

【智者感悟】

有的人脑力劳动,有的人体力劳动;脑力劳动者管理人,体力劳动者被人管理;被管理者养活别人。管理者靠别人养活:这是通行天下的原则。

孟子最早提出社会分工的思想,而且比较系统深刻,很多观点和现代的市场经济理论和现管理分工理论合拍,令人叹为观止,为后来的社会管理提供了理论基础。孟子最具代表性的言论是有名的关于"劳心与劳力"的论辩。

有一个奉行神农氏学说,名叫许行的人从楚国到滕国进见滕文公说:"我这个从远方来的人听说您施行仁政,希望得到一所住处,成为您的百姓。"滕文公给了他住处。许行的门徒有几十个人,都穿着粗麻衣服,靠打草鞋织席子谋生。陈良的门徒陈相和他弟弟陈辛背着农具从宋国来到滕国,也进见滕文公说:"听说您施行圣人的政治,那么,您也是圣人了,我们都愿意做圣人的百姓。"陈相见到许行后非常高兴,完全抛弃了自己以前所学的而改学许行的学说。陈相有一天去拜访孟子,转述许行的话说:"滕君的确是个贤明的君主,不过,他还没有掌握真正的治国之道。贤人治国应该和老百姓一道耕种而食,一道亲自做饭。现在滕国却有储藏粮食的仓库,存放财物的仓库,这是损害老百姓来奉养自己,怎么能够叫作贤明呢?"孟子说:"许先生一定要自己种庄稼才吃饭吗?"陈相回答说:"对。""许先生一定要自己织布然后才穿衣吗?"回答说:"不,许先生只穿粗麻衣服。""许先生戴帽子吗?"回答说:"戴。"孟子问:"戴什么帽子呢?"回答说:"戴白帽子。"孟子

諸子百家——儒家

问:"他自己织的吗?"回答说:"不是,是用粮食换来的。"孟子问:"许先生为什么不自己织呢?"回答说:"因为怕误了农活。"孟子问:"许先生用锅和甑子做饭,用铁器耕种吗?"回答说:"是的。""他自己做的吗?"回答说:"不是,是用粮食换的。"孟子于是说:"农夫用粮食换取锅、瓶和农具,不能说是损害了瓦匠铁匠。那么,瓦匠和铁匠用锅、瓶和农具换取粮食,难道就能够说是损害了农夫吗?而且,许先生为什么不自己烧窑冶铁做成锅、甑和各种农具,什么东西都放在家里随时取用呢?为什么要一件一件地去和各种工匠交换呢?为什么许先生这样不怕麻烦呢?"陈相回答说:"各种工匠的事情当然不是可以一边耕种一边同时干得了的。"

"那么治理国家就偏偏可以一边耕种一边治理了吗?官吏有官吏的事,百姓有百姓的事。况且,每一个人所需要的生活资料都要靠各种工匠的产品才能齐备,如果都一定要自己亲手做成才能使用,那就是率领天下的人疲于奔命。所以说:有的人脑力劳动,有的人体力劳动;脑力劳动者统治人,体力劳动者被人统治;被统治者养活别人,统治者靠别人养活:这是通行天下的原则。""在尧那个时代,天下还未太平,洪水成灾,四处泛滥;草木无限制生长,禽兽大量繁殖,谷物没有收成,飞禽走兽危害人类,到处都是它们的踪迹。尧为此而非常担忧,选拔舜出来全面治理。舜派益掌管用火烧,益便用烈火焚烧山野沼泽的草木,飞禽走兽于是四散而逃。大禹疏通九条河道,治理济水、源水,引流入海;挖掘汝水、汉水,疏通淮水、泗水,引流进入长江。这样中国才可以进行农业耕种。当时,禹八年在外,三次经过自己的家门前都不进去,即便他想亲自种地,行吗?"后稷教老百姓耕种收获,栽培五谷,五谷成熟了才能够养育百姓。人之所以为人,吃饱了,穿暖了,住得安逸了,如果没有教养,那就和禽兽差不多。圣人又为此而担忧,派契做司徒,用人与人之间应有的伦常关系和道理来教育百姓——父子之间有骨肉之亲,君臣之间有礼义之道,夫妻之间有内外之别,老少之间有尊卑之序,朋友之间有诚信之德。尧说道:慰劳他们,安抚他们,开导他们,纠正他们,辅助他们,保护他们,再进一步提高他们的品德。圣人为老百姓考虑得如此周到难道还有时间来亲自耕种吗?

尧和舜治理天下,难道不用心思吗?只不过用在耕田种地上罢了。"我只听说过用中原的一切来改变边远落后地区的,没有听说过用边远落后地区的一切来改变中原的。"陈良本来是楚国的人,喜爱周公、孔子的学说,由南而北来到中原学习。

陈相说:"如果听从许先生的学说,市场价格就会统一,人人没有欺诈,就是打发一个小孩子去市场,也不会被欺骗。布匹丝绸的长短一样,价格也就一样;麻线丝绵的轻重一样,价格也就一样;五谷的多少一样,价格也就一样;鞋子的大小一样,价格也就一样。"孟子说:"各种东西的质量和价格不一样,这是很自然的,有的相差一倍五倍,有的相差十倍百倍,有的甚至相差千倍万倍。您想让它们完全一样,只是搞乱天下罢了。一双粗糙的鞋子与一双榆致的鞋子价格完全一样,人们难道会同意吗?听从许先生的学说,是率领大家走向虚伪,怎么能够治理好国家呢?"(《孟子·滕文公上》)

通过上面我们可以总结出孟子分工理论的几个特点:

孟子认为个人的能力是有限的,一个人要满足自己和家庭的衣食住行是很困难的,甚至是不可能的,所以孟子在反驳许子的观点时问道:"许子必织布而后衣乎?"曰:"否,

诸
子
百
家
——
儒
家

许子衣褐。""许子冠乎?"曰:"冠。"曰:"奚冠?"曰:"冠素?"曰:"自织之与?"曰:"否,以粟易之。"曰:"许子奚为不自织?"曰:"害于耕。"曰:"许子以釜甑爨,以铁耕乎?"曰:"然。""自为之与?"曰:"否,以粟易之。""以粟易械器者,不为厉陶冶;陶冶亦以其诚器易粟者,岂为厉农夫哉? 且许子何不为陶冶,舍皆取诸其宫中而用之? 何为纷纷然与百工交易? 何许子之不惮烦?"曰:"百工之事固不可耕且为之也。"可见许子主张每个人在生活中的任何事都要亲力亲为是行不通的,也是不可能的,因为个人的能力必然有限,而每个人的需求却相对较多,出现某些不平衡,许行的学说主张统治者与老百姓"同吃同住同劳动",自己动手,丰衣足食,的确也是有一定意义,因而具有吸引力的。但这种思想过于简单,也不可能实现,所以孟子在问到许先生为什么不自己烧窑冶铁做成锅、甑和各种农具,什么东西都放在家里随时取用呢? 为什么要一件一件地去和各种工匠交换呢? 为什么许先生这样不怕麻烦呢? 陈相只能回答说:"各种工匠的事情当然不是可以一边耕种一边同时干得了的。"所以只有把人们进行有效的组织和管理才能使每个人的需求都得到满足。在现代社会的管理实践中更是证明了这一点,随着知识经济的到来,科技迅猛发展,人类知识呈现几何级数发展态势,任何人都不可能掌握所有技能和知识,就是在一个企业中,一个产品可以达到上千道工序,一个人怎能完成? 可见分工是必然的。而这几千道工序和成千上万的员工怎样进行有效的排列组合,达到最有效率? 这就需要管理,需要更高级劳心者,出现管理与被管理的分工。

孟子认为士农工商,天下各行各业要有所分工,只有这样才能满足人们不同的需求,才能各得其所,使人们过上物质充足且精神高尚的生活。农夫用粮食换取锅、瓶和农具,不能说是损害了瓦匠铁匠。瓦匠和铁匠用锅、瓶和农具换取粮食,也不能够说是损害了农夫。同理,劳心者用脑力来换取生活用品也不能说是损害了劳力者。他们之间的交换与分工是很自然很合理的事情,是有利于社会发展的。现代管理理论其实最重要就是对人的管理,而如何对现有人员进行有效的分工,使其特有才能在特定岗位上发挥最大的功用,激发其斗志和潜能是现代管理中重要的构成部分。每个人的特点和优势不一样,有点善于营销,有的善于行政,有的善于管理,有的善于科研,在一个企业中正是由于材质的不同使分工更为有效率。在一个高效的组织系统中,正是系统内部人员的相互补充交换和配合使得这个系统的得以高效运转,可见只有组织内部个安其位,各得其所,合理分工才能使管理变成可能。

劳心者治人,劳力者治于人。孟子所谓的"劳心者"主要是指忧国忧民的圣人及具有社会管理才能的执政者,而"劳力者"则是指以农业劳作为主的广大民众。劳心、劳力是当时社会上十分流行的话语,把人类劳动的性质按劳动形式的不同划分为劳心者和劳力者,就像我们现在把劳动划分为脑力劳动者和体力劳动者一样,二者虽名异而实同。孟子强调指出,正是社会分工的结果,决定的管理者与被管理者之间的关系,这是天下共同的道理,是不可以更改的。孟子把"人"划分为"劳心者"与"劳力者"两种类别。现代管理中也必然存在管理与被管理,必然存在等级和秩序,因为这是一个社会或组织得以运转的保证,只有被管理者严格服从命令,使上级决策迅速落实才能谈得上有效管理,否则一个组织必然陷于瘫痪。同时劳心的管理者要尽量保证决策的科学性、可行性,才能保证决策的有效落实。只有进行劳心与劳力的分工才能使社会或组织更完善,只有劳力者对劳心者的服从才能保证社会或组织的有序和有效。

劳心者的主要职责是管理和教化众生,保障社会的秩序。正由于此,圣人不可能只顾忙于稼穑,贪图私利,而应该一心为公,做更为重要、一般人所难以做到的事情以为万民修福。孟子举尧舜禹等人为例,说明劳心者作用是造福万民,教化众生。在尧那个时代,天下还未太平,洪水成灾,四处泛滥;草木无限制生长,禽兽大量繁殖,谷物没有收成,飞禽起兽危害人类。尧为此而非常担忧,选拔舜出来全面治理。舜派益掌管用火烧,益便用烈火焚烧山野沼泽的草木,飞禽走兽于是四散而逃。大禹疏通九条河道,治理济水、源水,引流入海;挖掘汝水、汉水,疏通淮水、泗水,引流进入长江。这样中国才可以进行农业耕种。人吃饱了,穿暖了,住得安逸了,如果没有教养,那就和禽兽差不多。圣人又为此而担忧,派契做司徒,用人与人之间应有的伦常关系和道理来教育百姓——父子之间有骨肉之亲,君臣之间有礼义之道,夫妻之间有内外之别,老少之间有尊卑之序,朋友之间有诚信之德。在现代管理中,一个优秀的管理者就应该做好定位,不要事必躬亲,做那些下级和被管理者该做的事情,越俎代庖,而应该谋大局、观大势、做大事,不要囿于一隅而丧失全局!

劳力者的范围比较广,包括农夫、工匠、商人等,他们要服从统治者的管理,这是社会稳定和秩序所必需的,如果劳力者各行其是,不服从管理,势必造成社会秩序的混乱,劳力者和劳心者只要双方各安其位,劳心者一心为公,造福万民,教化众生,劳力者努力耕作劳动,服从管理,互不纷扰,就会呈现一幅治世的图景:"世之治也,君子尚能而让其下,小人农力以事其上。是以上下有礼而谗慝黜远,由不争也,谓之懿德。"如果双方打破了各自的界限,就会是一幅乱世的景象:"君子称其功以加小人,小人伐其技以冯君子,是以上下无礼,乱虐并生,由争善也,谓之昏德。国家之敝,恒必由之。"现代管理也是一样,管理者与被管理者都要做好自己的本职工作,互相配合,互不侵犯,下级服从上级,上级爱护下级,只有这样才能使管理发挥作用。

用人要有驭才之能力。清代诗人顾嗣协在《杂兴》诗中说:"骏马能历险,犁田不如牛,坚车能载重,渡河不如舟。"人才各有所长,各有其短,这就决定了在用人时,领导者要善于扬其长避其短,发挥人才的最大效能。驭才要用当其时。智者取其谋,愚者取其力,勇者取其威。在用人时,我们不光要用其长,还要量才适用。人的能力不同,要详加考察每个人的能力大小,做到因"材"施用。是什么类型、什么层次的人才,就要把他放在合适的位置上。这样才能真正做到人尽其才,克服"小材大用"和"大材小用"的现象。人才成长的规律告诉我们,人才不可能长时间地保持在一个才华横溢的高水平。我们要用好人才的"黄金时段",树立"人才使用效益"的观念,同样的人才,使用时间不同,所得效益也不同。在人才的能力积累达到一定水平时要敢于给岗位,交任务,使其施展才华。

穷极则变,变则通达,恒久之道

【子曰】

易穷则变,变则通,通则久。是以自天佑之。吉无不利。

——《易传(十翼)》

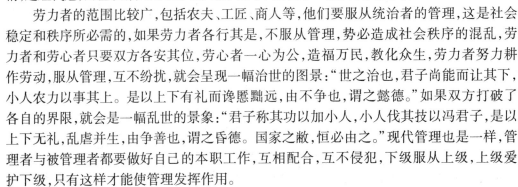

易学的道理是穷极则变化。变化则能通达,能通达,则能恒久。能循此变通的原则。何事不成? 所以有如天助一般,当然万事吉祥而无往不利。

所谓变通之法,就是在处理各种事物时要善于变化和选择而不是墨守和拘泥。甚至逢大势不践小诺,处大事不拘小礼,从而达到变则通,通则灵,灵则达,达则成的理想效果,掌握孔子高妙的变通之法,使我们的头脑更加灵光,变通能力更强,左右逢源而又不偏离中正之道,在成功的蓝图上走得更加灵活自如和自信坚定。

当今社会,市场与信息瞬息万变,要求管理者必须做到在变化中求发展,在创新中谋生存。在管理中遇到问题了就要试图去改变,改变了以后,问题就可以解决,解决了问题才可以长久的生持下去。世间的万物的变化都符合这么一个规律,不管我们从历史角度还是我们身边息息相关的一些事情来看也不能脱离这么一个规律。所以有一位企业家认为:"企业要发展,必须要求变。只有冲破旧的外壳,才能开拓新的价值。不变是暂时的,变化是永恒的。变革是通往光辉未来的必由之路。"甚至有一位企业家干脆说:"无论如何,变是发展的根本。变有可能生,或者生生不息,或者死,但不变肯定死。"儒家的经典《易经》是专门讲变化和发展的,蕴含无穷的智慧,是研究管理哲学中必须要了解的一部经典之作。

《易经》题目中的"易"就是指变化,孔颖达说:"夫'易'者,变化之总名",《易传》也讲"生生之谓易"(《系辞》),"谓之为《易》,取变化之义"(《周易正义·序》)认为易就是变化、变易。变易亦即变化、变通、改革之意。《易经》的道理,是根据天文的观察、地球物理的观察、人类生命的变化中观察、生物的观察、人类活动、中国古代的医理而来,所以在天就成象,在地就成形,太阳、月亮、星星、山川、河流,圣人要像其物宜,就以乾卦作代表天,以离卦作代表太阳,以坤卦作代表地,以坎卦作代表月亮,震卦代表了雷电,艮卦代表高山,巽卦代表了风、空气,兑卦代表了水泽、江河,一共八个现象,所以叫作八卦。所以《易经》上说:"八卦成列,象在其中矣。因而重之,爻在其中矣。刚柔相推,变在其中矣。系辞焉而命之,动在其中矣。吉凶悔吝者,生乎动者也。刚柔者立本者也。变通者趣时者也。"意思是,八卦之中,乾与坤相对,震与巽相对,离与坎相对,兑与艮相对,八卦对待成列,举凡天地间所有的理象,都包含在八卦之中了。八卦虽包含宇宙万象,但仍不足以尽繁杂人事的变化,因此,圣人将八卦两两相重,成为六位的卦,以应事实的需要,因而八八六十四卦、三百八十四爻,都在其中了。阴阳两爻,递相推移,宇宙间的千变万化,都在其中了。各卦各爻,圣人都系以文辞,分别指出吉凶的征兆,于是人间所有的动作营为,和趋吉避凶的道理,都在其中了。人事之间,所以有吉凶悔吝的产生,是由于动作营为的结果。阴阳两爻,是设立卦象以推演宇宙间万事万物的根本。推移变通,正是所以趋向于真理或时机的变化的。

《易经》告诉我们万物"变动不居,周游六虚,唯变所适",宇宙自然与社会人生,万物生命迁流不息,变动无居,剥复交替,否泰转化,动静行止,潜见跃飞,万事随时在变,处处在变,宇宙间没有不变的事,没有不变的人,没有不变的东西。而且天天在变,随时在变,随地在变,无一而不变,也不可能不变。学《易经》,就要知道变化的道理,以及变化的必然性。普通人一般是随变化而走,一点也不能做主。圣人则不同,他懂得变化这个法则,洞悉万物变化的规律,天地间的变化他了如指掌,所以他能领导变化,改变现状,使不利的事情向有利的方向转化。

此外,《易经》还教给我们怎样去捕捉变化,掌握万物变化的规律。首先要了解事物发展是有阶段性的,每一个阶段有不同的特征,要想掌握事物的变化规律,先要知道这一事务所处的具体阶段和每一阶段的不同特征,以便做好相应准备。在事务发展的萌芽阶段,要见微知著,一叶知秋,这要求在事务萌芽阶段就要准确研判其趋势,把握住极其微妙的变化。孔颖达在《周易正义》卷十二释说:"几,微也,是已动之微。动谓心动,事动,初动之时,其理未著,唯纤微而已。若是已著之后,心事显露不得为几;若未动之前,又寂然顿无兼亦不得为几也。几是离无入有,在有无之际,故云动之微也。"在事务的发展阶段要大胆创新,勇于抗争,此时倡导积极进取、奋发有为的人生态度,以"天行健,君子以自强不息"的精神,力图将天行之客观与人力之主观协同起来,实现事务的飞跃发展。当事物发展到顶峰最容易盛极而衰,所以要注意谦恭,要注意韬光养晦,和光同尘防止事务向相反方向发展。下面就以《易经》中的乾卦为例说明。

变易之道一定要应天而变,顺天应人。"应乎天而时行"(《易传·彖》)"君子以遏恶扬善,顺天休命"(《易传·彖》),认为只有顺承事物发展的客观规律,才可以资生万物,无往不利。这就是说,变易革新要顺应历史潮流而行,根据客观事物的发展规律来进行,而不能蛮干。顺天而变还包括在社会改革中要顺应民意,民是社会和历史之天,不可违背民意,否则必然功败垂成。《易传·彖·革》指出"天地革而四时成;汤武革命,顺乎天而应乎人",把商汤推翻夏朝建立商朝,周武王推翻商朝建立周王朝的革命看作是顺应民意和当时社会发展规律的必然结果。

《商君书》中有一段名言:"聪明的人创造法度,而愚昧的人受法度的制裁;贤人改革礼制,而庸人受礼制的约束。"是的,圣人创造"规矩",开创未来,常人遵从规矩,重复历史。为什么孔子是圣人而他的三千弟子不是? 道理就在思想能否解放,是否会变通,是否敢于创新,实事求是地思考分析。

从前,有个国王,左眼瞎,右腿瘸。但他心血来潮,遍招全国画家为他画像,要求画得既真实又不能损害他的尊严。画得好,有赏;画得不好,杀头。

第一位画家呈上一幅画像:国王头戴王冠,身穿王服,左眼瞎,右腿瘸,真是惟妙惟肖。国王看完,火冒三丈,立即下令,将其杀头。

第二位画家送上画像:国王眼不瞎,腿不瘸,英俊威武。国王看后大为反感,随即下令:"拉出去斩"!

第三位画家动了动脑筋,变通思路,终于画成了令国王非常满意的肖像。你看:国王正在野外涉猎,只见他端着枪,右腿跪下,紧闭左眼,瞄准猎物,准备射击……

我们不去评论国王的是非,单从三位画家的得失成败来谈对我们的启示:第三位画家之所以获得成功,是因为他选中了最佳的表现角度,既不失真,又巧妙地掩盖了国王的身体缺陷,真可谓角度独特,匠心独运。

变易之道要顺时而变,变易、变革必须根据客观环境的变化而选择适当的时机,伺机而动,相时而化。《乾·文言》"终日乾乾,与时偕行",《损·象》"损益盈虚,与时偕行",《大有·象》"应乎天而时行",《益·象》的"凡益之道,与时偕行",《小过·象》"过以利贞,与时行也",《坤·文言》"承天而时行",《遁·象》的"刚当位而应,与时行也",以及《乾·文言》"君子进德修业,欲及时也",《坤·六三·象》的"含章可贞,以时发也",《丰·象》的"天地盈虚,与时消息",艮卦《象辞》也说:"时止则止,时行则行,动静不失其时,其道光明"。意思是说:止要适时,动也要适时,要掌握好动静的时机。因此《易经》特别强调"时"这个概念。

管理是哲学,管理是艺术,是随机应变,因人因事因时,又万变不离其宗。《易经》中记述的规律,可以为管理注入智慧的力量,提供中国特色的心智管理模式。在现代管理中,尤其是高层管理人员,必须懂得变易之道,顺天应人,随时而化,能够把握住事物发展变化的规律,懂得生生不已的道理,这样就可以解决管理的终极问题,建设企业的价值文化。

海尔集团连续20多年迅速发展,在中国企业发展史上,不能不说是个奇迹。人们知道,海尔集团原本是一个小型的集体企业,在家电行业中并没有什么先天的优势,即使在后来的发展过程中,海尔在产品质量、企业规模、产品服务、企业竞争能力等方面,并不是每一项或在所有的时期里,都比其他企业做得好,或者说,别的企业在一些方面会比海尔更具优势。

"敬业报国,追求卓越"是海尔倡导并实施的根本性的价值理念,海尔把"报国"作为企业的使命,不但使其成为海尔企业文化的灵魂,而且将其体现到企业制度中,反映在员工的工作方式、交往方式等工作作风中。正是在这种正确的共同价值观支配下,海尔的每一个员工表现出了其他企业员工少有的工作热情,也激活了人们潜在的工作积极性和创造性。更新观念是海尔成功的秘密所在。众所周知的海尔"砸冰箱"事件,其实就是在"有缺陷的产品等于废品"观念的前提下,对产品高质量的创新举措。在海尔看来,企业为适应市场变化,首先要观念先行,要不断地转变原有不适应市场竞争要求的旧观念和思维方式,并尽可能地以新的理念和思维方法来指导企业的行为。这就是海尔的对市场的"悟性",也是海尔企业文化成为竞争优势的关键所在。一个发展的企业,一定会经历不同的阶段,而企业在不同阶段面临的市场及其需要的战略也是不同的,因此,企业文化应该也必须做出相应的变革,只有与时俱进的企业文化才有生命力。

我们说企业文化应该与时俱进,并非是要改变企业的根本性的价值观。如海尔的"敬业报国、追求卓越"和"真诚到永远"的核心价值观是不能改变也不应该改变的。然而,在坚持这些根本性的正确的价值观前提下,企业对一些具体的日常的价值观念又应随企业发展的需要不时地做出调整,使企业文化青春常在,充满活力。

海尔企业文化就是与时俱进的企业文化:海尔在起步阶段,体现真诚为用户理念的是"不合格产品不能出厂"的严格管理。海尔在发展阶段,又从提供优质产品到提供"一条龙"的优质服务;从一般的售后服务发展到为顾客售前的设计服务;从 OEC 式的严格管理到倡导员工人人参与"SUB"式的自主管理;从争行业老大到创世界名牌;从事业部

诸子百家——儒家

制组织到业务流程再造今天,海尔更是满怀壮志奋进世界 500 强,为在世界打响"中国造"不懈努力。可以说,海尔每前进一步,都是观念更新在先,以新的理念指导全体员工,正是这些与时俱进变革的理念,引领着海尔不断地"再赢一次"。

变通是一种智慧。我们做事或遇到问题时不要拘囿于死板,要善于思考、分析。正所谓"灵活运用方圆道""好马也吃回头草"。要达到高度的原则性和灵活性的绝佳统一,切忌死要面子活受罪。

闻一知十,未雨绸缪,凡事预则立

【子曰】

凡事豫则立,不豫则废;言前定,则不跆;事前定,则不困;行前定,则不疚;道前定,则不穷。

——《礼记·中庸》

诸子百家——儒家

【智者感悟】

任何事情,有准备就能成功,没有任何准备就会失败。说话先有准备。就不会辞穷理屈站不住脚;做事先有准备,就不会遇到困难挫折;在行动前先做好了充分的准备,到时候就不会感到内疚了;事先明白做人的道理,就不至于有什么不顺畅之事了。

子谓子贡曰:"女与回也孰愈?"对曰:"赐也何敢望回?回也闻一以知十,赐也闻一以知二。"子曰:"弗如也;吾与女弗如也。"意思是说,孔子问子贡:"你与颜回,谁更优秀?"子贡回答说:"我哪里敢与颜回相比?颜回听到一件事能够推断出十件事,我听到一件事只能够推断出两件事。"孔子说:"是不如他啊,我和你都不如他啊。"事实上,能够做到"闻一知二"也已经相当不容易了。有的人思维极其局限,不会主动思考,不但无法做到"闻一知二",甚至连"闻一知一"都做不到。

预测的特征是:见微而知著,识乎前而知于后。事先做好规划,提前做出适当预测,让事物的发展朝着积极有利的方向发展,是儒家为人处事的原则,更是治国平天下所必需的,并广泛应用在军事、天文、医药等领域。预测是人们在一定条件下依据对发生过或正在发生着的事件的观察、思考,对此一事件将来要如何发展所做出的一种陈述与判断。凡是对事件预先或事先所做的推想、估计、判断、预言等,都是一种预测。儒家有一套专门的预测方法和理论来与测试事物的吉凶祸福,《易经》就包含了丰富的预测理论,并在实践中得到广泛应用,去除其神秘色彩,里面蕴含着深厚的预测学内容。

《论语·述而》载:"子不语怪、力、乱、神。"可见孔子不主张迷信于鬼神之说。但根据一定的因果关系和历史规律做适当的预测是被允许的,也是有必要的和可能的。《论语·为政》:"子张问:'十世可知也?'子曰:'殷因于夏礼,所损益,可知也;周因于殷礼,所损益,可知也。其或继周者,虽百世,可知也。'"孔子对历史及其文化的关注,以强烈的入世心态对历史有浓厚的兴趣,孔子的目的是为现实或未来服务。由于孔子对历史及宗法礼乐文化有深刻的了解,他对历史大势就有了大胆的预测,孔子对历史的这一预测,似乎后来的历史给出了证明,以至于近代以来就有人说:一世三十年,百世三千年,今天的历史发展还是在孔子的预言中。

据载颜回就具有卓越预测的能力。《荀子·哀公》记载："定公问于颜渊曰：'东野毕之善驭乎？'颜渊对曰：'善则善矣！虽然，其马将失。'定公不悦，入谓左右曰：'君子固谗人乎！'三日而校来谒：曰：'东野毕之马失。两骖列，两服入厩。'定公越席而起曰：'趋驾召颜渊！'颜渊至。定公曰：'前日寡人问吾子，吾子曰：东野毕之驭善则善矣！虽然，其马将失。不识吾子何以知之？颜渊对曰：'臣以政知之。昔舜巧于使民，而造父巧于使马；舜不穷其民，造父不穷其马；是以舜无失民，造父无失马也。今东野毕之驭，上车执辔衔，体正矣；步骤驰骋，朝礼毕矣；历险致远，马力尽矣。然犹求马不已，是以知之

颜回

也。'定公曰：'善！可得少进乎？'颜渊对曰：'臣闻之，鸟穷则啄，兽穷则攫，人穷则诈。自古及今，未有穷其下而能无危者也。'"这一颜回预测东野毕马失的故事，虽然我们难以判断它的真实性，但在战国及汉代曾经广为流传，又见于《韩诗外传》卷二第十二章、《新序·杂事五》《孔子家语·颜回》等文献中。

凡事预则立，不预则废。一个人在做事前要先有自己的打算，对未来的状况了解的越清楚、对将要发生的变故准备的越充分，做事的成功率就越高，即使发生意外也不至于手忙脚乱、无从下手。同样对于一个国家也是如此，他更需要对未来的情况作充分的准备，否则在他面对全球化的竞争以及突发性事件时会一败涂地。当代公共管理现代主要通过公共政策进行，而公共政策的制定就需是对未来社会进行的科学与合理的预测，同时还需要对各类危害公共安全的突发性事件做好准备，现代的危机管理显得非常重要，它涉及整个国家的公共安全。因此，现代管理，需要从正反两方面做好对未来情势的预测。虽然现代管理科学并没有把预测提到管理层面并系统化，但管理技术本身就是建立在假设与预测基础之上的，许多学科都企图对未来进行精确描述。传统管理也是基于预测的管理，只是没有形成专门的系统结构，方法与相应的组织。只要面对未来，就必须假设与分析，这就是在预测。

《易经》上说："危者，安其位者也；亡者，保其存者也；乱者，有其治者也。是故君子安而不忘危，存而不忘亡，治而不忘乱，是以身安而国家可保也。《易》曰：'其亡其亡，系于苞桑。'"居安思危对于现代社会更是一个大问题。2003年一场突如其来的危机使人们看到对公共危机管理的重要性。政府公共危机是指在政府管理国家事务中，突然发生的如地震、流行病、经济波动、恐怖活动等对社会公共生活与社会秩序造成重大损失的事件。在危机发生越来越频繁的今天，一个国家要减少危机的发生，降低危机的损失，提高政府应对危机的效率，必须建立系统的危机管理机制。系统的危机管理包括危机的预防与应对。有效的危机管理机制，能够将政府的危机管理纳入一个有序、规范、条理的轨道

中,保证政府在危机发生时能在最短时间内有效调动社会资源,将危机带来的损失减少到最低程度。预防和处置突发公共事件,始终贯穿于人类的历史发展进程中。在一定意义上说,一部人类文明的发展史,就是不断应对并战胜各种挑战和危机的历史。做好预防和处置各类突发公共事件的思想准备、组织准备、物质和技术准备,建立健全社会预警体系和应急机制,不断提高预防和处置突发公共事件的能力,人民群众就一定能够享受更加幸福的生活,我们的社会也一定会变得更加和谐美好。

现代社会,企业处在变化纷繁复杂且日新月异的生活环境之中,商品经济社会趋向成熟,消费结构大大改善,消费者的需求越来越多样化,个性化。必然要面对激烈的市场竞争,更要应付各种突如其来的危机,正如人们常说的那样:天有不测风云,人有旦夕祸福,忽视潜在的危机或不能对危机采取有效的措施,都将对企业带来不可估量的损失,甚至使企业衰败,我国自古以来就有"防微杜渐"之说,所以,对危机的应对与管理、对危机的处理后果,都直接关系到企业的生存与发展,关系到企业形象的塑造和维护,因此企业必须认真研究自身面对的各种危机,灵活运用公共关系的危机管理职能,以使企业积极应对各种危机。

美国强生公司因成功处理泰诺药片中毒事件赢得了公众和舆论的广泛同情,在危机管理历史中被传为佳话。1982 年 9 月,美国芝加哥地区发生有人服用含氰化物的泰诺药片中毒死亡的严重事故,一开始死亡人数只有 3 人,后来却传说全美各地死亡人数高达 250 人。其影响迅速扩散到全国各地,调查显示有 94% 的消费者知道泰诺中毒事件。

事件发生后,在首席执行官吉姆博克(JimBurke)的领导下,强生公司迅速采取了一系列有效措施。首先,强生公司立即抽调大批人马对所有药片进行检验。经过公司各部门的联合调查,在全部 800 万片药剂的检验中,发现所有受污染的药片只源于一批药,总计不超过 75 片,并且全部在芝加哥地区,不会对全美其他地区有丝毫影响,而最终的死亡人数也确定为 7 人,但强生公司仍然按照公司最高危机方案原则,即"在遇到危机时,公司应首先考虑公众和消费者利益",不惜花巨资在最短时间内向各大药店收回了所有的数百万瓶这种药,并花 50 万美元向有关的医生、医院和经销商发出警报。对此《华尔街日报》报道说:"强生公司选择了一种自己承担巨大损失而使他人免受伤害的做法。如果昧着良心干,强生将会遇到很大的麻烦。"泰诺案例成功的关键是因为强生公司有一个"做最坏打算的危机管理方案"。该计划的重点是首先考虑公众和消费者利益,这一信条最终拯救了强生公司的信誉。

事故发生前,泰诺在美国成人止痛药市场中占有 35% 的份额,年销售额高达 4.5 亿美元,占强生公司总利润的 15%。事故发生后,泰诺的市场份额曾一度下降。当强生公司得知事态已稳定,并且向药片投毒的疯子已被拘留时,并没有将产品马上投入市场。当时美国政府和芝加哥等地的地方政府正在制定新的药品安全法,要求药品生产企业采用"无污染包装"。强生公司看准了这一机会,立即率先回应新规定,结果在价值 12 亿美元的止痛片市场上挤走了它的竞争对手,仅用 5 个月的时间就夺回了原市场份额的 70%。

强生处理这一危机的做法成功地向公众传达了企业的社会责任感,受到了消费者的欢迎和认可。强生还因此获得了美国公关协会颁发的银钻奖。原本一场"灭顶之灾"竟然奇迹般的为强生迎来了更高的声誉,这归功于强生在危机管理中高超的技巧。

预测在管理中的应用更是无处不在,没有预测可以说就没有管理,现在的管理理论都是建立在对未来的形式适当的预测基础上做出的,在政府管理中的预算规划和五年计划表现最为明显,在企业管理中预测也随处可见,市场调查、行业分析、宏观经济形势分析无不体现预测思想,而战略规划、部门规划、生产规划则是其具体的体现。《孙子兵法》上说:"夫未战而庙算胜者,得算多也;未战而庙算不胜者,得算少也。多算胜少算,而况于无算乎! 吾以此观之,胜负见矣。""知可以战与不可以战者胜,识众寡之用者胜,上下同欲者胜,以虞待不虞者胜,将能而君不御者胜。此五者,知胜之道也。故曰:知彼知己,百战不殆;不知彼而知己,一胜一负;不知彼,不知己,每战必殆。"

我们每一个人都必须努力拓展知识,培养创新思维,从已有的事物中创造出新的事物。未来决定企业成败的不是资金,也不是资源,而是创新思维。只有不断创新,才能够永立于领先的地位,才能够成为成功者。

身正令行,敢为表率,和谐共进之始

【子曰】

孔子曰:"其身正。不令而行;其身不正,虽令不从。"

——《论语·子路》

【智者感悟】

当管理者自身端正,做出表率时,不用下命令,被管理者也就会跟着行动起来;相反,如果管理者自身不端正,而要求被管理者端正。那么,纵然三令五申,被管理者也不会服从的。

孔子说:"领导者自身行为正当,就是不下命令,事情也行得通;领导者自身行为不正当,虽然三令五申,下面的人也不会服从。"("其身正,不令而行;其身不正,虽令不从。")荀子形象地比喻道:君主就像测定时间的标杆,民众就像这标杆的影子;标杆正直,那么影子也就会正直。君主就像盛水的盘子,民众就像盘子里的水;盘子是圆形的,那么盘子里的水也成圆形。

儒家所理解的"德治",是要求管理者带头遵守社会道德规范,以身作则,从而吸引被领导者上行下效、同心同德去实现管理的目标。因此,这是一种强调道德价值导向的管理方式。

儒学也特别注重领导者的个人魅力和权威所起的重要作用,尤其是领导者对团队管理的表率作用。孔子说:"政者,正也。子帅以正,孰敢不正。"(《论语·颜渊》)即是说,只要领导者能做到廉洁奉公,遵纪守法,严于律己,不谋私利,就会产生很强的感召力和号召力,他的领导意图和主张就能得到很好的贯彻执行。所以孔子说"其身正,不令而行";相反,如果自己不正其身,不能自律,就没有威信和引导力,这就是"其身不正,虽令不从"(《论语·子路》)。领导者的个人魅力是通过领导者的素质表现出来的,它可以增强领导者的权威。领导者素质是指在先天禀赋的生理和心理基础上,经过后天的学习和实践锻炼而形成的,在领导工作中经常起作用的那些基础条件和内在要素的总和。

现代领导者应具备的素质大致包括:1、政治素质。(1)要有理论功底;(2)要有高度的事业心和责任感;(3)要有顽强的进取心和坚韧性;(4)民主性强,服务性好。2、知识结构:(1)理论知识;(2)社会主义市场经济知识;(3)掌握领导科学。(4)一定的专业知识。3、能力素质。(1)统帅全局的战略头脑;(2)多谋善断的决策能力;(3)不断创新的进取精神;(4)知人善任的组织才能。4、品德素质。(1)大公无私,不以权谋私;(2)具有较强的原则性;(3)敢于承担责任;(4)自尊而不自傲,忠诚而不屈从;(5)遵纪守法,廉洁自律;(6)忠实诚信。5、身体素质。其实对领导者所应具备的素质的探讨古已有之。《孙子兵法》上说:"将者,智、信、仁、勇、严也"。《诸葛亮兵法》上说:"夫将材有九。道之以德,齐之以礼,而知其饥寒,察其劳苦,此之谓仁将。事无苟免,不为利挠,有死之荣,无生之辱,此之谓义将。贵而不骄,胜而不恃,贤而能下,刚而能忍,此之谓礼将。奇变莫测,动应多端,转祸为福,临危制胜,此之谓智将。进有厚赏,退有严刑,赏不逾时,刑不择贵,此之谓信将。足轻戎马,气盖千夫,善固疆场,长於剑戟,此之谓步将。登高履险,驰射如飞,进则先行,退则后殿,此之谓骑将。气凌三军,志轻强虏,怯于小战,勇于大敌,此之谓猛将。见贤若不及,从谏如顺流,宽而能刚,勇而多计,此之谓大将。"

汉代名将李广,就是一个"身正令行"的典范。他历任七郡太守,前后四十余年,每次一得到朝廷的赏赐,立即分赏给其部下,同士卒一起吃喝。他带兵打仗,每次长途跋涉、口干舌燥之时,遇到水源,总是先让士卒喝。如果全部士卒没有饮够,他就决不进水;如果士卒不全部吃饱,他决不进食。再加上他平时对下属和蔼、宽厚、不苛求,所以士卒们都爱戴他,很乐意为他效劳。

领导者在管理中所体现的权威,一般有两部分,一部分来自领导者的个人魅力,一部分来自职位所赋予它的权威,当然在古代领袖的权威还来自对上天的崇拜、宗教信仰、世袭等传统性权威。领导个人的权威有时发挥极其重要的作用,甚至决定管理的成败。良好的个人魅力能对员工产生很强的吸引力,能让员工对你产生尊敬的。这才是一个领导者的个人魅力的体现,同时也是让员工在你的领导下努力工作,愿意在你的下面工作的一个因素。

领导者要做到正身和自律,作风谦逊,增强自己的道德修养,要做道德高尚的人,要严格要求自己。意识到自己的义务和承担责任的意义,想尽一切办法,不惜一切付出,扮演好自己承担的角色,管理好自己领导的机构;主动地、创造性地去实现自己的工作目标。正身的实质也就是自律,就是通过提高人的道德自觉来达到行为的自我控制。各级管理者的正身和自律,有着重要的先导和示范的作用。俗话说,"正人先正己","上梁不正下梁歪",就是这个道理。正身和自律是一种自觉的道德行动,是"仁"的一种表现,它出自人心灵的内在的规定性,所以,孔子说:"为仁由己,而由人乎哉"(《论语·颜渊》),"我欲仁,斯仁至矣。"(《论语·述而》)既然正身属于"仁"的范畴,它出自人的内在自觉,因此要求管理者"正己"而又"不求于人"(《中庸》),即端正自己的行为,而不苛求于人,这样就会减少上下左右的摩擦。正身有很大的感召力和示范力,所以,孟子说:"正己而物正者也。"(《孟子·尽心上》)管理者自己身正,起好表率模范作用,要求下级、被管理人员做什么事情，不需要做动员和说服，他们就有自觉性和主动性，就像"天不言，而万物化成"一样。所以，管理者的行为是否符合纪律和法制规范，具有重要的意义。

此外，领导者要敢为天下先，身先士卒，用于做出表率，当仁不让。《论语·卫灵公》："子曰：'当仁不让于师。'""当仁"有两解：一为面临仁德；一为担当实现仁道之重任。朱熹注："当仁，以仁为己任也。虽师亦无所逊，言当勇往而必为也。盖仁者，人所自有而自为之，非有争也，何逊之有？"（《论语集注》）说明了领导者的表率作用极端重要。领导者个人要有很强的魄力。所谓魄力，就是不怕揭伤疤，不怕揭丑，敢于直面企业残酷的现实，敢于揭露企业管理当中存在的问题。

一个人要有自知之明，要正确认识自己，正确对待自己，才是一个聪明的人，这样才能自尊，才能尊敬别人。一个狂妄自大的、我行我素的、天马行空的领导者，既不自尊，也不能尊重别人。人际关系也一定不会和谐，甚至还会造成紧张。人与人之互相尊重，人际关系就会和谐。"敬人者人恒敬之，爱心人者人恒爱之"，你尊重你的下属和员工，下属和员工就更加尊敬你；你爱你的下属和员工，下属和员工就更爱你。管理者"爱人、敬人"就能形成强大的凝聚力和创造力，这样就没有克服不了的困难。所谓企业管理中"亲密原则"，一定要以相互尊重为其前提。企业的领导或管理者，尊重你的下属，就能使企业具有亲和力和凝聚力，就能调动职工的积极性。所以，现在西方摒弃了泰勒的"科学管理"而追求文明的合乎人道主义的管理，即实行以尊重人为前提下的管理，现在，都认识到"以人为本"的管理更有效率。日本的管理很重视人，很重视对人的尊重。日本现在风行一种所谓"走动式管理"，其根本宗旨在于，深入到职工中去，了解情况，沟通意见，联络感情，建立一种亲密的企业氛围。美国 AMWAY 公司获得成功的要素之一，就是通过对员工承诺的方式："尊重并肯定员工个人的尊严、权益及贡献，致力于为员工提供一个得以激发创意的工作环境和训练机会，以提高其工作成就和个人满意度。"这样做的结果，使职工感到他们受到尊重，使职工一心一意地为企业效力。员工的支持是企业立于不败之地的保障和基础。

柳传志是一个创业的传奇。这个传奇的意义不仅在于他领导联想由 11 个人 20 万元资金的小公司用 14 年时间成长为中国最大的计算机公司，并成功实现了对 IBM 公司 PC 业务的并购。他培养接班人的做法也为世人称道。在谈到如何发挥个人领导魅力团结团队时，柳传志先生说，作为领导人，必须要做到诚信、正直，争取追随者以身作则、身先士卒很重要，"创业的时候，没高报酬，我吸引谁？就凭着我多干，能力强，拿得少，来吸引住更多的志同道合的人。"在领导方式方面，柳传志认为，当企业小的时候，或者刚开始做一件全新的事的时候，一定要身先士卒，那个时候，领导是演员，要上蹿下跳自己去演。但是当公司上了一定规模以后，一定要退下来，用人去做。柳传志先生形象地用"屋顶图"总结了联想成功的原因，他认为"建班子、定战略、带队伍"为主要内容的管理理念是最为重要的。当被问及如何选择接班人时，柳传志先生说，品德和学习能力使他最为看重的，他还认为，年轻人是否有上进心和悟性非常重要，要善于通过总结事情的成败，实现自我的逐步提高，同时，要成为领导人还需要具备强烈的成功欲望和把职业做成事业的事业心。

领导者的个人权威也是有一定的范围的,不是无限放大的。如果过分倚重个人权威,超过一定范围就会产生负面的作用。所谓的过犹不及就是这个意思。人的经历、知识、才能、激情、魅力、年龄、心理、智商都是有限的,管理思想当然难免有局限性,这就需要某种平衡。当代的民营企业家的成功,大多数都带有浓厚的个人英雄主义,个人人格魅力和冒险精神在创业初期起了决定性的作用,但当企业发展到个人的经验无法应对和市场竞争加剧的时候,管理就是一个无法回避的问题了。项润先生研究认为,企业在最初的成长 5 年中,约有 50.7% 的难以为继而走向倒闭,10 年以上寿命的企业只有当初的 24.7%。企业发展有六道坎:0-100 万时技术是核心,100-3000 万时营销是核心,3000-1 亿管理是核心,1 亿-10 亿转变观念是核心,10 亿~50 亿战略管理是核心,50 亿以上企业文化是核心。(载《商界》增刊《中国企业管理模式经典》14 页)。当企业发展到一定阶段,企业处于从量变到质变的飞跃阶段时,再完全靠英雄主义式的个人权威就有危险了,而是应该将个人权威向制度性权威过渡,必须以制度管理和企业精神来引导扩大的业务和员工。

福特汽车的例子就说明个人权威有其弊端。福特汽车是老福特一手建立起来的,流水线的生产方式也是由他创建的,这种流水线大大提高了当时的生产效率,并使整个汽车制造业获得提高。但是,当老福特进入“认知模式僵化”的阶段后,他认为福特汽车就应该是黑色的,就应该是两缸的发动机,他固守原有的一切,不愿进行任何变革。此时,其他的汽车厂商都已经开发出了新的汽车型号,并受到消费者的欢迎,福特汽车的总工程师认识到再不改变,公司会面临困境。于是,他私下开发出一款新的车型,将福特汽车原有的黑色变为其他的颜色,发动机也变成了四缸型。但在福特的权威之下,这个正确的方案被他否决。当这位工程师将样车放到老福特的面前时,老福特显得非常激动,亲自上前把样车拆毁了。这件事情过后,老福特的儿子也开发了一款迎合市场需求的新车,同样被老福特送上了废品粉碎线。直到老福特的孙子掌权后,福特汽车才开始有了新的车型,使福特汽车重新拥有了生命力。

做到“其身正,不令则行”,不是一朝一夕的事,它要求一个人无论是在工作中还是在生活中,都要时时刻刻,一如既往地提醒自己以身作则。无论在人前还是人后都能够严格要求自己。用自身的榜样作用和人格魅力来提高修养,引导他人。

运筹帷幄,决胜千里,成就不世之功

【子曰】

子曰:“人无远虑。必有近忧。”

——《论语·卫灵公》

【智者感悟】

孔子说:“一个人没有长远的考虑。一定会有近在眼前的忧患。”

运筹帷幄之中,决胜千里之外。一个成功的管理者必须对自己所统帅的组织的发展方向有一个清醒的认识,要提前制定发展战略。孔子说:“人无远虑,必有近忧。”《孙子兵

諸子百家——儒家

法》中说得更清楚:"不谋万世者,不足以谋一时,不谋全局者,不足以谋一域"。清朝的陈澹然进一步发挥说:"自古不谋万世者,不足谋一时;不谋全局者,不足谋一域;不谋天下者,不足以谋一国。"诸葛亮未出隆中而知天下之事,为刘备政权的建立提前做好了长期的战略规划,并且按照这一规划与曹魏、孙吴形成三足鼎立,成就不世之功,说明了诸葛亮的高瞻远瞩,雄才大略。下面就是脍炙人口、流芳千古的《隆中对》:

由是先主遂诣亮,凡三往,乃见。因屏人曰:"汉室顾颓,奸臣窃命,主上蒙尘。孤不度德量力,欲信大义于天下;而智术短浅,遂用猖獗,至于今日。然志犹未已,君谓计将安出?"亮答曰:"自董卓已来,豪杰并起,跨州连郡者不可胜数。曹操比于袁绍,则名微而众寡。然操遂能克绍,以弱为强者,非惟天时,抑亦人谋也。今操已拥百万之众,挟天子以令诸侯,此诚不可与争锋。孙权据有江东,已历三世,国险而民附,贤能为之用,此可以为援而不可图也。荆州北据汉、沔,"利尽南海,东连吴会,"西通巴蜀,此用武之国,而其主不能守,此殆天所以资将军,将军岂有意乎?益州险塞,沃野千里,天府之土,高祖因之以成帝业。刘璋暗弱,张鲁在北,民殷国富而不知存恤,智能之士思得明君。将军既帝室之胄,信义著于四海,总揽英雄,思贤如渴,若跨有荆、益,保其岩阻,西和诸戎,南抚夷越,外结好孙权,内修政理天下有变,则命一上将将荆州之军以向宛、洛,将军身率益州之众出于秦川,百姓孰敢不箪食壶浆,以迎将军者乎?诚如是,则霸业可成,汉室可兴矣。"先主曰:"善!"于是与亮情好日密。

这个著名的案例说明战略思想在政治、军事中的作用。在现代高度发达的市场经济条件下,战略思想被引入到企业竞争与商战中,形成战略管理思想。战略管理是一种以思想性创新为特征的管理,是不能按教科书来实施和规范的,更不能通过提取和整理有限的数据并将其输入计算机之中,用程式化、数字化的方式进行操作,而是一种要求较高的综合性思维,他需要丰富的实践经验,需要高超的综合分析和判断能力,甚至需要某些先天的灵动之气。

有人对联想集团的新 CEO 的战略管理思想这样记述:

2005 年的联想,正强迫自己用一种"成年人"的角度思考问题,一个新鲜的词语被反复歌颂——在联想最高权力层中,"战略管理能力"已"凌驾"在一切技能之上。在一次高级别论坛上,联想中国首席运营官刘军相信,战略管理能力绝非仅是联想所需的冷门"专业",对任何一家梦想成为"巨型企业"的中国公司而言,这一挑战都无法回避。不再做无谓的战术纠缠。管理层地震、员工出走、客户流失、利润率与市场份额同时下降,跨国并购中经常出现的任何一个危机,如果发生在联想身上,分析师们并不会感到惊讶,"因为那些最有可能从并购中创造价值的公司,平均每年至少会进行两次并购"。

但此前毫无跨国并购经验的联想,却实现了并购 IBMPC 业务后全年首季全球盈利。在受到国内外同行狂热围剿的中国市场,联想几乎重演 1998 年和 1999 年鼎盛时期的状态,其在商用、消费、笔记本电脑市场均取得或逼近历史最佳业绩。

与联想的快乐形成对比的是,电脑暑促市场正变得诡异,近 10 年来屡试不爽的"价格战"首次失灵,那些疯狂降价的电脑厂商无一例外地迎来一个令人沮丧的平凡业绩。

对此,刘军有自己的解释,"随着经济全球化浪潮的降临,PC 已经步入了全球化竞争阶段,未来的 PC 竞争将是实力之争,局部战役的胜负将更多地取决于规模、品牌、运作、设计能力这些全局性的竞争要素"。

不再与对手做无谓的战术纠缠,刘军希望联想用一种"成年人"的心态面对挑战,"1984 年到 1993 年是联想的创业阶段,1994 年到 2003 年是联想的成长阶段,而从 2004 年开始,联想进入成熟期,进入战略管理的自主阶段"。寻找战略路线图。中国还从未有过真正意义上的"巨型企业",虽早已习惯海外各领域的霸主们将企业大旗插遍全球。如今,本土公司的跨国扩张雄心终于喷发,但联想等先行者们却注意到,在"巨人"的世界里,有自己的生存法则。

从联想董事长杨元庆到联想中国业务第三代掌门刘军,都已深切意识到,高超的战略管理能力,才是"巨型企业"驰骋全球市场的法宝,它决定着整个公司资源的分配,并最终决定整个企业"航海方向路线图"的描绘。

刘军给记者指出了战略管理的基本定义:能够高瞻远瞩地去控制、指导企业的发展方向,使企业能够持续发展。其实,怎么做到高瞻远瞩,现在联想自己也不敢去授业解惑。4 年多前,在战略管理能力的"学步期",杨元庆、刘军乃至联想"大家长"柳传志,都"高瞻远瞩"地试图让联想在国内走多元化道路,结果是付出了高昂的学费。

但学费迟早要交,否则只能与雄心告别。联想方面相信,中国企业 20 年来已经形成一套独特的成功管理的文化与模式,而这种模式有实力与西方的管理文化实现对接。

"对国内企业而言,过去就像种子落在了一片天然适宜生长的土地里,发展速度很快,早些年普遍是'机会驱动的无序发展'"。刘军总结说:"随着市场的成熟和企业的壮大,优秀企业必然要向'管理驱动的有序发展'转变。联想遇到的是一个战略问题,这个挑战,海尔、TCL、华为等企业同样也遇到了,而且会有越来越多的国内企业将要面对。战略管理是解决这个问题的关键要素,它决定企业是否能持续优秀,从而成为一个卓越的企业。"

有人对战略思想进行了研究,认为战略思想具有如下特点:①具有鲜明的指向性。是指指导并约束行为的策划纲要所基于的战略思想基础上的战略方针,原则上所具有的鲜明动机指向和目标定位。②具有相对的整体(域)性。对点、线、面的深度和广度、层次和秩序的确定,确立了单位服从整体,整体服从全局的思想观念;点、线、面的有机配合,既有效满足了基于全局的战略方针,又不失相对于全局的单位整体的灵活。③具有相对的时段性。任何事件或事物,没有绝对的长久和久远,均受所处时段、地域、环境和当时自身条件的制约,超出当时的主、客观因素的判断和预测,会随着时间的推移和各类因素的演化而逐显蜕化和陈旧,时间越久这种差距越明显。因此,为了适应不断变化的不可控因素,就要根据不可控因素的变化对可控因素进行不断的改革和创新,才能保证达成目标行动的顺利实施;宏观上的整顿和调控,则是基于相对实际阶段根本性的校正。所以说:战略具有相对的时段性。④具有相应的前瞻性。因为战略是阶段性的宏观行动纲领,而在调查和确定这个纲领的时间只能是基于阶段初始时已存在的各相关因素,这就要求纲领的确定必须能够适应初始时间以后阶段的未知因素。因此,要根据初始时的因素基于经验来判断和预测尚未发生或可能发生的事物,就要有相对于时间段的超前意识,也就是相应与时间段的前瞻性。⑤具有可持续发展性。战略是立足并基于起点的、对各有关要素进行分析、判断和预测后制定的相对于以后相当延长期限的宏观谋划,则在以后相当的延长期内必然存在着一定的客观差异。为了修正差异,就要在基于不可控因素的基础上对可控因素进行持续不断的改良和创新,以适应不断变化的不可控因素。这种为适应不可控因素而基于可控因素上的持续不断的改良和创新,就是基于上的持续发展,也就是战略的可持续发展性。⑥具有基于实际的可行性。脱离了实际的战略规划,也就失去了实施的价值和意义。战略规划的制定必须是基于现实并超出现实,然而又要控制在计划时段内力所能及的范围,这种基于实际的可行性是战略规划必须准确把握的尺度,也是其必备的量化特征。

道之以德。齐之以礼。仁和为核心

【子曰】

"道之以政。齐之以刑。民免而无耻;道之以德,齐之以礼,有耻且格。"

——《论语·为政》

【智者感悟】

"如果使用政令去引导百姓,使用刑法来约束他们,老百姓只是求得免于犯罪受惩。却失去了廉耻之心;如果用道德教化引导百姓,使用礼制去统一百姓的言行。百姓不仅会有羞耻之心,而且也就守规矩了。"

"道之以德,齐之以礼",孔子主张以道德来领导一个国家一个社会,让每个人都不断地提高自己的道德涵养,用礼仪和道德来教化民众,使每个人的内心都有一种无形的精神来约束自己的行为,并自动自发地去做,无形中做错了会有一种内疚,有一种惭愧,有一种羞耻的心情,在这种内心精神的约束下,不敢做不道德的事情。在孔子看来,政治管理是一种教育,目的是为了让人们有品德、有礼貌。而这一点的前提是管理者必须能够担任这一教育角色,也就是做到"道之以德,齐之以礼"。

孔子一面主张"德治化管理",强调通过道德的教化来提高人们的道德自律性,从内进行管理,使之能自觉遵守社会规范,达到管理的有序化;同时,还主张必须要用"礼"的规范来约束人们的行为,从外进行管理,使用一定程度的强制手段来实现社会管理的目标。儒家以孟子为代表的思孟学派强调的人内心道德,向内求索,发挥了孔子管理思想之中的德化管理,以荀子为代表的"礼治"思想则发挥了儒家的制度化管理模式,强调外在的适当管理与强制。后来被弃学生韩非发展成法家思想,彻底放弃管理之中的道德约束,完全以法律、制度和暴力的外在强制为管理手段,走向了极端。实际上只有将内在的道德管理与外在的礼法管理统一起来才能达到"有耻且格"的目的。

中国一向有"礼仪之邦"美誉,儒家十分重视"礼"在管理活动中的作用,并认为"礼"是管理者修养的标准,治民的标志,治国的依据。"礼"是外在的道德规范,在现代文明经商的社会里具有更广阔而丰富的内涵。"礼"是儒家伦理道德思想的基本范畴,泛指各类典章制度和道德规范。相对内在的道德感情和伦理思想的"仁"而言,"礼"是外在的伦理行为与社会制度,它起到调节人际关系,达到社会和谐安宁的作用。孔子说:"不学礼、无以立",不懂得"礼"就不懂得协调人际关系的行为规范,就不能立身处世,就不可能获得事业的发展和进步。荀子更是重视"礼"的管理作用,他提出"隆礼重法"的管理原则,他指出:"礼者,治辨之极也,强国之本也,威行之道也,功名之总也。"(《荀子·议兵》)还说:"故人无礼则不生,事无礼则不成,国家无礼则不宁。"(《荀子·王霸》)同时,荀子还强调用"法"来加强约束性管理,他说:"明礼义以化之,起法正以治之,重刑罚以禁之,使天下皆出于治,合于善也。"(《荀子·性恶》)荀子认为,必须通过礼义的教化和法律强制的约束,才能使合于善,达到对国家的治理。可见,在礼的规范中的约束性以及礼节仪式的规范性中,也存在不少具有管理价值和意义的东西。在我国的社会主义市场经济条件下,"礼"作为一种道德行为规范,作为一种文化,还有没有它的价值和意义呢?"礼"是人类文明的表现形态之一,是规范人的行为、解决人与人之间关系的准则,这就要求在管理中,在人与人的交往中,务必要讲礼貌、礼节、礼仪等。现代的商品市场经济是人类社会发展的经济形态中相对较高的一种文明形式,同样需要讲"礼"是人类历史发展的要求;同时,中国是一个文明古国,亦称"礼义之邦",有讲"礼"的优良文化传统。更为重要的是,"礼"在现代管理中有着卓越的表现,为现代管理提供了新的活力。随着社会主义市场经济的发展,新的商业文化也随之发展起来,"礼仪"在管理实践、经营活动、旅游产业以及服务行业中越来越具有重要的地位和作用。因此,继承和弘扬我国传统的礼仪文化,不只是继承其形式,更要继承其中有价值的内容,为建设适合于社会主义市场经济的、具有中国民族特色的礼仪文化吸取营养,为发展社会主义的市场经济服务。

孔子强调,人的行为要"约之以礼。"(《论语·雍也》)人生活在社会中,其行为必然要受礼的约束,否则就会走向反面。所以孔子说:"恭而无礼则劳,慎而无礼则葸,勇而无礼乱,直而无礼绞。"意思是说,一味恭敬而不懂礼法就会烦劳、忧愁;过于谨慎而不懂礼法就会显得胆小怕事;只知道勇敢而不懂得礼法的人就会鲁莽惹祸;心直口快的人不懂得礼法就会尖伤人。可见,必须恭敬、谨慎、勇敢、直率,如果不讲礼貌,不受礼有约束,就会变得不文明,甚至不道德,造成人际关系的紧张,破坏了人与人之间的和谐。这在企业内部管理显得尤为重要,企业内部应该建立起"礼"文化,以此促进企业内部的人际和谐。企业形象并不是空中楼阁,企业形象建立在员工的一举一动,一言一行之上,员工代表着企业,员工的形象在某种程度上也代表企业的形象。礼貌待客、文明经商应是企业每位员工的责任,企业员工言谈谦和可亲,彬彬有礼,举止端庄,仪表整洁,饱满的精神风貌是一个企业内在的精神财富,是无法效仿的。

在古代管理实践中"礼"是重要的约束机制,而在现代管理中约束性主要是通过规章制度来实现的,因此建立合理的、科学的、系统的、适用的规章制度是现代管理中不可缺少的。"礼"既要体现"仁"的精神,还要体现对人的约束作用,二者不可偏废。所以现代管理同样要注重规章制度所体现的内在精神和对员工的约束性,保持两者的平衡,最为重要的是,规章制度是否反映了管理的规律性。如果规章制度订得合乎规律,它不仅可以起到行为规范、行为导向的约束作用,还可以起到和谐人际关系,增强企业文化内蕴的作用;相反,如果规章制度订得不合乎科学,既束缚人的作用,又破坏企业员工内部的和谐。规章制度必须要具有约束性，但绝不是为了约束而约束，约束的目的是为了规范人的行为，达到人的行为的自觉性以及人与人之间、部门与部门之间的有序和协调，从而达到提高劳动生产率、增加社会财富的目的；忽视规章制度的建设是不对的，但是如果仅仅只重视规章制度的建设，而忽视人的因素，忽视对人素质的提高，忽视人的能动性也就陷入了片面性。

"礼"不但包括自尊，还包括尊重他人。自尊和尊重他人也是一个人立身处世的根本。这在管理中显得很重要，更是企业文化所应努力的方向。对于管理者来说尊重属下显得更为重要。《礼记·曲礼》说："夫礼者，自卑而尊人，虽负贩者，必有自尊心，而况富贵乎！"《孝经》说："礼者，敬而已矣"。"自卑"是卑谦的意思。尊敬他人是人际交往的最基本的准则。儒家强调人的价值和尊严，所以它不但十分强调爱人，还强调"尊人"和"敬人"。自尊表示一个人的尊严，表示自己对自己尊严的肯定；尊重别人表示对他人人格尊重的一种肯定。真正的自谦是对自己人格尊严和能力肯定，也是对他人尊严的肯定。一个没有自谦和自尊的人，首先是对自己尊严的否定，也是对别人的不尊重。自谦和自尊都是一种礼貌，是一个人的人格修养。为此儒家十分推崇自谦。《周易》十分推崇自谦之德，谦卦的卦是山在地下，表示谦恭之意。卦辞为："谦，亨"。为人谦和，则万事亨通。九三爻辞说："劳谦，君子有终。"有功劳而又谦虚的君子，其前途大吉大利。象辞说："劳谦君子，万民服也。"有功劳而谦的管理者、领导者，则万民信服其管理。在儒家看来，自谦属于礼的范围。人只有遵循礼，并且按照礼行事，才能保持自尊，同时也才能尊重他人。孔子强调的"非礼勿视，非礼勿言，非礼勿听，非礼勿动"正是为了达到这个目的。一个人如果不用礼来规范自己的行为，就不能成其为一个文明的人，恭敬、谨慎、勇敢、刚直本来是美德，但如果不用礼来加以规范，就会走向反面。所以，孔子说："恭而无礼则劳（烦劳），慎而无礼则葸（胆小怕事），勇而无礼则乱（祸乱），直而无礼则绞（尖刻伤人）"。（《论语·泰伯》）恭而无礼、慎而无礼、勇而无礼、直而无礼都会导致对他人的不尊重，最终也会导致别人对自己的不尊重。因此，自尊和尊重他人的前提就是用礼规范和约束自己的行为。

孔子的学生有子曾说："礼之用，和为贵。先王之道，斯为美，小大由之。有所不行，知和而和，不以礼节之，亦不可行也。"（《论语·学而》），礼的重要作用，就是要讲中和最为可贵。儒家"礼之用，和为贵"的管理思想是建立在一种宇宙普遍法则的基础之上的。所谓"和"包含了宇宙自身要素的和合、人与自然的和合、人与社会的和合、人与人之间的和合。儒家的"礼"运用了这个宇宙的法则，强调社会的和谐与和合作。"和"是要通过礼来加以调节才能实现，没有礼的调节就不能达到人与人之间的和谐与合作。所以，古代的君王治理国家时，十分重视"礼"的管理功能。儒家用礼来管理国家，其目的是实现和谐的管理目标。

"和为贵"，句出《论语》，类似的古训很多，和为贵、和气生财、和气致祥、和衷共济、家和万事兴，百忍堂中有太和，都是说的"和"。儒家"和"的思想为企业文化的建设与管理提供了思路。儒家的"太和"观念，包含着自然的和谐、人与自然的和谐、人与人的和谐以及自我身心的和谐。儒家是通过道德学养达到自身的和谐，再推广到"人与人的和

诸子百家——儒家

307

谐"。"和"是宽容主义精神的表现,和睦的人际关系,和谐的社会环境,对于人的生存和发展,对于企业的和谐发展都是至关重要。"和"指宇宙中不同事物、不同要素、不同因素之间相互作用而达到的和谐与统一,它相当于现代哲学中说的"矛盾的同一"。"同"是指相同事物之间没有内联系的、机械的组合。"和实生物"指事物内部的不同因素、不同事物之间的相互作用就达到内部的和谐与协和,就能促进事业的发展。"同则不济",如果没有矛盾的同一,绝对的无差别的同一,就没有生命,没有动力,就不能促使事物的发展。"和为贵"是非常辩证的思考,它承认矛盾的存在,而不是否认矛盾;它承认任何管理客体内部结构的复杂性、多元性、多层次性;人的思想观念、价值观、利益趋向的不同等等。管理者的任务,就是把组织内部的各种矛盾、各种不同的价值取向和利益追求都协调起来,统一起来,形成一股合力去实现组织的目标。没有不同意见的争鸣、磋商、讨论、综合,就不能找到最佳选择点,就不能达到优化的决策,因而事业就不会亨通。企业领导的责任,是如何把不同意见,不同的看法,各种不同的矛盾,和谐起来,找他们之间中间点,这是领导者领导艺术。"二人同心,其利断金。"(《周易·系辞上》)二人同心协力,则无往而不胜。"同心之言,其臭(气味)如兰。"(同上)心意相投的语言,其气味像兰花一样的芳香。即容易产生共鸣,达到行动的一致。作为一个企业的领导者或管理者,在任何时候,不论顺利的时候,还是困难的时候,都要坚持和谐一致的原则。人多本应力量更大,如果组织协和得好,就如同贾谊说的"刚柔得道"。系统论的整体性原则,整体大于部分之和,刚柔得道,和合声调,必将产生新的动力。相反就是乖缪,就是不和谐,力量互相抵消,没有力量。一个和尚担水吃,两个和尚抬水吃,三个和尚没水吃,就清楚说明一个组织内部不和谐的结果。所以,"礼"的作用就是改善人际关系,就是人人都遵纪守法,各个人自觉履行自己的义务,各人按自己的职分,按自己的分工去办事。大家都为了一个共同的目标,为了企业的集体利益,为了国家的现代化,都和谐一致地努力工作。

综上所述,儒家文化作为中华文化的精华,包含有十分深刻而又丰富的管理思想。"中华民族伟大复兴必然伴随着中华文化繁荣兴盛",应当按照全面认识祖国传统文化,取其精华,去其糟粕,使之与当代社会相适应、与现代文明相协调,保持民族性,体现时代性的要求,深入发掘儒家传统文化的内涵,从中获得符合民族精神、时代精神和现实需要的启示,并创造性地应用到各行各业管理实践中去,从而更好地促进中华民族的稳步发展。

七、为官的智慧

学而优则仕,儒家认为做人是做官的基础,只有会做人才能更好为官。为官要有很好的学问和才华,但同时还有具有崇高的道德,才能做人们表率,为人们谋福祉!为官要善于谋身,明白中庸之道,既要有经世之才,又要懂得办事方法和手段!出则为将,可以横刀立马,救万民于水火;入则为相,可以运筹帷幄,创万世之基业。为官要胸怀天下,"先天下之忧而忧,后天下之乐而乐",既有杀身成仁、勇赴国难的勇气,又有俯首万民,化育万方的涵养功夫,最终成就齐家治国平天下的理想!

修心进取,顾全大局,遵循中庸之道

【子曰】

故君子尊德性而道问学,致广大而尽精微,极高明而道中庸,温故而知新。敦厚以崇礼。是故居上不骄,为下不倍。国有道,其言足以兴;国无道。其默足以容。《诗》曰:"既明且哲,以保其身。"

——《墨子·尚贤上》

【智者感悟】

君子应当尊奉德性,善学好问,达到宽广博大的宏观境界,同时又深入到精细详尽的微观之处,达到极端的高明。同时又遵循中庸之道。温习已经了解的道理,从而推究对事理新的认识,抱着朴实厚道的态度崇尚礼节。这样。身居上位时不要骄傲,身居下位时不要背弃。国家政治清明时力争言论主张能被采纳使国家振兴。国家政治黑暗时沉默不语力求保全自身。《诗经》里说:"既明达又智慧,这样才能保全自己的性命。"

中庸之道是中国文化的骨髓,它已经深深渗透到了与中国文化有关的每一个元素和成分之中,成为构成普遍的文化心理和社会心理的核心要素之一。每个置身于中国文化视野中的社会成员,都无法摆脱那与生俱来的中庸的思维模式和价值观。因此,正确地认识中庸之道,并加以合理的应运,既是一种智慧,也是一种无可回避的文化责任。

中庸思想起源很早。《尚书》中就已经记载了很多关于古代圣王执中、行中的例子。如《盘庚篇》的"各设中于乃心"、《吕刑》"罔非在中"、《诏诰》《洛诰》的"时中"、《酒诰》的"作稽中德"等。在《尚书·大禹谟》中,有被宋儒称为"十六字心传"的那一著名的箴言:"人心惟危,道心惟微,唯精唯一,允执厥中。"《尚书·洪范》记载,周武王向殷代的遗臣箕子请教国事,箕子提出九条大法,其中就有中道的思想:"无偏无颇,无偏无党,王道荡荡。"由此,我们可以把《尚书》中强调"执中"的政治智慧,看作是中庸之道的思想源头。"中庸"一词,语出《论语·雍也》。孔子说:"中庸之为德也,其至矣乎! 民鲜久矣。"意思是,中庸乃至高的道德修养境界,长久以来,很少有人能做得到了。

"中庸"一语始见于《论语》。"子曰:'中庸之为德也,其至矣乎! 民鲜久矣。'"有"宋代孔子"之誉的朱熹曾对中庸之"中"的含义有过这样的解释:"中只是个恰好的道理"。可见,中庸即是把两个极端统一起来,遵循适度原则。因此,可以把中庸的高明之处理解为寻求平衡的智慧。

如果对儒家"中庸之道"的平衡智慧做一点展开,那么,我们或许可以把它做如下三方面的开掘:

其一是人与自然关系问题上的中庸平衡智慧,其理想状态是达到"天人合一"的和谐境界。以儒家为代表的古代思想家一般都反对把天和人割裂、对立起来的观念与做法,而是竭力主张在"敬天""畏天"的基础上追求天人两极的和谐统一。

儒家把人安身立命的理想目标确立为"天人合一",其积极意义是明显的。近代西方的自然观,在"征服自然"等戡天思想的支配下,一方面取得了巨大的物质文明成就,但另一方面,随着工业文明的发达,生态平衡、环境污染、能源危机等令人忧虑的社会问题迭起。正是在这样的现实背景下,当代西方许多学者对儒家文化中"敬天""畏天"从而追求"天人合一"的思想开始表现出极大的关注,也就在所必然了。在建设环境友好型社会,要求在全社会形成有利于保护自然环境的生产方式、生活方式和思想意识与政策法规的当今中国,儒家"天人合一"的中庸平衡思想显然给我们提供着重要的智慧启迪。

其二是人与他人关系问题上的中庸平衡智慧,其理想状态是达到"人我合一"的和谐境界。在儒家那里,"人我合一"的原则集中体现于其"仁道"思想。对于"仁道"的基本要求,孔子明确将其理解为爱人:"樊迟问仁。子曰:'爱人。'"儒家思想史上的几位后继者譬如孟子、荀子、董仲舒也都认为:"仁者,爱人","仁者,爱人之名。"儒家认为,爱人的基本内涵是视他人为自己的同类,即将别人看作是与自己一样的人。所以《中庸》说"仁者,人也。"这意思是说,仁道首先是承认他人是人,要将他人当作人来对待。有了这一前提,才能超越利己的天性,关爱、同情、尊重他人。

在构建和谐社会的今天,人与人关系问题上的和谐状态同样是我们必须着力营造的。儒家倡导的"人我合一"的中庸平衡智慧也给我们极大的启迪。事实上,人我之间既走出自我中心主义和极端个人主义的羁圈,又反对一味地强调自我牺牲的说教,正是我们今天追求"人我合一"要达到的中庸平衡境界。它无疑是我们构建祥和稳定社会的伦理基础。

其三是人自身内部欲望与理智关系问题上的中庸平衡智慧,其理想目标是达到"欲理合一"的内心和谐状态。儒家认为要达到"欲理合一"的平衡状态必须谨守"以理制欲"的原则。先秦儒家在承认欲望之合理性的同时几乎毫不例外地主张对欲望必须进行理性的引导,孔子称:"克己复礼为仁。"按朱熹的解释:"'己'谓身之私欲也。"荀子认为,人"生而有耳目之欲,有好声色焉,顺是故淫乱生而礼义文理亡焉。"因此荀子的结论是:"以道制欲,则乐而不乱;以欲忘道,则惑而不乐。"

儒家认为为人是做官基础,而儒家理想的为人之道需要具有深厚的道德功夫才,因此中庸之道是为官者追求的最高境界。中庸的"中",即中正、适当、合宜、正确,即不偏不倚,系与偏颇和"两端"相对而言。中,就是不要偏激,不要走极端,不要不及,也不要过头。对于为官来讲,中,就是既不愚忠,也不奸诈;升迁不专横跋扈,丢职不低三下四;既不好高骛远,也不自暴自弃;做人要不卑不亢,不左不右;富贵不能淫,贫贱不能移。只有这样人心才会平稳,社会才会稳定。"中庸"的"庸",有用、常、平常三义。庸,就是保持一颗平常心。"中""庸"合称,即中道之实用、中道为常道、中道可常行之义。程颐说"不偏之谓中,不易之谓庸"。中庸之道反映了一种合情合理的精神,它能"致中和",达到中正和平,而"使无事不达于和谐的境界"。中庸讲的是人之根本,强调做人的艺术和做事的方法。中庸,即永守其中,常持其正,此道得之于太极之理,暗合于阴阳之变,故中庸之道必是因时而化的。古时候有一种欹器,注水一半时则正,过半则偏,满时则倾覆,水流失尽净,所以古之贤者常以此自戒,或用以喻谏执政者要守中持正,不可偏私,不可奋满,《周易》说:"尺蠖之屈,以求伸也;龙蛇之蛰,以存身也。"古今成大事业者,必有其进退出处之道。"日中则昃,月盈则亏,君子尚消息盈虚",此正是日中则偏,月满则亏之意,得道者必明此理,谨守中庸之道,戒奋满之倾覆,则可常行不易,生生化化运行而无穷无尽。历史经验也证明,实施中庸之道,避免过激和片面性,有助于人际关系的改善和问题的正确处理,而"反中庸","矫枉必须过正",则会给社会、给个人带来非常不利的后果。

中庸之道对为官者更是重要。子张就曾经问孔子怎样从政。"子张问于孔子曰:何如斯可以从政矣?子曰:尊五美,屏四恶,斯可以从政矣。子张曰:何谓五美?子曰:君子惠而不费,劳而不怨,欲而不贪,泰而不骄,威而不猛。子张曰:何谓惠而不费?子曰:因民之所利而利之,斯不亦惠而不费乎?择可劳而劳之,又谁怨?欲仁而得仁,又焉贪?君子无众寡,无小大,无敢慢,斯不亦泰而不骄乎?君子正其衣冠,尊其瞻视,俨然人望而畏之,斯不亦威而不猛乎?子张曰:何谓四恶?子曰:不教而杀谓之虐,不戒视成谓之暴,慢令致期谓之贼,犹之与人也,出纳之吝,谓之有司。"

他的意思是,子张问孔子说:"怎样才可以从政呢?"孔子说:"尊重五种美德,排除四种恶政,这样就可以从政了。"子张问:"五种美德是什么?"孔子说:"君子要给百姓以恩惠而自己却无所耗费;使百姓劳作而不使他们怨恨;要追求仁德而不贪图财利;庄重而不傲慢;威严而不凶猛。"子张说:"怎样叫要给百姓以恩惠而自己却无所耗费呢?"孔子说:"让百姓们去做对他们有利的事,这不就是对百姓有利而不掏自己的腰包嘛!选择可以让百姓劳作的时间和事情让百姓去做。这又有谁会怨恨呢?自己要追求仁德便得到了仁,又还有什么可贪的呢?君子对人,无论多少,势力大小,都不怠慢他们,这不就是庄重而不傲慢吗?君子衣冠整齐,目不斜视,使人见了就让人生敬畏之心,这不也是威严而不凶猛吗?"子张问:"什么叫四种恶政呢?"孔子说:"不经教化便加以杀戮叫作虐;不加告诫便要求成功叫作暴;不加监督而突然限期叫作贼,同样是给人财物,却出手吝啬,叫作小气。"

"尊五美,摒四恶"就体现为官从政的中庸之道。其中的"五美","君子惠而不费、劳而不怨、欲而不贪、泰而不骄、威而不猛"就是中庸,而"四恶"则反中庸。孔子满怀仁德之心,体现出对统治者利益和民众利益折中调和兼顾的政策导向。

要做到中庸,首先要练好基本功,儒家的基本功就是修身,从格物致知,到正心诚意,最后再到修身治国,中庸之道的主题思想本来就是教育人们自觉地进行自我修养、自我教育、自我完善。关于修身在第一章已经详述,不再赘言。在这里只是再强调一下,"诚"对修身和中庸之道的作用。《中庸》在修身是提出了诚的概念。它说:"诚者天之道也,诚之者人之道也。诚者不勉而中,不思而得,从容中道圣人也。诚之者择善而固执之者也。"诚之者,择善而固执之,不达则不肯辍,直至得其真谛。诚,则专且能永恒,心不旁骛,行不或止,则其道自明矣。诚的力量可以这样来说明:诚引导我们真实地面对自我,深入理解自己的不完美性和完美性。实际上,在《中庸》里,诚是一种自始至终贯穿人们生活的力量。我们生而有诚,由诚所驱动,受诚的支配。因此,"诚"不是一个从不诚到诚的过程,而是一个由诚到诚的过程。总之,诚是自在的。《中庸》说:"诚者自成也,而道自道也。诚者物之终始,不诚则无物"。也就是说,诚是每时每刻存在于我们的生活之中的动力。诚是儒家生活概念的基础。当诚促使我们真实地面对自己时,直接出现在我们面前的就是社会关系。"故君子不可以不修身,思修身不可以不事亲,思事亲不可以不知人，思知人不可以不知天。"天下唯至诚能尽其性，能尽其性则理可得矣。也就是精诚所至，金石为开之义。至诚则不息不止，不息不止则能持久，持久则可达悠远博厚高明之境界。然则博厚可以载万物，高明可以覆万物，悠久可以成万物，此唯圣人能得而行之。为官之道，就是先要从自身的基本功练起，只有这样才能在为官后宠辱不惊，恪守中庸，无往不利。中庸之道在为官的具体体现，在于不断调试自我，包括一方面戒惧谨慎，如履薄冰，另一方面却勇于革新，开创出前无古人的事业；一方面廉洁自律，勤勉公事，另一方面又要处理好同事关系；以迂为直，外圆内方；不飞则已，飞必冲天；功成而能身退。"善为士者，微妙玄通，深不可识。"

中庸并不是搞折中、无原则妥协，而是要做到不偏听偏信，以社会的利益为重，高瞻远瞩、顾全大局。中庸之道到了现代，好像成了贬义词，和"老好人""和稀泥"同义，"明哲保身"这个词的下场也和"中庸"差不多，都在日常生活中变了质。其实真正的"中庸"是反对模棱两可，反对无原则妥协，他"不是模棱两可，而是真理之道，中正之道"。所以中庸之道，不是搞折中，不分黑白，放弃原则。

要做到真正的中庸就必须审时度势，看清潮流，明白变与不变的统一，这就要求首先，做大事必须先观大局；其次，非常时期，要有霹雳手段时变、物非、人异而其中庸之道不因之而变，是为死守，则不可为！比如：行千里之途，人或说无以守其中正，是不知其中正之道也。千里之途，不守其直，不避其曲，唯以到达目的地为图，直以行其道，曲以避其险，越其高山，涉其大川，则自出发点直至达于其目的地，此即为千里之行的中正之道。最后要懂得变与不变的辩证统一，不论对于何事何物何人，其中庸之大道是不变的，也就是个性与共性的关系，具体到某人、某事、某物，其中庸之道必有不同内容，这是个性，但其总体而言，中庸之道的根本内涵却是不变的，即不偏不倚，常守不易，这就是共性，要知中庸之道，必先明于此理。

下面分享一位学友对曾国藩为官的中庸之道做的总结，以飨读者。

曾国藩中庸固本之术：

顺随动静之理，不欲才能遂其欲。

该忍的时候就是要忍。这并不代表你是一个没骨气或者无原则的人，而是认清形势，以图后举的明智行为。这是一个非常重要的中庸艺术，它可以让对手放松警惕，也有利于让自己在不露声色中悄然壮大自己的实力，在不显山露水之际快速接近自己的目标。

1.修养心性，无间进取。

自我教育贯穿于人的一生之中，人们一刻也离不开自我教育。要将自我教育贯穿于人生的全部过程，就需要有一种强有力的自我约束、自我监督的精神。即使在自己一人独处的情况下，别人看不到自己的行为、听不见自己的言语，自己也能谨慎地进行自我反省、自我约

曾国藩

諸子百家——儒家

束、自我监督。曾国藩以他苦行僧般修行的现身说法,雄辩地证明了这一点。

2.自我更新,以静安身。

时间会消磨掉一个人的功业、毅力和闯劲,也会慢慢清洗掉一个人的一切荣誉。所以,不要为时间的流逝而哀伤,关键是要不断地学习新事物,加强对自我的控制,及时地更新自己。

3.荣辱集一身,宠骂若等闲。

环顾四周,我们身边的很多人都不懂得忍的重要性。所以,他该忍的不忍,该让的不让,头脑容易发热,最后危及自身。所以,一定要用理智来处理遇到的问题,无关大局之处一定要忍要让。用这样的思想来处世,表面上是退是让,是与世无争,实际上是以退为进,将自己争的动机隐藏于无形之中。

4.息事宁人,委曲求全。

一个人尤其是一个领导者,如果不能保持冷静的头脑,经常做出情绪化的反应,肯定是一种不成熟的表现。而具有良好的心理品质,才能在仕途上走得顺利。人生不如意十常八九,为官者更是经常遇到不如意的事情,比如事业的成败,个人的进退,别人的毁誉。这时,以一种近似中庸的态度去面对这一切,可以说是生存的一种大智慧。

5.顾全大局,示弱待变。

要想修炼自己的胸怀,保持自己的事业不断发展壮大,就要有承受巨大痛苦的心理准备。心胸开阔的本质就是在不断的痛苦考验中锻炼出来的。我们追求的是更大的成功,需要宽广的胸怀,就要能够承受巨大的痛苦。只有从炼狱中走过的人才会发现通向幸福的途径。

6.和为贵,忍为高。

得与失在事业发展中皆属正常,胜与败更是兵家常道,几分超然,几分大度,放心胸于天地间,置得失胜败于坦然处;留一步路宽,让一分人前,学会"释怀"方见天地宽。

7.英雄屈身,忍辱示弱。

牺牲掉一些个人的率性自由,多些忍受妥协,是为了和环境之间多些润滑,多乘顺风,使自己在已经够激烈残酷的竞争之中不再另添麻烦。艰难困苦,磨炼英雄,终于在功成名就的同时,也将一种面对外部环境的柔顺圆融之道,内化为一种再难消失的个性风格——这是曾国藩历尽磨难后的最大收获。

8.以守为攻,圆融处世。

忍让也是有境界之分的。曾国藩的忍让,不是压制自己、克制自己的那种忍让,而是在尊重客观条件的同时而又不放弃主观追求,旨在谋求自己去适应客观规律的那种忍让。这是对天地间万事万物及其大道理有所觉悟之后,才拥有的一种立身处世态度。这里面包含着一种难得的"中庸"精神。

对于我们来说,要以中庸之道处世,以逍遥之道处心。用儒家思想进取,以道家智慧炼心;穷则独善其身,达则兼济天下。在变动不居的人生道路上左右逢源,洒脱自在,始终不失精神依托。

光明磊落,正气凛然,行天下之正道

【子曰】
"子曰:君子矜而不争,群而不党。"

——《论语·卫灵公》

【智者感悟】

孔子说:"君子庄重而不与人争执,合群而不结党营私。"

从古至今,以今及古,凡正派人,公道率真,方正坦荡"君子不党"。所以儒家认为党必为私,党必为过,党而不仁。对于结党之祸,无论是从儒家的理论上,还是后来的历史经验都证明应该避免之!当然,这并不是说当官就一定要特立独行,不与人来往,没有朋友,而是说为官要做到和而不同,群而不党!

儒家认为君子是光明磊落的,正气凛然,所以君子不应该结党,而作为为政者更应该以天下大公之心为万民谋福祉,行天下之正道,作万民之表率。儒家反对个人结党,尤其是反对在位的官员结党,而提倡君子不党,主要是为了防止小人在一起拉帮结派,"群居不义",寡廉鲜耻,无恶不作。如小人"群居终日,言不及义,好行小慧,难矣哉"就是说小人聚在一起难免要抱圈子,拜把子,拉关系,搞宗派。所以孔子认为,"人之过也,各于其党。"说的就是这回事!这句话的意思是说一个人身上的毛病、过错,往往与他周围的人有关系,所谓"近朱者赤,近墨者黑"。民间谚语说,"鲇鱼找鲇鱼,嘎鱼找嘎鱼",以及"物以类聚,人以群分"就是说明人们有为了私利而结党的倾向,如果这种情况出现在官场就会有以私害公、危机整个社会的危险,所以孔子对其深恶痛绝。孔子对于小人的许多经典见解,如《论语》中:"君子周而不比,小人比而不周"、如"君子喻于义,小人喻于利"、如"君子和而不同;小人同而不和"、如"君子泰而不骄;小人骄而不泰",等等,直至今天,也仍是放之四海而皆准的真理。

欧阳修在《朋党论》中写得好,"小人无朋,惟君子则有之",说的就是防小人结党营私,而君子同为天下而走在一起无可厚非,与"君子不党"有着异曲同工之处!

"臣闻朋党之说,自古有之,惟幸人君辨其君子小人而已。大凡君子与君子以同道为朋,小人与小人以同利为朋,此自然之理也。然臣谓小人无朋,惟君子则有之。其故何哉?小人所好者禄利也,所贪者财货也。当其同利之时,暂相党引以为朋者,伪也;及其见利而争先,或利尽而交疏,则反相贼害,虽其兄弟亲戚,不能自保。故臣谓小人无朋,其暂为朋者,伪也。君子则不然。所守者道义,所行者忠信,所惜者名节。以之修身,则同道而相益;以之事国,则同心而共济;终始如一,此君子之朋也。故为人君者,但当退小人之伪朋,用君子之真朋,则天下治矣。"这段话的意思是:"臣听说关于"朋党"的说法是自古就有的,只希望吾君能辨识他们是君子还是小人罢了。大体说来,君子与君子,是以理想目标相同结成朋党;小人与小人,以暂时利益一致结成朋党。这是很自然的道理呵。然而臣又认为小人没有朋党,只有君子才有。这是什么缘故呢?小人所喜的是利禄,所贪的是货财。当他们利益一致的时候,暂时互相勾结而为朋党,这种朋党是虚伪的。等

诸子百家——儒家

到他们见利而各自争先,或者到了无利可图而交情日益疏远的时候,却反而互相残害,即使对其兄弟亲戚也顾不得。所以臣认为小人无朋党,他们暂时为朋党,是虚伪的。君子就不是这样。他们所依据的是道义,所奉行的是忠信,所爱惜的是名誉和节操。用它们来修养品德,则彼此目标相同又能够互相取长补短;用它们来效力国家,则能够和衷共济,始终如一,这就是君子的朋党。所以做君王的,只应该废退小人虚伪的朋党,而任用君子真正的朋党,只有这样,才能天下大治。"

儒家还认为,党而不仁,仁而不党。党与仁是相背离的。党必为私,仁见为公。党见必然排斥仁见,仁见也必然遭到党见的打击,这是党必然为过的关键所在。这在后来的历史经验中得到了充分的体现。历代的朋党之争就是明鉴。朋党勾结于上层进行政治活动,多以私人关系相联系,或表现为在朝者内部不同势力的权力斗争,或是在野者部分人士连结试图影响朝政。任何一个党派的利益相对于天下利益而言,都是私利。事实证明以党为公的可能性是很低的。各个朋党在相争之时,不会考虑对方在所讨论的事情、所提出的观点或解决的方法是否正确。而是一味地否定对方,肯定己方,不辨是非,不讲原则。这对一个国家而言,百害而无一利。

唐朝后期,统治集团内部出现不同派别的争权斗争,史称"朋党之争"。宪宗元和三年(808),制科考试时,牛僧孺、李宗闵在策论中批评时政,抨击宰相李吉甫,遭李吉甫排斥,久不叙用。到唐穆宗时,牛僧孺曾一度为相,李吉甫之子李德裕等,指斥李宗闵主持科考舞弊,李宗闵等人被贬官,斗争更趋复杂。朝廷大臣分化组合,形成以牛僧孺、李宗闵为首的"牛党",和以李德裕为首的"李党",两派相互倾轧四十余年。李党领袖李德裕和郑覃皆出身士族高第、宰相之子,皆以门荫入仕,主张"朝廷显贵,须是公卿子弟"。其理由是自幼漂染,"不教而自成"。而牛党领袖牛僧孺、李宗闵等,多由进士登第,反对公卿子弟垄断仕途;在对待藩镇的态度上,两派各执一词。李党世代公卿,支持唐廷抑制强藩,因为节度使强大,影响他们的利益;牛党大多来自地方州郡,与藩镇有千丝万缕的联系,利害相关,主张姑息处之,希望朝廷承认割据事实。在对待周边少数民族政权的问题上,双方态度也相去甚远……两党争持日久,最后变为意气相攻。除去不同利害,已无明显的政见不同。如当时朝堂宦官擅权,两党争相攀附权阉,以为援助。两党交替执政,相互攻伐,使腐败的朝廷更加混乱。唐武宗时,李德裕高居相位,将李宗闵贬斥流放封州;宣宗时,牛党得势,李党皆被罢斥,李德裕被贬死崖州。宣宗时牛僧孺病死,牛李党争才告结束。唐文宗为此感慨:"去河北贼易,去朝廷朋党难。"下面摘录了一位学友对裴度、欧阳修和滕甫三人对"朋党"讨论的对比总结,都体现儒家气概:

"对君子孔子说人的毛病,各于其党人们为实现自己的私利,相互勾结,结成各自的团伙,这就是党朋。而这些党朋就被一些小人用来作为整人的工具,攻击人的炮弹。并且出现了许多为自己狡辩的论点,即中国唐宋时期的裴度、欧阳修和滕甫。裴度说:"君子、小人,志趣同者,势必相合。君子为徒,谓之同德;小人为徒,谓之朋党。外虽相似,内实悬殊,在圣主辨其正邪耳。"欧阳修认为"君子有党"而"小人无朋"。滕甫认为"君子无党"的:"君子无党,譬之草木,绸缪相附者,必蔓草非松柏也。"三种朋党论从字面上看似乎完全不同,实际上却是有着异曲同工之妙。这三人由于当时所处环境不同,所提出的朋党观点的侧重点也就不一样。裴度耻于与小人为伍,故有"君子必与君子为伍,小人必与小人为伍"之说。欧阳修当时因为范仲淹鸣不平,被一些朝野小人诬陷为朋党,才会说出"君子有党",而"小人元朋"之说。滕甫没有像裴度或欧阳修那样的经历,他就来得较为超脱,他所谓的"朋党",才是本来意义上的"朋党"。但他们的论点中都强调一个共同之处,即君子同德,小人同利。君子之间的"朋党"是建立在一种广泛的,符合大众利益的基础之上。而小人之间的"朋党"则是建立在一种狭隘利益之间,完全是为自己的私利,彼此相互勾结,靠损害大众利益,来谋求个人的私利或小团伙的利益。没有朋党,也就不可能出现贪污腐化。没有朋党,就不会出现那些凌驾于他人之上的特权阶层。朋党不能等同于朋友关系,朋友之间有善恶之分,朋党之间只有利益关系,没有善恶之理念。所以自古就有"君子朋而不党"之说。

唯贤是举,谦恭正直,得天下大治

【子曰】

"仲弓为季氏宰,问政。子曰:'先有司,赦小过,举贤才。'曰:'焉知贤才而举之?'曰:'举尔所知。尔所不知,人其舍诸?'"

——《论语》

【智者感悟】

仲弓做了季氏的总管,向孔子请教政事。孔子说:"先派定各部门的负责人,赦免部下的小过失,提拔德才兼备的人。"仲弓问:"怎知道谁是德才兼备的人,从而把他提拔起来呢?"孔子说:"提拔你知道的。你不知道的,别人难道不会推荐吗?"

《中庸》里面记载孔子的话:"其人存,则其政举;其人亡,则其政息","故为政在人"。意思是说。如果由贤良的人来治理国家、处理政事,政绩一定显著;假如贤良的人不在了,仁政也就消亡了。所以,政绩的优劣,关键在人。儒家的"人为贵"思想要求把人的因素放在首位。

任人唯贤是儒家选拔人才的指导思想。儒家的思想中有"亲亲"的道德观念,即以亲近有亲缘关系的人为先,从而衍生了十分有利于封建王族的爵位可世袭的理论。然而,儒家又认为可以跨越固有的地位层次,不拘一格录用人才。《论语·先进》中有孔子语:"先进于礼乐,野人也;后进于礼乐,君子也。如用之,则吾从先进。"就是说,宁愿先选用学了礼乐却尚无地位的人,也不愿先选没有学礼乐的卿大夫世家子弟。荀子在《王制》中说:"贤能不待次而举",指出举贤不必考虑官职的次序。还说:"虽王公士大夫之子孙也,不能属于礼义,则归之庶人。虽庶人之子孙也,积文学,正身行,能属于礼义,则归之卿相士大夫。"荀子用人唯贤、不拘世袭的态度是坚决的。

礼贤下士是儒家选拔人才的基本思路。儒家既然重视人才,就必然关心选拔人才的"致贤之路"。儒家认为"礼"是行仁的好的规范,他们也把这种思想渗透到用人思想中来,反复指出要通过礼贤下士得到人才。《论语·八佾》有"君使臣以礼"之句,《孟子·公孙丑上》有"故将大有为之君,必有所不召之臣;欲之谋焉,则就之"。孟子还说过:"用

诸子百家——儒家

上敬下，谓之尊贤。贵贵尊贤，其义一也，"把"贤"和"贵"抬到同等地位来尊重。认为不谦逊必然会"拒人于千里之外"，得不到贤人。他在《万章下》总结道："欲见贤人而不以其道，犹欲其入而闭其门也。夫义，路也；礼，门也，惟君子能由是路，出入是门也。"进一步强调了礼贤的基础性作用。总之，礼贤下士，被儒家认为是君主获得贤人的道路，是明君应具备的良好品质，是各级官员选拔人才的基本思路。现代心理学，人都有被尊重的心理需要，那么，要获得贤人的信任，让贤人为我们出力，我们就应该努力去满足贤人获得尊重的需要了。儒家礼贤下士的做法是符合心理学原理的。

知人之后如何任用？一个正确的原则是用其所长。孔子在《论语》中说："无求备于一人。"汉朝东方朔有一句名言："水至清则无鱼，人至察则无徒。"因此，用人最忌求全责备。宋代政治家王安石在《委任》中指出："一人之身，才有长短，取其长则不问其短"，"薄于责人，而非匿其过；不苟于论人，而非求其全。"提倡因材施用，用其所长。具体而言，正如《荀子·君道篇》所言："论德而定次，量能而授官。皆使人载其事而各得其所宜：上贤使之为三公；次贤使之为诸侯；下贤使之为士大夫。"坚持用人所长，则人人可用，各得其所，达到如韩愈在《送张道士》所谓："大匠无弃材，寻尺各有施。"

一个领导，如果没有慧眼识英的眼力和举荐贤良的气度，是很难有长远发展的，这种本领和气度或者可以使有才能的人为我所用，或者使贤者成为国家栋梁，既可以利益国家，又可以使自己多一位朋友！当然举荐人才应该以一种超然的态度，切不可以此扶植党羽，以谋私利，君子应该不党，否则有失儒者风范！儒家认为举贤也应该是为官之道。《大学》上说："见贤而不能举，举而不能先，命也；见不善而不能退，退而不能远，过也。"意思是说，看见贤能的人不能推荐，推荐举用之后又不肯亲近，这是怠慢轻忽的行为；看见坏人不能拒绝、黜退，黜退之后又不能疏远他，这是错误的行为。可见举贤既是一种为官之道，更是一种为官的职责！

其实举贤并不是很容易的事情，汉代荀悦总结出用人的十大困难："惟恤十难，以任贤能：一曰，不知；二曰，不进；三曰，不任；四曰，不终；五曰，以小怨弃大德；六曰，以小过黜大功；七曰，以小失掩大美；八曰，以讦奸伤忠心；九曰，以邪说乱正度；十曰，以谗嫉废贤能。是谓十难，十难不除，则贤臣不用；用臣不贤，则国其国也"（《申鉴·政体第一》）。所以韩愈在《马说》中道："世有伯乐，然后有千里马。千里马常有，而伯乐不常有。"说明认识和识别人才并不是一件易事，他需要有举贤的胸襟和气魄，还需要有时识贤的本领。只有做到这样才能使千里马不至于"骈死于槽枥之间"。王符也说："凡有国之君，未尝不欲治也。而治不世见者，所任不贤故也，世未尝无贤也，群臣妒也。主有索贤之心，而无索贤之术；臣有进贤之名，而无进贤之实，此以人君孤危于上，而道独抑于天下也。"（《潜叹》）。

孔子也曾感叹"才难！"《论语》中载："舜有臣五人，而天下治。武王曰：予有乱臣十人。孔子曰：才难，不其然乎？唐虞之际，于斯为盛，有妇人焉，九人而已。三分天下有其二，以服事殷。周之德，其可谓至德也已矣！"意思是说：舜有五位贤臣，就能治理好天下。周武王也说过："我有十个帮助我治理国家的臣子。"孔子说："人才难得，难道不是这样吗？唐尧和虞舜之间及周武王这个时期，人才是最盛了。但十个大臣当中有一个是妇女,实际上只有九个人而已。周文王得了天下的三分之二,仍然事奉殷朝,周朝的德,可以说是最高的了。"孔子通过历史来阐述人才的难得和可贵。这里提出舜为什么能够为中国的文化奠定良好的基础。因为除了领袖的道德才干,优秀的人才也非常重要,所谓领袖难当,人才难得。舜当时平定天下万古留名,是因为当时有禹、稷、契、皋陶,伯益五个大贤者,才得天下大治。

据《贞观政要》记载:贞观二年,太宗对右仆射封德彝说:"致安之本,唯在得人,比来命卿举贤,未尝有所推荐。天下事重,卿宜分朕忧劳。卿既不言,朕将安寄?"封德彝回答说:"臣愚岂敢不尽情,但今未见有奇能。"太宗说:"前代明王使人如器,皆取士于当时,不借才于异代,岂得待梦傅说、逢吕尚,然后为政乎? 且何代无贤,但患遗而不知耳!"封德彝感到十分惭愧。在唐太宗看来,使用人才就是要象器具的功用一样,不同的器具有不同的用处,只要有用的器具就有它的价值,求全责备就发现不了人才。才德之人,历代都是有,只看能不能发现,发现之后能不能见用罢了。

孔子曾经议论过怎样才是闻达之士,为认识贤达之士提供了参考!《论语》中记载这样一段话:"子张问:'士何如斯可谓之达矣?'子曰:'何哉,尔所谓达者?'子张对曰:'在邦必闻,在家必闻。'子曰:'是闻也,非达也。夫达也者,质直而好义,察言而观色,虑以下人。在邦必达,在家必达。夫闻也者,色取仁而行违,居之不疑。在邦必闻,在家必闻。'"这段话的意思是,有一次子张问:"士怎样才可以叫作通达?"孔子说:"你说的通达是什么意思?"子张答道:"在国君的朝廷里必定有名望,在大夫的封地里也必定有名声。"孔子说:"这只是虚假的名声,不是通达。所谓达,那是要品质正直,遵从礼义,善于揣摩别人的话语,对察别人的脸色,经常想着谦恭待人。这样的人,就可以在国君的朝廷和大夫的封地里通达。至于有虚假名声的人,只是外表上装出的仁的样子,而行动上却正是违背了仁,自己还以仁人自居不惭愧。但他无论在国君的朝廷里和大夫的封地里都必定会有名声。"所以举荐贤者就应该以这用方法和标准来进行,被荐之人必须德才兼备,表里如一,是一位谦谦君子,只有这样才能为民为公,上尊君命,下抚黎民!

唯才是举,举荐人才不避亲仇,用人要"大公无私",陈寿《三国志》:"以天下为公,唯贤是兴"。唐代韩愈也说:"古之所谓公无私者,其取、舍、进、退无择于亲疏远迩,唯其可宜焉"。即是说,当一个人只要他有能力和才干,不能因为他和自己疏远就不用他;相反一个人没有能力和才干,不能和自己有某种亲戚或亲密关系,就不罢免他。只要他能力能适宜从事某项工作,就大胆地使用他。

有这样一则故事,祁黄羊荐贤无私。晋平公问祁黄羊:"南阳缺个县官,你看谁当合适?"祁黄羊说:"解狐最合适。"晋平公很奇怪:"解狐不是你的仇人吗,你为什么要推荐他做官?"祁黄羊答道:"您只问我谁能当县官,并没问我谁是仇人。"于是解狐就被派去做了南阳的县官。他在南阳做了一些好事,得到了百姓的称赞。又有一天,晋平公问祁黄羊:"朝廷里缺个法官,你看谁当合适?"祁黄羊说:"祁午合适。"晋平公又奇怪了:"祁午不是你儿子吗,你不怕别人说你为儿子走后门吗?"祁黄羊答道:"您问的是谁可以当法官,并没有问祁午是不是我儿子。"祁午做了法官,能秉公执法,得到了人们的称赞。这两件事后来传了出去,知道的人都说:"祁黄羊这人可真不错,无论是自己的仇人还是自己

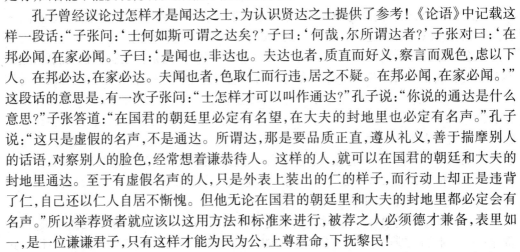

的儿子,只要是有德有才的,他都能推荐。这才是真正的大公无私呢!"

曾国藩为官之道一直以来都是后人的典范。他就非常注重举荐人才,并善于发现人才,一生荐人无数,且有不少都成为柱国之臣!这也是他成为政坛常青树的原因之一。唐浩明在他的小说《曾国藩》中就描述很多类似的事情:

曾国藩一边听杨载福讲话,一边细细地端详他。见他双眼乌黑发亮,正应相书上所言"黑如点漆、灼然有光者,富贵之相。"左眉上方一颗大黑痣,又应着相书上所言"主中年后富贵"。对于相书,曾国藩既相信又不全信。他喜欢相人。一方面将别人的长相去套相书上的话,另一方面,他又看重这人的精神、气色、谈吐举止,尤重其人的为人行事。将两方面结合起来,去判断人之吉凶祸福。眼前这位杨载福,凭着他多年的阅历和相人的经验,两方面都预示着前程远大,只可惜埋没在芸芸众生之中,得不到出人头地的机会。应当指点他。曾国藩待杨载福说完后,问:"目今兵戈已起,国家要的正是壮士这等人才。不知壮士肯舍得排业,去投军吗?"杨载福答:"家父从小就跟载福说过:学成文武艺,货与帝王家。我也常想,倘若这点能耐能被在位者赏识,为国家效力,今后求得一官半职,也能告慰先父在天之灵了。""好! 有志气!"曾国藩高兴地说,"鄙人与湖南巡抚有一面之交,我为你写封荐书,你可愿去长沙投奔骆大人?"

"愿意!"杨载福站起来,爽快地回答,"尽管长毛正在围攻长沙,别人都说长毛厉害,但载福不相信,我偏要在炮火之中进长沙。"

杨载福即是杨岳斌,为避同治(载淳)、光绪(载湉)皇帝讳,由曾国藩建议改名岳斌,取文武兼备之意。杨载福是清朝名将,湖南吉首(乾州)人。曾随曾国藩镇压太平天国革命,累官湖北提督、福建陆师和水师提督、陕甘总督。

举荐人才,在为官过程中不仅可以促进自己在官场上人际关系的和谐,为国家选出栋梁之材以利于造福黎民,还可以为有识之士提供一个展现才华的机会,实现自己的报复,不至于埋没人才,终老无闻。

按照现代管理学的说法,重用贤人,其中至少应该有两个标准,第一是有能力,第二是有品德。无德无才、有德无才、有才无德,或者德胜于才、才胜于德,都不是最理想的人才类型。真正的人才应该做到所谓"德才兼备",一方面具有胜任一个职位的知识、技能和经验,另一方面具有相当的职业操守,能忠于自己的公司和团队,能给下属和同事发挥表率作用。

历史上曾有一人兴邦,得一人而得天下者,举荐贤人对事业发展的重要性可见一斑。一个企业要发展得好,必须坚持任人唯贤,而不唯亲,学会用人之道。

不在其位,不谋其政,为官之道

【子曰】

"子曰:不在其位,不谋其政。"

——《泰伯》

【智者感悟】

为官不在其位,不谋其政。既不可以擅离职守,也不可越权行事,各司其职,分工合

诸子百家——儒家

319

作，才可能使政府正常运行。

儒家主张为官不在其位，不谋其政。"谋政"的前提是要有其位。不管在什么位置上，都要做好本分，不要越俎代庖，跳过你的职位去做不该你做的事。

《中庸》说："君子素其位而行，不愿乎其外。素富贵，行乎富贵。素贫贱，行乎贫贱。素夷狄，行乎夷狄。素患难，行乎患难。君子无入而不自得焉。"意思是，君子安心于平常的地位，去做应做的本分事情，从来不羡慕本职以外的名利。身处在富贵的地位上，就坐在富贵地位上的所应做的事；身处在贫贱的地位上，就坐在贫贱地位上所应做的事情；身处在患难中，就做处在患难中所应做事情。这样，君子无论处在什么地位，都不会感到不安。其实不在其位，不谋其政最重要的一点就是要求各级官员要个安其位，努力做好自己的本职工作。曾子也说过："君子思不出其位。"可以说这是曾子对"不在其位，不谋其政"的一种理解和诠释。一个人不要老想一些超越自己本位的事，而应该对自己职责内的事多动动脑筋，不要总是琢磨着干预别人的职权，对别人的大小事都插上一手，这样于公于私都不好。《中庸》上说："在上位不陵下；在下位不援上"，其主旨在于"欲各专一于其职"（刘宝楠《论语正义》）《韩非子·二柄篇》中记载这样一则故事：有一次，韩昭侯因饮酒过量，不知不觉便醉卧在床上，酣睡半晌都不曾清醒。他手下的官吏典冠担心君王着凉，便找掌管衣物的典衣要了一件衣服，盖在韩昭侯身上。几个时辰过去了，韩昭侯终于睡醒了，他感到睡得很舒服，不知是谁还给他盖了一件衣服，他觉得很暖和，他打算表扬一下给他盖衣服的人。于是他问身边的侍从说："是谁替我盖的衣服？"侍从回答说："是典冠。"韩昭侯一听，脸立即沉了下来。他把典冠找来，问道："是你给我盖的衣服吗？"典冠说："是的。"韩昭侯又问："衣服是从哪儿拿来的？"典冠回答说："从典衣那里取来的。"韩昭侯又派人把典衣找来，问道："衣服是你给他的吗？"典衣回答说："是的。"韩昭侯严厉地批评典衣和典冠道："你们两人今天都犯了大错，知道吗？"典衣、典冠两个人面面相觑，还没明白是怎么回事。韩昭侯指着他们说："典冠不是寡人身边的侍从，你为何擅自离开岗位来做自己职权范围以外的事呢？而典衣你作为掌管衣物的官员，怎么能随便利用职权将衣服给别人呢？你这种行为是明显的失职。今天，你们一个越权，一个失职，如果大家都像你们这样随心所欲，各行其是，整个朝廷不是乱了套吗？因此，必须重罚你们，让你们接受教训，也好让大家都引以为戒。"于是韩昭侯把典冠典衣二人一起降了职。

孟子说过"位卑而言高，罪也"；一个人的修养学识不到家，不在那个位置上就不要谈论那个位置上的事。在我们实际生活中，我们似乎也经常发生这种现象，那就是越外行的人越喜欢谈内行的话，但是你真让他来干，他还干不了，俗语说："站着说话不腰疼"就是这个意思。不在其位，就不了解具体情况，乱发议论往往是外行人说内行的事。政治是一门学问，为官亦然，不是人人都能懂能做的事情，也不是单个人能全懂全做的事情。所以孔子的意思是告诉大家不在那个位置上，就不能真正知道它的内容，即使知道也不一定能够应付得了，所以以要调整我们的心态，多一分理解，少一些抱怨，少一些不满，少一些评论，多一些支持，用多一份务实的精神来做好自己的本职。有些事情不是想象中那么简单，不要随便发表议论，特别是不满和抱怨。这里强调的是要务实，而不要空谈。所谓空谈误国！应该做事积极,说话谨慎。孔夫子提出"慎言",就是说话要小心,不要说自己做不到的事。况且"言多语失"议论他人的是非是容易遭他人怀恨的,要防止"祸从口出",这是为官所应遵循的。

孔子提倡"不在其位,不谋其政",但有一个前提,那就是"在其位,要谋其政",两者相辅相成,互为表里。诸葛亮"鞠躬尽瘁,死而后已"就是典范。他明法、正身、和吴、治军,内修政礼,外服夷狄,他尊王而不攘夷,进兵南中,和抚夷越,东联孙吴,北抗曹魏,后有六出祁山,以"鞠躬尽瘁,死而后已"的无私奉献精神战斗到生命的最后一息。他的忠公体国精神,生前就深受蜀人爱戴,死后更长期受到后人的景仰。下面我们以《出师表》重温他一片赤诚之心:

"臣本布衣,躬耕南阳,苟全性命于乱世,不求闻达于诸侯。先帝不以臣卑鄙,猥(白)[自]枉屈,三顾臣於草庐之中,咨臣以当世之事,由是感激,遂许先帝以驰驱。后值倾覆,受任于败军之际,奉命于危难之间,迩来二十有一年矣。先帝知臣谨慎,故临崩寄臣以大事也。受命以来,夙夜忧惧,恐付托不效,以伤先帝之明,故五月渡泸,深入不毛。今南方已定,甲兵已足,当奖率三军,北定中原,庶竭驽钝,攘除奸凶,兴复汉室,还于旧都,此臣所以报先帝,而忠陛下之职分也。"

修身善身,胸怀天下。齐家平天下

修身齐家治国平天下,是每一个儒者的抱负,是一个由小到大的渐进关系的发展,学而优则仕,为官后就为进一步实现这一目标提供了方便！为官者要牢记这一信念,既要修身以善其身,又要敞开胸怀兼济天下。显达不忘修己,官卑不忘忧国！

为官要注重修身,修身要从小事做起。东汉时有一少年叫陈蕃,自命不凡,一心只想干大事业。一天,其父之友薛勤来访,见他独居的房内龌龊不堪,便对他说:"孺子何不洒扫以待宾客?"他答道:"大丈夫处世,当扫天下,安事一屋?"薛勤当即反问道:"一屋不扫,何以扫天下?"陈蕃无言以对。

为官者要有治国平天下的抱负和雄心,能临危受命、力挽狂澜！张居正是明代中后期叱咤风云、大有作为的政治家和改革家。他是为官者治国平天下的典范。他在隆庆和万历年间,国脉倾危之际,参与并领导了历时16年之久包括政治经济各方面的改革。其勇于任事,犯难进取,挽救危亡的精神,为人们所景仰和追思。明朝张居正的改革,是封建社会后期最大的一次改革运动。他本人从秀才、举人、进士,官至内阁大学士,从平民中崛起,在明朝万历王朝初年当了十年首辅,协助十岁的小皇帝,推行改革,把衰败、混乱的明王朝,治理得国富民安,人们赞扬他是"起衰振隳"的"救时宰相"。

《范仲淹有志于天下》中记载:"范仲淹二岁而孤,家贫无依。少有大志,每以天下为己任,发愤苦读,或夜昏怠,辄以水沃面;食不给,啖粥而读。既仕,每慷慨论天下事,奋不顾身。乃至被谗受贬,由参知政事谪守邓州。仲淹刻苦自励,食不重肉,妻子衣食仅自足而已。常自诵曰:'士当先天下之忧而忧,后天下之乐而乐也。'"范仲淹两岁的时候就失去父亲,家中贫困无依。他年轻时就有远大的志向,常常用冷水冲头洗脸吃粥坚持读书。做官以后,常常谈论天下大事,奋不顾身。以至于有人说坏话被贬官,由参知政事降职作

诸子百家——儒家

邓州太守。范仲淹刻苦磨炼自己,吃东西不多吃肉,妻子和孩子的衣食仅自保养罢了。他经常朗诵自己作品中的两句话:"先天下之忧而忧,后天下之乐而乐。"

范仲淹青少年时期,在日食两餐冷粥的困境中坚持刻苦攻读,甚至五年未尝解衣就枕,这番艰苦生活的磨炼,使他后来始终能以清廉律己,关心人民疾苦,不忘"忧天下"的初志。中年做官后,接连上书议论国事,讥切时弊。后得罪宰相吕夷简,贬饶州。康定元年(1040),边事紧急,召为龙图阁直学士,任陕西经略安抚副使兼知延州,防御西夏。由于号令严明,训练有方,又能团结当地羌人,戍边数年,名重一时,羌人尊呼为"龙图老子",西夏称为"小范老子",赞其腹中有数万甲兵。庆历三年(1043),吕夷简罢相,范仲淹参知政事。曾提出十条建议以革新朝政,重在整顿吏治,限制公卿大臣的子侄荫官,引起腐朽官僚势力的不满,攻击他引用朋党,迫使离朝,"庆历新政"即此结束。后于赴颍州途中病死。

对于普通百姓来说,修身齐家治国平天下的抱负有些空泛。对于仕途官员来说,修身养德,以治国平天下为最终目的,是不可推卸的责任。

治国的智慧

儒家提出了"仁政"的治国方略。仁政就是以"仁"为最高治国理念,一切政治行为、政治制度、政治措施都要符合"仁"的要求,为政以德,以德治国。治国平天下是儒家的最高理想。"民为贵,君为轻,社稷次之",儒家提出天下为公,贤者在位,人不独亲其亲,不独子其子的大同思想。天下大同是无数人追求的理想,也有无数人为之奋斗呐喊,从孔子的"天下大同"到梁启超的"大同书",从东汉黄巾军大起义到清朝的"太平天国"运动,都是为着能实现这一理想,就是在现代,大同世界也是我们所追求的理想境界!

以德治国。取信于民,取信于天下

【子曰】

子曰:"为政以德。譬如北辰,居其所,而众星共之。"

——《论语·为政》

【智者感悟】

孔子说:"为政者如果用道德的力量去治理国家。就会像北极星那样。只要处在自己的位置上。众星就自然围绕在他的周围。"

孔子说:"政者,正也。子帅以正,孰敢不正?"(《论语·颜渊》)。"其身正,不令而行;其身不正,虽令不从"(《论语·子路》)。"仁政",就是管理者身要正,能做到"与民同乐"(《孟子·梁惠王下》),使人民的生活安定幸福。其次,管理者自身必须要有德,从而做到"身正",通过施行"德政"来实现"仁政"。孔子说:"为政以德"(《论语·为政》),孟子也说:"以德服人"(《孟子·公孙丑上》)。"德政"体现为下述三个方面:一是爱民。"道千乘之国:敬事而信,节用而爱人,使民以时"(《论语·学而》);二是富民。孔子认为

諸子百家
——
儒
家

管理者应当惠民，"因民之所利而利之，斯不亦惠而不费乎?"(《论语·尧曰》)，进而富民；三是教民。"曰:'既富矣，又何加焉!'曰:'教之'。"(《论语·为政》)孔子主张"有教无类"(《论语·卫灵公》)、"诲人不倦"(《论语·述而》)，"道之以德，齐之以礼"，使人民"有耻且格"(《论语·为政》)，通过教育得到改造和提高。

　　儒家推崇为政以德，以德治国。以德治国就是要求为政者要以人性中本来具有的美德来教化民众，使民众过上一种高尚的、有道德的生活。孔子认为治理天下，就应该用推行德化教育的方式来进行。推行以德治国，能够取信于民，取信于天下。就好象北极星在天空中一动不动，而群星也都环绕在他的周围。孔子用北辰和群星来比喻为政以德，就是告诉为政者，只有自己品德高尚并且能将民众内心的善引发出来，才可以得到民众的真心拥护，光耀宇宙! 所以"为政"就是以文明高尚的文化思想去引导教化社会人心，匡正世风。"为政以德"的要求是，要以纯正的思想动机和良好的社会效果为中心来匡正和教化社会风俗和人心。孔子把道、德、仁、艺四门学问传授给学生，让他们学而优则仕，去教化、影响社会人心，把中华民族的文化精神继承下来，这样，社会就会纯朴厚道，使天下成为道德、文明、和平美好的乐园。

　　儒家认为，人性本善，人天生就是善良的，道德高尚的，人们对善良的、高尚的思想和行为有一种天生的亲和力，所以为政者的道德教化是可以在民众中推行的。也就是说德治的主体应该是有道德的，才可能对德治对象实行德治。如果人性天生卑劣、自私自利、阴暗无耻，道德教化事没有用的，只能靠政治高压来遏制人性的罪恶! 由此可知所人性善是儒家以德治国的基础。以德治国是儒家治国理论的理想模式，但这一模式是否能够被大众所接受呢?

　　礼治，是孔子"为政以德"思想的具体施政纲领，更是"为政以德"思想得以实现的根本保证。孔子认为，"礼"是建立在对人及人类社会关系的理性认识之上，制约人的一切社会行为的总则。"仁义"之心性是人之所以为人的本质属性，是人一切善端的渊源。而以血缘亲疏为纽带的人伦关系，以及由此所派生的一切社会关系，包括等级统治关系，正是表现人的理性生命，约束人的一切行为，维系人类社会秩序的最基本的自然法则，是人类社会区别于动物群居生活情态的根本所在。人类的这个自然法则，便是"礼"，是当政者的政治纲领和政策依据。当政者的一切典章制度、施政措施，必须以维护"五伦"为核心，以体现"仁"，弘扬"仁"为目的。这可以看作是孔子的立法思想。在孔子看来，人类社会，无论是天子庶人，都应以"礼"修身养性，努力克制自己的私欲杂念。发扬人的内在善端，以实现"仁"的境界为人生最高价值追求，唯如此，人人才能和睦相处；才能妥善处理好人际关系，社会才能和谐安宁。正如荀子所言:"礼者，法之大宗，类之纲纪也"(《荀子·劝学》)，朱熹讲的更确切:"礼谓之天理之节文者，盖天下诸有当然之理，但此理无形无影，故作此礼文画出一个天理与人看，教有规矩，可以凭据，故谓之天礼之节文"(《朱子语类》卷四)，所以，做人之道，在于发扬善端而尽心尽性，必须遵礼、守礼，以礼节之，而治人之道(即治理国家)，则在于弘扬仁道而尽伦尽制，更必须以礼治之，把"礼"这个反映人伦关系，制约人的社会行为的自然法制，上升为政治制度，要求人人遵守。因而他说:"一日克己复礼，天下归仁焉。"(《颜渊》)。

諸子百家——儒家

孟子指出，人的天性是善良的，他说："人性之善也，犹水之就下也。人无有不善，水无有不下。"（《孟子·告子上》）"恻隐之心，仁之端也；羞恶之心，义之端也；辞让之心，礼之端也；是非之心，智之端也。"这里的"恻隐之心""羞恶之心""辞让之心"和"是非之心"是与生俱来的，是人类所独有的一种本性，也是区别人和动物的一个根本标志，这四种心称之为"四端"。它们是"仁、义、礼、智"四德的基础，这就是孟子的"性善论"。儒家认为人具有"善端"，就具有为善、成圣的无限潜能。"仁、义、礼、智"是四种"善"的萌芽状态，是人"不学而能""不虑而知"的"良能""良知"。孟子强调，"仁义礼智根于心"。"仁义礼智，非由外铄我也，我固有之，弗思耳矣"（《告子上》），"仁义礼智根于心"（《尽心上》）。在古代，君王是万众之师表，必须有道德无比高尚的圣人来担任。孔子生活的年代，华夏礼乐崩坏，社会动荡，道德与政治的危机呼吁圣贤的出现。孔子认为道德的精神——"仁"和道德的秩序——"礼"是由人来制定并由人去践行的，没有具备美德的人，道德的秩序与人类崇高的精神就只能是一纸空文。人的品性堕落是政治败坏的根源，要改变现实的政治，必须从唤醒人类的内心的至善开始，而只有圣人才能承担这一使命。在有道德的国度的金字塔等级结构中，位于塔尖的是集结智慧、美德和权力于一身的圣人，圣人是正义的维护者，美德的传播者和理想国的统治者，圣人为政思想是道德治国的核心内容。孔子说："政者，正也，子率以正，孰敢不正？"（《论语·颜渊》）认为统治者欲要正人，必先正己，指出："苟正其身矣，于从政乎何有？不能正其身，如正人何？"（《论语·子路》）"其身正，不令而行，其身不正，虽令不从。"以"德治"思想治理国家，首先就要求君主自身有道德。孟子认为，"君仁莫不仁，君义莫不义，君正莫不正。一正君而国定矣"（《离娄上》）。君主的善性体现在治理国家上，就能够倾听百姓的呼声，关心百姓的疾苦。"人皆有不忍人之心。先王有不忍人之心，斯有不忍人之政矣。以不忍人之心，行不忍人之政，治天下可运之掌上"（《公孙丑上》）。"行仁政而王，莫之以御"提醒统治者要施行"仁政"。为政必须依仁而行，不仁只能自取灭亡。孟子认为国家是一个道德组织，国家元首必须是道德的化身。仁政是孟子政治学说和他的社会理想的最基本内容，而性善论则作为其内在的依据做着最好的阐释。通俗一点说，在孟子看来，正是由于人性的善良——尤其是那些统治者本身善良，仁政才有实现的可能。

要想建立一个德政的社会，不仅君王要有德，而且还要有一大批的从政者要有德，形成一个有道德的执政团队，而一个有道德的执政团队可以引领社会的风气向着一个有道德的和谐社会进发。无论是君主还是大臣都要自觉地修养自己的德性，"圣人之行不同也，或远或近，或去或不去，归洁其身而已矣。"（《万章上》）孟子的这一思想实际上是《大学》"自天子以至庶人，一是皆以修身为本"思想的进一步深化和发展。臣民需修身养性，使人的"善"得到保存和发展，并向着仁义礼智等圣人君子的人格目标而迈进。从而把治理国家看作是"修身、养性、治国、平天下"的道德修养过程，就人的本性而言，《大学》的三纲八条目，可以看成是儒家施行德治的过程。

儒家用修身来培养美德，其理想是君主成就圣人之德，臣子成就贤人之德，而所有的百姓成就君子之德！儒家的三纲是：大学之道，在明德，在亲民，在至善。八条目是：诚意、正心、格物、至知、修身、齐家、治国、平天下。儒家就是按着三纲八条目的要求来锻造和培养每位国人的德行的,希望以此来实现以德治国,它既表现为一种私人的性质,更表现为一种政治行为。《论语·为政》"或谓孔圣曰:子奚不为政? 子曰:《书》云:"孝乎,唯友于兄弟"。施于有政,是亦为政,奚其为政?"有人曾经问孔子,你对为政这样精通可自己为什么不出来为政? 孔圣态度淡然地说:《书经》上不是讲过孝道吗? 一个人在家政事务上能够做到孝顺父母,友爱兄弟,和睦邻里,那就是为政了。处理家政和处理国政是同样的道理,何必一定要出来做官才是为政? 所以儒家认为个人的道德修养既是个人问题,又是政治问题。

下边是一位学友对孟子养德之术的介绍,以供参考。

孟子也提出了存心、养心、尽心等比较系统的道德修养方法。1、存心。就是保持自己的善心。孟子认为,能否保持自己的善心,是君子与小人的首要区别,"君子所以异于人者,以其存心也。君子以仁存心,以礼存心"(《离娄下》)。如果失去了善心,就一定要把它找回来,"学问之道无他,求其放心而已矣"(《告子上》)。2、养心。就是不断地培养自己的善心。养心的途径主要有两条:"寡欲"和"养浩然之气"。孟子说:"养心莫善于寡欲,其为人也寡欲,虽有不存焉者,寡矣;其为人也多欲,虽有存焉者,寡矣。"(《尽心下》)节制感官欲望,即使失去一点善心,也不会很多;如果不节制感官欲望,即使有一些善心,也会很快失去。孟子把欲望与善对立起来,有一定的道理,后来的宋明理学家更是主张以"惟微"的"道心"去主宰"惟危"的人心,从而达到很高的道德境界。孟子还提出"养浩然之气"的积极措施。"浩然之气"是一种道德精神力量,是结合"义"与"道",经过平日修养积累而形成的。有了这种至大至刚的浩然之气,就可以"居天下之广居,立天下之正位,行天下之大道;得志,与民由之;不得志,独行其道"(《滕文公下》),真正做到"富贵不能淫,贫贱不能移,威武不能屈"。3、尽心。通过不断的存心和养心,最终使人的善心达到完美的状态,"尽其心者,知其性也。知其性,则知天矣。存其心,养其性,所以事天也。夭寿不贰,修身以俟之,所以立命也"(《尽心上》)。将心之善性修养到很高的境界时,就认识到人性之善,知道人性之善,就明白了天道,从而达到事天行善的天人合一境界。道德修养达到这一境界的君主和大臣,就可以实行仁政,最终使天下归于至善,实现太平盛世。

诸子百家——儒家

为政以德,齐之以礼,仁爱之本性

【子曰】

"道之以政。齐之以刑。民免而无耻;道之以德,齐之以礼,有耻且格。"

——《论语·为政》

【智者感悟】

"如果使用政令去引导百姓,使用刑法来约束他们。老百姓只是求得免于犯罪受惩,却失去了廉耻之心;如果用道德教化引导百姓。使用礼制去统一百姓的言行,百姓不仅会有羞耻之心。而且也就守规矩了。"

"为政以德"是儒家的重要的管理思想,并逐渐演义为以重民主义、教化主义、德本主义、人治主义等的儒家"德治"理论。孔子主张管理者要讲求道德,以之作为治国方针,取得无为而治的效果。而在当今"以法治国"的新时代中,重新解读儒家"德治",汲取其精髓,借鉴其教训,对建设中国特色社会有着诸多积极意义。

儒家突出了"德"的政治意义,主要包括宽惠使民和实行仁政,认为"德"是治理国家、取得民心民力的主要方法;而礼治,又是儒家"为政以德"思想的具体施政纲领和落实,也是"为政以德"思想得以实现的根本保证。在治国方略上,孔子坚持以礼治国的基本原则,主张"为政先礼,礼其政之本欤",不赞成"导之以政,齐之以刑",而应该"导之以德,齐之以礼",他常说:"上好礼,则民莫敢不敬,上好礼,则民易使也"。意思是为政者,若能以文明的教化方式教育和导引人民,"齐之以礼",旗帜鲜明地倡导和建立社会道德秩序和日常行为的礼节仪规,使每个人都有道德观念和礼的涵养,这样人们就会有廉耻心,一旦做了亏心事,就会感到羞耻惭愧。有了耻辱感,就会自觉远离违法乱纪,达到社会安定祥和的目的。在《大学》中,曾子说:"尧舜率民以仁,而民从之;桀纣率民以暴,而民从之。"意思是说:在尧、舜仁德的引导下,百姓会变得很仁慈。而在桀、纣暴政的诱导下,百姓会变得很残暴。

大多数学者认为,礼最初是氏族社会时期一种祭祀的仪式,所谓"奉神人之事通谓之礼"。甲骨文中的"礼"字,据王国维的解释,是意味着把两块玉放在一个器皿里供奉上帝或者祖先,既表示敬意,又表示请求赐福保佑。冠、昏(婚)、丧、祭、射、御、乡(乡饮酒)等,原本是民间交往活动,亦含有对自然神灵与祖先神灵的崇拜仪式;在上层统治集团则逐渐有了燕(宴)、飨、田猎、朝觐、聘问等等礼制,亦不断发生变化。复杂的礼仪大致可归为五类吉、凶、宾、军、嘉礼。因此,所谓"礼",是中国古代社会中长期存在的维护血缘宗法关系和宗法等级制度的一系列精神原则和言行规范的总称。"礼"本起于民间习俗和原始宗教活动,其涵盖面很广,经过夏、商时期的发展,内容涉及衣、食、住、行等社会生活的各个方面。到西周时,经"周公制礼"的活动,礼的内容更为复杂、更为系统化了。法律规范、道德规范、风俗习惯、礼节仪式都是周礼的组成部分之一。

儒家继承和发扬了西周礼制的许多内容。在孔子那里,"礼"是指制约人的一切社会行为的总则。在他看来,人的生命,不仅仅是生物性质的生命,还是有独特理性的生命,这一独特理性是深藏于自然生物生命之中的"仁爱"之性。它是人一切善端的开始。人类的道德与血缘伦理关系,以及由此所产生的一切其他社会关系,都表现人的理性生命,它约束人的一切行为,并且成为维系人类社会秩序的最基本的自然法则。人类的这个自然法则,便是"礼",是当政者的政治纲领和政策考量。当政者的一切典章制度、施政措施,必须以维护"五伦"为核心,以体现"仁",弘扬"仁"为目的。在孔子看来,人类社会,无论是天子庶人,都应以"礼"修身养性,努力克制自己的私欲杂念,发扬人的内在善端,以实现"仁"的境界为人生最高价值追求,唯如此,人人才能和睦相处;才能妥善处理好人际关系,社会才能和谐安宁。因而他说:"一日克己复礼,天下归仁焉。"(《颜渊》)。

礼学是儒家学说的重要组成部分。北宋时期的儒家学者在继承汉唐儒家经学传统的基础上,通过对礼与情、礼与性、礼与天理关系的论述,把礼提升为宇宙、人生的本体,同时还试图以超越之礼为根本,整合内在的道德情感与外在的人伦规范,建立礼本论体系，丰富与深化了儒家礼学的理论内涵。朱熹说："礼谓之天理之节文者，盖天下诸有当然之理，但此理无形无影，故作此礼文画出一个天理与人看，教有规矩，可以凭据，故谓之天礼之节文"（《朱子语类》卷四）。所以，做人之道，在于发扬善端而尽心尽性，必须遵礼、守礼，以礼节之，而治人之道（即治理国家），则在于弘扬仁道而尽伦尽制，更必须以礼治之，把"礼"这个反映人伦关系，制约人的社会行为的自然法制，上升为政治制度，要求人人遵守。

在荀子那里，礼是圣王的制作，是等级制度和客观规范，"礼义法度者，是圣人之所生也。"（《荀子·性恶》）"礼者，法之大分，群类之纲纪也。"（《劝学》）"礼者，所以正身也。"（《修身》），礼是"仁"的外化，只有"礼"作为一种可实行、可操作的方案，"仁"才能在社会实践中得以彰显。因此，荀子实际是通过把仁归于礼，回答了仁、礼关系问题，他的思想是以礼为核心，自然对其抬高仁贬低礼的做法不满意，故以维护先王之统为借口，给予激烈批评。

"礼"的作用主要是在于"正名"，就是确定亲疏、远近、贵贱、上下的等级，《礼记·曲礼上》说："夫礼者，所以定亲疏、决嫌疑、别同异、明是非也……道德仁义，非礼不成；教训正俗，非礼不备；分争辨讼，非礼不决；君臣、上下、父子、兄弟，非礼不定；宦学事师，非礼不亲；班朝治军，莅官行法，非礼威严不行；祷祠祭祀，供给鬼神，非礼不诚不庄。"孔子认为：要解决当时"贵贱无序"的混乱局面，关键在于"正名"。所谓"正名"，就是人人都有固定的社会地位，也就是君、臣、父、子，如果名不正则言不顺，言不顺则事不成，事不成则礼乐不兴，礼乐不兴则刑法不中，刑法不中则民无所措手足。按春秋中期鲁国曹刿的说法，礼是整饬社会生活秩序，确立上下等级，规定官员职责，节制财物之用，维护长幼之序的。按战国后期荀子的看法，社会的整合、维系及秩序化，靠社会分工及等级名分制度加以确立。"礼"的作用是"别异""定伦"。正名在政治中是一个非常重要的问题，名不正，也就无从施政。因此，问题不在于要不要正名，而在于如何正名，就孔子的正名而言，它不是以实取名，而是以既成的名来匡实，即用传统的等级名分来纠正运动变化的现实确立君臣、父子、兄弟、夫妇的社会结构，整齐风俗，节制财物之用，理顺社会关系与秩序等。国家没有礼就没有处理政务的尺度，没有规矩方圆就寸步难行。可见"礼"在一定意义上就相当于"法"，即所谓"礼法"。

礼学要求官员德、才、禄、位要相统一，要求他们要做到"安民""利民""惠民""富民""教民"，做到"修己以安百姓"（《论语·宪问》）。还要"节用而爱人，使民以时"（《论语·学而》），"养民也惠"，"使民也义"（《论语·公冶长》），"因民之所利而利之"（《论语·尧曰》），对百姓"动之不以礼"（《论语·卫灵公》）。

林肯是美国第十六届总统。他是一个"乡下佬"，出身于一个拓荒者的家庭。竞选时，他没有专车只是买票乘车。每到一站，朋友们就为他准备好一辆耕地用的马拉车，他便站在车上，开始了竞选演说："有人写信问我有多少财产。我有一位妻子和一个儿子，都是无价之宝。此外，还租有一个办公室，室内有桌子一张，椅子三把，墙角还有大书架一个，架子上的书值得每人一读。我本人既穷又瘦，脸很长，不会发福。我实在没有什么可依靠的，唯一可依靠的就是你们。"他对南方蓄奴制度持鲜明的反对态度，加上往日的声誉,使得这位被誉为"诚实的林肯"的人一举击败了竞选的对手——大富翁道格拉斯,就任美国总统。

出任总统后,南方的一些反对派爆发了内战,他虽然日理万机,但仍坚持在白宫规定的接待日里,接待从上层绅士小姐到下层兵士农民的各类求见者。他和来访者一一握手,每次接见后,胳膊总要麻木一个晚上,医生劝阻说:"这样有损健康,还是停止这种接见吧!"林肯都拒绝了医生的善告。南北战争中,林肯和许多老百姓一样,把儿子送去参军,他的夫人忧心忡忡,总统便对夫人说:"玛丽,多少可怜的母亲都已忍痛做出了这种牺牲。送走了她们的儿子。把罗伯特送上战场,这是为了国家的命运啊!我们有什么不能牺牲的呢?"

礼乐制度的价值在于以一定的规矩来节制人们的行为,调和各种冲突,协调人际关系,使人事处理恰到好处。"太上贵德,其次务施报。礼尚往来往而不来,非礼也;来而不往,亦非礼也。人有礼则安,无礼则危,故曰'礼者,不可不学也'。夫礼者,自卑而尊人,虽负贩者,必有尊也,而况富贵乎?富贵而知好礼,则不骄不淫;贫贱而知好礼,则志不慑。"(《礼记·曲礼上》)意思是,人际交往中以德为贵,礼尚往来,自谦并尊重别人,讲究施惠与报答。无论富贵或贫贱,都互相尊重,互利互惠。这在"礼"中包含了一定的人道精神、道德价值。"礼也者,贵者敬焉,老者孝焉,长者弟焉,幼者慈焉,贱者惠焉。"(《荀子·大略》)荀子推崇"礼"为"道德之极""治辨之极""人道之极",因为"礼"的目的是使贵者受敬,老者受孝,长者受悌,幼者得到慈爱,贱者得到恩惠。在贵贱有等的礼制秩序中,含有敬、孝、悌、慈、惠诸德,以及弱者、弱小势力的保护问题。因此,以礼治国,可以起到安定社会,消弭争夺战乱,使人民得以乐业安居的作用。

由此可见,儒家的理论是一个有机整体,"仁""礼""修身"都有内在的、不可分割的联系,要掌握儒家智慧一定要注意这一点。

以民为重,国君为轻,得民心者得天下

【子曰】

"民为贵,社稷次之,君为轻。是故得乎丘民而为天子,得乎天子为诸侯。得乎诸侯为大夫。"

——《孟子·尽心下》

【智者感悟】

"百姓最为重要,土谷之神为次,国君为轻。所以,得着百姓的欢心便做天子。得着天子的欢心便做诸侯。得着诸侯的欢心便做大夫。"

儒家民本思想的基本理念是民贵君轻、民心向背决定政治成败。儒家总结历史经验,提出"得民心者得天下,失民心者失天下"的理念。

从秦朝灭亡一直到清朝末年,儒家民本思想得到了进一步的发展和丰富。孟子是中国历史上第一个较明确地提出民本哲学思想的人。他把先秦儒家民本思想发展到一个更高的阶段,提出了"民贵君轻""与民同乐""得乎丘民而为天子"和"仁政"学说,形成了

诸子百家——儒家

较完整的民本思想体系。

　　除了提出思想之外，孟子还主张"制民恒产"和减轻征税给人们物质生活的保障，在教育方面他提出先富后教，兴办教育，教化人民马提高人民道德素质，建立起一个道德、和谐、安定的社会。

　　东汉初期，佛教传入中国，儒家吸取了佛教的平等思想，对传统贵贱有别的观念进行改造，开始承认四民平等。进入明、清以后，进步思想家提出较系统的民本哲学思想。到了近代，随着西方国家思想传入，传统民本思想开始向近代民主思想装变。

　　民本思想倡导"爱民""贵民""重民"，强调人在社会中的地位。重视民众的社会作用，认识到人民是国家的基础，只有不轻视人民，培固根本，才能实现安邦定国，使民众的物质生活得到保障，维护人民的切实根本利益，创造出更多财富，且人民安居乐业，社会才能和谐安定。它以人为本，重视人际关系，以"孝""仁"为核心。

　　《孟子·离娄上》"桀、纣之失天下也，失其民也，失其民者，失其心也。得天下有道：得其民，斯得天下矣；得其民有道：得其心者，斯得民矣；得其心有道：所欲与之聚之，所恶勿施尔也。"他们为提倡保民、养民、尊民、重民、敬民、亲民、爱民、富民、教民等等为内涵的民本主张。民本思想在儒家的政治、经济、文化教育方面都有所体现。当然儒家的思想是一个整体，很难分出哪些是政治主张、哪些是经济或文化上的主张，我们只是以现在的目光来对它们进行分类！他们反对统治者者专横暴虐、穷奢极欲，强调尊重人民，"使民以时"，笃行王道，赏罚分明，俊杰在位，赋税徭役适度，人民丰衣足食。孟子更是从孔子的"仁学"思想出发，发展出了"仁政"思想，并把它扩充成包括思想、政治、经济、文化等各个方面的施政纲领。"仁政"的基本精神是对人民深切的同情和爱心。儒家的后学也不断地丰富发展了儒家这一主张，在明清之际发展到顶峰，为后来的西方民主思想在中国传播和实践提供思想基础。

　　在上古传统中，人民的政治诉求代表天道，民生是基于天，具有最高的政治意义。所谓"天聪明，自我民聪明；天明畏，自我民明威"。"天视自我民视，天听自我民听"。"民之所欲，天必从之"，就是这个意义上说天道是通过民意来体现的。人民诉求的真正来源是上天赋予人的意义，背离这个人民的意愿，也就背离了上天的政治选择意志。"民为邦本，本固邦宁"（《尚书·五子之歌》）的"民本"思想中，强调了人民的优先性。在孔子那里，人的价值、尊严和人格得到了进一步肯定。他把奴隶和牲畜明显地区分开来，反对肆意虐杀劳动者，针对当时社会盛行的用奴隶作为殉葬品（即俑）的风气，严厉谴责"作俑者"，认为"始作俑者，其无后乎"。这个意思孟子"民为重，社稷次之，君为轻"表达的最为清楚明白。这发展"民，神之主也""社稷重于君主"（《左传》）的思想，把民本思想重新提高到了政治生活的首要地位。

　　儒家主张"民贵君轻"。尊民是与抑君相联系的，只有抑制君主，把君主的地位设在人民的下面，才能保证人民的主体地位。实际上，荀子把这个问题谈得最为清楚。荀子说"天之生民，非为君也；天之立君，以为民也"（《荀子大略》）。"君者，舟也；庶人者，水也。水则载舟，水则覆舟。"（《王制篇》）认为"天子之尊，非天帝大神也，皆人也"（唐甄：《潜书·抑尊》），主张"为百姓，非以为君也，故百姓存则与存，百姓亡则与亡"（黄道周：

諸子百家——儒家

《存民编》)。这清楚地表达了这样一个政治法则，即上天生民不是为了君主，人民是大海，人民相对于君主有更多的独立性和正当性，相反，君主只是大海上的一叶舟，要以人民的价值取向为行驶方向。

儒学认为，当君主违背人民意愿，残暴不仁时可以推翻暴君，重新推举君主，保障人民的主体地位。孟子的"不召之臣""汤武革命，应乎天而顺乎人""闻诛一独夫，不闻诛君"之论，朱熹更以"天下者，天下之天下，非一人之私有也"(《四书集注·孟子万章注》)，叶适认为："人君必以其道服天下，而不以名位临天下。夫莫尊于君之名，莫重于君之位，然而不得其道以行之，则生杀予夺之命皆无以服天下之心"(《水心别集》卷之一一《君德一》，《叶适集》)就是代表。后来在《明夷待访录》中，黄宗羲更是破天荒第一次提出了"为天下之大害者君而已矣"的思想命题，又提出"君为民害""天下为主，君为客"的思想命题，确认人民是国家的主人，君是由民请出来办事、为民服务的客人。黄宗羲又以"托古改制"手法，肯定"三代之法"是"天下之法"，而批评三代以下之"法"为帝王"一家之法"，是"非法之法"，主张用"天下之法"取代"一家之法"，并提出了"有治法而后有治人"的思想命题。

唐太宗常说，皇帝好比是舟，人民好比是水，水能载舟，也能覆舟。还说，皇帝有道，实行仁政，那么人民就会推举他为皇帝，如果无道，暴虐统治，那么人民就会抛弃他，十分注意总结隋朝短命而亡的教训，时常保持警惕，具有强烈的忧患意识。唐太宗说："为君之道，必须先存百姓，若损百姓以奉其身，犹割股以啖腹，腹饱而身毙"，清醒地认识到政权能否稳固乃系之于人心向背。在这种思想支配下，唐太宗君臣勤于政事，居安思危，避免剥削压迫过甚，出台实施了多项政策措施，致力于王朝统治的长治久安。唐太宗除了在制度上实行亲民爱民的政策，他还戒奢崇简，以身作则。他继位后，住的宫殿还是隋朝建造的，大部分都早已破旧。一般新王朝的君主都要大兴土木，另建新的宫殿。但唐太宗为了节省开支，在贞观初年一直不允许修作。唐太宗还严厉禁止厚葬，并要求五品以上的官员和勋亲贵族都要遵照执行。对于官员们的奢侈行为，唐太宗也严格禁止。贞观初年，逐渐形成了一种崇尚节俭的社会风气，出现了一批以节俭闻名的大臣。如户部尚书戴胄，生前一直住在一座破旧的房子里，死后甚至连个祭祀的地方也没有。一代名臣魏征为官一世，家里却连个正堂屋都没有。这种节俭风气的盛行，对减轻国家和人民的负担，促进社会经济的恢复和发展起了很大的作用。

在经济上，儒家认为应让人民过上富足的生活。儒家重视道德教化，但又以"富民""制民之产"为基础。孔子将"博施于民，而能济众"(《论语·雍也》)视为"圣"之最高的境界。他主张对于民要先"富之"后"教之"(《论语·子路》)，使民"足食"(《论语·颜渊》)是为政的重要内容之一。《论语·子路》载："子适卫，冉有仆。子曰：'庶矣哉！'冉有曰：'既庶矣，又何加焉？'曰：'富之。'曰：'既富矣，又何加焉？'曰：'教之。'"这段话的意思是，孔子和冉有一齐到了卫国，孔子见卫国人烟稠密，便说：这里人口真是众多啊！冉有问道：治理国家时，当人口多了以后，我们还能为他们做些什么呢？孔子说：改善大家的生活，使他们富裕起来。冉有又问：使人民的生活富裕之后，还能为他们再做些什么呢？孔子说：那就是要开始教育、教化他们的时候了。他是主张藏富于民的。"百姓足，君孰与不足?百姓不足,君孰与足?"(《论语·颜渊》)孔子认为,民富与君富是紧密相连的,只有民富,才能君富。而要使民富,孔子认为必须做到两点:第一,要养民也惠,"使民以时",孔子提出:"节用而爱民,使民以时"的主张。第二,要轻徭薄赋。主张"敛从其薄""使民如承大祭",劝诫统治者应慎重力役之征,爱惜民力民生,决不允许横征暴敛。儒家主张"万民忧乐"。孟子提出与民偕乐,但统治者还要与民同忧,"乐以天下,忧以天下,然而不王者,未之有也"(《梁惠王下》)。"乐民之乐者,民亦乐其乐;忧民之忧者,民亦忧其忧。乐以天下,忧以天下,然而不王者未之有也!"(《孟子·梁惠王下》)。范仲淹的"先天下之忧而忧,后天下之乐而乐",以及黄宗羲更是系统提出了自己的"万民忧乐"观,以百姓忧为忧,以百姓乐为乐。

孟子的王道思想,更是把富民的措施进一步具体化,提出一系列的富民措施。如"制民之产"的思想,孟子曰:"无恒产而有恒心者,惟士为能。若民,则无恒产,因无恒心。苟无恒心,放辟邪侈无不为也。及陷于罪,然后从而刑之,是网民也。"(《孟子·梁惠王上》)欲使民,必先教民;欲教民,必先富民;欲富民,必先置民之产。这就是孟子制民之产的逻辑思路。他还清醒地认识到人们如果没有"恒产"就没有"恒心","苟无恒心,放辟邪侈,无不为己"(《梁惠王上》),所以,贤明的君主应该使百姓的产业上足以事父母,下足以养妻儿。好的年成可以丰衣足食,遇到坏年成,至少不至于饿死。人民有"恒产",就为统一天下打下了坚实的经济基础。儒家的民本思想从人类的终极关怀出发,有一种理想主义的浪漫情怀,就像现在有些人对"大众民主"的企盼一样,是一颗永远也摘不到的星星,它是人们对理想社会的一种憧憬,一种对人类理性和道德的完全信任,它是美好的,是人们心目中永恒的太阳,它虽然有时表现得极为脆弱,又被现实主义者所诟病,但是他却能给人民在黑暗中以鼓舞,拨动人们的心弦,调发人们的激情,使人们可以为自己的理想而奋斗,成就人性的伟大与崇高!虽然并不一定成功!无论是中国的太平天国运动为了建立人间天国而进行的无畏斗争,还是法兰西人民的大革命为了真正的民主而进行的狂风暴雨式的起义,都是为了实现人们心目中的理想生活和人类的尊严,这种理想尽管不可能完全实现,但却体现了人类价值理性的优先性和崇高性。

儒家民本思想,在漫长的两千多年中国封建社会中,为统治阶级服务,使得原本是矛盾的两方面的君和民和谐相处,为缓解阶级矛盾,维护社会稳定,促进经济稳定发展,巩固国家政权发挥了作用。

尚贤尚同,大贤大德,安邦定国之道

【子曰】

孟子曰:"尊贤使能,俊杰在位。则天下之士皆悦而愿立于其朝矣。"

——《墨子·尚贤上》

【智者感悟】

孟子说:"如果能尊重贤者、重用能人,豪杰俊彦能得到自己应得的职位,那么天下的士人都会喜悦并且愿意为朝廷效命!"

中国历史上有很多学派都提出"尚贤"的主张。古语有"半部论语治天下"之说,虽然人人不可能都成为"治天下"之才,但我们的商业、政业同样需要用圣贤的治国之法去实施管理。儒家主张贤人治国。孔子在为官道政业方面的主张,则是他践行仁德、兼济天下的具体表现。这不仅表现了他积极入世的强烈愿望,更表现了他以天下为己任的宽广胸怀,给当今的为政者做出了光辉的榜样。

　　在诸子百家中,墨子就主张贤人的政治,"尚贤""尚同"是他主要的思想。墨子说:"夫尚贤者,政之本也"(《尚贤上》),"天子"也是由"尚贤"选出来"治天下之民"。贤能者即使是农人、渔夫、手工业者之类,也可以被举为天子。尚贤的主张也被历代统治者所接受。关于举贤尚贤的故事更是数不尽数!文王礼遇姜尚、齐桓公启用管仲、刘备三顾茅庐、唐太宗重用魏征等,都成为千古佳话。其实在现代人才更是一个国家兴旺发达的基础,没有高素质的人才无论是政治还是经济都会陷于停滞。

　　"视其所以,观其所由,察其所安。人焉廋哉?人焉廋哉?"这句话,介绍了一种怎样考察和鉴别人的具体方法。观察一个人,应看他做事的动机是什么,再观察他做事的方法和途径,再考察他干了些什么。

　　儒家治国的主要原则是"德"。其纳贤的第一个标准是有大德,德高望重,有一颗"仁者"的爱心,能够先天下之忧而忧,有海纳百川的胸怀!所以"德"是"贤"的第一要义!其次是有卓越的才能和智慧,只有这样才能解决各种社会难题和矛盾,推动社会进步,才能领导人们过高尚幸福的生活!大贤要文武兼备,文能安邦,武能定国,出将入相,才能卓越!德才兼备!

　　诸葛亮是历史上一个近乎完美的大贤者,文韬武略,道德才学无不用其极!"夫君子之行,静以修身,俭以养德。""鞠躬尽瘁,死而后已。"就是其道德修养的表现,至于其个人的才能和智慧更不用说,《三国演义》更是将他的天才表现得淋漓尽致,小到"空城计""草船借箭",大到"隆中决策""三分天下"。文足以安定天下,发展蜀国经济,武足以定国,其军事才能史书上罕有其匹,创建蜀汉,北据曹魏,外联孙吴,成就了不世之功!

　　儒家认为,大德应该统治小德,大贤应该统治小贤。这在现代社会也是被认可的,在政治生活中不平等是不可避免的,关键的是怎样去分配这种不平等,让这种不平等转化为效率,所以大贤统治小贤是合理的,而让小贤统治大贤就是不合理的,所以,大贤统治小贤,贤者统治不贤者。也就是说,只有贤人才配拥有统治权。孟子说"唯仁者宜在高位"。儒家推崇有贤德的仁者,所以统治者只能由儒者来共同推推举而产生,但统治者必须实行仁政,被统治者有权利要求统治者行仁政。当然衡量贤能之士是否称职,最后是否达到人们的要求还要看人们的反应,孟子说:"国君进贤,……左右皆曰贤,未可也;诸大夫皆曰贤,未可也;国人皆曰贤,然后察之,见贤焉,然后用之。左右皆曰不可,勿听;诸大夫皆曰不可,勿听;国人皆曰不可,然后察之,见不可焉,然后去之。左右皆曰可杀,勿听;诸大夫皆曰可杀,勿听;国人皆曰可杀,然后察之,见可杀焉,然后杀之。"(《梁惠王下》)

　　儒家的尚贤主张基本都能得到历代君主的支持,特别是历史上大有作为的帝王,都思贤若渴,礼贤下士。商代武丁用从事版筑的奴隶傅说(读为悦)为相,于是国家大治。

諸子百家——儒家

草船借箭

周文王用钓鱼的隐士吕尚为师,制定出灭商的长远规划,文王死后,周武王继续用吕尚的谋略,灭商获得了成功。汉代刘邦的"三杰"都是名不见经传的小卒。张良韩国人,是一个没落的王孙,韩国被灭后,曾以全部家产请刺客刺杀秦始皇,未能得手,于是隐姓埋名,亡匿于下邳。后从一老翁处得《太公兵法》,张良进行认真的学习和研究。刘邦用其"运筹帷幄,决策千里"的才能。萧何与刘邦是同乡,是一个为"主史掾"的地方小官,刘邦用其"镇国家,抚百姓,给馈饷"的才干。韩信是原一个布衣平民,刘邦用其能征善战的本事。可见刘邦有唯才是举,唯才是用的人才思想。下面就是刘邦招贤的诏书的内容,反映了帝王招贤的用心和目的!

不拘一格降人才。儒家主张重用人才要不拘一格,大胆启用贤者。颜之推说:"国之用材,大较不过六事:一则朝廷之臣,取其鉴达治体,经纶博雅;二则文史之臣,取其著述宪章,不忘前古;三则军旅之臣,取其决胜有谋,强于习事;四则藩屏之臣,取其明练风俗,清白爱民;五则使命之臣,取其识变从宜,不辱君命;六则兴造之臣,取其程功节费,开略有术。此则皆勤学守行者所能办也。人性有长短,岂责具美于六途哉?但当皆晓指趣,能守一职,便无惭耳"。(《颜氏家训》)治理一个国家需要这多方面的人才,用人要不拘一格。宋孝宗说:"用人不当求备",南朝时的宋孝宗亦主张用人"宜录其所长,弃其所短"。唐太宗说:"人不可以求备,必舍其所短,取其所长"。龚自珍"我劝天公重抖擞,不拘一格降人才"就是呼唤统治者要重用贤者,还要不拘一格。因此量才授职,根据人的某一方面的特长,去从事某一方面的工作,这才是用人的正确的方法。

儒家还主张大胆启用贤能,"舜发于畎亩之中,傅说举于版筑之中,胶鬲举于鱼盐之中,管夷吾举于士,孙叔敖举于海,百里奚举于市。"《孟子·告子下》意思是,舜从田野之中被任用,傅说从筑墙工作中被举用,胶鬲从贩卖鱼盐的工作中被举用,管夷吾从狱官手里释放后被举用为相,孙叔敖从海边被举用进了朝廷,百里奚从市井中被举用登上了相位。

齐桓公姓姜名小白，即位前为躲避齐国内乱与兄长公子纠流亡国外，长兄齐襄公被人杀害后，公子小白和公子纠都急急忙忙奔回国，争夺君位。公子纠的师傅管仲文武双全，为帮公子纠夺得君位，带兵拦截公子小白，并一箭射中小白的腰部，所幸小白腰带上的铜搭钩挡住了箭头，公子小白十分机警，倒在马车上，假装死去，并叫手下人齐声哭喊："公子被箭射死了！公子被箭射死了！"公子纠以为小白已死，再无人同自己争夺君位，便放慢了行程，不慌不忙往都城临淄而去。小白却日夜兼程，赶回齐国即位，就是齐桓公。齐桓公想拜他的师傅鲍叔牙为相，鲍叔牙与管仲是知心好友，而且深知自己的才智不如管仲，就向齐桓公推荐管仲，并对齐桓公说："你要是治理齐国，用我为相就足够了，要是想称霸天下，非用管仲不可。"齐桓公说："管仲与我有不共戴天之仇，若非我命大，岂不是被他一箭射死。"鲍叔牙说："主上可记得周文王求贤若可，为请姜尚为相，带领西歧文武百官到渭水河边请他，并扶姜尚坐上马车，亲自拉车走八百多步，以示尊重，后姜尚为保周朝铁铜江山八百年奠定基业。管仲虽射你一箭，那是各为其主。他是公子纠的师傅，当然为公子纠着想，现今主上为君若能宽宏大量，捐弃前嫌，真正启用管仲，何愁霸业不成。"齐桓公认为鲍叔牙的话很有道理，当即表示决不记一箭之仇，并委任鲍叔牙全权代表他查询管仲下落，请他到齐国为相。管仲拦截公子小白不成，自知小白既然上了台，即位为齐桓公，决不会放过自己，要报那一箭之仇。当即隐姓埋名，逃出齐国，隐藏到吴国边境，今江苏省姜堰区白米镇南边的乡下。鲍叔牙带领手下人辗转南北，明察暗访，最后还是通过管仲的家人找到了管仲落脚的地方。鲍叔牙找到管仲，向他表明齐桓公绝无相害之心，真正想起用他到齐国为相，管仲对鲍叔牙深信不疑，愿意和鲍叔牙一起辅佐齐桓公治国。鲍叔牙一面快马向齐桓公报信，一面命人在管仲避难的地方高筑拜相台，宣读齐桓公拜管仲为相的诏书。不几日，齐桓公派出的仪仗队隆重迎接管仲还都任职，并言听计从，加以重用。管仲任相国以后，积极改革内政，发展生产，改革军制，组织常备军，加强训练，南征北战。几年时间，齐国以国富民强。公元前651年，在葵丘召集诸侯会盟，成为春秋初期第一个霸主。

这就是齐桓公不计前嫌任用管仲的故事，也许能给现代企业一些启发吧！

九、修养的智慧

内圣外王是儒家追求的理想人格。在内成圣，发之而外为王道。儒家理想人格的实现首先是通过内省和践行——修身的途径来达到的。内省指通过积极的内心活动，使道德达到心灵的自觉化。内省是一种反思过程，即通过"三省吾身""反求诸己"，在推敲、析虑、感悟中弄清是非和善恶。践行属于人格完善的行为阶段，它把内省所得的道德观念通过实际行动贯彻到人际关系、社会关系和政治关系之中，把内心的心理功能释放出来，用于"爱人""齐家""治国""平天下"。

内圣外王，圣人之道，成就君子人格

内圣外王的思想是儒家思想的重要组成部分，具有强烈的以人为本的人文精神，对

诸子百家——儒家

中国社会的政治、伦理、哲学、文化产生了深远的影响,是中国政治伦理一体化格局形成的重要原因,它讲究内修圣人之德,外施王者之政之功。它不仅对传统中华民族精神的形成和发展起了巨大的推动作用,而且在今天,对于重塑我们的理想人格,和培育弘扬当代中华民族精神也有着重要的意义。

　　儒家的思想是一种积极入世的思想。"内圣"是指个人通过提高自身的心性修养而达到的一种高尚境界或者说是理想的境界;"外王"是指个人把这种高尚的心性修养推广到自身以外的社会领域,用这种高尚的心性修养来治国安民。孔子说的"修己以安百姓"(《论语·宪问》)就是内圣外王的一种比较形象的说法,其中"修己"是"内圣","安百姓"是"外王"。"圣"是儒家理想人格的最高境界,达到这一境界的人就是"圣人"。然而人一旦达到这种境界,就会释放出一种强大的精神力量,如果把这种精神上的东西实践到政治生活中,或者说实践到国家的治理中,就必然会成就"外王"的事业。虽然内圣外王很难做到,但是儒家还是将其作为了最高的政治理想。内圣是内在的,外王是外在的。内圣外王,互为表里,相辅相成。继孔子之后,孟子、荀子对"内圣外王"的理想做了进一步阐发。就"内圣"而言,孟子明确地提出性善论,荀子提出了慎独的思想;就外王而言,孟子在性善论的基础上进一步提出了仁政思想,荀子主张行"王者之政",并强调"庶人安政"。

　　孟子说过一句至今还对人们心灵产生冲击力的精粹的句子:"穷则独善其身,达则兼济天下。"他所回答的是两个问题就是:"内修"和"外推",用比较流行的话来说,一是"内圣",一是"外王"。这一思想孟子不止一次地表达过,他说,"士,穷不失义,达不离道。"(《尽心上》)他还说:"得志,与民由之;不得志,独行其道。"(《滕文公下》)可见它在孟子心中的分量。所谓"内圣"就是改造自我,所谓"外王"就是改造世界。"内圣外王"是儒家思想体系最核心的价值理念。其实质就是强调道德人格对于个体生命价值的意义,认为主体的道德人格是一切社会价值存在的终极依据。首先,要成就君子人格,只有潜心于道德人格的修养磨炼,通过格物致知、正心诚意等修身功夫,将道德实践的经验内化到主体的心理结构之中,使主体逐步凝聚、积淀起一种强有力的道德精神力量,完成"内圣"的实践功夫,才能谈得上人之为人的价值尊严,才谈得上通过社会实践,将自我内在的人格力量外化于世俗社会的价值创造之中,最终才能实现治国平天下的宏大抱负。

　　儒者必须兼备"内圣"与"外王"的品格,仅有"内圣"他不过是"隐",仅有"外王"他不过是"官",既有"内圣"又有"外王"才能称为"士"。所以儒士对内是修己美身,对外是良知良心,这一特点很接近近代西方的"知识分子",西方的知识分子不仅是具有某种知识技能的人,而且还指他们是社会的良心,人类基本价值的维护者。首先内圣是外王的前提和基础,所以要想到达外王必须先修身已成圣,所以儒家向推崇圣人之道。宋代蔡沈在其《书经集传序》中对圣人所应具备的理想形象做了描述:"二帝三王治天下之大经大法皆载此书,……二帝三王之治本于道,二帝三王之道本于心,得其心则道与治固可得而言矣。何者? 精一执中,尧舜相授之心法也;建中建极,商汤周武相传之心法也。日德、日仁、日敬、日诚,言虽殊而理则一,无非所以明此心之妙也,至于言天,则言心之所自出,言民,则谨其心之所由施;礼乐教化,心之发也;典章之物,心之著也;家齐国治而天下平,心之推也;心之德,其盛矣乎?"蔡沈认为,《书经》是圣王治道的体现与载体,其中最深层的内核,也就是尧、舜、禹、汤、文、武、周公相授相传的圣人的最高道德人格。

儒学以圣人为理想人格,自然要人们仿效圣人。如何仿效呢?《易传·系辞上》说:"书不尽言,言不尽意。然则圣人之意其不可见乎? 子曰:圣人立象以尽意"。理学家提出"圣人气象",主旨是人们对圣人的仿效要在把握"气象"上下功夫,他们把这种功夫称作"体认"。圣人气象既内在于又超越于日常事物,"圣人气象,虽超乎事物之外,而实不离乎事物之中,是个无事无为底道理,却做有事有为之功业"。这用二程的话来说,就是"学者不学圣人则已,欲学之,须是熟玩圣人气象,不可止于名上理会。王阳明认为:"圣人气象自是圣人的,我从何处识认? 若不就自己良知上真切体认,如以无星之称而权轻重。"强调圣人气象以及对其体认的超名言性,实际上揭示了人们接受圣人人格的教化是潜移默化的。孔子推崇圣人之道,他自己也以圣人之道行之,并得到后人敬仰。孔子说:"大哉,尧之为君也,巍巍乎唯天为大,唯尧则之"云云。孔子的弟子曾把孔子比作尧舜,宰我说:"夫子贤于尧舜。"在《荀子·解蔽》中为"圣王"下了一定义:"圣也者,尽伦者也;王也者,尽制者也。两尽者,足为天下极矣,故学者以圣王为师。"因此,荀子的弟子尝歌颂他们的老师"德若尧舜,世少知之","其知圣明,循道正行,是以为纲纪。呜呼,贤哉!宜为帝王"。在《墨子·公孟篇》中有一段记载:"公孟子谓墨子曰:昔者圣王之列也,上圣列为天子,其次列为大夫。今孔子博于诗书,察于礼乐,详于万物,若使孔子当圣王,则岂不以孔子为天子哉!"可见孔子的圣人人格在当时就能得到很多人认可。外王则是将圣人人格外化,成就治国平天下之功,建立理想社会。这对中国历代士人和文人都产生深远影响,这在乱世体现得最为明显,并且铸造中国人的魂魄。近代史是中国的一部屈辱史,当时无数的仁人志士都是以国家兴衰为己任,探索强国御辱之路。青年的毛泽东就是受到儒家强烈的"内圣外王"思想的影响,并按照内圣外王的要求走出一条近乎完美的"内圣外王"之路。

毛泽东很早就开始以内圣外王的要求来磨炼自己。他先从内圣开始,自觉地把完善自我道德人格视为实现远大抱负的必由之路。1915 年 9 月 27 日,毛泽东致信萧子升:"吾人立言,当以身心之修养、学之研求为主,辅之政事时务,不贵文而贵质,彩必遗弃,惟取其神。"(《毛泽东早期文稿》,第 28 页)青年毛泽东立志以"言天下国家之大计,成全道德,适当于立身处世之道"(《毛泽东早期文稿》,第 84 页。)作为人生追求。他深信:"内省不明"则无以立身,只有通过持之以恒的"尽吾之性,完吾之心"的道德实践,使自己达到"内圣"的人格境界,即"发展吾之一身,使吾内而思维、外而行事,皆达正鹄"(《毛泽东早期文稿》,第 204 页。),那种天人合一的崇高的道德人生境界。

至于毛泽东外王之学与实践,就是他亲自投身新民主主义革命,为了心中理想,用实际行动而谱写的伟大篇章。毛泽东后来用一生的实践去完成的新民主主义革命与新中国建设,内圣与外王在毛泽东身上个到了近乎完美的统一与实现,虽然这与儒家的具体内圣外王要求不同,但儒家的这用成才与成就功业的模式确实深深地印证了毛泽东和当时的整整一代人,就是在现代也有不少人在自觉与不自觉中用到这种模式,因为在几千年的文化熏染中这种济世观早就融入中华民族的血液中。

诸子百家——儒家

内圣外王思想作为儒家的核心思想之一，深深地印在了每一个中华民族子孙的心中。对待儒家思想，我们要去其糟粕，取其精华。而内圣外王思想，应该属于其精华部分，因为儒家思想是一种积极入世的思想，而通过内圣外王我们能够感受到一种自强不息、积极有为的精神。易经中说"天行健，君子以自强不息。"这种精神两千年来一直影响着我们整个中华民族。从"内圣"来讲，儒家认为每一个人都有成为圣人的可能性，因此每个人都要积极努力，不要轻易放弃。努力使自己成为一个有德行的人。从"外王"来讲，成为一个有德行的人还不是目的，还要报效国家，实现自己人生价值的同时，使更多的人能够得到教化，这样上下一心，才能使国家国泰民安。这也正是内圣外王思想的现代意义所在。

大学之道，在明明德，在止于至善

【子曰】

大学之道，在明明德。在亲民，在止于至善。

——《大学》

【智者感悟】

大学的道理，在于使人们的美德得以显明。在于使天下的人革旧更新，在于使人们达到最好的理想境界。

止于至善，是一种以卓越为核心的至高境界，表达了儒家对理想中的人格境界的一种追求。上升到人性的层面来说就是大真、大爱、大诚、大智的体现，是自我到无我境界的一种升华。只有达到了至善，才能够做到止于至善，可见止于至善是一种可望而不可即的理想，但正是对这种境界的不懈追求造就了人类的伟大人格！人类的伟大，或者说伟大的人之所以伟大，是因为他们有一颗伟大而勇敢的心灵，一颗追求人类尊严、追求卓越、追求万世和平的心灵！他们追求的具体内容或许不同，但他们的东西肯定是人类伟大的事业与心灵的象征，是人类走向完美所需要的美丽之花！或许他们在求追至善的道路上失败或牺牲，但他们留给我们的将是永恒的记忆与魅力！

我国古代的道家认为人只有成仙得道才所完美，才可以超越肉体而达到永恒与至善，至善只有神仙才能达到，所以道家注重生活的超脱，只有超脱万物，不拘于俗，才能成为至人、真人。至于怎样的社会才是理想社会呢？道家的思想别具一格，把人类的逆向思维发挥到极致，庄子有一句名言："相濡以沫，不如相忘乎江湖"，意思是说，人们与其在世上劳劳碌碌相互关怀，相互为用，那么辛苦，干脆还不如归隐深山，回归自然，自由自在，无所牵挂，主张社会干脆解体算啦！认为社会越发达人们越辛苦，还不如"相忘乎江湖"！我国的佛家思想认为人格的至善境界是成佛，佛才是完人，理想的人，崇高到没有缺陷而无所不能的人，所以成佛是佛价值追高理想！

儒家人格的最高理想境界是内心道德与外在行为的完美合一，它表现为：明明德，亲民，止于至善。明德是内在修养，亲民是外在表现，而止于至善则是两者的完美结合。所谓"明明德"，即阐明自己天赋灵明的德胜，也就是通过学习和实践发掘光大个人内在的

諸子百家——儒家

优良品德;所谓"亲民",即亲近、爱恤人民,时刻为人民的利益着想。"亲民"即"新民",也就是使人民除去旧习恶染,不断求取进步。而"止于至善",也就是必须达到完美的境界。一方面表现为将自己本有的明德推至极致,使人心不受一毫私欲之沾染;同时又表现为应事接物之际体察入微,不仅不受事物千变万化所左右而保持吾心之贞定,而且更能将事物之方方面面照管得周匝无遗,无不妥当合理。另一方面,要"止于至善",不仅要博学多闻,工夫上要无所不用其极,而且在实践领域也要"止于至善"。

朱熹在《大学章句》上说:"程子曰:'亲,当作新。'大学者,大人之学也。明,明之也。明德者,人之所得乎天,而虚灵不昧,以具众理而应万事者也。但为气禀所拘,人欲所蔽,则有时而昏;然其本体之明,则有未尝息者。故学者当因其所发而遂明之,以复其初也。新者,革其旧之谓也,言既自明其明德,又当推以及人,使之亦有以去其旧染之污也。止者,必至于是而不迁之意。至善,则事理当然之极也。言明明德、新民,皆当至于至善之地而不迁。盖必其有以尽夫天理之极,而无一毫人欲之私也。此三者,大学之纲领也。"《诗经》上描写理想的君子形象,是我们道德修养的模范。这样的君子形象是会永远活在人们心中的,因为人们的心是永远向善的,永远指向美好的未来,而和美的君子风范,是苍茫路上的生命之光,它将永远指引人们走向至善和完美。《诗经》中说:看那淇水的河岸弯曲迤逦,绿色的竹林茂盛优美;有文采的君子,就如同用锉刀雕刻过的象牙,用砂石琢磨过的美玉。庄重而严整,威严而亲切。这样的君子,真是令人终生不能忘记呀!君子专心求学,内心谨慎恭敬,仪态严整威严,外表正气凛然,德行高尚美好,尽善尽美,百姓们当然不会忘记他。《诗经》中还曾描述理想的圣王形象,是万古帝君所效仿的楷模,他们也永远活在人们心中,《诗经》说:啊!前代的文王、武王,使人不能忘怀啊!前代的君王继承先人的法制与德行,发展先人的遗志,亲近君子,安抚百姓。百姓们丰衣足食,和睦安详。前代君主的德行如此美好,前代君王的功绩如此卓著,后代的百姓怎么会不怀念他们呢!《诗经》中还赞叹说:庄严肃穆的周文王,他的德行高尚美好,人们无限崇敬。周文王顺从天命,谨慎的治理国家;对待长辈谦恭有礼;对待弟兄亲爱友善;对待子孙后代和善而又威严;推行仁爱治理天下,百姓得以生活富足和睦,国泰民安。出现了相互仁爱的盛世景象:做君主的,施行仁政,造福百姓;做臣子的,恪尽职守,辅佐君王造福百姓;做儿子的,孝顺父母,继承先辈的遗志;做父亲的,既疼爱子女,又要严格要求;与别人做朋友,诚实亲爱。这种景象难道不是我们所应当追求的吗?《诗经》说:"黄鸟'缗蛮'地叫着,栖息在幽密的深林里。"孔子读到这些诗句的时候,说:"连黄鸟都知道最适合它栖息的地方,难道人还不如一只鸟吗?"

做到"止于至善",需要通过不懈的努力,达到尽善尽美之后才可停止,然而,世间的凡夫俗子何时才能做到至善呢?这也许是留给现在人们的一个永久的问号。

天人合一,日月同辉,养浩然之气

【子曰】

"敢问夫子恶乎长?"曰:"我知言。我善养吾浩然之气。""敢问何谓浩然之气?"曰:"难言也。其为气也。至大至刚,以直养而无害,则塞于天地之间。其为气也。配义与道;无是,馁也。是集义所生者,非义袭而取之也。行有不慊于心,则馁矣。我故曰,告子未尝知义,以其外之也。必有事焉,而勿正。心勿忘。勿助长也。"

——《孟子·公孙丑上》

【智者感悟】

公孙丑说:"请问老师您长于哪一方面呢?"孟子说:"我善于分析别人的言语,我善于培养自己的浩然之气。"公孙丑说:"请问什么叫浩然之气呢?"孟子说:"这很难用一两句话说清楚。这种气,极端浩大,极端有力量,用正直去培养它而不加以伤害,就会充满天地之间。不过,这种气必须与仁义道德相配。否则就会缺乏力量。而且,必须要有经常性的仁义道德蓄养才能生成,而不是靠偶尔的正义行为就能获取的。一旦你的行为问心有愧,这种气就会缺乏力量了。所以我说,告子不懂得义,因为他:把义看成心外的东西。我们一定要不断地培养义,心中不要忘记,但也不要一厢情愿地去帮助它生长。"

"天人合一"的思想观念最早是由庄子阐述,后被汉代思想家、阴阳家董仲舒发展为天人合一的哲学思想体系,并由此构建了中华传统文化的主体。

天人合一的思想在中国源远流长,可以说是儒家最基本、最普遍和最一贯的思想。儒家的天人合一思想可以分为两类:"一是发端于孟子、大成于宋明理学(道学)的天人相通的思想;二是汉代董仲舒的天人相类的思想。"《孟子·尽心上》有云:"尽其心者,知其性也。知其性,则知天矣。存其心,养其性,所以事天也。"大意是说,尽量保持善良的本心,这就是懂得了人的本性。懂得了人的本性,就懂得了天命了。保持人的本心,培养人的本性,这就是对待天命的方法。在孟子看来,人与天是一个整体,人的各种良善的品德,如仁义理智都是本于天,源于天的,或者说是为天所赋予的;善存之,善养之,也就是善待天意了。

中国著名历史学家、文学家郭沫若说:"孔子所说'天',其实是自然,所谓'命',是自然之数或自然之必然性。"如《论语·阳货》所说:"天何言哉!四时行焉,百物生焉,天何言哉!"儒家的"天人合一"思想,是在"究天人之际"问题时,把"天"与"人"纳入一个能自觉维持平衡的有机系统中进行思考,认为天人之间紧密相连,不可分割。孟子认为,"尽其心者,知其性也;知其性者,知天矣"(《孟子·尽心上》)。汉初,董仲舒提出"天人相类说",认为人与天相似,天是有意志、有目的、有道德的主宰,人受命于天,天人之间存在着神秘的感应关系;天人之间用王者贯通起来,王者依天行事,"天瑞应诚而降";反之,王者逆天行事,将招致"天谴"。显然,其目的旨在寻求天人的和谐统一,维持现存的社会秩序。传统儒家这种"天人合一"的思想,体现了有机的自然观,也是儒家文化特质之一。

在自然界中,天地人三者是相应的。《庄子·达生》曰:"天地者,万物之父母也。"《易经》中强调三才之道,将天、地、人并立起来,并将人放在中心地位,这就说明人的地位之重要。天有天之道,天之道在于"始万物";地有地之道,地之道在于"生万物"。人不仅有人之道,而且人之道的作用就在于"成万物"。再具体地说:天道曰阴阳,地道曰柔刚,人道曰仁义。天地人三者虽各有其道,但又是相互对应、相互联系的。这不仅是一种"同与应"的关系,而且是一种内在的生成关系和实现原则。天地之道是生成原则,人之

诸
子
百
家
—
—
儒
家

道是实现原则,二者缺一不可。

儒家的理想人格表现为君子、大丈夫身上散发的一种浩然正气。孟子发展了孔子培养理想人格的学说,这主要表现在他提出的"养浩然之气"的主张上。所谓浩然之气,就是刚正之气,就是人间正气,是充塞宇内的一身凛然大气。它具有一种极大的人格感召力,首先不在于它是一种气而在于它的至大至刚,流布于天地之间,具有笼天罩地的恢宏气派,它的广阔无边、浩浩荡荡与无处不在的品格不就是富有魅力的儒家圣贤人格或人伦之至的象征么,千百年来,儒家舍生取义,杀身成仁,平治天下不就是为了获得与天地相参的阔大气象。然而浩然之气不是天生地成就的,必须与人的实际作为相配匹,只有安道行义才能使这种浩然之气得到培护与扩充,否则多行不义必自毙,行为不正、问心有愧,浩然之气必将荡然无存。气有正邪,行有善恶,所以才有"善养",这样,孟子就将深邃的人生境界与人的现实行为联系了起来,从而为人走向圣洁打开了一条可行的通道。他说:"彼丈夫也,我丈夫也,吾何畏彼哉?""舜何人也,予何人也,有为者亦若是。"舜是人,我也是人,他能成为圣人,我也能成为圣人! 这是胸怀浩然之气的孟子对人性所发出的慷慨激越的呐喊。

人不可有傲气,但不可无骨气,傲气是一股邪气,骨气是一种正气。浩然之气就是人身上盛大刚直的正气,杨继盛诗云,"浩气还太虚,丹心照万古。"常言也道:"树活一张皮,人活一口气。"可见,气不仅是人的生命形式,而且也是人的存在状态,气的正与邪、强与弱、大与小决定着生命的质量,也决定着生存的境界。

孟子认为"大丈夫"应该是这样的人:"居天下之广居,立天下之正位,行天下之大道。得志与民由之,不得志独行其道。富贵不能淫,贫贱不能移,威武不能屈。此之谓大丈夫。"(《孟子·滕文公下》)浩然之气是有气节、正气、正义、勇气、公道、正直,有"恻隐之心",义薄云天,造福大众,"先天下之忧而忧"的大丈夫气概。孟子认为,一个人有了浩气长存的精神力量,面对外界一切巨大的诱惑也好,威胁也好,都能处变不惊,镇定自若,达到"不动心"的境界。具有浩然之气的人,一身的正直、正义、威武不屈的光辉形象令坏人胆寒,令世人称道。就连具有豪迈豪放豪爽脾性的人也是人们所称道的。这种人格就是"浩然之气"的形象化,它高扬了作为主体的人在外界各种艰难困苦、强权暴力面前的自主性和独立性,是孟子积极进取、刚正不阿、追求真理、坚持真理的人生观的生动体现。中华民族自古就形成了一种精神气质:勇于追求真理,具有刚正不阿的"正气";敢于坚持真理,具有不屈不挠的"骨气",我们统称之为"气节"。它的形成与孟子提倡的"养吾浩然之气"是不可分的。

浩然之气要求在生命与大义两难抉择时:"杀身成仁","舍生取义",这也是浩然之气的最高境界,即为了道义——道德理想、人生理想、社会正义,可以舍弃自己的生命。孔子说:"志士仁人,无求生以害仁,有杀身以成仁。"(《论语·卫灵公》)孟子云:"鱼,我所欲也;熊掌,亦我所欲也,二者不可得兼,舍鱼而取熊掌者也。生,亦我所欲也;义,亦我所欲也,二者不可得兼,舍生而取义者也。"(《孟子·告子上》)在道义和生命不同兼顾的情况下,就选择道义而舍弃生命。这是儒家的一种生命价值观的生动体现,后来人们以"成仁取义"来进行概括,在中国历史上曾经取得了许多志士仁人的认同,他们往往把"成

诸子百家

——儒家

仁取义"具体地体现在铁肩担道义,为民请命以及维护国家和民族利益等正义事业当中,塑造了不同类型的大丈夫人格形象。

孟子说:"其为气也,至大至刚,以直养而无害,则塞于天地之间。其为气也,配义与道,无是,馁也。"是说"浩然之气"这种精神力量,属于伦理观、培养理想人格方面的问题。程颐说:"天人一也,更不分别。浩然之气,乃吾气也,养而无害,则塞乎天地之间;一为私意所蔽,则欿然而馁,知其小也。"程颐从天人合一的观点出发,也认为这浩然之气"乃吾之气",是人生来固有的,但它着意强调的是养与不养的问题。养而无害则塞乎天地之间,一为私意所蔽则然而馁。朱熹根据程颐的思想对浩然之气的注中说:"至大,初无限量;至刚,不可屈挠。盖天地之正气,而人得此生者,其体段本如是也。"朱熹从人性本善的思想出发,以为这浩然之气是生来就有的。原本是天地之正气,人得气而生。

一个人只有事事都能做到俯仰无愧于天地,深习慎独功夫,才会在长期的积累中养成一种浩然之气。浩然之气,要靠"养",即持久不懈的修养和锻炼,"以直养而无害"。如何"直养"?孟子解释说:"必有事焉而勿正,心勿忘,勿助长也。"就是在用直道、正义来培养这种精神力量时,既不能中止,又不要急躁。但这要经过平时长期的以道义为行事的准则,不要企图一天两天就能达到,不要像孟子说的拔苗助长,那是不现实的。只有平日踏踏实实做集义的功夫,功夫到了,才会水到渠成。而且尤其是生活中的小事,更不可轻忽过去,刘备说得很好,"勿以善小而不为,勿以恶小而为之。"我们要用持续不断的毅力来"养气",实际上也是意志锻炼。通过学习和锻炼来培养浩然之气,就可以做到荣辱不惊,泰山崩于前而色不改。孔子说:"三十而立,四十而不惑","不惑",也就是"不动心"。孟子说:"我四十不动心。"不过,在孟子看来,做到心自然不动,就比较难,这才是真的不动心。只有达到了真正不动心的精神境界,那也就自然而然地做得到"富贵不能淫,贫贱不能移,威武不能屈"。可是这种精神境界只能靠理性"养"出来,是一种高度的理性自觉。有了这种精神境界的人,才能至大至刚,无所畏惧,独立于天地之间。

两宋时期,来自北方的异族入侵加深了国人们的民族意识和抗争精神。文天祥是那个时代的杰出代表。他们分别写出了《过零丁洋》和《正气歌》,几百年来,中国人读这两首诗词都会感到热血沸腾,人们总是会被这两首诗中的浩然之气所激发。文天祥在《过零丁洋》中留下了"人生自古谁无死,留取丹心照汗青"的千古绝唱。《正气歌》更是用诗的语言来讲"浩然之气"。

恭帝德佑元年(1275),元兵长驱东下,文天祥于家乡起兵抗元。次年,临安被围,除右丞相兼枢密使,奉命往敌营议和,因坚决抗争被拘,后得以脱逃,转战于赣、闽、岭等地,兵败被俘,坚贞不屈,就义于大都(今北京)。能诗,前期受

文天祥

江湖派影响,诗风平庸,后期多表现爱国精神之作。存词不多,笔触有力,感情强烈,表现了作者威武不屈的英勇气概,震撼人心。

下面是让我们来感悟《正气歌》中所表现的充塞寰宇的浩然之气!

《正气歌》唱道:

天地有正气,杂然赋流形。下则为河岳,上则为日星。于人曰浩然,沛乎塞苍冥。
皇路当清夷,含和吐明庭。时穷节乃见,一一垂丹青:在齐太史简,在晋董狐笔。
在秦张良椎,在汉苏武节;为严将军头,为嵇侍中血,为张睢阳齿,为颜常山舌;
或为辽东帽,清操厉冰雪;或为出师表,鬼神泣壮烈。或为渡江楫,慷慨吞胡羯,
或为击贼笏,逆竖头破裂。是气所磅礴,凛然万古存。当其贯日月,生死安足论!
地维赖以立,天柱赖以尊。三纲实系命,道义为之根。磋余遘阳九,隶也实不力。
楚囚缨其冠,传车送穷北。鼎镬甘如饴,求之不可得。阴房冥鬼火,春院閟天黑。
牛骥同一皂,鸡栖凤凰食。一朝蒙雾露,分作沟中瘠。如此再寒暑,百沴诊辟易。
哀哉沮洳场,为我安乐国。岂有他谬巧,阴阳不能贼!顾此耿耿在,仰视浮云白。
悠悠我心忧,苍天曷有极!哲人日已远,典刑在夙昔。风檐展书读,古道照颜色。

这是何等的豪迈与激昂!青山不动,江河断流,没有超越生死的凛然正气,没有惊天地泣鬼神的无畏气概,就不会有对自身力量与勇气如此坚贞的自信。屈原、文天祥,还有杜甫、岳飞、辛弃疾,这些浩气长存的人,他们以自己的生命谱写了一曲响彻尘寰的人间正气之歌。从千古不朽的英烈身上以及同样千古不朽的诗歌中,我们看到了孟子的浩然之气在他的人格铸造中烙上的鲜明印记。

浩然正气是一个儒者发自于内在而又能形之于外的摄人心魄的伟大气质,任何一个具有这样气质的人都是他所生活的集体中的精神领袖,它给人以信任与安全感,给人以一种无形的力量,这种力量与日月同辉,可以战胜任何邪恶与困难,但愿这种浩然之气能长存于世间,永久吐芳!

浩然之气的培养,要靠内心修养,自于我们灵魂深处,来自我们切身感受到的、鲜活人性的魅力。它要求人们以合乎道义的方式做人,从良心出发做事,仰不愧于天、俯不愧于地。

儒家文化充满了人文主义精神,其中天人合一的认识观、完美的伦理道德体系和重民思想在中国传统社会中产生了重大影响,更为重要的是,儒家文化已成为中华民族文化乃至世界文化的重要组成部分。

诸子百家——儒家

第三章　道家

第一节　道家史话

一、道家概说

　　道家又称"道德家"。道家学派起始于春秋末期的老子，但先秦时期并没有"道家"这一名称，只有"老子之学"与"庄子之学"的名称。用"道"一词来概括由老子开创的这一学派是由汉初开始，这时，道家也被称为"德家"。老子曾做过周的史官，因此，《汉书·艺文志》云："道家者流，盖出于史官，历记成败存亡祸福古今之道，然后知秉要执本，清虚以自守，卑弱以自持，此君人南面之术也。"

　　在先秦百家争鸣中，道家虽没有众多徒属和显学地位，但他们对宇宙和社会、人生的独特领悟，其他各家都难以企及。因此道家才能呈现出永恒的价值与生命力。西汉太史令司马谈在《论六家要旨》中评"道家使人精神专一，动合无形，赡足万物。其为术也，因阴阳之大顺，采儒墨之善，撮名法之要，与时迁移，应物变化，立俗施事，无所不宜，指约而易采，事少而功多"，"其术以虚无为本，以因循为用。无成势，无常形，故能究万物之情。不为物先，不为物后，故能为万物主"。

老子

　　道家学派以老子关于"道"的学说作为理论基础，直接从天道运行的原理侧面切入，以"道"说明宇宙万物的本质、本源、构成和变化，也是统治宇宙中一切运动的法则。

"道"本来是无名无形的,老子说:"有物混成,先天地生。寂兮寥兮,独立而不改,周行而不殆,可以为天地母。吾不知其名,强字之曰道,强为之名曰大。"道家认为天道无为,万物自然化生,否认上帝鬼神主宰一切,主张道法自然,顺其自然,提倡清静无为,由此衍化出"人天合一""人天相应"、"为而不争、利而不害""修之于身,其德乃真""乘天地之正,而御六气之辩,以游无穷"等思想。

道家政治理想是"小国寡民""无为而治",要求君主舍弃自己的意志欲望,听任百姓做自己想做的事情,使百姓处于自然状态。道家体系中,无为与自然是关系密切的概念,无为是对道或君主的要求,自然指道或君主无为下万物或百姓的自主状态。君主无为,百姓生活就自然。

道家重视人性的自由,提出了"谦""弱""柔""心斋""坐忘""化蝶"等生活方式来面对世界,主张"齐物""逍遥",对万物的态度是"无所待"。庄子在《逍遥游》中,认为天地万物都是"有所待"的,大至鲲鹏,小至蜩鸠,都需要凭借一定的外部条件才能活动。而人生乃至万物的最高境界是"无所待",这样才是真正的"逍遥游"。

自老子创始以后,道家学派又分化出不同派别,著名的有庄子学派、杨朱学派、宋尹学派和黄老学派四大派,代表人物有关尹、庄周、列御寇、杨朱、彭蒙、田骈等。道家的著作,东汉班固在《汉书·艺文志》中共列出 37 种,993 篇,除《道德经》(又名《老子》)、《庄子》之外,还有《管子》中的《心术》上、《心术》下、《白心》《内业》诸篇,汉初的《淮南子》、晋人的《列子》以及 1973 年长沙马王堆出土的《经法》《道原》《称》《十六经》等。

道家及其思想在中国传统文化中的地位仅次于儒家,影响深远。西汉初年,汉文帝、景帝以道家思想治国,而有"文景之治"。汉武帝"罢黜百家,独尊儒术"后,道家从此成为非主流思想,但对统治者、知识分子和下层社会的影响却经久不衰,许多有作为的皇帝,如唐玄宗、宋徽宗、朱元璋、康熙都曾专门给《道德经》作注,而以董仲舒为代表的汉儒及以周敦颐、朱熹等为代表的宋儒在构造宇宙论或本体论体系时,都明显吸取道家思想。

此外,道家以其独特的宇宙、社会和人生领悟,在哲学史上影响深远,魏晋玄学、宋明理学都是糅合了道家思想发展而成。佛教传入中国后,也受到了道家的影响,禅宗在诸多方面受到了庄子思想的启发。道家思想更为道教所吸收,道教尊老子为太上老君,奉《道德经》为道教的基本经典,奉《庄子》为《南华真经》,并且用老庄的哲学来论证道教的神仙学,建立了道教的宗教哲学体系。道家思想中,"清静无为""返璞归真""顺应自然""贵柔"等主张,对中医养生保健也有很大影响和促进。总之,道家对中国政治、宗教、医学、文学、哲学和美学等,均产生了广泛而深远的影响。直到今天,人们还不断从中汲取营养。

二、道家的创立和发展

(一)老子

老子(约公元前 604 年~约公元前 531 年),古代伟大的哲学家和思想家,道家学派创始人。老子的哲学思想及其创立的道家学派,不但对中国古代思想文化的发展做出了重要贡献,而且对中国两千多年来思想文化的发展产生了深远的影响。

关于老子到底是谁,历来说法不一。一说姓李名耳,字聃,生活在春秋时期,曾在东周国都洛邑(今河南洛阳)任守藏史(相当于国家图书馆馆长)。他博学多才,孔子周游列国时曾到洛阳向老子问礼,秦汉之际成书的《礼记·曾子问》有所记载。《庄子》也称其为老聃,书中的内篇《德充符》、外篇《天地》《天运》《田子方》《知北游》等都视老子为前辈。

一说老子即太史儋,或老莱子,见之于《史记·老子韩非列传》。据《史记·仲尼弟子列传》解释,"于周则老子","于楚老莱子",可见老子和老莱子是两人。至于太史儋,司马迁说:自老子死后一百二十九年,有周太史儋见秦献公云云。有学者以此认为老子就是太史儋,战国时人。

也有人认为可能"老"是老子的姓或氏,其名为聃,故称老聃。他们提出,先秦旧籍如《庄子》《墨子》等,对孔、墨等人皆举其姓,称"孔子""墨子",独老子称"老聃"而不称"李聃",称"老子"而不称"李子";古有老姓而无李姓,《战国策》中始有李悝、李牧,李姓起源较晚;再者,《庄子·天下》曾综述关于老聃的学说,《吕氏春秋·不二》也称"老聃贵柔",名字与思想一致,故老聃就是老子。但是《老子》书中说:"夫礼者,忠信之薄,而乱之首。"与传说中孔子问礼于老聃有矛盾,因而《老子》书是否为老聃所作也有疑问。

据《史记》记载,老子庙堂阶前有一尊"三缄其口"的金人,孔子问其背后的铭文"无多言,多言多败;无多事,多事多虑"是何意? 老子回答:"子所言者,其人与骨皆已朽矣,独其言在耳。且君子得其时则驾,不得其时则蓬累而行。吾闻之,良贾深藏若虚,君子盛德,容貌若愚。去子之骄气与多欲、态色与淫志,是皆无益于子之身。吾所以告子,若是斋已。"老子晚年乘青牛西去,并在函谷关(今河南灵宝)前写成了五千言的《道德经》,最后不知所终。

老子用"道"解释宇宙万物的演变,认为"道生一,一生二,二生三,三生万物",把"道"抽象化,概括为普遍的无所不包的最高哲学概念。在他看来,"道"既是凌驾于天之上的天地万物的本原,又是自然客观规律,具有"独立不改,周行而不殆"的永恒意义。老子还提出"人法地,地法天,天法道,道法自然"的思想,摒除"利天命"的绝对权威。在政治上,老子主张无为而治,无为是指不妄为,不胡作非为,不为所欲为,以达到"邻国相望,鸡犬之声相闻,民至老死不相往来"的理想境界。老子的哲学里包含着丰富的辩证法思想,他指出任何事物都有矛盾对立的两个方面,如"正复为奇,善复为妖","祸兮福之所倚,福兮祸之所伏",还认为矛盾两方可以互相转化,即"反者道之动",转化的途径是"守静"。

孔子认为老子是神圣:"鸟,吾知其能飞;鱼,吾知其能游;兽,吾知其能走。走者可以为网,游者可以为纶,飞者可以为矰。至于龙,吾不能知,其乘风云而上天。吾今日见老子,其犹龙邪!"(《史记·老子韩非列传》)

(二)杨朱

1.生平

杨朱,字子居,又称阳子居或阳生,魏国(今河南开封)人,春秋战国时期思想家。生平已不可考,大概生活在墨子(约公元前479年~约公元前381年)与孟子(约公元前371年~约公元前289年)之间,行踪多在鲁、宋、梁一带。在当时各家的著述如《孟子》《荀子》《庄子》《韩非子》《吕氏春秋》中,其名多次出现,可见其人其说在当时相当著名。杨朱自比尧舜,自称是"得治大者不治小,成大功者不小苟"的贤人,"治天下如运诸掌然"。韩非评价杨朱与墨翟一样有治世之才。

杨朱曾和老子会面,所以曾受老子思想的影响,后来有感于动乱的环境,苦于越来越大的社会压力,于是扬弃老子学说中的部分内容,朝着"养生""存性"的方向不断深化,发展成以"为我"为中心的思想体系。杨朱之学闻名当时,《孟子·滕文公》篇云:"杨朱、墨翟之言盈天下,天下之言,不归于杨,即归墨。"可知春秋之世,杨朱之学与墨学齐驱,并属显学。惜其作品早已散佚不存,其说散见于《孟子》《列子》及《淮南子》中。

2.思想

(1)"为我"学说

杨朱以"我"作为自然的中心,认为人的生命,往往由于外界的蒙蔽、组织所拘束,因而无法明察到生命的真相,使个人失去主体性。他希望建立人人为自己而又不侵犯别人的社会,主张探求内在自我安身立命的境界,以摆脱社会的束缚。他说:"古之人损一毫利天下,不与也;悉天下奉一身,不取也。人人不损一毫,人人不利天下,天下治矣。"意思是说,社会是由各个"我"所组成,如果人我不相损、不相侵、不相给,那么天下便无窃位夺权之人,便无化公为私之辈,这样社会就能太平,人才能"全生(性)保真":这种主张与儒家、法家都不同,与墨家的"兼爱"当然更是针锋相对。

既然反对社会的束缚,杨朱在政治上也就反对强权独占的霸道,主张天下为公,要"公天下之身,公天下之物"。那么,治理这个社会的人要"贤",要有谦虚的美德,"行贤而去自贤之心",即行为贤德而不自以为贤德。

(2)"重生""贵生""全生"的主张

在生命态度上,杨朱认为,人生短促,有生便有死,生有贤愚、贫贱之异,而所同者为死,尧舜与桀纣没有什么不同。因此,"知生之暂来,知死之暂往",在生时必须享尽人生之乐,充分放纵人欲。

杨朱认为,人生在世,要"轻物重生",从而"乐生",以"存我为贵"。其中,轻物,即轻视外在的功名利禄;重生,即全性保真,保持自然赋予人本身的真性。生命是"所为"者,是主体;"物"或"利"是"所以为"者,是服务于"生"的,因而"物"不应有损于"生"。所以,要"自纵一时,勿失当年之乐;纵心而动,不违自然所好,纵心而游,不逆万物所好;勿矜一时之毁誉,不要死后之余荣"。杨朱固然以"全生"为人生目的,对人的物质欲望作了充分的肯定,但是"全生之道"又不能聚物而累形,为"寿""名""位""货"所累,只要有"丰屋美服,厚味娇色"就够了0人不要贪得无厌,更不要因外物而伤生。"重生""贵生"的思想,除了重视个人生命之外,还包括重视个人独立性的思想,即反对屈从外在的权威,只想明哲自保、颐养天年。杨朱充分肯定了个人情欲的自然合理性,但不是享乐主义和纵欲主义,而是在"轻物重生"的范围内。这一轻视富贵利禄的思想在当时不乏赞誉之词,当时的"世主"曾"贵其智而高其行"。

(三)列子

1.生平及著作

列子,名寇,又名御寇(又称"圄寇""国寇"),郑国莆田(今河南郑州)人,与郑缪公同时。战国前期思想家,开道家列子学派。列子曾师从关尹子、壶丘子、老商氏、支伯高子等。他隐居郑国四十年,终生致力于道德学问,淡泊名利,贵虚尚玄,清静修道,主张循名责实,无为而治。唐玄宗天宝元年(742年)李隆基封列子为冲虚真人。

《汉书·艺文志》著录《列子》八篇,即《天瑞》《仲尼》《汤问》《杨朱》《说符》《黄帝》《周穆王》《力命》,经永嘉之乱以后,只留存《杨朱》《说符》两篇。今传本《列子》八篇由东晋张湛的先人重新搜集残篇编成,其中章节有重复之处,而且混入一些魏晋人的思想内容和语言文字。如《天瑞》篇讲天地万物形成的一章,文字全与《易纬·干凿度》相同;《周穆王》篇所载周穆王西游的经历,文字全与西晋汲冢出土的《穆天子传》相同。但是,今传本《列子》并非出后人伪作,如《杨朱》篇为杨朱主要学说一样。杨朱讲到"田氏之相齐也","民皆归之,因有齐国,子孙享之至今不绝",足见确是战国时作品。《列子》有大量寓言、民间故事、神话传说等,如黄帝神游、愚公移山、夸父追日、杞人忧天等,篇篇珠玉,读来妙趣横生,隽永味长,发人深思。

2.思想

西汉刘向认为,列子之学"本于黄帝老子,号曰道家。道家者,秉要执本,清虚无为,及其治身接物,务崇不竞,合于六经。"张湛认为《列子》之书"大略明群有以至虚为宗,万品以终灭为验,神惠以凝寂常全,想念以着物为表,生觉与化梦等情。巨细不限一域,穷达无假智力,治身贵于肆仕,顺性则所至皆适,水火可蹈。忘怀则无幽不照,此其旨也。"

"贵虚"是列子的中心思想。《天瑞》篇解释"贵虚"就是"静也虚也,得其居矣",即要自己修养到忘记自身的形骸,好像已经驾空乘风而行,列子把这样的境界叫作"履虚乘风"。列子认为,虚'静符合自然的本性,可以心意凝聚专一,达到物我两忘的精神境界与状态。这为庄子的"坐忘""心斋"学说开了先河。

列子认为,道是生化万物的,但它自己却不生不化。在产生天地万物之前,宇宙已经经历了太易、太初、太始、太素四个阶段,"夫有形者生于无形,则天地安从生?故曰:有太易,有太初,有太始,有太素。太易者,未见气也;太初者,气之始也;太始者,形之始也;太素者,质之始也。""太易"相当于老子所说的"道","太初"相当于老子所说的"道生一"中的"一","太始"为形之始,"太素"为质之始,此时"气形质具而未相离,故曰浑沦。浑沦者,言万物相浑沦而未相离也。……清轻者上为天,浊重者下为地,冲和气者为人;故天地含精,万物化生。"这种宇宙生成论,发展了老子的思想。

(四)庄子

庄子(约公元前369年~公元前286年),名周,字子休(一说子沐),战国时代宋国蒙

諸子百家 —— 道家

(今安徽蒙城,另一说河南商丘)人,著名思想家、哲学家、文学家,老子哲学思想的继承者和发展者,道家学派的代表人物,与老子并称为"老庄"。庄周身世如迷,据说出身于没落贵族家庭。《庄子》记载,庄子住在贫民区,生活穷苦,靠打草鞋过活。他把自己比作落在荆棘丛中的猿猴,处势不便,未足以逞其能。《史记》记载,庄子曾做过宋国漆园吏,后来厌恶官职,"终身不仕",《史记》上说:"楚威王闻庄周贤,使使厚币迎之,许以为相。庄周笑谓楚使者曰:子亟去! 无污我。……我欲游戏污渎之中自快,无为有国者所羁,终身不仕,以快吾志焉。"

庄子继承并发扬了老子的道家思想。他认为"道"是"虚无"的实体,生成天地与万物。《庄子》载:"夫道,有情有信,无为无形;可传而不可受,可得而不可见,自本自根,未有天地,自古以固存,神鬼神帝,生天生地。"又说:"道不可闻,闻而非也;道不可见,见而非也;道不要言,言而非也。知形形之不形乎,道不当名。"庄子认为,大道的真髓、精华可用以修身,其余都可用以治理国家,其糟粕可用以教化天下,即"道之真以修身,其绪余以为国家,其土苴以为天下"(《庄子·让王篇》)。在政治上,庄子继承了老子《道德经》中"人法地,地法天,天法道,道法自然"的精髓,主张无为而治。为此,他对世俗社会的礼、法、权、势进行了尖锐的批判,得出"圣人不死,大盗不止","窃钩者诛,窃国者为诸侯"的精辟见解。在人类生存方式上,庄子看透了世俗不古的人心,崇尚自然,倡导"无为",敝屣富贵,淡泊名利。庄子追求清静无为,返璞归真,一切顺应自然,安时而处顺,追求遗世独立,超然物外,放弃生活中的一切争斗,游心物外,不为世俗所累,从而达到一种"天地与我并生,万物与我为一"的逍遥境界。

庄子的一生,正如他所言:"不刻意而高,无仁义而修;无功名而治,无江海而闲;不道引而寿,无不忘也,无不有也;其生也天行,其死也物化;静而与阴同德,动而与阳同波;不为福先,不为祸始;其生若浮,其死若休,淡然独与神明居。庄子者,古之博大真人哉!"作为富有诗人气质的哲学家,庄子在我国思想史、文学史上都具有极其重要的地位,为人类思想史留下了一笔宝贵的精神财富。后世道教继承道家学说,庄子被神化而奉为神灵,唐玄宗天宝元年被封为"南华真人",宋徽宗时被封为"微妙元通真君"。

三、黄老学派

1.简介

黄老学派是在发挥老子思想的基础上,吸收了法家、阴阳家、名家等学派主张而形成的一个学派。

"黄"是指华夏民族的共同始祖黄帝,"老"即指先秦道家的老子。黄老学派大概兴起于齐国稷下学宫,以老庄虚静恬淡思想为基调,以"道"为核心,吸收法家思想,提出"道生法"的观点;突出刑德观念,主张恩威并施以巩固政权;倡导经纬人事的积极人生态度。

战国中后期,随着变法图强呼声的日益高涨,一些道家学者一改对政治的冷漠态度,努力寻找一条更为适合现实政治需要的新路。当时,黄帝作为中原各民族之始祖,影响巨大,这些学者便借用黄帝的名声,继承和发挥道家老子的道论与应世、养生之学,"本于黄老而主刑名",吸取部分阴阳、儒、墨、名、法等家的思想内容,在秦汉之际形成"内以治身,外以治国"的新的道家学说,称为"黄老之学"。黄老学派提出一套可以在现实社会中操作的政治原则,并对法家产生深远的影响,《史记·孟子荀卿列传》说田骈、慎到、环渊、接子等法家人物,"皆学黄老道德之术,因发明序其指意"。

黄老学派被汉初统治者采用,在西汉盛极一时。汉时言道家,多指黄老之道,如司马谈之《论六家要旨》、刘安之《淮南子》。秦始皇以来,滥耗民力,严刑峻法,以致百姓反叛,国家灭亡。故汉高祖即位以后,奉行黄老的道家思想,推行"清净无为,与民休息"的政策,著名的宰相萧何、曹参也都力行黄老之学以治国家,汉惠帝、吕后、汉文帝、汉景帝这些天子、后妃基本上都是黄老之学的奉行者,直到汉武帝独尊儒术以后,汉代黄老之风才转移至民间。

黄老学派代表人物有宋钘、尹文、申不害等,《史记·乐毅列传赞》中提到的黄老学者有河上丈人、安期生、乐瑕公、乐臣公、善公,汉代的曹参、陈平、司马季主、窦太后、安丘生、王生、黄生等也是黄老思想的信奉者。《汉书·艺文志》里托名为黄帝的书有21部,除《黄帝内经》外,均已亡佚。1973年长沙马王堆汉墓出土的,写在《老子》乙卷前面的《经法》《十六经》《称》《道原》等四种古代佚书,是黄老学派的重要著作,其中以《经法》一书比较重要。此外,《老子河上公章句》《管子》,一书中的《白心》《内业》《心术》等篇、《淮南子》的部分思想内容也体现了这一学派的思想。

2.思想

(1)道家为宗,顺应自然

黄老学派继承了老庄的思想,认为要顺应自然。黄老学派认为,道是宇宙的根源,《道原》中云:"恒无之初,迥同大虚。虚同为一,恒一而止。……天弗能复(覆),地弗能载。小以成小,大以成大。盈四海之内,又包其外。"道即常无,是最高的存在,在万物之中,又在万物之外。《淮南子·诠言》亦云:"夫道者,覆天载地,廓四方,柝八极,高不可际,深不可测,包裹天地,禀授无形;原流泉浡,冲而徐盈;混混滑滑,浊而徐清。故植之而塞于天地,横之而弥于四海;施之无穷,而无所朝夕。"道在空间上充斥着所有领域,包容一切,在时间上无穷无尽。

《管子·内业》云:"道,理之者也。""万物以生,万物以成,命之曰道。"道是万物总的法则,道不能脱离万物,是与万物俱生的、永恒的,因此称之为"常道";理则是指具体事物的法则,理是可以被人了解和效法的,人若掌握了它,则无事而不成,无往而不胜。《淮南子·原道训》说:"得一之道以少正多。"还说:"道者,一立而万物生矣,是故一之理,施四海;一之解,际天地。"黄老学派把道的思想加以改造,用来达到法治的目的,认为事物发展到了极端就要走向它的反面,"极而反,盛而衰,天地之道也,人之李(理)也"(《经法·四度篇》)。事物的发展变化有个自然的"度",行动符合"度",就符合于"天道",这叫作"天当"。每种事物的功能作用都有个客观的极限,这叫作"天极"。"圣人"就必须"能尽天极,能用天当"。如果"过极失当,天将降央(殃)",即将要受到违反自然规律的惩罚,"不循天常,不节民力,周迁而无功"(《经法·约论篇》)。这就是说,"不节民力"就违反自然规律,因而就不能成功。这为他们所制定的缓和社会矛盾的政策提供了哲学上的理论根据。

(2)清静无为,因循而治

黄老学派主张"守道任法","守法而无为",以"法"为"无为"的界限。《经法》与《道原》用道论演绎法制定理论,认为"道生法,法者,引得失以绳而明曲直者也",道能生成万物,也能生出法。掌握了道的圣人,根据道的原则来立法,因此法一旦形成,任何人包括圣人本人都不能违背,即"生法而弗敢犯也,法立而弗敢废也"(《经法·道法篇》)。"名刑已定,物自为正。"只要制定了刑名法律,万物就能各归其位,社会就能安定团结。

所谓无为,不是漫无边际的放任,而是不超越既定的法律规定,顺应事物的发展。《淮南子·原道训》载:"所谓无为者,不先物为也;所谓无不为者,因物之所为。所谓无治者,不易自然也;所谓无不治者,因物之相也。"可见,无为也不是毫无作为,而是一种特定的有为。《淮南子·修务训》指出,自然不会自己服务人,必须在其自然性的基础上添加人力,才能使其为人服务,"夫地势水东流,人必事焉,然后水潦得谷行;禾稼春生,人必加工焉,谷五谷得遂长"。因此,无为是因循自然之势而为,"若吾所谓无为者,私志不得入公道,嗜欲不得枉正术,循理而举事,因资而立功,权自然之势,而曲故不得容者,事成而身弗伐,功立而名弗有,非谓其感而不应,迫而不动者"。

黄老学派吸收老庄"清静无为""无为而治"、"以百姓之心为心"的思想,主张"省苛事,节赋敛,毋夺民时",强调"节民力以使,则财生,赋敛有度,则民富"。财生民富,人民才会有廉耻之心,做到"号令成俗而刑伐不犯",而"号令成俗而刑伐不犯,则守固战胜之道也"。统治者治理国家,也要根据不同的社会历史背景,真切了解当时社会和政治的运行法则,制定出相应的政治措施加以施行,才能收到事半功倍的效果。黄老道家把这样的思想和行为称作"无为而无不为",表现在政策上,主逸臣劳,除削烦苛,务德化民,恢弘礼义,顺乎民欲,应乎时变;强调法治,主张"精公无私而赏罚信","罪杀不赦"(《经法·君正篇》),同时要求赏罚得当,反对"妄杀杀贤","杀无罪"(《经法·亡论篇》);在选官用人时,选拔宽容大度的人,而不用深文周纳的人;在对外政策上,重视对待敌国人民的政策,讨伐对象必须"当罪当亡",反对灭亡人家的国家而"利其资财,妻其子女"(《经法·国次篇》)。

(3)宽简刑政,崇尚节俭

黄老学派认为"秦以刑罚为巢,故有覆巢破卵之患",而"为治之本,务在安民"。要安民,便必须依靠法律来"禁暴止邪",以保护善良。只是法令必须简易,刑罚必须宽平,"设刑者不厌轻,为德者不厌重,行罚者不患薄,布赏者不患厚"。黄老学派认为,"治国之道,上无苛令,官无烦治",不可像秦朝"置天下于法令刑罚"之中,以致天下仇怨,群起反叛。在他们看来,"刑罚积则民怨背","事逾繁而天下逾乱,法逾滋而奸逾炽,兵马益设而敌人逾多",一切求其符合"合于人情而后为之"。这些思想在文景治世都得以体现。

黄老学派还主张君主要少私寡欲,谦柔对下,去奢去侈,认为完全靠刑罚不足以移风,杀戮不足以禁奸,还要以"神化"为贵,即以君主的精神风范感化众人。君主若能严于律己,以身成仁,就能起到感化万民的作用。相反,就会影响社会风气。"上多故,则下多诈;上多事,则下多态;上烦扰,则下不定;上多求,则下多争。"因此,"君人之道,处静以修身,俭约以率下。静则下不扰,俭则民不怨"。如此,"清静无为,则天与之时;廉俭守节,则地生之才;处愚称德,则圣人为之谋"(《淮南子·主术训》)。

3.无为而治与文景治世

黄老学派的思想,在中国历史上发挥过重要作用。继秦末大乱之后,西汉前期社会经济极度凋敝,《汉书·食货志》形象地记载说:"汉兴,接秦之敝,诸侯并起,民失作业而大饥馑。凡米石五千,人相食,死者过半。高祖乃令民得卖子,就食蜀、汉。天下既定,民亡盖藏,自天子不能具钧驷,而将相或乘牛车。"西汉百废待兴,国家急需恢复生产,增强国力,而黄老之学提倡"无为而治,与民休息",正好适应了汉初的休养生息的政策的需要。同时,汉初统治者鉴于秦王朝"举措暴众而用刑太极",以致被迅速推翻的教训,于是对黄老之学加以积极推行,废除秦朝的苛政,施行轻徭薄赋,减免税赋的惠民政策,重农抑商,兴办水利,发展农业生产,收到了很好的治世效果,西汉前期国力为之恢复,后世遂称为"文景之治"。

汉初从最高统治者皇帝到朝廷中身负要职的重臣,均崇尚黄老。汉高祖刘邦对陆贾《新语》中的黄老之学认真阅读并再三称善,认识到黄老之学在长治久安中的作用,其后继者惠帝、吕后、文帝、景帝也相继推行黄老之学。《史记·吕后本纪》载:"孝惠皇帝、高后之时,君臣俱欲休息乎无为,故惠帝垂拱,高后女主称制,政不出户,天下晏然。"由此可见,高后与汉惠帝是奉行无为而治的思想的。汉文帝"本修黄老之言,不甚好儒术,其治尚清静无为",在文帝带动下,窦太后亦好黄老之学,不悦儒术。她曾批评好儒学而轻道术的袁固生,其崇尚黄老的立场是十分鲜明的。而景帝在位期间,也"因修静默,勉人务农,率下以德",崇尚清静无为。

汉初大臣中,有不少人推崇道家,也比较系统地接触过道家学说。史载曹参为齐相时,"闻胶西有盖公,善治黄老言,使人厚币请之"。后来他继萧何为汉相,一遵萧何在位时所制定的规章惯例,百姓做歌称赞他"载其清静,民以宁一"(《史记·曹相国世家》)。继曹参、王陵之后的汉相陈平也好黄老,在政治上的谋断与策略,皆与《黄帝四经》所阐述的黄老谋略相符。淮南王刘安"招致宾客方术之士数千人"编纂成《淮南子》,其中以黄老道家内容居多。其他笃信黄老的如汲黯、郑当时、田叔、张良、张释之、直不疑、司马谈等比比皆是,他们在汉初推动了黄老政治的施行。

汉文帝、汉景帝身体力行,对黄老无为而治的思想继续积极倡导和施行。

(1)轻徭薄赋,减轻人民负担

刘邦登基后,约法省禁,减轻田赋税率,"什五而税一"。文帝时,进一步降低田租的税率,曾两次"除田租税之半",即租率减为三十税一。文帝十三年,减除了民田之租税。11年后,景帝元年才又恢复三十税一的政策。后来,三十税一遂成定制。文帝时,算赋也由每人每年120钱减至40钱,徭役则减至每3年服役一次。景帝二年(公元前155年),

诸子百家——道家

又把秦时17岁傅籍(登记服徭役)的制度改为20岁始傅,而著于汉律的傅籍年龄则为23岁。这是中国封建社会田赋税率最低的时期。

(2)除烦去苛,减轻刑罚

汉初统治者坚持黄老之学"赏罚信"的思想,主张严格执法,即使皇帝也只有"执道生法"的权力,而不得犯法。但是,基于"安民""惠民"的立场,对法家的"重刑轻罪"主张并不首肯。在这种思想影响下,汉初统治者坚持除秦苛法。文帝一登基便废除诽谤、妖言罪,下令制作专门进言献策的"铜制虎符"和批评朝廷的"竹制使符",发到全国各地的封国和郡守,提倡臣民直接给皇帝或朝廷提建议、意见。文帝元年(公元前179年)十二月,除"除收帑诸相坐律令",处治罪人时,不株连部属和家属。文帝十三年(公元前167年),下诏废除黥(在人脸上刺字并涂墨)、劓(割鼻)、刖(断足)、宫(阉割)等肉刑,改用笞刑代替,景帝又减轻了笞刑。文、景帝时许多官吏断狱从轻,持政务在宽厚,不事苛求,因此狱事简省,人民所受的压迫比秦时有显著的减轻。

(3)重视农业,鼓励生产,发展经济

在农业方面,文帝、景帝多次下诏劝课农桑,按户口比例设置三老、孝悌、力田若干员,经常给予他们赏赐,以鼓励农民发展生产。在工商业方面,文帝"弛山泽之禁",即允许私人人山采矿'下泽捕鱼,煮海水为盐,从而促进了农副业生产和与盐铁生产事业的发展。汉景帝时还恢复与匈奴等周边民族的互市,发展边境贸易,在"异物内流,利不外泄"的原则下,取得了巨大的贸易顺差。农业的发展,使粮价大大降低,史载,文帝时每石"粟至十余钱"。文景之时则通过"贵粟"政策,提高粮食价格,提高农民收入,以"损有余补不足"。同时,文景二帝以捐献粮食赐予爵位的方式,诱使富人去购买农民的粮食,对于能捐献粮食并运送到边境粮库的,国家按照捐献数额的不同赐予不同的爵位,还可以赎罪。这样,不仅军饷充裕,农民的收入也有了保障,国家的储备日益充足。

(4)厉行节约,禁止浪费

文帝提倡节俭,他在位23年,宫室苑囿,车骑服御,都无增加。他常穿着绨衣,所喜欢的慎夫人,令衣不得曳地,帷帐不得文绣,以示淳朴,为天下做出榜样。他曾欲建造一个露台,招来工匠计算需要百金,便放弃了这一想法:"百金中民十家之产,吾奉先帝宫室,常恐羞之,何以台为!"景帝下诏不接受地方贡献的锦绣等奢侈物品,并禁止地方官员购买黄金珠玉,否则以盗窃论罪。

文帝以身作则,勤俭朴素,他在临终前下诏书说:"朕闻盖天下万物之萌生,靡不有死。死者天地之理,物之自然者,奚可甚哀?"他很不赞成人死后花钱厚葬,认为这样会弄得倾家荡产,而强调服丧则损害了身体。他诏令全国:诏令到达后,哭吊三日就除去丧服;不要禁止娶妻嫁女、祭祀、饮酒、吃肉;应当办理丧事、服丧哭祭的人,都不要赤脚踏地;服丧的麻带宽度不要超过三寸,送葬时不要陈列车驾和兵器,不要发动男女百姓到宫殿来哭祭;宫中应当哭的人,只要在早晚各哭15声,礼毕即止。因为文帝提倡俭约,所以当时的国家财政开支有所节制和缩减,贵族官僚也不敢滥事搜括,奢侈无度,从而一定程度上减轻了人民的负担,使当时社会经济获得显著的发展。

诸子百家

道 家

(5)休养生息,避免战事

文景两朝对周边少数民族也不轻易动兵,尽力维持相安的关系。吕后时,南越王赵佗自立为帝,役属闽越、西瓯、骆,又乘黄屋左纛,与汉王朝分庭抗礼。文帝即位后,派人重修了赵佗先人的墓地,尊宠赵氏昆弟,并派陆贾再度出使南越,赐书赵佗,于是赵佗去除帝号,归复汉朝,像诸侯王一样接受汉朝皇帝的命令。文帝多次派遣使者与匈奴谈判,采取和亲政策,与之"结兄弟之义,以全天下元元之民",此后匈奴虽背约屡犯边境,但文帝只是诏令边郡严加守备,并不兴兵出击,以免烦苦百姓。

汉初,由于君臣同心协力推行清静无为,与民休息的黄老之治,因而产生了显著的效果,"京师之钱累百巨万,贯朽而不可校。太仓之粟陈陈相因,充溢露积于外,腐败不可食。众庶街巷有马,阡陌之间成群"(《汉书·食货志》)。黄老之治的历史经验,证实了老子无为而治思想的价值。后来,新王朝建立,差不多都吸收黄老思想,与民休养生息,治理战争创伤,发展社会经济,从而巩固新政权。黄老思想也有其消极的一面,西汉中期以后,社会经济日益发展,诸侯豪强等地方割据势力膨胀,政治生活日趋复杂,道家政治思想便不再能与社会发展相适应,终于被儒家思想所取代。

四、道家与道教

1.道教简介

道教是在中国形成并传播的一种多神宗教,在中国古代的影响仅次于佛教。道教历史渊源较早,内容也很庞杂,简而言之,包括先秦时期的古代巫术、鬼神崇拜、道家思想,秦汉时期的黄老之学、神仙方术、谶纬思想,还有部分西南地区少数民族的原始宗教信仰等。道教以"道"为最高信仰,认为"道"是化生宇宙万物的本原和主宰,无所不在,无所不包,万物都是从"道"演化而来的。道教奉老子、元始天尊为教主,尊崇《道德经》《南华经》(《庄子》)、《抱朴子》等众多道家经典,主张清静无为,清心寡欲,追求长生不老,得道成仙;提倡修炼丹药,实施祈祷、礼忏等宗教仪式。

道教重生恶死,认为人的生命可以自己做主,而不用听命于天,因而主张修道养生。道教成仙或成神的修炼方法有许多,如炼丹、服食、吐纳、胎息、按摩、导引、房中、辟谷、存想、服符和诵经等。归纳起来,可分为服食(仙药,外丹等)、炼气与导引、内丹修炼、法术仪式、功德成神五种,常见的后天神仙多为内丹修炼和功德成神者。在修身方面,道教讲究"人天合一""人天相应""无为而治""不言之教""虚心实腹""归根复命""乘天地之正,而御六气之辩,以游无穷",等等。

东汉末年,太平道和五斗米道的出现,标志着道教的形成,而《太平经》《周易参同契》《老子想尔注》三书是道教信仰和理论形成的标志。以后,道教历经魏晋南北朝的演变和发展,到隋唐时期受到李唐王朝的推崇和扶持,发展到了鼎盛阶段。金元时期又产生了较大的教派——全真教。此后,各派之间逐渐融合,发展出正一教和全真教两大教派,明清之后,道教逐渐走向了衰落。

諸子百家——道家

道教派系众多，因分派标准不同而名称各异。按地区分有华山派、武当派、龙门派、崂山派、随山派等；据学理分有积善派、经典派、符箓派、丹鼎派（金丹派）、占验派；按道门分有混元派（太上老君）、南无派（谭处瑞）、清静派（孙不二）、全真教（王重阳）、正一教（张宗演）等。历史上还有正一宗（张道陵）、南宗（吕纯阳）、北宗（王重阳）、真大宗（张清志）、太一宗（黄洞一）五大宗之分法和天师道、全真道、灵宝道、清微道四大派的分法。道教各派善于兼收并蓄，汲取别派思想，在理论、教义方面的差别较小，多在修习方式上互有贬斥。道教徒称为"道士"，据《太霄琅书经》记载，"人行大道，号曰道士。……身心顺理，唯道是从，故称道士。"其中女性的道士称为"坤道"，又称女冠，俗称道姑；男性的道士称为"乾道"，也称道人、羽士、羽客、黄冠等，又尊称为道长。

　　道教作为我国土生土长的传统宗教，在长期的发展、流传过程中，对中华民族的社会发展、民族心理、民族文化的发展演变产生了重大的影响，其影响涉及政治、经济、哲学、文学、艺术、音乐、建筑、化学、医学、药物学、养生学、气功学以及民俗、民族关系和农民运动等各个方面，影响延续至今。

　　2.道教的流变
　　（1）道教的创立
　　东汉顺帝时期（126年～144年）为道教的创始阶段，这一时期有张陵的五斗米道和张角的太平道，它们活动于下层民众中，并与农民起义相结合，起到了宣传和组织农民起义的作用。

　　东汉顺帝时，张陵闻蜀地多名山，民风淳厚，易于教化，于是携弟子入蜀，居住在鹤鸣山（又名鹄山）修道。他精思炼志数年，自称得太上老君口授，著作道书二十四篇，又吸收巴蜀少数民族原始宗教，创立五斗米道（信道者出米五斗，故称）。五斗米道以符水为人治病，奉《老子》为经典。后世道教徒尊张陵为天师，五斗米道称天师道。张陵去世以后，他的儿子张衡、孙子张鲁继续在川西北和陕南一带传道。张鲁曾率众攻取汉中，实行政教合一，颇得人心，雄踞该地达38年之久，后张鲁被招降，五斗米道遂可合法传播，影响越来越大。

　　东汉灵帝时，于吉（一说干吉）、宫崇所传的《太平清领书》（即所谓《太平经》）得到广泛传播。张角自称"大贤良师"，以《太平经》为主要经典，以"中黄太一"为至尊天神，创太平道。太平道以跪拜首和符水咒语为人治病，教徒几十万，遍布青、黎、幽、冀、荆、扬、衮、豫等八州，颇有影响。东汉灵帝中平元年（184年）发动起义。后来，黄巾起义失败，太平道日趋衰微。

　　（2）道教的分化
　　魏晋南北朝时期，随着炼丹术的盛行和相关理论的深化，道教内部分化，部分向上层发展。

　　东晋葛洪总结战国以来神仙方术思想，在《抱朴子·内篇》中建立一套成仙的理论，力主炼服金丹是长生成仙的唯一秘诀，对道教发展有较大影响。以后上清派、灵宝派等相继出现。同时，民间流传通俗道教，有依托帛和的"帛家道"，李阿的"李家道"，孙恩的

诸子百家——道家

"紫道",民间俗信的"清水道",华存的"茅山道"。

南北朝时期,道教规模形成。北魏之时,嵩山道士寇谦之自称奉太上老君意旨,清整道教,首次使用"道教"一词统一各道派。在北魏太武帝拓跋焘的支持下,他制订礼度乐章,要求徒众遵守纲常名教,整顿统一民间各道派,并代替张陵为天师,号称"北天师道",后北天师道又分出楼观派、紫阳派、净明派。南朝宋明帝时,庐山道士陆修静祖述三张(张陵、张衡、张鲁),弘衍二葛(葛玄、葛洪),依据宗法思想制度,仿效佛教修持仪式,制订道教斋戒仪范,改革五斗米道,意在王者遵奉,号称"南天师道",后南天师道又分出上清派、灵宝派、茅山派。南朝梁武帝时陶弘景吸收儒家和佛教两家思想,主张三教合流,充实道教内容,构造道教神仙谱系,叙述道教传授历史,对道教发展影响很大。这一时期,经过南朝陆修静整理"三洞"经书,陶弘景排列道教神系,臧玄静阐述道教"玄学",道教逐步形成一套完整的宗教仪式,道德戒律、道德教义、经书典籍、修炼方术也日趋完备。道教徒也业已在固定的宫观修行,形成按教阶组织起来的道士集团。

(3)道教的隆盛

有唐一代,道教得到了李唐王朝的大力支持,更为繁荣昌盛。唐代统治者自称老子后裔,实行崇道政策。唐高祖李渊在武德八年(625年)规定三教排列次序,以道教最先,儒教次之,佛教最后。唐高宗李治在乾封元年(666年)追尊老子为"太上玄元皇帝"。仪凤三年(678年),又下诏以老子《道德经》为上经,作为国家科举考试的正式科目,列于孔子《论语》等儒家经典之前,贡举人皆须兼习。唐玄宗李隆基在开元二十五年(737年)令道士女冠隶宗正寺,把道士视为皇室宗亲,诏两京及诸州各置"玄元皇帝庙"一所。天宝元年(742年),李隆基又追尊庄子为南华真人,文子为通玄真人,列子为冲虚真人,庚桑子为洞虚真人,四人著作都列为道教经典。天宝十三年(754年),李隆基亲朝太清宫,上玄元皇帝尊号为"大圣祖高上大道金阙玄元天皇大帝",颁御注《道德经》。

及至宋代,宋真宗赵恒称道教财神赵玄朗为其族祖,奉为道教尊神,封为"圣祖上灵高道九天司命保生天尊大帝",加封老子为"太上老君混元上德皇帝"。宋徽宗赵佶自称"教主道君皇帝",在太学置《道德经》《庄子》《列子》博士,亲自为道教书籍作注,并下令僧尼改为道士,让他们穿道服,加入道学。

唐宋时期道书正式汇编成《道藏》,研究道经的著名道士和学者辈出。如隋唐王远知、孙思邈、成玄英、王玄览、司马承祯、吴筠、吕洞宾、施肩吾,五代杜光庭、闾丘方远、彭晓、谭峭,北宋陈抟、张紫阳、陈景元等。

金世宗大定七年(1167年),陕西咸阳人王重阳创立儒、释、道兼容的全真道。金元之际,沧州人刘德仁创立大道教,后称真大道教,卫州人萧抱珍创立太一教,都在黄河以北流行,但历时不久,就湮没无闻。全真道因王重阳之号称为"北七真"的弟子马丹阳、谭处端、刘处玄、丘处机、王处一、郝大通、孙不二得以发扬,特别是丘处机受元太祖铁木真(成吉思汗)器重,盛极一时。南北天师道为与之抗衡,和上清、灵宝、净明道等流派合流,元时尊张天师为正一教主,合并为正一道。道教从此分为正一、全真两大教派。

(4)道教的衰微

诸子百家——道家

明代皇帝几乎都表现出对道教的信奉，永乐帝朱棣自诩为真武大帝的化身，而对尊祭真武的张三丰及其武当派大力扶持。嘉靖皇帝自号"玄都境万寿帝君"。躬亲礼斋，授予许多道士"少保""礼部尚书"等官衔，参与朝政。明代历世还在京师设置道箓司，在各府设置道正司，在各县设置道会司，将道教事务列入朝廷行政管理的范围。但自明中叶后，道教衰落的势头已较为明显。清代开始，清统治者信奉藏传佛教，并压制主要为汉族人信仰的道教。清高宗乾隆将正一道人官阶由二品降至五品，道教活动受到限制，清宣宗道光年间正式取消道教到朝廷朝觐制度。道教丢失了与朝廷的联系，地位下降，逐渐走向衰落。

3.道教的特点

（1）民族性、本土性

道教是唯一根植于中国本土、发源于中国古代文化的民族宗教，同中国传统文化血肉相连，具有鲜明的民族特色。道教的思想渊源"杂而多端"。《老子》一书的神秘思想和黄老之学，古代的鬼神、巫术、仙人、仙药思想，阴阳五行学说，汉代的谶纬之学，都构成了道教的思想渊源，具有强烈的民族性。道教的开创者们竭力从流传于古代中国，尤其是流传于楚文化圈的种种神话中采撷出神鬼精灵，构造出一个长生不死、超越时空的神仙世界，道教诸神如中黄太一、太上老君、元始天尊、玉皇大帝、玄女、西王母、赤松子等，都是在中国"土生土长"的。此外，道教在教旨上以长生成仙为目标，讲求归本返璞、归根复命的养气健身术，从而与世界宗教的风貌大相径庭。

（2）重生、贵生，追求长生成仙

道教重"生"，反复演说求生、好生、乐生、重生、贵生、养生、长生之道。如道教早期的经典《太平经》《老子想尔注》等便强调重生与贵生。《太平经》有言曰："人最善者，莫若常欲乐生，汲汲若渴，乃后可也。"又《老子想尔注》载："公乃生，生乃大"，"道大、天大、地大、生亦大，域中有四大，而生居其一焉……不如学生"。《妙真经》亦说："道人谋生，不谋于名。"《坐忘论序》则说："人之所贵者生也，生之所贵者道也。"

道教看重个体生命的价值，讲究养生术，相信经过一定的修炼，世间的凡人可以飞升成仙，因此道教千方百计地追求长生。"我命在我，不属天地"，"制命在内，我命由我"，战胜死神、将生命无限延续下去是修道者追求的终极目标，而要实现这种可能的途径就是通过修行来"得道"或"返道"。"天地、人物、仙灵、鬼神，非道无以生，非德无以成，生者不知其始，成者不见其终，探奥索隐，孰窥其宗。"为"仙"是由人转变而成的灵体，即人通过修行而"得道"的一种结果。人成仙后可"失人之本"而"变质同神"，拥有神灵般广大无限的能力。为达到这一目标，历代的道徒们进行了不懈的努力，发明了各种功与术。

（3）好炼丹之术

炼丹为炼制外丹与内丹的统称，是道教的重要道术之一，实际是一种以中国传统文化"三教合一"为背景的特定的身心修炼方法，是求得长生成仙的重要途径。

外丹术源于先秦神仙方术，是在丹炉中烧炼矿物以制造"仙丹"。魏晋到隋唐，是外丹术的黄金时期。为投帝王将相企图长生不老的梦想，道士们纷纷安炉立鼎，炼制仙丹。

道士炼丹往往要用数十种药物,其中包括水银、丹砂、铅、雄黄、雌黄以及砒石、矾石等。这些物质对治疗溃疡、毒疮等有时有效,少量内服也可以使红血球迅速增长,使皮肤红润,发热御寒,使人认为它能让人青春永驻,返老还童。然而,这些药物大多含有砷的化合物,即砒霜的主要成分,长期服用会引起慢性中毒,有时甚至突然死亡。因此有人总结说:"欲求长生,反致速死。"唐以后,外丹术就逐渐衰落了。

外丹术衰落之后,代之而起的是内丹术。内丹家认为,天地是大宇宙,人身是小宇宙,炼内丹就是借用外丹的术语,以人体为丹房,以心肾等器官为鼎炉,以人体的精、气、神为药物,以元神妙用——即意念呼吸为火候,借鉴烧炼外丹的理论、原则、术语等进行自我生命修炼,通过炼精化气、炼气化神、炼神还虚的过程,就可以逆自然之易,夺造化之功,开发人体潜能,探索人体奥秘,最后返本还源,炼成金丹,达到性命双修,羽化登仙的目的。内丹术内容繁复,宗派杂多,而撮其大端,则主要有以张伯端、白玉蟾为代表的南宗和以王重阳、丘处机为代表的北宗。内丹术博采佛、儒、医诸家之长,不断趋于成熟,盛行于晚唐和宋明,并逐步形成了完备的理论体系和多种多样的修炼途径。

(4)泛神崇拜

道教泛神崇拜的特色非常典型,它并不是奉老子为唯一的最高真神,而是建立了一个庞杂的神仙系统。《神仙传》记载上仙、次仙、太上真人、飞天真人、灵仙、真人、灵人、飞仙、仙人等各路神仙,《仙经》则将仙分为天仙、地仙和尸解仙,"上士举形升虚,谓之天仙;中士游于名山,谓之地仙;下士先死后蜕,谓之尸解仙。"道教神仙"仙口"之多,执事之广

三清像

分工之细,在世界宗教史上是绝无仅有的。大到主宰宇宙的最高天神"三清"(玉清元始天尊、上清灵宝天尊、太清道德天尊即老君)、"四御"(昊天金阙至尊玉皇大帝、中天紫微北极太皇大帝、勾陈上宫南极天皇大帝、承天效法后土皇地祇),小到雷公、门神、灶君、三司神、财神、土地神、药王、瘟神、西王母、东王公、玄女,林林总总,不一而足。

(5)崇尚名山

道教崇山,这是众所周知的事实。道教典籍中随处可见的洞天福地,无一不是在名

山大川之中。青城山、龙虎山、武当山、茅山、三清山、齐云山、仙都山、九宫山、王屋山、崆峒山等，都以道教文化著称。道教崇尚自然，提倡清静无为、遁世隐修，追求玄奇的神仙境界和天人合一的思想，深山正是其理想的世外桃源。葛洪在《抱朴子》中说："山林之中非有道也，而为道者必入山林，诚欲远彼腥膻，而即此清净也"，又说"合丹当于名山之中，无人之地"，"是以古之道士合作神药，必入名山"。千百年来，无数道家隐士，遁迹于名山大川之中，"得山川之灵气，受日月之精华"，凿洞筑庵，潜心修道。同时，山中有着丰富的矿物质和药用植物，这些丹砂铅汞和灵花仙草，为道士们采药炼丹，制作"不死之药"提供了必要条件，而道家瑰丽的神话传说和仙真遗迹，也为名山平添了奇幻的色彩和迷人的魅力。

4.道家与道教的区别与联系

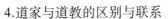

"道家"与"道教"二词，常被不加区别地使用。其实，道家与道教有着本质的区别，前者是一个学术流派，以其思想演变与代表人物为研究内容；后者是宗教，有其神仙崇拜与信仰，有教徒与组织，有一系列的宗教仪式与活动。而且道教尊老子为宗又追求长生久视、长生不死，是和老子的哲学思想有相悖之处的，如庄子有时讲生不足喜，死不足悲，强调顺应自然，有时则讲生不如死，死比当帝王还快乐，而生则如多余的肉瘤，对待生死比较淡漠。而道教认为人可以在活着的时候就脱胎换骨，超凡入仙，所以重视个人今生的生命，强调和必死的命运抗争，力求突破生死大限，因而是积极有为的。此外，道家努力突破宗教和有神论的束缚，以天道自然否定鬼神的主宰，而道教则不然，承认而且主张有鬼神和仙人的存在，构筑"神仙乐园"以满足长生不死的愿望；道家尤其是庄子之学，对善恶持一种相对的观点，面对世俗之是非、礼仪也持一种否定的态度，而道教则吸收了儒家的纲常思想，又有严格的教规和戒律，劝人去恶就善。

然而，从中国思想史的角度来看，二者又具有十分密切的联系，是不能截然分开的。道教与道家纠缠成一团，血脉相通，颇难分开，以致若干国外汉学家认为道教是道家思想的继续和延长。道教脱胎于道家，道家哲学是道教的重要思想渊源与宗教理论的主干。老子其人和《老子》其书在道教的形成和发展过程中起了相当大的作用。老子后来被道教神化为教主、太上老君、道德天尊（道教最高神"三清"之一的太清道德天尊），甚至在唐代被封为"玄元皇帝"。而《老子》一书文辞深奥，哲理丰富，具有不少神秘的色彩，因而为道教所利用，不断加以附会、演绎和宗教注解。东汉以后，《老子》一书成了道教的最高神学经典，称为《道德真经》。《庄子》在魏晋时被佛家用来诠释佛典，被认为同释迦牟尼思想同调。到了隋唐，《庄子》被奉为《南华真经》，庄子也被奉为道教祖师。以后，一批道教思想家相继研究《老子》和《庄子》，从不同的思想角度注解和诠疏《老子》《庄子》，丰富了道教思想的内容，极大地提升了道教神学的理论水平，形成了独具特色的道教老庄之学。道教欲使人长生不老，变化飞升，其炼养服食的方式于老庄所说的养生意旨也基本相同。虽然老庄没有讲过炼精化气、炼气化神、炼神还虚之类，但也讲修身养性的功夫。老子讲谷神，讲玄牝，让人营魄抱一，专气致柔而达到婴儿淳朴清明的境界，"致虚极，守静笃"则成为后来道教修炼的入门功夫。至于庄子，其"缘督以为经"、坐忘、心斋、守一、抱神以静等思想都为道教内丹学所继承和发挥。

道教又以特有的宗教形式,延续着道家的慧命,演绎、实践、发展着道家的思想和精神。葛洪扬道抑儒,力阐道者为本,不仅可以治身,还可以治国,从理论上发展了道家学术;唐代道士成玄英注疏《老子》《庄子》,深雅通达,百代所重;"重玄之道",也是对道家哲学的创造性发挥;宋代道士陈抟作《无极图》,析解《周易》《老子》,对天人相通之理有精妙之论,还推动了宋明理学的形成;张伯端《悟真篇》融合儒释道,对老学的虚境之道颇多深刻领悟;王重阳、丘处机力主三教会通,大倡性命双修之旨和清心寡欲,在更高的水平上返回道家,也推动了道家思想的发展。如此等等,不一而足。

五、道家与魏晋玄学

1.简介

魏晋玄学是魏晋时期以老庄思想为骨架,会通自然与名教,融合道家和儒家而出现的一种哲学、文化思潮,这一思潮对宇宙、对人生和人的思维都进行了纯哲学的思考。"玄"字出自《道德经》第一章,末句形容道是"玄之又玄,众妙之门",言道幽深微妙。

汉末之时,儒家经学趋于衰落,社会动荡,政治分裂,为思想的自由阐发创造了客观的社会条件。魏晋时代,名士谈玄论道,探求人生意义,一时蔚为风气,道家思想的衍变于是迈入新的阶段。由于当时的思想家把《老子》《庄子》与《周易》作为谈论和研讨的主要经典,故称为"三玄",又因为谈论的内容大多涉及远离具体事务的"玄远之学",所以后世将这一时期的哲学思潮称为"魏晋玄学"。

《老子》和《庄子》是道家的经典,而《周易》是儒家的经典,由此可见魏晋玄学实际是以道家思想为主,糅合部分儒家思想而形成的新的哲学思潮。事实也是如此,玄学家们一方面提出要"越名教而任自然",一方面又大谈"圣人明乎天人之理",以"建天地之位,守尊卑之制";一方面自称"老子、庄周是吾师",一方面又鼓吹要"怀忠抱义,而不觉其所以然"。魏晋玄学主要涉及有与无、生与死、动与静、名教与自然、圣人有情或无情、声有无哀乐、言意之辨、形神之辨等形而上的问题。玄学家多立言玄妙,行事玄远,大多是当时的名士,主要代表人物有何晏、王弼、阮籍、嵇康、向秀、郭象等。王弼以注《老子》出名,向秀、郭象以注《庄子》著称。何晏的《道德论》,阮籍的《通老论》《达庄论》,嵇康的《养生论》《声无哀乐论》等,则是专意为文阐论老庄玄理的。

2.玄学的精神与特色

(1)清谈与思辨

清谈是玄学的表现形式。魏晋时期,玄学家们之间盛行清谈之风。清谈亦谓之"清言",不谈国事、民生之俗事,专谈老庄、周易。清谈被统治阶级和有文化的人视之为高雅之事,风流之举,成为当时的时尚。

玄学家在一起讨论争辩,各抒歧异,摆观点,援理据,以驳倒他人为能事。清谈之内容往往具有一种真正思辨的、理性的"纯"哲学意味。与喜好连事比类的两汉儒者不同,魏晋玄学家专注于辨析名理,以清新俊逸的论证来反对沉滞烦琐的注释,以怀疑论来否定阴阳灾异之说和迷信,以注重义理分析和抽象思辨抛弃支离破碎章句之学。玄学谈玄析理,解玄析微,挥洒张扬,海阔天空,体现了理性思维的智慧美、抽象美,也体现了人摆脱局促狭隘、向往洒脱广大的超越品性。清谈多标新立异,"见人之所未见,言人之所未言,探求义理之精微而达于妙处",这促进了理性思辨的空前活跃,从而影响了魏晋时各方面的学人。文学批评著作如刘勰的《文心雕龙》、钟嵘的《诗品》,都具有前代所少见的严密的理论系统性和深刻的美学内涵。

（2）潇洒与隐逸

随着人们关注的主题由世俗政治转向生命个体,魏晋玄学培养了一大批潇洒飘逸、放浪形骸和愤世嫉俗、高蹈浪漫的骚人墨客,形成了一种挣脱儒家精神枷锁、要求思想解放和追求个性自由的士风。魏晋玄学所确立的人格理想境界,成为魏晋士人追求的目标,他们的生活自然会浸染上"悟道会神"的浓重玄味,铸就了中国士子玄、远、清、虚的生活情趣。

在玄学家看来,道之无为,皆因其"法自然"、顺应自然,而自然的境地是一个独立于现实功利之外的逍遥自足的世界。阮籍说:"天地生于自然,万物生于天地,自然者无外,故天地中焉","人生天地之中,体自然之形。"（《达庄论》）郭象也说:"万物必以自然为正","知天人之所为,皆自然也。"（《庄子论》）正因为如此,魏晋士人多徜徉山水,寄情丘林,临渊而啸,曲肱而歌,"琴诗自乐","皆以任放为达",追求一种"不与时务经怀"的"萧条高寄"的生活。顺情适性的行为方式使得隐逸之风在当时大为盛行。陶渊明的名篇《饮酒》形象地描绘了隐士恬静自适的生活:"结庐在人境,而无车马喧,问君何能尔,心远地自偏。采菊东篱下,悠然见南山,山气日夕佳,飞鸟相与还。此中有真意,欲辨已忘言。"

（3）山水与玄趣

山水是玄学家最常接近和赞咏的对象,当玄学家"以玄对山水",从自然山水中去领悟"道"的具象时,自然便有了无穷的奥妙与玄趣,从而为中国文化艺术拓出了一片博大而崭新的境界。

自然界本是一个没有任何尘世痕迹的自在之物,它无所谓美,也无所谓丑。然而,魏晋人以虚灵的心境去观赏自然山水,以率性率真的人性来品味无的玄趣,由此生发出一系列的由外知内、以形征神的美学观念,使他们对自然的山水有了完全别样的理解。他们超越形而下的种种束缚,以空灵之心趣审视山水,赋予自在之物的自然以无穷的玄趣,大自然在人们的眼中跃动、鲜活起来,它宁静淡泊、自由逍遥、圆融朴素,玄趣盎然。

晋宋人所推出的山水画不仅是一种山水礼赞,而且是一种'心取''象外'之道的活动,其"畅神""悟道"的特质,与"穷奥妙于意表"的写意境界,使得它在风貌上必然地具有一种玄远幽深、意远迹高的哲学气质,"气韵生动"也成为中国绘画乃至艺术作品不可动摇的美学传统。而山水诗更是从玄理的苦思转向自然的景观,以清丽葱郁的词句去传递主体精神对"道"的冥悟。因此,"风韵""神姿""风尚""神气""风格""风气"乃至

諸子百家 —— 道家

"清""虚""朗""达""简""远"等审美题目流行一时。正是在魏晋六朝,天然去雕饰的自然之美开始成为民族性的审美趋向。

2.魏晋玄学的发展

魏晋玄学可分为正始、竹林和元康三个时期。正始时期以何晏、王弼为代表,从研究名理发展到无名;竹林时期以阮籍、嵇康为代表,皆标榜老庄之学,以自然为宗,不愿与司马氏政权合作;元康时期以向秀、郭象、裴頠为代表,认为万物皆是自然而生,主张"名教即自然"。

(1)正始时期

正始(240年~249年)是三国时期曹魏的君主曹芳的第一个年号。以何晏、王弼开创的正始玄学,提出"贵无论",以"自然"统御"名教",主张"名教本于自然",治理社会要以道家的自然无为为本,以儒家的名教为末。

何晏(? ~249年),字平叔,南阳宛(今河南南阳)人。其主要著作有《论语集解》十卷、《道德论》二卷、集十一卷,集已佚。今存《论语集解》《无名记》《无为论》《景福殿赋》等。他认为,天地万物皆以无为本,"无也者,开物成务,无往不存者也",指出"道"或"无"能够创造一切,"无"是最根本的,"有"靠"无"才能存在,"有之为有,恃无以生;事而为事,由无以成。"(《道德论》)何晏还提出"圣人无情"说,认为圣人无喜怒哀乐,圣人无累于物,也不复应物,圣人可完全不受外物影响,而是以"无为"为体。

王弼(226年~249年),字辅嗣,魏山阳(今河南焦作)人,魏晋玄学理论的奠基人。他在仅24年的人生旅程中,为后人留下了《老子注》《老子指略》《周易注》《周易略例》《论语释疑》等众多著作,对哲学的发展产生了广泛的影响。

王弼认为,天下万物皆"以无为本","道者,无之称也","道"就是"无",而"无"是宇宙万物存在的根本,"有"不过是"无"的一种外在体现。他说:"天下之物,皆以有为生。有之所始,以无为本。将欲全有,必返于无也。"(《老子注》)道作为万物遵循的法则,是没有实在之体的、无形无象的,"道者,无之称也。无不通也,无不由也。况之日道,寂然无体,不可为象。"(《论语释疑》)任何具体物之存在,既以无为用,也以无为体,"天不能为载,地不能为覆,人不能为赡,万物虽贵,以无为用,不能舍无以为体也。"(《老子注》)据此,王弼提出"崇本举末""守母存子"的观点,认为"守其母以存其子,崇本以举其末,则形名俱有而邪不生"。可见,王弼试图依据"以无为本"来处理和解决社会问题。

(2)竹林时期

阮籍、嵇康为"竹林七贤"之首领,其学有"竹林玄学"之称。嵇康、阮籍等以道家的无为思想对抗名教,倡导"越名教而任自然"。他们公开说老子、庄周"吾之师也","非汤武而薄周礼",立足于批判现实的黑暗和苦难以及名教和自然的真切悖反,以玄学异端的面貌,对于儒家的礼法名教进行了无情的揭露和批判。

阮籍(210年~263年),字嗣宗,三国魏陈留尉氏(今属河南)人。著有《大人先生传》《达庄论》《通易论》等,并有《咏怀诗》82首传世。

阮籍站在自然的立场上,对名教进行批判。他在《大人先生传》中云:"昔者天地开

诸子百家——道家

辟,万物并生。大者恬其性,细者静其形。……害无所避,利无所争。……盖无君而庶物定,无臣而万事理,保身修性,不违其纪。"在理想的自然状态下,无君无臣,社会依然运行良好。而"今汝造音以乱声,作色以诡形,外易其貌,内隐其情。怀欲以求多,诈伪以要名;君立而虐兴,臣设而贼生。坐制礼法,束缚下民。欺愚诳拙,藏智自神。强者睽视而凌暴,弱者憔悴而事人。假廉而成贪,内险而外仁,罪至不悔过,幸遇则自矜"。以上阮籍历数名教束缚人、残害人之种种恶行,得出"君子之礼法,诚天下残贼、乱危、死亡之术耳"的结论。现实如此险恶,阮籍向往出世,达到"大人先生"的理想境界。这种"大人",超然世外,上与造物同体,下与万物齐一,"夫大人者,乃与造物同,天地并生,逍遥浮世,与道俱成,变化散聚,不常其形。"

在行为上,阮籍更为逍遥处世、任性而为、放任自达,表现出如风之飘,似水之流的大化逍遥的风流气象。他"能为青白眼,见礼俗之士,以白眼对之,及嵇喜来吊,籍作白眼,喜不怿而退。喜弟康闻之,乃赍酒挟琴造焉,籍大悦,乃见青眼。"有时为了排遣苦闷,阮籍自乘马车,"不由径路,车迹所穷,辄恸哭而反"。又说他曾看重一家女子的才色,此女却未嫁而死,"籍不识其父兄,径往哭之,尽哀而还"。

嵇康(223 年~263 年),字叔夜,三国魏谯郡(今安徽宿州)人,文学家、思想家、音乐家,著有《声无哀乐论》《与山巨源绝交书》《琴赋》《养生论》等。

嵇康尖锐地指出儒家经典所鼓吹的礼法名教是社会上种种伪善、欺诈的根源,是"大道陵迟"的衰世产物:"及至不存,大道陵迟,乃始作文墨,以传其意,区别群物,使有类族。造立仁义,以婴其心,制为名分,以检其外。劝学讲文,以神其教;故六经纷错,百家繁炽,开荣利之途,故奔骛而不觉。"(《难张辽叔自然好学论》)统治者鼓吹仁义,是为了束缚人们的思想;制定礼法名分,是钳制人们的行为;办学堂讲经书,是为了神化自己的统治,因而名教是违反自然、违反人性的。"六经以抑引为主,人性以从欲为欢,抑引则违其愿,从欲则得自然,然则自然之得,不由抑引之六经;全性之本,不须犯情之礼律。故仁义务于理伪,非养性之要求;廉让生于争夺,非自然之所出也。"(《难张辽叔自然好学论》)人的本性是以不受外在的束缚而自适从欲为欢,而"六经"的本质是抑制束缚人的自然本性,因而是虚伪的。在此基础上,嵇康提出"越名教而任自然",希望不为名教所束缚,以求得个体人性的从欲自由和精神解放。

在生活方式上,嵇康主张"任自然",讲求养生服食之道,向往出世的生活,不愿做官。大将军司马昭要礼聘他为幕府属官,他便跑到河东郡去躲避征辟。同为竹林七贤的山涛曾推荐他做官,他作《与山巨源绝交书》,说当世是贼臣当道,坚辞为官。嵇康傲岸不群,后来遭谗而罪。他"临刑东市,神气不变,索琴弹之,奏《广陵散》。曲终曰:'袁孝尼尝请学此散,吾靳固不与,《广陵散》于今绝矣!'"嵇康之安时处顺,超脱不羁,潇洒清畅,可见一斑。

(3)元康时期

元康(291 年~299 年)是西晋晋惠帝司马衷的第三个年号。向秀和郭象修正了何、王、嵇、阮之说,认为"名教即自然",以《庄子注》为标志。裴頠则以《崇有论》从理论上用以有为本批判以无为本，提倡有为，否定无为，推崇名教，排斥自然。

向秀(约227年~272年)，字子期，西晋河内怀(今河南武徙)人。向秀曾注《庄子》，"妙析奇致，大畅玄风"，注未成便过世，另著《思旧赋》《难嵇叔夜养生论》。郭象(约252年，312年)，字子玄，河南洛阳人。他承向秀余绪，在向秀基础上"又述而广义"注疏《庄子》，成书《庄子注》三十三篇。应该说，《庄子注》体现了二人的思想。

向秀、郭象主张名教即自然，自然即名教，构成了一套即本即末，本末一体的"独化论"体系。他们认为，无不能生有，有也不能生有，"然则生生者谁哉？块然而自生耳。自生耳，非我生也，我既不能生物，物也不能生我，则我自然矣。自己而然，则谓天然"。万物没有一个统一的根源或共同的根据，万物之间也没有任何的资助或转化关系，"凡得之者，外不资于道，内不由于己，掘然自得而独化也"。向秀、郭象认为，万物的生成变化是自因的，这种"独化"是万物无法避免的宿命："人之所因者，天也。天之所生者，独化也。人皆以天为父，故昼夜之变，寒暑之节，由不敢恶，随天安之；况乎卓尔独化，至于玄冥之境，又安得而不任之哉？既任之，则死生变化，惟命之从也"。他们还认为事物间存在着普遍的联系，即"彼此相因"，但这"彼此相因"是互相为"缘"，而非互相为"故"，万物相反而不能相无，而是无形的"玄合"，"彼我相与为唇齿，唇齿者未尝相为，而唇亡则齿寒，故彼之自为，济我之功矣，斯相反而不可以相无者也"。

向秀、郭象认为，名教完全合乎人的自然本性，人的本性的自然发挥也一定符合名教，指出仁义等道德规范就在人的本陛之中，即"仁义自是人之情性。"他们认为，物各有性，而"性各有分"，一切贵贱高下等级，都是"天理自然"，"天性所受"，人们如果"各安其天性"，各尽自己的名分和职守，则名教的秩序就自然安定了。圣人"虽在庙堂之上，然其心无异于山林之中"，因此名教与自然两者是不矛盾的。

裴頠(267年~300年)，字逸民，西晋河东闻喜(今山西闻喜)人，著有《崇有论》。

裴頠开宗明义地反对王弼、何晏等人倡导的"贵无论"，认为总括万有的"道"，不是虚无，而是"有"的全体，即万事万物的总称，各种不同事物的品类和形象，是本来就有的。他说："夫总混群体，宗极之道也；方以族异，庶类之品也。形象著分，有生之体也；化感错综，理迹之原也。夫品而为族，则所禀者偏；偏无自足，故凭乎外资。"

在裴頠看来，绝对的"无"是不可能生出任何东西来的，万物的产生和存在，是自生自长出来的，万有既然是自生的，则其本体就是它自身。他说："夫至无者，无以能生，故始生者，自生也。自生而必体有，则有遗而生亏矣。生以有为已分，则虚无是有之所谓遗者也。"裴頠认为，只有"有"才能育化万物，"无"只是在没有"有"以后的遗者，是"有"的丧失和转化，不能与"有"相提并论。

第二节　道家人物

从春秋时代开始，到现在的公元21世纪，几千年道教文化的传承，必须要靠一代一代道教人物的努力才能完成。那么这些道教人物到底是谁呢？他们各自的功劳又是什么呢？这是这一章节将要解决的问题。

一、道教人物之仙师

在道教的传承和发展过程中，一些比较重要的人物在其中起到了关键性的作用。而人们也对这些人物进行了神化，让他们变成了心目中的仙师。比如说老子、庄子、列子等等。

"道教祖师"老子

老子为春秋时代的思想家。道教将其神化，奉为祖师。相传著有《老子》，即《道德经》。据西汉司马迁《史记》记载，老子姓李，名耳，字聃，楚国苦县厉乡曲仁里人。据说老子生于殷朝第二十二王武丁九年，岁在庚辰二月十五日卯时。

在先秦时期，先后有关尹子（尹喜）、杨朱、列子、庄子等继承和发展老子思想，从而形成了道家学派。战国末期的道家将老子与黄帝联系起来，形成了黄老之学。两汉之际，黄老之学的清静无为思想与方仙道的神仙信仰相结合，形成了黄老道，老子被视为"道"的化身。陈相边韶作《老子铭》，称老子"道成仙化，蝉蜕渡世。自（伏）羲（神）农以来，世为圣者作师"。

东汉顺帝时，张道陵在巴蜀鹤鸣山创立正一盟威道（又称天师道），尊老子为教主，以"道"为最高信仰，奉《老子五千文》为经典。张道陵又著《老子想尔注》，认为道散形为气，聚形为太上老君（即老子）。后来道教又将老子尊为"道德天尊"，列为三清尊神之一。在道教中还流传着"老子一气化三清"的说法。

唐朝皇帝姓李，自称为老子后裔，尊老子为圣祖。唐高宗开封元年（公元666年）尊老子为"太上玄元皇帝"。其后，玄宗又于天宝年间一再加号为"大圣祖玄元皇帝""圣祖大道玄元皇帝""大圣祖高上金阙玄元天皇大帝"，并于西京、亳州设太清宫。宋真宗为避宋室圣祖赵玄朗讳，改称老子为"真元皇帝"。大中祥符六年（公元1013年）八月，诏加号老子为"太上老君混元上德皇帝"。

唐玄宗开元三年（公元715年）诏以二月十五日老子诞辰为玄元节。后来唐武宗又敕老子诞辰为降圣节，全国休假一日。

"南华真人"庄子

庄子（约公元前约369~前286年），名周，字子休。宋国蒙（今河南商丘东北）人。曾任蒙漆园吏，《史记·老子韩非列传》谓与梁惠王、齐宣王同时。楚威王闻其贤，使厚币迎之，许以为相，不就，终身不仕。其学无所不窥，著书十余万言。然其要本归于老子之言。继承和发展了老子的"道法自然"观点，认为"道"无所不在，强调事物的自生白化，否认有任何主宰，提出"通天下一气耳"和"人之生，气之聚也，聚则为生，散则为死"。是先秦庄子学派的创始人,后世道教继承道家学说,经魏晋南北朝的演变,老庄学说成为道家思想的核心内容。庄子其人并被神化,奉为神灵。《真诰》卷14谓师桑公子,授以微言,隐于抱犊山中,服兆育火丹,白日升天,补太极闱编郎。唐玄宗天宝元年(公元724年)二月封"南华真人"。所著书《庄子》,诏称《南华真经》。宋徽宗时封"微妙元通真君"。

"冲虚真人"列子

列子名列御寇,一作"围寇""圉寇"。具体生卒年代不详。郑国人。西汉刘向认为他是郑穆公那个时代的人,而《汉书·艺文志》则称他先于庄子的年代,唐成玄英《庄子疏》、柳宗元《辨列子》皆谓与郑儒公同时。《庄子》中多载其传说。后被道教神化,《仙鉴》卷6谓为郑人,居郑圃四十年,人无识者。问道于关尹子,师壶丘子,后师老商氏、支伯高子,进二子之道。九年而后能御风而行。唐玄宗天宝元年(公元742年)二月封为"冲虚真人"。谓著有《列子》一书,诏称《冲虚真经》。宋徽宗封为"致虚观妙真君"。主张虚无,一切听任自然。

"无上真人"关尹子

关尹子传说曾任函谷关尹。《庄子·天下》篇把他和老聃列为一派。一说即尹喜。《古今图书集成》卷225:"关令尹喜,字公文,周大夫,善内学,常服日精月华,隐德修行,时人莫知。老子西游,喜先见紫气来,知有真人当过,物色而遮之,果得老子。"后随之出关西去,"与俱游流沙,莫知所终"。

关尹认为"虚己接物,则物情自明"。所以"未尝先人,而常随人",和老子思想基本一致。道教尊为"无上真人""文始先生"。

"上清祖师"茅盈

茅盈(公元前145~?)西汉咸阳(今属陕西)人,字叔申。《茅山志》《太元真人东岳上卿司命真君传》记其少时修道于恒山,有异操,后隐于句曲山(今称茅山,在江苏西南部)。修炼服气、辟谷术,并以医术救治世人。后其弟茅固、茅衷从其修道,时人称大、中、小茅君。后世称茅氏三兄弟为"三茅真君"。茅盈证位司命真君东岳上卿,并奉为茅山上清派祖师。道教茅山派主修《上清经》,兼修《三皇文》《灵宝经》,以符箓咒劾召鬼神,以戒传授弟子,服食辟谷、冶炼丹术,隋唐时盛行南山,成为道教三大符箓派之一。

"道教嗣师"张衡

张衡(?~179年)道教第二代天师。字灵真,汉永寿二年(公元156年)袭教。《三国志·张鲁本传》云:"陵死,子衡行其道。"《历世真仙体道通鉴》说:衡少博学,隐居不仕,有大名于天下。精修至道,不与世接。时皇帝闻其有道,欲征为黄门侍郎,辞而不就。袭教后,居阳平山(今四川彭州市)以经箓教授弟子,克彰正一之道。言约理明,闻者有感。光和二年(公元179年)正月以祖传印剑付子鲁,与妻卢氏得道于阳平山。嘱子鲁

诸子百家 —— 道家

曰:汝祖以天地为心,生灵为念,诚敬忠孝为本,周行天下除妖孽之害。嗣吾教者,非诚无以得道,非敬无以立德,非忠无以事国,非孝无以事亲。

元武宗至大元年(公元1308年)赠"正一嗣师太清演教妙道真君"。道教称嗣师。

"道教系师"张鲁

张鲁(?~216年)道教第三代天师。字公祺。《华阳国志》等言:衡死,子鲁传其业。汉献帝初平年间(公元190~193年),益州牧刘焉以鲁为督义司马,与别部司马张修同取汉中。得据汉中后,实行政教合一,大力传播、壮大教团组织,教民诚信不听欺妄。增饰"义舍",命诸祭酒皆设义舍于道,放置义米、义肉,行旅之人量腹食用。犯法者,原宥三次再行之于刑。有小过者,命其修路百步,则罪除。不置官吏长使,皆以祭酒为治,雄居巴、汉30年,民夷信向之。尝增立嗣师所立的八品配治和自设立的八品游治。《汉天师世家》则云:鲁少膺祖训,在汉中以祖传道法教民,行宽惠之政。鲁在汉中,又依月令,实行春夏禁杀,又禁酒。立"靖"所为民思过之处,行"三官"请祷之法,书病人姓名和服罪之意,作书三通。其一上之天,着于山;其一埋之地,其一沉之于水,谓之三官手书。建安二十年(公元215年),曹操征汉中,张鲁封藏以降,操嘉其善意,遣使致慰。拜鲁为镇南将军,封阆中侯,食邑万户。五子及功曹阎圃皆封为列侯,迁还中原。建安二十一年卒,葬于邺城东。

元成宗赠"正一系师太清昭化广德真君"。道教称系师。

"丹经王者"魏伯阳

魏伯阳,一说名翱、号伯阳,又号云牙子。生卒年不详。东汉炼丹理论家,东汉时会稽上虞(今浙江上虞市)人。彭晓《周易参同契分章通真义序》载,其出身望族,喜修炼丹术道法。撰《周易参同契》《五相类》,杂糅《易》学、黄老之说,以炉火炮炼为实践,阐发丹道学说,成为早期道教炼丹术的奠基之作,对宋代理学有较大影响。《参同契》以内炼为主,谓修丹与天地造化同途,故托易象而论之。尔后为道教三元丹法中人元金丹内炼法奉为祖经,誉为"万古丹经王"。魏伯阳本炼丹术士,故该书也兼及炉火烧炼,而总结了东汉前炼丹术中一些化学知识,虽则内容不多,但却是现存世界讨论炼丹术的最早文献,曾被英译,刊载在1932年出版的文化史杂志"Isis"上。而魏伯阳也被世界公认为留有著作的一位最早的炼丹家。

"冲应真人"葛玄

葛玄(公元164~244年)为三国吴人,葛洪从祖。字孝先。人称太极葛仙翁。本琅琊人,后迁丹阳句容。高祖庐为汉骠骑大将军,封下邳侯,祖矩仕汉为黄门侍郎,父德儒历大鸿胪登尚书,素奉道法。故葛玄出身宦族名门。自幼好学,博览五经,十五六岁名震江左。性喜老、庄之说,不愿仕进。后入天台赤城山修炼,遇左元放得受《白虎七变经》《太清九鼎金液丹经》《三元真一妙经》等,后遨游山川,周旋于括苍、南岳、罗浮诸山。后汉室倾覆,三国战乱,于是删集《灵宝经诰》,精心研诵"上清""灵宝"诸部真经;曾嘱其弟子郑思远,在他死后将"上清""三洞""灵宝"中盟诸品经箓付阁皂宗坛及家门弟子,世世箓传。据说,吴嘉禾二年(公元 233 年),葛玄径往阁皂东峰建庵,筑坛立炉,修炼九转金丹。据《抱朴子》记述,他曾经以左慈为师,修习道术,受《太清丹经》《九鼎丹经》《金液丹经》等炼丹经书,后传授给郑隐。相传他曾在江西阁皂山修道,常辟瞄服食,擅符咒诸法,奇术甚多。

后世道教尊称葛玄为"葛仙公",又称"太极左仙公"。北宋徽宗时封为"冲应真人"。南宋理宗时封为"冲应孚佑真君"。

"天师领袖"范长生

范长生(公元? ~318 年)十六国时成汉道士。又名延九、重九,或名文(一作支),字符。涪陵丹兴(今四川黔江)人。他精通天文术数,博学多艺,居于青城山(今四川都江堰市境内),为当地天师道首领。巴氏族人李特率领流民在益州起义,范长生曾资助军粮物资。李特战死后,其子李雄率众攻入成都,打算迎立他为国君,固辞不就。李雄建立成汉政权,拜他为宰相,加号"四时八节天地太师",尊称为"范贤",封西山侯,并免征其部曲的军粮,全部租税由他本人征收。范长生修道长寿,传说他活了 130 多岁。著作有《道德经注》《周易注》(见李鼎祚《周易集解》)。旧时四川青城山有"长生宫",为范长生的纪念之地。宋代诗人陆游曾到此游览,吟诗说:"碧天万里月正中,清夜珥节长生宫。"

"净明祖师"许逊

许逊(公元 239~374 年)东晋道士。净明道尊奉的祖师。字敬之。许昌人。吴赤乌二年(公元 239 年)母感风珠随腹而生。生而颖悟,姿容秀伟。少小通束,与物无忤。及长,尝从猎射一鹿,鹿子堕后,鹿母犹回顾舐之,因悟。遂弃弓矢,刻意为学。博通经史,明天文地理,历律五行,谶纬之书。尤嗜神仙修炼之术,初即颇臻其妙。又闻西安吴猛得至人丁义神方,乃往师事。丁公悉传其秘,遂司郭璞访名山,求善地,得西山逍遥山金氏之宅,日以修炼为事,不求闻达乡党。代其孝友,交游服其德议。长吏许穆皆其弟子也。晋太康元年(公元 280 年),尝为旌阳县(今湖北枝江市北,一说今四川德阳市)令。时年 42 岁。在职期间,为政清廉,治法简易,吏民悦服拥戴。后知晋室将乱,乃弃官东归,邀迹江湖,寻求至道。传说他曾斩蛟为民除灾。据传:东晋宁康二年(公元 374 年)举家从豫章西山飞升成仙。

北宋徽宗赐号为"神功妙济真君"。后人将其尊为净明道始祖。称为许真君或许旌阳。传称,著有《太上灵宝净明飞仙度人经法》《灵剑子》《石函记》《玉匣记》等书。

"第一太师"魏华存

魏华存(公元 251~334 年)为晋代女道士,上清派所尊第一代太师。字贤安,任城(今山东济宁市)人,西晋司徒文康公魏舒之女。幼而好道,常服气辟谷,摄生修静,志慕

諸子百家 —— 道家

神仙。24岁适南阳掾刘文,生二子刘璞、刘瑕。其心期幽隐,更求神书秘籍,斋于别寝,谨修道法。西晋建兴五年(公元 318 年)夏天,来到南岳衡山集贤峰下紫虚阁修道,凡 16 年,为湖南最早的传播道教者。道家之《元始大洞真经》3 卷、《元始大洞玉经疏要十二义》1 卷、《大洞玉经坛仪》1 卷和《总论》1 卷,均属魏华存所疏义。东晋咸和九年(公元 334 年),在黄庭观测的一块大石头上白日飞升,其石尚在,称"飞升石"。历代南岳志和衡阳地方志都对魏华存的事迹有所记载,陶弘景著《真诰》中称魏华存为"魏夫人",后世习惯称魏华存为"南岳夫人"。宋仁宗赐魏华存"紫虚元君"称号,故又称魏元君。宋哲宗封为"高元宸照紫虚元道真君"。她还擅长书法,黄庭观墙壁上刻有其亲笔所书《上清黄庭内景经》。《黄庭经》为道教修持内丹的重要经典之一,在中国道教史上有极其重要的地位,直接促成了中国道教上清派的产生。

"黄白大师"狐丘

狐丘,亦称狐刚子。炼丹家。正史无传。不详其生卒年与里籍。据今人陈国符先生考证,为晋代人,约与葛洪同时,撰《五金诀》,道教称狐刚子为"最大之外丹黄白师"。又据赵匡华先生考证:狐刚子名丘,又作胡罡子、狐罡子。东汉末年炼丹黄白术的杰出代表,魏伯阳似为其师,三国吴人葛玄似为其弟子。其著述反映了汉末我国炼丹术所达到的高度,是我国古代一位卓越的化学发明家。惜其著述未能完整地保存下来,以致他的名字长期湮没无闻,所幸成书于唐初的《黄帝九鼎神丹经诀》及唐代黄白术专著《龙虎还丹诀》《太古土兑经》中,保留了他在黄白术方面的一些重要佚文。虽然零散,但可知其著述有《五金粉图诀》(又称《粉图经》《粉图》《五金诀》,又名《狐刚子万金诀》)《出金矿图录》《河车经》《玄珠经》等。此外《通志·艺文略》还著录狐刚子撰《金石还丹术》1 卷。

"丹元真人"陆修静

陆修静(公元 406~477 年)为南朝宋著名道士,早期道教的重要建设者。字符德,吴兴东迁(今浙江吴兴东)人。三国吴丞相陆凯之后裔。少宗儒学,博通坟籍,旁究象纬。又性喜道术,精研玉书。及长,好方外游,遗弃妻子,入山修道。初隐云梦,继栖仙都。为搜求道书,寻访仙踪,乃遍游名山,声名远播。宋元嘉(公元 424~453 年)末,陆修静市药至京师,宋文帝刘义隆钦其道风,召入内宫,讲理说法。时太后王氏雅信黄老,降母后之尊,执门徒之礼。后因避太初之乱南游。于大明五年(公元 461 年),至庐山,在东南瀑布岩下营造精庐,隐居,修道。宋明帝刘彧即位,思弘道教,泰始三年(公元 467 年)召见于华林园延贤馆,"先生鹿巾谒帝而升,天子肃然增敬,躬自问道,咨求宗极。先生标阐玄门,敷释流统,莫非妙范,帝心悦焉。"明帝乃于北郊天印山筑崇虚馆以居之。在此期间,他"大敞法门,深弘典奥,朝野注意,道俗归心。道教之兴,于斯为盛"。元徽五年(公元 477 年)卒,时年 72 岁。弟子奉其灵柩还庐山。诏谥简寂先生,以庐山旧居为简寂馆。

宋徽宗宣和(公元 1119~1125 年)年间,封为丹元真人。其弟子最著者为孙游岳、李果之等。

"剑酒诗仙"吕洞宾

吕洞宾(公元798~?),唐代道士,后道教奉为神仙,是"八仙"中传闻最广的一位仙人。姓吕,名岩,字洞宾。一说为唐朝宗室,姓李。武则天时屠杀唐室子孙,于是携妻子隐居碧水丹山之间,改为吕姓。因常居岩石之下,故名岩。又常洞栖,故号洞宾。也有传说他是唐朝礼部侍郎吕渭之孙,因感仕途多蹇,转而学道。《宋史·陈抟传》记载吕岩为"关西逸人,有剑术,年百余岁。步履轻捷,顷刻数百里,数来抟斋中",是位修道有术的高道。《全唐诗》收有他的诗作200多首。后世道教和民间称其为"剑仙""酒仙""诗仙"闻名于世。吕洞宾得道成仙之前,曾流落风尘,在长安酒肆中遇钟离权,"黄粱一梦",于是感悟,求其超度。经过钟离先生生死财色十试,心无所动,于是得受金液大丹与灵宝毕法。后来又遇火龙真君,传以日月交拜之法。又受火龙真人天遁剑法,自称"一断贪嗔,二断爱欲,三断烦恼",并发誓尽渡天下众生,方愿上升仙去。民间流传有吕洞宾三醉岳阳楼度铁拐李岳、飞剑斩黄龙等故事,吕仙形象广泛深入民间,妇孺皆知。宋代封吕洞宾为"妙通真人",元代封为"纯阳演政警化孚佑帝君",后世又称"吕纯阳"。王重阳创立全真道后,又被奉为"北五祖"之一,故道教又尊称他为"吕祖"。全国各地广建吕祖祠庙,岁时祭祀,至今香火不断。相传吕祖诞辰为农历四月十四日。道教多于此日设斋醮以志纪念。著术甚丰,如《吕祖全书》《九真上书》《孚佑上帝文集》《孚佑上帝天仙金丹心法》等,然大多为托名之作。

"吉庆征象"刘海蟾

刘海蟾,五代道士。名操,字昭远,又字宗成。燕山(今北京市西南宛平)人。道教全真道尊为北五祖之一。在辽应举,考中进士,事燕主刘守光,官至丞相。平时好谈性、命之理,崇尚黄老道术。相传一日遇一道人拜谒,自称正阳子,向刘操索要铜钱和鸡蛋各10枚,在桌上间

刘海蟾

隔高叠。刘操不禁惊呼"危险"!道人微笑说道:"相公地位比这更危险!"于是他豁然醒悟,散家财,辞官职,离妻别子,出家云游,号为"海蟾子",专心修行。他常来往于华山和终南山之间,后得道仙去。元世祖封为"明悟弘道真君"。后世民间流行有刘海戏金蟾的传说,多用作吉庆的象征。

"紫霄真人"谭峭

谭峭为唐末五代道教学者。字景升,泉川(今属福建)人。幼读经史,属文清丽。父唐国子司业洙,训以进士业,而峭爱好黄老、诸子及《穆天子

传》《汉武帝内传》《茅君列仙内传》等书,立志修道学仙。后辞父出游终南山、太白山、太行山、王屋山、嵩山、华山、泰山等名山而不复返。于嵩山师事道士10余年,得辟谷、养气之术。

唯以酒为乐,常处醉乡中;夏日穿乌裘,冬着绿布衫,或整天卧于霜雪中,人以为已死,视之,呼吸如故,状类疯癫。每行吟诗曰:"线作长江扇作天,靸鞋抛向海东边,蓬莱信道无多路,只在谭生拄杖前。"据南唐沈汾《续仙传》载:谭峭后居南岳,炼丹成,入水不濡,入火不灼,人青城而去。

唐末五代社会动乱,谭峭不求仕进荣显,而以学道自隐。但他十分关心世道治乱,民生疾苦。乃著《化书》6卷112篇。提出统治者应用道化、术化、德化、仁化、食化、俭化,以医治社会弊病,实现天下太平。在一定程度上反映了人民企求安定生活的愿望。

谭峭本老庄思想,认为世界万事万物皆源于虚,最后复归于虚。他写成《化书》后,交南唐宋齐丘,请其作序传世。宋齐丘遂占为己有,一时《化书》被命名为《齐丘子》,以致南唐沈汾《续仙传》为谭峭立传时,未述及撰《化书》事。后陈抟揭露宋齐丘欺世盗名的丑行。

据《泉州府志》载称,南唐主曾赐谭峭以"紫霄真人"之号。

"清都辅弼"闾丘方远

闾丘方远(公元? ～902年)为唐末五代著名道士。字大方,舒州宿松(今属安徽)人,年16,通经史,学《易》于庐山陈元晤,29岁,问大丹于香林左元泽,复诣仙都山隐真岩事刘处静,学修真出世之术。34岁受法箓于天台山玉霄宫叶藏质。据称得真文秘诀。方远在守一行气之暇,笃好子史群书,常自言葛稚川、陶贞白吾之师友也。铨《太平经》为30篇,备尽枢要,将卷帙浩繁之《太平经》(170卷)精选节录为简明读本,名之曰《太平经钞》。唐景福二年(公元893年),钱塘彭城王钱镠笼络高道,访方远于余杭大涤洞,筑室宇以居之。钱镠在所撰《天柱观记》中,赞扬方远"实紫府之表仪,乃清都之辅弼"。昭宗李晔降诏褒异,并颁命服,赐号妙有大师玄同先生,由是显闻吴楚。南唐沈汾《续仙传》载称其远近从学弟子200多人。

闾丘方远是弘扬道教南岳天台派的重要人物,特别是他辑录的《太平经钞》,作为一部较完好的《太平经》节钞本,在《太平经》已经严重散失之后,还能大体上显其原貌。

"华阳真人"施肩吾

施肩吾北宋道士,字希圣,自号华阳子。九江(一说溢浦,今江西九江一带)人。生卒年不详。少年习佛,博学经史,工辞章。后转而学道,隐居西山(在今江西南昌)。其活动时代约当10世纪下半叶至11世纪上半叶的北宋初中期。

据赵道一《历世真仙体道通鉴》与苗善时《纯阳帝君神化妙通纪》记载,施肩吾初得一托名晋代道士许逊者授其五种内丹诀及神丹诸方,后再遇吕洞宾传授内炼金液还丹大道,于是隐居西山。道成之日,作诗曰:"重重道气结成神,玉阙金堂逐日新。若记西山学道者,连余即是十三人。"

华阳子施肩吾的丹道思想上承钟离权、吕洞宾,并有所发挥。他主张"万形之中所保者,莫先乎元气",认为"元气住则神住矣,神住则形住矣。三者住,则命在于我,岂在天耶"。除了提出识道、识法、识人,还提出识时、识物(水火、龙虎、丹药、铅汞、阴阳)等,对抽添、河车、还丹、炼形、朝元、超脱、内观、魔难、证验多所论列,并对性、命、心、魂、魄、精、神、灵、道诸范畴作了诠释。

著作有《钟吕传道集》(《直斋书录解题》著录为《钟吕传道记》)3卷、《西山群仙会真记》5卷、《华阳真人秘诀》1卷、《三住铭》1卷和《座右铭》等。

"南宗祖师"张伯端

张伯端(公元984~1082年)北宋道士。道教内丹派南宗开山祖师。字平叔,后改名用成,号"紫阳山人",故后世又称为张紫阳。天台(今属浙江)人。自少好学,广涉儒、道、佛三教经书,以至刑法、书数、医药、卜筮、战阵、天文、地理、吉凶死生等方术,无不留心详究。曾为府吏数十年,后来忽悟"一家温暖千家怨,半世功名百世愆",看破功名利禄,心向蓬莱仙路,便纵火把案上文书全部烧毁。因以"火烧文书"罪,被发配岭南。

宋英宗治平(公元1064~1067年)中,陆诜镇守桂林,召置帐下,掌管机要。熙宁二年(公元1069年),随陆诜转至成都,遇真人授以金丹药物火候之诀,"指流知源,语一悟百"。元丰五年(公元1082年)逝世,留《尸解颂》云:"四大欲散,浮云已空,一灵妙有,法界圆通。"

所著《悟真篇》一书,宣扬道教内丹修炼理论,"先以神仙命脉诱其修炼,次以诸佛妙用广其神通,终以真如觉性遗其幻妄,而归一究竟空寂之本源"。将儒家的"穷理尽性",佛教的"顿悟圆通"引入道教的内丹炼养,认为"教虽分三,道乃归一",主张融合三教,以明大丹玄旨。他指责"后世黄缁之流,各自专门,互相非是,致使三家宗要,迷没邪歧,不能混一而同归",颇有识见。他主张"性命双修",先修命,后修性,与北宗王重阳主张的"先性后命"不同。该书后世注解者甚多,是继魏伯阳《周易参同契》以后的重要炼丹著作。

他的思想对后世道教影响很大,被奉为南宗五祖之首,称为"紫阳真人"。《道藏》中还收有《玉清金笥青华秘文金宝内炼丹诀》3卷和《金丹四百字》1卷。题名为张伯端所撰。

二、道教人物之"创始人"

道教在传承的过程当中,出现了各种各样的派系,这些派系把道教发扬光大,并且在其中融入了自己的理解和新的内涵,成了区别于其他派别的新派系。自然而然,这些新派系的创始人值得大家去了解和认识。

"道教创始"张道陵

张道陵(公元 34~156 年)道教创始人。第一代天师。本名张陵,东汉沛国丰邑(今江苏丰县)人。道书载:为汉留侯子房八世孙。建武十年正月十五夜,生于吴之天目山,7 岁读老子道德二篇,即了其义。为太学书生,通晓天文、地理、诸子、五经,从学者千余人。永平二年(公元 59 年)以直言极谏科中,拜巴郡江州令(今重庆),时年 26 岁。因素志于黄老之道,见世风日下,不久遂弃官隐于北邙山(今河南洛阳北)。汉章帝、和帝诏征皆不就。后与弟子王长从淮入江西鄱阳,诉流至云锦山(今龙虎山),炼九天神丹,3 年丹成而龙虎见,山因以名。闻蜀中民风淳厚,易可教化,入蜀居鹤鸣山修道。汉安元年(公元 142 年)感太上授以"正一盟威"之道,或云三天正法正一科术要道法文,创立了道教。立二十四治,以祭酒分领,不喜施刑罚,廉耻治民,符水治病,百姓奉之为师。张道陵尊老子为教祖,奉《老子五千文》撰,《老子想尔注》阐扬道教教义,称"道"即是"一","一散形为气,聚形为太上老君"。以"道"为最高信仰。永寿二年(公元 156 年),以盟威都功诸品经篆、玉册、剑印付子衡,与夫人雍氏升仙而去,年 123 岁。

唐天宝七载册赠"太师",僖宗中和四年(公元 884 年)封为"三天扶教大法师"。宋理宗加封"正一静应显佑真君"。道教尊为祖天师,泰玄上相,降魔护道天尊。

"太平创始"张角

张角(公元? ~184 年)东汉末太平道的创立者。巨鹿(今河北平乡)人。奉黄老道和《太平经》,以符水咒法为人疗病。熹平年间(公元 172~178 年),创立太平道,自称"大贤良师"。与其弟张宝、张梁同在河北一带传教,10 余年间,徒众发展至数十万,遍及青、徐、幽、冀、荆、扬、兖、豫八州,分为三十六方,各方设渠帅统领道众。中平元年(184 年)武装起事,自称"天公将军"。张角据"五行"说,认为代汉而兴,当以土德,土色为黄,故提出"苍天已死,黄天当立"的口号,以号召徒众。因起事徒众都以黄巾裹头,故人呼为黄巾军,他与张梁会集幽、冀两州黄巾军,在广宗(今河北威县东)击退北中郎将卢植,后来又击败东中郎将董卓。不久病亡。

"神霄创始"王文卿

王文卿(公元 1093~1153 年)为北宋末著名道士,神霄派创始人。字予道(一说字述道),号"冲和子"。建昌南丰(今属江西)人。据《临川盯江志》等书记载,自幼慕道,能诗,自称"红尘富贵无心恋,紫府真仙有志攀",告其父有方外之志。

父殁,辞母远游。渡扬子江,行野泽中,雨暝迷路,遇异人,得致雷电、役鬼神之术,名闻江湖间。

王文卿传神霄五雷法,为神霄派创始人,有弟子朱智卿、熊山人、平敬宗、袁庭植等。又有萨守坚,见之于青城山,尽得其秘。其在乡,得其传者则有新城高子羽。甥上官氏亦传其法。此外,尚有别传弟子多人。元代,封为"冲虚通妙真人",至顺三年(公元 1332

诸子百家

——道家

年)夏,加赐为"冲虚通妙灵惠真人"。《正统道藏》所收《冲虚通妙侍宸王先生家话》,为他与弟子的对话录。

"东华创始"宁全真

宁全真(公元1101~1181年)是南宋初东华派创始人。俗名立本,字道立,法名全真。河南开封府人。因幼养于裴氏家,长犹从裴姓。家贫,无以自给。尚书王古曾嗣丹元真人东华嫡传,知全真有道,乃檄充史椽。又闻田灵虚遇陆修静得道,延请于家,命宁全真典侍抄录。宁全真心与道契,对经箓秘文,一见辄悟。

绍兴(公元1131~1162年)中,据称以斋醮祈祷有功,被赐号洞微高士,继进"赞化"二字。朝廷凡有醮祀,皆命其主典之。孝宗朝(公元1163~1189年),遭左街道录刘能真嫉妒陷害,被囚10余日后黥隶军籍。此后,即晦迹深遁,益勤修炼,慕其道而归之者如市。浙右(浙西道)诸处士庶率多请其建斋醮。晚年住婺州(今浙江金华市)何家,有弟子赵义夫、何淳真、宋扶、何德阳等多人。卒后,其弟子赵义夫嗣教。

《正统道藏》收《上清灵宝大法》66卷,署"洞微高士、开光救苦真人宁全真授,上清三洞弟子灵宝领教嗣师王契真纂";又收《灵宝领教济度金书》320卷,署"洞微高士、开光救苦真人宁全真授,灵宝通玄弘教水南先生林灵真编",是东华派的两部重要经书,虽然经过后人的增纂,但基本体现了宁全真的思想。

"全真创始"王重阳

王重阳(公元1112~1170年)金代道士。全真道创始人,北五祖之一。道教全真道的创始人。原名中孚,字允卿。后改名世雄,字德威。入道后,改名嘉,字知明,号重阳子。自呼王三(排行第三)或王害疯。祖籍陕西咸阳,累世为地方大族,后居于终南县刘蒋村。自幼好读书,才思敏捷,擅长骑射。伪齐阜昌(公元1130~1137年)年间应礼部试,未中,金熙宗天眷(公元1138~1140年)初年又应武举,考中甲科,慨然有经略天下之志。后来长期任征酒小吏,遂愤然辞职,隐栖山林。金正隆四年(公元1159年),弃家外游,在甘河镇遇异人,授以修炼真诀,于是悟道出家。在南时村筑墓,住在墓穴中两年多,自称为"活死人墓"。金大定七年(公元1167年),离开陕西,前往山东传道度人。先后收马丹阳、谭处端、刘处玄、丘处机、王处一、郝大通、孙不二为徒,在文登、宁海、福山、登州(今蓬莱)、莱州(今掖县)建立三教七宝会、金莲会、三光会、玉华会等。因王重阳在山东宁海自题其庵名为"全真堂",故入道者都称为全真道士。金大定九年(公元1169年)携其弟子马、谭、刘、邱四人西归,次年一月在大梁(今河南开封)羽化。归葬于终南刘蒋村故居(今陕西鄠邑区祖庵镇),后全真道尊奉该地为祖庭。元世祖至元六年(公元1209年)封其为"重阳全真开化真君"。元武宗至大三年(公元1310年)加封为"重阳全真开化辅极帝君"。全真道奉为"北五祖"之一。他糅合道、儒、释的思想,主张三教平等合一,以《道德经》《般若心经》《孝经》作为全真道徒必修的经典。他认为修心去欲为修道之本,主张先修性后修命,修道者必须断绝酒色财气、攀缘爱欲与忧愁思虑,如此身虽在凡尘而心已入圣境。他的著作有《重阳全真集》《重阳教化集》《重阳立教十五论》等，今均存于《正统道藏》之中。

"大道创始"刘德仁

刘德仁(公元 1122~1180 年)金代道士。大道教创始者。号无忧子。沧州乐陵(今属山东)人。相传他在 21 岁时，遇一老叟授以"玄妙道诀"，于是敷陈《老子道德经》要义，吸取部分儒、佛思想，设立戒条九则以劝世人，并以召神劾鬼之术为人治病，信从者日众，自称为"大道教"。其教旨以"见素抱朴，少思寡欲，虚心实腹，守气养神"为主，不善炼丹飞升之事，主张"苦节危行"。在河北行教数十年。金大定(公元 1161~1189 年)初，世宗诏居京城天长观，赐号为"东岳真人"。元代加封为"无忧普济开微洞明真君"。其教五传至郦希诚，改名为"真大道教"，元末以后逐渐衰落。

"太一创始"萧抱珍

萧抱珍(公元？~1166 年)，为金初太一道创始人。卫州(今河南汲县)人。生年及创教事迹皆未见记载。元王鹗《重修大一广福万寿官碑》据金王若虚《一悟真人传》，仅记其创教后之简略事迹。该碑略云：初，萧抱珍既得道，即以仙圣所授秘箓济人，祈禳诃禁，罔不立验。金天眷(公元 1138~1140 年)初，其法大行，因名之曰太一教。盖取元气浑沌，太极剖判，至理纯一之义也。寻以所居湫隘，乃于卫州东三清院故址，改建太一庵堂。王恽《故太一二代度师先考韩君墓碣铭》亦谓："天眷初，太一始祖真人，以神道设教，远迩响风，受箓为门徒者，岁无虑千数。"不久，太一道由汲县传播到赵州、真定一带。皇统八年(公元 1148 年)，熙宗闻其名，召赴阙，受到礼遇，赐名所居之庵为"太一万寿观"。金大定六年(公元 1166 年)逝世，曾封微妙大师。入元，忽必烈追赠其为太一悟传教真人，改其所居太一万寿观为太一广福万寿宫。所创太一道流播于金、元。

"龙门祖师"丘处机

丘处机(公元 1148~1227 年)为金、元之际著名道士，全真道"北七真"之一。龙门派尊奉之祖师。字通密，号长春子，世称长春真人。登州栖霞(今属山东)人。金世宗大定六年(公元 1166 年)入道，次年拜王嚞为师，为其七大弟子之一。大定八年，随师及马钰、谭处端等在宁海、福山、登州、莱州等地传道，创立全真道。大定九年，与马钰、谭处端、刘处玄等随王嚞返陕西终南，至开封，王嚞染病，次年逝于旅舍。大定十二年，与马、谭、刘等扶枢归葬终南故地，庐墓 3 年。大定十四年，与马、刘分手，西入陕西磻溪，隐居 6 年。大定二十年又去陇州龙门山，隐居潜修 7 年。"道既成，远方学者咸依之"。大定二十八年，奉金世宗诏，至燕京(今北京市)主持"万春节"醮事。未几，仍回陕西。明昌元年(公元 1190 年)，金章宗以"惑众乱民"为名，下诏禁罢全真道等，处机即回栖霞，建太虚观以居。贞祐二年(公元 1214 年)秋，请命招安山东杨安儿义军成功，名噪一时。兴定三年(公元 1219 年)，居莱州(今山东掖县)昊天观，南宋及金先后遣使来召，均未应命。他审时度势,唯应元太祖成吉思汗之请,于次年正月,率弟子十八人从莱州出发,于元太祖十七年(公元1222年)到达西域大雪山,行程万余里。《元史·释老志》称:"太祖时西征,日事攻战,处机每言欲一天下者,必在乎不嗜杀人。及问为治之方,则对以敬天爱民为本。问长生久视之道,则告以清心寡欲为要。"元太祖待之甚厚,尊其为神仙。请准东归时,元太祖赐以虎符、玺书,命其掌管天下道教,诏免道院和道人一切赋税差役。回燕京后,居太极观(后改名长春宫)。从此丘处机成为北方道教风云人物,长春宫成为北方道教中心:"由是玄风大振,四方翕然,'道俗景仰,学徒云集。"士庶之托迹,"四方道侣之来归依者,不啻千数,宫中为之嗔咽。"全真道成为北方道教最大之派别。丘处机开创全真道鼎盛局面四年后逝世。元世祖至元六年(公元1296年)诏赠"长春演道主教真人"。至大三年(公元1310年)又加封为"长春全德神化明应真君"。

丘处机对传播全真道功绩甚著,道教中人常将他与王重阳相提并论,谓"是教也,源于东华,流于重阳,派于长春,而今而后,滔滔溢溢,未可得而知其极也"。全真七子死后,亦以丘处机门徒最盛,以他为祖师的龙门派,在明清至近代,一直是全真道之主流。丘处机的修炼思想以断情绝欲为修道的前提,以清静无为为修炼要旨。认为"一念无生即自由,心头无物即仙佛"。主张性命双修,但与金丹派南宗相反,倡先性后命,以性为主,谓"吾宗惟贵见性,水火配合其次也"。

其著作有《大丹直指》《摄生消息论》《磻溪集》等,均收入《正统道藏》。

"遇仙创始"马丹阳

马丹阳(公元1123~1183年)金代道士,全真道"北七真"之一。原名从义,字宜甫,后更名为钰,字玄宝,号丹阳子。山东宁海(今山东牟平)人。家世为地方大族。金大定七年(公元1167年),王重阳到宁海传布全真道,他抛弃千金家产,皈依其道。自此励行苦节,潜心修炼。王重阳临死以前,将全真秘诀传与丹阳,托为全真传道事业的直接继承人。后来历尽艰辛,矢志宏道,后人赞评他为"启迪全真,发挥玄教者也"。传有全真道遇仙派。元世祖至元六年(公元1269年),赠封"丹阳抱一无为真人"。著有《洞玄金玉集》《神光灿》《渐悟集》等,均收入《正统道藏》太平部。另《道藏》太玄部收有《丹阳真人语录》一卷,题为马钰述,金人王颐中集。

"南无创始"谭处端

谭处端(公元1123~1185年)金代道士。原名玉,字伯玉。后改名为处端,字通正,号长真子。宁海(今山东牟平)人。涉猎经史,尤工草隶,为人慷慨重孝义。素患风痹,药石不能治。金大定七年(公元1167年),王重阳来山东传道,便投奔重阳,求其医治,隔宿而愈。自此诚心皈依全真道,追随王重阳,朝夕参请,多得玄旨,摒绝思虑,泯灭人我,苦心修炼。王重阳逝世后,隐迹伊、洛之间。大定二十五年卒于洛阳朝元宫。传全真道南无派。后被奉为"北七真"之一。元世祖至元六年(公元1269年),赠封"长真云水蕴德真人"。有《水云集》传世,今存于《道藏》太平部。

诸子百家 —— 道家

375

"随山创始"刘处玄

刘处玄(公元1147~1203年),金代道士。字通妙,号长生子。东莱(今山东掖县)人。自幼丧父,事母谨孝,不慕荣华,清静自守。金大定九年(公元1169年),王重阳携马丹阳等人到掖城传道,收刘处玄为徒。从此跟随王重阳,游寓齐豫,乞食炼形,朝夕叩请,启迪丹经。王重阳去世后,独自隐遁于京洛,静心炼性。金大定二十八年(公元1188年),在昌阳主持斋醮,设坛祷雨,颇有应验。承安三年(公元1198年),金章宗派使者接入宫廷,待如上宾。次年乞请还山,章宗赐铭"灵虚",以光耀祖庭。泰和三年羽化。传有全真道随山派。后被奉为"北七真"之一。元代至元六年(公元1269年),赠封"长生辅化明德真人"。著作为《黄帝阴符经注》1卷、《黄庭内景玉经注》1卷、《无为清净长生真人至真语录》《仙乐集》5卷,均收入《正统道藏》之中。

"嵛山创始"王处一

王处一(公元1142~1217年),金代道士。全真教"北七真"之一。号玉阳子,一说号全阳子。宁海(今山东牟平)人。金大定八年(公元1168年),王重阳收为弟子。长期隐居文登县云光洞,"九夏迎风立,三冬抱雪眠",炼形9年,终得大道之要。金大定二十八年(公元1188年),应召赴阙主持万春节醮事。金章宗承安二年(公元1197年),召问养生之道、性命之理,答以道家清静无为、内丹造化、不为而成诸说,"所对莫不允合上心"。金宣宗贞佑五年(公元1217年)羽化于圣水玉虚观。传有全真教嵛山派。元代至元六年(公元1269年),赠封"玉阳体玄广度真人"。撰有《云光集》4卷,《西岳华山志》1卷,均收入《正统道藏》中。

"华山创始"郝大通

郝大通(公元1140~1212年),金代道士。名磷,字太古,号恬然子,又号广宁子,自称太古道人,法名大通。宁海(今山东牟平)人,好读黄老庄列方外之书,擅长卜卦占筮之术,尤精于《大易》。金大定八年(公元1168年),受王重阳法启发,皈依全真教。金大定十五年(公元1175年),乞食沃州,突有所悟,遂静坐于沃州桥下,忘形练功6年,从不言语,人称"不语先生"。相传九转功成后,杖履北游,在真定间传教度人。崇庆元年在宁海先天观羽化。创有全真教华山派。元世祖至元六年(公元1269年),赠封为"广宁通玄太古真人"。著有《太古集》4卷,收存于《正统道藏》。

"膏净创始"孙不二

孙不二(公元1119~1182年),金代女道士。法名不二,号清净散人,或称孙仙姑。宁海(今山东牟平)人。马丹阳之妻,金大定九年(公元1169年),被王重阳度化出家,授修道秘诀。她独处静室,面壁炼心,7年功成。后游历伊、洛,传道度人。大定二十二年羽化于洛阳。传有全真教清净派。后被尊奉为"北七真"之一。元至元六年(公元1269年),

赠封为"清净渊真顺德真人"。《道藏精华录》收存有《孙不二元君法语》1卷、《孙不二元君传述丹道秘书》。

"内丹西派"李西月

李西月,为清代内丹西派开创者。名平权,号涵虚,又号长乙山人。四川乐山人。

据道教传说,他曾遇张三丰祖师,得其秘传丹法。后又于峨眉山遇吕洞宾,密付真旨。因此倡言开内丹之新派,称隐仙派,或犹龙派,被后世道士称为内丹西派。盖与明陆西星之内丹东派相对。东派始祖陆氏名西星,李氏称西月;陆氏号潜虚,李氏则号涵虚,二者之名、号皆有相似之处,似为李西月有意仿效,以表示其西派可与前代之东派分庭抗礼。

东、西两派称谓的由来,盖就地理位置而言,东派流行于江、浙,故称东派;西派流行于四川,故称西派。二派所主丹法的内容亦有前后相承之关系,均为阴阳双修,但西派更加强调清静自然,力辟三峰采战邪术。

著作有《无根树注解》《道窍谈》《三东秘旨》《后天串述》等,皆为内丹著述。其丹法功诀,较东派更为烦琐复杂,理论亦较多层次。虽有其弊,但亦不乏精微之处。

"金丹南宗"白玉蟾

白玉蟾(公元1194~?),为南宋道士,金丹派南宗五祖之一,是内丹理论家。本名葛长庚,字如晦,又字白叟,号海琼子,又号海南翁、琼山道人、武夷散人、神霄散史。祖籍福建闽清,生于琼州(今海南琼山)。12岁举童子科,谙九经,能诗赋,且长于书画。遂笃志玄学,别家遍访名师,苦志修炼,参游各地,于惠州得遇泥丸真人,乃归罗浮,授以金丹火候之法,后居武夷山得道,称为琼绾紫清真人。白玉蟾为其内丹学说的中心为"精、气、神"说。游历天下,后隐居著述,致力于传播丹道。白玉蟾为南宗第五代传人,即"南五祖"之五。"南宗"自他之后,始正式创建了内丹派南宗道教社团。飞升后封号为"紫清明道真人",世称"紫清先生"。白玉蟾对内丹的理解是"身有一宝,隐在丹田,轻如密雾,淡似飞烟"。他主张性命双修,先性后命,融道教修命之术与佛教养神之方于丹道一炉之中。对五代以后道教的修炼方术有较大影响。

白玉蟾还是金丹派南宗正式创立者,他先后收留元长、彭耜、陈守默、詹继瑞等为徒,打破张伯端至陈楠以来南宗单传的历史。同时取汉天师"二十四治"法,按"师家曰治,民家曰靖"的传统,立"靖"为建宗传法之所。这也标志着南宗至此形成道教社团。

"玄教创始"张留孙

张留孙(公元1248~1321年),为元代龙虎宗支派玄教创始人。字师汉,信州贵溪(今属江西)人。幼从伯父张闻诗学道于龙虎山上清宫,继师李宗老。后以所学游江淮间。至元十三年(公元1276年),元世祖召三十六代天师张宗演赴阙,选其从行。第二年,张宗演返龙虎山,张留孙留侍阙下。据传其能请祷止雨、疗疾,世祖命为上卿,铸宝剑，镂其文曰："'大元赐张上卿'，敕两都各建崇祯宫，朝夕从驾。"至元十五年，赐号玄教宗师，授道教都提点，管领江北、淮东、淮西、荆襄道教事，佩银印。次年，奏复宫观，令自别为籍。此后，"宠遇日隆，比于亲臣"，或奉命外出祠名山大川，或奉旨到江南访求逸遗，又相继受命为武宗、仁宗取名。至元二十八年更以卜筮之术，参与任命宰相的重大决策。此后历经成宗、武宗、仁宗、英宗等朝，"朝廷每有大谋议，必见咨询"。随着政治宠遇日隆，皇帝赐予道教职衔与权力也逐步上升。由道教都提点到玄教宗师、玄教大宗师；由上卿到特进上卿；由法师到真人、大真人；由知集贤院（元代管理儒、道的机构）道教事，到领集贤院道教事，位大学士上，再加开府仪同三司。

爵位也由三品到二品，再到一品。至仁宗延岭二年（公元 1315 年），所得头衔多达四十三字，曰："开府仪同三司、特进上卿、辅成赞化保运玄教大宗师、志道弘教冲玄仁靖大真人、知集贤院事、领诸路道教事。"既有勋号，又有实际职掌，其政治地位之高，道教权力之大，居当时道教诸派首领之冠。

张留孙在其政治地位日益显赫、道教权力日益扩大的过程中，陆续从江西龙虎山征调道士到两京崇祯宫（后升崇祯万寿宫），或委以京师道职，或派至江南各地管理教务，从而在他周围集合起大批道士，逐渐形成一个以他为中心的道教派别，即龙虎宗支派玄教。这个道派是元代龙虎宗的核心，其组织规模和社会影响，不仅超过了江南诸道派，而且较之北方的全真道也毫不逊色。

英宗至治元年（公元 1321 年），张留孙逝世，皇帝又为之大办丧事，将其遗体送至龙虎山安葬，自京师至其乡，水陆数千里，所过郡县，迎送设奠，不约而集。比葬，四方吊问之使交至。自王公以下，治丧致客，未有若此盛者。天历二年（公元 1329 年）加封"辅成赞化保运神德真君"。

"内丹东派"陆西星

陆西星（公元 1520~1606 年），为明代内丹东派开创者。字长庚，号潜虚子。扬州兴化（今属江苏）人。擅文辞，兼工书画。尝为诸生（秀才），颇有名望；但 9 次参加乡试，皆不中。乃弃儒为道，入山隐居。后声言吕洞宾降临其北海草堂，住 20 日，亲授丹诀。自称："嘉靖丁未（公元 1547 年），以因缘得遇吕祖于北海子池之草堂，弥留欸洽。嗣后常至其家。……既以上乘之道勉进潜虚，并授以结胎之歌，人室之旨，及吕公自记数十则，终南山人集十卷。……研寻二十载，流光如箭，甲子（嘉靖四十三年，1564 年）嘉平（阴历十二月），潜虚乃遯于荒野，……遂大感悟，由是人室求铅，不数载而事毕。"后将此授受情况，写成《宾翁自记》《道缘汇录》。自称得吕洞宾真传，著书立说，阐发内丹之旨，遂开内丹东派，被后世道士尊为内丹东派之祖。著作有《方壶外史》8 卷，包括经典注释及丹法15 种，《南华附墨》8 卷；晚年参禅，又作《楞严述旨》10 卷，《楞严经说约》1 卷。《四库全书总目提要》卷 147《道家类存目》著录其《南华经副墨》8 卷云："大旨谓南华祖述《道德》，又即佛氏不二法门，盖欲合老释为一家。其言博辩恣肆，词胜于理。其谓《天下篇》为即《庄子》后序，历叙古今道术，而以己承之，即《孟子》终篇之意，则颇为有见，故至今注《庄子》是篇者,承用其说云。"此外,中国著名神怪小说《封神演义》1130回,其明舒载阳刊本卷二题云"钟山逸叟许仲琳编辑",20世纪30年代孙楷第、张政娘先生根据《曲海总目》所记,已指出此书实为明道士陆西星所作,近人柳存仁又根据陆西星行谊,结合《封神演义》的思想内容做了进一步论证,证据确凿,似可定谳。鲁迅《中国小说史略》认为此书,"则方士之见而已"。

三、道教人物之"传人"

任何一个宗派,要想传承下来,光靠创始人的努力是不行的,还得靠各个传人的努力。在这一部分当中,我们同样要对这些功不可没的"传人"进行了解和熟悉。

"掌教全真"尹志平

尹志平(公元1169~1251年),为元初著名全真道士。字太和,祖籍河北沧州,宋时徙居莱州(今山东掖县)。生于金大定九年(公元1169年)。幼颖悟,读书日记千余言。年14遇马钰,遽欲弃家入道,父不允,遂伺机潜往。后被追还,锁闭静室。无何,复遁去。逃之再三,父始从之。初住昌邑(今属山东)之西庵。金明昌二年(公元1191年),参丘处机于栖霞(今属山东),遂执弟子礼。久之,尽得邱之"玄妙"。此后,又问《易》于郝大通,受箓法于王处一。于是道名四播,远近尊礼,参道者不绝。继住潍州(今山东潍坊市)之玉清观,主盟齐东者20年。元太祖十四年(公元1219年),成吉思汗自乃蛮派使臣刘仲禄征召丘处机,闻志平为处机之上足,乃假道潍州,偕同志平去莱州昊天观见处机。对于丘处机之绝金、宋就元聘,起了赞画的作用。第二年,随丘处机北上燕京,西觐成吉思汗于大雪山,为处机18随行弟子之冠。元太祖十九年,随处机返燕京,居长春官。当是时,全真道声名远播,四方尊礼者云合。志平曰:"我无功德,敢与享此供奉乎!"乃退居德兴(府治今河北涿鹿)之龙阳观,寻隐烟霞观。丘处机卒时遗命志平嗣教(或云遗命宋道安嗣教。待处机丧事终,宋以年老请志平代),是为全真道第六代掌教宗师。

尹志平掌教后,元统治者之支持如故。全真道的鼎盛局面得以继续发展。太宗四年(公元1232年),窝阔台南征还燕京,志平迎见于顺天,帝令皇后代祀香于长春宫。太宗六年,皇后遣使劳问,赐道经一藏。太宗七年春,去沁州(今山西沁源)主黄箓醮事。九月,达平阳(今山西临汾),命宋德方率众编纂《大元玄都宝藏》,志平为之请旨并筹措经费。同年,为尊显其祖师,又去陕西兴复佑德、云台二观,太平、宗圣、太一、华清四宫,以翼祖庭。"时陕右甫定,遗民犹有保栅未下者,闻师至,相先归附,师为抚慰,皆按堵如故。"太宗八年秋,奉旨试经云中,度千人为道士。返燕京途中,"道经太行,山间群盗罗拜受教,悉为良民。出井陉,历赵魏齐鲁,请命者皆谢遣,原野道路设香花,望尘迎拜者,日千万计,贡物山积。"以上所记,难免有所夸大,但表明尹志平掌教时期,全真道的影响是很大的。姬志真《南昌观碑》云:"长春真人应召之后,大阐门庭,室中之席不虚,户外之屦常满。及嗣教清和真人(指尹志平)作大宗师,宠膺上命,簪裳接迹,宫观相望,虽退方远

諸子百家——道家

379

裔,深山大泽,皆有其人。太宗十年春,尹志平年届70,将教事付李志常,而归隐于大房山之清和宫。定宗三年(公元1249年)春,特旨赐"清和演道玄德真人"号,又赐金冠法服。宪宗元年(公元1251年)春逝世。中统二年(公元1261年),诏赠"清和妙道广化真人"。至大三年(公元1310年),加赠"清和妙道广化崇教大真人"。

"全真真常"李志常

李志常(公元1193~1256年),为元初著名全真道士。字浩然,其先洺州(治所在今河北永平)人,宋季徙居开州观城(今山东范县)。幼孤,养于伯父家。年19,不从伯父为之议婚,负书曳杖作云水游。初隐东莱之牢山,复徙天柱山之仙人宫,宫之主者嘱其往从丘处机。乃束装往拜席下,赐号真常子。次年,丘处机应召西觐元太祖,被选为18随行弟子之一。迨处机东返,随师居燕京长春宫。

元太宗十年(1238)春,尹志平以年老荐李志常继任掌教,同年三月,奉朝命加封为"玄门正派嗣法演教真常真人"。四月赴阙,奏请扩建其祖师王重阳修真之所终南山灵虚观,得旨赐重阳宫号,命大为营建。海迷失后二年(1250),李志常及随丘处机赴西域的其余十七人,皆奉旨封大师。宪宗元年(1251),奉命遍祭岳渎。三年,受命作金箓大斋,并随路给散道士、女冠普度戒牒。五年,宪宗数次召见,咨以治国保民之术。李志常掌教十八年,全真道仍方兴未艾。但到晚年,因佛道矛盾激化,宪宗五年爆发了关于《化胡经》和《老子八十一化图》之争,全真道在辩论中失败,被勒令焚毁道经,全真道遭到严重打击,其鼎盛局面从此结束;李志常在感到屈辱与愤懑中,于次年六月将教事付张志敬后去世。中统二年(公元1261年),追赠"真常上德宣教真人"。至大三年(公元1310年),加封"真常妙应显文弘济大真人"。

著作有《又玄集》20卷,已佚。《长春真人西游记》2卷,现存于《正统道藏》中。该书对研究我国西北和西亚史地以及中外交通史具有重要参考价值。

"雷渊真人"黄舜申

黄舜申(公元1224~?),为宋末元初清微派主要传人。俗名应炎,字晦伯,舜申为其法名。福建建宁人,年16,侍父于广西幕府,遇官于广西的清微派一代宗师南毕道,授以清微雷法。南宋宝祐(公元1253~1258年)中出任检阅,以清微雷法名世。理宗召见,御书"雷渊真人"四字赐之。

黄舜申既是宋末元初清微雷法的主要传人,又是清微雷法之集大成者和理论大师。《正统道藏》中所存的清微雷法著作,如《清微天降大法》《清微神烈秘法》《清微斋法》《清微丹法》《清微玄枢奏告仪》等,盖皆出于黄舜申及其门人之手。其基本理论是主张天人合一,内炼与外法相结合,而以内炼为主。认为诚于中,方能感于天;修于内,方能发于外。只有精于内炼,才能此感彼应,才能呼召风雷,役使神明。故主张修习法术以修炼精、气、神为基础,《清微丹法》即是专谈内炼之书。

"空山先生"雷思齐

雷思齐(公元1231~1303年)为宋末元初道士、道教学者。字齐贤。临川(今江西临川县)人。幼业儒,后去儒服为黄冠师,弃家居乌石观。宋亡,独居空山,著书立说,人称"空山先生"。元世祖定江南后,召36代天师张宗演入朝,未几,奉旨掌道教,礼请雷思齐为玄学讲师。晚年讲授于广信山中。临终,复归乌石观,卒年72岁。其著名弟子有吴全节、傅性真、周维和。其"图说"合于"筮法";其"筮法"亦合于"图说"。图中有筮,筮中有图,图筮合一,图为象,象为图,象中有数,数中有象,象之于数如同形之于影,形影相随,构成整体,为宋元道教象数学代表之一。著有《易图筮通变义》《老子本义》《庄子旨义》凡数十卷以及诗文等20多卷。《正统道藏》中仅存《易图通变》5卷、《易筮通变》3卷。

"二宗合一"陈致虚

陈致虚(公元1290~?),为元代著名内丹家。字观吾,号上阳子。江右庐陵(今江西吉安)人。好道,通群籍。天历二年(公元1329年),遇赵友钦(字缘督)于湖南衡阳,受其所传金丹之道。其后,又遇青城老仙,传以"先天一气坎月离日金丹之旨"。于是精研道要,勤于著述,成为元代著名的内丹理论家。

陈致虚将儒释道三教,归宗于老子,称三教皆以老子之道为法。他将全真道祖师王重阳与刘海蟾并列(同师吕洞宾),而把南宗尊奉的张伯端等南五祖作为王重阳的晚辈,显然含有抬高全真、贬降南宗之意。但这种排列却真实地反映了当时全真势强、南宗势弱的现实,又符合元代皇帝早已封王玄甫、钟离权、吕洞宾、刘海蟾、王重阳为"真君""帝君"的"皇命",因而后为南北二宗人所接受,成为二宗合并后共祀祖师的基础。可见陈致虚对南北二宗的合并作用颇大。

"武当宗师"张三丰

张三丰,元、明著名道士,生辰时间跨越南宋、蒙元和明朝三个朝代(公元1247年到1458年)。名通,又名全一,字君实(亦作"君宝"),号玄玄子,南宋淳祐七年(公元1247年)生于蒙古帝国统治的辽东懿州。以其不修边幅,人称张邋遢。还有全式、玄玄、三伴、三峰、三丰遁老、通、玄一、君实、居宝、昆阳、保和容忍三丰子、喇闶、邋遢张仙人、蹋仙等诸多名号。游宝鸡山中,有三山峰,挺秀仓润可喜,因号三丰子。一般认为他是元朝末年、明朝初年的武当山道士。或作全一真人。明英宗天顺三年(公元1459年)追赠张三丰为"通微显化真人"。武当山保存有成化十三年(公元1477年)河南南阳府邓州信士募资铸造的《贻赐仙像》铜碑,碑首为篆额、中为英宗之制,下为张三丰像。张三丰一派的主要思想特点有以下几个方面:一是强调三教合一,把三教同源一致之点归结于道。张三丰精通三教经书,以道为三教共同之源,《大道论》上篇中说:"予也不方,窃尝学览百家,理综三教,并知三教之同,此一教也。"

諸子百家——道家

"抱朴子"葛洪

葛洪(公元283~363年),为东晋道教学者、著名炼丹家、医药学家。字稚川,自号抱朴子。丹阳句容(今属江苏)人。三国方士葛玄之侄孙,世称小仙翁。出身江南士族。其祖在三国吴时,历任御史中丞、吏部尚书等要职,封寿县侯。其父悌,继续仕吴。吴亡以后,初以故官仕晋,最后迁邵陵太守,卒于官。葛洪为悌之第三子,颇受其父之娇宠。年13,其父去世,从此家道中落……后葛洪于罗浮山炼丹。在山积年,优游闲养,著作不辍。卒于东晋兴宁元年(公元363年),享年81岁。或云卒于晋康帝建元元年(公元343年),享年61岁。

葛洪继承并改造了早期道教的神仙理论,在《抱朴子内篇》中,他不仅全面总结了晋以前的神仙理论,并系统地总结了晋以前的神仙方术,包括守一、行气、导引和房中术等。

葛洪在坚信炼制和服食金丹可得长生成仙的思想指导下,长期从事炼丹实验,在其炼丹实践中,积累了丰富的经验,认识了物质的某些特征及其化学反应。他在《抱朴子内篇》中的《金丹》和《黄白》篇中,系统地总结了晋以前的炼丹成就,具体地介绍了一些炼丹方法,记载了大量的古代丹经和丹法,勾画了中国古代炼丹的历史梗概,也为我们提供了原始实验化学的珍贵资料,对隋唐炼丹术的发展具有重大影响,成为炼丹史上一位承前启后的著名炼丹家。

葛洪精晓医学和药物学,主张道士兼修医术。葛洪在《抱朴子内篇·仙药》中对许多药用植物的形态特征、生长习性、主要产地、入药部分及治病作用等,均做了详细的记载和说明,对我国后世医药学的发展产生了很大的影响。

"改革天师道"寇谦之

寇谦之(公元365~448年),为北魏著名道士和天师道的改革者。原名谦,字辅真。祖籍上谷昌平(今属北京市),后徙居冯翊万年(今陕西临潼北)。自称东汉雍奴侯寇恂之十三世孙。寇谦之"早好仙道,有绝俗之心;少修张鲁之术,服食饵药,历年无效"。后遇"仙人"成公兴,随之入华山,采食药物不复饥。继隐嵩山,修道7载,声名渐著。

寇谦之趁北魏太武帝崇道抑佛之机,对天师道进行改造和整顿以迎合统治阶级的需要。

寇谦之改革天师道的原则是"以礼度为首",即保留和增加适合儒家礼教的内容,革除和废弃违背儒家礼教之制度,摈弃可被农民起义利用的教义和制度。寇谦之乃致力于天师道之组织整顿。其禁止道官过分索取道民财帛之措施,既减轻了道民的经济负担,又缓和了二者之间的矛盾。针对某些道官妄传张陵所授黄赤房中之术,授人夫妻,淫风大行,损辱道教的犯戒情况,决定废除房中黄赤之法。在组织制度上,主张简贤授明,唯贤是授,改革道官祭酒的世袭制度。

寇谦之十分重视道教斋醮仪范。他认为,若仅修服食、辟谷、导引之术,只可得除病寿终,他为天师道增订了道官受箓、道官道民求愿、道民犯律解度、为人治病、为亡人超

諸子百家——道家

度、为祖先亡灵解厄之斋仪,且为各种斋仪制定了仪式,亦为后世道教斋仪奠定了基础。经寇谦之改革后的天师道,后人称新天师道或北天师道。

"释道之论"顾欢

顾欢为南朝齐著名道教学者。生卒年不详。字景怡,一字玄平。吴郡盐官(今浙江海宁市西南)人。

顾欢是老子学一大家,也是南朝释道斗争中的著名人物。他见释、道二家互相非毁,欲辩其是与非,于宋末作《夷夏论》,以论释、道二家的是非、优劣。

顾欢是站在道教立场上,用中国传统的尊夏鄙夷观点来反对佛教的。所以此文一出。立即遭到佛徒及其信仰者的强烈反对,纷纷著文反驳,形成南朝齐初一场规模颇大的释道斗争。

"丹医双行"陶弘景

陶弘景(公元456~536年)为南朝齐梁时著名道士、医药学家、炼丹家。字通明,自号华阳隐居。丹阳秣陵(今江苏南京)人。生于江东名门。祖陶隆,于南朝宋时侍从孝武帝征战有功,封晋安侯。父陶贞宝,深解药术,博涉子史,官至江夏孝昌相。他于齐永明十年(公元492年),上表辞官,挂朝服于神武门,退隐江苏句容句曲山(茅山),隐居茅山达45年之久,享年81岁。梁武帝诏赠中散大夫,谥贞白先生。陶弘景十分重视道教养生学的研究,主张道士的修炼应从养神、炼形入手。在获得丰富炼丹经验的基础上,他撰写了《太清诸丹集要》《合丹药诸法式节度》《服饵方》《服云母诸石药消化三十六水法》《炼化杂术》《集金丹黄白方》等炼丹服饵著作。其炼丹成就,为充实和丰富我国后世本草学,推动原始化学的进展具

陶弘景

有积极作用,是继魏伯阳、葛洪之后又一著名炼丹家。

"明重玄之道"孟智周

孟智周为南朝齐梁著名道士。丹阳建业(今江苏江宁县境)人。在南朝宋(公元420~479年)时于崇虚馆讲说《十方忏文》。智周"多所该通",曾作《老子经通题目》云:"千二百《老子》,此即其数千二百,《老子》自别有经也。"又云:"后学所成伯阳是也,故知伯阳尊号始乎隆周也,此号隐显难可详究矣!"可见,在南朝时对老子其人、其书已是"难可详究"的课题。又作《老子义疏》5卷(或称4卷)、《道德玄义》33卷,均佚。唐末杜光庭概括诠疏笺注《道德经》各家意向时,列梁朝道士孟智周为"明重玄之道"。

"王法主"王远知

王远知(公元 528～635 年),原籍琅琊临沂(今属山东),后为扬州人。又名远智,字广德。《唐国师升真先生王法主真人立观碑》《历世真仙体道通鉴》卷 25 载:生于世宦之家。年 15,师事陶弘景,得上清派道法。弱冠,又从宗道先生臧矜学,得诸秘诀。遂游历天下,后归隐茅山。专习辟谷休粮、上清道法。隋开皇十二年(公元 592 年),杨广据扬州,厚礼敕见。大业七年(公元 611 年),隋炀帝召见于涿州临朔宫,亲执弟子礼,问以仙道事。炀帝归朝,扈驾洛都,奉敕于中岳修斋仪,复诏移居洛阳玉清玄坛。唐太宗为秦王时,亲授三洞法策于官邸。太宗即位,以疾固辞还山,时人称为"王法主"。敕于茅山造太平观居之,未毕,卒。史称年 126 岁。

高宗调露二年(公元 680 年),追赠"太中大夫",谥"升真先生"。则天武后嗣圣元年(公元 684 年)追赠"金紫光禄大夫",改谥"升玄先生"。著《易总》15 卷。事见《旧唐书·隐逸传》。

"药王良医"孙思邈

孙思邈(公元 581～682 年)唐代道士,医药学家。京兆华原(今陕西耀县)人。他博通百家之学,尤好老庄,兼通佛典。长期隐居终南山,修炼行医,与名僧道宣友善。曾西入峨眉山炼"太一神精丹"。唐太宗、高宗数次征召他到京城做官,都辞谢不就,志在山林,终其一生。北宋崇宁二年(公元 1103 年),追封为"妙应真人"。相传他擅长阴阳术数,神应无方。他将道教的养生理论与医学相结合,认为人若长寿,就须讲究饮食起居,抑情养性,加以导引行气,食补药补,才能终其天年。他广搜民间的验方、秘方,总结唐代以前的医学理论和医疗实践,加以分类记载,在医学和药物学方面做出很大的贡献,被后世尊为"药王"。他认为服食金丹是"神道悬邈,云迹疏绝"之事,而把炼丹作为制药疗病的手段。认为只要"良医导之以药石,救之以针剂",天下没有不可治愈的病。他的著作很多,主要有《千金要方》《千金翼方》《保生铭》《存神炼气铭》《摄养枕中方》等。

"重玄之道"成玄英

成玄英为唐初著名道教学者。字子实,陕州(今河南陕县)人。生卒年不详。贞观五年(公元 631 年),唐太宗李世民召其至京师,加号西华法师。高宗永徽年间(公元 650～655 年),被流放郁州(今江苏云台山)时,曾致力于注疏老、庄之学。他对《道德经》《庄子》推崇备至,在注疏中着重发挥"重玄之道"的思想,进一步深化了道教的哲理。

他又按照"重玄"的观点,阐发其修养长生之道,提倡无欲无为的静养方法。其守静去躁以修炼长生的思想,对后来的司马承祯、吴筠等有一定影响,在道教的思想发展史上,具有承先启后的作用。其著作有《老子道德经注》2 卷、《开题序诀义疏》7 卷,均已亡佚。近人蒙文通曾辑其佚文,为《道德经义疏》,大体复其旧观。

"老宗魁首"李荣

李荣为唐初著名道教学者。道号任真子,绵州巴西人(今四川绵阳市)。唐代道教重玄派的代表人物之一。生卒年不详,约活动于唐高宗(公元650~683年)时。近人蒙文通疑其为成玄英的弟子。

李荣活动于长安和洛阳两地,主要是代表道教与佛教论辩,成为"老宗魁首"。显庆三年(公元658年)四月,高宗敕召僧道各7人入内论义,李荣为其中之一。当时李荣"主道生万物义",与大慈恩寺僧慧立争辩。其讲论,为时人所称,为当时道教中领袖群伦的人物。

李荣以重玄思想解释《老子》而著称。其重玄思想极受佛教中观论的影响,特别是初唐盛行的佛教三论宗,给其重玄说以许多理论上的启发。当时蜀地三论宗颇为盛行,入蜀讲"三论"(《中论》《十二门论》《百论》)的僧人甚多,讲论之地多离李荣住地不远,对其必有一定影响。因此,他常借助佛教哲学解释《道德经》,提高了道教哲学思想的思辨性。

李荣曾注《西升经》,主要著作有《老子注》。近人蒙文通于20世纪40年代末据《道藏》残本、北京图书馆和巴黎图书馆所藏敦煌本辑成李荣《老子注》4卷,据称基本恢复了李荣注的原貌。1947年由四川省立图书馆石印刊行。以后严灵峰也有辑校本,收入《无求备斋老子集成》初编第三函。

"心生万物"王玄览

王玄览(公元626~697年),为唐初著名道教学者。俗名晖,法名玄览。广汉绵竹(今四川绵竹)人。

少时能言灾祥,47岁时,益州长史李孝逸召见,深受礼爱。50岁左右度为至真观道士。年60余,渐不复言灾祥。曾为他事所累系狱一年,于狱中作《混成奥藏图》。晚年又著《九真任证颂道德诸行门》2卷。益州(今四川成都)高道及诸弟子"请释老经,随口便书,记为《老君口诀》2卷,并传于世"。所作之《遁甲四合图》《真人菩萨观门》《老经口诀》《混成奥藏图》《九真任证颂道德诸行门》等,皆已亡佚,唯弟子所辑其论录《玄珠录》2卷,收于《正统道藏》,为研究王玄览思想的重要资料。

王玄览的思想渊源于道家,而兼有浓厚的佛教色彩。他认为修道成仙的要旨,是要达到一个清静不变的"实体"。既要坐忘修心,又要定慧双修。此又接近佛教法相宗唯识论的观点。

王玄览思想的内核是道体的求证和修道的论述,其思维方式和论证方法则取自于佛教中道观。由于他对《道德经》的某些观念做了新的诠释,援佛入老,从而使老学披上了一套佛学的外衣。同时,道教传统的神仙长生思想经他的发展和充实后,亦发生了重大变化,不再是早期道教所注重的"炼形",而是强调"炼神",其生死观不再执着于肉体的永恒,而趋于接近佛教的"无生",从六道轮回中解脱。所以,王玄览又是继李荣、成玄英

诸子百家 —— 道家

之后进一步发展"重玄"思想的道教学者。

"有形则有道"潘师正

潘师正（公元 586~684 年），为唐代著名道士。字子真。上清派第 11 代宗师。贝州宗城（一说赵州赞皇，均属河北）人。出身仕宦之家。自幼熟读六经，并得母口授《道德经》。年 13 丧母，庐于墓侧，以至孝名于世。隋大业（公元 605~618 年）中，道士刘爱道见而器之，时王远知为炀帝所尊礼，刘爱道劝其师事王远知，远知尽以道门隐诀及符箓授之。未几，随远知至茅山。后又与刘爱道迁居于嵩山双泉顶，最后隐于逍遥谷，潜心修炼，清静寡欲，邈与世绝。据传，他隐居山中 20 余年，唯以薜荔绳床为寝，青松涧水为食而已。上元三年（公元 676 年），高宗巡洛阳，礼嵩岳，对其甚为礼重。潘师正虽受高宗尊宠，数应召对，但仍以山野之人自处，尝谓弟子曰"吾实无用，接见帝王，惊扰灵岳。汝等学道，不厌深眇，则无累矣。"卒于永淳元年，享年 98 岁。卒赠太中大夫，谥体玄先生。有弟子多人，以韦法昭、司马承祯、郭嵩真为最著。

潘师正在《道门经法相承次序》中答唐高宗问曰："一切有形，皆含道性。"实源于佛教众生皆有佛性。他极为重视道教戒律的研究，并将道教戒目分为"有得戒"和"无得戒"两种，认为一切血性之物，皆有灵性，即有道性，由于其悟性有早、迟之分，故其修道阶次亦有快、慢之别。对于聪颖信徒不必拘泥于文字戒条，只用点悟的办法，即可得道成真。对于一般信徒，按道门阶次，经法浅深，循序渐进地给以开导疏通，也可位登上乘。其所谓"有得戒"，即有文字可寻持的戒目；"无得戒"，即没有文字可把持，纯靠道性的悟解，此划分理论，与佛教顿悟、渐修的佛法思想有相类之处。

据今人陈国符考证，《正统道藏》收《道门经法相承次序》3 卷，内有唐天皇于中岳逍遥谷与潘师正之问答，即唐高宗与潘师正的对话录。

"神仙亦人"司马承祯

司马承祯（公元 647~735 年），为唐代著名道士。字子微，法号道隐。河内温（今河南温县）人。司马承祯"少好学，薄于为吏，遂为道士。事潘师正，传其符箓及辟谷导引服饵之术。师正特赏异之"。隐于天台山之玉霄峰，自号"白云子"或"白云道士"。武则天闻其名，召至京都，降手敕以赞美之。开元九年（公元 721 年），玄宗遣使迎入京都，亲受法箓，赏赐甚厚。开元十五年，又召至都，玄宗令于王屋山自选形胜，特筑阳台观以居之。又命玉真公主及光禄卿韦韬至其所居，修金箓斋。

司马承祯汲取儒家的正心诚意和佛教的止观、禅定学说，阐述道教修道成仙理论，认为"神仙亦人"。人的禀赋本有神仙之素质，只要"修我虚气"，"遂我自然"，与道相守，即可成仙。在其所著《坐忘论》中，提出了修道的七个阶次，即信敬、断缘、收心、简事、真观、泰定、得道七步，他从人人都可成仙这一思想出发，主张修道成仙，应当"易简"。又把修道成仙的过程分为五道"渐门"：斋戒、安处、存想、坐忘、神解。总称为"神仙之道，五归一门"。认为学道者达到内不觉其一身，外不知乎宇宙，与道冥一，万虑皆遣，彼我两忘，了无所照的境界，即成为神仙。其静心无欲的修道理论，对后世道教修炼理论的发展和北宋理学的形成，皆有一定影响。

著作颇丰，其中《坐忘论》《天隐子》为其代表作，是研究其思想的主要资料。

"玄静先生"李含光

李含光(公元 682~769 年)，唐道士，茅山 13 代宗师。本姓弘，因避孝敬皇帝李弘庙讳而改姓李，号"玄静先生"。广陵江都(今江苏扬州)人。一说晋陵(今江苏常州)人。家世业佛。父孝威，博学好古，雅修彭聃之道，州里人称"贞隐先生"。含光幼工篆隶，或称过父，一闻此议，终身不书。年 18，志求道妙。神龙初(公元 705 年)以清行度为道士，居龙兴观。尤精《老》《庄》《周易》之妙旨。开元十年(公元 722 年)，师事司马承祯于王屋山得授大法灵文金记，复居嵩阳 20 余年。及承祯羽化，玄宗召至朝，问及修丹事，对曰："道德，公也；轻举，公中之私耳，时见其私。圣人存教若求生，询欲则似系风。"玄宗感而异之，召居阳台观。岁余，以疾辞居茅山。天宝四年(公元 745 年)，又玺书徵至，以足疾不能任科仪。又以茅山真经秘灵多散落，再求还山居紫阳观。赐绢、法衣、香炉等用品，并御制诗以饯行。天宝七年(公元 748 年)，玄宗在大同殿受箓，遥礼含光为度师，并赐衣一袭以申师资之礼。后又两征诣阙，皆以老辞还。乾元二年(公元'759 年)，颜真卿充浙江西节度，闻含光至德，洁慕玄微，专使致书。含光亦令弟子韦景昭复书，互励超然之志。大历四年(公元 769 年)羽化。

代宗赠"正议大夫"。著有《周易义略》3 篇、《老庄学记》3 篇、《本草育义》2 卷、《三玄异同论》《道学》20 卷等，皆佚。事见《茅山志》卷 11、《唐茅山紫阳观玄静先生碑》等。

"宗玄先生"吴筠

吴筠(公元？~778 年)，为唐代著名道士。字贞节。华州华阴(今属陕西)人。少通经，善属文。性高洁，不随流俗。因举进士不第，乃人嵩山，师事潘师正为道士，传上清经法。开元(公元 713~741 年)中，南游金陵，访道茅山。后又游天台，观沧海，与名士相娱乐，文辞传颂京师。中原大乱，筠乃东游会稽，隐于剡中，逍遥泉石，与李白、孔巢父等相酬和。代宗大历十三年(公元 778 年)，卒于越中。弟子邵冀元等私谥为"宗玄先生"。

吴筠对道教基本理论多所阐发。所著《玄纲论》，上篇明道德；中篇辩教法；下篇析凝滞。在修炼方术方面，吴筠认为，人依靠自身体内的精、气、神而生存，若要长生成仙，就必须注意精、气、神的修炼。认为修炼精、气、神，应当"守静去躁"，其守静去躁思想，与司马承祯"收心离境"，守静去欲的理论基本一致。他提出的惩忿窒欲、迁善改过等主张，对宋代理学有一定的影响。

其主要著作有《玄纲论》和《神仙可学论》。此外，《通志》卷 67 又载其所著《心目论》《复淳论》《形神可固论》《坐忘论》《明真辩伪论》《辅正除邪论》《契真刊谬论》《道释优劣论》《辩方正惑论》各 1 卷。今《宗玄先生文集》分为上中下卷，收有《神仙可学论》《心目论》《形神可固论》等。《玄纲论》则单独成篇，亦分为上中下 3 卷，凡 33 章。

诸子百家 —— 道家

"承前启后"杜光庭

杜光庭(公元 850~933 年),为唐末五代著名道教学者。字宾圣(一云宾至),号东瀛子,处州缙云(今属浙江省)人(一曰括苍人,或云京兆杜陵人)。青少年时代,勤奋好学,博览群书。唐懿宗朝应九经举,赋万言不中,乃弃儒入道,师事天台道士应夷节,为司马承祯五传弟子(司马承祯传薛季昌,季昌传田虚应,虚应传冯惟良,惟良传应夷节)。

杜光庭学识渊博,攻读有方。他精通儒、道典籍,又对道教做过不少实地调查,生平著述极丰。收入《正统道藏》的有 27 种,《全唐文》收有 302 篇(其中《历代崇道记》亦见于《正统道藏》,可知有所重复)。以及其他斋、仪、表、序、记、传、颂、赞等等。对道教的教理教义、神话传说、斋醮科仪等,进行了系统的整理和阐发,对道教的建设有过多方面的贡献。他的大批著作,不仅反映了他所处时代的道教面貌,也为道教在北宋的再度复兴准备了一定条件,为道教文化史上一位承前启后的重要人物。

"隐于睡者"陈抟

陈抟(公元?~989 年),北宋初道士。字图南,号扶摇子。据《宋史》记载,为亳州真源(今河南鹿邑)县境内人,早年熟读《诗》《书》《易》《礼》等儒学经典,博通百家之言,有济世从政的大志。后唐长兴(公元 930~933 年)年间,他应考进士,不中,于是放弃仕途,游历名山,求仙访道,长期隐居在武当山九室岩,服气辟谷 20 余年。后来移居华山云台观和少华山石室,与隐士李琪、吕洞宾等为友。后周世宗显德三年(公元 956 年),召陈抟入宫,问以炼丹飞升之术,抟回答说:"陛下为四海之主,当以致治为念,奈何留意黄白之事(即炼丹术)乎?"世宗命为谏议大夫,固辞不受,赐号"白云先生"。相传他常练功长睡,百余日不起,世称"隐于睡者"。北宋太平兴国(公元 976~984 年)年间,至京师建议宋太宗"远招贤士,近去佞臣,轻赋万民,重赏三军"。甚得太宗宏信,赐号"希夷先生"。

陈抟好研《周易》,常手不释卷。曾作《无极图》,刻于华山石壁。又作有《先天图》。邵伯温称陈抟《易》学,"不烦文字解说,止有图以寓阴阳消长之数,与卦之生变"。其思想对宋代理学有较大影响,据传理学开山大师周敦颐的《太极图说》就是由陈抟的《无极图》衍化而来。著作颇多,但大部分已经佚失。《正统道藏》中收有《阴真君还丹歌注》,题名为陈抟所作。擅长书法,所书大 4 尺,泼墨浓厚。其书多于行书,雄浑有力。据传"开张天岸马,奇异人中龙"石刻楹联即为其所书。

"仙道、鬼道"彭晓

彭晓(公元?~954 年),为唐末五代著名道士。本姓程,字秀川,号真一子,西蜀永康人。少好修炼,与击竹子何五云善。五代后蜀时,明经登第,迁金堂令。据传遇异人得丹诀,修炼于县内飞鹤山,自称"昌利化(二十四治之一)飞鹤山真一子"。常以篆符为人治病,号铁扇符。能长啸,为鸾凤声。蜀主孟昶屡召,问以长生久视之道,晓曰:"以仁义治国,名如尧舜,万古不死,长生之道也。"昶善其言,以为朝散郎、守尚书祠部员外郎,赐紫

諸子百家——道家

金鱼袋。

彭晓倡导性、命双修，在修炼养生、阐发内丹思想方面有引人注目之处。他认为人可以修炼成仙，年寿无限，提出了建立在阴阳理论基础上的"仙道""鬼道"学说。彭晓的修炼成仙思想，顺应了唐末五代道教方术由外丹转向内丹的历史趋势，而又继续坚持被世人怀疑和诘难的长生不死，即身成仙说，有其自身的特点。特别是发挥《参同契》原理解说内丹修炼思想，对后世道教有一定影响。

今存其炼丹著作有《周易参同契分章通真义》3卷。该书分魏伯阳《周易参同契》为上中下3卷共90章而加以注释；《鼎器歌》1篇；复为图八环，以解《参同契》，谓之《明镜图诀》，均收入《正统道藏》。另撰《还丹内象金钥匙火龙水虎论》，《云笈七签》卷70有节录其《黑铅水虎论》《红铅火龙论》两部分；皆为研究彭晓内丹修炼思想之重要资料。

"一者道用"张无梦

张无梦是北宋著名道士。字灵隐，号"鸿蒙子"。凤翔盩厔（今陕西周至）人，永嘉开元观道士。生卒年不详。大约生于后周广顺（公元951～953年）年间，卒于宋皇岭（公元1049～1053年）年间。出身于儒生家庭，幼"好清虚，穷《老》《易》"，笃孝闻于乡里。及冠，委资产于其弟，出家为道士，人华山师事陈抟，多得微旨。后"游天台，登赤城，庐于琼台，行赤松导引、安期还丹之法"、10余年间，以修炼内事形于歌咏，累成百首，题名《还元篇》。夏辣入山见之，得其诗归京。

张无梦有黄白术秘而不言。居琼台又十余年，转隐于终南山鹤池。后游嵩山，泛湘汉，抵金陵保宁寿宁佛舍，杜门不出。士人有见而问之者，则答以耳聋，而后近废人事。有二经生侍几案，后度为道士。年99，终于金陵（今江苏南京）。陈景元为其高徒，得老庄宗旨。《道门通教必用集·历代宗师略传》《历世真仙体道通鉴》《玄品录》等有传。

张无梦"博通古今百家之学，至于图经小史，记之历历无遗"。有《琼台诗集》行于世。其内丹思想和功法体现于《还元篇》中，《道枢·鸿蒙篇》摘其要者12首。张无梦的内丹道以《老》《易》为其根本理论，尤重"抱朴守静，静之复静，以至于一"。他说："一者，道之用也；道者，一之体也。一之与道，盖自然而然者焉。是以至神无方，至道无体，无为而无不为，斯合于理矣。故得其道者，见造化之功，颐鬼神之妙，而无所不变焉。"以比喻的方法细微地描述了内丹修炼中的自我感受，其丹法以黄庭结丹为始。

"默道其极"陈景元

陈景元（公元1024或1025～1094年），为北宋著名道士。字太初（一说字太虚），自号"碧虚子"，建昌南城（今属江西）人。

陈景元对道教学术颇有贡献，时人即称他兼有司马承祯之坐忘、吴筠之文章和杜光庭之扶教。陈景元的道论主重玄宗说，特别强调人的名言的局限性，认为"常道""不可以言传，不可以智索，但体冥造化，含光藏晖，无为而无不为，默通其极耳"，他又在《南华真经章句音义·序》中指出，读《老》《庄》经书，"斯乃道家之业务，在长生久视、毁誉两忘，而自信于道"。其修道论主于清静说,以"顺从自然之道","忘缘无累","归于虚静"为旨要。

第三节　道家名言

一、道与哲学

　　"道"是道家哲学的最高范畴。老子提出这一概念,是源于对世界万物最初从何而来、即源于对物质源起的追问和思考。古希腊罗马时期的哲人也曾面临过这一哲学问题:他们有的认为万物起源于"水",有的认为起源于"火",有的则认为起源于神秘的"数"。

　　根据老子的描述,"道",它"惟恍惟惚",既具有物质的某些属性、又不是某种具体的物质;"道生一,一生二,二生三,三生万物",它化生万物、生生不息,又非他物所生;它无处不在,又视而不见;"道法自然",它大公无私,任物自然,无所为又无所不为。它是类似于我们所说的"规律""物质""势"或"必然性"的东西。

　　老子的"道"有生成论的意义,也有本体论的意义。

　　庄子丰富了老子"道"的内涵,同时又把老子可贵的辩证法发展成了相对主义。

　　《列子》在哲学上提出了近似老子"道"的"太易"说,认为"太易"生"气""气"化万物,有其朴素的科学性;但在认识上则滑向了怀疑论和虚无主义。

　　《吕氏春秋》和《淮南子》又还原了老子的"道",并在"有"与"无"的关系中,肯定了"有"的作用和意义,而把老子"道"的"无为则无不为"的思想发展成了"无为而治"。

　　借黄帝、老子之名,起源于战国而盛行于汉初的黄老学,主张"清静无为",把老子哲学意义上的"有无"关系发展成了"君道无为,臣道有为"的政治学说。

　　玄学,其实是氤氲着道家思想的儒学,把老庄哲学性质的"有无"指向了社会学的"名教"与"自然"。因而本书不选。

　　道家哲学玄妙深远,充满了人生智慧,而其对人类文明弊端的揭示和批判,尤其令人警醒,对于我们今天认识自然、社会及我们自身,仍具有指导意义。

諸子百家

道　家

老子名言

道可道,非常道

道可道,非常道;名可名,非常名①。无,名天地之始;有一名万物之母②。故常无,欲以观其妙;常有,欲以观其徼③。此两者,同出而异名,同谓之玄。玄之又玄,众妙之门④。(《老子·一》)

【注释】

①道:第一个是名词,第二个是动词,第三个是老子的专用术语"道"。常:恒久。老子所谓的"道",是抽象的、超验的、无限的,不可言说、不可名状、不可称谓,但是为了描述它的性质和功能,又不得不借助现有的一些概念、名称来说明或表达,是不得已而为之。②名:表示,是。③常:常常,经常。徼:边界。④玄:幽昧、深远,不可测。

【译文】

可以言说的道,不是恒久之道;可以称呼的名,不是恒久之名。无是天地的起始处,有是万物的出生处。所以应常从无形之中体察道的"无中生有"的奥秘,应常从有形之处体察道的"有生万物"的开端。"有"与"无"这两者都源于"道",同样幽深;幽深又幽深,深不可测,是一切奥妙的出处。

【感悟】

"鸡生蛋、蛋生鸡,是先有蛋还是先有鸡?"这一看似循环无端的命题,用哲学逻辑的方法很容易就解决了:世上孵化出"第一只鸡"的蛋,绝不是鸡下的,否则,那鸡就不是"第一只鸡"了;世上产下"第一只蛋"的鸡,绝不是鸡蛋孵出的,否则,那鸡蛋就不是"第一只蛋"了。那么"第一只鸡"或"第一只蛋"是怎样产生的呢? 达尔文说是物种衍变、进化的结果,作为哲学家的老子回答得最为彻底——他说,万物都是"无中生有"的,都是"道"的产物。

"道"真是一个神奇而伟大的概念啊!

天下皆知善之为善,斯不善已

天下皆知美之为美,斯恶已;皆知善之为善,斯不善已①。(《老子·二》)

【注释】

①斯:语气词。恶:丑。已:矣。

【译文】

大家都知道美之所以为美,那么丑的观念就产生了;都知道善之所以为善,那么不善或恶的观念就产生了。

【感悟】

美与丑、善与恶是绝对的、对立的,又是相对的、统一的。因此生活中常有大丑若关、大恶若善的事。如古代女人的畸形小脚曾被美誉为"三寸金莲",而作为毒品的鸦片其实是一种医药。但美与丑、善与恶的原则或标准还是存在的。

有无相生,难易相成

有无相生,难易相成,长短相形,高下相盈,音声相和,前后相随。(《老子·二》)

【译文】

有与无相互生成,难与易相互成就,长与短相互显示,高与低相互呈现,声与音相互呼应,前与后相互跟从。

【感悟】

《老子》一书中关于对立统一、相互依存,并在一定条件下可以相互转化的矛盾范畴很多,如有无、刚柔、强弱、阴阳、先后、进退、美丑、善恶、福祸、荣辱、贵贱、生死、利害、轻重、损益、取与、正奇、难易等。

这些辩证思想增强了我们的理性,提高了我们中华民族认识上的思辨能力。

道冲而用之或不盈

道冲而用之或不盈①。(《老子·四》)

【注释】

①冲:古时作"盅";《说文》解"盅,器虚也"。

【译文】

"道"是虚空的,但它的作用没有穷尽。

【感悟】

"道"本虚、无,"器"体实、有。正因为"道"的虚、无,才体现出实、有的"器"的作用——碗因为中空、内无形质,才有碗能盛东西的作用;房屋因为中空、内无形质以及门窗的"虚无",才有房屋可以居住的作用。可见,没有"无",哪来的"有"呢? 只是我们通常仅着眼于实用的"有"的价值,而忽视了更为根本的"无"的价值。

道之为物,惟恍惟惚

道之为物,惟恍惟惚。惚兮恍兮,其中有象;恍兮惚兮,其中有物[1]。窈兮冥兮,其中有精;其精甚真,其中有信[2]。(《老子·二十一》)

【注释】

①恍惚:仿佛;若无若有地呈现着。象:迹象,影子。②窈冥:深远、昏暗,形容微不可见、深不可测。精:微小的颗粒、物质,或精气。

【译文】

道这个东西,它恍恍惚惚,若有若无;恍恍惚惚之中,又有迹象,又有东西。(道这个东西)虽然昏暗深远、手不可触、目不可睹,但其中却存在着最小的物质;那最小的物质是真实的、可验证的。

【感悟】

老子的"道"似神,却不是神;它远离了唯心主义。

曲则全,枉则直

曲则全,枉则直,洼则盈,敝则新,少则得,多则惑[1]。(《老子·二十二》)

【注释】

①曲:委曲。枉:屈。敝:破旧。

【译文】

委曲反而能求全,屈就反而能伸展,低洼反而能充满,破旧反而能出新,少取反而能多得,贪多反而会迷惑。

【感悟】

有些事,如果我们反其道而行之,往往却会有意想不到的结果。

有物混成,先天地生

有物混成,先天地生。寂兮寥兮,独立而不改,周行而不殆,可以为天地母[1]。吾不知其名,强字之曰"道",强为之名曰"大"。大曰逝,逝曰远,远曰反[2]。(《老子·二十五》)

【注释】

①混:浑。寂寥:寂静无声,空旷无形。殆:怠,松懈。②大:广大无边,无边无际。

逝:行,渐渐远去。反:返,返还。

【译文】

　　有一个浑然而成的东西,在天地形成之前就存在了;它寂静无声、空旷无形,独立存在而不为所变,往复运行而不停息,可以用来做天地间万物的出处。我不知道它的名字,勉强给它起个名字叫"道",勉强称呼它"大"。"大"它运行不息、渐渐远去并达到遥远,达到遥远则又返回来了。

【感悟】

　　物极必反,是"道"运动的必然。

道法自然

　　人法地,地法天,天法道,道法自然①。(《老子·二十五》)

【注释】

　　①法:效法,以什么为榜样。自然:自己那样,并非我们现在所谓的"大自然"。

【译文】

　　人效法地,地效法天,天效法道,道以自己的本性自然而然。

【感悟】

　　广厚的地无言无私地承载万物,高远的天无言无私地滋养万物,公正的道无言无私地化育万,物、又任物自然。我们人类不应该向天、地、道学习吗?

将欲取之,必固与之

　　将欲翕之,必固张之;将欲弱之,必固强之;将欲废之,必固兴之;将欲取之,必固与之,是谓微明①。(《老子·三十六》)

【注释】

　　①翕:意为收敛、闭合。固:必然。微明:些微的显现,征兆。

【译文】

　　将要闭合的,必先张开;将要削弱的,必先强盛;将要废弃的,必先兴隆;将要取去的,必先给予。这就是将要发生变化的些微征兆。

【感悟】

　　事物的发展变化是有趋势、有预兆的,不要被一时的现象所迷惑。

诸子百家——道家

柔弱胜刚强

柔弱胜刚强。(《老子·三十六》)

【译文】

柔弱可以胜过刚强。

【感悟】

以弱胜强、以柔克刚,不是偶然的。因为代表着事物发展的方向和趋势的"柔弱",其中孕育着日益强大的力量,所以它战胜目前仍处于强大状态的"刚强"将是必然的。

道常无为而无不为

道常无为而无不为①。(《老子·三十七》)

【注释】

①常:恒,永远。无为:顺其自然,不妄为。

【译文】

道永远顺其自然、不妄为,然而天下万事万物没有哪一样不是它的所作所为所成就的。

【感悟】

"留白",作为中国画创作中的一种表现手法,就是以不画代画、以无体现有,于空白处见"山水"、于无为处见有为。这就是绘画之道或技法。

贵以贱为本,高以下为基

贵以贱为本,高以下为基。(《老子·三十九》)

【译文】

贵以贱为根本,高以下为基础。

【感悟】

世上没有无民之君,也不存在空中楼阁。即使在封建社会,贵为天子的帝王也不得不以生活在社会底层的卑贱的民众为本;因为没有"贱民",也就无所谓尊贵的帝王和帝王的尊贵。老子从哲学的高度警示我们,不可忽视了处于社会底层的"卑贱"者的存在和他们的基本利益。

诸子百家 —— 道家

反者道之动,弱者道之用

反者道之动,弱者道之用①。(《老子·四十》)

【注释】

①反:返,向相反方向运动、变化。弱:柔弱。

【译文】

反动是道的运动的形式,柔弱是道的作用的表现。

【感悟】

由于受生活环境和科学水平的限制,老子关于道的"运动"还不是现代意义上的运动,有循环论、机械论的倾向。

天下万物生于有,有生于无

天下万物生于有,有生于无①。(《老子·四十》)

【注释】

①有、无:这里不是生成论意义上的概念,而是本体论、逻辑上的概念。"有生于无",并非无先于有,而是无中本来就蕴涵着"有";"有""无"统一于"道"。

【译文】

无中生有,有生万物。

【感悟】

老子在逻辑上解决了物质的起源问题,同时也为我们提供了一个创造哲学命题——无中生有。

大器晚成

明道若昧,进道若退,夷道若纇,上德若谷,大白若辱,广德若不足①……大方无隅,大器晚成,大音希声,大象无形②。(《老子·四十一》)

【注释】

①夷:平坦。纇:缺点,引申为崎岖。谷:峡谷。辱:黑垢。②隅:角。器:器皿。象:形象。"大方"也可解释为无边无际之"方",因为大到无边无际了,也就无所谓"角";可是没有了"角","方"还成为其"方"吗?

【译文】

光明的道好像有些暧昧,前进的道好像有些后退,平坦的道好像有些崎岖,崇高的德好像低下的峡谷,纯粹洁白的东西好像有些黑垢,大德好像有些不足。最方正的东西反而没有棱角,最贵重的器皿反而在最后形成,最大的声乐反而听不到声响,最大的形象反而看不到形迹。

【感悟】

老子的这段哲学思想,有一定的科学性。

道生一、一生二、二生三、三生万物

道生一、一生二、二生三、三生万物[1]。万物负阴而抱阳,冲气以为和。(《老子·四十二》)

【注释】

①一:"元气"或"混沌体"。二:阴阳二气,或天地。三:阴阳二气交合产生的和气。

【译文】

道运动产生一个混沌体元气,元气孕育阴阳二气,阴阳二气交合产生和气,和气化生万物。万物背阴而朝阳,其中的阴阳二气相互交会而和合。

【感悟】

老子这段生生之道,有明显的阴阳气化、阴阳合和思想,属于朴素的唯物主义。

道生之,德畜之

道生之,德畜之……长之育之,亭亭毒之,养之覆之[1]。(道)生而不有,为而不恃,长而不宰,是谓玄奄[2]。(《老子·五十一》)

【注释】

①亭、毒:安、定、成、熟。德:道内在于万物,分化于万物即为"德"。②玄:深远。

【译文】

道产生万物,并内在于万物而抚养它们。使万物成长、发育,使万物安定、成熟,养育它们、保护它们。(道)生成万物而不占为己有,养育万物而不自恃有功,使万物成长而不加以主宰、干涉,这就是最深的德。

诸子百家——道家

【感悟】

"道德"概念即源于此。《老子》又称《道德经》。

对于万物,大道"生而不有,为而不恃,长而不宰",可谓博爱至极、无私至极、民主至极!

福祸相倚

祸兮,福之所倚;福兮,祸之所伏①。孰知其极?其无正②。(《老子·五十八》)

【注释】

①倚:依靠,依附。②极:极限,究竟。正:定准。

【译文】

幸福依附在灾祸旁边,灾祸埋伏在幸福里面。谁能知道福祸的究竟啊?它们何时出现,没有什么定准。

【感悟】

福祸相倚:乐极生悲,否极泰来。福与祸、乐与悲、否与泰,相互依存、相互促成、相互转化,体现了事物的绝对性和必然性,但常常是事物的偶然性决定事物的状态和性质,并在一定时期内具有其相对的稳定性。如福就是福、祸就是祸,乐就是乐、悲就是悲,也可能福之后还是福、祸之后还有祸。矛盾双方的转化,需要一定的条件。

庄子名言

小智不及大智,小年不及大年

小智不及大智,小年不及大年①。(《庄子·逍遥游》)

【注释】

①不及:赶不上,不理解。年:寿命。朝生暮死的菌不知道世上还有"月",夏生秋亡的蝉不理解世上还有"年"。

【译文】

小智慧不理解大智慧,短命的不知道长寿的。

【感悟】

春花不识秋霜。生命是有限的,时空是无限的。以有限比无限,个体再长的生命也是短暂的。因此生命的意义不在于长短,而在于是否曾经灿烂。

名者,实之宾也

名者,实之宾也[1]。(《庄子·逍遥游》)

【注释】

[1]宾:是"主"的从属者、派生者。

【译文】

名是实的派生物、从属物。

【感悟】

庄子借古代隐士许由之口,指出概念与事物之间的哲学关系,同时也揭示了儒家所孜孜以求的"名"的实质。

天地与我并生,万物与我为一

天下莫大于秋毫之末,而大山为小;莫寿于殇子,而彭祖为夭[1]。天地与我并生,万物与我为一[2]。(《庄子·齐物论》)

【注释】

[1]秋毫:动物秋天换的新毛,很细小,形容微小。大山:泰山,形容巨大。殇子:早亡的小孩。彭祖:古代传说中的寿星,相传活了八百岁。

【译文】

假如把整个天下缩小到比动物秋毛的毛尖还小,那么其中的泰山就是小的了;假如把天下最长的寿命缩短到比夭折的婴儿还短,那么寿星彭祖也算是短命的了。天地与我都是"无"中生有的,万物与我同为一"气"。

【感悟】

存在是相对的,万物是一齐的。这是庄子"齐物论"的理论根据。由此可以导出相对主义,或滑向诡辩论,也可以引出可贵的平等思想和"非人类中心"的自然主义。

吾生也有涯,而知也无涯

吾生也有涯,而知也无涯。以有涯随无涯,殆已[1]。(《庄子·养生主》)

【注释】

[1]涯:水边,指边际。殆:危险。

生命是有限的,知识是无限的,以有限的去追求无限的,是不会有最终的结果的(对于有限的,就危险了)。

【感悟】

世界是不可全知的,个人是不可全能的。欲望无穷,贪得难止;越贪越多,越贪越大。最后我们成了欲望的化身,从而迷失了自我,这难道不危险吗?

自其异者视之,肝胆楚越也

自其异者视之,肝胆楚越也;自其同者视之,万物皆一也[1]。(《庄子·德充符》)

【注释】

①楚越:楚国、越国,比喻相距很远。

【译文】

世上的万事万物,若从差异的方面看,即使是毗邻的肝与胆,看起来也会像楚国与越国那样相距遥远;若从相同的方面看,都相差无几,几乎是同一的。

【感悟】

大小是相对的,长短是相对的,同异也是相对的。庄子夸大了事物的相对性、泯灭了事物的绝对性,取消了生死、是非、物我、哀乐的界限;这样,生活中就没有了悲伤感,当然也没有了快乐、幸福感。在"忘物"的同时也"忘我",结果,鸡成了"木鸡",人成了"木人"。

夫道有情有信,无为无形

夫道有情有信,无为无形;可传而不可受,可得而不可见;自本自根,未有天地,自古以固存[1];神鬼神帝,生天生地[2];在太极之先而不为高,在六极之下而不为深;先天地生而不为久,长于上古而不为老[3]。(《庄子·大宗师》)

【注释】

①情、信:实,真。固存:本来就存在。②神:使什么神灵有神性。帝:天帝。③先:上。

【译文】

道是真实可信的,是客观存在的,它无为而无不为,但是看不到它的行为和形状;它

诸子百家——道家

可以传授但不可以接受,可以感觉得到但见不到;它是它自己的根本——道是"道"的产物,它自生自在,在天地之前,就存在了。道,它使鬼神、使帝灵,化生天地。③道,它在太极之上还不算最高、在六极之下还不算最深,比天地先生不算久远、比上古还长不算古老;因为它高不可及、深不可测,始无穷、终无尽。

【感悟】

庄子对老子的"道"做了进一步的阐述,描述了它在时间、空间上的无限性。

庄子认为"(道)无所不在",而"天不得不高,地不得不广,日月不得不行,万物不得不昌,此其道与"都是"道"无为而为的结果。(《庄子·知北游》)

凫胫虽短,续之则忧

凫胫虽短,续之则忧;鹤胫虽长,断之则悲①。故性长非所断,性短非所续,无所去忧也②。(《庄子·骈拇》)

【注释】

①凫:野鸭子。胫:小腿。②性:本性,自然,天然。

【译文】

野鸭子的腿虽然短小,如果接上一截,它们就会因为不便而忧愁;仙鹤的腿虽然细长,如果砍断一截,它们就会因为疼痛而悲伤。所以天生就长的不能截短,天生就短的不能加长,(因为长与短本来就不是什么应该忧虑的)无所谓去忧不去忧。

【感悟】

万事万物,顺其自然。自然是最高的原则——自然是美的原则,是道德的原则,是生存的原则。

有天道,有人道

有天道,有人道。无为而尊者,天道也;有为而累者,人道也①。(《庄子·在宥》)

【注释】

①尊:尊贵。累:劳累。

【译文】

道,可以分为天道和人道。无为而尊贵的,是天道;有为而劳累的,是人道。

【感悟】

天道是人道的榜样。庄子所谓的人道,与我们通常所说"人道主义"的人道不同。

诸子百家——道家

自细视大者不尽,自大视细者不明

河伯曰:"世之议者皆曰'至精无形,至大不可围'。是信情乎?"北海若曰:"夫自细视大者不尽,自大视细者不明。"①(《庄子·秋水》)

【注释】

①河伯、北海若:传说中的神话人物。精:细小。围:范围,轮廓。信、情:实、真。

【译文】

河伯问:"有人说'小到极点就没有形体,大到极点就没有范围、尺度'真是这样的吗?"北海若答道:"用观察微小事物的方法观察宏大的事物,就会观察不全;用观察宏大事物的方法观察微小的事物,就会观察不清楚。"

【感悟】

应该大有大的尺度、小有小的度量。如宇宙天体是用望远镜观测、用光年来计算的,微粒细菌是用显微镜观测、用纳米来计算的。"至精无形,至大不可围",类似于"至小无内,至大无外",都是形容"小""大"的无限性。

以道观之,物无贵贱

以道观之,物无贵贱;以物观之,自贵而相贱;以俗观之,贵贱不在己。(《庄子·秋水》)

【译文】

从道的方面看,万物都是道的产物、没有贵贱之分;从物的方面看,万物都自尊自贵而相互轻视;从世俗的方面,贵贱不由己,而是由别人说了算。

【感悟】

的确,若从"大"的方面进行比较,总能找到一物大于另一物、另一物又大于另外一物,那么天下万物莫不"大";若从"小"的方面进行比较,总能找到一物小于另一物、另一物又小于另一物,那么天下万物莫不"小"。但物质的"大"终究大不过道、"小"也终究小不过道,因为道"大"而化生万物、又"小"而内在地寓于万物。

世界的丰富源于物质的多样性,而多样性源于差异性。"物之不齐,物之情也。"应该从"道"的角度,平等地看世界。

万物一齐,孰短孰长

万物一齐,孰短孰长①?(《庄子·秋水》)

【注释】

①一齐:齐一。

【译文】

万物都是一样的、同一的,谁长谁短? 无所谓长短。

【感悟】

庄子齐生死、齐是非、齐彼此、齐物我——"万物一齐"的思想,集中地表现了他的相对主义,有其合理性,但容易滑向荒诞和诡辩。

子非鱼,安知鱼之乐

庄子与惠子游于濠梁之上①。庄子曰:"鲦鱼出游从容,是鱼之乐也。"惠子曰:"子非鱼,安知鱼之乐?"庄子曰:"子非我,安知我不知鱼之乐?"惠子曰:"我非子,固不知子矣;子固非鱼也,子之不知鱼之乐,全矣!"②(《庄子·秋水》)

【注释】

①惠子:即惠施,庄子的好友,名辩之士,曾做过梁惠王的相。濠:濠水,位于今安徽凤阳县北,当属淮河水域。梁:河堰。②鲦鱼:条鱼,一种扁而细长的鱼。固:本来。全:完全如此。

【译文】

庄子与惠子濠水河堤上游览观光。庄子感叹道:"鲦鱼悠然地游来游去真快乐啊!"惠子说:"你又不是鱼,怎么知道鱼的快乐呢?"庄子说:"你又不是我,怎么知道我不知道鱼的快乐呢?"惠子说:"我不是你,当然不知道你(知道鱼的快乐);你不是鱼,当然不知道鱼的快乐。这就对了!"

【感悟】

这本来是一个"感物赋情""移情"的美学故事,却演变成了一段逻辑辩难。惠子用逻辑的否定,否定了庄子的逻辑,难倒了庄子。

列子名言

生物者不生,化物者不化

有生(有)不生,有化(有)不化。不生者能生生,不化者能化化。生者不能不生,化者不能不化,故常生常化。常生常化者,无时不生,无时不化,阴阳尔,四时尔①。不生者疑独,不化者往复。往复,其际不可终;疑独,其道不可穷②。《黄帝书》曰:"谷神不死,是谓玄牝。玄牝之门,是谓天地之根。绵绵若存,用之不勤③。故生物者不生,化物者不化。"(《列子·天瑞》)

【注释】

①生、化:产生,变化。不生者、不化者:不被他物所生、不被他物所化者,指"道"。阴阳:阴阳二气。②疑独:独立永存。穷:尽头。③《黄帝书》:战国中期阐发老子思想的道家著作。谷:虚空。神:奇妙作用。玄牝:幽深、奥妙的雌性,指动物的雌性生殖器官,是有形的生生之源。勤:费力。

【译文】

有被他物所生的、有不被他物所生的,有被他物所化的、有不被他物所化的。不被他物所生的能使他物产生,不被他物所化的能使他物变化。产生的不得不产生,变化的不得不变化,因此事物经常产生、经常变化。经常产生、经常变化的,时刻在产生、时刻在变化,像阴阳啊,像春、夏、秋、冬四时啊。不被他物所生的就是独立永存的道,不被他物所化就是循环往复的道的运动。循环往复,它的边际没有终结;独立永存,它的规律不可穷尽。《黄帝书》说:"虚空的神妙作用是无休无止的,这就是生命之门'玄牝'。命门'玄牝'是天地万物的根源。它连绵不断、若有若无,发挥作用却不费力气。所以产生万物的不被他物所生,使万物变化的不为他物所化。"(这就是生生之道。)

【感悟】

《列子》在这里集中论述了老子的"道",使"道"更生动、形象了。

子奚贵虚

或谓子列子曰;"子奚:贵虚?"列子曰:"虚者无贵也。"①子列子曰:"非其名也,莫如静、莫如虚。静也虚也,得其居矣;取也与也,失其所矣。"②(《列子·天瑞》)

【注释】

①或:有人。子列子:子是古时对人的尊称;列子,名御寇,战国时道家人物,应比庄子早,《庄子》把他描写成了一个真人、神人;著有《列子》。②虚:相当于老子的"无",而不是"空"。

【译文】

有人问列子:"先生,您怎么以虚为贵呢?"列子说:"虚,是无所谓贵贱的。"列子说:"排除人为的名称概念,莫如清静、虚无。保持清静、虚无,就掌握了道的所在;追求得失、

诸子百家——道家

予取,就丧失了事物的本性。"

【感悟】

列子的"虚"是清虚无杂念,甚至无观念,是得道、体道的途径。

天下有常胜之道,有不常胜之道

天下有常胜之道,有不常胜之道。常胜之道曰柔,不常胜之道曰强。(《列子·黄帝》)

【译文】

天下有常胜的法宝,有不常胜的法宝。常胜的法宝是柔弱,不常胜的法宝是刚强。

【感悟】

自以为已经刚强了,暂时胜过了柔弱的一方,便丧失了防范意识,等到柔弱的一方日渐变得比自己更强大时,"强"还能取胜吗?相反,由于意识到了自己的柔弱,"柔"便积极地积蓄力量,从而日渐强大起来,并最终以更强大的力量战胜了原先强大的一方。

"道"其实很容易明白,可人们往往视而不见。

积于柔必刚,积于弱必强

鬻子[1]曰:"欲刚,必以柔守之;欲强,必以弱保之。积于柔必刚,积于弱必强。观其所积,以知祸福之乡。"[2](《列子·黄帝》)

【注释】

①鬻子:鬻熊,周朝人,著有《鬻子》。②乡:向,趋势。

【译文】

要想维持刚、强的状态,必须用柔、弱的方法来保守。积蓄柔、弱到一定的程度,就必然刚、强了。观察它们所积蓄的,就能知道福、祸的发展方向了。

【感悟】

积善成德、积恶成罪。这就是福祸的方向啊。

无则无极,有则无尽

殷汤曰:"然则上下八方有极尽乎?"夏革曰:"不知也。"[1]汤固问[2]。夏革曰:"无则无极,有则无尽。朕何以知之?然无极之外复无无极,无尽之中复无无尽。无极复无无极,无尽复无无尽,朕以是知其无极无尽也,而不知其有极有尽也。"[3](《列子·汤问》)

【注释】

①殷汤:即商汤,商朝的国君。夏革:汤君的大臣。②固:坚决,固执。③极:极限。尽:穷尽。有则无尽:"无尽"原文为"有尽",根据下文改。

【译文】

商汤问:"上下八方有没有尽头?"夏革说:"不知道。"汤又问。夏革说:"从'无'的角度讲,是无极限的;从'有'的角度讲,是无穷尽的,即无限地'有'。我怎么知道呢?因为无极限之处连'无极限'也不存在,无穷尽之中连'无穷尽'也不存在。因此我知道上下八方是无极限、无穷尽的,而不知道它是不是有极限、有穷尽的。"

【感悟】

《列子》对时空无限性的猜想作了逻辑上的论证。《庄子·天下篇》所记载的名家"一尺之棰,日取其半,万世不竭"的思想,也朴素地设想了物质大小的无限性问题。这些思想开启了人类对宏观世界、微观世界的探索精神。

均,天下之至理也

均,天下之至理也,连于形物亦然[①]。均发均悬,轻重而发绝,发不均也。均也,其绝也莫绝[②]。(《列子·汤问》)

【注释】

①均:均匀,均衡。②绝:断绝。

【译文】

均衡是天下最公正的道理,对于有形的物体也是这样。一根均匀的头发,无论悬挂多重的东西,它也不会断(因为它不存在可以断开的最薄弱之处);断了,是因为不均匀。如果绝对均匀的话,那断开之处就不会断。

【感悟】

在理论或逻辑上,物体无限柔韧因而无限坚强,是存在的。这有科学指导意义。

二、人生伦理

道家关于人生的内容非常丰富,其基本价值取向是:明哲保身,安时处顺,逸性乐生,恬淡自然,以追求个性解放的多样性、个体自我的精神自由和人格独立为目的。如"没身不殆""至人无己""咎莫大于欲得,祸莫大于不知足""少私寡欲""重生轻利""至乐无

諸子百家 —— 道 家

忧""天道自然""顺人而不失己""虚己以游世""独与天地精神往来""安时而知命"等。这与儒家注重仁义道德、修身是为了"齐家,治国,平天下"的价值观有所不同。

道家敏于生命,对人生的感悟颇为深刻,其"人生奚为哉,奚乐哉"这种对人生终极目标和人生意义的追问,千百年来,时时警世惊心。

道家人生伦理为我们提供了独特的人生智慧。当然,其中的一些观点难免有其时代的局限性,需要我们给予客观而历史的评判,如它的明哲保身的思想等。

老子名言

圣人后其身而身先,外其身而身存

天长地久。天地所以能长且久者,以其不自生,故能长生①。是以圣人后其身而身先,外其身而身存。非以其无私邪? 故能成其私②。(《老子·七》)

【注释】

①生:生存,存在。②是以:因此。私:自己,自私。

【译文】

天长地久。天地之所以能够长久,因为它们不自私地为自己生存,因此能够长久地生存。因此圣人能够做到身居人后反而先得到或先到达,把自己置之度外反而能保全自己。这难道不正是由于他无私吗? 却因此能够成全自己。

【感悟】

先人后己、先公后私。

对于那些不计个人名利、忘我地全心全意为人民服务的人,人民是不会忘记他们、也不会亏待他们的。

上善若水

上善若水。水善利万物而不争,处众人之所恶,故几于道①。(《老子·八》)

【注释】

①上善:尚好,很好。几于:近于。

【译文】

道德修养高尚的人像水一样。水善于滋润万物而不与万物争夺什么,停留在大家都厌恶的低洼处,因此接近于"道"了。

【感悟】

水,"毫不利己,专门利他。"我们人类真应该好好地向"水"学习。

功成身退,天之道也

持而盈之,不如其已;揣而锐之,不可长保①。金玉满堂,莫之能守;富贵而骄,自遗其咎②。功成身退,天之道也③。(《老子·九》)

【注释】

①盈:满溢,过度。已:止。锐:使之尖锐,显露锋芒。②咎:罪过,祸害。③功成:原文为"功遂"。天:自然。

【译文】

端着满满溢流的,不如适可而止;怀揣着尖锐的,那尖锐将很难长期保全(不被折断)。金玉满堂,未必能够守得住;富贵骄横,祸害临头。功业完成了,就退居隐藏,是符合自然规律的。

【感悟】

人生应该有进有退、有藏有露。有进有退,张弛有度;有藏有露,伸缩自由。

难得之货,令人行妨

五色令人目盲,五音令人耳聋,五味令人口爽①;驰骋畋猎,令人心发狂;难得之货,令人行妨②。是以圣人为腹不为目,故去彼取此③。(《老子·十二》)

【注释】

①五色:青、黄、黑、白、赤五种原色,形容色彩斑斓、缤纷多彩。五音:宫、商、角、徵、羽,古代的五种基本音阶,指许多声音嘈杂烦听。五味:酸、辣、苦、咸、甜,泛指各种味道。爽:差失,失去知觉。②畋:打猎。妨:妨害。

【译文】

斑斓、缤纷的色彩让人眼花缭乱,嘈杂、繁多的音乐让人听觉失聪,千奇百怪的饮食使人的味觉不再灵敏。驰骋田猎,令人激荡狂放;稀奇难得的东西,往往诱人图谋不轨,从而带来伤害。因此得道的圣人只求内身而不求外物,只求吃饱穿暖、过着简朴的生活,不去奢求那花花绿绿、犬马声色、充满物欲的"欲望世界",舍去外在的东西而坚守内在的东西。

诸子百家

道家

【感悟】

纵情肆欲,伤身害性,甚至丧命啊。老子对过度追求感官和物质生活的弊端及其危害性的揭示,令人警醒。

贵大患若身

何谓贵大患若身?吾所以有大患者,为吾有身,及吾无身,吾有何患①?(《老子·十三》)

【注释】

①贵:重视。

【译文】

什么叫作重视大祸患像(重视)身体呢?因为我之所以有大祸患,是因为置身其中了,如果我不置身其中,我哪有什么祸患呢?

【感悟】

不可涉险惹祸。如果我们自己不涉及险境、不置身其中,哪来的险境和祸患呢?吃亏上当、被诈骗、受惩罚,多半是由于我们置身其中,先有贪婪之心才有贪婪的结果。不是吗?

没身不殆

知常(乃)容,容乃公,公乃全,全乃天,天乃道,道乃久,没身不殆①。(《老子·十六》)

【注释】

①常:恒,万物往复运动变化的规律。容:宽容,包客。全:周全;有的版本为"王"。天:自然。

【译文】

知道了万物往复运动变化的规律就会宽容,宽容就会公道无私,公道无私就会遍爱周全,遍爱周全就接近自然了,自然就接近道了,体道而行就能长久,进而终身没有危险。

【感悟】

公乃久,公正无私才能长久。

见素抱朴,少私寡欲

见素抱朴,少私寡欲①。(《老子·十九》)

【注释】

①素:没有染色的丝。朴:没有雕琢的木。

【译文】

保持朴素自然,减少私欲。

【感悟】

私心和贪欲是一切纷争和祸患的根源。统治者的自私、贪婪是劳动人民苦难的根源。老子提倡朴素自然、少私寡欲,是针对统治者的;因为古时广大劳动者的生活本来就是朴素的,而他们对衣、食、住、行等基本生活的追求也算不上"私欲"。

人之所畏,不可不畏

见素抱朴,少私寡欲①。(《老子·十九》)

【注释】

①畏:畏惧,害怕。

【译文】

大家都畏惧的,我也不能不有所畏惧。

【感悟】

人要有所敬畏。什么都不怕的人,就太可怕,也太危险了。

知其荣,守其辱

知其雄,守其雌,为天下溪;为天下溪,常德不离,复归于婴儿①。知其荣,守其辱,为天下谷;为天下谷,常德乃足,复归于朴②。朴散则为器,圣人用之,则为官长,故大制不割③。(《老子·二十八》)

【注释】

①溪:万水就下的途径,最低下之处。常德:永恒的德。②谷:万物所趋势的地方,川谷。朴:老子"道"的别名。③器:道化的、具体的万物。

【译文】

知道了事物雄强的一面,却守着其雌柔的一面,这就成了天下万水归总的最低下之处;成了天下万水归总的最低下之处,永恒的德就不会失去,从而恢复到婴儿的状态。知道了事物荣耀的一面,却守着其卑陋的一面,这就成了万物归总的低洼之处;成了万物归总的低洼之处,永恒的德就充分了,从而恢复到质朴的道的状态。质朴的道分散、具化为万物,圣人体道用道,进而为人君。(人君学道之自然)大治无治。

【感悟】

老子为什么要知雄守雌、知强处弱呢?因为柔弱、谦下、处后的必然是向着它们的反向发展,即必然向着对自己有利的方向发展。处弱只是一时的状态,趋强才是自己期冀的方向。

知人者智,自知者明

知人者智,自知者明。胜人者有力,自胜者强。知足者富①。(《老子·三十三》)

【注释】

①明:英明。

【译文】

能够认识、看透他人,是智慧;能够认识、评判自己,是英明。战胜别人,凭的是力量;战胜自己,凭的是坚强。能够知足,在心理上就富有了。

【感悟】

"认识你自己""我是谁",这种"自知"的精神,表现了主体自我意识的觉醒。这在两千多年后的今天,依然显得难能可贵。

甚爱必大费,多藏必厚亡

名与身孰亲?身与货孰多?得与亡孰病①?甚爱必大费,多藏必厚亡②。故知足不辱,知止不殆,可以长久③。(《老子·四十四》)

【注释】

①亲:亲切。多:重,贵重。病:害。②费:费用,花费。③辱:屈辱。

【译文】

名利与生命谁更亲切?生命与财物谁更贵重?得到与失去哪个有害?爱得太多,必然要花费大量的成本;藏得太多,(一旦损失)必然会损失惨重。因此不贪得无厌就不会招致屈辱,知道适可而止就不会有危险,可以长期平安无事了。

【感悟】

不可把所有的鸡蛋都堆放在一只篮子里。"多藏必厚亡"啊。

大成若缺,大辩若讷

大成若缺,其用不弊。大盈若中,其用不穷①。大直若屈,大巧若拙,大辩若讷②。(《老子·四十五》)

【注释】

①冲:虚空。②屈:弯曲。讷:言语迟钝。

【译文】

最圆满的东西好像有什么不全,但它的作用并不欠缺。最充满的东西好像有什么虚空,但它的作用没有穷尽。笔直的好像有些弯曲,灵巧的好像有些拙笨,雄辩的好像有些木讷。

【感悟】

道的涵养是内在的,它内化为"德"、外化为"用"。得道的有道之士是谦虚的、卑躬的。

咎莫大于欲得,祸莫大于不知足

咎莫大于欲得,祸莫大于不知足。故知足之足,常足矣①。(《老子·四十六》)

【注释】

①咎:过错、祸患。常足:恒久的满足。

【译文】

没有比贪婪更大的过错了,没有比不知足更大的祸患了。因此懂得满足的满足,是永恒的满足。

【感悟】

是否"知足",在一定程度上可以决定一个人的荣辱、贫富、苦乐、福祸甚至生死。足与不足,全在"心"。因此养一颗什么样的心? 这很重要。老子所谓的不失其"赤子之心",也就是要保持婴儿的那颗无知、无识、无贪、无忌之心。我们所有的烦恼和痛苦,不都是源于贪、嗔、痴、爱吗?

諸子百家

——道家

圣人终不为大,故能成其大

天下难事,必作于易;天下大事,必作于细。是以圣人终不为大,故能成其大。夫轻诺必寡信,多易必多难。是以圣人犹难之,故终无难矣①。(《老子·六十三》)

【注释】

①夫:语气词。诺:许诺,承诺。

【译文】

天下的难事,必定从相对容易处做起;天下的大事,必定从细小处做起。因此圣人始终不做大事(看不见他做大事,却在不停地做小事),却最终成就了大事。轻易地许诺,必然有失信的;把事情看得太容易,必然会遇到更多意想不到的困难。因此圣人总是把事情看得很难,结果却没有什么困难。

【感悟】

不要相信轻易地许诺。否则,伴随着失望的,可能还有怨恨。

千里之行,始于足下

合抱之木,生于毫末;九层之台,起于累土;千里之行,始于足下①。(《老子·六十四》)

【注释】

①累土:累,土笼;一笼土、一筐土。

【译文】

一搂粗的大树,是从微小的萌芽长成的;九层高的台子,是由一筐筐土堆垒起来的;千里远的长途,是从脚下抬步开始的。

【感悟】

大家都知道古罗马城不是一天建成的、胖子也不是一口吃就的,可是我们总想着怎么才能"一口吃个胖子"、憧憬着日进金斗"一夜暴富"的神话。这就是我们现代人的虚妄和焦虑所在。

我有三宝:慈,俭,不敢为天下先

我有三宝,持而保之:一曰慈,二曰俭,三曰不敢为天下先。慈故能勇;俭故能广;不敢为天下先,故能成器长①。(《老子·六十七》)

【注释】

①器长:器物之长,应该是道。

【译文】

我有三件宝物,握在手中保全着:一是慈爱,二是节俭,三是不敢身居天下人的前面。慈爱能够勇敢。节俭能够宽裕,不敢身居天下人的前面能够得道(从而能够成其"先")。

【感悟】

"不敢为天下先"并不是老子的目的,老子的目的是"成天下先"。

天网恢恢,疏而不漏

天之道,不争而善胜,不言而善应,不召而自来,坦然而善谋①。天网恢恢,疏而不漏②。(《老子·七十三》)

【注释】

①天:自然。②天网:自然的范围。恢恢:广阔而庞大的样子。漏:原文为"失"。

【译文】

自然的规律,是不见争夺而善于取胜,不听言语而善于回应,没有招呼而自动到来,坦荡而善于筹谋。天罗地网,正义无边,邪恶和非正义虽有一时被疏忽的,但终究是不会被遗漏掉的。

【感悟】

天网恢恢,疏而不漏。鱼可漏网之一时,不可漏网之终身。

坚强者死之徒,柔弱者生之徒

人之生也柔弱,其死也坚强。草木之生也柔脆,其死也枯槁。故坚强者死之徒,柔弱者生之徒①。是以兵强则灭,木强则折。强大处下,柔弱处上②。(《老子·七十六》)

【注释】

①也:语气词。枯槁:草木干枯。徒:类别。②处下:向下发展。处上:向上发展。

【译文】

人活着的时候形体是柔软的,死后就变得僵硬了。草木活着的时候形质是柔脆的,死后就变得干枯了。因此刚强的东西是属于死亡之列,柔弱的东西是属于生存之列。因此兵器强大就容易遭毁灭,树木强大就容易被摧折。强大的是向下发展的,柔弱的是向上发展的。

【感悟】

生长、壮大、灭亡是事物发展过程中的一个循环,有其规律性。速生,也就意味着速死。

论杀伤力和破坏性,核武器无疑是人类目前最强大的兵器了;而一旦爆发现代战争,最先被摧毁的也无疑是它了。

天之道,损有余而补不足

天之道,损有余而补不足。人之道,则不然,损不足以奉有余。孰能有余以奉天下?唯有道者①。是以圣人为而不恃,功成而不处,其不欲见贤②。(《老子·七十七》)

【注释】

①人之道:人世的行径。②见:现。贤:多才,有余。

【译文】

自然的行径,是减少有余的以补助不足的。人世的行径,则不是这样,而是剥夺不足的以供奉有余的。谁能够做到把有余的拿来以便供给天下不足的呢? 只有有道的人。因此有道的人做事而不自诩其能,事成而不自居其功,他不想表现自己的过人之处。

【感悟】

嫌贫爱富,非天道,也非人道。应该富则安之、贫则助之。

不要为富不仁,而要仁而富、富而仁。

弱水无敌

天下莫柔弱于水,而攻坚强者莫之能胜,以其无以易之①。弱之胜强,柔之胜刚,天下莫不知,莫能行。(《老子·七十八》)

【注释】

①易之:替代它。

【译文】

天下没有比水更柔弱的了,而攻克坚强的东西又没有能胜过它的,因为没有什么能替代它。弱能胜强、柔能克刚,天下人都知道这个道理,却没有去做。

【感悟】

柔弱而不软弱。爱则润物无声,怒则无坚不摧——小可滴水穿石,大可洪患倾城。

这就是喜欢处下就低的水。

弱水无敌啊。

天道无亲,常与善人

天道无亲,常与善人[①]。(《老子·七十九》)

《道德经》书影

【注释】

①无亲:没有亲近、偏好。与:偕同。

【译文】

自然的行径没有亲疏好恶,但经常与善良的人在一起。

【感悟】

善人行善而不求报答,这不就是一种发自内心的"自然"吗?

天道自然。但是人们还是愿意相信:天道酬勤,天道酬善。

信言不美,美言不信

信言不美,美言不信。善者不辩,辩者不善。知者不不博,博者不知[①]。(《老子·八十一》)

【注释】

①信言:真话,实话:辩:巧辩。知:真知。

【译文】

真实的话不华丽,华丽的话不真实。"善"应指有道之人的善,而非"仁善"之"善"。

諸子百家

——道家

行为善良的人不巧辩,巧辩的人不善良。有真知灼见的人未必知识广博,知识广博的人未必有真知灼见。

【感悟】

哲学与生活经验都告诉我们,凡事应该透过现象看本质。可是我们往往却迷恋现象、不能甚至不愿看透现象。

天之道,利而不害

圣人不积,即以为人己愈有,既以与人己愈多。天之道,利而不害;人之道,为而不争[①]。(《老子·八十一》)

【注释】

①积:积累。

【译文】

圣人不为自己积累什么,他因为帮助别人,自己就更加富有;因为给予别人,自己所得到的就越多。自然的规律,是使万物得利而无害;圣人的准则,是服务他人而不争。

【感悟】

给予、帮助别人是一种美德,更是一种快乐和幸福的能力。

庄子名言

至人无己,神人无功,圣人无名

至人无己,神人无功,圣人无名[①]。(《庄子·逍遥游》)

【注释】

①无己:得道的人做到了物、我一体,忘掉了自我。

【译文】

至人同物忘我,神人不建功业,圣人不求名声。

【感悟】

至人、神人、圣人,是庄子的三种理想人格,其中至人的境界最高。追求绝对的精神自由是庄子思想的核心。

自由就是无牵无挂(庄子称之为"无待"),而功名、利禄、自我是人生最大的牵挂。

一个人若能做到无名、无功、无己,那将会多么自由啊。列子就因此而"御风而行",神秘地在天空中飞行了半个月;但他还是"有待"——他还需要凭借着风才能飞行。因此,他还只能在有限的天空中飞来飞去,而不能"游无穷"。

那么,怎么才能以绝对的自由"游无穷"呢? 庄子说,要虚己、坐忘、神行,"同于大道"。

巢于森林,不过一枝

鹪鹩巢于森林,不过一枝;偃鼠饮河,不过满腹①。(《庄子·逍遥游》)

【注释】

①鹪鹩:一种体形较小的鸟。偃鼠:一种大老鼠。

【译文】

小鸟在森林里筑巢,也不过只占据其中的一木一枝;老鼠面对满河的河水,也不过喝饱肚子而已。

【感悟】

虽多却不贪,知足常乐。动物都能够做到的,为什么我们人类却常常做不到呢?

无用之用

惠子谓庄子曰:"吾有大树,人谓之樗。其大本臃肿而不中绳墨,其小枝卷曲而不中规矩。立之涂,匠者不顾。今子之言,大而无用。众所同去也。"①庄子曰:"子独不见狸狌乎? 卑身而伏,以候遨者;东西跳梁,不避高下;中于机辟,死于罔罟。今夫斄牛,其大若垂天之云;此能为大矣,而不能执鼠②。今子有大树,患其无用,何不树之于无何有之乡、广漠之野,彷徨乎无为其侧,逍遥乎寝卧其下? 不夭斤斧,物无害者,无所可用,安所困苦哉!"③(《庄子·逍遥游》)

【注释】

①樗:臭椿树。大本:树干。规矩:圆规和尺子。②狌:黄鼠狼。遨:遨游。梁:踉,跳跃。机辟:有开关的捕猎工具。罔罟:网。斄:牦。③无何有之乡:虚无的地方。

【译文】

惠子对庄子说:"我有一棵大树,就是人们所说的臭椿树。它的主干臃肿而不符合绳墨,它的树丫弯曲并不符合规矩。它长在大路边,(因为无用)工匠连看都不看。现在你的话,迂阔、大而无用,(就像这臭椿树一样)大家都不接受。"庄子回答道:"你没看见那野猫子、黄鼠狼吗? 它们低身匍匐在地上,等候小鸡、老鼠等游走的小猎物;东跑西跳,不避高低;结果中了猎人的机关、死在网中。再说那牦牛,大得乍看像天边的一片云;大是大,可是却不能捕捉老鼠。现在你有大树,忧愁它没有用,为什么不把它栽种在虚无的地方、辽阔的旷野,从而无拘无束地在它的旁边无所事事、自由自在地在它的下面睡觉?那样,刀斧不会使它早亡,事物不会伤害它。怎么会因为它没有什么用而愁苦呢!"

【感悟】

大有大的用处,小有小的用处。因为有用而早亡,因为无用而长寿。

无用的用处就是"无用"从而保命啊。

终身役役,不知所归,哀也

一受其成形,不亡以待尽。与物相刃相靡,其行尽如驰而莫之能止,不亦悲乎![1]终身役役而不见其成功,茶然疲役而不知其所归,可不哀邪! 人谓之不死,奚益? 其形化,其心与之然,可不谓大哀乎[2]? 人之生也,固若是芒乎? 其我独芒,而人亦有不芒者乎?[3](《庄子·齐物论》)

【注释】

①靡:通"摩",摩擦。②茶然:疲倦,精神不振的样子。形化:形体发生变化,从幼到老,由柔弱的生机勃勃变得僵硬苍老。③固:本来。芒:愚昧。

【译文】

人一旦感气成形、出生,不意外死亡的话,就只能等待老死了。在物欲的驱逐下,人们追这个东西、求那个东西,逐物迷性,像飞转的车轮一样不能停止,不是很悲哀吗? 终身忙忙碌碌而不见有什么成就,整日身心憔悴、疲倦不堪而不知身向何处,能不让人可怜吗? 人们所谓的长生不死,有什么好处呢? 从幼到老,人的形体由生机勃勃变得苍老枯萎,精神也随之昏聩,这不是最大的悲哀吗? 人生在世,本来就这样愚昧吗? 还是唯有我自己愚昧而世人并不愚昧呢?

【感悟】

你可曾经问过自己:忙啥呢,整天忙碌得像一只幸福的蚂蚁?

为善无近名,为恶无近刑

为善无近名,为恶无近刑,缘督以为经,可以保身,可以全生,可以养亲,可以尽年[1]。(《庄子·养生主》)

【注释】

①缘督:缘,因循、沿着;督,察看,这里可解释为介于刑与名之间的"中"。亲:真君、精神,也有人解释为父母。

【译文】

做好事不图有名,做坏事不至于获刑,在刑与名之间顺应自然而行事,可以保护身体,可以保全性命,可以保养精神,可以颐养天年。

【感悟】

为了生活却过着非人的生活,为了爱却带来了伤害,这就是异化的人生。

庄子看到了名利累身、刑罚伤身的社会现象,从养生、自保的角度警示我们要远离刑、名。

安时而处顺

适来,夫子时也;适去,夫子顺也。安时而处顺,哀乐不能人也①。(《庄子·养生主》)

【注释】

①适:有时。来、去:比喻生、死。安时:应时,顺应时机。处顺:应势,顺应事物的变化。

【译文】

生,老聃先生应时而来;死,老聃先生应势而去。应时而来、应势而去,生死是自然的变化,心中怎么会产生悲伤或快乐呢?

【感悟】

"不悦生,不恶死。……不忘其所始,不求其所终。"(《庄子·大宗师》)生死自然。庄子的生死观是豁达的,是唯物主义的。

内直而外曲

颜回①曰:我内直而非外曲。内直者,与天为徒;外曲者,与人为徒②。(《庄子·人间世》)

【注释】

①颜回:孔子的门徒。这里是庄子借颜回之口表达自己的思想。《庄子》中借孔子之口表达道家思想的有许多处。②徒:同类,朋友。也有人解释为师、师表。

【译文】

我内心自然直率、外表虚伪圆滑。内心自然直率,符合自然,与天做朋友;外表虚伪圆滑,符合社会,与人做朋友。从而做到外圆内方、天人合一。

【感悟】

外柔内刚、外圆内方,为人随和、又不失个性和原则;既有社会性的成熟练达,又有自然本性的纯朴天真。这是一种较为理想的人格。

山木,自寇也

山木,自寇也;膏火,自煎也。桂可食,故伐之;漆可用,故割之①。人皆知有用之用,而莫知无用之用也。(《庄子·人间世》)

【注释】

①寇:强盗,这里引申为砍伐。膏:油脂,可燃烧、点燃。桂:桂树,其皮可入药、作香料。漆:漆树。

【译文】

山上的树木,因为有用而自招砍伐;油脂,因为可以燃烧而自找煎熬。桂树因为自己的树皮可作香料而遭伐,漆树因为自己的流汁可制漆而被割。人们都知道有用的用处,而不知道无用的用处。

【感悟】

无用可以全生、保命。有时无用的作用更根本啊。

德有所长而形有所忘

德有所长而形有所忘①。人不忘其所忘而忘其所不忘,此谓诚忘。(《庄子·德充符》)

【注释】

①长:善,长于。

【译文】

对于道德高尚的人,人们就会忘记他形体上的残缺、相貌上的丑陋。一个人未忘记他应当忘记的而忘记他不应当忘记的,那是真正的"忘"啊。

【感悟】

诚如有所为有所不为,在一生中,我们也应该有所忘有所不忘。

嗜欲深者,其天机浅

嗜欲深者,其天机浅①。(《庄子·大宗师》)

【注释】

①天机:天生的本能、悟性。

【译文】

嗜好欲望太深的人,他的天性就浅薄、悟性就不高。

【感悟】

鬼迷心窍、利令智昏。

相忘于江湖

泉涸,鱼相与处于陆,相呴以湿,相濡以沫,不如相忘于江湖①。与其誉尧而非桀也,不如两忘而化其道。②。(《庄子·大宗师》)

【注释】

①涸:水干枯。呴:吐气。濡:沾湿。②誉:颂扬,赞美。非:非难,贬损。

【译文】

泉水干涸了,其中的鱼被困在陆地上,(为了延缓生命)它们以湿气相互呼吸、以吐沫相互沾湿,困厄时的这种相互救助,还不如生活在江河湖海里彼此忘却呢。与其颂扬尧、舜而贬损纣、桀,还不如忘却是非、毁誉而混迹在自然大道之中呢。

【感悟】

论人生的境界,庄子认为有爱憎、有是非不如无爱憎、无是非,无爱憎、无是非不如连"爱憎""是非"的观念也忘却了的"江湖"——大道。在大道中忘却一切,自由自在。

可是,连"自由"的观念也忘却了的自由真的是绝对的自由吗?

坐忘

颜回①曰:"堕肢体,黜聪明。离形去智,同于大通,此谓坐忘。"②(《庄子·大宗师》)

【注释】

①庄子借孔子的学生颜回之口表达自己的思想。②堕:通隳、废。黜:废除,罢免。聪明:耳聪目明。大通:大道。

【译文】

四肢无觉、耳聋目盲,忘掉形体和心智,与大道合一,这就是"坐忘"。

【感悟】

庄子所谓的"心斋""坐忘",其实质就是"忘我"。

关于"忘我",有一则笑话:古时候,有一位衙役押解着一个光头和尚去流放。途中,和尚趁机把醉梦中的衙役剃了个光头,逃跑了。衙役醒后,发现和尚不在了,慌乱、寻找之中,一摸头,惊呼道:"唉呀,和尚还在!我哪儿去了?"

此时此刻,这位衙役就是一位"忘我"的衙役。

小迷迷方向,大迷迷本性

夫小惑易方,大惑易性。何以知其然邪?自虞氏招仁义以挠天下也,天下莫不奔命于仁义①。是非以仁义易其性欤②?(《庄子·骈拇》)

【注释】

①夫:语气词。惑:困惑,迷糊。易:改变。方:方向。挠:扰乱。②是、非、以:这、不是、用。欤:文言语气助词。

【译文】

小迷迷失方向,大迷迷失本性。怎么知道是这样呢?因为自从虞舜标榜仁义扰乱天下以来,世人莫不为了仁义而奔波舍命。这难道不是用仁义改变我们的本性吗?

【感悟】

为了钱财物欲,伤身害性、违反人的自然本性,一般会遭到批评;为了仁义道德,伤身害性、违反人的自然本性,难道就值得表彰吗?

天下莫不以物易其性也

自三代以下者,天下莫不以物易其性矣!小人则以身殉利,士则以身殉名,大夫则以身殉家,圣人则以身殉天下①。(《庄子·骈拇》)

【注释】

①士:读书人,泛指君子。家:家族。

【译文】

自夏商周三代以来,天下世人没有不因身外之物而迷失其本性的!小人为私利而牺牲自己,君子为名誉而牺牲自己,大夫为家族而牺牲自己,圣人为天下而牺牲自己。

【感悟】

以身殉名、殉利、徇私、殉公,伤生害性,"天下尽殉也";名、利、公、私,哪一样不是身

诸子百家——道家

外之物呢?

庄子伦理上的相对主义、自然主义思想,发人深省。但他否定名利、公私之间质的区别,则是错误的。

同乎无欲,是谓素朴

同乎无欲,是谓素朴①。(《庄子·马蹄》)

【注释】

①素:未染色的丝。朴:未雕琢的木。

【译文】

所谓朴实无华,就是自然而不见人为的欲望。

【感悟】

"素朴"不同于我们现在所说的"朴素";它是老子、庄子的哲学范畴,相当于纯朴、自然。

盗亦有道

跖之徒问于跖曰:"盗亦有道乎?"①

跖曰:"何适而无有道邪?夫妄意室中之藏,圣也;人先,勇也;出后,义也;知可否,智也;分均,仁也。五者不备而能成大盗者,天下未之有也②。"(《庄子·胠箧》)

【注释】

①跖:有史料记载为柳下惠的弟弟、农民起义军的头领,后被讹传为江洋大盗。②妄意:姑猜,想象。

【译文】

跖的徒弟问跖:"盗窃也有'道'之说吗?"

跖回答道:"哪里会没有道呢?能够猜得出房间里藏有什么东西,那是英明;入室盗窃时,身先士卒,那是勇敢;盗窃后逃离时,走在后面,那是义气;能够判断可不可以进行盗窃,那是智慧;盗窃后财物分得公平,那是仁爱。不具备以上五个方面品质而能够成为大盗的,天下还从来没有过。"

【感悟】

圣人生而大盗起;圣人不死,大盗不止。庄子继承了老子的相关思想,对儒家思想形象的代表人物"圣人"给予强烈的抨击。偏颇中见其深刻。

爱人利物谓之仁

无为为之之谓天,无为言之谓德,爱人利物之谓仁,不同同之之谓大,行不崖异之谓宽,有万不同之谓富①……(君子)藏金于山,藏珠于渊;不利货财,不近贵富;不乐寿,不哀天;不荣通,不丑穷②。不拘一世之利以为己私分,不以王天下为己处显。显则明。万物一府,死生同状。(《庄子·天地》)

【注释】

①天:自然。崖异:突出而有别于众。②荣、丑:作动词,以什么为荣、以什么为辱。

【译文】

无意去做的叫自然,无心说出的叫德性,爱别人而利益万物叫仁爱,使不同的同一起来叫博大,行为不标新立异(同众而又能包容异己)叫宽容,胸怀各种不同的事物叫富有。(君子自然)让本埋藏在深山里的金子还藏在山里,让本深藏在深水里的珍珠还藏在水里;不贪恋财物,不企求富贵;不以长寿为乐,不以夭折为悲;不以通达为荣,不以穷困为辱。不把全世界的好处都据为己有而认为应该,不把统治天下作为自己的显赫而招摇。显赫、招摇就公开了。万物一家,生死一样。

【感悟】

君子得道,以道观物、万物一齐,以道行事、万事一齐。因此无所谓贫富贵贱,无所谓寿夭哀乐,无所谓荣辱穷通。

富则多事,寿则多辱

封人曰:"寿、富、多男子,人之所欲也。汝独不欲,何邪?"①尧曰:"多男子则多惧,富则多事,寿则多辱。是三者,非所以养德也,故辞。"(《庄子·天地》)

【注释】

①封人:有道之士;一解为守封疆的人。

【译文】

封人说:"长寿、富贵、多子,是人们的共同欲望;你却不要,为什么?"尧回答道:"多子则多担心,富贵则多事务,长寿则多屈辱。这三样,不是用来培养无为之德的东西,所以不要。"

【感悟】

"多子多福。"多子未必多福。多子多"受",倒是真的。
"贫贱夫妻百事哀。"其实,富人有富人的烦心事。

诸子百家——道家

425

"福如东海,寿比南山。"长寿有什么好的呢? 老来耳聋眼花、多灾多病、行动不便、嘴碎心多。故我们更应理解老人、尊敬老人。

天下有道,与物皆昌

天下有道,则与物皆昌;天下无道,则修德就闲[1]。(《庄子·天地》)

【注释】

[1]昌:昌盛。闲:闲居,与世无争。

【译文】

天下有道时,就与万物一同昌盛,共享太平;天下无道时,就修养自己的德性、闲居起来。

【感悟】

有道则显,无道则隐,顺其自然。

忘己

忘乎物,忘乎天,其名为忘己。忘己之人,是之谓入于天[1]。(《庄子·天地》)

【注释】

[1]天:天道,自然。忘己:忘我,无己。

【译文】

忘掉事物、忘掉天然的人,就是忘掉自己的人。忘掉自己的人,就进入了天然的境界。

【感悟】

"忘我"是一种境界。其价值在于为了谁、为了什么而"忘我"?

至仁无亲

庄子曰:"至仁无亲。"(《庄子·天运》)

【译文】

至高无上的仁爱,无所谓亲近。

【感悟】

至仁无亲、公而不偏。平等地关爱一切,大爱无私。庄子的这句话近似于西方基督教伦理文化所倡导的"博爱、平等"。当然,庄子所偏重的是自由、自然。

名,不可多取

名,公器也,不可多取①。(《庄子·天运》)

【注释】

①公器:公共的器物、东西。

【译文】

名誉,是公共的、大家都急着想要的东西,不可多取。

【感悟】

多取必然多争,纷争多了必然有害。

丧己于物,失性于俗者,谓之倒置之民

丧己于物,失性于俗者,谓之倒置之民①。(《庄子·缮性》)

【注释】

①倒置:本末、上下颠倒。民:人。

【译文】

追逐外物、患得患失而丧失自我,同于世俗、人云亦云而失去本性,这就是本末颠倒、头朝下生活的人。

【感悟】

追求物欲是我们人生中的应有之义,但是不能逐物迷性,从而成为物欲的奴隶——以物累形,因欲害性。"物物而不物于物,则胡可得而累也!"(《庄子·山木》)
是的,以物为物、永远不被物质物欲所奴役,那么我们的身心怎么会因物而受累呢!

至德不得,大人无己

至德不得,大人无己①。(《庄子·秋水》)

【注释】

①大人:同"至人",指得道的人。

【译文】

道德最高尚的人不再外求有所得,道德最完备的人得道忘我。

诸子百家——道家

【感悟】

有道有德的人,视人与物为一、视人与己为一,你的就是我的、我的就是你的、我们的都是道的,哪还有"得失""自我"的观念或意识呢?

牛马四足,谓之天

牛马四足,是谓天;络马首,穿牛鼻,是谓人[①]。(《庄子·秋水》)

【注释】

①天:天性,自然。络:原文为"落",笼罩,套住。人:人为。

【译文】

牛、马四条腿,这是天然的、天生的;给马套上笼头、给牛穿了鼻子,这是人为的、不自然的。

【感悟】

套上笼头的马、穿了鼻子的牛,被驯化了,被饲养着,可以更好地为人类服务;可是它们还有自由吗? 还有多少牛、马的天性呢?

不可过多地因人的欲望而破坏自然和万物的天性。

天下有至乐乎?

天下有至乐无有哉? 有可以活身者无有哉? 今奚为奚据? 奚避奚处? 奚就奚去? 奚乐奚恶[①]? 夫天下之所尊者,富贵寿善也;所乐者,身安、厚味、美服、好色、音声也;所下者,贫贱夭恶也;所苦者,身不得安逸,口不得厚味,形不得美服,目不得好色,耳不得音声。若不得者,则大忧以惧,其为形也亦愚哉[②]! 夫富者,苦身疾作,多积财而不得尽用,其为形也亦外矣! 夫贵者,夜以继日,思虑善否,其为形也亦疏矣[③]! 人之生也,与忧俱生。寿者惛惛,久忧不死,何苦也[③]! (《庄子·至乐》)

【注释】

①至乐:无上的、最大的快乐。活身:养生、保命。据:安,止。恶:厌恶。②夫:语气词。所尊、所乐、所下、所苦:以什么为尊、为乐、为下、为苦。③疾作:快速、拼命劳作。善否:亨通、阻滞。④惛惛:糊涂,迷糊。

【译文】

天下有没有极端的快乐? 有没有可以养生、保命的方法? 如果有的话。应该做什么、不做什么,回避什么、保持什么,趋向什么、远离什么,喜欢什么、厌恶什么? 天下人所看重的,是富有、尊贵、长寿、美名;所喜欢的,是身体舒适、饮食丰盛、服饰漂亮、色彩绚丽、声音悦耳;所看不起的,是贫穷、卑微、短命、恶名;所苦恼的,是过不上安逸的日子、吃不好、穿不好、没有想要的娱乐。如果得不到这些,就忧伤、恐慌;为了形体而这样,就愚蠢了。富有的人,拼命工作、劳苦身心、疲惫不堪,只顾积累财富而无暇享乐;为形体而这样,就是外行了(外身心)。尊贵的人。夜以继日,老是想着如何亨通而不落败运,难免焦虑;为形体而这样,就疏远了身心。人生,与忧患同在。老而不死、浑浑噩噩,整天忧愁烦心,何苦呢!

【感悟】

至乐无忧。如何才能够做到呢? 无为。

庄子认为,无为是最大的快乐,无为才能无所忧虑、无所畏惧。世俗的所谓富、贵、名、寿,都是违背自然的有为,都是不可取的。而所谓"无为",就是"自然"。

褚小者不可以怀大,绠短者不可以汲深

褚小者不可以怀大,绠短者不可以汲深[①]。(《庄子·至乐》)

【注释】

①褚:口袋。绠:吊水用的绳子。汲:从井里往上打水。

【译文】

口袋小了装不下大的东西,井绳短了打不到深处的水。

【感悟】

宰相肚里可撑船,有容乃大。

虚己以游世

人能虚己以游世,其孰能害之[①]?(《庄子·山木》)

【注释】

①虚己:把自己看作不存在的、虚空的。客观存在的形体当然不能"虚空",能够"虚空"的只能是我们的思想、欲望。

【译文】

一个人如果能够做到无欲、无己、无碍地在世上漫游,那么谁还能够伤害到他啊!

【感悟】

"虚己以游世"是庄子的处世之道。

庄子无力治世,又不甘混世,只能虚己以"游世"。即在明哲保身的同时,通过改变主观自我认识、否定世俗价值观,以追求他的人格独立和内心的自由,实现精神上的"逍遥游"。

直木先伐,甘井先竭

直木先伐,甘井先竭¹①。(《庄子·山木》)

【注释】

①竭:枯竭,用尽。

【译文】

笔直的树木先遭砍伐,甘甜的水井先遇枯竭。

【感悟】

有用意味着祸患,有大用意味着大祸患。无用则可以全生保命、延年益寿。那么,是无用保命还是有用献身? 主体自我的价值该如何体现?

庄子通过戏说孔子,表达了他的无为、无功的思想。

君子之交淡若水,小人之交甘若醴

君子之交淡若水,小人之交甘若醴。君子淡以亲,小人甘以绝;彼无故以合者,则无故以离①。(《庄子·山木》)

【注释】

①醴:甜酒。淡以亲:恬淡自然而亲切;甘以绝:甘甜欢喜却绝交。

【译文】

君子之交淡如水,小人之交甜如酒。君子之间因为无利害关系,恬淡自然而亲切,小人之间因为有利害关系,甘甜欢喜却绝交。那无缘无故而结合的,也会无缘无故而离开。

【感悟】

以君子之交结交的是君子,以小人之交结交的是小人。

哀莫大于心死

夫哀莫大于心死,而人死亦次之①。(《庄子·田子方》)

【注释】

①心死:心丧失了天性,与现在我们所指的"绝望"有所不同。

【译文】

没有比心死更大的悲哀了，人身生命的死亡还在其次。

【感悟】

心态可以决定一个人的生态。健康、乐观、充满希望的心理，有益于我们工作、学习和生活。

外化而内不化

古之人外化而内不化，今之人内化而外不化[1]……圣人处物不伤物。不伤物者，物亦不能伤也[2]。(《庄子·知北游》)

【注释】

①外：行为。内：内心、精神。②处物：与物相处。

【译文】

古代的人，其行为顺应外物的变化而变化，心神却宁静；现在的人，面对纷纭变幻的外物，心猿意马，行为却不能随物变化……圣人有道、与外物平等相处而不伤害外物。不伤害外物，外物也不伤害他。

【感悟】

以道应物，以不变应万变。万变的是大千世界，不变的是我心———一颗平常心。

以天下为笼，则雀无所逃

以天下为之笼，则雀无所逃。是故汤以胞人笼伊尹，秦穆公以五羊之皮笼百里奚。是故非以其所好笼之而可得者，无有也[1]。(《庄子·庚桑楚》)

【注释】

①胞人：庖工，厨子。笼：笼罩，笼络。

【译文】

如果以天下为笼子，那么即便是善飞的雀鸟也没有什么地方可逃的了。因此商汤王就以庖工为笼子罩住了伊尹，秦穆公就以五色羊皮为笼子罩住了百里奚。所以不投其所好而笼罩住从而得到的，没有啊。

【感悟】

我们的欲望、奢好就是我们人生的"笼子"啊。每一只笼子都在寻找、等待着它的鸟。

钱财不积则贪者忧,权势不尤则夸者悲

钱财不积则贪者忧,权势不尤则夸者悲,势物之徒乐变①……驰其形性,潜之万物,终身不返,悲夫②！(《庄子·徐无鬼》)

【注释】

①尤:出众。夸者:喜欢自大、虚夸的人。势物:权势、财物、权利。乐变:乐于变化。②驰:驰骋、放纵。形性:身心。潜之:潜于,沉溺于。

【译文】

贪婪的人忧心钱财积累得不多,虚夸的人伤心权势影响得不大,追逐权利的人乐于时局的变动、以期从中谋利。放纵身心,沉溺于无尽的横流物欲,终身不知返回本性,可悲呀！

【感悟】

人生是多样的,其发展不应该只有"物欲"这一个方向。

顺人而不失己

唯至人乃能游于世而不僻,顺人而不失己①。(《庄子·外物》)

【注释】

①僻:怪僻,性情古怪。失己:丧失自我。

【译文】

只有至人才能够做到随俗而不怪僻,顺应人世而不丧失自我。

【感悟】

因为至人、达人已经做到了忘记小我而同于大道,因而他们为人处事能够游刃有余。

重生则轻利

中山公子牟谓瞻子曰:"身在江海之上,心居乎魏阙之下,奈何?"①瞻子曰:"重生,重生则利轻。"②(《庄子·让王》)

【注释】

①中山公子牟:战国时魏国公子牟,因封于中山,故名。瞻子:名何,道家人物。魏阙:巍然高大的宫门,指宫廷。②利轻:轻利,看轻身外利益。

諸子百家

——

道家

中山公子牟对瞻子说:"我身在江湖,心里还想着宫廷里的生活,怎么办呢?"瞻子回答道:"要尊重生命。尊重生命就会看轻荣华富贵。"

【感悟】

贵为公子,却隐身江湖,可见宫廷里的险恶。

无耻者富,多信者显

无耻者富,多信者显。夫名利之大者,几在无耻而信[1]……势为天子,未必贵也;穷为匹夫,未必贱也。贵贱之分,在行之美恶[2]。(《庄子·盗跖》)

【注释】

①多信:夸夸其谈、善于夸耀而多得信任。显:显名,显要。几:近,差不多。②美恶:美丑。

【译文】

无耻的人富有,夸夸其谈而备受信任的人显名。因此获得大名大利的,差不多都是无耻的人和夸夸其谈而备受信任的人。势大的天子,如纣王、桀王,未必就尊贵;困顿的平民,如孔子、墨子,未必就卑贱。尊贵与卑贱的区别,在于行为的美丑。

【感悟】

平凡者也可以伟大、尊贵。使他们伟大、尊贵的是真、善、美,而不是财、权、势。

富有天下,不以财戏人

势为天子,而不以贵骄人;富有天下,而不以财戏人[1]。(《庄子·盗跖》)

【注释】

①戏:戏弄。

【译文】

权势无上的天子,不以尊贵傲视人;富甲天下的财主,不以财富戏弄人。

【感悟】

富人要赢得尊重,除了要有慈悲之心,还要有对财富的敬畏之心即懂得尊重财富。因为财富最初最终都是天下的。

诸子百家 —— 道家

巧者劳而智者忧

巧者劳而知者忧,无能者无所求,饱食而遨游,泛若不系之舟,虚而遨游者也①。(《庄子·列御寇》)

【注释】

①无能者:不巧不智的无为者,得道者。泛:原文为汜虚:无,无巧无智、无劳无忧,是思想自由、精神逍遥的前提。

【译文】

心灵手巧的人多劳累、智慧多思的人多忧愁,不巧不智、无为得道的人没有什么欲求,整天吃饱了就到处漫游,自由自在好像水面上无绳固定、泛泛漂流着的小船,那真是虚无自由的逍遥的人啊!

【感悟】

自由的根本是思想自由。思想越单纯,则越自由。因而老庄提倡少私寡欲、虚己无为。

独与天地精神往来

独与天地精神往来,而不傲倪于万物;不谴是非,以与世欲处①。(《庄子·天下》)

【注释】

①精神:精气、神明。傲倪:轻视,蔑视。

【译文】

只有庄子他同于大道、在精神上与神明自由往来,而不蔑视万物;不涉足人间的是非,而与世俗之人和平相处。

【感悟】

这段话是庄子学派对庄子的评价。

庄子"虚己以游世",体现了他无力又不甘,试图在痛苦中超脱、在现实中理想的人生观。通过相对主义哲学和对现实世界的否定,庄子在他夸大了的精神世界里自由而自尊地生活着。

庄子是一位积极的社会不舍作主义者。

诸子百家

——

道家